第52卷

# 民商法论丛

CIVIL AND COMMERCIAL LAW REVIEW VOL. 52

梁慧星/主编



法律出版社
LAW PRESS CHINA

# 目　录

**【同性婚姻】**



**【域外法】**



**【国际问题】**



**【硕士学位论文】**

**专题研究**

# 中国信托法实施中的本土化困境

于海涌

目　次



## 一、问题的提出:中国信托业为何陷入低迷?

委托人基于信任而将信托财产转移给受托人,由受托人对信托财产进行经营管理,受益人则坐享财产经营之利益,这正是信托制度的精巧制度设计。信托制度起源于英国,昌盛于美国,由于其把“受人之托,代人理财”的功能发挥得淋漓尽致,当前信托制度已经成为英美法系国家金融服务业的重要支柱,并被陆续移植到不少大陆法系国家。基于商事信托的迫切需求,我国于1979年恢复信托制度,在政府的积极推动下,信托业在很短的时间里迅速发展到巅峰状态。表面上看信托业异军突起,欣欣向荣,但是由于信托的基本理念和法律制度并没有同时建立起来,信托业在虚假繁荣的表象下潜伏着深层的危机。很多信托投资公司以“信托”为名,但长期主营的却是存款、贷款、股票、期货、房地产开发等非信托业务,而且信托公司普遍存在非法吸收存款、乱拆借资金、超计划贷款、账外经营、自营股票、违规投资等现象。为了维护金融市场的秩序,国家被迫于1982年、1985年、1989年、1993年、1999年对信托公司进行了五次大规模的清理整顿,但我国的信托业始终没有能够摆脱“发展—混乱—整顿”的怪圈。尤其令人遗憾的是,尽管政府在短期内对信托业进行了多次密集的整顿,但每次整顿都是针对当时的混乱局面进行“头痛治头,脚痛治脚”的短期治理,而对信托业的长期发展缺乏宏观的规划。整顿方式也始终是简单粗暴的行政手段,朝令夕改,而始终没有将商事信托行为纳入民商法的范围内进行法律调整,委托人、受托人和受益人之间始终没有建立稳定合理的游戏规则,由此导致我国的信托业出现不断整顿但始终混乱的尴尬局面。1999年,号称中国信托业“龙头老二”的广东国际信托投资公司申请破产,一时震惊中外。2001年4月我国《信托法》出台,这为信托业务的开展提供了基本的行为规范,信托业开始有了自己的游戏规则,信托公司也终于回到了“受人之托,代人理财”的核心业务。不过《信托法》的实施并不意味着中国的信托业从此就迎来了春天,面对“分业经营,分业管理,分别设立”的格局,信托公司在真正回归自己的核心业务以后,虽然摆脱了混乱,却又长期陷入了低迷。信托业虽然与银行业、保险业、证券业一并号称为现代金融体系的四大支柱,但无疑是最弱的一支,其根本无法与其他三者并驾齐驱,甚至无法摆脱边缘化的尴尬境地。当前我国的信托公司既无现成的成功经验可以借鉴,也没有成熟的盈利模式可以套用。为什么《信托法》的出台没有带来信托业的繁荣,反而使其在《信托法》出台后就一直陷入低迷?除了民间对信托理财的认可度不高、市场诚信的普遍缺失等原因外,笔者认为,信托法律制度本身存在的潜在隐患也是不可忽视的重要原因。《信托法》已经实施了10年,这些制度设计中的潜在隐患已经逐渐浮出水面。本文旨在检讨我国信托立法中潜在的制度隐患,解析我国信托业陷入低迷的制度原因,为我国陷入低迷的信托业找寻可能的出路。

## 二、双重所有权的法系冲突问题悬而未决

在英美信托法中，基于衡平法和普通法的二元管辖，受托人享有普通法上的所有权（legal title），受益人享有衡平法上的所有权（equitable title）。信托财产的双重所有权是英美信托制度中的鲜明特色，但是信托法移植到我国，其运行环境是在大陆法系的框架下进行的，大陆法系国家根本没有普通法与衡平法之分，其物权制度遵循"所有权绝对"、"一物一权"的观念，在同一财产上存在双重所有权是无法想象的。英国著名信托法专家大卫·海顿教授一针见血地指出："大陆法系国家的法律体系，即便在没有衡平法的情况下也是完善的，因此并不存在衡平法上所有权的问题。由于这些国家完全接受了一元所有权概念的罗马法体系，根本不存在普通法系的封建财产规则。在这种情形下，如果大陆法系国家的法院不得不将普通法系的信托融入到大陆法之中，并且考虑在涉外信托案件中确定谁是信托财产的单一所有权人，这时就会产生如下的难题：是受托人、受益人、委托人还是拟人化的信托本身是信托财产的单一所有权人？"①中国要移植信托制度，就必须解决信托财产的所有权归属问题，否则难以与我国的法律体系相融合。

令人遗憾的是，我国立法机关在这个重大问题上态度暧昧。《信托法》第2条规定："本法所称信托，是指委托人基于对受托人的信任，将其财产权委托给受托人……"由此可见，委托人在设立信托时只是将其信托财产"委托给"受托人，并不是"转让给"受托人。究竟受托人是否可以成为信托财产的单一所有权人？立法机关似乎在刻意回避使用"转让"的术语，在信托财产的所有权归属问题上故意语焉不详，当然也就没有给出取代双重所有权的替代方案。在司法审判中如何理解"委托给"的确切含义，最高人民法院对此一直保持沉默，至今没有出台正式的司法解释。在学术界，学者则试图通过学理解释探寻立法者的本意。基于法条内部之旨意关联，通过体系解释或许可以在一定程

① ［英］D. J. 海顿：《信托法》（第4版），周翼、王昊译，法律出版社2004年版，第14页。

度上互相界定法律用语的内涵。[①] 沿着这个思路,我们首先考察《信托法》第14条的规定:"受托人因承诺信托而取得的财产是信托财产。"通过这一法条的字面含义,立法者似乎向我们清楚地表明"信托财产是受托人取得的财产",学理解释上应当将信托财产的所有权人理解为受托人。但是如果我们继续考察《信托法》第29条,那么所得出的结论就大不相同,该条规定:"受托人必须……将不同委托人的信托财产分别管理、分别记账"。由于该条文中使用了"不同委托人的信托财产"字样,我们似乎应该认为信托财产的所有权人应为委托人。由此可见,根据《信托法》第14条和第29条的规定,得出的结论是彼此矛盾的。显然,通过体系解释无法明确信托财产的所有权归属。事实上,学术界中"委托人所有权"、[②]"受托人所有权"、[③]"受益人所有权"[④]等观点莫衷一是。

分析表明,关于受托人是否能够取得财产的所有权,立法机关态度暧昧,司法机关保持沉默,学术界百家争鸣,随之而来的就是实务部门的无所适从。我们知道,普通法和衡平法的分庭抗礼是信托财产产生双重所有权的根本原因,而我国既没有普通法与衡平法之划分,也没有普通法院和衡平法院这样的司法体系。在大陆法中,除非在共有的情形下,一个物上不能有两个或两个以上的所有权人。面对两大法系中财产法的巨大差异,有学者认为:"信托制度并非什么全新的东西,而是地产原则的严格运用。对大陆法系而言,除非它放弃其传统的物权法体系而引进英美法系国家的财产法,否则就不可能对信托制度作出圆满的解释。"[⑤]难道中国要打破传统的司法体系以迎合信托法双重所有权的顺利移植?如果真是那样的话就意味着双重所有权不仅要触动中国的传统物权法理论,而且还有可能要触及中国的司法审判体制。

① 黄茂荣:《法学方法与现代民法》(第5版),法律出版社2007年版,第631页。

② 张淳:"条款增补:我国信托法中的重要创造性规定的完善",载《河北法学》2005年第12期。

③ 张天民:《失去衡平法的信托》,中信出版社2004年版,第155页。

④ 温世扬、冯兴俊:"论信托财产所有权——兼论我国相关立法的完善",载《武汉大学学报》(哲学社会科学版)2005年第2期。

⑤ 陈雪萍:"论我国商事信托之制度创新",载《法商研究》2006年第3期。

如果这样移植信托制度,虽然这样可以移植原汁原味的信托制度,但这实际上已经不是把英美的信托制度在中国实现“本土化”,而是为了迁就英美的信托制度而把整个中国的传统物权制度“英美化”。显然,远离了衡平法以后,双重所有权如何在我国的法律框架中定位就成为一个棘手的问题。立法机关对于这个棘手的问题采取了知难而退的回避策略,我国信托法既没有直接采用双重所有权,也没有确定单一所有权人,也没有进行制度创新。立法者的这种模糊策略没有产生积极的效果,反而使信托财产的归属问题成为信托法中的焦点和难点,带来了很大的理论混乱和操作困难。

## 三、受托人容易沦为委托人的代理人

早期信托法严格限制受托人的权利,但是随着现代金融市场的发展,受托人必须拥有广泛的自由裁量权才能适应市场的千变万化,从而充分发挥受托人的理财功能,这对扩大受托人的权利提出了强烈的要求,因此在现代信托制度中,委托人的地位正日渐式微,受托人的权利则在不断扩张,受托人已经逐渐成为现代信托的核心。《2000 年英格兰受托人法》将受托人的授权投资立法推到了顶峰,授权受托人“进行各种可能的投资,就像他对信托财产享有绝对的权利”,也就是说,受托人享有绝对所有权人所享有的广泛的投资权利。美国信托法继承了英格兰信托法的基本精神,但是青出于蓝而胜于蓝。美国 1964 年的《统一受托人权利法》(Uniform Trustees Powers Act)最终确认了受托人权利扩张的事实,该法不仅详细列举了受托人的选择权(option)、借贷权、抵押权、自我交易、职务委任等多达 26 项的权利,而且实质上授予了受托人作为“谨慎投资人”所享有的全部权利。[①] 也就是说,受托人实质上有权利从事攫取市场利益或增值信托财产的一切交易,可见受托人权利扩大的结果使受托人的地位已经发生了彻底的改变。目前英美法国家受托人的地位正日益朝着绝对所有人(absolute owner)迈

---

① Paul G. Haskell. *Preface to wills, Trusts and Administration*. New York: The Foundation Press, Inc., 1994; 2nd edition, section 9, note 11.

进。[1]那么委托人呢？在英美信托制度中，除非委托人通过信托合同保留这种权利，委托人自转移信托财产之后，法律严格禁止委托人对信托财产的管理和处分进行干预。[2] 可以说在英美信托中，委托人的地位日渐式微。

反观我国，我国与英美国家的社会背景差异很大，民众对信托制度相对陌生，而完善的市场经济尚在培育之中，健全的诚信体系还没有建立，如果照搬英美国家的做法，让委托人在设立信托后就退出信托事务而建立起以受托人为核心的经营模式，这将在一定程度上脱离中国的社会现实，因此通过立法规定委托人较多的权利是符合中国现实的。我国委托人的地位远远高于英美国家委托人的地位，我国的《信托法》甚至单独列出一章来规定委托人的权利，构成了中国《信托法》的一大特色。[3] 不过我国《信托法》把委托人的权利扩大到了不适当的位置，已经超出了合理的界限，尤其令人忧虑的是，这将大大影响受托人的理财功能。我国《信托法》第22条规定："受托人违反信托目的处分信托财产或者因违背管理职责、处理信托事务不当致使信托财产受到损失的，委托人有权申请人民法院撤销该处分行为，并有权要求受托人恢复信托财产的原状或者予以赔偿。"显然，对受托人处分行为的撤销权已经不是委托人在例外情况下根据信托合同特别保留的特殊权利，而是法律直接赋予委托人干预信托事务的法定权利，而"违背管理职责，处理信托事务不当"的判断标准极具弹性，立法中又没有明确规定相应的商业判断规则，在这种情况下，受托人为了避免承担法律责任，很容易沦落为委托人的代理人。

信托制度的主要功能就是发挥受托人的理财能力，现代信托的受托人需要履行一系列投资和管理的职能，要求广泛的自由裁量权以适应市场的变化。因此现代信托制度的发展趋势是：一方面扩张受托人

---

① David Hayton. *The Law of Trusts*. Beijing: Law Press,2004,p.142.

② 在通常情况下，一旦委托人把信托财产转移给受托人，委托人就像财产的捐赠人一样，他对这些财产就不再保留权利，除非他在信托文件中另有规定。

③ 张军建、陈光："中日信托法委托人法律地位的比较研究"，载《文史博览》2005年第24期。

的经营自主权，有效发挥受托人投资理财的主观能动性；另一方面加重受托人的忠实义务和谨慎义务，确保受托人"受人之托，忠人之事"，从而使受托人的权利和义务保持适度的平衡。纵观我国的《信托法》，委托人的权利过大，对信托事务的介入过深，在这种权利义务配置失衡的状态下，难以发挥受托人的理财功能，如果信托制度沦落为代理制度，那么受托人的专业理财功能也就随之丧失殆尽。

## 四、委托人和受益人容易出现权利对峙

我国《信托法》第20条至第23条规定了委托人的权利，主要包括：委托人对信托事务的知情权；委托人要求受托人调整信托财产管理方法的权利；委托人申请法院撤销受托人处分行为的权利；委托人要求受托人恢复信托财产的原状或者予以赔偿的权利；委托人解任受托人的权利。同时，我国《信托法》第49条规定，受益人可以同样享有上述委托人的所有权利。由此可见，信托法实际上赋予了委托人和受益人几乎相同的权利。

委托人和受益人享有相同的权利，如果属于自益信托，委托人和受益人为同一人，自然不会出现权利对峙的尴尬僵局。但是在非自益信托中，委托人和受托人并非同一主体，二人享有同样的权利，但意见相左，这种权利对峙的尴尬局面如何才能够打破？根据我国《信托法》第49条的规定，受益人行使上述委托人的权利，而与委托人意见不一致时，可以申请法院作出裁定。我们不妨设想一下，如果受益主张因为设立信托时未能预见的特别事由致使信托财产的管理方法不利于实现信托目的，或者受益人认为当前的管理方法不符合自己的利益，从而根据《信托法》第21条要求受托人调整该信托财产的管理方法，但是委托人则认为应当继续维持原来的管理方法，拒不同意受益人调整信托财产管理方法的意见，在这种相持不下的僵局下，双方只好通过诉讼来解决。一审法院作出裁判以后，如果委托人或受益人有一方表示不服，继续提起上诉，案件必须经由两审终审才可以最终确定下来。如此旷日持久，迁延时日，在整个诉讼期间信托业务的开展必然会受到严重影响。

我国《信托法》规定委托人、受益人针对受托人享有同样的权利，

这样固然可以强化对受托人的监督,但是这种制度设计的负面效果也不容忽视,一旦出现权利对峙的尴尬局面,受托人将无所适从,而打破这种僵局的程序复杂,耗时太久,成本十分高昂。

## 五、信托财产的瑕疵承继制度矫枉过正

在广泛的商品交换中,从事交换的双方往往并不知道对方财产的来源是否合法以及对方是否对财产具有合法的处分权。为了确保交易的安全,倘若要求受让人必须对财产的合法性或处分权利逐一调查,这无疑会大大地增大市场交易的成本。为了保证交易的安全和快捷,善意取得制度应运而生。但是对于信托财产而言,如果委托人故意将非法取得的财产用于设立信托,从而借助善意取得制度抗辩真正权利人的追夺,这将导致信托制度的滥用,因此信托法特创设瑕疵承继制度,借以排除善意取得制度之适用。也就是说,如果委托人利用存在权利瑕疵的财产设立信托,受托人将承继委托人在信托财产上的权利瑕疵,从而排除善意取得规则之适用,这就是信托法中十分重要的瑕疵承继制度。[①] 这样,即使受托人完成了信托财产的登记或交付,应当认为受托人在信托财产上存在同样的权利瑕疵,财产的真正权利人仍然可以根据物权的追及效力而主张返还。瑕疵承继制度可以有效避免委托人滥用信托制度,实为良好制度设计。[②] 我国信托法虽然没有直接规定瑕疵承继制度,但我国《信托法》第7条规定:“设立信托,必须有确定的信托财产,并且该信托财产必须是委托人合法所有的财产。”由此可见,我国信托法已经在立法上确立了瑕疵承继制度的基本精神。

虽然我国信托法确立了瑕疵承继制度的基本精神,但在制度设计上未免矫枉过正。根据《信托法》第11条的规定,如果委托人以非法财产设立了信托,真正权利人并非直接主张返还属于自己的信托财产,而是主张整个信托自始无效。假如在信托文件中委托人设立信托的财产总价值合计为100万元,但后来发现其中有10万元的财产为非法财

---

① 李群星:“论信托财产”,载《法学评论》2000年第1期。

② 参见日本《信托法》第13条、我国台湾地区“信托法”第33条和韩国《信托法》第9条。

产,法院是否就简单地判决整个信托自始无效?笔者认为,这种瑕疵承继的制度设计在实践中将带来一系列的隐患。第一,根据瑕疵承继制度,善意取得制度只是不能够适用于受托人,但是对受托人之外的善意第三人仍可以适用,也就是说,如果非法信托财产已经被受托人转让给善意第三人,善意第三人仍然可以根据善意取得制度提出抗辩,即使法院宣告信托无效,真正权利人仍然无法向善意第三人追夺。第二,如果信托已经进行了长期经营,在存续期间产生了大量的债权债务关系,如果法院宣告信托自始无效,然后再进一步将财产状况一律恢复到信托设立之前的状态,其难度可想而知。第三,根据目前的瑕疵承继制度,如果真正权利人试图获得救济,那么他首先要向法院起诉主张信托无效,经法院确认无效后由受托人将信托财产返还给委托人,最后真正权利人再向委托人追夺,这种救济途径蜿蜒曲折,费时费力。

事实上,如果委托人以非法财产设立信托,那么瑕疵承继制度的主要功能就是限制受托人以自己为善意第三人而提出抗辩,换言之,真正权利人可以直接向受托人追夺信托财产,受托人不得拒绝。但根据我国《信托法》的规定,真正权利人不是直接向受托人追夺信托财产,而是通过宣告信托无效的方式来曲折地获得救济,这种制度设计看似严厉,实际上矫枉过正,并不能给权利人提供简捷有效的救济。

## 六、信托财产的公示制度有名无实

信托合同是当事人意思表示的方式,自当事人签订合同时信托合同成立,固属无疑,但信托合同的成立绝对不能等同于信托的成立。信托的成立,必须经过两个必不可少的步骤:第一,合法有效的关于设立信托的意思表示;第二,信托财产必须由委托人转移给受托人。信托的成立,必须以转移信托财产的管理和处分为前提。如果信托财产为不动产,应当办理登记转让;如果为动产,应当完成交付;如果为商标、专利等无形财产,应当办理登记或注册。总之,信托财产的转移是信托成立中不可或缺的重要条件。如果委托人和受托人只是订立了信托合同,但是并没有转移信托财产,这时当事人之间仅仅存在信托合同关系,不存在信托关系。《信托法》第 8 条规定:“采取信托合同形式设立信托的,信托合同签订时,信托成立。”这个条款一方面清楚地表明信托合同的成立和信托的成立是两个不同的法律概念;但另一方面也使信托合同和信托同时成立,我国信托法没有对信托合同和信托的区别予以足够的重视,忽略了信托财产转移这个关键环节。

信托的成立必须以转移信托财产为前提,同时,基于信托财产的"闭锁效应",信托财产与受托人的固有财产必须严格区分,不得把信托财产与受托人的固有财产相混淆,这就是信托财产的独立性。具体而言,如果受托人死亡,那么信托财产不得归属于遗产;如果受托人解散、被依法撤销或宣告破产,那么信托财产不属于清算财产;受托人管理信托财产所产生的债权,也不得与其本人固有财产所产生的债务互相抵销;受托人管理不同委托人的信托财产所产生的债权债务,不得相互抵销;对于受托人的个人债务,应当用受托人自己的固有财产承担责任,对于信托业务而产生的债务,应当用信托财产承担,这两种债务和两种财产之间泾渭分明,法院不得因受托人自己的债务而对信托财产进行强制执行。正是基于信托财产的独立性特点,必须以一定的方式将信托财产向第三人公示,否则就会导致第三人对受托人的责任财产范围产生误解,从而产生不测之风险。我国《信托法》第10条专门规定了信托财产的公示制度:"设立信托,对于信托财产,有关法律、行政法规规定应当办理登记手续的,应当依法办理信托登记。未依照前款规定办理信托登记的,应当补办登记手续;不补办的,该信托不产生效力。"由此可见,我国《信托法》将信托登记放在举足轻重的地位,凡是应当办理登记而未办理信托登记的,信托归于无效。

既然信托登记对信托的效力具有决定性的作用,那么哪些财产需要办理登记?登记程序如何操作?登记的效力是什么?根据《信托法》第10条的规定,这些都取决于"有关法律、行政法规"的规定。但是,《信托法》本身对信托登记的制度设计几乎一片空白,而在《信托法》颁布以后直到目前为止,国家始终没有出台任何关于信托财产登记的法律或者行政法规。从理论上讲,不动产信托理所当然地应当办理登记,但目前的不动产登记制度却没有将信托登记纳入登记范围。最为典型的表现是,《信托法》于2001年4月获得通过,而此时《城市房屋权属登记管理办法》正在修订之中,直到2001年8月才公布实施,《城市房屋权属登记管理办法》应当将不动产信托纳入登记的范围,但实际上,该办法对不动产信托登记根本不予考虑。笔者认为,信托财产的所有权归属不明可能是信托登记制度名存实亡的重要原因。在信托财产的所有权归属不明的情况下,即使登记机关试图办理不动产信托登记,也难以设计出可操作性的登记规范。

由此可见,我国《信托法》把信托财产的公示放在举足轻重的地位,但又迟迟不出台具有可操作性的公示规则,以致最终使这个对信托效力"生死攸关"的问题陷入有名无实的尴尬境地。以不动产信托为例,由于信托法并不要求办理不动产所有权的登记转移,这就意味着不动产的所有权人在登记簿中仍然为委托人,但是受托人根据信托法对信托财产又享有法定的处分权,由于处分权人和登记簿中的所有权人不一致,第三人势必会怀疑受托人处分行为的合法性。在这种情况下,受托人究竟应当以自己的名义进行交易还是以代理人的名义进行交易?第三人为了规避交易风险,就有可能会越过受托人而试图直接取得委托人的同意,这不仅干扰了受托人的处分权,增加了交易成本,而且也影响了交易的安全快捷。

## 七、没有建立有效的市场退出机制

信托开始于信托之设立,结束于信托之终止。中国的信托立法注重信托的设立,而对信托的终止没有给予足够的重视。一旦信托文件规定的终止事由发生、信托目的已经实现、信托存续期限届满、委托人撤销信托、信托被法院撤销等,势必会导致信托的终止。由于信托财产在运营过程中与外界发生频繁的交易,必然会产生各种各样的债权债务关系,在信托终止时就需要通过清算程序加以厘清。清算制度是利益冲突的平衡器,它不仅对各种债权债务进行清理,而且通过清算为债权人提供了一种可以预见的法律保障,因此清算是信托终止的必经程序。如果说在信托财产的经营过程中,受托人的谨慎、忠实义务是信托利益实现的关键,那么在信托财产的清算过程中,受托人的清算义务则是信托关系平稳结束的关键。

信托财产具有独立性,受托人以信托财产为限对外承担有限责任,清算程序是债权人获得清偿的最后机会。在信托财产的清算中,当信托财产无法满足全部债权时,债权清偿的先后顺序就直接涉及债权实现的可能性,一旦债权人在信托清算过程中得不到及时救济,在信托财产全部分配完毕后再对财产的清算事宜发生争议,不仅举证困难,而且难以执行,可见清偿顺序问题实与当事人利益攸关。特别需要注意的是,信托终止时的财产清算并不是破产清算,而是非破产清算。这种非破产清算主要由受托人自行完成,并不像破产清算那样有法院、清算组、债权人会议等组织形式进行监督。这样受托人就有可能利用自己的信息优势侵害债权人甚至受益人的利益。

我们必须注意的是,受托人是信托财产清算的义务人,同时受托人本身在信托财产分配中也是一个重要的利害关系人。我国《信托法》第37条规定了受托人的优先受偿权:“受托人因处理信托事务所支出的费用、对第三人所负债务,以信托财产承担。受托人以其固有财产先行支付的,对信托财产享有优先受偿的权利。”我国《信托法》第57条又进一步规定了受托人的留置权:“信托终止后,受托人依照本法规定行使请求给付报酬、从信托财产中获得补偿的权利时,可以留置信托财产。”根据债权平等原则,本来信托事务中所有债权人的地位都是平等的,现在因为受托人利用自己的固有财产进行了先行支付,却导致受托人的债权具有了优先受偿权和留置权。优先受偿权实际上是解决受托人和其他债权人获得支付的顺序问题,而留置权则进一步为受托人提供了担保,尤其在信托财产不能满足所有债权的情况下,清偿顺序和担保的重要性更加凸显出来。为了限制受托人滥用优先受偿权,日本《信托法》第35条将优先受偿范围限为受托人“先行垫付的租税、课捐、其他费用,或为对受托者处理信托事务不是由于自己的过失所蒙受的损失”。韩国《信托法》第42条将受托人优先受偿的范围限制为受托人处理信托财产过程中“负担的租税公共费用、利息,或在信托事务中自己无辜而遭到的损失”。比较而言,我国《信托法》对受托人可以享有优先受偿权的债权范围规定得十分宽泛。对于受托人因处理信托事务所支出的所有费用以及对第三人所负的债务,只要受托人以其固有财产先行进行了支付,受托人一律享有优先受偿权。在受托人主持的非破产清算中,在信托财产不足时,这种优先受偿权和留置权有被受托人滥用的危险,从而损害普通债权人的利益。显然,我国《信托法》关于信托终止的立法设计简单粗糙,对债权人的清偿顺序没有明确具体的设计,而这恰恰与当事人利益攸关,这不能不说是立法中的严重疏漏。一旦受托人在主持清算的过程中恶意串通,隐匿财产,颠倒清偿的先后顺序,甚至滥用优先受偿权或留置权,将会置债权人于十分不利的境地。笔者认为我国《信托法》应当将享有优先受偿权的债权范围限定为特种债权,对于一般债权不应当享有优先受偿权。① 如果没有合理规范的市场退出机制,交易主体在市场退出机制前望而生畏,同样会影响信托业的健康发展。

## 八、结论:信托法的本土化是我国信托业走出低迷的关键

法律移植是个普遍的社会现象,甲国的某一法律制度被认为是合理有效的,而乙国恰好缺少相应的制度设计,那么乙国就会效仿甲国的法律制度,推动本国的相应立法。移植外国的法律制度,能否在本国的法律体系内顺利实现本土化是个难点。信托对中国而言完全是个舶来品,我国移植信托制度,一方面要能够吸收英美信托制度的功能,另一方面又要能够与本国的法律传统相融合。中国不可能因为移植信托制度而一并引进衡平法,也不能因为移植信托而摒弃自己一贯的法律传统。只有当我们在本国的法律体系中找到了信托的合适定位时,不同法系之间的融合问题才能够最终得到完满的解决,否则信托制度永远是大陆法体系中的"异物"。面对英美信托法律制度和我国固有法律传统之间的冲突,中国是在没有妥善解决本土化的情况下完成信托立法的。分析表明,在我国《信托法》中,双重所有权的法系冲突问题悬而未决,受托人容易沦为委托人的代理人,委托人和受益人容易出现权利对峙,信托财产瑕疵承继制度的矫枉过正,信托财产公示制度有名无实,合理市场退出机制的严重缺位,这些立法缺陷是中国信托业陷入低迷状态的重要原因,也是信托制度在我国没有顺利实现本土化的突出表现。中国要实现信托制度的本土化,不仅要在固有的单一所有权制

① 我国《信托法》只是笼统地规定了受托人的优先受偿权,对其效力并没有明文规定,特别是这种优先受偿权能否优先于信托财产上的担保物权没有明确。受托人的优先受偿权缺乏公示,如果其效力再可以优先于在信托财产上办理了公示的担保物权,将会对交易安全造成威胁。

度下明确信托财产的所有权归属,而且要在本土化的立法中建立委托人、受托人、受益人和第三人之间的平衡保护机制。可以断言,中国的信托业已经进入瓶颈阶段,《信托法》能否实现本土化是我国信托业能否走出低迷的关键。

（作者系中山大学法学院教授,博士生导师）

# 空间地上权研究

谢　伟

目　次



## 绪论

当今社会，人口膨胀，且日益集中于城市，导致城市土地稀缺，并出现交通拥堵、地价高昂、住宅缺乏、生活空间狭窄等一系列问题。然城市化进程势不可逆。欲拓展城市发展空间，有两种方式。一种为“摊大饼”式的发展，即通过国有化不断将城郊农地纳入城市国有土地范围，在其上进行城市化建设，为城市扩容。这是一种以土地地表开发利用为主的传统发展方式，简便易行，但因其以牺牲耕地为代价，故不具有可持续性。① 另一种为立体式的发展，即充分开发利用城市土地的

① 为确保粮食安全，我国已经设定18亿亩耕地的红线，可供城市向外围扩展的土地极为有限。

上、下空间,建设城市发展所需的各种生产、生活设施,提高单位面积土地的利用率,由向农村土地要发展空间转为向城市自身要发展空间。此为对土地空间进行立体分层开发利用的新的发展方式,在土地资源稀缺的现代社会,已为世界各国城市发展所广泛采用。

土地作为一种最重要的不动产,其合理有效的开发利用需法律的适当调整方能实现,自不待言。罗马法以来的传统民法理论,立足于土地的平面开发利用,形成了调整土地权利关系的一系列法律制度,包括土地所有权、土地用益物权、土地担保和租赁等。尽管如此,当以地表为中心的平面土地利用转为对土地上、下立体开发利用时,传统的土地权利制度已不能有效因应。为实现土地空间立体利用的法律调整,从19世纪下半叶到20世纪初以来,各国先后于民法典,或经由制定特别法,或经由司法判例,抑或通过制定其他相关法律而正式确立了对土地地表上空及下空的所有与利用的法律制度①,学理上称为空间权制度。

就我国而言,土地空间的利用情形业已十分普遍。截至2010年,全国开通运营城市地下轨道交通线路1200km以上,且以平均每年180km的速度增长。许多城市结合地铁建设、城市改造和新区建设,建设了规模巨大、功能综合、体系完整的地下综合体,如北京中关村、上海世博园区、广州珠江新城、杭州钱江新城等,这些项目规模都在10万平方米以上,开发层数3～4层,集交通、市政、商业于一体,内部环境优越,地上地下协调一致。② 可以说,我国现阶段已经进入土地空间开发利用的重要时期。在空间权利的理论研究方面,我国起步较晚,取得了一些阶段性的研究成果,但相关问题的研究尚有待进一步深入,空间权立法则明显滞后,不能适应实践发展的需要。因此,展开土地空间权利的研究,具有重要的理论及实践意义。

鉴于土地空间权是一个内涵十分丰富的法律论题,欲在有限的篇幅内将这一主题内所有问题论述清楚,不易且不足取。因此,本文主要

---

①　陈华彬:"土地所有权理论发展之动向",载梁慧星主编:《民商法论丛》(第3卷),法律出版社1995年版。

②　钱七虎:"中国城市地下空间开发利用的现状评价和前景展望",载《中国人民防空》2007年第5期。

选取空间权体系中最为重要的一种形态，即空间地上权，作为研究对象。又鉴于空间地上权并非一种游离于传统物权制度之外的全新制度，教科书式的体系化论述方式必然导致与既有具体物权制度的诸多重复，似无必要。因此，本文的写作不采上述方式，而是有针对性地就空间地上权理论实践中存在的若干问题点展开论述，整体上属于一种散点式的结构安排，虽然在一定程度上牺牲了文章体系结构上的美感，但更便于突出对重点和争议性问题的理解和分析。

## 第一章 空间权概述

### 第一节 空间权的概念与生成基础

#### 一、空间权的概念

对于何为空间权，我国学者间见解不同。一种观点认为空间权就是空间利用权，是一种新型单一的用益物权类型。[①] 另一种观点则认为，空间权乃以空间为客体而形成的民事权利之集合。[②] 笔者倾向于后者，赞同将空间权定义为“在土地的空中或地中横切一立体空间（断层）而以之为标的设定的权利”。[③] 理由简述如下：

正如以土地为客体，可形成土地上的权利群，以空间为客体，则可形成空间上之权利束，此其一。从语义学上讲，对一个语词概念的限定愈少，则其外延愈宽，内涵愈丰富。“空间权”这一语词概念仅有最少的限定（只有“空间”一个限定词），因而其外延有相当的包容性，具有作为一个上位概念的品质，此其二。由法理观之，以空间为权利“客体”，确可成立若干不同种类的民事权利，既包括后种定义方式下的空

---

① 王利明：《中国民法典学者建议稿及立法理由》，法律出版社 2005 年版，第 323 页；李延荣：“关于空间利用权的思考”，载《法学家》2006 年第 3 期；王利明：《物权法论》，中国政法大学出版社 2008 年版，第 257 页。

② 梁慧星、陈华彬：《物权法》，法律出版社 2010 年版，第 151 ~ 152 页；陈华彬：“土地所有权理论发展之动向”，载梁慧星主编：《民商法论丛》（第 3 卷），法律出版社 1995 年版；刘保玉：“空间权的内涵界定与其在物权法上的模式选择”，载《杭州师范学院学报》（社会科学版）2006 年第 2 期；陈祥健：《空间地上权研究》，法律出版社 2009 年版，第 7 ~ 8 页。

③ 梁慧星、陈华彬：《物权法》，法律出版社 2010 年版，第 151 页。

间利用权,还包括空间所有权、空间役权、空间租赁权等多项具体权利类型。如以"空间权"为单一的具体的一项权利,当理论上欲对空间客体之上所成立的各项具体权利进行进一步抽象时,则无法找到可以达致这一目的的上位概念,造成理论发展上的困境,此其三。以我国物权法所确定的空间权制度①观之,作为空间权形式之一的空间建设用地使用权并未取得本质上区别于传统建设用地使用权的独立地位,难谓一项新的物权类型,此其四。

另外,笔者同时也认为,尽管从概念本身的科学性而言,空间权应为一个属概念,即以空间为客体而形成的民事权利之集合。但在这一属概念之下的各项种概念中,以空间地上权最为重要,某些情形下以空间权径指空间地上权具有便利性,不会引起理解上的混淆,因而也是允许的。由此,不妨将前者称为广义的空间权,后者称为狭义的空间权。

二、空间权的生成基础

空间权的产生和发展并非偶然,而是基于一定的现实需要和理论回应之上,本文将空间权的生成基础归结为现实基础和理论基础两个方面。

(一)空间权生成的现实基础

空间权生成的现实基础包括两个方面:土地资源的稀缺和建筑技术的发展。农耕社会,人口稀疏,土地富余,足资利用。即便建筑技术发达,衡诸土地平面利用与立体利用的成本,亦无立体空间利用之必要。然 19 世纪 60 年代后的工业化时代,同时也是城市化的时代,人口剧增并向城市聚集,使城市的土地资源不敷使用,城市向外围的扩展亦难以因应由人口增长所带来的土地需求,由此导致了居民住宅过密、交通拥堵、城市自身发展受阻、居民生活质量下降等诸多问题,使城市化的推进客观上面临挑战。土地的平面利用趋于饱和,人们自然将目光聚焦于土地的上、下空间,寻求立体的空间利用。

相较于土地的平面利用,土地上、下空间的立体开发利用是一项技术性很强的工作。现代建筑科学的发达则为土地的立体化分层利用提

① 《物权法》第 136 条规定:"建设用地使用权可以在土地的地表、地上或地下分别设立。新设立的建设用地使用权,不得损害已设立的用益物权。"

供了技术上的支持,使其成为可能。古代历史上虽间或也有一些土地立体空间利用的例子,如我国古代一些规模庞大的帝王陵墓,但在当时的建筑技术条件下,完全仰赖人力,成本极高。在某种程度上乃封建集权的产物,于社会发展、民众福祉并无实益,仅为个别事例,不具有一般化、产业化的特征。只有在建筑技术发达,土地立体空间利用需求广泛而迫切的近现代社会,普遍化的土地立体空间利用才会出现。也只有在这个时候,才会产生运用一定的法律规范,调适土地立体空间权利关系的内在需求。此为空间权产生的现实基础。

(二)空间权生成的理论基础

以往学者在论及空间权产生的理论基础时,往往会着重提及土地所有权理念及其演变的三个阶段,即从近代的个人的土地所有权理念,到19世纪末至第二次世界大战结束前的社会的土地所有权理念,再到现代"个人与社会"调和的土地所有权理念,将所有权理念由绝对到相对的转变视为空间权产生的理论基础。如有学者在其论文中写道:从空间权产生的角度看,空间权之所以确立,也在极大程度上取决于土地所有权的形态基础。试想,在土地所有权范围"上穷天寰,下达地心",在"土地所有权神圣不可侵犯"理念高扬的个人土地所有权形态下,空间权利怎有可能产生?[①] 也就是说,他们认为,在个人土地所有权理念下,土地所有者对其土地拥有"上达天宇,下及地心"的绝对权利,而这种绝对权利容易为土地所有者所滥用,从而将遏制空间权的产生,只有在现代"个人与社会"相调和的土地所有权理念下,空间权方具备生长的土壤和空间。

依笔者之见,上述观点是值得商榷的。空间权的产生并不以"个人与社会"相调和的土地所有权理念为基础。在个人土地所有权理念的时代,之所以没有产生空间权,不在于土地所有权人容易滥用其权利,而在于彼时既无立体分层利用土地空间的现实需求,亦无发达之建筑技术,因此土地上、下空间不具有独立的利用价值及可能性。

抛开土地立体利用技术上的可能性不论,凡在土地稀缺之处,必有一部分人拥有土地,一部分人无地。就无地者而言,为谋求生活及发

---

① 陈祥健:"空间地上权研究",福建师范大学2009年博士学位论文,第37页。

展,当然希望能够利用他人之土地。在地表有限的情况下,能满足其需求的土地上、下空间亦不为不可。就有地者而言,其对土地的自用通常以地表一定的范围即足矣,若能将土地上、下之富余空间交由他人使用而收取相应对价,无疑可增进土地所有人之经济利益,何乐而不为。因此,无论何种所有权理念,只要这种于双方均有利益的供需关系存在,土地空间的立体开发利用则为必然。唯在不同的土地所有权理念下,土地所有人与空间权利人之间的利益平衡效果上存在差异而已。

可见,"个人与社会"相调和的土地所有权理念并非空间权产生的理论基础,只是在空间权产生的时代,土地所有权理念已经演进到这样一种形态,从而客观上成为空间权生成的一种非决定性制度环境。那么,空间权真正的理论基础是什么呢?无它,乃传统之物权基本理论。调整土地立体利用的空间权脱胎于土地平面利用之物权,自应以后者为其理论基础。土地空间权的构建无论如何不可能脱离这个基础而另起炉灶。

当然,空间权与传统的物权理论并非完全契合。最明显之处在于依传统物权法理论,空间因非有体而不是物权法上之物,以致土地空间权难以归于物权法体系,由物权法调整。而现代物权理论上"物"的概念的发展,则使空间为物权法上之"物",为空间权理论融入物权法体系扫除了理论障碍,空间权的理论基础由此稳固。关于空间权客体之空间为民法上"物"的性质,本文将于后面相关章节予以论述。

### 第二节　空间权的权利体系

空间权作为一个上位概念,乃由各项子权利组成的一个权利束或权利群。学说上倾向于将其权利体系作如下归纳:①

- 空间权
  - 空间所有权
  - 空间利用权
    - 物权性空间利用权
      - 空间地上权
      - 空间役权
    - 债权性空间利用权
      - 空间租赁权
      - 空间借贷权

这一体系概括了空间权的一些主要权利类型,对于认识空间权的

① 温丰文:"空间权之法理",载《法令月刊》1988年第39卷。

权利体系有一定帮助。但笔者认为这一归纳方式存在不足之处。一方面,空间利用权并非一个严谨的法律术语,且将其与空间所有权并列作为空间权体系第一层次的划分,再将空间定限物权与空间债权并列作为第二个层次,在逻辑结构上亦非妥当。另一方面,作为从理论上对空间权体系的建构,应当力求全面,上述空间权体系中则明显存在遗漏,如空间担保物权等。因此,笔者认为,应当以物权、债权的二分为基础,依据物权体系框架的内在逻辑,形成完整的空间权利体系,如下图所示:

- 空间权
  - 空间物权
    - 空间所有权
    - 空间用益物权
      - 空间地上权
      - 空间农地使用权
      - 空间役权
    - 空间担保物权(抵押权)
  - 空间债权
    - 空间租赁权
    - 空间借贷权

一、空间物权

空间作为民法上物的一种,在动产与不动产的基本划分中属于不动产,成立于其上的权利主要为物权,包括所有权、用益物权和担保物权。

(一)空间所有权

空间所有权,指对离开地表的空中或地中的一定立体空间所享有的依法自由支配并排除他人干涉的权利。空间所有权与其他不动产所有权在性质、内容和效力方面大体相同,空间所有权人对其所有的空间享有占有、使用、收益、处分的权利。对于侵占其所有物、妨害所有权或有妨害之虞者,享有以返还所有物、排除妨害及妨害预防请求为内容的物上请求权。

(二)空间用益物权

空间用益物权包括空间地上权、空间农地使用权和空间役权。

1.空间地上权。空间地上权,是指以在他人土地之空中或地下有建筑物或工作物为目的而使用其空间的权利。即以空间为客体而成立的地上权。空间地上权使在他人地表的上空或者地下建造并拥有建筑物或其他附着物有了法律依据,克服了普通地上权适用上的局限性,在整个空间权体系中,占有重要地位。

2. 空间农地使用权。空间农地使用权,是指在一定的三维闭合空间内所设立的农地使用权。[①] 传统的农业生产一般仅限于利用地表土壤。但随着农地资源的紧张,农业生产技术的改进和农业生产领域的扩大,设立农地使用权也不是不可能的。[②] 现代农业已经发展出"无土栽培技术",并且可以用人工照明代替阳光使农作物可在地下空间顺利进行光合作用,发育生长。这方面的实例有美国印第安纳州利用地下(石灰石矿洞)种植制药用转基因作物[③],日本则将东京一家大银行的地窖改建成农场,用来种植水稻、番茄、草莓等农作物。[④] 除此之外,在水域养殖领域也广泛存在利用农用地空间的情形[⑤],如在近海、湖泊大型水库的中层水体进行网箱养鱼,在下层水体养殖贝类等,均为其例。虽然我国目前的农业生产仍以农用地地表利用为主,但农地空间的利用业已出现,在法律上对空间农地使用权进行研究无疑具有前瞻性。

3. 空间役权。空间役权则指以他人特定的空间供自己或自己的土地或空间便宜之用的权利。空间役权包括空间地役权和空间人役权。为特定人的利益而设定者为空间人役权,为一定的土地或空间而设定者为空间地役权。由于土地的立体开发利用,空间权利人为实现对其空间的有效利用,往往需要与其周围其他土地或空间权利人之间作成一定的使用收益之协议或约定,以协调相互间的不动产利益。为使对

---

① 梁慧星主编:《中国物权法草案建议稿》,社会科学文献出版社2007年第2版,第448页。依该书定义:农地使用权,是指以种植、养殖、畜牧等为目的,对国家或集体所有的农用土地进行占有、使用、收益的权利。

② 梁慧星主编:《中国物权法草案建议稿》,社会科学文献出版社2007年第2版,第449页。依该书定义:农地使用权,是指以种植、养殖、畜牧等为目的,对国家或集体所有的农用土地进行占有、使用、收益的权利。

③ 载中国科学院网站,http://www.cas.cn/xw/kjsm/gjdt/200906/t20090608_632434.shtml,2011年8月18日访问。

④ 载新浪网,http://news.sina.com.cn/w/2005-01-11/10174787051s.shtml,2011年8月18日访问。

⑤ 根据《土地管理法》第4条第3款的规定,农用地包括耕地、林地、草地、农田水利用地、养殖水面等。

他人空间的利用关系稳固下来,获得物权效力,设定空间役权不失为较好的选择。如建造地下建筑物,必须在他人享有地上权的土地上开设出口,即可通过空间地役权的设定达到这一目的。

(三)空间担保物权

空间担保物权指为担保债务的履行,于债务人或第三人的空间或空间权利上设定的定限物权。美国俄克拉荷马州1973年制定的《俄克拉荷马州空间法》规定:"空间是一种不动产,具有与不动产一样的性质,可以成为所有、让渡、租赁、担保、继承的标的。"中国人民大学商事法律科学研究中心拟定的《中国民法典学者建议稿》第960条规定的"空间利用权人有权就空间利用权设定抵押,但法律另有规定或当事人另有约定的除外"即为其例。空间(地上权)可得为抵押,方便了空间权利人拓宽融资渠道,于社会经济发展大有裨益。

二、空间债权

空间债权指依契约自由原则所设定的债权性质的空间权利,包括空间租赁权和空间借贷权两种。空间租赁权指以特定空间为标的设定的租赁权。空间借贷权指以特定空间为标的而成立的借贷权。两者均属债权范畴,当适用债法相关规则予以调整。这两种以债权方式设定的空间权利,法律关系的建立简单灵活,易于操作,在临时性的小规模的空间利用场合运用起来比较方便。但由于其债权属性,在法律上受保护的力度比之物权性质的空间权明显较弱,因此在大规模的空间开发利用实践中运用并不普遍。

## 第二章　空间地上权立法例概观

尽管从理论上讲,以空间为权利客体,可形成如上所述的包含物权和债权的内容丰富的空间权利体系,但正如十指有长短,这一权利体系下各项具体子权利在理论上的研究价值以及实践中的运用程度则是不尽相同的。显而易见的是,在上述空间权体系中,空间权的存在形态以空间物权为要,空间物权中则以空间用益物权为要,空间用益物权中进而又以空间地上权为要,并同时辅以相邻关系和地役权制度来协调空间地上权人与地表权利人,以及不同层次的空间地上权人之间权利义务关系。正因为如此,在各国土地空间权利的制度设计上,真正进入立法层面的,除个别情形下的空间所有权外,主要是空间地上权。不同国家、地区的空间地上权制度,各具特色,了解这些内容,对于理解空间权理论以及构建和完善我国的空间地上权制度,具有显著意义。

## 第一节　比较法

### 一、美国

美国是现代各国中较早产生土地空间权概念并建立起相应制度的国家,其空间权的确立经历了一个由判例到成文法,由地上空间立法再到地下空间立法的过程。

早在19世纪中叶,美国即以判例的形式确立了土地所有者可将其土地上部空间予以租赁或让渡的法理。如1857年爱阿华判决(Rodes v. McCormick,4 lowa,368)认为空中权可得分离所有;1898年伊利诺判决(Westsicle Elevated Railway Company v. Spinger 171,m,170)认为地表可得被别除而仅以空中为所有对象。① 而在1946年联邦最高法院在美国诉考斯比(the United States v. Causby)一案中,法院判决则进一步表明了承认土地私有者的上空空间具有权利利益,并得单独成为权利客体的立场。

20世纪初,美国工业快速发展,都市立体开发进入活跃时期。如同土地地表被纵向分割而为不同权利人所有、利用一样,土地立体空间被水平分割,分层让渡、出租的情形陆续产生。此时,仅依判例法已不足以有效调整纷繁复杂的土地空间利用关系,一些州开始制定成文法,以资因应。1927年,美国伊利诺伊州制定了《关于铁道上空空间让与与租赁的法律》,规定对铁道部门所有的空地上、下的空间可进行买卖、让渡和租赁。尽管该法仅针对铁路上空空间,适用范围有限,但却是美国,同时也是世界上第一部关于空间权的成文法。1938年新泽西州制定的相关法律中对空间权作了详细的规定,并将其范围扩大到铁路用地以外的土地上,使空间权在更广泛的领域得以适用。1962年,美国联邦住宅局制定国家住宅法,规定可将空间权作为抵押的标的。在城市再开发方面,住宅开发部(HUD)为向城市中低收入者提供相应

---

① 陈华彬:"土地所有权理论发展之动向",载梁慧星主编:《民商法论丛》(第3卷),法律出版社1995年版。

的住房,则以优惠的政策鼓励开发者在高速公路、铁路、地下铁、桥梁、隧道等设施的上部空间建造住宅。1973 年,俄克拉荷马州制定了著名的《俄克拉荷马州空间法》(Oklahoma Airspace Act),详细规定了空间与土地房屋一样,为不动产的一种,可与地表分离而单独为所有、转让、租赁、设定担保以及继承等;在税收和公用征收方面比照不动产处理。该法被认为是"对此前判例与学说关于空间权法律问题基本立场之总结",因而备受注目,成为其他各州空间权立法的重要参考。

继土地上部空间被广泛利用后,城市地下空间的开发也大幅展开。为了适应不断增长的城市地下空间开发需要,明尼苏达州政府于 1985 年 5 月颁布了《明尼苏达州地下空间开发条例》。这一条例主要内容有:地下空间开发的权利;地下开发区域适合支配权规定;合同签订的规定;征税及财政补贴的规定等。这一条例的出台推动和促进了明尼苏达州的地下空间开发利用,在美国的地下空间立法上具有重要意义。

二、德国

《德国民法典》第 1012 条规定:"土地得以此种方式(即地上权方式)设定其他权利,使因设定权利而享有利益的人,享有在土地的地上或地下设置工作物的可转让或可继承的权利。"也就是说,以保有建筑物或其他工作物为目的,通过设定地上权的方式,可在他人地表上、下的空间设立空间权利。

由于该民法典包括普通地上权及空间权在内仅设有 6 个条文,内容过于简单,一些规定也存在较大缺陷,致适用上发生困难,立法机关遂于 1919 年 1 月 15 日制定并颁行了共计 39 个条文的《地上权条例》。该条例规定:"所谓地上权,系指以在他人土地表面、上空及下空拥有以工作为目的而使用他人土地及空间的权利。"该条例仍采将空间权的内容规定于地上权中的立法模式,称之为"次地上权"。所谓次地上权,即以地上权为本权而再次设立的地上权。也就是说,地上权设立后,地上权人还可自行与第三人签订合同,使该第三人可得支配原地上权人支配范围内一定的地表或上、下空间,享有次地上权。次地上权概念的提出,为土地上、下空间脱离地表而独立地成为民法物权的客体提供了新的法律手段①。

三、日本

与德国不同,日本 1898 年颁布的新《民法典》并未涉及空间权,有关地上权的规定仅限于普通地上权。但是,随着战后日本经济迅速发展,加之其自身国土面积较小、人口众多,土地资源匮乏,城市土地的利用日益立体化。从而迫切需要对空间权利进行界定。有关空间权的立法研究首先在日本私法学界引起重视,昭和 31(1956)年日本私法学会召开第 18 次专题会议,对土地的利用问题展开深入探讨。提出可在土地上、下的空间设定地上权。同时将以地表上、下的空间为客体设立的地上权与仅以地表为客体的土地地上权相区别,并希望这种观点在修改后的民法典中有所体现,以法律的形式正式确定下来。

昭和 41(1966)年,日本立法机构对民法典进行了部分的修改。修正后的民法典第 269 条之二规定,"(一)地下或空间,因定上、下范围及有工作物,可以以之作为地上权的标的。于此情形,为行使地上权,可以以设定行为对土地的使用加以限制。(二)前款的地上权即使在第三人有土地使用或收益权利情形,在得到该权利者或者以该权利为标的权利者全体承诺后,仍可予以设定……"其中的"地下或空间的地上权",即土地空间权,日本称之为"分层地上权"或者"区分地上权"。随后,日本对相关配套法规也进行了修改,其修改后的《不动产登记法》第 111 条第 2 项规定空间(地上)权须登记,且其登记除普通地上权之登记事项外,还应特别记载作为地上权的地下或空中的上、下范围。如有第三人关于土地收益使用的限制,也应当予以记载。而且,登记为区分地上权设定的生效要件,非经登记,不发生效力。

另外需提及的是,日本在地下空间开发利用的立法方面取得了丰硕的成果,居于世界领先水平。典型的有 1890 年颁布的《水道条例》和 2000 年颁布的《地下深层空间利用法》。前者为日本地下空间最早的一部立法,对于因铺设水道而利用地下空间作了详细规定。后者则是为了保证因公共利益而使用地下深层空间的需求所制定的法律,目前限在东京圈、名古屋圈和大阪圈这三大都市圈适用。该法就地下深

① 孙宪忠:《德国当代物权法》,法律出版社 1997 年版,第 228 页。

层空间的定义、公共事业的认定、利用地下深层空间的批准手续，地下深层空间使用权的性质及登录簿的配制、地下深层空间的使用和损失赔偿等作了明确规定。

## 第二节 中国法

### 一、我国台湾

我国台湾地区修正前的民法典并无明确的关于空间权的规定。“台湾民法典”第832条规定：“称地上权者，谓以在他人土地上有建筑物或其他工作物或竹木为目的而使用其土地之权。”该条原为创设普通地上权而制定。20世纪六七十年代，随着经济与社会的发展，台湾大力扩展土地上、下空间的利用，遂于社会生活中产生了相关主体对于空间的现实利益以及由于利益冲突而生的纠纷。在研讨这一新的法律问题时，台湾大多数学者倾向于将上述条款中的“他人土地上”解释为不仅以地表为限，尚包括他人土地之上空或下层，认为地上权实则在土地上空（如高架道路）或地下（如建隧道）均得设定之。1985年台湾“最高法院”台上字第379号判决首次于实务中承认了空间权的基本立场。① 同年的“台再59号判决”亦持同一立场，承认有空间权的存在。

尽管空间权于学说判例上均已得到承认，但空间权之具体规则未有明文，倚赖司法创造来解决问题亦非长久之计，空间权的确立还需于法律上有确实之规定。民法典的修订工程浩大，而台湾大众捷运系统的兴建恰涉大量土地空间之利用，于是有学者主张，“建立区分地上权制度最好的方式是制定一个全新的建立大众捷运系统条例的包裹，里面除了全新的‘大众捷运法’外，并配合修正与区分地上权有关的法律，如民法、土地法、都市计划法、土地税法、同时拟妥土地登记规则，土地复丈办法等相关政令的修正，毕全功于一役”。该意见为立法机关所采。1988年7月1日，我国台湾地区“大众捷运法”颁行，于该法第

① 1985年台湾“最高法院”台上字第379号判决载明：“所谓在他人土地上有建筑物，并非仅指建筑物与土地直接接触者而言。凡以在他人土地上有以建筑物为目的而使用他人土地者，不论建筑物是否直接或间接与地面接触，均可设定地上权……”

49条①正式确立了空间权制度。

除"大众捷运法"外,我国台湾地区"土地征收条例"第57条、"促进民间参与公共建设法"第18条、"奖励民间参与交通建设条例"第19条等法律条款中均作了类似的规定。

其后,为因应经济社会变迁,台湾陆续启动对民法典各编章的修订。2010年2月3日,"台湾民法典""用益物权"修正条文公布,于2010年8月3日施行。修正后的民法典于第841条之后增加第841条之1至之6,设为区分地上权一节,以区分地上权的形式对空间权作了详细规定。第841条之1规定:"称区分地上权者,谓在他人土地上、下之一定空间范围内设定之地上权。"于意义上与普通地上权做了区分。其后的几个条款则就区分地上权人与相邻使用收益权人的关系、区分地上权期限届满的法律效果等重要问题作了具体规定。区分地上权一节的设定,丰富了台湾民法典的物权体系,在大陆法系有关空间权的立法中,处于前列。

二、我国大陆

我国土地空间的立体开发利用,始于人防工程建设。20世纪90年代末以前的土地空间开发建设,建设类型以民防工程为主。20世纪90年代以后,在一些经济快速发展、城市化进程进一步推进的地区,尤其是在一些经济发达的中心城市,土地上、下空间的开发利用已广泛涉及交通等市政设施、地下商业设施、地下空间建(构)筑物、地下民防工程等,成为一种综合性的开发利用过程。作为一种新的土地利用方式,土地空间的开发利用较之地表更具复杂性。为适应我国土地空间立体开发利用的需要,我国中央和一些地方相继出台有关空间利用的法律规范,形成了既有别于其他国家,也有别于我国台湾的空间地上权制度。

我国最早关于空间权利的规定是1995年原国家土地管理局颁布

① 我国台湾地区"大众捷运法"第49条规定:"大众捷运系统因工程上之必要,得穿越公、私有土地之上空或地下,但应择其对土地之所有人、占有人或使用人损害最少之处所及方法为之,并应支付相当之补偿。前项情形,必要时主管机关得就其需要之空间范围协议取得地上权,协议不成时,准用征收规定取得之。"

的《确定土地所有权和使用权的若干规定》。[①] 该规定第54条第1款规定:"地面与空中、地面与地下立体交叉使用土地的(楼房除外),土地使用权确定给地面使用者,空中和地下可确定为他项权利。"此所谓"他项权利",究竟为何种权利,如何行使,未臻明确,可视为与物权法理论上空间权相对应的一种权利。

1997年1月1日实施的《人民防空法》第5条规定:"国家鼓励、支持企业事业组织、社会团体和个人,通过多种途径,投资进行人民防空工程建设;人民防空工程平时由投资者使用管理,收益归投资者所有。"同年10月27日,建设部颁布了《城市地下空间开发利用管理规定》(2001年修正),对地下空间的开发管理作了专门性规定,包括城市地下空间的规划、工程建设及管理等内容。2000年8月15日,国土资源部给广东省国土资源厅《关于地下建筑物土地确权登记发证有关问题的复函》(国土资厅函〔2000〕171号)中将地下建筑区分为结建建筑物和单建建筑物两类型,分别确定其土地权利。[②]

此后,随着土地立体开发利用的进一步展开,一些地方相继出台法律文件,规范地下空间的开发利用,确定地下空间权利归属。2002年6月浙江省政府颁布的《浙江省土地登记办法》第6条规定:"依法独立使用的地下空间,使用者应当自批准使用之日起,向土地所在地县级以上人民政府土地行政主管部门提出土地登记申请,由县级以上人民政府登记造册,核发地下空间使用权证书,确认使用权。"上海市2006年7月20日颁布的《上海市城市地下空间建设用地审批和房地产登记试行规定》以及2006年11月14日颁布的《关于贯彻〈上海市城市地下空

① 陈耀东、罗瑞芳:"我国空间权制度法制化历程与问题研究",载《南开学报》(哲学社会科学版)2009年第6期。

② 《国土资厅函〔2000〕171号》规定:"1.凡是与地上建筑物连为一体的地下建筑物,其土地权利可以确定为土地使用权。具体登记时,将地下建筑物的建筑面积计入整体建筑总面积,然后按权利人拥有的地下建筑面积占整体建筑面积的比例分摊地面上的土地面积。2.离开地面一定深度单独建造,不能与地上建筑物连为一体的地下建筑物。其土地权利可确定为土地使用权(地下)。具体登记时其土地面积为地下建筑物垂直投影面积,并在备注栏说明相应地上土地使用权的特征。土地使用权(地下)在不违反地下建筑物规定的用途、使用条件的前提下,可以进行出租、转让和抵押。"

间建设用地审批和房地产登记试行规定〉的实施意见(一)》,对地下空间的供地方式、用地审批、建设工程规划审批、出让金、土地使用权范围、地下空间地籍测量,产权登记等方面进行了较为详细的规定。

2007年3月16日,第十届全国人民代表大会第五次会议通过了《物权法》,以空间建设用地使用权的形式正式于国家民事基本法层面确认了空间地上权制度。该法第136条规定:“建设用地使用权可以在土地的地表、地上或地下分别设立。新设立的建设用地使用权,不得损害已设立的用益物权。”《物权法》颁布后,依据物权法的精神,又有一些地方性规定相继出台。沈阳市政府(沈政办发〔2008〕40号)文件《沈阳市人民政府办公厅转发市规划国土局、市人防办关于规范全市地下空间开发利用管理意见的通知》中对地下空间的供地方式、出让年限、地价确定、确权发证等问题作了专门规定。2008年7月23日,深圳市颁布《深圳市地下空间开发利用暂行办法》,其中第3条规定:“开发利用地下空间应当取得地下建设用地使用权。地下建设用地使用权的取得应当充分考虑相邻空间的发展需要,避免相互妨碍、危害。”该办法另以多个条文对地下建设用地使用权的取得和权属登记作了细致规定。2010年12月21日,郑州市发布《郑州市人民政府关于印发郑州市城市地下空间开发利用管理暂行办法的通知》,对以有偿使用方式取得地下空间使用权的地价作了详细规定。

此外,广州市2010年公布征求意见的《广州市地下空间开发利用管理办法》(征求意见稿)在总结各地立法经验的基础上,对地下空间权利制度作了比较完善的规定。

## 第三章　空间权地上权的性质

对于空间地上权的性质,学者间有不同见解,成为理论上一个颇具争议的问题。争议的焦点为空间地上权是否属于一个新的用益物权种类?对于这一问题的回答,主要形成了两种不同的观点,本文称之为“新权说”与“非新权说”。空间地上权的性质究竟如何,值得探究。

### 第一节　各种见解

#### 一、新权说

所谓“新权说”,即认为空间地上权是一个新型的独立的用益物权种类。理由主要是:(1)“由于空间利用权可以基于土地所有权人、使用人的意志而在特殊情况下与土地所有权和使用权发生分离,且可以通过登记予以公示,因而空间利用权可以成为一项独立的物权”。[①] 空间权已经具备了物权的基本特征,[②]是一项独立的权利,应当成为物权法体系中的一个物权种类,由物权法作出统一的规定。[③] (2)空间利用权与土地使用权存在差异,不应合一:其一,两者的效力所及范围或者客体不同;其二,两者的着眼点不同;其三,两者存在的前提不同。[④] (3)空间使用权的主体是独立的,客体是独立的,内容也是独立的,因此空间使用权是独立于土地所有权和土地使用权的一种新型用益物权。[⑤]

二、非新权说

“非新权说”则认为,空间地上权与普通地上权性质相同,并非一种新类型的用益物权。主要观点有:(1)将空间地上权作为一种新的用益物权无充分的理论依据。仅仅因为空间地上权客体的特殊性就将其作为一种新的物权种类,理由并不充分。(2)从各国立法来看,大陆法系国家一般在民法典中增加有关空间地上权的规定,且认为空间地上权与普通地上权只是客体范围不同,二者间仅有量的差异,而无实质的不同。[⑥] (3)空间(地上)权与地上权在权利来源、权利设立的目的、权利的内容上均相同,由此可以得出结论,空间地上权性质上不是一项单独的用益物权,而是传统用益物权——地上权的一个种类,其与普通地上权并无质的不同,只有量的差异。[⑦]

① 王利明:《物权法论》,中国政法大学出版社 1998 年版,第 644 页。

② 王利明:“空间权:一种新型的财产权利”,载《法律科学》2007 年第 2 期。

③ 王利明主编:《中国物权法草案建议稿及其说明》,中国法制出版社 2001 年版,第 409 页。

④ 刘保玉:《物权体系论——中国物权法上的物权类型设计》,人民法院出版社 2004 年版,第 233 页;转引自赵秀梅:“土地上下空间使用权问题的思考”,载《法学杂志》2008 年第 5 期。

⑤ 屈茂辉:《用益物权制度研究》,中国方正出版社 2005 年版,第 423 页。

⑥ 夏丽芬、谢来青:“试论空间地上权的概念”,载《湖北社会科学》2008 年第 8 期。

⑦ 陈建祥:“论空间地上权”,福建师范大学 2009 年博士学位论文。

## 第二节　本文见解

对于单一的空间地上权是否属于一个新的用益物权种类？笔者亦持否定态度，认为“非新权说”能够更加准确地定位空间地上权的性质。结合上述“非新权说”的观点以及笔者自己的理解，本文将否定理由作如下阐述：

第一，从用益物权的类型构建标准衡量，空间地上权非为一个新的用益物权种类。无论“新权说”还是“非新权说”，对于空间地上权属于物权体系中的用益物权这一点是没有争议的。那么要继续往下判断空间地上权是否属于一种新类型的用益物权，则有必要考查一下借以构建不同用益物权类型的内在标准。综观世界各国和地区的用益物权制度，尽管各有特色，具体的用益物权类型也不尽相同，但在构建标准上是大体一致的，即以用益物权客体的不同使用目的来构建不同的用益物权类型。如现行的《日本民法典》规定的用益物权种类有地上权、永小作权①、地役权和入会权②，我国台湾地区民法典规定的用益物权包括地上权、农育权、不动产役权和典权，《物权法》规定的用益物权则有土地承包经营权、建设用地使用权、宅基地使用权和地役权，均是采用上述标准。由此，欲明了空间地上权是否为一新的用益物权种类，重点在于比较空间地上权客体的使用目的与既有种类的用益物权是否相同。如相同，则适于归为相应的具体既存用益物权；如不同，方有必要考虑是否创设为一个新的用益物权种类。简单地作一番对比，我们不难发现，无论是空间地上权还是普通地上权，均是以有建筑物或其他附着物为目的而使用土地（或空间）的权利，不仅于使用目的上并无二致，权利内容也是相同的。既如此，就不宜认为空间地上权为一个独立的新型的用益物权种类，否则与用益物权体系自身的内在逻辑不相协调。

第二，空间地上权与普通地上权的差异并非本质性的，空间地上权

① 永小作权指支付佃租，而在他人之土地为耕作或畜牧的权利。规定于《日本民法典》第270条。

② 入会权指居住于一定地域或错村落的居民在一定山林原野，为管理运用收益之习惯上的权利。如收割杂草、采集干柴、枯枝和落叶等。规定于《日本民法典》第263条。

的特殊性通过地上权理论的发展本身即可涵盖。诚然,如进行全面的比较,空间地上权与普通地上权之间还是存在一些差异的,最显著的为权利客体不同,其他如着眼点、登记的方式的差异也皆导源于权利客体的不同。但我们并不能依此判定空间地上权为新的权利类型。一种新的权利客体的出现并不意味着新的物权种类的生成。显而易见的是,我们不会因为汽车、电脑的发明而认为在此二物之上应当成立新的物权种类。同理,我们也不能因为空间作为一种新的物权客体的出现而认为在其上应当成立新的物权种类。权利客体具有客观实在性,权利本身则为具体法律关系的高度抽象。在确定权利的性质或类型方面,客体并非决定性因素。日本学者清水湛认为,区分地上权具有几处与普通地上权不同的特征,但是在基本的性格上,两者并没有完全的不同。我国台湾学者王泽鉴、杨与龄、温丰文、吴佩均等也都认为,空间地上权与普通地上权仅有量的差异,而无质的不同。① 因此,空间地上权与普通地上权的差异并非其得以成为一项新的物权种类的充分理由。至于因空间客体的出现而产生的地上权得丧变更过程中的一些特殊问题,完全可以通过发展传统的地上权制度以兹因应。这样处理,较之创设一个全新的用益物权种类,更具有合理性,成本也更低。

第三,"新权说"的主要理由混同了民事权利的"独立性"与"新型性"。民事权利的独立性与新型性为两个不同的问题,前者并不意味着后者。与独立性相对的是从属性。就此而言,无论是普通地上权还是空间地上权均具有独立性,相互之间也可得独立存在。一宗土地上可先设定普通地上权,再于其上、下一定范围设空间地上权,反之亦不为不可。在"非新权说"下,空间地上权的独立性并未丧失,空间的利用效用也不会遭致减损。一个显著的例子是,以地上权形式建构空间权制度的日本和我国台湾地区,空间的立体开发利用异常活跃,秩序井然。权利的新型性则是相对于既有的权利类型而言的。上文的分析已

① 王泽鉴:《民法物权 2:用益物权 · 占有》,中国政法大学出版社 2001 年版,第 58 页;温丰文:"空间权之法理",载《法令月刊》第 39 卷第 3 期;杨与龄:"论分层地上权",载《法令月刊》第 38 卷第 6 期;吴佩君:"区分地上权之探讨——以物权编修正草案为中心",载《月旦法学杂志》第 69 期。

经指出,空间地上权与传统的地上权之间并无本质的不同,将空间地上权视为一个新的用益物权种类既不适当,也无必要。而试图以"独立性"论证"新型性"显然也是难以自圆其说的。

综上所述,认为空间地上权乃一种特殊的地上权则可,认为其是一种新类型的用益物权则是不恰当的。

## 第四章　空间地上权的设定

在大陆法系的空间权立法中,迄今为止于明文规定的空间权类型仅为空间地上权,德国称为次地上权,日本称为分层地上权,我国台湾地区则称为区分地上权,根据《物权法》第136条的规定,我国大陆地区可称之为空间建设用地使用权。上述国家和地区空间地上权的设定,依权利所由取得之不同,呈现出三种模式,笔者总结为地上权人模式、不完全土地所有权人模式和完全土地所有权人模式。我国物权法采取的是最后一种模式。与普通地上权相同,空间地上权的设定也需经过登记。空间地上权的登记有其特殊之处,有必要予以分析。

### 第一节　空间地上权的设定模式

#### 一、地上权人模式

地上权人模式指空间地上权建立在地上权人的权利基础上,从地上权人处取得空间地上权的设立模式。德国民法上的次地上权即采这种模式。所谓"次地上权"就是以地上权为本权而再设立的地上权。次地上权人根据其权利,支配地上权人支配范围内指定的土地地表或者地表的上下空间,或者仅是支配不连接土地地表的上层空间或者下层空间。[①] 在地上权人模式下,设定空间地上权的主体双方是地上权人和第三人(设定后为次地上权人),而与土地所有权人无涉。

依据德国传统民法理论,土地所有权人的范围并非限于地表,而是及于土地的上、下空间。地上权人从土地所有人处取得之地上权,其权利客体范围与土地所有人的客体权利范围并无二致,不仅在于一定范围的地表,尚及于地表之上或之下的空间。土地所有权人在其所有的土地上为他人设立地上权后,在地上权存续期间,除收取设定地上权的

① 孙宪忠:《德国当代物权法》,法律出版社1997年版,第228页。

相应对价外，对其所有的土地的占有、使用、收益和处分的权能均受到限制。地上权人则取得一项独立的物权，享有“与土地所有权相同的权利”，可以如同在土地所有权上一样设置法律负担，创设其他物权权利，包括次地上权。① 在业已设定地上权的土地上，是否可得设定次地上权以及如何设定，地上权人享有法律限度内的意思自治的权利，土地所有人则非当事人一方。由此，笔者将此种空间地上权的设定模式称为“地上权人模式”。

地上权人模式的特点在于，坚持了传统的土地所有权范围及于土地上、下空间的同时，注重地上权人利益的保护，赋予地上权人设定空间地上权的权利。如此一来，地上权与空间地上权并非完全并列平行的权利，前者乃为后者的母权，就如同土地所有权乃地上权的母权一样。由于地上权本身有一定存续期限，在该存续期间外，地上权人对土地不享有权利。因此，地上权人在为他人设立次地上权时，次地上权人权利的存续期限最长为地上权的剩余存续期限。否则，期限超过部分将因侵害土地所有权人的所有权而归于无效。

但是，从严格的用益物权理论观之，次地上权的设定亦存在一定的理论缺陷。地上权的设定有其特定的目的，即在他人所有的土地上拥有建筑物或其他附着物。传统的用益物权也主要是根据土地的不同用益目的而划分为不同的种类。用益目的在具体用益物权的构成中，为一特征性要素，不可忽略或者随意突破。地上权人在其享有地上权的土地上为他人设立次地上权的行为显然已经超出了地上权的设定目的。因而，以地上权人作为空间地上权的设定主体，赋予普通地上权以母权的地位，也并不是没有疑问的。

二、不完全土地所有人模式

与德国的地上权人模式不同，日本空间地上权的设定采取了不完全土地所有人模式。这种模式下，有权设定空间地上权的主体为土地所有权人，同时赋予普通地上权人及其他相关权利人以同意权。《日本民法》第 269 条之二第 2 款规定：“前款规定的地上权（即空间地上权）即使在第三人有土地使用或收益权利情形，在得到该权利者或者

---

① 孙宪忠：《德国当代物权法》，法律出版社 1997 年版，第 235 页。

以该权利为标的权利者全体承诺后,仍可予以设定。”依不完全土地所有人模式设立的空间地上权,可避免普通地上权人权利的行使溢出地上权的设定目的之外,有效增进土地所有权人的利益。

我国台湾地区“民法典”物权编修正草案对空间地上权的设定亦采不完全土地所有人模式,该草案第841条之一规定,“称区分地上权者,谓在他人土地上、下之一定范围内设定之地上权。前项设定范围,第三人有用益物权或以该用益物权为标的之物权,或有第四百二十五条第一项之租赁关系者,应得其同意”。尽管如此,学者间对土地所有权人是否为空间地上权设定的适格主体,尚有分歧。谢在全先生认为,“区分地上权之设定涉及标的物土地所有权之处分,是唯有标的物之土地所有人始有权为之,此与普通地上权同”。[①] 朱柏松教授则认为,“其实土地所有权人在设定地上权后,其对土地的使用收益权能已经不存在,岂有可能在同一标的物上再设定区分地上权于他人吗?所以,我认为这区分地上权本身的设定人应该是地上权人才对”。[②] 事实上,正式颁行的修正物权法并未采用上述条文,而是改由立法理由加以说明。可见,台湾立法在对不完全土地所有人模式认识上亦有所变化。

与德国一样,在日本和我国台湾地区,普通地上权人可以利用的土地的范围与土地所有权人相同,及于土地的上、下空间。因此,在地上权存续期间,对土地空间的占有、使用权能由地上权人享有。土地所有权人在其对空间的使用权能受限后,又在同一标的物上为他人设立以使用为内容的用益物权,确实存在缺乏权源基础的问题。且由土地所有权为他人再设空间地上权,则会处在空间地上权所及的空间范围内,同时存在不相容的普通地上权和空间地上权,造成权利冲突。尽管不完全土地所有人模式为兼顾地上权人的利益,在设定空间地上权时赋予普通地上权人以同意权,本质上仍是压缩了普通地上权人的权利范围。且同意权的效果如何,亦不无疑问。如果凡未获同意,空间地上权一律不得设立,则势必有碍空间资源的有效利用。如未获同意时可诉

---

① 谢在全:《民法物权论》,三民书局2003年版,第134页。

② 温丰文:“论区分地上权——以探讨民法物权编修正草案之规定为主”,载《台湾本土法学杂志》2008年第10期。

请法院于一定情形下强制准予设立,则普通地上权人同意权的效果则明显减损。如何平衡,尚需一番深入细致的探讨。

三、完全土地所有权人模式

顺应土地立体开发利用的需求,我国2007年颁布的《物权法》正式确立了空间权制度,该法第136条规定:“建设用地使用权可以在土地的地表、地上或者地下分别设立。新设立的建设用地使用权,不得损害已设立的用益物权。”这一规定所构建的空间建设用地使用权,由于权利的设立主体为土地所有权人而非地上权人,故不同于地上权人模式;又由于空间建设用地使用权设定不需要得到普通建设用地使用权人或其他对土地有使用、收益权利者的同意,故有别于不完全土地所有人模式,且与之相对,故笔者称之为完全土地所有权人模式。尽管与上述两种先在的模式不同,但笔者认为,完全土地所有权人模式与我国物权法律制度的基本理念、制度体系是相契合的,可资赞同。以下分两点予以说明。

其一,我国实行土地公有制度,十分注重对国家的土地所有权的保护。在次地上权模式下,空间地上权的设定权在地上权人而非土地所有权人。这就使在对土地的上、下空间进行开发利用,建立法律上的权利义务关系时,土地所有权人并无相应的话语权。由此决定了立法上不太可能采取次地上权模式来构建我国的空间权制度。

其二,我国的建设用地使用权虽为与传统民法中的地上权相对应的一项用益物权,但与传统地上权仍然存在一些差异。其中直接影响我国空间建设用地使用权制度构造的一项差异在于,传统地上权制度中,地上权人的权利客体范围与土地所有权相一致,土地所有权所及的空间范围有多大,地上权的空间范围就有多大。我国的建设用地使用权则仅及于地表以及土地上、下一定范围的空间,该范围以外的可利用空间并未承载权利负担,为可得设定空间地上权的空间,其完整的所有权仍归属于国家。根据我国《物权法》第138条的规定,“建设用地使用权出让合同一般包括下列条款:……(二)土地界址、面积等;(三)建筑物、构筑物及其附属设施占用的空间……”也就是说,设立建设用地使用权之土地,不仅其平面界址、面积确定,而且纵向空间也是有明确范围的。作为土地所有权人的国家不必一次性将土地上、下全部空间设定权利负担,可以就不同层次的空间分别设定建设用地使用权。

因此,与德、日不同,在我国,作为空间建设用地使用权客体的空间上,并无地表建设用地使用权存在,两个用益物权的权利客体并不重合,空间建设用地使用权的设定自无须征得地上权人同意。空间地上权的独立性得到彰显。于是,在完全土地所有权人模式下,由(土地)空间所有人作为空间地上权的设定主体已全无法理上之障碍。当然,空间建设用地使用权的行使不得损害已设立的用益物权,如若造成损害则依具体情形依法请求损害赔偿,寻求相应的救济。

尽管依完全土地所有权人模式所设定的空间地上权具有权属关系明确、法律关系相对简单[①]的优点,但从实践的角度观之,如何划定普通地上权空间范围,从而可使得设定空间地上权的空间范围臻于明确,颇费思量。此为完全土地所有权人模式下需要探讨的重要问题,笔者将于本文第五章中详加论述。

### 第二节　空间地上权的登记

空间地上权作为一项不动产用益物权,其权利设定须经登记。空间地上权的登记有其相似性。如登记类型上均包括设定登记、变更登记和涂销登记等。在登记的程序上须由权利人向法定的登记机关提出登记申请并提交必备的登记申请文件材料。在登记的内容上应当记载有关权利主体的基本信息、权利内容的基本信息、权利客体的基本信息等。不同之处在于权利客体基本信息的具体构成方面,即除记载空间的平面范围外,尚须根据测量记载客体空间的纵向范围(起止)。从而使作为空间地上权客体的空间的特定性在登记簿上清晰地反映出来。

空间地上权的登记方面须特别提出的另一个问题是,日本和我国台湾地区规定,空间地上权登记时可将有关土地使用限制的特约作为登记事项予以登记,登记后的特约具有对抗第三人的效力。

《日本民法》第269条之二第1项的后半段规定,在设定空间地上权的情况下,"为行使地上权,可以以设定行为对土地的使用加以限制"。根据平成16年(2004年)全面修正的日本《不动产登记法》第78

---

① 史浩明、张鹏:"海峡两岸空间权利设计思路之比较——以'区分地上权'和'空间建设用地使用权'为中心",载《苏州大学学报》2010年第1期。

条的规定,地上权人与其他权利人间就对土地的使用收益限制的约定应当在地上权登记时予以登记。由于该约定经登记后,具有对第三者对抗效力,对于约定内容的记载必须明确,如“土地上禁止制造或储藏易燃易爆等危险物品”、“土地承重限于××吨/平方米”等。

我国台湾地区“民法物权编修正草案”第841条之二规定,“空间地上权人得与其设定范围外之就不动产或空间享有使用收益权利之人,约定相互间使用收益之限制。前项约定经登记者,对于该空间地上权或不动产有用收益权利之受让人或第三人,具有效力。”正式颁行的第841条之二则规定:“区分地上权人得与其设定之土地上、下有使用、收益权利之人,约定相互间使用收益之限制。……前项约定未经登记,不得对抗第三人。”修正草案与正式条文尽管表述有异,但均规定可将使用收益之限制性约定作为登记事项,使其具有对抗第三人的效力。

将有关土地使用限制的特约作为登记事项,其出发点在于增强限制性约定的效力,协调和稳定权利人之间的权利义务关系。台湾的上述规定借鉴了日本的法律规定,但又有所改进。根据日本《不动产登记法》第78条规定,设定空间地上权时如存在对土地的使用限制性约定,则应当予以登记,属必要记载事项。而依我国台湾地区上述第841条之二的规定,对于使用收益的限制性约定,权利人可以申请登记,也可不予登记,属非必要记载事项。由必要记载事项到非必要记载事项,给予了权利人更多的自由选择、自主决定的权利,体现了意思自治的私法精神。但无论作为必要记载事项还是非必要记载事项,将使用收益限制性约定进行登记以对抗第三人的做法本身在理论、实践上是有一定疑问的。于理论层面言之,上述规定实为债权约定的物权化。物权关系上的债权约定“得因登记具对抗第三人的效力”,固具缓和物权法定的作用,但物权债权化的设定,须有维护物权关系和当事人利益交易安全的必要,并具登记实务上的可能性。有关土地使用收益限制的约定所涉及的,“是区分地上权人与第三人(如相邻土地的所有人、典权人、承租人)的约定,此超越了物权当事人间的关系”①,通过登记获得对抗第三人的效力,其必要性并不显著,有将债权物权化的适用予以扩

① 王泽鉴:《民法物权》,北京大学出版社2010年第2版,第312页。

大化之虞。“债权约定的物权化若无限制,不具合理必要性,将动摇物权及登记制度”。[①] 于实践层面而言,空间地上权中物权关系的债权约定,其内容可谓五花八门,不一而足,如依次都进行登记,将致不动产登记簿的记载内容趋于庞杂,失其简明特性,出现尾大不掉的失衡状态。

因此,笔者认为,我国在建立空间地上权登记制度时,对于将有关土地使用收益限制的约定纳入登记范围应持慎重态度。欲使有关土地使用收益限制的约定具有物权效力,除了通过债权物权化的登记之外,多数情况下还可设立地役权以达到相同的目的。

## 第五章 空间地上权的客体

### 第一节 空间地上权客体的内涵及性质

空间地上权的客体为空间。通常意义上的空间,指在所有方向上无限延伸的三维实体,是为出现各种物理物体和物理事件以及它们的顺次和联系的场所,在物体移动时保持不变。[②] 简言之即指物质实体之外的部分,包括地表上、下的一切空间。空间权所称空间有其特定含义,指普通地上权客体必要附属空间之外可为人力所支配的那部分空间。对此,需从以下两个方面予以把握:

1. 通常意义的空间以土地为参照物,向上、下无限延伸,分为人力可支配空间和人力尚不能支配的空间。鉴于后者不具有实际的利用价值及可能性,因而不属法律上空间范畴。法律上空间仅限于人力可支配控制的空间。当然随着人类科技的发展,可利用空间的范围将逐渐扩展,法律上空间的范围也会随之扩大。

2. 在人力可支配控制的空间范围内,地表利用的必要附属空间非为空间权客体之空间。法律上土地为一立体概念,非仅限于平面地表。传统民法理论认为土地范围“上达天宇,下及地心”,即便在绝对的土地所有权受到限制以及空间可独立于土地而为单独的权利客体的现代社会,人们对土地的利用仍然必须包含一定范围的空间,只有在地表与空间相结合,土地才具有实在的利用价值。因此,土地使用权的必要附

① 王泽鉴:《民法物权》,北京大学出版社2010年第2版,第312页。

② 王同亿:《语言大典》,海南三环出版社1990年版,第2002页。

属空间属于传统土地法中土地的客体范围,在此范围内不存在作为空间权客体之空间。

在明确空间权之空间的具体所指之后,有必要探讨的一个问题是空间在法律上的属性如何,是否属于物权法上之物。

自罗马法以来的传统民法理论通说认为,物系指除人之身体外,凡能为人力所支配,具有独立性,能够满足人类社会生活需要的有体物和自然力。[①] 也就是说除人力所能支配利用的自然力以外,需同时符合以下几个要件才能构成民法上之物:(1)非人格性;(2)须为有体;(3)须为人力所能支配;(4)须为独立一体,须有确定的界限或范围;(5)须具有独立的经济价值,能满足人类社会生活需要。依照上述标准,空间因非为有体及是否可独立为一体存在争议而被排除在物权客体范畴之外。

然而,何种事物可得为物权客体之物,是随着社会生产力的发展而变化的。在物的概念产生之初,人类生产技术水平有限,对于有体物之外的自然力、空间等尚不具有支配利用能力,将有体作为物的构成要件之一与当时的社会经济状况相符,且在理论上有助于民法上物权与债权客体的区分,因而具有其合理性。但随着19世纪以来科技的进步,社会生产力的发展,人类能够控制并予以利用的资源已不限于有体物的范围,还及于电、热、声、光等自然力以及地上、地下空间。这些无体物的利用已经成为现代生活不可缺少的部分,具有重要的社会经济价值。此时,若仍坚持作为物权客体的有体性,将导致上述无体物上存在的权利关系得不到相应的法律调整,不利于社会经济的长足发展。顺应这一社会变化,对法律上物的概念予以扩展,丰富其外延,使电、热、声、光等自然力及地上、地下空间得为物权客体,从而接受物权法的调整和保护,实为必要。有鉴于此,以我妻荣为代表的日本民法学说遂认为,法律学对物之概念应予扩张,不应以物理学上的物为限,除有体物外,凡具有法律上排他支配可能性的或管领可能性者,皆可包含在内。这一观点亦为我国通说所接受。可见,在现代民法理论上,有体性已不再是物权客体物的必要条件。空间虽不具有物质实体,但不影响其成

---

① 王泽鉴:《民法物权》,北京大学出版社2010年第2版,第42页。

为民法上的物。

而空间得独立为一体,具有确定的界限或范围,在现代技术条件下也是容易实现的。正如物理形态上延绵无垠的土地可通过现代的不动产登记技术确定其四至,从而人为地区分为特定的一笔或数笔并在其上设定所有权或他项权利一样,物理形态上延绵不断的空间亦可借助于现代的不动产登记技术确定具体位置、平面面积和上、下界限,使之具有可对外公示的特定性,进而具备排他支配可能性。

至于空间的非人格性以及其在现代社会所具有独立的经济价值,自不待言。总之,空间,无论在土地之上空或者地下,如果具备独立之经济价值及排他支配可能性两项要件,即可为物,得为权利之客体。[①]因此,依法律上对空间权所指空间的界定,其为物权法上之物自属当然。

## 第二节　空间地上权与普通地上权客体范围的界分

空间权的产生使得一宗土地上不仅可以设立一个普通地上权,还可于该土地的上、下不同层次的空间分别设定多个空间地上权。这种分层设定的权利之间的界限如果不能明晰,则极易产生冲突,致使权利人的利益难以实现,甚至受到不期的损失。因此,如何确定多个并存土地及空间权利各自的客体范围,乃理论上需认真探讨的一个重要问题。

普通地上权,欲明确权利范围,确定土地的四至即可。虽然事实上地上权人对土地的利用总是及于地表上、下的一定范围空间,而不仅限于地表,但对于地上权的纵向范围通常未作明确的限定。在空间地上权,欲明确权利范围,显然必须借用一定的测量技术手段明确其客体空间的立体范围(八至)并予以登记公示。且空间权地上权的产生,使原本无须特别标明的普通地上权的纵向范围也有了予以明确的必要。如果一宗土地上只存在一个普通地上权,或只存在一个或者多个叠设的空间地上权,由于普通地上权与空间地上权没有并存,这种必要性还不明显。但在设定普通地上权后,于同一宗土地上再设空间地上权时,就存在一个如何明确两者权利界限的问题。亦即如何确定纵向范围上普通地上权的终点(包括上下范围),同时也是空间地上权可得设定的范

① 梁慧星:《民法总论》,法律出版社2007年第3版,第153页。

围起点。可见,普通地上权纵向范围的确定是空间地上权客体范围得以明确的关键。

一、以往学说上的五种标准(方法)

对于普通地上权人权利客体的纵向范围如何确定,可谓见仁见智。有学者总结为四种确定标准:(1)利益存在限度标准;(2)支配可能性标准;(3)实际利月标准;(4)建设规划和出让合同标准。[①] 笔者则归纳为五种,即(1)利益存在限度标准;(2)支配可能性标准;(3)实际利用标准;(4)土地使用目的标准;(5)建设规划标准。其中,笔者归纳的"土地使用目的标准"与前述学者总结的"建设规划和出让合同标准"实为同一标准,但从该标准的基本含义来看,采"土地使用目的标准"的表述更为准确。

所谓利益存在限度标准,认为地表权人的权利范围仅限于其利益存在的空间范围。这一范围"应依具体场合的情事,妨害形态,并顾及土地的位置,形状及一般的交易观念予以具体认定,而不可对一切土地作出统一的抽象性规定"。[②] 也就是说,对于确定标准并不"一刀切",而是结合相关因素,依具体情形加以确定。

支配可能性标准提倡以支配可能性为界限,认为土地所有权仅限于支配可能的范围。[③] 凡属支配可能的空间,皆为土地所有权的客体范围,同时也是普通地上权的客体范围。

实际利用标准指以满足土地实际利用为限,实际利用所及的空间构成了普通地上权的纵向范围。依实际利用的不同情形,"若是将土地用于种植、养殖的,土地使用权人享有使用权的空间范围应当包括地面之上植物、动物生长所需的一切必要空间,及地面以下植物根系生长、凿井汲水等所需的空间;若是为了在土地上建造建筑物的,土地使用权人享有使用权的空间范围应当是法律允许的建筑物的高限,以及

① 马栩生:"论城市地下空间权及其物法构建",载《法商研究》2010 年第 3 期。

② 转引自陈华彬:《物权法原理》,国家行政学院出版社 1998 年版,第 261 页。

③ 肖军:"论日本地下空间利用的基础法制",载《行政法研究》2008 年第 2 期。

建筑物基础工程的稳固性所需的地下空间和建筑物通风透光所需的空间”。①

土地使用目的标准指以建设规划确定和土地使用权出让合同所约定的土地使用目的来确定权利范围。持该观点的学者认为,我国城市建设用地使用权制度已经规定建设用地使用权人对土地的使用不得违背建设规划所确定的和土地使用权出让合同所约定的土地使用目的,土地使用权人的地下空间权也就理所当然地受建设规划所确定的和合同所约定的使用目的之限制。②

建设规划标准则指依据出让建设用地使用权时所附带的城市规划所确定的该地块可以建筑的上、下空间范围确定权利界限。③“比如在深圳,建设用地使用权人对空间享有的权利是通过出让土地的四至、建筑物的高度和深度确定的。其中建筑物的高度根据规划确定,深度根据技术指标确定的建筑物基地位置确定”。④

上述五个标准中,利益存在限度标准本身具有不确定性,难以进入实质的操作层面。支配可能性标准,使普通地上权的客体范围过大,以致空间权客体既无存在的可能,亦不可取。土地使用目的标准以建设规划确定和土地使用权出让合同所约定的土地使用目的来确定权利范围并非妥当。土地使用目的诚然可构成土地使用的限制,但更直接地表现为使用方式的一种限制。至于权利在多大的范围内存在,仅由目的难以清晰地得出。建设规划标准则具有一定的迷惑性,看似合理,实则不能成立。土地建筑规划中设定的高度值为该地块上所能建造的建筑物的最大高度,如果以此作为普通地上权的纵向范围界限,会导致的一个结果将是土地上空的空间地上权根本无

---

①　孙宪忠:《国有土地使用权财产法论》,中国社会科学出版社1993年版,第38页。

②　李开国:“我国城市建设用地使用权制度的完善”,载《现代法学》2006年第2期。

③　史浩明、张鹏:“海峡两岸空间权利设计思路之比较”,载《苏州大学学报》2010年第1期。

④　全国人大常委会法工委民法室:《物权法(草案)参考》,中国民主法制出版社2005年版。

以设立。因为在此高限之上,已不得再为建筑行为,否则即违反建筑规划,违章之建筑亦须被拆除。由此可见,这一标准不但不能明确普通地上权与空间地上权的纵向分界,反而完全排除了于土地上部空间设立空间地上权的可能性。

实际利用标准相对而言具有较大的参考价值。以实际利用的范围为界,既保障了普通地上权人在实际利用范围内的享有利益的必要空间,又使权利人实际利用范围之外的空间可得由他人设定空间地上权,实现空间资源的充分有效利用。不过该标准认为土地使用权人享有使用权的空间范围应当是法律允许的建筑物的高限。“法律允许的建筑物的高限”一般的理解即为建筑规划高限,此与权利人实际利用的纵向空间并不等同。因此,对于实际利用标准中普通地上权的上限的界定标准有必要予以修正。

二、合同加实际利用标准

基于上述看法,笔者提出“合同加实际利用标准”,实为两个标准,区分不同的情况分别予以适用。

事实上,在我国《物权法》及随后的一些配套性法律文件施行之后,确定普通地上权的纵向权利范围变得相对简单。《物权法》第138条规定,建设用地使用权出让合同应当明确建筑物、构筑物及其附属设施占用的空间。为配合该规定的实施,国土资源部、国家工商行政管理总局组织制定了《国有建设用地使用权出让合同》示范文本(GF－2008－2601),并于2008年4月29日发布的《国土资源部国家工商行政管理总局关于发布〈国有建设用地使用权出让合同〉示范文本的通知》中要求各市、县国土资源管理部门按照该文本的要求,规范签订国有建设用地使用权出让合同。示范文本第4条第(三)项为“本合同项下出让宗地的竖向界限以为上界限,以为下界限,高差为米。出让宗地竖向界限见附件2”。

在上述《通知》的“国有建设用地使用权出让合同使用说明”部分(第四点)则进一步解释,“本合同第四条中,出让宗地空间范围是以平面界址点所构成的垂直面和上、下界限高程平面封闭形成的空间范围……出让宗地的竖向界限……高差是垂直方向从起算面到终止面的距离。如出让宗地的竖向界限以标高＋60米(1985年国家高程系统)为上界限,以标高 -10 米(1985 年国家高程系统)为下界限,高差为70米"。也就是说,根据新的法律、法规的要求,国有建设用地使用权出让合同中须对出让土地的纵向范围作出明确确定。因此,在《国有建设用地使用权出让合同》示范文本(GF-2008-2601)采用后的设定的普通地上权,其权利的纵向范围依据合同的相应条款即可确定。此为合同标准。当然,从不动产权利公示和保护交易安全的角度考虑,最周全的做法应当是既在国有建设用地使用权出让合同中明确普通地上权的纵向范围,同时又在建设用地使用权登中对该向范围予以记载。

但是,单一的合同标准并不能解决所有问题。由于(GF-2008-2601)合同示范文本出台前,国有土地出让合同中一般只明确出让宗地的四至及界址点,而对纵向范围不做约定。在这种情况下,自无法借由国有土地出让合同确定普通地上权人的权利纵向范围,采用什么标准比较恰当呢?笔者倾向于采用实际利用标准。在使用此一标准时,正如前文所述,需作一定之修正。具体言之,在国有土地出让合同没有土地纵向范围条款的情况下,普通地上权的空间范围,地下部分为出让地块的建筑物基础工程的稳固性所需的地下空间深度,此与修正前的标准相同。地上部分则以既有建筑物及其楼顶设施达到的实际高度为限,此为修正之部分。如此操作,地表权利的上、下界限始为分明,空间地上权可得设定的起始范围也就相应明确,较好地协调了地表权利人和空间权利的利益。此外还需提及的一点是,在此种情况设定的普通地上权期限届满后,如国有土地出让合同期限届满,且欲续期的,则应在签订的国有建设用地使用权出让合同中明确出让土地的纵向空间范围。

### 第三节 空间地上权客体范围的测量

无论是采取登记生效主义还是登记对抗主义的立法例,登记对于不动产权利的设定、流转、不动产交易秩序的保障均具有重要意义。空间权作为不动产权利之一种,因其客体的特殊性,较之地表不动产权,更需完善的不动产登记技术规则作支撑。通过登记,物理形态上延绵不绝的空间得以特定化,成为物权的适格客体,空间物权得以有效设定或者具有物权的对抗效力。

作为空间地上权客体的空间,具有三维立体性。对其范围的测量需在传统二维地籍测量的基础上,增加对空间上、下范围的测定,惟其如此,立体空间的范围使得确定。平面范围的测量以通常之方法即可,本文不作论述。而在对空间的纵向范围进行测定时,首先需确定一个作为定位和参考的测量基准点。至于该基准点如何确定,做法不一。日本和我国台湾地区的经验可资借鉴。

依照《日本测量法》第 11 条第 1 款第 1 项的规定,其基准,系以地理学上的经纬度以及平均海面(中等潮位)为依据,上述的水平面,即以日本东京湾的平均海平面为基准。登记时可表述为:"自东京湾平均海面之上(或之下)××公尺上至(或下至)××公尺之间的范围。"以平均海平面为基准虽较准确,但具体操作却存在一定困难。在此情况下,也可以地表上某一个相对固定的特定基点为基准进行测量,如以"土地西北角的地基石上端为基准,往上 10 公尺到 30 公尺之间的范围"表示之。①

在我国台湾地区,关于基准问题的学说观点共有三种:②一是以平均海平面为基准确定空间上、下范围。我国台湾地区"内政部"1997 年 8 月 4 日发布的"台内地字第 8684805 号"函示指出,区分地上权的设定,在台湾本岛,其高程系以相对基隆平均海面为基准,而于澎湖地区,则以相对马公平均海面为基准测量空间上、下范围;二是以用地范围内或邻近土地地表上不易变更的特定点为基准;三是在设定之时已有建筑物存在的,则以建筑物之层别确定之。由于平均海平面标准操作起来较为复杂,我国台湾地区"内政部"于 1998 年作出"台内地字第 8796413 号"函示,允许地上权人自主设立固定参考点作为空间范围高程测量基准,并区分一般私人工程和大型公共建设作出大体相似而又

① [日]我妻荣:《日本物权法》,五南图书出版公司 1999 年版,第 355 页。

② 吴珮君:"区分地上权之探讨——以物权编修正草案为中心",载《月旦法学杂志》2001 年第 2 期。

有区别的规定。[①] 上述三种观点中,第一、二种与前述日本所采用的方法相同,第三种则适用于已有工作物存在的情形。由于空间地上权多设定于地表已有普通地上权的情形,地表之上通常已有固定的建筑物存在,在此情形下,以工作物所在层别为测量基准比较方便。

我国关于不动产登记的法律、法规尚无空间测量基准的明确规定。2008年4月29日,国土资源部、国家工商行政管理总局发布的《国有建设用地使用权出让合同》示范文本中(使用说明部分),明确指出出让宗地空间范围是以平面界址点所构成的垂直面和上、下界限高程平面封闭形成的空间范围,并示明"出让宗地的竖向界限,可以按照1985年国家高程系统为起算基点填写,也可以按照各地高程系统为起算基点填写。高差是垂直方向从起算面到终止面的距离。例如出让宗地的竖向界限以标高+60米(1985年国家高程系统)为上界限,以标高-10米(1985年国家高程系统)为下界限,高差为70米"。1985年国家高程系统之高程基准系采用青岛水准原点和根据由青岛验潮站1952年到1979年的验潮数据确定的黄海平均海水面所定义的高程基准。各地高程系统的高程基准也基本是以不同的水平面为基准。上述示范文本中对宗地纵向界限起算基点的确定方法可适用于空间纵向范围的测定。以高程系统为起算基准点的做法基本相当于我国台湾地区采用的第一种方法。统一采此方法,于实际操作中或有不便,因此可借鉴我国台湾地区实践中的灵活做法,即以用地范围内或邻近土地地表上不易变更的特定点为基准或者在设定之时已有建筑物存在的,以建筑物之层别确定之。这样根据不同的情形在一定的级别的行政地域范围内

① "台内地字第8796413号"函示指出:"有关空间地上权之设定,系属私权事项,其空间范围应依双方当事人之约定,地政机关关于办理该项测绘工作时,平面位置部分应依地籍测量实施规则第231条规定办理;对于空间位置部分,为因应不同需求及便利地政机关作业,以简政便民,采下列两种方式办理:(1)一般人民申请案件,由当事人设立一个固定参考点并应妥为保存,作为设定空间范围高程之相对基准,地政机关应于土地复丈图及他项权利位置图上注明该参考点,以供将来复丈之参考;如设定空间范围已有建物,得以该建物之某楼层或其上方特定空间之范围标的设定空间地上权。(2)大型公共建设之申请案件,由工程单位提供参考点并应在工程设计图上注明该参考点资料,作为设定空间范围高程之相对基准,供地政机关于土地复丈图及他项权利位置图上注记。"

选取适宜的基准确定方法，可便于登记机关登记工作的有效开展。

# 第六章 我国空间地上权制度的完善

我国空间地上权制度经历了从无到有，从学说探讨到立法确立的过程。梳理我国空间地上权的相关立法，总结其经验与不足，为进一步完善我国空间地上权制度提供合理化建议，促进空间开发利用良好秩序的形成，为我国空间地上权制度研究的最终落脚点。

## 第一节 我国空间地上权立法评析

### 一、中央立法评析

《物权法》颁布以前关于土地空间的中央立法，数量有限，包括《人民防空法》、《城市地下空间开发利用管理规定》(2001 年修正)、《确定土地所有权和使用权的若干规定》等有限的几部。内容主要为公法上的规划管理，较少涉及空间以及建筑物的权属问题，主要规范公共设施的建设利用，缺少商业设施民事权利的立法，对于规范土地空间开发利用，建立良好的空间权利秩序，作用有限。以 2007 年《物权法》的颁布为标志，我国空间权利立法取得突破性进展，尤其在地下空间利用方面，出台了系列规定，对地下空间建筑物予以登记确权已经有了明确的法律依据。但《物权法》对于空间建设用地使用权的规定仅有一个条文，内容相对单薄，本身不足以构建和支撑起一个完整的空间建设用地使用权制度。为配合《物权法》实施，建设部和国土资源部先后颁布的《土地登记办法》和《房屋登记办法》中的相关条款确认了特定的空间可得登记，但具体如何操作，未有明确的规定。因此，总体而言，我国现阶段的关于土地空间的中央立法多为原则性规定，除可准用普通建设用地使用权的法律规范外，为构建空间建设用地使用权所应予具备的一些具体规则尚未建立，如空间登记的范围、公示方法、空间价值的评估、空间权利人间利益的协调平衡等。这也是为什么《物权法》颁布后，一些地方为规范空间开发利用，明确空间以及建筑物权属，仍需依据物权法的基本精神，详细制定空间开发利用管理相关规定的原因所在。

### 二、地方立法评析

与中央立法数量的有限和内容的原则性不同，关于空间权利的地方性立法不仅数量丰富而且内容具体,可操作性较强。尽管各地方立法关注的重点不尽相同,具体的制度设计也有所差别,但综合观之,地方性立法中对建立我国空间建设用地使用权制度需重点规范和明确的问题,如空间的登记公示方法、空间范围的测定、空间价值的评估、权利的存续期限、不同层次和内容的权利人间利益的协调平衡等问题,均有细致的规定,其中不乏科学合理的制度安排。因此,就地方性立法而言,认为我国关于空间权的立法长期处于空白状态的说法是有失公允的。尽管如此,分散的地方性立法存在立法层次低、立法质量参差不齐,各地有无规定不一,规定内容不一等弊端,难以满足建立统一的不动产物权制度的内在需求。由地方立法走向国家统一立法乃完善我国空间建设用地使用权制度的必然选择。

## 第二节　我国空间权地上权制度的完善

土地空间的开发利用既涉及公法上的土地空间的规划管理,又涉及私法上的土地空间权利的归属和流转,其法律制度的构建和完善具有相当的综合性。鉴于本文的私法的研究范围,笔者此处仅以物权法的角度,从空间地上权制度自身的完善和相关配套制度的运用两个方面提出完善意见。

### 一、统一和完善地下空间建设用地使用权的具体规则

当前我国土地空间的利用以地下空间为主,地下空间建设用地使用权具体规则的完善十分重要。基本思路是在我国《城市地下空间开发利用管理规定》(2001年修正)的基础上,制定一部《城市地下空间开发利用管理条例》,着重规定如下内容,以配合《物权法》第136条的实施。制定统一规则时,除参考国外立法例外,我国地方立法的成熟经验可资借鉴。

1. 明确地下空间建设用地使用权的取得方式和程序。与普通建设用地使用权一样,地下空间建设用地使用权的取得主要包括出让和划拨两种方式。出让方式依不同的情形可分别采用招标、拍卖等公开竞价方式和协议出让方式。地下空间的开发利用为一项综合性工程,地下空间的利用情形复杂多样,可基于工作目的,也可基于个人目的,还可以是两者的结合。对于何种情形下可划拨取得、何种情形下需招拍挂、何种情形下可协议取得,仅仅依据《物权法》第137条的规定是不

够的，还应当根据地下空间不同的利用目的并斟酌其他相关因素作出细致合理的规定。例如《物权法》第137条第2款明确规定：“工业、商业、旅游、娱乐和商品住宅等经营性用地以及同一土地有两个以上意向用地者的，应当采取招标、拍卖等公开竞价的方式出让。”但体现一定公共目的且与公共工程建设难以分割的经营性建设用地究竟以何种方式取得，没有明确规定。《广州市地下空间开发利用管理办法》（征求意见稿）第2条后3款规定：“新供地的用于社会公共服务的单建地下停车场，可以协议方式取得地下建设用地使用权。地下交通建设项目及附着地下交通建设项目开发的单建经营性地下空间，其地下建设用地使用权可以协议方式一并出让给地下交通建设项目的建设主体。由政府投资建设，与公共设施配套同步开发且难以分割的经营性地下空间，可以协议方式取得地下建设用地使用权。”这种就地下空间开发利用实践中出现的公共利益与商业利用相结合的情形下，地下空间建设用地使用权取得方式作出明确规定的做法值得借鉴。

2. 明确地下空间建设用地使用权出让金的收取规则。除依划拨取得的建设用地使用权外，以其他方式取得的建设用地使用权通常需缴纳一定数额的土地出让金。取得地下空间建设用地使用权亦存在缴纳土地出让金的问题。在普通建设用地使用权，土地出让金的数额依地表所处的地理位置的不同而有所差别。在地下空间建设用地使用权，鉴于地下空间利用施工难度大，建设成本高，投资回报周期长，同时为鼓励和促进社会资金投入地下空间开发和建设，可以比照地表出让金标准对地下空间出让金给予一定优惠。且不同层次的地下空间，其出让金应当有所区别。《郑州市城市地下空间开发利用管理暂行办法》（郑政〔2010〕33号）规定：“与地上使用权同步开发的地下空间使用权，依法按照地上折算楼面地价的20%缴纳地下空间使用权的土地出让金；独立有偿开发的城市地下空间工程项目其地下空间出让底价则不得低于同地段商业基准地价的20%。”《杭州市区地下空间建设用地管理和土地登记暂行规定》（〔2009〕86号）第八条规定：“地下空间用于商业、办公、娱乐、仓储等经营性用途的，应依法办理有偿使用手续，其地下一层土地出让金按基准地价相对应用途楼面地价（容积率为2.0）的20%收取……地下二层的土地出让金按地下一层的标准减半收取;地下三层的土地出让金按地下二层标准减半收取,并依此类推。”这种地下空间出让费用依空间利用层次递减的做法具有相当的合理性,但仅考察空间利用层次一个变量尚显不足。如同样是地下一层,甲取得使用权的地下空间为地面以下15米到25米,乙取得的取得使用权的地下空间为地面以下15米到35米,显然甲、乙所支出的地下空间出让费用应当是有区别的,否则将导致不公。因此,在确定地下空间建设用地使用权出让金的收取规则时,应同时考虑上述两个方面的内容。

3. 明确地下空间建设用地使用权的登记规则。地下空间登记对于地下空间建设用地使用权的设立至关重要,《物权法》及其配套的不动产登记的相关规定过于原则,缺乏明确性和可操作性。地方性立法则有具体性规定,可对其进行整合,形成统一科学的地下空间建设用地使用权的登记规则。具体而言,地下空间建设用地使用权以宗地为单位进行登记,宗地范围通过水平投影坐标、竖向高程和水平投影最大面积确定。竖向高程可以用地范围内或邻近土地地表上不易变更的特定点为基准,在设定之时已有建筑物存在的,也可以建筑物之层别来确定。地下建设用地使用权的登记要素应包括地下空间使用权的空间范围(含平面坐标竖向高程和水平投影最大面积)、用途、规划设计条件等。房地产登记机构应当在地下建(构)筑物的房地产权证中注明“地下空间”;属于民防工程的,还应当注明“民防工程”,并记载其平时用途。结建地下空间可与地面建筑合并办理建设用地使用权登记和房地产初始登记。至于有关地下空间建设用地使用权登记的其他方面的内容,则可依照普通建设用地使用权登记的既有规定办理。

二、建立空间地上权人与其他权利人间的利益协调机制

空间地上权的产生使一宗土地上、下不同层次范围的空间可为不同的主体分别设定权利,同一空间上也可能存在不同权利人。因此,要实现对自己空间的充分利用,且不损及他人对同一空间或相邻土地空间的合法权利,在明确空间权利人间各自空间范围和界限的前提下,尚需运用一定的利益协调机制,主要包括适用相邻关系和设定地役权。

(一)适用相邻关系

相邻关系,又称不动产相邻关系,指相邻不动产的权利人之间,因行使不动产权利而需要相邻各方给予便利和接受限制,法律为调和此

种冲突以谋求相邻各方之间的共同利益而直接规定的权利义务关系。[①] 相邻关系的运用使一方权利得以扩展，享受便利，另一方的权利受到限制，通常表现为承担一定的容忍义务。我国《物权法》第七章确立了相邻关系制度，规定了相邻用水、排水、通行、通风、采光、防险关系等。上述相邻关系的规则主要反映了地表不动产之间发生的平面相邻关系。尽管立体的地下空间相邻关系的情况较之平面相邻关系远为复杂，涉及前后、左右、上下的多个侧面和维度，但其相邻关系的类型仍不外乎邻地使用关系和相邻防险关系两个大的类型，基本上可由现行法律规定的具体的平面相邻关系所涵盖，因此可直接适用《物权法》相邻关系一章的相关规定来协调纵向相邻不动产权利人间的权利义务关系。如地下工程施工须临时利用一定的地表，此种情形即可适用《物权法》第 88 条因建造、修缮建筑物及铺设管线所形成的相邻关系的规定，由地表权利人提供一定的便利，允许地下空间权利人临时开挖地表或在地表堆放建筑材料，施工完毕后应及时清理现场，恢复原状。再如地下工程的建设经常涉及与其上、下建筑物的安全支撑问题，在先有下层建筑物的情况下，上层建筑物的单位面积的承重应有一定限制，以确保下层建筑物的正常使用不受影响；在先有上层建筑物的情况下，下层建筑物的建设必须为上层建筑物留够足以确保其地基稳固的支撑层或建造相应的支撑物。这种纵向空间范围上建筑物间的支撑关系涉及《物权法》第 91 条关于相邻不动产安全保护义务的规定，“不动产权利人挖掘土地、建造建筑物、铺设管线以及安装设备等，不得危及相邻不动产的安全”，事实上仍未超出既有相邻关系规则所能涵盖的范围。

（二）设立地役权

地役权指在法律规定的相邻关系之外，按照合同利用他人的不动产，以提高自己的不动产效益的权利。[②] 我国《物权法》第 156 条规定：“地役权人有权按照合同约定，利用他人的不动产，以提高自己不动产的效益。”因此，我国地役权制度不仅仅适用于土地地表，而且包括土地空间及建筑物。相邻关系中一方权利的延伸和对另一方权利的限制

---

① 崔建远：《物权法》，中国人民大学出版社 2009 年版，第 229 页。

② 朱岩、高圣平、陈鑫：《中国物权法评注》，北京大学出版社 2007 年版，第 504 页。

均只在有限的范围内,“乃法律上当然而生之最小限度的利用之调节”[①]因此无法满足相邻一方对另一方不动产更高的利用需求。此时,空间建设用地使用权人可与地表建设用地使用权人订立地役权合同,设立空间地役权,在更大的程度上利用对方土地或其他不动产,满足自身需要,从而避免冲突发生。

此外,有人提出在设立空间地上权时,可赋予普通地上权人以优先权。这样不仅能够充分满足地上权人对土地空间的利用需求,保护普通地上权人的利益,同时又可避免空间权利主体的过度分散,从而使空间开发利用所涉及的权利关系得到一定程度的简化。笔者认为赋予普通地上权人以优先权于法理不通,不足采纳。普通地上权人并不享有开发利用土地空间的优先权,因为普通地上权有其特定的权利客体范围,包括其所能利用的土地空间的深度或高度。这一深度或高度之外的空间与普通地上权人无涉,所谓的优先权于此情形下并无正当权源。当所有权主体以该部分空间为他人设定空间地上权时,普通地上权人与其他民事主体间的地位是平等的,不存在优先权问题。

## 结语

现代社会,土地的上、下空间被广泛应用于修建高架桥、高架铁路,商业楼、地下停车场、地下商业街等。立体化、多元化的空间利用在应对现代社会土地资源稀缺,尤其是城市用地紧张,拓展城市发展空间,满足更多的人在城市获得优质生活方面扮演着重要角色。如何构建科学合理的空间地上权制度,形成空间利用的良好法律秩序,实为一项需要认真研究的法律课题。即使在2007年我国《物权法》以空间建设用地使用权的形式确立了空间地上权制度之后,仍有进一步探讨研究之必要。

本文通过六个章节的内容,主要阐述了如下观点:

1. 空间权是以一定的土地空间为客体之权利,属于一个上位概念。以空间为客体可形成一个包含物权与债权的完整的权利束或权利群。理论上空间权体系的构建,不应以“所有”与“利用”作为划分基准,而

① 郑玉波:《民法物权》,三民书局1988年修订版,第182页。

应回归物、债二分法。

2."个人与社会相结合"的所有权理念仅为空间权产生的客观制度背景,空间权的理论基础仍扎根于民法上之传统物权制度。

3.空间地上权并非一种新类型的用益物权,本质上与普通地上权相同。不可将物权的独立性和新型性混为一谈。

4.域外的立法例中,空间地上权的设定模式有"完全地上权人模式"和"不完全土地所有权人模式"。我国物权法走的是第三条道路,即采"完全土地所有权人模式",这一模式与我国的建设用地使用权制度相契合。

5.明确空间地上权客体范围的前提是普通地上权客体范围的确定,确定方法宜采"合同加实际利用标准"。

6.空间范围的测量应在传统土地二维地籍测量的基础上增加空间纵向范围的测定,并记载于权利登记簿。但登记事项不宜宽泛地记载权利人间关于土地或空间使用收益的限制。

7.空间地上权制度的完善需从既存制度精细化和相关配套制度的运用两个方面着手。既存制度精细化包括明确建设用地使用权的设立方式、出让金的收取和登记规则。相关配套制度的运用则包括相邻关系的运用和设立地役权。

上述观点建立在以往国内外研究成果的基础之上,又融入了许多笔者自己的思考,不见得成熟,但至少能够提供一些看待问题的不同视角。后学者的点滴成果,都是站在前人肩膀上取得。而就国内的空间地上权的研究而言,笔者以为,这个肩膀尚不够坚实。本文的研究,旨在加入这个肩膀,并期待后来者,更有所创建。

(作者单位系北京延庆县人民政府)

# 信用权作为独立人格权之正当性证成

童 航

目 次



## 一、引言

现代市场经济的本质是交易经济,其运行效率取决于社会中人与人之间的信任度和信用环节。① 其间,个人信用和企业信誉制度的建立是规范市场交易秩序、保障市场交易安全的重要前提。然而,当前我国经济生活中存在比较严重的信任危机,②对信用问题的研究就显得尤为重要。就法学领域而言,信用权及其规范制度的体系化建构是信用问题研究的重心。

① 陈潜、唐民皓主编:《信用·法律制度及运行实务》,法律出版社 2005 年版,第 3 页。

② 叶小文:"我们是'老百姓'不能'老不信'",载《中国青年报》2011 年 10 月 17 日第 2 版;戚晨:"奢侈品网站陷信任危机",载《经济导报》2011 年 12 月 12 日产业·产经 D1 版;孟素荷:"中国食品安全最大的问题是信任危机",载网易财经,http://finance.21cn.com/newsdoc/zx/2011/12/08/10076174.shtml,2012 年 4 月 10 日访问;等等。

我国《民法通则》并未规定信用权,最新的《侵权责任法》亦没有明确规定信用权。就当前涉及信用权的规范制度而言,我国采取的是间接保护方式,即将侵害信用权的行为认定为侵害名誉权的行为。目前,对信用权的保护主要有《反不正当竞争法》第14条,《刑法》第221、246条,《最高人民法院关于审理名誉权案件若干问题的解释》(以下简称"法释〔1998〕26号")第9条等法律规范和司法解释。通过对这些法律规范和司法解释的解读,我们发现当前的信用权保护规范存在以下问题:(1)间接保护模式的固有缺陷难以适应时代的需要。尽管我国现行的立法和司法解释在一定程度上对信用权或者信用利益给予了保护,但是现有规范存在严重不足。在民法上,采取名誉权涵摄信用权的方式不利于有效充分地保护信用受害人。有学者指出:"虽然信用权曾与名誉权属性相同,同属精神利益的范畴,是民事主体在法律上具有完全人格不可或缺的组成部分,但信用权已从以人格精神利益为主转化为以财产经济利益为主,其包含的财产因素、财产价值和财产后果使原有人格利益的内容退居到次要地位。名誉权其实已不能完全涵摄信用权,信用权的财产属性明显不是名誉权所能包含的。"(2)高扬信用权的道德属性,忽视对经济信用的保护。"信用权具有双重属性,既有人格权属性也有财产权属性",①然而现行规范却忽视了信用权的财产属性。现行规范对侵害信用权的行为由于采用名誉权保护模式,以赔礼道歉、恢复名誉为主要的救济方式,辅之以精神损害赔偿以及酌情的民事财产损害赔偿,即忽视信用权的财产属性,难以实现对信用主体的真正保护。(3)对不同信用主体的保护不平衡。尽管我国《民法通则》涵摄了信用权的保护,为自然人和法人乃至其他组织信用权的保护提供了法律依据。但是,自然人和法人信用权的保护力度明显不一样,即"目前国内立法中,对于信用权益保护的立法基点在于将诋毁包括信用在内的商业信誉行为,看作侵害法人名誉权行为在市场经营领域中的特殊表现形式"。② 对于商事组织信用权保护有《反不正当竞争法》的特别规定,但是自然人信用权侵害时则只能借助名誉权的相关规定。

---

① 谢怀栻:"论民事权利体系",载《法学研究》1996年第2期。

② 钟明霞:"信用法律制度研究",载《当代法学》2002年第7期。

(4)信用权保护的规范体系混乱且规范之间缺乏协调性。信用权作为一项重要的民事权利,对其进行保护的法律规范应当具有体系的完整性和规范的协调性。然而,现行的法律规范基于各单行法律立法目的的差异,在信用权保护的目标和价值方面存在冲突,需要予以整合。

现行有关信用权保护的规范存在以上不足,一方面是立法者对信用权保护的重要性认识不足;另一方面也说明当前的学术研究有待深入。本文认为,要构建科学性的信用权保护体系,对信用权性质的探讨是不可回避的前置性话题。因为信用权性质关系到信用权这一民事权利在民法典中的体系安排和规范设置,会对与之相关的名誉权、商誉权等产生影响。而对信用权性质的探讨不能局限于其内涵和外延,应回答信用权与民法权利体系的契合度、侵害信用权之救济是否符合法理逻辑等基本命题。目前学界对信用权性质问题尽管有所讨论,①但仍需进一步拓展和深入。所以,本文以此为选题,意图通过揭示信用的本质,分析信用的构成和类型,进而从必要性和可行性的角度来论证信用权作为独立人格权的正当性。②

## 二、何为信用:本质、构成及类型化

### (一)信用的本质

民法学界对信用权之客体——“信用”的探讨主要有两种学说,分别是清偿能力评价说和经济活动评价说。

清偿能力评价说以吴汉东、吴敬琏等为代表,吴汉东认为,法律上的信用是指民事主体所具有的偿付债务的能力而在社会上获得的相应

---

① 吴汉东:“论信用权”,载《法学》2001年第1期;胡大武:《侵害信用权民事责任研究——以征信实践为中心》,法律出版社2008年版,第38~53页;潘梦静、汤树桂:“对信用权内涵的剖析”,载《江西社会科学》2004年第8期;周云涛:“信用权之反思与重构”,载《北方法学》2010年第6期。

② 正当性,是基于某种标准判断某一事物,并认定其符合该标准的结论……一般而言,正当性的证成包括必要性上的证成和可行性上的证成。参见姚明斌:“‘荣誉权’作为民法权利的正当性检讨”,载梁慧星主编:《民商法论丛》(第48卷),法律出版社2011年版,第132页。

的信赖和评价。[1] 吴敬琏认为，信用(credit)，是指一种建立在授信人对受信人偿付承诺的信任的基础上、使后者无须付现即可获取商品、服务或货币的能力。[2] 这一学说认为信用源于民事主体自身的偿债能力，在信用关系中，授信人采取信用形式贷出货币或赊销商品，受信人则遵守信用诺言按期偿还款项并支付利息。

经济活动评价说以史尚宽、杨立新等为代表，史尚宽认为，信用是主体在社会中应受的关于经济能力的评价。[3] 杨立新认为，信用是指民事主体所具有的经济能力在社会上获得的相应的信赖与评价。[4] 持此观点的学者不在少数。[5] 这一学说并不仅仅强调民事主体的偿付能力，因而使用"经济能力"这一相对宽泛的概念，经济能力包括"经济状况、生产能力、产品质量、偿付债务能力、履约态度、诚实守信的程度，等等"。[6] 换言之，经济能力是民事主体经济方面的综合能力，不涉及政治态度和道德品质。

本文认为，无论是清偿能力评价说还是经济活动评价说，都是基于民事主体自身的偿债能力或者经济活动能力，并决定了民事主体在社会上的信用度或者相应的社会评价。以上两种学说都忽视了信用的道德因素、社会因素等，仅以经济方面的能力定义恒定之，难免有形而上学之虞。事实上，我们需要从不同的角度观察，才能深入信用的历史和社会基因认识其本质，即"信用权的内容可以从道德、经济和法律三个层面予以论述，信用权的客体即信用应该是从这三个层面来共同理解，

---

① 吴汉东："论信用权"，载《法学》2001年第1期。

② 吴敬琏："信用担保与国民信用体系建设"，载 http://www.people.com.cn/GB/jinji/36/20011113/604109.html，2012年4月10日访问。

③ 史尚宽：《债法总论》，荣泰印书馆1978年版，第147页。

④ 杨立新：《人身权法论》，人民法院出版社2006年第3版，第616页。

⑤ 王利明：《人格权法研究》，中国人民大学出版社2005年版，第536～540页；马特、袁雪石：《人格权法教程》，中国人民大学出版社2007年版，第267页；张俊浩：《民法学原理》，中国政法大学出版社1997年版，第158页；龙显铭：《私法上人格权之保护》，中华书局1948年版，第71页。

⑥ 杨立新：《人身权法论》，人民法院出版社2006年第3版，第616页。

以法律为框架、以经济为主体、以道德为精髓的信用是信用权的客体”①。首先,就道德层面而言,信用是一种道德准则,是指人们在日常生活交往中诚实无欺、遵守诺言,并且“受信人在主观上应当具有尽力履行约定的愿望”②。其次,就经济层面而言,信用与民事主体的经济活动紧密相关。信用是经济活动的一个基本要素,是一种建立在授信人对受信人经济能力或者诚信程度基础上的,使后者无须直接给付现金即可享受服务、获取商品或货币等的能力。马克思对经济层面的信用作了具体论述,他认为,“信用,在它最简单的表现上是一种适当的或不适当的信任,它使一个人把一定的资本额以货币形式或以估计为一定货币价值的商品形式委托给另一个人,这个资本额到期后一定要偿还。如果资本是用货币贷放的……那么,就会在还款额上加上百分之几,作为使用资本的报酬。如果资本是用商品放贷,而商品的货币价值已经在当事人之间确定,商品的移转形成出售,那么,要偿付总额就会包含一个赔偿金额,作为对资本的使用和对偿还以前所用的报酬。这种信用通常立有文据,记载着特定的支付日期”。③ 从马克思的这段话中可知,经济层面的信用具有两大特征:以“信任”为基础;以获得一定的回报作为条件。换言之,信用行为的发生是建立在彼此“信任”的基础上,且具有未来的收益性,否则就只是单纯的社会慈善行为。此外,值得注意的是,这一层面的受信人在客观上应具有履行约定的能力;再者,就法律(规范)层面而言,信用不仅是一种权利,也是一种义务,具有权利义务的统一性和对等性。信用之义务,如有直接的法律规范则以其为请求权基础,如没有明确的法律规范,则可解释为诚实信用原则的要求;信用之权利,是民事主体享有信用权的内容体现,信用权的张力取决于民事主体的诚信基础、经济能力等。

综上,信用具有多层次性,不同层面的信用,其本质也各异。就当前规范层面的信用而言,应该具有包容性,才能适应社会的发展需要。

① 崔维:“论信用权的内涵及其法律保护”,山东大学2005年硕士学位论文,第4页。

② 叶世清:《征信的法理与实践研究》,法律出版社2010年版,第24页。

③ [德]马克思:《资本论》(第3卷),人民出版社1975年版,第685页。

是故,法律规范上的“信用”系以经济活动的可信赖性为内容,除支付能力、履约意愿外,尚包含商品及服务在内;[①]此外,民事主体以自身社会活动为基础的诚信能力也属于信用的范畴。至此,信用就其本质来说,系指民事主体因遵守诚实信用原则以及从事经济活动而获得的社会评价。

（二）信用的构成

信用作为一种社会评价,必然会涉及评价主体、评价对象、评价标准等,信用的构成要素自然需以此为论证起点。现代法律上的信用概念具有历史和现实的整合性,而“法律概念本身并不是目的,而仅仅是实现正义的工具;我们应当根据我们试图达到的目的来操纵使用法律概念”,[②]那么,解析信用本质,分析信用的构成便是应用这一法律概念的基础。现代社会,信用的构成不应是单纯的概念结构,而是相关民事主体对特定民事主体依据一定的标准作出的评价性的过程链。在这一过程链中,“线性时间观”[③]决定了信用需求的动态秩序及信用的现代构成结构。

在线性时间观下,过去、现在和未来都被赋予全新的含义,[④]即信用的构成具有了动态性。就评价主体来说,只要与特定的民事主体产生情感或经济上的相联性,无论是自然人,还是法人或者其他组织,甚至是行政机关等都可能纳入为特定的评价主体,即人人都是评价主体,人人都是被评价的特定主体。随着时间的流逝和空间的转换,与特定民事主体相关的评价主体也会随之变动。就评价对象自身来说,其信用已经深深地嵌入社会关系之中,其内在信用观的外在行为受制于自身的经济能力、道德能力等,但是自身信用的能力基础也是处于变化之中的。过去的信用影响现在的信用,但并不能决定将来的信用;就评价

① 王泽鉴:“人格权保护的课题与展望(三)——人格权的具体化及保护范围(5)——信用权”,载《台湾本土法学》2007年第91期。

② [美]沃伦·A.西维:“侵权法的原则”,载徐爱国等编译:《哈佛法律评论》,法律出版社2005年版。

③ 熊赖虎:“时间观与法律”,载《中外法学》2011年第4期。

④ Mead: *The Philosophy of the Present*(first published 1932), Murphy(ed.), Preface by J. Dewey, LaSalle, Ⅲ, Open Court, 1959, pp. 1－31.

标准来说,由于社会秩序“既不是建立在季节的基础上,也不是建立在市场的基础上,而是建立在人类需要的基础之上”[①],评价标准在不同的历史阶段具有不同的标准。现代市场经济要求交易便捷化,由此决定了评价标准的特点化和专业化,必然要求评价方式的程序化,特别是以经济能力为基础的信用(例如征信机构会对信用主体依据一定的标准进行评分,为信用主体的信用能力获得他人认可创造了客观条件)。此外,信用的道德性因素却很难量化为具体的标准,只能依据评价主体基于信用主体的诚信历史等因素进行主观性评价。

基于以上分析,可以将信用界定为由与信用主体相关的民事主体依据一定的标准,通过特定程序或非特定的方式,对信用主体作出的一种社会评价,包含道德层面的信用评价和经济层面的信用评价。

(三)信用的类型化分析

类型化思维是人类重要的思维方式。从某种程度上来说,类型化思维使人们在理论上能够深入抽象概念的内部以弥补法律概念抽象化的不足,同时也有助于民事权利的体系性的建构以满足其适应性。正如舒国滢教授所言,类型化“乃是弥补抽象概念的不足,掌握生活多样的生活现象与意义脉络的生活样态”。[②] 所以,拉伦茨认为,当抽象的一般概念及其逻辑体系不足以掌握某生活现象或意义脉络的多样表现形态时,大家首先会想到的辅助思考形式是“类型”,德国民事法学今日的特征是一种独有的抽象概念及类型混合并存的情形。[③] 可见,类型化思维模式对于法学研究的重要价值。

根据不同的标准对法律概念进行类型化分析,是类型化思维的常用方法。其间会涉及对分类标准的科学性和周延性,这依赖于对某一法学概念的社会存在的各种现象或者概念在规范中的体系的理解。信用依据不同的标准可以划分为不同的下位类型,如依据信用主体的多少,可以划分为个体信用和群体信用;依据信用主体的属性,可以分为

① [法]托克维尔:《论美国的民主》(下卷),董果良译,商务印书馆2009年版,第704页。

② 舒国滢等:《法学方法论问题研究》,中国政法大学出版社2007年版,第449页。

③ [德]卡尔·拉伦茨:《法学方法论》,陈爱娥译,商务印书馆2003年版,第34页。

民事主体信用和商事主体信用;依据信用的内容,可以分为道德信用和经济信用;依据信用的评价标准,可以分为客观信用和主观信用;等等。

由于"理想类型来自实在,是用来比较和衡量实在的手段,它引导人们认识实在知识,解释实在",①在特定的范域内,对法学概念的类型处理必然依赖于特定的需求。本文不打算对信用的类型作一详细的分析,而是依据下文论述的需要着重论述道德信用和经济信用。道德信用,是指由信用主体内在的伦理道德外化为具体的行为所展现的信用因子组成的,在不同的时空维度会出现波动的一种社会评价。霍姆斯曾言"法律是我们道德生活的见证和外在积淀",②对于道德信用尤是如此。经济信用,是指依赖于信用主体的经济能力所获得的一种社会评价。经济信用在现代社会的发展尤其迅速,各种信用载体如汇票、信用证等的普及,从某种程度上扩展了经济信用的内容。

## 三、信用权作为独立人格权的逻辑证成

上文已经论证信用权作为民事权利的正当性,但其作为独立人格权是否也具有正当性,还需通过对无形财产权论的否定及独立人格权论的确立的论证来进行逻辑证成。

### (一)"无形财产权论"之否定

认为信用权属于无形财产权之一种,以吴汉东教授为代表。他认为,信用权属于一种特殊的无形财产权,具有与知识产权类似的某些特征,但又不能归类于传统的知识产权体系。其理由在于:(1)信用是特定主体的财产利益,对于民事主体而言,信用作为影响当事人获得一定交易利益的特殊经济能力,其价值在于通过信用交换的形式获得对等的交换价值。(2)信用是一种没有物质形态的无形财产利益,关于经济信赖的一种社会评价,反映的是特定主体的特殊经济能力。它虽然具有财产意义,但不具有最终的物质产品形态。(3)信用主要是以汇票、信用证、资信文件为载体的财产利益。信用是一种关于经济信赖的

---

① 刘士国:"类型化与民法解释",载《法学研究》2006 年第 6 期。

② [美]奥利弗·温德尔·霍姆斯:《霍姆斯读本:论文与公共演讲选集》,刘思达译,三联书店 2009 年版,第 14 页。

社会评价,它存在于商品交换与商业贸易之中,因此必须通过一定的形式表现出来,为当事人各方所认识、所接受。① 此种观点强调信用权的财产属性,确实是现代信用经济时代的最主要的表现。例如早在2005年,全国人大常委会副委员长蒋正华就在某论坛指出,我国每年因信用缺失损失5855亿元(据2011年媒体报导商务部数据显示,这一数字已上升至6000亿元②),约占财政收入的37%,中国企业存在五大信用危机:假、赖、骗、诈、欺。银行胜诉案件执行率只有15%,银行由于讨债每年直接损失约1800亿元,很多企业被迫采取现款交易导致增加财务费用每年有200亿元左右。③ 这些问题说明,信用与财产的增减在某些时候具有直接的关联性,能够为信用拥有者带来财产利益,也可能造成损失。这在《德国民法典》第824条第1款④关于侵害信用权的认定上体现得尤为明显,该条将信用与"他人的生计或前途"联系在一起,说明信用权具有经济依赖的财产权属性。⑤

事实上,无论是无形财产权还是信用权,本身都有经济属性和精神属性。但是,信用权的经济属性与无形财产权的经济属性是存在本质差异的。以商誉权为例,商誉权是商事组织依法对其工商业信誉所享有的专有权并维护其不受侵犯的权利。⑥ 商誉权属于知识产权的范畴,其依赖于商事组织的经济实力、社会评价等因素,会随着商事组织的变化而发生商誉的移转。而信用权根植于信用主体的"灵魂深处",具有不可移转性。即使经济性信用权可以进行移转,如商誉的非恒定性变动一样,但是公民个人的信用权却是不能移转的,其专属于特定的

① 吴汉东:"论信用权",载《法学》2001年第1期。

② 阮煜琳:"中国企业每年因信用缺失经济损失高达6000亿元",载中国新闻网,http://www.chinanews.com/cj/2011/07-17/3187923.shtml,2012年2月26日访问。

③ 纪亮:"信用立法:小步快走",载《法人》2005年第10期。

④ 《德国民法典》第824条第1款规定,违背真相主张或传播适于妨害他人的信用或对他人的生计或前途造成不利益的事实的人,即使其虽不明知,但应知不真实,仍应向他人赔偿由此而发生的损害。

⑤ 胡大武:《侵害信用权民事责任研究——以征信实践为中心》,法律出版社2008年版,第43页。

⑥ 郑新建:"试论商誉权的法律属性",载《河北法学》2000年第1期。

民事主体。如果人为地将经济性信用权纳入商誉权体系进行规制，不仅忽视了信用权的道德权利属性、割裂了信用权制度的规范体系，也不利于对公民个人的信用权进行保护。

（二）独立人格权论之确立

信用是一种社会评价，民事主体如果缺乏信用，其人格也会存在瑕疵或者缺陷，故而信用权具有人格权的特征。为了更充分地论证这一观点，本文将从信用权的内部结构、信用权的特点等方面展开。

就信用权的内部结构而言，主要涉及信用的本质、构成和类型，在此基础上论证信用权作为一种独立人格权便有了坚实的理论基础。由于信用就其本质来说，包含有道德因素和经济因素等，而且就特定的信用主体来说往往是各种信用因素共同影响的结果。信用权是特定信用主体的社会信用评价所聚合而成的权利，实际上与信用主体自身的人格属性是不可分割的，其不像物权一样可以对其客体进行割裂性的处分。不管信用主体处于何种社会地位，只要其存在于一定的社会关系中，那么与之相连的社会评价就会存在。信用权中的人格性因素表明信用权的本质具有不可让与性，除非发生信用主体的变更（主要指法人，自然人的信用具有专属性）。不可让与规则不仅保护权利，也可以被视为限制或者规制权利"许可本身"。[①] 就信用的构成而言，评价主体和评价对象在线性时空观下是处于变动状态的，评价标准则是主观性和客观性的结合。从罗马法起，不同的社会身份就已经对其实际上的社会信用产生影响。[②] 如果将身份属性从信用中剥离，那么信用权就会失去支撑。任何评价都会成为经济价值的附庸，会使信用成为金钱的奴隶，使个人的信用权益得不到保护，最终也不利于现代信用社会的建设。这是一反向论证，证明了将信用权作为无形财产权的危害性。自然的，就正面逻辑来说，信用构成的不同要素决定了信用具有独特性，将其作为独立人格权，既能提升信用主体的人格地位，也能使信用

① ［美］吉多·卡拉布雷西、A. 道格拉斯·梅拉米德："财产规则、责任规则与不可让与性：一个权威的视角"，载徐爱国组织编译：《哈佛法律评论》，法律出版社2005年版。

② 江平、程合红："论信用——从古罗马法到现代社会"，载《江平文集》，中国法制出版社2005年版。

主体的经济利益得到更好的保护。就信用的类型来说,最主要的两种信用类型——道德信用和经济信用的区分,使单一的无形财产权论不能涵盖道德信用之一部。故而有必要将其作为一独立人格权,首先保护具有人格尊严属性的道德信用,其次保护具有财产权属性的经济信用,具有信用保护的位阶性,是一全面的保护路径。

就信用权的特点来说,主要涉及信用权的主体、客体、法律效力等。[①] 首先,信用权的主体具有广泛性,自然人、法人、其他组织都是信用权的主体。信用权应是民事主体的民事行为能力的直接反映,直接反映了特定民事主体获得财产、享有知识产权、获得他人尊重等方面的能力,而其他民事权利并不都具有这一特点。其次,信用权的客体为信用利益,具有专属性。信用利益是特定信用主体所享有的,与整个社会相连的,是获得一定范围内评价主体承认的人格利益。"在伦理人格主义看来,人正因为是伦理学意义上的人,因此他本身就具有一种价值……每一个人都有权要求其他任何人尊重他的人格、不侵害他的生存(生命、身体和健康)和他的私人领域;相应的,每一个人对其他任何人也都必须承担这种尊重他人人格及不侵害他人的义务"。[②] 这表明特定的信用主体与其他信用主体之间是存在潜在的冲突的。因此,信用权既是信用权人与整个社会的合同,也是信用权人与整个社会中的每个人订立的合同。[③] 就信用权的效力来说,其具有人格权的一般效力,也具有特殊性。既然其具有人格权的一般效力,"……为保护个人人格的完整及社会之公益起见,不容当事人自由抛弃之"。[④] 那么纳入人格权就具有逻辑的当然性;信用权的特殊效力则是其区别于其他人格权的关键之一。信用权的特殊效力在于信用权的二分化——道德信

---

① 杨立新:《人身权法论》,人民法院出版社2006年第3版,第616~617页;苏号朋、蒋笃恒:"论信用权",载《法律科学》1995年第2期;杨冬风:"信用权权利性质及其立法保护问题研究",华东政法大学2004年硕士学位论文,第4~6页。

② [德]卡尔·拉伦茨:《德国民法通论》(上册),王晓晔等译,法律出版社2003年版,第45~46页。

③ 胡大武:《侵害信用权民事责任研究——以征信实践为中心》,法律出版社2008年版,第52页。

④ 刘德宽:《民法总则》(修订第4版),中国政法大学出版社2006年版,第82页。

用和经济信用的共同作用。特别是经济信用,在特定条件下是可以随着民事主体(主要是企业)的变更而发生变更的,其会与新的民事主体发生“权利反应”,或降低或提升信用。

综上所述,信用权是个体人格发展的必然结果,是信用社会发展的题中之义。将这种具有人格属性和财产属性的民事权利作为一种独立的人格权,丰富具体人格权的内容,是符合人格权发展的趋势的。因此,台湾学者施启扬将信用、自由、名誉、生命、姓名等均视为人格权。[①] 德国著名侵权法学者冯·巴尔也将信用权纳入人格权范畴,侵害信用权意指对他人社会形象的丑化和扭曲从而损害他人名声的行为。[②]

## 四、信用权作为独立人格权的具体路径

信用权作为独立人格权的必要性并不能证明信用权作为独立人格权就是现实可行的,故而可行性的具体路径不可或缺。论证信用权作为独立人格权的具体路径,应从立法论和解释论的双重路径入手。

### (一)信用利益的人格权保护

要从立法论的角度论证信用权作为独立人格权的可行性,一般的思路是需要对域外的立法和实务经验进行考察,同时对本土的法律资源进行总结,以此来推动立法。

毋庸置疑,任何域外考察都是为服务于特定的目的的。本文不打算详细论证域外信用利益或者信用权的各种立法保护模式,只作一概要分析。就当前世界各国对信用权保护的立法而言,主要有七种立法保护模式,分别是“台湾”模式(信用权的独立人格权保护模式)、德国模式(信用利益的侵权法保护模式)、俄罗斯模式(商誉保护模式)、法国模式(法律利益保护模式)、荷兰模式(数据库保护模式)、日本模式(名誉权保护模式)、意大利模式(信用权限制保护模式)。[③] 可知,目

---

① 施启扬:《民法总则》(修订第8版),中国法制出版社2010年版,第105页。

② [德]克雷斯蒂安·冯·巴尔:《欧洲比较侵权行为法》(上),焦美华译,法律出版社2004年版,第65页。

③ 详细内容可参见胡大武:《侵害信用权民事责任研究——以征信实践为中心》,法律出版社2008年版,第187~194页。

前只有“台湾”模式明确将信用权作为独立人格权加以保护,而且还是在我国台湾地区“民法”第195条修订之后才正式确立。在该条款修订前,台湾实务中对信用权保护也是通过名誉权实现的。如债权人某甲申请法院执行债务人某乙之财产,误为指封与债务人同姓同名之某丙土地,旋经债权人发觉指封错误,申请法院撤回执行,已予起封。某丙以其土地无端被查封,在乡村传开,村民咸认其积欠他人债务,虽经多方解释,然众心难释,以使其名誉遭受损害为由,依“民法”第195条第1项规定,起诉请求债权人某甲赔偿非财产之损害。厅民一字第330号函复台高院:“按名誉为人在社会上享有一般人对其品德,声望或信誉等所加之评价,是属于一个人在社会上所受之价值判断,因此名誉有无受损害,应以社会上对其评价是否贬损为断,本件债权人某甲误为指封债务人某乙同姓同名之某丙土地,使村民认为其积欠他人债务,土地被查封,则某丙在乡村所建立的声望即必有减损,信誉势必低落,自属该条项所规定之名誉遭受损害,是其请求,即有理由。”①对域外的考察,更多的是丰富本国信用权的立法资源。

信用权作为独立人格权的立法论路径必须根植于本土法律资源。我国目前的民事立法并未对信用权作出明确规定,但2002年公布的民法典草案为我们提供了历史性的契机。该草案征求意见稿有关信用权条款共5条。主要内容有:第一,明确了信用权的性质为人格权。这体现在草案第1条。第二,明确主张对信用权加以保护。这体现在草案第21条和第24条。其中,第21条规定:“自然人、法人享有信用权。禁止用诋毁等方式侵害自然人、法人的信用。”第24条规定:“自然人、法人有权查阅、抄录或者复制征信机构涉及自身的信用资料,有权要求修改、更正与事实不符的信用资料。”第三,规定了信用信息的保护和利用。这体现在第22条和第23条中。这些条款主要体现了立法起草者对信用权单列保护的目的。草案将信用权单独列出来,明确规定信用权是一种独立的权利,开创了信用权保护立法的新模式。自该草案

① 马维麟:《民法债编注释书(一)》,五南图书出版公司1997年版,第384页。

公布以来,学术界和实务界对信用权的研究进一步深入,[①]为其独立化提供了更为丰富的学术资源和司法实践资源。

本文认为,将信用利益进行人格权保护,确立信用权的独立地位是完全可行的。目前认为不应规定信用权,主要观点是:信用权的内涵存在争议;信用权客体之"信用"难以把握;信用权规范体系如何与现有民事权利体系相融有待论证等。可以说这些观点只是认为对信用权的研究不够深入,并非否定信用权的立法论路径,只是本着审慎的学术态度期待对此进行更为深入的研究。本文既然认为信用权应作为一种独立人格权,自然要回答信用权在民法典中的位置安排问题,特别是在民事权利体系中信用权该如何定位。这取决于信用权保护体系的民法功能定位和体系安排。就功能定位而言,信用权的法律规范保护应包括民法保护及其他法律、行政法规和司法解释的保护,并具有信用权规范的位阶设置。就民法保护而言,可以在民法总则中进行规定,也可以通过单独的"人格权编"进行规定,甚至在"侵权责任编"进行规定(目前的《侵权责任法》并没有明确规定信用权,但通过司法解释的方式确立也不失为一选择路径)。在民法典中规定信用权并不会对现有的民事权利体系造成破坏性冲击,其完全可以与名誉权、隐私权进行并列规定,隐私权在《侵权责任法》中的正式确立便是一可借鉴的立法方式。其他法律、行政法规、司法解释主要涉及反不正当竞争法、商标法、专利法、消费者权益保护法、刑法等,民法中确立信用权的一般规定,其他规范根据其调整领域的特殊性进行立法目的的倾斜性保护是为信用权的特别定位。就体系安排而言,信用权保护的法律规范应当包括宪法、民法、刑法和其他专门的法律规范、行政法规和司法解释等在内的相配套和相协调的规范保护体系。这是因为"个人权利的性质决定了有关的边际的宽度"[②],要实现信用权的切实保护,仅依赖民事法律是不够

---

① 徐欣彦:"论信用权及其民事立法完善",对外经济贸易大学2006年法律硕士学位论文;周云涛:"存疑信用权——《德国民法典》第824条分析",载《政法论丛》2008年第2期;胡大武:《侵害信用权民事责任研究——以征信实践为中心》,法律出版社2008年版;等等。

② [英]克莱尔·奥维、罗宾·怀特:《欧洲人权法——原则与判例》,何志鹏、孙璐译,北京大学出版社2006年版,第292页。

的,还需要其他法律规范的配合。至于信用权具体条文的设计,需遵循具体人格权的一般逻辑,采用“一般性条款+类型化条款”的方式加以规定,以强化对信用权的保护。

(二)信用利益的侵权法保护

任何权利如果缺乏救济途径都会失去其存在的意义,在当前信用权未被立法所承认的前提下,运用民法解释学的方法对现有规范进行解释、补充等也是论证可行性的重要方面。就信用利益的侵权法保护来说,损及信用或者不损及信用是最主要的两种侵害形态。

1. 涉及但不损及信用之侵害及其救济

涉及但不损及信用之侵害,是指行为人侵害他人与信用有关的法益,虽造成损害但并不会使信用有所降低的侵害形态。试以侵害物权、侵害隐私权进行说明。

就侵害物权而言,主要是因为现代信用社会中,信用主体的信用权必然依赖于一定的载体,如个人信用记录、数据库、信用证、支票等。信用主体对这些载体享有占有、使用并获取收益或者增加信用的权利。对于侵占或妨碍支配信用载体的行为,如果不损及个人信用,则信用主体仅依据《物权法》第34条、第35条之规定,[①]要求侵权人返还原物、排除妨害或者消除危险等即可。因为此时,信用主体所依赖的物质载体,并不会因为其受到妨碍而直接影响到评价主体对其信用的评价,只需依据侵害物权之救济方式便可恢复原状。可知,信用是有一定的弹性空间的,这与信用的构成理论是相符合的。

就侵害隐私权而言,主要是因为某些信用载体之于民事主体是具有私密性的,其一般不希望被他人获悉。如对这类信用信息进行不当公开一般会对信用主体的信用产生不利影响,这就会发生侵害信用权与隐私权的竞合。但公开此类信用信息会增加信用主体的信用,此时信用主体的信用利益并没有受到侵害,但其并不希望这类信息公开,故此时可以侵害隐私权要求侵权人承担侵权责任。实践中,以个人信用

① 《物权法》第34条规定:无权占有不动产或者动产的,权利人可以请求返还原物;第35条规定:妨害物权或者可能妨害物权的,权利人可以请求排除妨害或者消除危险。

信息的开放与隐私权保护的冲突最为常见。"个人征信体系的出现给个人平静的经济生活带来了巨大的变化,它在很大程度上改变了人们的消费方式和消费观念,人们可以通过信用交易平滑自己的消费,先享用商品和服务而后支付对价。但是,由于征信所带来的个人信用信息的披露与流动,也使个人空间受到了前所未有的挑战。现代信息的流动甚至可以使人'赤裸裸'地暴露在众人面前,不加以限制和规范的信息开放必定会使个人的权利受到侵害"。[①] 然而,很多公民对于自身经济能力的公开会有所保留,这在某种程度上是受"家财不宜外露"思想观念的影响。如果能够反映其真实经济能力的个人信用信息被泄露,其必然害怕被恶意第三人所注意,此时个人经济信用的泄露,是不可能"恢复原状"的,因为"隐私往往在被侵害的同时就已经不再成为隐私"。[②] 显然,此时信用主体只能依据《侵权责任法》第6条第1款之规定要求侵权人承担侵害隐私权之责任,可要求停止进一步的侵害、赔礼道歉、要求精神损害赔偿等。

以上论述的是涉及但不损及信用的侵害行为,旨在进一步明确侵害信用权的行为界限,特别是与侵害其他权利的区别。权利的侵害边界是否明确是该权利能否得以规范表述并得到切实保护的关键之一,即这一权利是否能立法表达的可行性之一。

2. 损及信用之侵害及其救济

损及信用之侵害,是指行为人的侵权行为直接或间接导致信用主体的信用降低的侵权形态,一般表现为民事主体道德信用的受损及经济利益的丧失(主要表现为机会利益和预期利益两个方面)。

就道德信用受损而言,一般是指信用主体的信用价值观外化的行为受到错误信息或行为的影响而使其社会评价降低的一种侵权形态。其中,尤以银行的道德信用为重要歧义。[③] 在此类侵权信用权的过程

---

① 白云:"个人信用信息开放与隐私权保护的冲突——一个法律经济学的视角",载《北方法学》2010年第5期。

② 苏喆:"论'人肉搜索'立法的价值取向",载《法学杂志》2011年第10期。

③ 许文蓓:"信用道德体系现状分析——江苏省银行信用道德体系个案调查研究报告",载《南京社会科学》2008年第1期。

中,一般表现为发布错误信息贬低信用主体的信用或者以某种行为(如在公共场所殴打并恶语相加)间接使信用主体的道德信用受损。由于我国目前将信用利益的保护纳入名誉权的范畴,此时,以侵害名誉权为由提起侵权之诉当然可以得到救济。但是,要论证信用权作为独立人格权的可行性的解释论路径,却不能如此,而应着眼于道德信用受损本身。一方面,通过对《侵权责任法》第2条第2款"本法所称民事权益,包括生命权、健康权、姓名权、名誉权、荣誉权、肖像权、隐私权、婚姻自主权、监护权、所有权、用益物权、担保物权、著作权、专利权、商标专用权、发现权、股权、继承权等人身、财产权益"进行扩大解释,将信用权纳入民事权益的范围之内,使其获得独立地位,是一解释论路径;另一方面,借鉴隐私权或者名誉权的保护模式,对此类侵权行为要求侵权人承担赔礼道歉、恢复名誉以及精神损害赔偿,①亦为可行方式之一。

就经济利益丧失而言,台湾学者曾世雄称之为边际类型之损害,既不是传统观念上的财产损害,又不是传统意义上精神损害赔偿之损害。② 那么对此种损害进行救济并不能沿着一般的财产损害或者精神损害的救济路径,而应有所突破。法国法上,"损害赔偿所欲填补之损害,系指一切之损害,包含边际损害在内,常可以获得赔偿",③这一法律利益保护模式可为借鉴。故本文认为,信用权受侵害的财产损害赔偿可分为两个部分:(1)具有财产损失填补功能之损害赔偿。就这一部分的财产损害赔偿而言,机会利益及期待利益损失的计算是关键。机会利益损失具有不确定性,对这种机会利益的保护,可适用"机会具有价值"理论采取比例原则或者时差原则进行确定。④ 期待利益损失具有可预见性,预期的损失是可以计算的。此外,按照欧洲人权法院的观点,"一项侵权请求权将会依据一般侵权法而确定并且将会带来损害赔偿金的一次判给——这一简单的预

① 廖正豪:《名誉权保护之研究》,典章企业有限公司1996年版,第123页。
② 曾世雄:《非财产上之损害赔偿》,中华书局1989年版,第7页。
③ 曾世雄:《损害赔偿法原理》,中国政法大学出版社2001年版,第300页。
④ 陈聪富:《因果关系与损害赔偿》,元照出版有限公司2004年版,第245页。

期足以构成一种财产"①。显然这种预期必须是合理的,该利益的获得属于人们普遍所采取同样或类似的方式能够寻求到的利益。现代征信活动的出现,为预期收益的具体化提供了可能。就解释论来说,可通过对《侵权责任法》第5条,即"其他法律对侵权责任另有特别规定的,依照其规定"进行漏洞补充,《浙江省企业信用信息征集和发布管理办法》、《上海市企业信用征信管理试行办法》等地方性法规可以予以参照。(2)具有精神抚慰性质之赔偿。就侵害信用利益导致信用权的精神受损而言,基本上可以以《侵权责任法》第22条作为请求权基础,但该条款只保护自然人的精神利益,对于法人和其他民事组织因为其本身缺乏生命特征,故对其进行财产损失的填补即可,如特别严重者,是否可以借鉴《消费者权益保护法》第49条之规定进行惩罚性赔偿值得探讨。

信用利益的侵权法保护是本文"可行性"分析的一个重要方面。以现行规范为基础进行的解释论论证:一方面使现有规范之价值得以挖掘;另一方面也说明现有规范保护仍存在不足,需要出台相应的法律规范或司法解释予以进一步保护。

## 五、结论

信用权在我国民法上是一种具有丰富的历史内涵和比较法资源的权利类型。信用权脱离名誉权作为一种独立人格权是现代市场经济的客观要求,现代市场经济即为信用经济,其健康发展必须建立在较高的社会信用水平之上。在对信用的本质、构成要素及类型的分析和现有的信用权保护规范之评述的基础上,论证信用权作为独立人格权的必要性和可行性,可得出以下结论:

1. 信用在本质上是一种社会评价,是由与信用主体相关的民事主体依据一定的标准作出的评价。信用的评价主体与待评价的对象具有情感上或经济上的相关性,评价对象即信用主体包括自然人、法人和其他组织,信用的标准在线性时间观下越来越趋向客观化和程序化。故

---

① [英]克莱尔·奥维、罗宾·怀特:《欧洲人权法——原则与判例》,何志鹏、孙璐译,北京大学出版社2006年版,第421页。

而,本文将信用界定为:由与信用主体相关的民事主体依据一定的标准,通过特定程序或非特定的方式,对信用主体作出的一种社会评价。现代社会最主要的两种可由法律予以调整的信用类型是道德信用和经济信用。

2. 信用利益在现行的规范体系中纳入名誉权之下,有其固有的局限性。信用权与名誉权在人格权利谱系中都曾为"尊严性人格权",具有权利内容的部分交叉性。但是,伴随着人类自我认识的发展和社会的变迁,信用利益依旧委身于名誉权之下,已经不能适应社会发展的需要。名誉权保护模式会导致信用利益保护的失衡,会在不同的信用主体之间产生更大的信用危机,此为该模式之固有缺陷。

3. 信用权作为一独立的民事权利是由信用利益的社会性以及信用利益的二分化等因素共同决定的。现代交易的便捷化促成了企业信用利益的全球化,人类本身的伦理性决定了道德信用依旧占有重要的地位。信用利益已经出现分化,道德信用权和经济性信用权是现代社会最主要的两种信用权类型,迫切要求对信用权实现体系化的保护;而不应肢解这两种信用类型,使信用权保护的规范体系出现裂痕。

4. 信用权的内部结构和特点塑造了信用权作为具体人格权之一部分的独立形象。信用权的人格要素、自由要素和财产要素构成并决定了其内部结构,人格要素是自由要素和财产要素的出发点和归宿,自由要素和财产要素是实现人格要素的手段和过程。信用权的人格权独立属性是建立在人格要素基础上,并以自由要素和财产要素为条件。信用权的特点决定了其不同于其他具体人格权,理应成为具体人格权家族之一员。

5. 信用利益上升为信用权,在权利的功能定位和体系的规范保护上都是可行的,在权利的界限上也是明确的。信用权能否纳入现有的民事权利体系,首先涉及信用权的功能定位,其人格权属性决定了其可在民法总则编、人格权编或侵权责任编中进行规定,具体安排应服从于民法典的民事权利体系,是一个立法技术问题,并不妨碍其作为独立人格权的正当性。信用权保护的规范体系应具有位阶性,包括宪法、民法、刑法和其他专门的法律规范、行政法规及司法解释等。侵害信用权的行为与其他侵权行为应具有一相对的界限,这是实现对信用权保护的关键环节之一。

(作者系中南财经政法大学法学院民商法硕士研究生)

# 双方代理之效力：立法、理论与实践

张志坡

目　　次



一仆难侍二主。

——西方法谚

一切有权力的人都容易滥用权力。

——孟德斯鸠

## 一、问题的提出

现代社会，事必躬亲，殆不可能；假手他人，实有必要。代理制度在这种背景下有了更广阔的应用空间，并因此而受到更多的重视。无疑，代理在相当程度上扩大了当事人的自治空间，补充了当事人能力之不足,是实现私法自治的重要辅助工具。①

我国的《民法通则》和《合同法》对代理有所规范,这些规则在一定程度上扩大了我国市民社会中私法自治的应用范围,促成了大量的民商事交易活动,推动了市场经济的快速发展,实现了当事人的经济利益和合法权益。但代理自身的法律构造决定了典型的代理是一种三方法律关系,而在民商事实践中,代理的变态形式②——自己契约、双方代理(后文如非引用或无特别说明之必要者,将以双方代理概述之)亦多有发生,并引发了大量纠纷。由于双方代理在我国大陆地区现行法上并无明文规定,民法理论亦未形成一致意见,司法实务上法院判决也就难免存在诸多分歧,判决理由更是了无共识。而令人诧异的是,大陆学界多年来并无学者专门探讨该问题,③纵览CNKI数据库,探讨双方代理效力的论文只有一篇,④其观点是否妥适尚需进一步研究。在制定民法典的背景下,双方代理又再次进入学者的视野,但是也仅仅限于法条草案的拟就,并无更多的探讨,而由王利明教授、梁慧星教授、徐国栋教授分别主导的三个民法典草案建议稿中对此的规定又存在较大不同,然而,究竟孰是孰非,何种规

① 本文是笔者主持的2011年度天津市哲学社会科学规划课题“物权类型的梳理与思考——类型视域下的物权法研究”(项目批准号:TJFX11-039)的阶段性成果。当前,学界的共识是:法律行为是私法自治之工具。参阅[德]迪特尔·梅迪库斯:《德国民法总论》,邵建东译,法律出版社2000年版,第142页。而代理则围绕法律行为展开,是法律行为发挥功能和作用的必要道具。

② 此处之变态代理是指典型、通常的代理之外的在当事人组成的形态上具有一定特殊性的代理,典型的代理为三方各异的当事人,有两个相互对立的意思表示;而变态的代理则三方当事人的身份存在交叉,关于法律行为的意思表示也从两个对立的意思表示收缩为单一的,甚至是无须表示的意思。该意思存在于代理人的大脑中,在想象中存在意思的交错互动,该想象的内在性、无法证实性,给变态代理的本人带来了风险。梅迪库斯将双方代理中的意思表示之沟通表述为:“行为双方当事人只是在理念上,即在代理人的大脑中相互接触。”[德]迪特尔·梅迪库斯:《德国民法总论》,邵建东译,法律出版社2000年版,第723页。

③ 对于自己契约、双方代理的效力如何,在1999年的《统一合同法》颁布并生效后成为问题。但是,即便是之前,以笔者的视野为限,亦未发现大陆学界对自己契约、双方代理效力的反思文章或著作。

④ 林国:“双方代理合同效力之新见”,载《唐山学院学报》2011年第1期。

定更符合法理、何种规定实施效果更佳,在未深入研究的基础上,难以辨别。在《合同法》、《物权法》、《侵权责任法》相继颁布之后,民法总则编的内容便成了关注和完善的重点,此时,正是研究民法总则最好的年代,双方代理尤其如此。官方立法和司法实务均有待学界为此提供更佳、更有说服力的参考范本,因此,本文不揣鄙陋,将就双方代理的构造和效力问题进行研究。

本文共分七个部分。第一部分提出问题。第二部分将对双方代理的构造作初步阐释,为后文的论证和展开打下理论基础。第三部分将梳理我国大陆地区学界和司法实务对双方代理的理论认识和实践处理方式,指出其中的存疑之处,发现存在的问题,这实际上也是本文研究的背景,本文研究的意义也在此得到凸显。域外民法上大多对双方代理有所规范,并有较为丰富的学理研究和法院判决,因此,第四部分将对域外有关双方代理的立法、学说和判例进行考察和研究,通过比较法的展示呈现各国、地区规范模式的优劣,为我国的学理研究和立法提供营养。第五部分则从法学方法的角度分析双方代理的效力,从概念法学、利益法学、价值法学的变迁论双方代理的效力,并结合商法规制模式,就双方代理的效力展开论证,盖商法常为民法变革之先导,①而且也是代理发挥作用的最好试验场,故商法之规则对民法上的双方代理同样具有重要参考价值。第六部分将就实践中的常见问题作出回应,即对双方代理与居间的异同作初步比较,并对双方代理的扩张性进行初步展开,通过理论铺陈和实践案例,表明双方代理的效力边界。第七部分评析三个民法草案中双方代理的相关规定,并提出管见,作为结论。

① 李赛耳(Riesser)指出,商法在错综交易之里程上,常作为民法之向导,且为勇敢之开路先锋,亦即称为民法吸取新鲜思想而借以返老还童之源泉。参见郑玉波:《民法总则》,中国政法大学出版社2003年版,第43页脚注10。

## 二、双方代理的构造、问题点与民法上归属

### (一)双方代理的构造

代理是扩张私法自治的道具,借助代理,本人意思的射程得以延伸,本人的利益也得到了更好的实现。当前,学界对代理已经形成共识,即代理是指“代理人于代理权限内,以本人(被代理人)名义向第三人所为意思表示或由第三人受意思表示,而对本人直接发生效力的行为”。[①] 据此,我们可以发现,代理法律关系中存在三方当事人,并在三方当事人之间分别形成了代理关系、交易关系和效果归属关系,这三方当事人构成的代理是代理的基本形态,也是最常见的、本人通常所理解的代理,可以称为常态代理;在常态之外,如果当事人的身份发生重叠,三面关系在实质上成为两面关系,出现的情形便是双方代理,有学者将此与常态的代理相提并论,称其为“变态代理”,[②]此种变态代理的效力如何影响当事人利益甚巨。

对于此种变态形式的双方代理,其含义如何,并无太大争议。从内涵上看,双方代理有广狭之别。从广义上看,“双方代理者,为本人与自己之代理行为,或既为第三人之代理人而为本人与第三人之代理行为也。前者称为自己契约,后者称为狭义之双方代理”。[③] 换言之,广义的双方代理包括自己契约和狭义的双方代理。自己契约,[④]我国学

---

① 王泽鉴:《民法总则》(增订版),中国政法大学出版社 2001 年版,第 440 页。

② 郑健才:“代理之常态与变态”,载杨与龄主编:《民法总则争议问题研究》,清华大学出版社 2004 年版,第 267 页。

③ 胡长清:《中国民法总论》,中国政法大学出版社 1997 年版,第 311 页。

④ 日本学者和我国部分台湾学者采“自己契约”的用法,如刘得宽;德国学者则称为自己缔约(Selbstkontrahieren),参见陈卫佐:《德国民法总论》,法律出版社 2007 年版,第 361 页。而史尚宽先生则指出,“代理人以本人之名义,对于自己为单独行为,或以为本人受领,以自己名义所为之单独行为时,称为自己契约,未免不妥”。史尚宽:《民法总论》,中国政法大学出版社 2000 年版,第 534 页。该种观点值得重视,总体来看,民法著作中称自己代理者占绝大多数。

界又称为自己代理,[①]例如B的代理人H以B的名义并以自己的名义与自己订立了一个合同(双方法律行为),根据该合同,H的月工资提高了1000欧元。B不同意H所实施的行为。[②] 狭义的双方代理是指代理人同时代理双方当事人而为法律行为,又称为同时代理、重复代理,[③]但以双方代理最为常用。[④] 例如A以B为其代理人出售房屋1栋,C以B为其代理人买入A的房屋,即在做出意思表示时,发生在作为A代理人的B与作为C代理人的B之间。自己契约、双方代理尽管存在形式上的差别,但实际上由此引发的法律问题并无二致,在该类代理活动中,法律行为双方的利益相反,以买卖为例,卖方意图取得高价,买方则希冀获得低价,此时,代理人居中从事该法律行为,"公平合理的契约内容难以期待"。[⑤] 故而,此类行为实有规制之必要。由于二者本质上相同,二者可以等同对待,后文除引用或有必要特别提及自己代理外,双方代理是指广义的双方代理,包括自己代理在内。

对双方代理的构成要件毋庸更多分析,但需要提及的是,"法律上

① 魏振瀛主编:《民法》,北京大学出版社、高等教育出版社2000年版,第182页;王利明主编:《民法》,中国人民大学出版社2010年版,第134页;李开国:《民法基本问题研究》,法律出版社1997年版,第220页;徐国栋:《民法总论》,高等教育出版社2007年版,第381页;屈茂辉主编:《中国民法》,法律出版社2009年版,第189页。民国时期以及当前台湾地区亦以采自己代理的学者为多(含主要以自己代理为主要用语的学者),如徐谦、陈谨昆、李宜琛、王泽鉴、黄立、施启扬等诸位学者。对于自己代理,学说上有认为,因代理人自己并未代理自己,称为自己代理,并不恰当。参见姚瑞光:《民法总则论》,中国政法大学出版社2011年版,第294页。从文义而言,当以此说为是。唯自己契约亦存在问题,正如史尚宽先生所言,"代理人以本人之名义,对于自己为单独行为,或以为本人受领,以自己名义所为之单独行为时,称为自己契约,未免不妥"。参见史尚宽:《民法总论》,中国政法大学出版社2000年版,第534页。由此可见,单纯之文义妥当之用语甚难寻觅,而"自己代理"一词已广为使用,在学界已经形成共识的情况下,其含义亦不会因此滋生疑义,故而,后文除了引用或者说明之必要外,后文提及时将使用自己代理的用语。

② 陈卫佐:《德国民法总论》,法律出版社2007年版,第361页。

③ 陈谨昆:《民法通义总则》,北平朝阳大学出版部1930年版,第298页。

④ 德国学者称为多方代理(Mehrvertretung)。参见[德]迪特尔·梅迪库斯:《德国民法总论》,邵建东译,法律出版社2000年版,第723页;[德]迪特尔·施瓦布:《民法导论》,郑冲译,法律出版社2006年版,第548页。

⑤ [日]石田喜久夫:《口述民法总则》(第2版),东京成文堂1998年版,第269页。

所谓双方代理则需在同一法律关系之中”,[①]这是双方代理的应有之义。这一点在我国司法实务中也得到强调,在当事人一方主张双方代理时,代理人的代理行为发生于不同的法律关系中成为法院判定否认构成双方代理的依据。[②]

(二)双方代理的问题点

在代理关系中,本人与代理人之间乃基于信赖关系而生,代理人对本人负有勤勉义务和忠实义务。勤勉义务要求代理人为本人利益应当充分发挥其主观能动性,积极为本人实现最大利益,这是对代理人提出的积极要求。忠实义务则要求代理人不得将本人的利益与自己的利益或者第三人的利益相冲突,更不能将自己的利益或者第三人的利益置于本人的利益之上。

在常态的代理关系中,代理人是为本人的利益而存在的,其在代理本人实施的法律行为中并无自身的利益,这也是本人之所以采用代理、选任信任的代理人的原因所在。在变态形式的双方代理中,一种情形面临着本人利益与自己利益的抉择,代理人作为经济上的理性人,我们难以期待在信息不对称的情况下,当本人利益与其自身利益发生冲突时,其禁得住诱惑(特别是利益巨大时,更值得怀疑),公平、合理地对待本人,更不要提实现本人的最大利益。此种情形,对于秉承善意行事的代理人构成一种两难,因为“喻义则自损,喻利则又非义”,[③]此种内

① “蔡桂木诉中国太平洋保险公司贵港办事处水路运输货物保险合同纠纷案”,(2000)海商初字第022号,【法宝引证码】CLI. C. 12113。

② 在“邓书平等与北京集思宇人力资源顾问有限公司等诉讼、仲裁、人民调解代理合同纠纷上诉案”中,法院对此进行了重申。法院指出,双方代理是指在同一案件中为双方当事人担任代理人。本案中,邓书平、郭秀荣等30人提交的证据显示吴玉明代理花丝厂的案件与本案所涉仲裁案非同一案件。因此,邓书平、郭秀荣等30人提出的吴玉明代理行为构成双方代理的主张不能成立。参见(2009)二中民终字第21971号,【法宝引证码】CLI. C. 207113。在“江苏某律师事务所与上海某建筑装潢工程有限公司、上海某建筑装潢工程有限公司第一分公司及杨某法律服务合同纠纷案”中,法院认为“不属同一民事诉讼案件”,而对被告关于原告在同一案件中双方代理的主张不予认可。参见(2011)普民二(商)初字第347号,【法宝引证码】CLI. C. 453918。

③ [日]梅谦次郎:《日本民法要义·总则编》,孟森译,商务印书馆1913年版,第158页;同旨参见邵义:《民律释义》,北京大学出版社2008年版,第112页。

心煎熬的结果,无法保证本人的利益胜出,相反,本人的利益却极有可能成为代理人追求自身利益的牺牲品。在另一种情形,代理人充当了法律行为双方的代理人,在利益的天平上,能否公平的对待两方当事人是一个问题。因为"代理人并非仲裁人,不在维持双方利益的均衡",[①]而在这种情形下,一个"尽责"的代理人所从事的行为就是要努力平衡双方的利益,事实上,这是一种"裁量行为,带有恣意的成分,会因其情绪或者对甲方有利,或者对乙方有利",[②]而只要其天平发生倾斜更顾及一方的利益"招致偏颇的结果"[③]时,则代理人只实现了一方的代理目的,而损害了他方的利益,辜负了本人对其的信赖。一仆难侍二主[④]便是对此种情形的最佳描述。双方代理对于双方当事人公平固然重要,而且此时对双方当事人的利益也无明显损害,易于被本人接受。但是,需要特别强调的是,即便代理人像仲裁人一样公平地对待了本人,仍不符合代理的要求,因为代理中的信任关系(类似信托法中的fiduciary relationship)要求的不仅仅是一个公平的对价,而是要求代理人尽一切商业上的可能实现本人的最大利益。正所谓没有最好,只有更好,此时,公平的交易并无法保证本人的利益最大化。

(三)双方代理之性质归属

学者在论述双方代理时,大多将其与恶意串通的代理均归入代理权的滥用,[⑤]或者在代理权的限制部分进行展开。[⑥]笔者认为,是否构成代理权的滥用需要探究代理权赋予的本旨。代理权本系"为本人私

---

① 施启扬:《民法总则》,中国法制出版社1996年版,第292页。

② [日]石田喜久夫:《口述民法总则》(第2版),东京成文堂1998年版,第269页。

③ [日]末川博:《全訂民法》(上),东京千倉書房1985年版,第101页。

④ Joel Seligman, *No One Can Serve Two Masters: Corporate and Securities Law after Enron*, Summer 2002, 80 Wash. U. L. Q. 449. 拉丁法谚中亦有相似格言:"一人兼为二人工作,实属困难。"参见郑玉波:《法谚》(二),法律出版社2007年版,第140页。

⑤ 佟柔主编:《中国民法》,法律出版社1990年版,第207~208页;魏振瀛主编:《民法》,北京大学出版社、高等教育出版社2000年版,第182页。

⑥ 张俊浩主编:《民法学原理》(上),中国政法大学出版社2000年版,第305页;[德]迪特尔·梅迪库斯:《德国民法总论》,邵建东译,法律出版社2000年版,第722~728页。在《德国民法总论》一书中,梅迪库斯将自己代理、法律对代理人权限的特殊限制和代理权的滥用并列论述。

法活动之补助而赋予之权限,从而违反本人之显明利益而行使代理权,乃为权利之滥用"。[①] 也就是说,构成代理权滥用需要具备以下要件:代理人有代理权、代理人实施了行使代理权的行为、代理人行使代理权的行为违背了代理权的设立本旨、代理人的代理行为损害了被代理人的利益。代理权授予的目的和本旨在于遵循本人的意思、实现本人的最大利益,故而,双方代理是否构成代理权滥用不宜一概而论。这主要取决于代理人在从事代理行为时:(1)是否违反本人之明显利益而行使代理权;(2)是否违反本人之意思而行使代理权;(3)是否符合本人授予代理权的本旨。实际上,前两项标准是第三项标准的具体化,三者之间经常发生交叉,只要发生其中任何一项事由,即构成代理权的滥用。对于这种滥用代理权的行为由于极易损害本人的利益,破坏人们之间的信任关系,故而,双方代理行为大多为法律所禁止。

对双方代理予以必要的规制,这是由代理权的性质决定的。关于代理权的性质,有否认说、权力说、权利说、能力说和资格说等观点,[②] 其中,权力说更具有说服力,盖代理权可以改变本人与他人之间的法律关系,其是一种类似于形成权的可能权,[③]是一种法律上之力,代理权的这种法律之力突出的是其力的功能,而无直接指向的利益。因此,"无论是法定代理权,还是意定代理权,都赋予代理人为被代理人设定负担的权力(Macht)。因此,这里存在代理人为了自己的利益而滥用这种权利的危险,亦即代理人牺牲被代理人的利益,为自己的利益从事经营活动。对于这种危险,被代理人往往只有很有限的监控可能性,而且被代理人要采取监控措施也为时已晚。因此,法律对那些滥用危险

---

① 史尚宽:《民法总论》,中国政法大学出版社 2000 年版,第 537 页。

② 其中,否认说为法国学者所倡,权力说为英美学者所倡,权利说为前苏联的通说,能力说为日本通说。关于各种观点的介绍和评论,参见梁慧星:《民法总论》,法律出版社 2011 年版,第 220 ~222 页;马俊驹、余延满:《民法原论》,法律出版社 2005 年版,第 227 页;[苏]B. П. 格里巴诺夫、C. M. 科尔涅耶夫编:《苏联民法》(上),中国社会科学院法学研究所民法经济法研究室译,法律出版社 1984 年版,第 196 ~198 页。

③ 在郑玉波先生的权利体系框架下,可能权与形成权相并列,均属于变动权的下位概念。郑玉波:《民法总则》,中国政法大学出版社 2003 年版,第 69 页。

特别大的情形,规定了代理权的限制”。[①] 这与民主政治中的假设“一切有权力的人都容易滥用权力”[②]是相通的,立法确实应当对这种法律之力的行使进行妥当的规制。然而,我国的当前立法是个例外。

## 三、双方代理的立法、理论与实践:大陆篇

### (一)我国大陆地区双方代理的立法与学说

1. 统一《合同法》生效前

1981年制定的《经济合同法》第7条规定:“下列经济合同为无效:……(三)代理人超越代理权限签订的合同或者以被代理人的名义同自己或者同自己所代理的其他人签订的合同无效。”1993年修定该法时,对该条款予以保留。该规定文义清晰、效果明确,双方代理行为是一种无效行为。

对此,学界早期并未予以关注,有些民法教科书[③]甚至并未提及双方代理的法律问题,即便论及,也主要是对双方代理的含义、禁止双方代理的理由加以阐释,而对双方代理的效力则少有涉及。也许学者认为,既然法律对双方代理的效力已经有明文规定,当再无深入论述之必要。《民法新论》作为早期有重大影响力的一本学术性的教科书,也只是简单地提及在现实生活中,存在仅仅导致代理人向被代理人承担损害赔偿责任的无效代理行为,这主要是指自己代理与双方代理两种情况,[④]而对无效则并未多置一词。

在这一时期,有学者认为,自己代理是指代理人既代理被代理人,又代理自己实施同一法律行为;双方代理是指一个代理人同时代理双

---

① [德]迪特尔·梅迪库斯:《德国民法总论》,邵建东译,法律出版社2000年版,第722页。

② [法]孟德斯鸠:《论法的精神》(上),张雁深译,商务印书馆1982年版,第154页。

③ 如陈国柱主编:《民法学》,吉林大学出版社1987年版;郑立、王作堂主编:《民法学》,北京大学出版社1995年版。

④ 王利明、郭明瑞、方流芳:《民法新论》(上),中国政法大学出版社1988年版,第438页。

方当事人为同一法律行为。[①] 该观点中对自己代理的认识存在值得商榷之处,也证实了学界或实务界可能存在对自己代理的误解,姚瑞光先生反对使用“自己代理”在此处似乎找到了一个注脚。此外,学者认为,禁止自己契约和双方代理的法理,“一方面在于,合同属于双方法律行为,而在自己契约与双方代理的场合,却一人兼任双方当事人,与合同的本质颇为不合;另一方面,合同双方的利益是对立的,由一人同时代理,难期公正”。[②] 这与我国民国时期的学者和域外学者主张的理由大体一致。如果该种理由可以成立,那么,当双方代理无损害交易公平之嫌,法律也就没有再行禁止的理由。[③] 基于此,学者认为,我国《经济合同法》第7条在原则性规定自己代理和双方代理的经济合同无效时,没有作出除外规定,使此项立法存在隐蔽漏洞,是有缺陷的。因此,我们在认识自己代理和双方代理时,不能拘泥于法律条文的文义,应本着以下精神去理解:第一,受法律禁止的自己代理和双方代理的法律行为,仅为交换新利益的行为,即设立新的权利义务关系的法律行为,或者协议变更、消灭原有权利义务关系的法律行为。而对不涉及新利益交换的法律行为,如清偿债务的行为,则不禁止自己代理和双方代理。……第三,为法律禁止的且又未得被代理人事前允许的自己代理或双方代理行为,是无权代理行为,经被代理人一方(自己代理)或双方(双方代理)追认,仍可发生代理的法律效力。[④] 笔者赞同该学者的观点,对于双方代理中利益状况存在两种以上的态样,而《经济合同法》却做了一体规范,此时,应当认可不存在利益冲突的双方代理行为,而不是使之无效。故而,《经济合同法》第7条存在隐藏漏洞,应当以目的性限缩的方法予以补充。至于该学者对自己代理和双方代理的

---

① 李开国:《民法基本问题研究》,法律出版社1997年版,第220~221页。

② 张俊浩主编:《民法学原理》,中国政法大学出版社1997年版,第271页。

③ 李开国:《民法基本问题研究》,法律出版社1997年版,第221页;另见李开国:《民法总则研究》,法律出版社2003年版,第335页。

④ 李开国:《民法基本问题研究》,法律出版社1997年版,第222页。在同一学者主编的教科书中,尹田主张,自己代理或双方代理如事前或事后经被代理人同意,这类代理行为也可有效。参见李开国主编:《中国民法学教程》,法律出版社1997年版,第209页。

理解,原则上可资赞同,这涉及双方代理的适用边界,将在后文论述。

另有学者认为,根据各国民法有关欺诈、恶意串通、违反社会公共利益、以合法形式掩盖非法目的等民事行为应认定无效的精神,自己代理、双方代理等几种滥用代理权的情况应认定为无效。① 笔者认为,该学者的结论之取得过于曲折,实际上,自己代理、双方代理的行为依照《经济合同法》第7条的规定当然无效,无须透过其他各国民法对于如上特定事项处理的精神加以论证。但这也体现出了该学者对双方代理效力的主观看法,即其认为双方代理应当被规定为无效。

2. 统一《合同法》生效后

我国在制定统一《合同法》时废弃了《经济合同法》的有关规定,但对双方代理并未予以明文规制,导致这种在实践中经常发生的行为效力暧昧不明。同样未对双方代理予以规制的尚有朝鲜民法,尽管如此,《朝鲜民法》第35条规定:"代理人应于代理权范围内诚实实施代理行为。超出代理权范围的代理行为的结果,以及不诚实实施代理行为产生的损害,由代理人自身负责。"②存在利益冲突的双方代理便属于此类有违诚实信用的代理行为,根据该规定,也能达到保护被代理人的效果。

《合同法》对双方代理保持缄默的做法为学理解释提供了空间,但实际上,与统一《合同法》生效前相比,学界对此并未做过多的探讨,论述的内容依然局限于双方代理的含义及其禁止的理由,但此时的禁止由于缺少法律的明文规定,只是学理上的共识;对于双方代理的效力问题,大多教科书语焉不详,③少有教科书从正面直接表明观点。大体而言,认为双方代理无效的学者大多明确表明态度,而其他学者观点如何

---

① 孙建:《各国代理法概论》,天津人民出版社1998年版,第110页。

② 《韩国民法典·朝鲜民法》,金玉珍译,北京大学出版社2009年版,第200页。

③ 有学者根本未论及双方代理的效力问题,如郑云瑞:《民法总论》,北京大学出版社2009年版。有学者仅仅提到了禁止的理由,认为在自己代理的场合,代理人与第三人合而为一,事实上只存在两方当事人,失去利益制约机制,则有代理人单独操作从中渔利损害被代理人利益之虞,故为法律所禁止。但是,在我国民事法律行为中禁止双方代理究竟有何法律依据并未论及,更未对违反这种所谓的"禁止"规定的行为效力作出说明或展开。参见刘凯湘:《民法总论》,北京大学出版社2011年版,第361页。

则大多只能依据前后文之体系关联加以推测。

(1)依据已经失效的《经济合同法》认为双方代理行为无效。有学者认为,双方代理行为显然给代理人损害被代理人权益、为自己牟利提供了方便。我国《经济合同法》第7条第3款规定,以这种行为所签订的合同,无效。[①] 如果说《经济合同法》失效前,将双方代理认定为无效乃法律推理之当然结论,则在《经济合同法》失效后,依然以该法第7条第3款为依据,则有欠妥当。

(2)想象的无效。有学者认为,"自我代理与双方代理,通常被认定为无效"。至于禁止自我代理与双方代理的理由,有人认为,"二者虽发生在代理人有代理权的情况下,因而不同于[②]无权代理,但其性质构成了对代理权的滥用,契约的当事人应以二人以上为必要,如一人兼具双方当事人的资格,在契约的性质上为不可能,所以禁止。也有人认为,一人而兼具双方当事人的资格,在契约的性质上并非不可能,但为避免利益的冲突,防范代理人厚己薄人(自我代理)或偏颇一方(双方代理),失其公正立场,以保护本人利益,所以法律以无效评价。[③] 后者为通说"。[④] 双方代理通常被认定为无效,这究竟是整个民法学界的通说,还是中国大陆民法学界的通说,作者并未说明,但以笔者所见,这并非整个民法学界的通说,而中国大陆学界的通说则尚未形成。作者所言对双方代理"法律以无效评价",在《经济合同法》失效后,我国法律则失去依托;从世界范围来看,以无效评价的更是寥寥可数。至于作者所引证之王泽鉴先生之观点,"法律以无效评价",更是查无此语,王泽鉴先生也未曾表达过类似的观点或认识。因此,笔者揣测,这可能是受到了以前《经济合同法》精神的影响,也有可能是错误地理解了德国、

---

① 寇志新:《民法总论》,中国政法大学出版社2000年版,第258页。

② 原文为"不同与",疑为有误,而为"不同于"。

③ 王泽鉴:《民法总则》,中国政法大学出版社,第456页。(此为引文原有注释)经查证,并考虑到傅静坤主编《民法总论》一书的出版时间,王泽鉴该书应为2001年增订版。

④ 傅静坤主编:《民法总论》,中山大学出版社2002年版,第185页。需要注意的是,作者引证或者标注可能存在某种差错,王泽鉴并未以无效评价自己契约和双方代理行为的效力。

日本、我国台湾地区关于禁止双方代理法条的意蕴,其推理过程可能是,当事人之行为违反了法律之强制性或禁止性规定,法律行为无效。持此种观点的学者占多数。

(3)自己代理与双方代理二分法:可撤销、无效二元说。有学者将自己代理和双方代理区别对待。对于自己代理,该学者表达了自己的观点,认为"自己代理实际上是代理人和被代理人之间的民事行为,形成了代理人和被代理人之间的民事权利义务关系,该民事权利义务关系未涉及第三人,为维护被代理人的利益,被代理人应享有撤销权。如果自己代理的结果未损害被代理人的利益,被代理人也未主张撤销,被代理人与代理人之间的民事行为自始发生效力"。[①] 这实际上是认为自己代理的行为构成可撤销、可变更的民事行为。而对于双方代理,则提出"通说"认为,"双方代理应予禁止,原则上是无效行为。但经被代理人同意或追认的双方代理的后果由被代理人承受。禁止双方代理是为了保护被代理人的利益,如被代理人已经同意或追认,则无保护之必要"。[②] 其问题与观点(2)类似,当时是否已经形成通说,值得怀疑。此外,即便假设无效说为通说,则其后的论述则自相矛盾,盖我国大陆民法上的无效是绝对无效、自始无效、确定无效,不应因被代理人已经同意或追认,而使之有效。因此,该种观点仍有待商榷。

(4)非无权代理说。有学者认为无权代理与滥用代理权不同。滥用代理权是代理人在享有代理权基础上,违背义务,进行自己代理、双方代理以及与第三人恶意串通损害被代理人利益的行为。而无权代理是"代理人"根本没有代理权所实施的行为。两者在法律效果上也不完全相同,应予明确区分。[③] 然而,作为滥用代理权表现形式的双方代理效力究竟如何,并未正面阐明,但可以推论,该学者认为双方代理的效力不同于无权代理的效力。

(5)暧昧的无权代理说。有学者在论述自己代理和双方代理后,得出的结论是,"自己代理,除非事前得到被代理人的同意或事后得到

① 魏振瀛主编:《民法》,北京大学出版社、高等教育出版社2000年版,第182页。
② 魏振瀛主编:《民法》,北京大学出版社、高等教育出版社2000年版,第182页。
③ 屈茂辉主编:《中国民法》,法律出版社2009年版,第189页。

其追认,法律不承认其效力"。"对于双方代理,除非事先得到过双方当事人的同意或事后得到了其追认,法律亦不承认其效力"。[①] 到底未经本人同意的双方代理行为效力如何,该学者过于含蓄,根据推知,其大概认为效力待定。

(6)双方代理的一般情形效力不明,特殊情形有效。有学者引证我国原《经济合同法》第 7 条的规定,代理人"以被代理人的名义同自己或者同自己所代理的其他人签订的合同"无效。对于在现行法的框架下,双方代理的效力如何并未表明态度。但是,认可在某些情形下的双方代理有效,即"如已经征得了本人同意、专为履行债务、使本人纯获利益的(如作为未成年人的法定代理人的父母代理他们接受自己向他们所作的赠与)或事后被本人追认,仍应为有效"。[②] 有学者分析了双方代理存在的对本人的风险,但并未提及效力;而是针对父母对子女的赠与,认为"该行为有效"。[③] 这种做法暧昧不明,无法为学理分析提供原料,更无法为司法实践提供参考。

(7)无权代理说。有学者在提及部分学者认为自己代理行为构成无权代理后,明确主张,"笔者同意这种观点",至于双方代理(狭义)的法律后果方面,主张"也应适用无权代理的规定",[④]但是,论者并未展开具体的哪怕是一丁点的论述,稍为可惜。

尽管民法或商法上并无双方代理的规定,但是《律师法》第 39 条规定:"律师不得在同一案件中为双方当事人担任代理人,不得代理与本人或者其近亲属有利益冲突的法律事务。"该法第 47 条规定了违反上述规定应承担的相应的法律责任。《律师和律师事务所违法行为处罚办法》第 7 条规定:"有下列情形之一的,属于《律师法》第四十七条第三项规定的律师'在同一案件中为双方当事人担任代理人,或者代理与本人及其近亲属有利益冲突的法律事务的'违法行为:(一)在同一民事诉讼、行政诉讼或者非诉讼法律事务中同时为有利益冲突的当事人担任代理人或

---

① 徐国栋:《民法总论》,高等教育出版社 2007 年版,第 381 ~382 页。

② 马俊驹、余延满:《民法原论》,法律出版社 2005 年版,第 232 页。

③ 孙宪忠主编:《民法总论》,社会科学文献出版社 2010 年版,第 271 页。

④ 李永军:《民法总论》,法律出版社 2006 年版,第 690 ~691 页。

者提供相关法律服务的……(三)在担任法律顾问期间,为与顾问单位有利益冲突的当事人提供法律服务的……”这些规定仅适用于律师行业,以及律师从事的业务活动,但是,这些规定也凸显了双方代理所规制的目的,对于其他领域的双方代理行为具有一定的参考意义。但双方代理的效力如何,《律师法》仍然没有提供答案。

(二)我国大陆地区双方代理的实务

尽管双方代理行为的效力在我国大陆地区的学理上探讨相对较少,但是,实践中双方代理行为的发生并不少见。笔者通过搜索北大法宝数据库,①发现大量涉及双方代理的案件,如果再加上未予收录和未予起诉的案件,则实践中的双方代理行为则会更多。之所以如此,与双方代理中潜在的利益驱动有关,因此,规制双方代理也就很有必要。需要注意的是,虽然案件正文中存在“双方代理”、“自己代理”的字样,但实际上并非前文所指的双方代理行为,而是指双方当事人之间的代理关系,②另外一些案件中提及的则是“双方代理人”,③更是与“双方代理”行为毫不相关。

通过观察我国大陆地区实践中的双方代理案件(去除证据不足无

① 最后搜索日期为2012年3月5日。

② 在“湖南某报社与湖南某科教文化股份有限公司委托合同纠纷上诉案”中,出现“双方代理合同关系”,实际上是指“双方存在的代理合同关系”,(2011)长中民二终字第3086号,【法宝引证码】CLI. C. 515801。与此含义相同的尚有:“长沙鼎安楼宇设备有限公司与长沙鼎安楼宇设备有限公司委托合同纠纷上诉案”中的“双方代理关系的终止”,(2011)郴民二终字第18号,【法宝引证码】CLI. C. 463245;“太平人寿保险有限公司洛阳中心支公司与张红梅劳动争议纠纷上诉案”中的“双方代理合同效力”,(2011)洛民终字第71号,【法宝引证码】CLI. C. 387515。“章建武等诉两岸京港(北京)酒店管理有限公司合作合同纠纷案”中的“自己代理”也是指代理人与本人之间存在代理关系,(2010)丰民初字第21990号;“刘真骅与山东大众报业(集团)广告有限公司等肖像权纠纷上诉案”中的“自己代理”亦是如此,参见(2011)青民五终字第278号。

③ 例如“申请再审人江都市庆源工业设备安装有限公司与被申请人上海春冶钢铁有限公司企业承包经营合同纠纷案”中提及“双方代理人恶意串通”,(2011)沪二中民四(商)申字第38号,【法宝引证码】CLI. C. 481175。

法认定构成双方代理,法院未予表态的情形[①]),可以发现,法院对双方代理的态度主要有如下几种意见。具体而言:

1. 适用《经济合同法》无效

该意见的依据为民法的诚实、公平原则。在"上海宏都企业(集团)有限公司诉上海市发展律师事务所双方代理纠纷案"中,被告在接受原告委托前,已经是第三人民生银行的常年法律顾问.在该案中,在"由借款合同产生的借贷双方利益对立的法律关系中,被告同时接受了双方代理人的委托,已构成双方代理",一审法院的依据是根据《民法通则》第4条、第61条第1款、第134条第1款第(4)项、《经济合同法》第7条第1款第(3)项之规定,认定原、被告之间所订《授权委托协议书》为无效协议。二审法院重申了诚信原则的重要性,并指出"双方代理行为既然为法律所不允许,实施该代理行为的发展所与宏都公司签订的《授权委托协议书》应认定为无效协议"。[②] 需要注意的是,该案件发生在1999年统一《合同法》之前,而适用《经济合同法》,根据法律明确之文义,以及当事人做出主张时,如此适用较为妥当。

2.《经济合同法》失效后,对双方代理效力的认定

(1)认定双方代理不发生法律效力。在"安徽合肥东方房地产开发有限公司诉江苏汇鸿国际集团土产进出口股份有限公司债务转让、商品房预售合同纠纷案"中,最高人民法院认为丁华荣身为华侨公司副总经理代理东方公司表示以其房产为华侨公司偿债,属于自己代理的行为,该代理行为不发生法律效力。[③] 该案的审判法院为最高人民法院,且其判案依据为《合同法》,故而,这种观点在统一《合同法》之后

---

① 例如在"上海东方鳄鱼服饰有限公司与江苏东方鳄鱼服饰有限公司货款纠纷再审案"中,上诉人主张双方代理缺少事实依据而未获得法院的认可,参见(2002)苏民二再终字第36号,【法宝引证码】CLI. C. 23899。

② (2000)沪二中民终字第455号,【法宝引证码】CLI. C. 225347;(2000)海商初字第022号,【法宝引证码】CLI. C. 12113;(2010)桂市民终字第44号,【法宝引证码】CLI. C. 319486;颜剑锋诉陈红房屋买卖合同纠纷案,(2010)思民初字2265号。

③ "安徽合肥东方房地产开发有限公司诉江苏汇鸿国际集团土产进出口股份有限公司债务转让、商品房预售合同纠纷案",(2002)民一终字第7号,【法宝引证码】CLI. C. 3058。

具有一定的代表性。然而,所谓不发生法律效力,究竟是指不发生任何法律效力,还是指不生效,但可能发生其他法律行为的效力,并不明确,如此暧昧的表达或许正表明了法院对此拿捏不准的心态。

(2)认定双方代理行为无效。[①] 在司法实践中,认定双方代理无效的案件占绝大多数,然而,各个法院的理由却千差万别。具体而言,主要存在如下几种理由:①双方代理中利益失衡,有违民法的公平原则和代理制度的宗旨。在"北京巨路通科技有限公司与乌鲁木齐志新德伟科技有限公司租赁合同纠纷上诉案"中,法院认为,徐新民在担任被上诉人志新德伟公司法定代表人及原审被告新疆分公司负责人期间,代表双方签订了《汽车租赁协议》,上诉人巨路通公司及新疆分公司对该协议的真实、有效及公平性均不予认可。徐新民一人代表两家公司签订协议,导致难以平衡双方的利益,违反了我国《民法通则》的公平原则以及我国代理制度的宗旨,属于滥用职权的双方代理行为,因此,应确认该《汽车租赁协议》无效。[②] 事实上,该案属于双方代表行为,但依学理,应与双方代理做相同处理。在我国台湾地区,民法关于代理之规定可以类推适用于代表(1985年台上字第2014号判例),[③]双方代理之规定亦在类推适用之列。②民法禁止双方代理、董事负有竞业禁止的绝对义务。在"上海亚太宝石有限公司诉孙佩英等侵害公司权益案"中,法院认为,在被告孙佩英的双重身份的场合下,既代表原告公司又代表自己为意思表示,或自己代理,或双方代理均属于民法禁止交易之范畴。[④] 从我国公司法对竞业禁止的规定来看,董事竞业禁止义务是绝对的。故被告孙佩英的行为损害了原告公司和其他股东的利益,其

---

① 当事人主张双方代理无效的案件较多,如(2011)杭萧民初字第3208号,【法宝引证码】CLI. C. 458979。

② "北京巨路通科技有限公司与乌鲁木齐志新德伟科技有限公司租赁合同纠纷上诉案",(2010)乌中民二终字第372号,【法宝引证码】CLI. C. 284581。

③ 詹森林:"法定代理人或代表人之自己代理、双方代理及表见代理",载《月旦法学》1995年5月创刊号。

④ 从该案的判决来看,一审法院的判决依据是《民法通则》和《公司法》的规定,而实际上,《民法通则》上并无禁止自己代理、双方代理的规定,这也说明法院的论证说理仍有待进一步加强。

制作的合作协议等协议“当属无效”,二审法院的认定稍为谨慎,认为本案的情形“应确认为无效”。[①] 此外,该案中,法院还就合同无效的后果作出说明,造成合同无效的过错责任在孙佩英及上海戴梦得身上,故而,该等合同被确认为无效后所造成的损失由孙佩英及上海戴梦得负担。③理由是民法的诚实信用原则和真实意思表示欠缺。在“徐在弘与海南泰林食品有限公司代理权纠纷上诉案”中,一审法院在探寻代理制度之宗旨和损害事实后,支持了泰林公司请求确认徐在弘代理泰林公司签订《补充协议》和《解除协议》行为无效的主张。二审法院强调两点:一是徐在弘代理泰林公司签订《补充协议》和《解除协议》的行为是违反诚实信用原则滥用代理权的行为;二是徐在弘代理泰林公司签订《补充协议》和《解除协议》行为,不是泰林公司的真实意思表示,是无效民事行为。法律依据是《民法通则》第4条和第55条。[②]

(3)认定未得到代理双方的同意,其代理行为不合法,不受法律保护。在“海澜国际贸易有限公司诉韩国海空运输有限公司等海上货物运输合同损害赔偿纠纷案”中,法院认为,被告在本案中的代理行为已构成双方代理,根据目前我国法律关于双方代理的普遍观点,除非被告的双方代理事先得到过双方当事人的同意或事后得到追认,一般不应予以承认。既然我国法律不承认双方代理为合法保护的代理行为,且被告韩国海空的双方代理行为未得到当事人的同意或事后追认,因此,被告在本案中的代理行为就不能适用法律对合法代理行为保护的规定,即不能以承运人速运公司的代理人身份免除其对托运人的责任。被告韩国海空在本案中的行为已构成双方代理,因未得到代理双方的同意,其代理行为不合法,不得援用法律有关代理的规定,不受法律保护。[③] 在该案中,法院的观点相对而言较为妥适,但是,法院根据我国法律关于双方代理的普遍观点作出判断,看似推理严密、无太大问题,

---

① “上海亚太宝石有限公司诉孙佩英等侵害公司权益案”,(2001)沪二中经终字第135号。

② “徐在弘与海南泰林食品有限公司代理权纠纷上诉案”,(2008)琼民一终字第46号。

③ “海澜国际贸易有限公司诉韩国海空运输有限公司等海上货物运输合同损害赔偿纠纷案”,(2005)沪海法商初字第6号,【法宝引证码】CLI. C. 138389。

然而,这种表述回避了真正的问题,即究竟我国法律关于双方代理的普遍观点从何而来,法律依据为何,并不明确,且以笔者的视野来看,这种所谓的普遍观点既无法律依据,也无学界共识。

(4)认为双方代理效力有待追认,不追认者无效。在"上海宝建集团宝山建筑发展有限公司与上海越盛塑胶装饰有限公司建设工程施工合同纠纷上诉案"中,法院认为,双方当事人签订合同后,越盛公司委托张伟方代为办理备案登记手续,张伟方又系宝建公司下属业务经理,本身就可代表宝建公司。因此,张伟方修改合同的行为是典型的"双方代理"行为,即代理人以被代理人的名义与自己代理的其他人签订合同,合同的内容实际上由一人决定,不能反映双方协商一致的真实意思表示。张伟方的行为实际是滥用代理权,其行为效力有待于被代理人追认。因越盛公司不认可张伟方修改合同价款行为的效力,该行为应为无效。① 笔者以为,该种观点对双方代理法律关系认识较为准确,效力的定性也较为妥当。

综观我国法院实务对双方代理的态度,可谓五花八门,并未形成较为一致的意见。这种法律适用的不一致性固然与个案中法官的认知相关,但这与学理上无深入的探讨和共识也脱不了关系。因此,对双方代理进行梳理和研究,不仅是学术整理的需要,也是统一司法的需要。

3. 双方代理与其他行为的竞合

实践中,有些行为虽然构成双方代理或者双方代表,但由于案件事实符合法律规定的其他构成要件,法院依该等规定适用法律,回避了双方代理的效力问题,处理结果可能也与双方代理的模式存在不同。管见以为,这种处理既有法律依据,又满足了当事人的需求,平衡了各方当事人的利益,属于正确的法律适用行为;但是,根据该等法律规定之适用,无法得出法院对双方代理效力的态度。

(1)双方代表因相对人知道或应当知道而无效,法律依据是《合同法》第50条。在"华趣多投资有限公司(Watch Dog Investments

---

① "上海宝建集团宝山建筑发展有限公司与上海越盛塑胶装饰有限公司建设工程施工合同纠纷上诉案",(2005)沪二中民二(民)终字第1575号,【法宝引证码】CLI. C. 140609。

Limited)等与雷迪(中国)有限公司商标权权属纠纷上诉案"中,法院认为:上诉人华趣多公司受让"雷迪"注册商标专用权时未支付任何对价,系无偿取得;同时,华趣多公司系委托吴基胜代为办理"雷迪"注册商标转让注册事宜,吴基胜在"转让注册商标申请书"上代华趣多公司在"受让人"处签名,因此事实上吴基胜在转让"雷迪"商标时,既"代表"转让方雷迪公司,同时又是受让方华趣多公司的代理人。根据上述事实可以认定,华趣多公司在受让"雷迪"注册商标时,应当知道吴基胜并未得到雷迪公司的授权,无权代表雷迪公司作出转让该商标的决定。《合同法》第50条规定,法人或者其他组织的法定代表人、负责人超越权限订立的合同,除相对人知道或者应当知道其超越权限的以外,该代表行为有效。本案中,华趣多公司在受让"雷迪"注册商标时,应当知道作为被上诉人雷迪公司执行董事的吴基胜并未得到雷迪公司的授权,故吴基胜未经雷迪公司许可擅自将"雷迪"注册商标无偿转让给华趣多公司的代表行为无效。①

(2)个案中双方代理的后果显失公平,法院根据当事人申请认定可撤销、可变更。在"杨某某等与张某某所有权确认纠纷上诉案"中,张某某和赵某某系夫妻关系,张某某以杨某某代理人的身份与自己丈夫赵某某进行房屋买卖,在杨某某未授权张某某房屋交易价格的情况下,受托人张某某应该妥善处理委托事务,而张某某以109000元的价格出售房屋,该交易价格明显低于涉案房屋在评估时点2009年9月2日的市场评估价值人民币330600元,赵某某与张某某签订的《长沙市二手房买卖合同》显失公平;并且张某某在将杨某某房屋出卖后,未将所得款项交给杨某某,明显损害了杨某某的利益。根据《合同法》第54条规定,在订立合同时显失公平的合同,当事人一方有权请求人民法院撤销该合同。一审法院判决撤销杨某某与赵某某签订的《长沙市二手房买卖合同》,并判决天心区南湖巷张某某房屋归杨某某所有;二审维

① "华趣多投资有限公司(Watch Dog Investments Limited)等与雷迪(中国)有限公司商标权权属纠纷上诉案",(2011)沪高民三(知)终字第8号,【法宝引证码】CLI. C. 359457。

持原判。①

## 四、双方代理的立法、理论与实践:域外篇

### (一)双方代理无效

规定双方代理无效的立法甚为少见,除了我国已失效的《经济合同法》外,该种模式的典型立法为《法国民法典》。该法典第 1956 条规定:下列之人,不得自己或者通过中介人,成为下列财产的竞卖得标人,否则,竞卖得标无效:

监护人,对受其监护之人的财产;

受托人(代理人),对其受委托出卖的财产;

财产管理人,对交由其照管的市镇行政区或公共机构的财产;

公务助理人员,对因其职权,经其买卖的国家财产;

财产托管人对组成交由其托管的概括财产的各项财产或权利。②

根据该规定,监护人、受托人(代理人)、③财产管理人、国家财产买卖的公务助理经手人、财产托管人买卖其控制下的财产均为无效,此处,对该条文的理解尚需考虑法院判例的发展。按照法院判决,第 1596 条的禁止规定适用于所有的买卖,而不限于公开竞卖(巴黎法院,1964 年 11 月 12 日)。另外,凡是以买卖财产为标的的委托,即使仅仅

---

① "杨某某等与张某某所有权确认纠纷上诉案",(2011)长中民三终字第 1583 号。

② 《法国民法典》,罗结珍译,北京大学出版社 2010 年版,第 387 页。1999 年同一译者的《法国民法典》译本对前两款的表述为:下列之人,不得自己或者通过中介人,成为下列财产的竞卖得标人,否则,得标无效:监护人,对受其监护之人的财产;受委托人,对其受委托出卖的财产。见《法国民法典》,罗结珍译,中国法制出版社 1999 年版,第 371 页。郑玉波先生在表述这两个条款的翻译是:"下列诸人,不得自己买受,或以他人之介人,而为买受下列之财产。违反之者其行为无效。一、监护人对于受监护人之财产;二、受任人对于受托出卖之财产。"参见郑玉波:《民法总则》,中国政法大学出版社 2003 年版,第 418 页注释 1。

③ 代理人为该译本新加。事实上,该条款是否适用于代理人至关重要,因为委托人与代理人不能等同,委托关系与代理关系也不存在必然的因果联系,如果该条款不适用于代理人,那么,对于不存在委托关系,而在当事人之间存在直接的代理授权的情况下,本人的利益将可能因此受损。但从学者(如郑玉波先生)对该条的引用来看,是将其作为双方代理予以规范的。

是一种中介,均适用这一条的禁止买卖的规定(最高司法法院第一民事庭,1983年4月13日)。①

换言之,该禁止性规定是围绕买卖展开的,如果双方代理的是其他法律行为,如租赁、互易等交易形态,那么,无法直接适用该法条。而该类行为与买卖行为类似,均属于有偿交易行为,存在利益交换,极易损害权利人(被监护人、委托人、被代理人、市镇行政区或公共机构、国家、托管财产所有人)的利益,从法条规范意旨来看,该类行为应当予以规范而未予规范,构成明显的法律漏洞,对此,应采用类推适用的方法弥补该漏洞。

对于赠与行为,与买卖存在较大差别,如何适用该条款?笔者认为,该规定主要限于财产从权利人处的逸出,对于财产向权利人的流入并不做限制。将权利人的财产赠与对于权利人造成的损害甚于买卖,故而,在法律已经禁止双方代理性的买卖行为的情况下,按照举轻以明重的法理,将权利人的财产赠与他人,更为法律所不许。相反,如果只是单纯的财产流入权利人,对于权利人并无损害而有加益,故而,该类行为为法律所允许。

(二)双方代理可撤销+例外

该种模式的典型立法例有三,主要为《意大利民法典》、欧洲合同法原则以及《葡萄牙民法典》。三种模式在原则规定双方代理为可撤销的行为外,尚规定了一些例外。而在细节方面,三种立法例又存在些许不同,具体内容初步列举如下:

1.《意大利民法典》②

第1394条(利益的冲突)由代理人缔结的、与被代理人利益冲突的契约,在第三人知道或者可知道的情况下,得根据被代理人的请求而撤销。

第1395条(自己契约)代理人为自己的利益或者作为另一方的代理人与自己缔结的契约得以被撤销。但是,经被代理人特别授权的或

---

① 《法国民法典》,罗结珍译,北京大学出版社2010年版,第387页。

② 《意大利民法典》,费安玲、丁玫译,中国政法大学出版社1997年版,第371页。条文中附带的与本条相关的参阅条文由笔者删除。

者契约的内容被确认排除了利益冲突可能的不在此限。

异议只能由被代理人提出。

2.《欧洲合同法原则》[①]

第3:205条(利益冲突)如第三人知道或者应当知道代理人订立的合同中含有利益冲突,被代理人有权根据第4:112条至第4:116条之规定撤销该合同。

存在下列情形之一的,应当推定该合同含有利益冲突:(1)代理人同时担任被代理人与第三人的代理人;或者(2)代理人以个人身份与被代理人订立合同。

但是,如被代理人已经同意代理人的行为,或者应当知道代理人的行为;或者,如代理人已经向被代理人披露利益冲突,而且被代理人在合理的期间内没有提出异议,则被代理人不得行使撤销权。

3.《葡萄牙民法典》

第261条(与自己作成之事务):"[②]一、对于代理人与自己作成之事务可予撤销,不论在有关行为中该代理人之另一身份为其本人或为第三人之代理人,但被代理人曾就该事务之订立特别给予同意,又或基于该事务之性质而排除出现利益冲突之可能性者除外。

二、为着上款规定之效力,由具有复代理权之人所作之法律事务,视为由代理人作出。"

我国澳门地区民法典第254条的规定与此内容相同。[③]

---

① Ole Lando & Hugh Beale(edited),Principles of European Contract Law: Parts I&II, Combined and Revised,The Hague ; Boston:Kluwer Law International,2000. p.209. 中文引文可参见中国民法典立法研究课题组:《中国民法典草案建议稿附理由·总则编》,法律出版社2004年版,第206页。

② 《葡萄牙民法典》,唐晓晴等译,北京大学出版社2009年版,第48页。

③ 我国澳门地区"民法典"第254条[自己契约]:"一、对于代理人作出的双方代理行为可以撤销,不论在有关行为中该代理人的另一身份为其被代理人或者第三人的代理人。但被代理人曾就该行为之订立特别给予同意,又或者基于该行为之性质而排除出现利益冲突可能性者除外。二、为着上款规定的效力,具有复代理权的人所实施的法律行为,视为由代理人实施。"参见中国民法典立法研究课题组:《中国民法典草案建议稿附理由·总则编》,法律出版社2004年版,第204页。我国澳门地区"民法典"的规定与《葡萄牙民法典》的规定具有相似性。

4.小结

如上三种立法例在基本构成上保持了一致,即原则上双方代理的交易,被代理人可以撤销。但是三者之间存在如下差别:(1)在法条构造上,《欧洲合同法原则》将《意大利民法典》第1394条与第1395条加以融合,从而使“第三人知道或者应当知道”加以明确,具有了更强的可操作性。这也许在一定程度上可以作为《意大利民法典》第1394条与第1395条关系的参考。(2)在可撤销的事由上,三种立法例又有所不同。《意大利民法典》、《葡萄牙民法典》在内容上具有相似性,二者将可撤销的事由限于:被代理人特别授权;契约的内容被确认排除了利益冲突的可能性。而《欧洲合同法原则》并未强调被代理人的特别授权,但是,被代理人需要已经同意该行为,这相当于是一种认可;另一项事由则强调被代理人在已经知情的情况下,其在合理期间内的消极不作为可以引起第三人的信赖,其不积极主张或行使权利的行为将使其丧失撤销权。笔者认为,这与我国《民法通则》无权代理时本人知情的情形处理类似,根据《民法通则》第66条第1款后段之规定,“本人知道他人以本人名义实施民事行为而不作否认表示的,视为同意”。因而,该种知情并消极不作为的行为与同意做了相同处理,这有利于保护善意第三人的利益。由此可见,《欧洲合同法原则》扩张了对“同意”的理解,达到了保护交易安全、尽可能促成交易的目的,应予肯定;但是,对于利益冲突的可能考虑有失周全,在此点上与《意大利民法典》、《葡萄牙民法典》相比稍逊一筹。

(三)禁止双方代理+例外

在大陆法系国家,该种规制双方代理的模式较占优势,或者说,该种模式成为规制双方代理的一种范式,并被我国多数学者所认可。《德国民法典》第181条最为典型:“除另外得到许可外,代理人不得以被代理人的名义并以自己的名义与自己实施法律行为,或以被代理人的名义并作为第三人的代理人与自己实施法律行为,但该法律行为专为履行债务的除外。”[①]采纳该种模式和类似表述的还有《日本民法典》第108条、《韩国民法典》第124条、[②]《俄罗斯联邦民法典》第182条第3款、[③]《越南民法典》第144条第5款、[④]《蒙古国民法》第70条、[⑤]我国台湾地区“民法典”第106条。考虑到代表性,下文主要介绍德国、日本和我国台湾地区的学说与判例。

1. 德国立法、学说与判例[⑥]

(1)立法意旨。

《德国民法典》第181条规定之立法目的,在于避免因为法律行为双方其实是同一人而造成利益冲突之危险,亦即避免代理人因此种状态而为了自己的利益,损害本人之利益,因为“就像无法期待一个仆人有两个主人一样,不可能期待自己也是当事人之人能够客观地处理相冲突的利益”。[⑦] 这是一种法律对代理权之限制,不论代理权是根据法

① 《德国民法典》,陈卫佐译注,法律出版社2006年版,第58页。另外,译注者于2004年的译本将第181条翻译为:“除代理人另外得到许可外,代理人不得以被代理人的名义和以自己的名义跟自己实施法律行为,或者以被代理人的名义和作为第三人的代理人实施法律行为,但法律行为专门在于债务的履行的除外。”参见《德国民法典》,陈卫佐译注,法律出版社2004年版,第51页。

② 《韩国民法典》第124条(自己契约、双方代理)规定,代理人非经本人的许诺,不得为本人与自己实施法律行为,或就同一法律行为代理双方当事人。但可以履行债务。参见《韩国民法典》,金玉珍译,载易继明主编:《私法》(第3辑第2卷),北京大学出版社2004年版,第141页;《韩国民法典·朝鲜民法》,金玉珍译,北京大学出版社2009年版,第20页;另见《韩国最新民法典》,崔吉子译,北京大学出版社2010年版,第150页。

③ 《俄罗斯联邦民法典》,黄道秀、李永军、鄢一美译,中国大百科全书出版社1999年版,第90页。

④ 《越南社会主义共和国民法典》(2005年版本),吴远富译,厦门大学出版社2007年版,第36页。

⑤ 宗那生主编:《蒙古国法典选编》(第1辑),内蒙古大学出版社2006年版,第33页。

⑥ 该部分主要参考吴从周:《民事法学与法学方法》,中国法制出版社2011年版,第471~474页。

⑦ BGZ 60,172;74,276;BGHZ 51,209,215. 转引自吴从周:《民事法学与法学方法》,中国法制出版社2011年版,第471页。

律行为、行政命令还是法律而来。①

在第二次民法典的立法委员会中(Die 2. Gesetzgebungskommission),立法者曾提到:“对于立法者而言,重要的不在于自己契约在法律上及逻辑上是否可能,而在于是否以及在如何之范围内,它能否符合交易安全。从这个角度看,我们认为:自己契约经常带有利益冲突及损害部分他人之危险,因此只要没有法律或者本人(明示或默示)的授权,就应该加以禁止。”②然而,第181条并未将这种危险的实现规定为构成要件,③因此,即便双方代理行为对本人而言是有利的,那么,同样在本条的文义射程之内,这种情形若予以僵化适用,则其妥当性值得怀疑。

(2)违反第181条的效力。

①旧判决及少数说见解。

旧德国判决(指帝国法院的判决④以及早期的联邦最高法院的判决⑤)均对《德国民法典》第181条采取限制解释。其将第181条理解为是对特定种类的法律行为之禁止规定,是一种“形式的秩序规定”(formale Ordnungsvorschrift),⑥不论其是否具体侵害本人之利益,均一律禁止。理由主要来自于法条本身清楚的字义。从字义来看,只有法

① BGRK/Steffen §181 Rn.1.转引自吴从周:《民事法学与法学方法》,中国法制出版社2011年版,第471页。

② Mugdan,Gesamte Materialien,S.759.转引自吴从周:《民事法学与法学方法》,中国法制出版社2011年版,第471~472页。

③ [德]迪特尔·梅迪库斯:《德国民法总论》,邵建东译,法律出版社2000年版,第725页。

④ RGZ 68,172,176(1908年3月20日之判决); RGZ 103,417(1922年2月17日之判决); RGZ 157,24,31(1938年1月27日之判决)。转引自吴从周:《民事法学与法学方法》,中国法制出版社2011年版,第473页。

⑤ BGHZ 21,229,231(1956年7月9日之判决);BGHZ 33,189,190(1960年10月6日之判决); BGHZ 50,8,11(1968年2月23日之判决)。转引自吴从周:《民事法学与法学方法》,中国法制出版社2011年版,第473页。

⑥ RGRK/Steffen § 181 Rn.2.;Soergel/Leptien § 181 Rn.4. BGHZ 50,8,11中首次明白地提到:“自己契约之禁止……在其基本形态上是一个形式的秩序规定。”转引自吴从周:《民事法学与法学方法》,中国法制出版社2011年版,第473页。

条本身规定的两种例外是允许自己契约。当时少数学说见解亦同。[①]

②新判决及通说见解。

通说[②]及最高法院较新的判决,[③]均反对旧判决将第 181 条作此种形式的限制解释。其理由主要是:第 181 条之立法目的,如前所述主要在避免利益冲突之危险,所以只要从典型的、形式上的特征可以看出没有利益冲突,即可为自己契约之行为。此时应对第 181 条作目的性限缩,以排除该条适用于没有利益冲突时之自己代理行为。[④] 具体而言,1971 年以后,德国联邦最高法院允许第 181 条不适用于某些案例类型,条件是“在一个整体的、界限确定的法律领域中……根据在该法律领域典型存在的法律状态和利益态势,第 181 条的宗旨无论如何都不可能出现”(亦即利益冲突的危险不可能存在)。[⑤] 这种做法探求了法律规范之意旨,通过考察法条背后之利益关系与价值取向,做此类型化处理是妥当的、正确的,也是必要的。

根据通说之见解,已形成对第 181 条作目的性限缩之两个案例群(Fallgruppe):其一是使被代理之本人纯获法律上之利益[⑥]之情形,这种情形是欠缺利益冲突之最重要典型案例,实务上最主要的就是父母

---

① Enneccerus/Nipperdey § 181 III; Flume § 481; Boehmer, Grundlage II 2, 44ff. 转引自吴从周:《民事法学与法学方法》,中国法制出版社 2011 年版,第 473 页。

② MünchKomm/Schilken § 181 Rn. 6; RGRK/Steffen § 181 Rn. 2; Palandt/Heinrich RGRK/Steffen § 181 Rn. 9ff, 12ff; Soergel/Leptien § 181 Rn. 5; Larenz/Wolf, AT § 46 Rn. 133ff.; Medicus, AT Rn. 961。转引自吴从周:《民事法学与法学方法》,中国法制出版社 2011 年版,第 473 页。

③ 最高法院后来放弃其早期之见解,主要见 BGHZ 56, 97, 100ff.(1971 年 4 月 19 日之判决); BGHZ 59, 236, 240f.(1972 年 9 月 27 日之判决);嗣 BGHZ 64, 72; BGHZ 75, 358; BGHZ 77, 9。转引自吴从周:《民事法学与法学方法》,中国法制出版社 2011 年版,第 473 页。

④ MünchKomm/Schilken § 181 Rn. 30。转引自吴从周:《民事法学与法学方法》,中国法制出版社 2011 年版,第 474 页。

⑤ 《联邦最高法院民事裁判集》第 56 卷,第 97 页,第 102 页以下。转引自[德]迪特尔·梅迪库斯:《德国民法总论》,邵建东译,法律出版社 2000 年版,第 726 页。

⑥ BGHZ 59, 236; BGHZ 94, 332. 转引自吴从周:《民事法学与法学方法》,中国法制出版社 2011 年版,第 474 页。另参见[德]迪特尔·施瓦布:《民法导论》,郑冲译,法律出版社 2006 年版,第 549 页。

赠与无行为能力之子女，而同时由父母为受领赠与之意思；[①]其二则是有限公司（特别是一人公司）之单一股东及经理人与公司所为之法律行为，[②]均不在第 181 条禁止之列。例如一人公司（Ein-Mann-GmbH）之经理人或负责人欲将公司之财产出售与自己。该经理人或负责人一方面作为公司之机关，另一方面则作为买受该财产的自然人，其所为之买卖契约有效。[③] 然而，第二种类型成了修订有限责任公司法的牺牲品，现在，《有限责任公司法》第 35 条第 4 款明确规定，第 181 条可以适用。[④] 管见以为，允许第二种案型的发生将很容易导致一人公司的股东移转公司资产、从事不法行为，损害公司债权人的利益，或者借公司之外壳，逃避债务，损害第三人的利益，故而，该种行为同样应予禁止。在英美法系国家，一人公司的股东从事该类行为，可能导致公司法人人格被否认，而由股东或者股东与公司共同承担责任。

换言之，通说认为，第 181 条为代理权行使的限制，且为保护被代理人本人之规定，该规定不构成影响法律行为效力的禁止性规范，而"应当被理解为对法律上之能权的限制。如此，在代理人逾越代理权限而实施对己行为的情形，行为非为无效，而为效力不确定"。[⑤] 学界通说对第 181 条进行目的性限缩，使之符合本条的规范意旨，值得肯定，但仅仅形成两个典型的案例群（还有一种已被立法所废弃），似乎仍然无法涵盖例外之所有情形，为了因应实践的需要，这种案例群有增加的趋势。

---

① MünchKomm/Schilken § 181 Rn. 32. 转引自吴从周：《民事法学与法学方法》，中国法制出版社 2011 年版，第 474 页。

② BGHZ 56,97；MünchKomm/Schilken § 181 Rn. 20,31. 转引自吴从周：《民事法学与法学方法》，中国法制出版社 2011 年版，第 474 页。

③ BGHZ 56,97f. 转引自吴从周：《民事法学与法学方法》，中国法制出版社 2011 年版，第 470 页。

④ ［德］迪特尔 · 梅迪库斯：《德国民法总论》，邵建东译，法律出版社 2000 年版，第 726 页。

⑤ 杜景林、卢谌：《德国民法典评注：总则 · 债权 · 物权》，法律出版社 2011 年版，第 67 页。

2. 日本立法、学说与判例

(1)立法意旨。

《日本民法典》第108条规定:“在同一法律行为中,不能担当其相对人的代理人或当事人双方的代理人。但就债务的履行或事先得到本人的许诺的行为,不在此限。”[①]第108条的立法理由是,“事实上,代理人自己一个人成立了契约,此时,很有可能不当地害及本人(或者当事人的一方)的利益”。[②]

与第108条意旨相同,关于本人与代理人之间利益冲突的行为尚有特别规定。例如亲权人与未成年子女之间的利益冲突行为(第826条),监护人与被监护人之间的利益冲突行为(第860条)等,此等种种情形均采取选任特别代理人代理本人,[③]以保护本人的利益。另外,保护被代理人(或者被代表人)利益的规定尚有,《日本民法典》第57条前段,法人与理事利益冲突的事项,理事不享有代理权。日本《公司法》第356条规定,股份有限公司的董事与公司间利益冲突的行为,需要得到股东大会的同意。这些规定表明了规制双方代理的目的,并提供了一些更加明朗化、清晰化的处理方案。

(2)违反第108条的效力。

①早期学说与判例。

日本早期民法学界对第108条性质的认识和实务上的处理与德国旧判决和少数说相似。富井政章认为,双方代理非代理性质上所不能之事,欲使代理人完全尽力于其本分,因而禁止之。[④] 代理人既图一方之利益,势必轻视他方之利益,使一人而兼利益相反之两当事者之资

① 《最新日本民法》,渠涛编译,法律出版社2006年版,第28页;另见郑玉波:《民法总则》,中国政法大学出版社2003年版,第418页注释1,郑玉波引注的内容为:“无论何人,不得就同一法律行为,为其相对人之代理人或为双方当事人之代理人,但债务之履行,不在此限。”

② [日]遠藤浩編:《基本法コンメンタール 民法総則》,日本評論社2005年版,第194頁。

③ [日]能見善久、加藤新太郎編:《論点体系判例民法1 総則》,第一法規2009年版,第212頁。

④ 原文为“禁制之”,笔者怀疑为“禁止之”。

格,则非以自己之利益为牺牲,必不能尽其忠实于代理人之职务,此为公益上之制限,不可废也。但债务之履行,为债务者所当为之行为,即另由他人为之,亦无所谓不利益。故以之属于代理人之权限,并无前述之弊害,因著为例外而容许之。① 基于这种"公益上制限"的考量,早期法院判例采取无效说,认为第108条为公益性规定,违反则完全无效,并无追认的余地(大判明43.2.10民録16辑76页)。②

②后期学说与判例。

通说认为,如果民法允许该等行为,将可能害及本人的利益,难以期待代理人的公正行为,所以予以禁止。③《日本民法典》第108条的禁止性规定"专为保护本人利益"而设,④是关于当事人之间利害关系的任意性规定。⑤ 因此,违反自己代理、双方代理禁止规定的行为并非无效,而仅构成无权代理,⑥"遵循无权代理的一般规定和理论予以处理"。⑦

有学者则从忠实义务的角度出发,认为双方代理、自己代理的禁止以及利益冲突行为的禁止,均是忠实义务的具体化。忠实义务要求代理人的所作所为以本人的利益为出发点,而不是自己或者第三人的利

① [日]富井政章:《民法原论》,陈海瀛、陈海超译,中国政法大学出版社2003年版,第298页。

② [日]齋藤修:《現代民法総論》(第6版),信山社2007年版,第293頁;[日]橋本恭宏[ほか]:《導入対話による民法講義(総則)》(第3版),不磨書房2006年版,第203頁。

③ [日]谷口知平监修:《法律用語の基礎知識》,有斐閣1979年版,第121頁。

④ [日]末川博:《全訂民法》(上),千倉書房1985年版,第101~102頁;[日]平野裕之:《民法総則》(第2版),日本評論社2006年版,第341頁。

⑤ [日]石田喜久夫:《口述民法総則》(第2版),成文堂1998年版,第270~271頁。

⑥ [日]須永醇:《新訂民法総則要論》(第2版),勁草書房2005年版,第236頁;[日]田山輝明:《民法総則(民法讲义案Ⅰ)》(第2版),成文堂1992年版,第146頁;[日]近江幸治:《民法講義Ⅰ民法総則》(第5版),成文堂2005年版,第227頁;[日]谷口知平监修:《法律用語の基礎知識》,有斐閣1979年版,第121頁;[日]甲斐道太郎、石田喜久夫編:《新民法教室Ⅰ総則·物権》(第3版),法律文化社2005年版,第102頁;[日]遠藤浩編:《基本法コンメンタール 民法総則》,日本評論社2005年版,第195頁。

⑦ [日]吉田豊:《民法総則講義》,中央大学出版部2000年版,第485頁。

益。违反忠实义务的行为,在民法上构成无权代理。[①] 有学者则从体系解释的角度,来探讨该规定的本质内涵,但书规定本是例外,但是在该条款中,但书规定却"间接反映了该条的意旨","根据第108条的精神,法律并不是要绝对地否认这类行为的效力,在自己代理、双方代理的情形下,经过本人同意的场合将成为有效的代理行为,对本人发生效力;还未经本人同意的代理行为则成为无权代理,本人予以追认或者承认,则成为有效的代理行为,对本人发生效力"。[②] 另有学者从该规定的性质着手,认为该禁止性规定只是对代理权的一种法定限制,[③]故而,违反该规定与普通的超越代理权的行为性质相当,"契约不是不成立,仅成为无权代理行为"。[④] 无论从哪个视角出发,在面对双方代理这一禁止性规定时,后期学者几乎得出了完全相同的结论,包括鸠山秀夫、我妻荣、三潴信三、[⑤]几代通、山本敬三[⑥]以及上文提到的后期学者均认为禁止双方代理的规定乃保护被代理人之规定,违反该规定并非无效,仅构成无权代理。唯需要特别指出的是,在双方代理的场合,要使双方代理行为生效,必须得到双方本人的追认或承认。[⑦]

现今之判例,与学界通说保持一致,认为第108条前段乃保护本人利益之规定,故而,违反本条而为的法律行为构成无权代理,并不属于绝对无效的情形(大判大正11·6·6民集1卷295页),本条规定之旨趣在于预防一方当事人在作为对方代理人时损害对方之利益,代理人从事的法律行为无非是无权代理人的行为,因此,该行为并非绝对无效

① [日]四宮和夫、能見善久:《民法総則》(第6版),弘文堂2002年版,第311頁;[日]後藤巻則、山野目章夫:《民法総則》(第4版),弘文堂2006年版,第127頁。

② [日]川島武宜:《民法総則》,有斐閣1994年版,第348頁。

③ [日]我妻榮、有泉亨、川井健:《民法1総則·物権法》,勁草書房2003年版,第172頁;[日]平野裕之:《民法総則》(第2版),日本評論社2006年版,第341頁。

④ [日]平野裕之:《民法総則》(第2版),日本評論社2006年版,第341頁。

⑤ 胡长清:《中国民法总论》,中国政法大学出版社1997年版,第312页。

⑥ [日]山本敬三:《民法讲义I》,解亘译,北京大学出版社2004年版,第237页。

⑦ [日]北川善太郎:《民法総則(民法講要Ⅰ)》(第2版),有斐閣2001年版,第187頁;[日]吉田豊:《民法総則講義》,中央大学出版部2000年版,第485頁。

而是经过本人的追认可以生效,如此,采取的乃是无权代理说。①

此外,违反《日本民法典》第 57 条规定——“法人与理事利益冲突的事项,理事不享有代理权”,学者同样认为构成无权代理行为。② 对于违反《公司法》第 356 条规定的行为,有判例认为,在公司证明第三人恶意的情况下,可以主张该行为无效。③ 对于第三人的恶意,应当是指第三人知道或者应当知道公司代表人代表双方为法律行为,此时,主张无效符合无权代理的效力规定。

(3)第 108 条后段的理解与适用。

债务的履行,不仅需要仅就确定了的法律关系进行清算,并不生新的利益关系,而且不会不当地害及本人的利益,故而例外地允许自己契约和双方代理。因此,判例上,将“债务的履行”扩张解释为“当事人间不生新的利益交换的行为”。④ 基于如上认识,债务的履行是指履行期到来的债务的履行。履行期未到的债务、时效完成的债务、具有抗辩权的债务的清偿,均对本人具有不利性因而不属于本条但书的情形。代物清偿也是如此。⑤

选择债务中,受相对人的委托,不以创设债权为目的的选择权行使是被允许的。⑥ 在 A、B 之间买卖已经成立的情况下,只待债务的履行的支付价金或者移转登记等行为,并不生害及本人利益的问题,自己契

---

① [日]能見善久、加藤新太郎編:《論点体系判例民法 1 総則》,第一法規 2009 年版,第 213 頁;[日]齋藤修:《現代民法総論》(第 6 版),信山社 2007 年版,第 293 頁;[日]橋本恭宏[ほか]:《導入対話による民法講義(総則)》(第 3 版),不磨書房 2006 年版,第 203 頁。

② [日]遠藤浩編:《基本法コンメンタール 民法総則》,日本評論社 2005 年版,第 123 頁。

③ [日]能見善久、加藤新太郎編:《論点体系判例民法 1 総則》,第一法規 2009 年版,第 214 頁。

④ [日]水本浩:《注釈民法(1)》,有斐閣 1977 年版,第 105 頁。

⑤ [日]能見善久、加藤新太郎編:《論点体系判例民法 1 総則》,第一法規 2009 年版,第 214 ~ 215 頁。

⑥ [日]能見善久、加藤新太郎編:《論点体系判例民法 1 総則》,第一法規 2009 年版,第 214 頁。

约、双方代理是允许的。[①] 非债务履行行为,基于买卖的所有权移转登记申请、公证证书的做成、记名股票的买方利用全权委托书的方式变更姓名等双方代理也是被认可的。[②] 学者认为,对此但书进行扩大适用是妥当的。[③]

3. 台湾立法、学说与判例

(1)立法意旨。

我国台湾地区"民法"第106条规定:代理人,非经本人之许诺,不得为本人与自己之法律行为,亦不得既为第三人之代理人,而为本人与第三人之法律行为。但其法律行为,系专履行债务者,不在此限。[④] 立法理由显示,由于双方代理的法律行为存在"利益冲突,代理人绝不得完全尽其义务",[⑤]故禁止之。

关于禁止双方代理之理由,学说早有阐释。当然规定说谓契约之当事人,以二人以上为必要,如一人而兼双方当事人之资格,在契约性质上为不可能,故当然禁止之。便宜规定说谓一人而兼双方当事人之资格,在契约性质上非不可能,乃因双方当事人利害关系各异,代理本人与自己为法律行为或为双方代理人实际上甚为不宜。故法律为便宜计,设此禁止规定。第二说为通说。[⑥]

---

① [日]能見善久、加藤新太郎編:《論点体系判例民法1 総則》,第一法規2009年版,第212頁。

② [日]能見善久、加藤新太郎編:《論点体系判例民法1 総則》,第一法規2009年版,第214頁。

③ [日]遠藤浩編:《基本法コンメンタール 民法総則》,日本評論社2005年版,第195頁。

④ 王泽鉴:《民法总则》(增订版),中国政法大学出版社2001年版,第593页。

⑤ 郑玉波编纂:《分类六法1. 民法》,五南图书出版有限公司1999年版,第46页;同旨参见邵义:《民律释义》,北京大学出版社2008年版,第112页。

⑥ 持当然规定说的学者,如石坂音四郎;持便宜规定说的学者有:鸠山秀夫、我妻荣、中岛玉吉、三潴信三、末弘严太郎、胡长清、陈谨昆等学者。参见陈谨昆:《民法通义总则》,北平朝阳大学出版部1930年版,第298页;胡长清:《中国民法总论》,中国政法大学出版社1997年版,第311~312页。

(2)违反第106条规定的效力。

台湾地区的学者意见较为一致,可以归结为:法律禁止双方代理的法律规定目的旨在保护本人的利益,因此,该规定并非效力性规定,违反的效果并非无效,而是构成无权代理。我国台湾地区有影响力的学者大多持此种观点。如史尚宽认为,“违反自己代理或双方代理之禁止而为之代理行为,有绝对无效、与为无权代理行为得经本人之承认成为有效之两说。此项禁止既在保护本人之利益,应以后说为妥”。[①] 郑玉波认为,“双方代理之禁止,既非强行规定,则违反之者,自非当然无效,仅成为无权代理之问题,如经本人事后之承认,自仍有效”。[②] 王泽鉴认为,“违反禁止自己代理之规定而为之代理行为,并非当然无效,系属无权代理行为,如经本人承认,即为有效”。[③] 此外,王伯琦、[④]李宜琛、[⑤]刘得宽诸氏均持该种观点,刘得宽氏并指出,这也是德国、日本两国之通说,[⑥]这与前文笔者的考证相一致。

偶有学者认为“违反自己代理或双方代理行为,原则上其代理行为无效,唯禁止双方代理的目的乃在于保护本人之利益,宜认为与无权代理同其效力,如经本人的事后承认也为有效”。[⑦] 如此,则施启扬先生的观点与通说并无实质差异,看似矛盾的观点反映了其内心观点的碰撞和碰撞之后的判断。

1996年台上字第106号判决认为:“禁止双方代理旨在保护本人之利益,依第106条前段规定,代理人经本人许诺,得为双方代理之法律行为。禁止双方代理之规定,既非为保护公益所设,自非强行规定,如有违反,其法律行为并非无效,经本人事后承认,仍生效力。”[⑧]由此

① 史尚宽:《民法总论》,中国政法大学出版社2000年版,第535页。

② 郑玉波:《民法总则》,中国政法大学出版社2003年版,第419页。

③ 王泽鉴:《民法总则》(增订版),中国政法大学出版社2001年版,第455页。

④ 王伯琦:《民法总则》,国立编译馆1979年版,第196页。

⑤ 李宜琛:《民法总则》,中国方正出版社2004年版,第226页。

⑥ 刘得宽:《民法总则》(增订4版),中国政法大学出版社2006年版,第286页。

⑦ 施启扬:《民法总则》(增订7版),三民书局1996年版,第292页。

⑧ 民事裁判书汇编,第23期,第32页。转引自王泽鉴:《民法总则》(增订版),中国政法大学出版社2001年版,第455页。

可知,我国台湾地区实务上亦认为违反双方代理禁止之规定的法律行为效力待定,与台湾的学界通说一致。

(3)第 106 条但书与目的性限缩的应用。

我国台湾地区"民法典"第 106 条与《德国民法典》第 181 条的规定相同,即其除了禁止双方代理之外,尚规定了例外,即后段"但其法律行为,系专履行债务者,不在此限"。此所谓"履行债务",乃清偿债务,使已存在的债务因内容实现而消灭,并未发生新的权利义务,且不影响本人的利益。所谓债务,解释上应指作为债务而言,不作为债务,在性质上不适于代理人之履行,因此,非此处之债务。[①] 另外,这里的履行债务应指单纯的清偿行为,并不及于代物清偿。盖代物清偿系以债权人受领他种给付,以代原定之给付,使债之关系归于消灭的有偿契约(我国台湾地区"民法典"第 319 条),于代理人与本人间将发生利益冲突。[②] 至于未到期之债务、附有抗辩权之债务,由于存在期限利益或者抗辩利益,代理人不得代理本人向自己清偿,但代理人自己放弃期限利益、抗辩利益而向本人清偿者,则为法律所不禁止。[③]

另外,禁止双方代理的规定过于原则,尽管已有但书规定,但其调整的利益关系状态仍然无法令人满意。故而,在适用该法条的过程中,学界乃从该法条之规范目的出发,采取目的性限缩的方式,限制其适用范围,亦即代理人所为的法律行为与本人之间无利害冲突,则并无必要限制自己代理或双方代理行为。这与德国发展出来的两个案例群具有相似性,学说上认为,为贯彻该条立法意旨及民法保护未成年人的基本原则,于无行为能力人纯获法律上利益的情形,既不发生利害冲突,应对第 106 条规定的适用范围做目的性限缩(Teleologische Reduktion),不必加以禁止。[④] 实务上基本上亦采此种见解,1970 年台上字第 4401 号判决谓:"被继承人一面以自己之立场,将其财产以死亡为原因,赠

---

① 胡长清:《中国民法总论》,中国政法大学出版社 1997 年版,第 313 页。

② 王泽鉴:《民法总则》(增订版),中国政法大学出版社 2001 年版,第 455 ~ 456 页。

③ 史尚宽:《民法总论》,中国政法大学出版社 2000 年版,第 536 页。

④ 王泽鉴:《民法总则》(增订版),中国政法大学出版社 2001 年版,第 456 页。

与被上诉人,一面又以被上诉人之法定代理人身份代被上诉人允受赠与,此种双重行为并无对价关系,于未成年之被上诉人并无不利,依照当时有效之日本民法及适用台湾地区之习惯与第 77 条、第 106 条但书之规定,自属有效成立。"此外,实务上的另一种案例类型是股份有限公司发起人共同订立章程,苟彼此间并无利害之对立,一发起人授权他发起人代为订立章程之行为,应不受第 106 条规定之限制。① 史尚宽先生从更宏观的视角指出,"无损于本人利益之行为,代理人不妨为之"。② 第 106 条但书规定的情形便是无损本人利益的行为之一,但是,第 106 条的列举规定并不周延,故而,该但书背后之精神也成为其扩张适用的依据,即"其他行为,无害本人利益之危险者,亦应类推本条但书规定,予以许可"。③ 始为妥当。

4. 英美国家和地区

在英美法系国家和地区,对于双方代理的效力并无明确规定,在判例法上和理论上则形成了利益冲突的披露规则和同意规则。利益冲突被 Lindland 法院准确地界定为代理人完全或者实质上为了自己的利益,以及代理人代表第三人的利益而与本人利益相反的情形,前者被称为自我交易,后者则被称为利益冲突。④ 双方代理这种交易是被禁止的,除非代理人向双方的本人做了完全披露(full disclosure to both principals),并且这种行为中并不存在利益冲突,⑤代理人在完全披露

① (1990)法律字第 16622 号,行政解释汇编,第 1 册,第 216 页。转引自王泽鉴:《民法总则》(增订版),中国政法大学出版社 2001 年版,第 456 页。

② 史尚宽:《民法总论》,中国政法大学出版社 2000 年版,第 535 页。

③ 史尚宽:《民法总论》,中国政法大学出版社 2000 年版,第 537 页。

④ [美]J. 丹尼斯·海因斯:《代理、合伙和有限责任公司》(英文·影印版),法律出版社 2004 年版,第 59 页。

⑤ Krishnan Arjunan, Abdul Majid bin Nabi Baksh, Business Law in HongKong, Second Edition, Hong Kong, Singapore, Malaysia: LexisNexis, 2009, p. 481.

的基础上,仍然需要获得双方本人的同意。[①] 在英美代理法上,代理人的忠实义务要求代理人要公平地对待本人(a duty to deal fairly with the principal),[②]这在公司法上也有类似体现(详见后文)。

总体来看,英美法系国家和地区禁止利益冲突行为,双方代理只是利益冲突的表现形式而已,代理人负有忠实义务,这要求代理人应当履行完全的披露义务,并需要获得本人的同意方可从事双方代理行为。这种以利益冲突为规制对象的做法,具有极强的包容性,不仅可以适用于代理法,还在信托法、公司法以及其他一切可能存在信任关系和利益冲突的情形。

5. 小结

综上所述,可以发现德国、日本、我国台湾地区的学界和实务通说均认为未经本人同意的双方代理行为构成无权代理,违反双方代理的禁止规定应当适用无权代理的规定,然而很少有学者指明其效力为效力待定,可能是认为这乃不言自明之理。[③] 尽管如此,这一禁止性规定的效力如何确实困扰着我国大陆学者,这从前文所述我国大陆学者对双方代理的效力的认识就可见一斑。需要注意的是,德、日对禁止双方代理的效力规定均经由绝对无效说到无权代理说(效力待定说),这一转化过程凸显了学界和实务界对双方代理的本质有了更深的认识,由此,双方代理的法律效力也趋于科学化。不仅如此,德国、日本、我国台

---

① 在 Fullwood v. Hurley [1928] 1 KB 498 一案中,法官如是说:No agent who has accepted an appointment from one principal can in law accept an engagement inconsistent with his duty to the first principal from a second principal, unless has makes the fullest disclosure to each principal of his interest and obtains the consent of each principal to the double employment(per Scrutton, LJ, [1928] 1 KB 498, 502). See Krishnan Arjunan, Abdul Majid bin Nabi Baksh, Business Law in HongKong, Second Edition, Hong Kong, Singapore, Malaysia: LexisNexis, 2009, p. 481.

② [美]J. 丹尼斯·海因斯:《代理、合伙和有限责任公司》(英文·影印版),法律出版社2004年版,第58页。

③ 胡长清先生则认为,应以无效说为妥,其理由在于,民国民法"不规定为'无权代理',而规定为'不得代理',其为绝对禁止,甚为显然"。参见胡长清:《中国民法总论》,中国政法大学出版社1997年版,第312页。管见以为,结合法条全文,实际上无法得出"甚为显然"的结论,相关论述亦可参见前文我国台湾地区学者的论述。

湾地区在原则上禁止双方代理的同时,理论和实务上均重视该规定的立法意旨,对双方代理的例外有所突破和发展,而目的性限缩的结果则是呼应了利益法学的主要代表人之一 Rümelin 的观点。Rümelin 在一份对《德国民法典》第一次草案的评鉴意见中提到:"代理人可以作为其他契约订立者而与自己订立契约,只要该契约在缔结之际符合被代理之本人或被代理人之双方之利益",[①]这个建议获得第一次立法委员会的采纳,所以第一次委员会的条文原则上是允许自己代理的,例外在特定情形才加以禁止,[②]而最终通过的《德国民法典》则放弃了这种做法(原则上禁止、例外允许),这又影响及于日本民法和我国民国时期民法。但不管怎样,双方代理是否涉及利益冲突,不能一概而论,因此,采取类型化的方法处理就很有必要。而英美法系国家和地区直接以利益冲突为切入点和关注点,准确地把握了该问题关键之所在,避免了只见树木、不见森林的危险,值得重视。

但特别需要指出的是,《日本民法典》继受德国民法,并非全盘继受,而是法国民法和德国民法的混血儿,[③]《日本民法典》部分法条虽然效仿《德国民法典》而制定,但并不能像德国民法那样解释适用。关于双方代理的《日本民法典》第 108 条的但书规定就是如此,盖在德国民法,法律行为区分物权行为和债权行为,代理对二者均有适用空间,而所谓专为履行债务的行为通常即为物权行为,这是德国民法典的特点。日本民法与我国大陆民法类似,主流观点认为支付价款、履行登记等履

① Zusammenstellung der gutachtlichen Äußerungen zu dem Entwurf eines Bürgerlichen Gesetzbuches Allgemeiner Teil, S. 185. 转引自吴从周:《民事法学与法学方法》,中国法制出版社 2011 年版,第 472 页。

② 吴从周:《民事法学与法学方法》,中国法制出版社 2011 年版,第 472 页。

③ 从日本民法典的制定经过来看,日本民法典是以法国法和德国法为基础而制定的混合型法典,此外,尚有参考意大利法、英国法之处。参考[日]大村敦志:《民法总论》,江溯、张立艳译,北京大学出版社 2004 年版,第 20 页。

行债务的行为乃事实行为,而事实行为并无适用代理的可能性,①因此,日本对《德国民法典》第181条的继受只采纳了其法条形式,缺少体系继受的考量,这使《日本民法典》第108条的但书规定与代理适用的边界有违,二者之间发生一定的紧张关系。

(四)区分自己代理与“双方代理”

《路易斯安那民法典》第15题为“代理与委托”,但是在该题下“代理”一章并未论及双方代理问题,而是在第二章“委托”中就自己代理和双方代理分别予以规制。其中,第2998条规制的是自己代理,与《德国民法典》的表述内涵大体相同,即采原则上禁止、例外允许的模式;而第3000条则是对双方代理的规定,值得注意的是,该条款并未禁止双方代理,而是从正面规定,“为处理涉及两方或两方以上的人的若干事务,一方可为两方或两方以上的人的受托人,如买方和卖方”。但是,“在此种情形下,受托人必须告知每一方他也代理了另一个人”。②换言之,依《路易斯安那民法典》第3000条之规定,法律并不禁止双方代理,但代理人需要履行披露义务。

需要说明的是,根据法条之文义,该双方当事人之间应为代理关系,但是第3000条的题标则为“双方委托”,而非“双方代理”,故而,此处所谓之“双方代理”究竟是否为大陆法系国家民法上通常意义之双方代理,笔者以为值得怀疑。首先,该规定并未规定于“代理”一章之中,而是被置于“委托”一章中,从体系解释的角度来看,该规定应当属于委托而生的法律关系,这正符合该条题标“双方委托”的含义,故而,该法律关系中存在委托关系乃是当然。其次,委托而生的法律关系并

---

① 事实行为无代理之可言,乃学界通说。根据民国民法、我国《民法通则》关于代理之规定,可知,“代理之适用,仅及于为意思表示及受意思表示。从而仅于法律行为方能成立代理。事实行为或违法行为,如先占,遗失物之拾得,或侵权行为,无代理之可言”。参见王伯琦:《民法总则》,国立编译馆1979年版,第186页。另外,就代理人与传达人之区别,亦可揭示代理的这一特点,Windscheid谓:“代理人系意思之代理,传达人系表示之代理。”Jhering谓:“代理人在为法律行为,传达人在服事实上之劳务。”参见胡长清:《中国民法总论》,中国政法大学出版社1997年版,第299页。

② 《路易斯安那民法典》,娄爱华译,胡雪梅校,厦门大学出版社2010年版,第342页。

不仅仅限于代理,由委托而生的合同关系至少包括委托合同、行纪合同和居间合同;另外,委托和代理并不存在必然的因果联系,当事人可以基于委托并授权代理,也可能只存在委托而无代理关系。因此,法条翻译的文本中使用了“代理”一词是否妥当还值得商榷。最后,依笔者对该法条之理解,该法条更像是居间合同的法律关系。在居间关系中,居间人可以是居间双方当事人,并且以自身的商业利益为第一追求,其积极介入当事人谈判以促成交易通常也为当事人所明知或者可以由居间人之行为揣测出来。果真如此,那么,这里的双方代理实际上已经不是民法总论中的禁止双方代理之“双方代理”了,而是在外观上与双方代理类似,而实质则根本不同的制度。如此,该模式也就无法独存。

(五)小结

以上四种模式中,除了第四种模式尚需进一步探讨外,只有《法国民法典》采纳了无效模式,这体现了较强的国家干预和父爱主义,其立意虽然良善,但由此导致内容僵硬而无弹性,并未考虑被代理人本人的意思,也未顾及实际上是否真的存在利益冲突。故而,该种模式基本上面临着被废弃的命运。第二种可撤销模式中均规定了例外,但例外规定的方法、抽象程度又有差别。例如《欧洲合同法原则》的例外是本人同意、本人不可能未发现以及经代理人披露本人未在合理期间内回复三种情形。[①] 该模式有一定的进步性,适应了市场经济的要求,并考虑到交易安全,顾及善意第三人的利益。然而,该模式无形之中使本人处于不利之地位。这种立法模式,在某种程度上相当于放任了双方代理的发生。第三种模式,德国及其继受国均明文规定原则上禁止双方代理行为,例外允许。其明显缺陷,正如梅迪库斯教授所言:“第 181 条之所以规定对自我订约行为排除适用代理权,是基于下列抽象的担忧:自我订约行为会损害被代理人的利益,或者——在双方代理中——会损害若干个被代理人中的某一个被代理人的利益。不过,第 181 条并未

---

① Ole Lando & Hugh Beale(edited),Principles of European Contract Law: Parts I&II, Combined and Revised,The Hague ; Boston:Kluwer Law International,2000,p. 209.

将这种危险的实现规定为构成要件。"[①]这同笔者在分析双方代理是否构成代理权滥用的视角是一致的。另外,该模式均没有对违反该禁止规定的效力作出明确规定,这也是最初学者发生争论、判例认定无效的起因之一。

## 五、双方代理之效力的法理基础与可能构造——兼论商法对民法的启示

综观我国大陆地区双方代理的理论与实践,可谓十分混乱,观点纷呈、判决各异;而域外的立法模式则又五彩斑斓、莫衷一是,究竟何种模式为优、双方代理应当如何规制,这值得深思。通过前文对双方代理的论述,可以发现学界和实务上对双方代理的认识的变迁与法学方法论的相互更替、互补具有相关性,法学方法论的进步也在一定程度上对双方代理的规制提出了新的要求。

### (一)双方代理之类型二分:从概念法学到利益法学

#### 1. 概念法学的特点与利益法学的优势

在概念法学里,系统的概念处于各种单一准则之上,而实在法只能从这种概念系统来解释和应用,一方面概念系统被设想为早于实在法,另一方面在建构这一准则时又取决于实在法。如此,法律适用便成为一种纯粹逻辑的活动,有关的各种利益和评价不再出现。[②] 不仅如此,为了调整更广泛的社会生活,概念被一级一级的抽象,然而,概念的高度抽象化远离了现实生活,概念抽调了现实生活的丰富多彩、复杂多样,抽调了事物的个性和差别,这就使严格依照逻辑规则的实务效果有时并不理想。事实上,法律乃调和、分配生活中各种利益的产物,以化解当事人之间的利益冲突。法律概念化的处理固然也是分配利益,但是,由于并未顾及当事人之间利益冲突的类型,这使概念化的处理过于

---

① [德]迪特尔·梅迪库斯:《德国民法总论》,邵建东译,法律出版社2000年版,第725页。

② [德]H.科殷:《法哲学》,林荣远译,华夏出版社2002年版,第203页。

武断,而使其“一刀切”式的处理失其妥当性,难免有违“事物之本质”[①]而遭受批评和检讨。双方代理的构造表明,其只是存在利益冲突的可能性,但是并非必然,因此,对于双方代理不仅要考虑其概念界定,而且还要考察双方代理所要调整的利益。概念是法律适用和法官判断的基础,但是,双方代理的概念不能成为解决双方代理问题的终极法宝;相反,在对双方代理的概念和构造有所认识的基础上,需要考量双方代理调和的利益关系,根据利益冲突的状态,予以相应的规制。

2. 双方代理的效力不宜“一刀切”:有效、无效均不可取

(1)双方代理不宜有效。

根据双方代理之概念与构造,“代理人既自为意思表示,又自受意思表示,这不仅不合理,而且由于在双方代理中欠缺当事人之间的对抗与衡平机制,往往害及本人的利益”,[②]而且代理人的双方代理行为又显然违背代理人的勤勉义务和忠实义务,并由此导致了信赖方的利益受损,因此,概率如此之高的损人利己行为违反了民法的诚实信用原则,与民法的基本理念相背离,故而,双方代理行为不宜有效。事实上,以笔者的视野为限,目前尚无立法采有效说。有学者论文看似新奇,主张“双方代理合同有效”。但实际上,纵览全文,其观点是“双方代理合同的效力在常态下应该是有效的”。[③] 由此观之,单纯主张有效的观点尚不存在。

(2)双方代理不宜无效。

无论在立法例上,抑或在学理上,均存在主张双方代理无效的个例。笔者认为,双方代理行为不宜规定为无效,理由有如下几点:

①法律干预的必要性不足。无效是国家法对法律行为的最大干预,从根本上否定其效力。基于此,无效行为应当限于极少数的严重损

① 事物之本质,学者间有不同的解说。关于各种学说的介绍和评析,参见顾祝轩:《合同本体解释论》,法律出版社2008年版,第182~192页。但总体来看,事物之本质强调客观事物之规律,该规律性源自于事物自身,法律的任务就在于与事物之本质保持一致,如此,良法善法得以发生。

② [日]川島武宜:《民法总则》,有斐閣1994年版,第348頁。

③ 林国:“双方代理合同效力之新见”,载《唐山学院学报》2011年第1期。该文的摘要中如此表述,“文章则认为双方代理合同是有效的”。

害国家利益、社会公共利益的情形,也包括损害第三人利益的情形。而双方代理中并未损害到这些利益,其充其量只是损害代理关系中本人或者一方当事人的利益。

②私法自治要求不宜无效。法律行为是私法自治的工具,而代理则是本人意思的补助和扩张,同样属于私法自治的备用工具。在双方代理的法律关系中,代理人的行为可能害及本人的利益,在此情况下,本人依然是其利益的最佳判断者,因此,本人可以基于其自身利益的考量和接受程度,对该种情形作出反应,从而决定是否接受代理人的这种双方代理行为。法律直接规定为无效,属于国家过于"慈爱"的表现。而私法领域之所以强调自治,就在于生活关系错综复杂,当事人的利益需求各不相同,法律并不能也没有能力为当事人自己作出最佳的利益安排。

③民商事交易效率的需要。现代民商事交易强调安全、效率,在当事人可以自保的情况下,认可当事人对交易的决定权,更有利于民商事交易的顺利发生。如果双方代理关系中,代理人并未明显损害本人的利益,或者虽然损害了本人的利益、但是本人予以认可的情形,法律直接规定无效便扼杀了本可以发生的交易,而且无效还要产生双方返还财产等后果,徒增当事人的经济成本和制度的运行成本。对于我国台湾地区"民法典"第106条禁止双方代理之规定,有学者即指出,为维护被代理人利益,并兼顾促进交易,似无必要适用《民法》第71条,就所有自己代理行为皆为自始无效,而应认为违背《民法》第106条之自己代理行为,系无权代理,应依《民法》第170条规定,非经被代理人承认,对其不生效力。①

④无效的立法例寥寥无几。如前所述,秉持无效模式的立法例固然并非全无,但是,有影响的立法例只有法国。虽然立法例之多少并非决定性因素,但是,这本身也在一定程度上反映出无效模式可能存在不妥当之处,或者其不是最佳模式,否则,其模式很可能为其他国家所借鉴而得到较大的发展和广泛的传播。事实上,无效模式缺少必要的弹性。

---

① 詹森林:"法定代理人或代表人之自己代理、双方代理及表见代理",载《月旦法学》创刊号,1995年5月。

⑤法律沿革史的解释因素。对双方代理的效力认识,可以结合立法史进行分析。我国关于双方代理的规定大体经历了如下阶段:《经济合同法》第7条积极规定双方代理行为无效;统一合同法建议稿,原则上无效,例外有效;[①]《合同法》的缄默态度。从双方代理的无效,到其从法律上消失,可以认为,立法者的态度已经发生了也许不到180度的大转弯,双方代理不是无效行为,否则,法律不可能对无效行为不予规定。另外,从《民法通则》到《合同法》,立法精神发生了重大地变化,即尽量使法律行为有效,对比《民法通则》第58条第1款和《合同法》第52条关于欺诈、胁迫订立合同效力的规定便甚为显然。因此,根据双方代理的发展史,至少可以推论,我国官方认为双方代理不应是无效行为。

⑥违反禁止性规定并不必然无效。欧美各国民法大多存在违反法律规定或公序良俗而使合同不生效力的规定,且在实际操作上,几乎皆视法律目的而定,非一律因违法而无效。[②] 法律行为的效力是否因违反禁止规范而受影响,在德国有规范性质说、规范对象说、规范重心说和规范目的说,其中规范目的说为德国现在的通说,[③]这时候需要判断的是,为了达到禁止规定所追求的目的,是否有必要使该合同无效,[④]除此之外,是否存在其他相对更好、更稳妥的方法实现该目的。禁止双方代理,目的在于避免出现利益冲突,属于防患于未然,出发点在于保护被代理人的利益,即使不规定无效,采用其他的做法,例如本人可撤

① 1995年1月,由梁慧星先生整理完成的合同法建议稿《中华人民共和国合同法》(试拟稿)第37条规定:“代理当事人双方订立合同,无效。但符合法律规定或者商业习惯的,或者经过双方当事人许可或追认的,不在此限。”第38条:“代理人以被代理人的名义与自己订立的合同无效。但合同纯使被代理人一方获得利益的。不在此限。”参见王胜明:《〈中华人民共和国合同法〉及其重要草稿介绍》,法律出版社2000年版,第23~24页。

② 苏永钦:“违反强制或禁止规定的法律行为”,载苏永钦:《私法自治中的经济理性》,中国人民大学出版社2004年版,第32页。

③ 苏永钦:“违反强制或禁止规定的法律行为”,载苏永钦:《私法自治中的经济理性》,中国人民大学出版社2004年版,第36~37页。

④ See B. S. Markesinis, W. Lorenz & G. Dannemann, the German Law of Obligations Vol. 1. 180(1997). 转引自韩世远:《合同法总论》,法律出版社2004年版,第200页。

销或者拒绝,本人的利益均可得到保护,且其效果优于无效,故而,不宜采纳无效的模式。

(二)双方代理之效力依据:从利益法学到价值法学

根据通说,[①]双方代理中法律主要的关注点是本人的利益。换言之,法律所要保护的就是本人在双方代理中的利益,其不应因代理人的行为而受到损害。事实上,双方代理中的利益关系存在多种样态,并不仅仅是利益冲突,故而,从规范目的上看,双方代理应当区分是否存在利益冲突而区别对待。换言之,对双方代理需要根据其事实的类型作出不同的规制,前文所述的模式中,意大利模式、德国模式均属于此类,在这里主要有两种模式:一种是可撤销、可变更模式;另一种是效力待定模式,并辅之以例外。无论哪种模式,相对于无效模式,均更为周全地考虑到双方代理的实际情况和个案情形,给予了当事人更大的自主权,并努力平衡着双方当事人的利益。在可撤销、可变更模式与效力待定并辅之以例外模式之间,何者较优,值得探讨。

1. 原则上效力待定

笔者以为,原则上来看,双方代理的效力应为效力待定,而非可撤销、可变更。具体而言:

(1)这是双方代理的本质要求。在双方代理中,代理人被赋予了代理权,只是在存在利益冲突时,代理人往往会滥用这种权力以偏袒自己或者本人中某一方当事人的利益,此时行使代理权超越了本来的授权意旨,在为双方代理这一行为时,实质上构成无权代理。所以,在立法规制上,才存在对双方代理特别授权或者事先同意的问题,如果没有该等授权或同意,双方代理便属于无权代理。普兰利指出了问题的实质,"滥用权利本身是个矛盾的字眼,权利不存在滥用,当滥用的时候,权利已经不存在,它已经不是法律所承认的、在一定范围内行使的权利"。[②]这从法理的层面印证了在双方代理中,代理人的代理行为实际上属于越权行使,其实质不过是无权代理的一种,既然如此,为了保持

---

① 参见前述德国、日本、我国台湾学界和实务上对双方代理的观点和判例。

② 王利明、郭明瑞、方流芳:《民法新论》(上册),中国政法大学出版社1988年版,第135页。

立法和理论体系的一致性,其效力当然应与无权代理的效果相同,即双方代理的行为效力待定,而不是可撤销。

(2)这是价值判断一致、内部体系和谐的要求。法律行为效力如何,从根本上来说是由立法者的价值判断决定的,而为了使民法内部体系和谐,立法者对法律行为效力的判断应保持一定之规,并遵循相应规则确定法律行为的效力。一般而言,法律行为有效是立法者对该行为的直接认可;效力待定则是有效意志因素的欠缺,从而,需要有关权利人对之进行再确认;而可撤销、可变更则主要是由于意思表示有瑕疵所致。对此,王泽鉴先生归纳为:"民法所采的原则为:其欠缺的要件,如属有关公益,则使之无效。如仅有关私益,则使之得撤销。如仅属于程序(如未得他人同意)的欠缺,则使之效力未定,俾资补正。"①在双方代理中,并不存在意思表示的瑕疵,这里欠缺的正是本人对自身利益的处分——承认或拒绝,因此该类行为的效力原则上应为效力待定。

(3)效力待定不会影响交易安全。在双方代理中,并无应受保护的交易安全问题。在自己代理的情况下,代理人明知该种行为受到禁止或限制,而仍然置本人的利益于不顾以满足自身的利益,此时,其并非善意,而且也非交易第三人,因此,代理人不应受到保护。在代理人代理双方当事人的情况下,由于代理人的倾向而不公平获益的一方本人,其通过代理人扩张自己的行为,应当对代理人实施的促进其利益的不当行为负责,亦即获得更多利益的本人既然享受该尽职的代理(相对于其本人而言)带来的好处,自然也要承担该不当代理(代理人实施双方代理已属不当或者违法行为)带来的风险。至于在该代理法律关系之外的第三人,则可以受到善意取得规定的保护。故而,效力待定不会影响交易安全。

(4)效力待定乃不特定本人之所欲。在利益受到损害的本人与代理人或因代理人的倾向而不当获益的另一方当事人之间,更应该保护的是利益受到损害的本人,事实上,在狭义的双方代理中究竟哪一方才是受到损害者,是随机的、偶然的,作为不特定的可能受到损害的本人而言,其更希望自己能够最终决定双方代理的效力。这种不特定本人

---

① 王泽鉴:《民法总则》(增订版),中国政法大学出版社 2001 年版,第 476 页。

的利益应当给予保护,这是本人利用代理并促其发挥作用的重要一环。

(5)规定为可撤销、可变更带来副作用。如果将双方代理行为规定为可撤销、可变更的行为,其实际上等于纵容了双方代理行为。如此,代理人更有动机实施双方代理行为,因为即便被本人发现充其量也不过是发生撤销的效果。而且,如果经过了除斥期间,代理人或者受不当利益的一方当事人还可以保有该利益,这更诱使代理人为双方代理行为,加大了本人受到损害的概率,与代理人应为本人谋利益之宗旨有违。① 因此,不宜规定为可撤销、可变更。

(6)主流的立法例和判例学说的支持。从立法例和判例、学说来看,德国模式的规定较为妥适,具有一定的灵活性,在原则禁止的同时,承认例外,即经过本人承认的双方代理有效,这一用语本身就暗示着该种行为的效力属于效力待定。即双方代理行为的后果是效力待定模式,黄立先生便明确将双方代理列在效力待定的类型中,②亦有学者间接表达了这种观点,如双方代理的效果为无权代理。③ 这种立法例和判例、学说广为流传,应该受到肯定。大陆地区新近也有学者支持该种模式。④ 禁止双方代理的实质是法律对代理权的限制,即代理人没有进行双方代理的权限,从而,代理人所为的双方代理行为构成无权代理,效力待定。

2. 例外有效

如前所述,双方代理需要规制的原因在于避免利益冲突,而害及本人的利益,而经济生活中并非所有的双方代理均存在利益冲突。对于该类并无利益冲突的双方代理行为,直接使其生效,对于本人并无损害的可能。因此,双方代理的效力应区分为两种情形:存在利益冲突的双

① 概念的作用在于特定价值的承认、共识和储藏。载黄茂荣:《法学方法与现代民法》,中国政法大学出版社2001年版,第52页。事实上,代理权所存储的价值是“为本人计算”。张俊浩主编:《民法学原理》,中国政法大学出版社1997年版,第270页。

② 黄立教授将双方代理与无权代理、无权处分等法条上明文规定的行为并列,展示于效力未定的法律行为类型之下。参见黄立:《民法总则》,中国政法大学出版社2002年版,第439页。

③ [日]潮见佳男:《民法总则讲义》,有斐閣2005年版,第354页。

④ 李永军:《民法总论》,法律出版社2006年版,第690~691页。

方代理,效力待定;不存在利益冲突的双方代理,有效。在举证责任上,主张效力待定的一方需要证明存在双方代理的关系;主张有效的一方则需要证明,虽然存在双方代理,但是并不存在利益冲突,事实上,证明交易公平并不能使交易有效。

德国即采原则上效力待定,例外有效的模式。需要强调的是,《德国民法典》第181条但书"专为履行债务"的法律行为,毫无疑问,其中并不存在利益冲突,但是,该种规定也能适用于德国(以及采相同模式的我国台湾地区)。由于我国不采物权行为理论,这导致专为履行债务的行为在我国属于事实行为,不具备意思表示的要素,故非法律行为,不能成为代理行为的客体,不存在代理的可能性。因此,这种情形在我国不存在适用的余地。日本、韩国也不采物权行为理论,而在法条设计上却与德国相当,但该等法条并无适用空间,假使还要试图加以应用,则造成了代理理论上的不统一和体系内部的矛盾。对此,我们应加以注意。

(三)双方代理之民商合一:商法规则对民法的启示

商事交易中也存在双方代理行为,在组织内部则存在与双方代理类似的双方代表行为,其构造与民法上的双方代理并无不同。商事法理念先进,商事交易要求公平、效率,[①]因此,考察商法中的相关制度,特别是组织法中对自我交易的规制方法,也能带来有益的启示。

我国《公司法》第149条第1款之四规定,董事、高级管理人员不得违反公司章程的规定或者未经股东会、股东大会同意,与本公司订立合同或者进行交易。其实质便是对董事、高级管理人员的双方代表行为进行规制,其规定采取的是事先同意的做法,符合效力待定的基本定位。对这一程式上的规定,有学者认为,"排除了自我交易人自己证明该交易为公平交易的可能性","有些不合实际或者过于严苛"。[②] 管见以为,在关联交易的问题上,我国公司法并没有简单地加以禁止,而是

---

① 参与商事法的进步性、商事交易的公平性、敏捷性,参考张国键:《商事法论》,三民书局1993年版,第25页、第36~40页。

② 施天涛:《公司法论》(第2版),法律出版社2006年版,第420页。

采取了程序公平的做法,以避免关联人利用关联交易损害公司的利益。① 这种中立的态度符合了商事实践的需要,有利于满足公司特定情形下的交易需要,而又不会损害公司的利益。虽然法条之文义以章程授权或者股东会、股东大会事前同意为原则,而未论及事后追认,实际上,事前同意与事后追认均为股东会、股东大会认可之表现,故而,二者应做相同处理,公司法对此未作规定,构成明显的法律漏洞,应进行类推适用加以补充。故而,自我交易人对交易公平的证明,属于股东会、股东大会事后审查的内容,当股东会、股东大会合理地相信该交易公平时,没有理由不予认可,盖投资者也是理性的经纪人。

美国各州公司法在对关联交易予以规制时,特别强调,如果交易中关联人的利益得到完全披露(fully disclosed),该交易得到了多数无关联董事的批准,或者得到了多数股东的善意批准,或者关联人可以证明该交易公平、合理(just and reasonable;fair)的情况下,关联交易并不仅仅因为关联人存在经济利益而无效。②《日本公司法》第356条第1款第2项规定,董事拟为自己或第三人与股份公司进行交易时,必须在股东大会上就该交易披露重要事实,接受其承认。③ 所谓重要事实采取客观的标准,即普通谨慎之人从公司的立场上判断并有理由相信,这些事实对是否做出此项交易是重要的,一般包括:交易的存在、性质、标的、目的、董事在该交易中的作用、地位及财产利益,对此,董事均负有披露义务。④ 日本的这一规定与美国各州的做法大体相当,对双方代理或者其他关联交易并不严格禁止,而是强调信息披露,以让当事人本人从幕后站到台前,亲自决定交易的成否,切实保护

① 《公司法》第125条。

② General Corporation Law of Delaware, § 144(a); California General Corporation Law, § 310(a); New York Business Corporation Law, § 713(a)(b).

③ 《最新日本公司法》,于敏、杨东译,法律出版社2006年版,第214页。日本公司法独立于商法典之前,日本商法典第265条、保险业法第60条亦要求董事与所任职之公司间交易需要获得公司的承认。参见青谷和夫:"取締役の自己契約・双方代理——普通取引条款による契約に関する農林省の見解に関連して",载《国士舘大学法学会国士舘法学》,第9号,1977年,第3页。

④ 李建伟:《关联交易的法律规制》,法律出版社2007年版,第262页。

了公司的利益。另外,董事是否正当地履行了披露义务,会影响到交易公平与否的证明责任。[①] 管见以为,美国各州和日本公司法的如上规则值得我国借鉴,采取事后认可或者得以证明关联交易公平的情况下,关联交易有效,这样既保护了公司的利益,又不会过分压抑必要的关联交易。其中的披露规则在双方代理有必要予以强调,并通过相关规则使其作用得以强化。

## 六、尚需澄清的问题:双方代理的法律边界

### (一)双方代理与双方居间

1. 双方代理与双方居间存在本质差异

有学者认为,对于双方代理的禁止在现代商业活动的代理关系中已有很大的突破。居间人在某些居间活动中就可能演变为代理双方的代理人。从而体现了双方代理的原则。例如媒介居间中的居间人接受双方之委托并为双方进行缔约信息的提供,但如果居间人根据需要而为双方委托人之利益进一步为法律行为时,就发生了双方代理之情形,如双方委托人根据居间人提供的信息,并相互明确委托居间人代表自己与相对方订立合同。对此,各国法律并不予以禁止。[②] 管见以为,代理和居间并非同一事物,不宜做等同化处理;如果非要把居间定性为代理,那么,这也是一种与代理存在本质区别的新型"代理"。如果说代理中特别强调代理制度的宗旨,强调代理人为本人实现最大利益负有勤勉义务的话,那么,居间则是明显的商事行为,其更加强调的是实现交易双方的沟通,正如居间的字面所显示的那样,居间人居于交易双方当事人之间,其并无义务促进某一方当事人的最大利益,相反,其工作在于斡旋于双方当事人之间,求得双方当事人之间的某种妥协和合作,从而实现居间营利的目的。居间人与代理人的地位显然不同,本人信

① MBCA(1984)第8.31条;特拉华州《普通公司法》第144条。

② 江帆:《代理法律制度研究》,中国法制出版社2000年版,第196页。该学者在本书的第六章题名为"代理的衍生形式——行纪、居间、经纪",这也凸显了作者的观点,即行纪、居间、经纪也是"代理"行为,然而,这里的代理恐怕已经不是民法上的代理行为,而是特殊的商事行为。

赖代理人并由代理人代为法律行为,而居间人则只是在双方当事人之间起着介绍、辅助作用而已,做出意思表示、起决定作用的还是当事人自己。因此,代理与居间在双方代理、双方居间的问题上,存在根本性差异,原则上双方代理应予禁止,双方居间为法律所允许,[①]甚至鼓励。在我国古代,居间人被称为“互郎”,[②]即有促进双方当事人成交之意,双方居间是三赢的,交易双方因居间而得以快速成交,符合当事人的利益诉求,居间人因居间而获得营利。故而,一举三得,法律岂有阻止之理? 只是需要注意的是,此居间非彼代理也。

2. 双方居间不构成双方代理的实践

在司法实践中,当事人的行为构成代理,抑或是居间,是法院认定是否构成双方代理的基础。总体来看,只要当事人之间的关系是居间关系,那么,双方居间本身不会产生任何责任。

(1)在“郑宝诉泸州市江阳区四通职业介绍所居间合同纠纷案”中,法院认为:原、被告双方虽未签订书面合同,但因居间合同系非要式合同,只需当事人达成一致意思表示,合同即成立生效。故本案原、被告双方存在居间合同关系。其次,被告在履行合同中未隐瞒自己所知道的事实,更未提供虚假情况。被告已按约履行其义务,没有违约行为,不应承担相应的赔偿责任。据此,原告主张构成双方代理,不予支持。[③]

(2)在“北京恒量房地产经纪有限公司诉北京市万业源房地产开发有限责任公司委托合同纠纷案”中,关于客户确认书效力的认定,万

① 在法律上,表现为《合同法》第424条:“居间合同是居间人向委托人报告订立合同的机会或者提供订立合同的媒介服务,委托人支付报酬的合同。”其中的提供订立合同的媒介服务,即为居间人为双方当事人服务的典型,这被称为“媒介居间”,与第一种“指示居间”(具有居间人向委托人的单方指向性)形成对照。关于指示居间和媒介居间,以及居间费用的负担。可参见王利明、房绍坤、王轶:《合同法》,中国人民大学出版社2009年版,第443~444页。有学者称指示居间为“报告居间”,参见崔建远主编:《合同法》,法律出版社2010年版,第525页。

② 崔建远主编:《合同法》,法律出版社2010年版,第525页。

③ “郑宝诉泸州市江阳区四通职业介绍所居间合同纠纷案”,【法宝引证码】CLI.C.367629。

业源公司认为合同无效的主要理由是,恒量公司隐瞒其已经获得神都公司物业租赁代理权,与万业源公司签订委托出租合同属双方代理行为。法院认为,根据客户确认书的条款规定,万业源公司是在确认神都公司为恒量公司之代理客户并介绍承租万业源大厦物业后,方与恒量公司签订客户确认书;双方在代理费支付条款也明确约定与万业源公司签署正式租赁合同或入住其物业的承租客户为神都公司。综上可见,万业源公司在签订客户确认书时明知恒量公司作为神都公司代理人为其代理万业源大厦承租事项。恒量公司是为万业源大厦物业出租方及承租方提供了订约的机会,促成了租赁关系的成立。恒量公司的行为未损害双方利益,故万业源公司主张客户确认书无效的理由与事实同法律不符,本院不予支持。恒量公司与万业源公司签订的《客户确认书》,经双方当事人意思表示一致订立,并不违反法律、行政法规的禁止性规定,应认定有效。①

(3)在"黄宝根等与费国文等房屋买卖合同纠纷上诉案"中,法院认为,两上诉人与置换中心的关系为居间法律关系,非传统民法意义上的委托代理关系,故两上诉人认为置换中心双方代理的后果对其不发生效果的理由不符合居间制度的法律规定,不予采信。②

(二)双方代理之效力扩张

根据禁止双方代理的宗旨和目的,即法律禁止利益冲突的行为,以避免代理人厚己薄彼,以失公正的立场,从而保证法律行为的公平。基于此,有必要考虑虽然不是严格意义上的双方代理,但仍然构成利益冲突的那些行为,同样需要类推适用双方代理的规则以资规制,也就是需要扩张双方代理的适用范围。例如第三人是公司,而代理人是该公司的代表人,此时,代理人行为便是该公司的行为,此时构成实质上的双方代理。该类行为源于实践,故而,有必要就这些情形归纳成类型,以便适用。笔者认为,结合关联交易、公司法上的自我交易限制的理论,

---

① "北京恒量房地产经纪有限公司诉北京市万业源房地产开发有限责任公司委托合同纠纷案",(2009)海民初字第8930号,【法宝引证码】CLI. C. 197796。

② "黄宝根等与费国文等房屋买卖合同纠纷上诉案",(2009)沪一中民二(民)终字第727号。

双方代理主要可以准用于如下三种类型:

1. 基于经济关系

当代理人以本人名义与第三人为法律行为时,代理人与第三人具有经济上的密切关系,尤其是具有共同的经济基础时,其情形与双方代理的利益状态并无二致。此种类型可以表现为:第三人是代理人开办的一人公司;第三人是合伙组织,代理人为无限合伙人。

2. 基于感情关系

当代理人与第三人具有亲密的感情上的关系时,代理人以本人名义与第三人为法律行为时,代理人的判断可能会受到感情因素的影响,尤其是当代理人与第三人是夫妻关系、直系三亲等以内的亲属关系时。此时,虽然不具有明显的经济上的利益冲突,但此种情形本人的利益和第三人的利益仍然难以求得妥当平衡。较为远隔的感情关系,例如同学关系、同事关系、同乡关系,通常情况下可以不予考虑。

3. 代理关系的变形

这种变形主要表现为两种:第一种是代理人选任的事前委托,即由本人事前委托相对人选任代理人的情形,日本判例肯定了在此情况下构成了双方代理。例如,A在与X订立契约,将自己所有的简易房甲以5万日元的月租金出租给X时,为了预防日后的纠纷,附加了特别约定,约定X将选任其代理人的权限委托给A。1年后,A打算增加房租,于是选任B作为X的代理人,与B进行交涉,结果订立契约,将月租金定为10万日元。① 更有案例显示,代理人选任的事先委托经常会发生侵害本人的合法权益,在一起案件中,选任的代理人与对方达成诉讼上的和解。② 在我国的仲裁实践中,这种行为同样被认定为双方代

① [日]山本敬三:《民法讲义I》,解亘译,北京大学出版社2004年版,第237页。

② [日]齋藤修:《現代民法総論》(第6版),信山社2007年版,第292页。

理而应予以禁止。[①] 第二种是代理人以本人名义与自己选任的代理人为法律行为,此种情形仍然没有改变双方代理的本质,同样应当适用双方代理的规则。例如,A 是 B 的代理人,A 为了与自己交易,特选定 X 作为自己的代理人,其后 A 以 B 的名义与 X 为法律行为,这其中存在利益冲突,甚为显然。

对于代理人使用某种计谋排除当事人同一性的行为,德国学界多认为,可以将《德国民法典》第 181 条扩张适用于该种情形,例如任命一个复代理人。[②]《葡萄牙民法典》第 261 条第 2 款的规定即为对此种情形的规制,"为着上款规定之效力,由具有复代理权之人所作之法律事务,视为由代理人作出"。[③] 该种规定和学理认识具有一定的合理性,盖复代理人乃代理人所选任,其与代理人之间的谈判能否有效进行值得怀疑。但是,复代理人终究为本人之代理人,而非代理人之代理人,只要复代理人在本人之授权(经代理人转授权)范围内为本人之利益为代理行为,而与代理人沟通谈判,并无损本人利益之虞,原则上应为有效。至于复代理人与代理人通谋串通或者代理人未为完全妥善之转授权,致使复代理人无法保全本人之利益者,或者代理人以害及本人之利益为目的而选任复代理人,则均属代理权之滥用,复代理人之行为构成无权代理,[④]但均与双方代理有别,此不得不查。

4. 小结

"中国的道德和法律,都因之得看所施的对象和'自己'的关系

---

① 在中国国际贸易仲裁委员会于2000年1月18日发布的塑料制品公司合资争议仲裁案裁决书中,仲裁庭认为:被申请人让申请人招聘其法定代表人和处长为申请人的职工,再委任为董事长、董事并聘任为总经理,以保证控制申请人还款的做法也悖于常理。张×、温××既然被招聘为申请人的职工,其身份已经改变,特别是经申请人委任为合资公司董事长和董事之后,按照代理人不得同时为有利益冲突的双方代理的原则,被申请人的法定代表人张×不应当同时为被申请人和申请人的代理人。

② 参见哈尔德(Harder)文,载《民法实务档案》第 170 卷,1970 年,第 295 页以下。转引自[德]迪特尔·梅迪库斯:《德国民法总论》,邵建东译,法律出版社 2000 年版,第 726 页。

③ 《葡萄牙民法典》,唐晓晴等译,北京大学出版社 2009 年版,第 48 页。

④ 史尚宽:《民法总论》,中国政法大学出版社 2000 年版,第 536 页。

而加以程度上的伸缩”。[①] 这多少反映了一定的现实。道德更是如此,诚实信用也只能是“善良思考之行为人间,相对人依公平方式可以期待之行为”,[②]相信人人都是李嘉诚,人人都会诚实守信,我们不需要规制双方代理的想法是幼稚的,是不切实际的;相反,认为中国没有李嘉诚,从而彻底否定双方代理也是不可取的。比较妥当的做法是,根据我国的诚信状况,对双方代理进行必要的规制,并对双方代理进行一定的扩张。

值得注意的是,在德国,学术界几乎一致的认为,不能将德国民法第181条扩大适用于其他存在利益冲突但当事人并非同一的情形,因为利益冲突本身作为标准过于不确定,它不能给法官发展法律确定界限。此外,也应顾及到作为合同当事人的第三方的利益。[③] 这种观点有一定的合理性,值得参考。管见认为,双方代理与关联交易存在一定的区别,在双方代理中更加强调代理人的忠实义务,以谋求实现本人的最大利益;而商法中的关联交易固然也强调忠实义务,但与此同时,也强调交易的必要性和交易的公平进行。

(三)不同模式的效果比较

对于如上诸多模式,除了从学理上探讨其正当性外,亦可以就其实际效果做出初步预测,进而判断规则设计的合理性。

1. 规定双方代理无效,可以在最大程度上明示于法律行为的代理人,以降低发生双方代理行为的概率;但是,这并不能阻止双方代理行为的发生,只要该等行为未被发现,则在当事人之间与生效的法律行为并无区别;另外,本人同意的双方代理行为也会在当事人之间秘密的发生效力。

2. 规定双方代理可撤销,由于有更多的可能使该法律行为生效,故而,该种模式刺激了代理人实施双方代理行为的动机,将在一定程度上诱发代理人实施双方代理行为,对于本人利益的保护有欠妥当,故而,该种模式并非理想的模式。

---

① 费孝通:《乡土中国　生育制度》,北京大学出版社1998年版,第36页。

② 黄立:《民法总则》,中国政法大学出版社2002年版,第510页。

③ [德]迪特尔·梅迪库斯:《德国民法总论》,邵建东译,法律出版社2000年版,第727页。

3. 规定双方代理效力待定,例外有效较好地平衡了各方当事人的利益,并符合利益关系的多样性进而类型化处理的思考方式。效力确定取决于本人的意思,故而,双方代理行为不能直接发生法律效力,此时,本人已经得到了最大程度的保护;至于现实中未被发现的情形,法律在效力的规定上无能为力,因为对此,即便规定双方代理行为无效也是枉然。在效力待定模式中,由本人决定法律行为的生效与否,其对代理人的约束与规定无效的效果相当,可以有效抑制双方代理行为的发生;而且,代理人的勤勉义务在双方代理中可以透过本人对交易公平的认可,而实现交易最大化和交易公平的目的。综观双方代理案件,可以发现,提起诉讼的均为主张无效,据此并不能得出双方代理无效的结论,而是由于本人对双方代理行为不予认可,故而,确定无效;至于未提起诉讼的双方代理案件,或者由于未被发现而无从主张,或者本人对双方代理予以认可而生效,故无诉讼的必要。

4. 规定双方代理原则允许,例外禁止的模式固然有利于促进交易,然而,其最明显的弊端就是诱发双方代理行为的发生,在禁止规定上则与效力待定模式相当,故而,该种模式的效果并不理想,亦非最佳模式。盖在双方代理法律关系中,代理人具有信息优势,而本人则处于被蒙蔽的状态,原则上允许双方代理,虽然不是鼓励,但该种模式本身的后果便是对双方代理的纵容,无形中增加双方代理之可能。

5. 小结。在实务上,法院处理的双方代理案件必然是已经发现的情况,未发现的情况效力如何对当事人而言,并无实益,均在事实上发生了效力。但是,法律在何种程度上对双方代理予以认可却影响了民商事实践中双方代理的发生概率,故而,在立法论上,应当选择较好平衡各方利益的规制模式。从以上的实际效果预测可以发现,双方代理原则上效力待定、例外有效乃最佳模式。需要特别指出的是:(1)双方代理在存在利益冲突的情形下,公平还是不公平,不是问题。因为,此时代理人负有勤勉义务,需要实现本人的利益最大化,因此,法律不能以交易“公平”直接认定允许双方代理行为,事实上,此时,所谓的公平仍然无法确定具体的标准。(2)在规定双方代理效力待定的情形下,公平还是不公平,是个问题。对本人而言,其认可的双方代理行为可以认为是公平的,经过当事人的合意产生的便是公平交易。交易中的公平是主观的,[①]而非客观的,故而,法律无法事先明确哪些交易是公平的,而需要在个案中由当事人自己确定,如此,才真正地保护了本人的利益。

## 七、双方代理的立法规制:草案评析与建议

### (一)民法典草案的规定及其评析

在推动我国民法典出台的过程中,学者或者接受委托,或者自愿组成团队,提出了几个有较大影响力的民法典草案建议稿,尤其以梁慧星、[②]王利明[③]和徐国栋[④]分别为负责人的三个民法典草案最值得关注,三个草案对双方代理问题均有涉及,这说明该问题是一个应当予以重视并应予以规范的一个问题。然而,三个草案对双方代理效力的规范模式采取了不同的态度,这也表明,学界对该问题的研究尚未形成共识,甚至在效力这样重要的问题上分歧较大。具体而言,三个草案的大体内容如下:

1. 梁稿的规定及其评价

梁稿第160条规定:"代理人不得以被代理人的名义与自己实施法律行为,也不得同时作为第三人的代理人与被代理人实施法律行为。但纯使被代理人获得利益的行为除外。"第161条规定:"代理人实施自己代理行为或者实施双方代理行为的,被代理人有权撤销代理行为。但有下列情形之一的,被代理人不得行使撤销权:(一)被代理人已经同意代理人的自己代理或者双方代理行为的;(二)代理人已经向被代

① 契约行为强调契约正义,而此之所谓契约正义要求等值原则。民法基本上采取主观等值原则,即当事人主观上愿意以此给付换取对待给付,即为已足,客观上是否相当,在所不问。法院不能扮演"监护"的角色。参见王泽鉴:《债法原理》,中国政法大学出版社2001年版,第75页。

② 中国民法典立法研究课题组:《中国民法典草案建议稿》,法律出版社2003年版,下文简称梁稿。

③ 王利明主编:《中国民法典草案建议稿及说明》,中国法制出版社2004年版,下文简称王稿。

④ 徐国栋主编:《绿色民法典草案》,社会科学文献出版社2004年版,下文简称徐稿。

理人披露自己代理或者双方代理的事实,但被代理人在合理期限内没有提出异议的”。①

该草案第160条前段采纳了禁止性规定的模式,从原则上禁止从事自己代理和双方代理行为,但是对其效力并未予以说明,这需要采取体系解释的方式,结合第161条的规定方能确定违反该禁止性规定的效力。禁止自己代理和双方代理的重要目的之一,就是防止被代理人的利益受到损害,如果代理人的行为单纯使被代理人获得利益,被代理人无生损害之虞,故而,该种行为不予禁止,并当然发生效力。这是第160条后段的规定。

该草案第161条规定自己代理与双方代理为可撤销、可变更的法律行为,以及可撤销的两项例外。一是“被代理人已经同意代理人的自己代理或者双方代理行为的”,其实质是该种情形的双方代理有效,与效力待定情形下的处理可以获得完全相同的效果;二是“代理人已经向被代理人披露自己代理或者双方代理的事实,但被代理人在合理期限内没有提出异议的。”该款规定引入了披露规则,并可以起到督促本人及时行使确认权的目的,值得肯定。然而,将双方代理设计为可撤销、可变更法律行为有其制度缺陷,即短暂的可撤销权期间的经过可能将本人的损害现实化、终局化、确定化,不利于本人利益的保护;相反,代理人或者第三人却因此而获益,并诱发代理人集体爆发诚信危机。

2. 王稿的规定及其评价

王利明教授主持的《中国民法典草案建议稿》第212条[自己代理的禁止]“非依法律规定或经本人的同意,代理人不得以被代理人的名

---

① 中国民法典立法研究课题组:《中国民法典草案建议稿》,法律出版社2011年版,第30页。该建议稿的第1版的相关内容为第160条:“代理人不得以被代理人的名义与自己实施法律行为,也不得同时作为第三人的代理人与被代理人实施法律行为。但纯使被代理人获得利益的行为除外。”第161条:“代理人实施自己代理行为,或者第三人知道或者应当知道代理人实施双方代理行为的,被代理人有权撤销代理行为。但有下列情形之一的,被代理人不得行使撤销权:(一)被代理人已经同意代理人的自己代理或者双方代理行为的;(二)代理人已经向被代理人披露自己代理或者双方代理的事实,但被代理人在合理期限内没有提出异议的。”参见中国民法典立法研究课题组:《中国民法典草案建议稿》,法律出版社2003年版,下文两个条文参见该书的第31页。

义与自己实施法律行为,但该行为系专为履行债务的除外”。第 213 条[双方代理的禁止]“代理人不得以被代理人的名义与他同时代理的其他人实施法律行为,但法律另有规定、被代理的双方予以同意或者追认或者该行为专为履行债务的除外”。①

王稿之规定与德、日、韩以及我国台湾地区的规定比较相似,在保持着一致性的同时,又做出一些修正。这主要表现在例外情形加入“法律规定”、“法律另有规定”,该种表述看似更加周全,实际上并无必要。盖个别规定优先于一般规定、特别法优先于一般法乃法律适用之原则,在此无须特别强调。

草案对自己代理和双方代理做了区分,在语句结构上未做相同处理,如做一定调整保持二者的结构相同可以增加法典的美感。此外,在对待例外情形时,王稿对自己代理和双方代理也有所差异,即在自己代理中强调“经本人的同意”,而在双方代理中则强调“被代理的双方予以同意或者追认”,在此增加了“追认”的方式,两相对照,草案对相同事态未做相同处理,明显不妥。另外,管见以为,以“追认”方式作为实施双方代理行为的例外,看似更为全面,实则有悖逻辑,盖追认行为在后,双方代理行为在先,故而,不可能先获得追认,再实施双方代理行为。但透过草案也可以发现,文本起草者对双方代理效力的一个大体判断,即追认可以使双方代理生效,故而,王稿的大体意向与德国、日本、我国台湾地区等国家和地区的通说可以做相同的诠释,即双方代理原则上应为效力待定。至于“专为履行债务”一项,其在中国大陆地区作为例外的不妥当性,前文已述,此处不赘。

3. 徐稿的规定及其评价

徐国栋教授主持的《绿色民法典草案》也对此进行了规定,其中关于自己代理的效力规定为效力待定,具体规定在第 210 条[自己代理]在代理他人的过程中,任何代理人都不得为自己的利益或为第三人的利益与自己缔结法律行为,被代理人追认的除外。代理人非经被代理人同意,也不得为其自己的事务或委托管理的他人事务使用在执行代

① 王利明主编:《中国民法典草案建议稿及说明》,中国法制出版社 2004 年版,第 29 页。

理中取得的资金或租金。[①]该条中，第一项内容同笔者的观点不谋而合，不再赘述。第二项规定“代理人非经被代理人同意，也不得为其自己的事务或委托管理的他人事务使用在执行代理中取得的资金或租金”。笔者以为，这是代理人忠实义务的一项内容，存在于所有的代理活动中，没有必要在自己代理中专门规定，否则将限缩其适用范围，减损其价值。

在双方代理问题上徐国栋教授没有与自己代理保持逻辑上的一致性，该草案第213条[双方代理]规定：“代理双方当事人订立的法律行为无效，但符合法律规定或商业惯例或经当事人认可或追认的，不在此限。”管见以为该条规定值得商榷，如若结合自己代理，则该项规定问题多多。(1)自己代理和双方代理做不同处理，在利益权衡上有失妥当。(2)在双方代理原则上无效的基础上，符合法律规定、商业惯例或许可以成为例外，但“经当事人认可或追认的”这一规定则存在疑问，盖在中国大陆地区，法律行为无效是自始、绝对、确定、当然的无效，无法通过当事人的认可或追认而变为有效。作出如此规定，有悖法理和学理的认识。(3)“经当事人认可或追认的”可以生效，是效力待定法律行为的特征。笔者推测，徐国栋教授草拟出这种看似矛盾的规定，是因为其内心深处也倾向于把双方代理规定为效力待定，只是又存在一定的困惑，或者无法摆脱我国某些传统的看法（如《经济合同法》的影响）。但如此规定，这两项条款的科学性和参考价值在一定程度上打了折扣。

（二）笔者的建议

综合前文所述，在民法典及新的相关法律出台之前，站在解释论的立场，原则上可以类推适用无权代理（构成越权代理）的规定；站在立法论的立场，应当明确双方代理效力待定，例外有效。其法律条文可以设计成三款内容：

非经本人之特别授权，代理人不得以被代理人的名义与自己实施法律行为，也不得同时代理双方当事人实施法律行为。但其法律行为，

---

① 徐国栋主编：《绿色民法典草案》，社会科学文献出版社2004年版，第32～33页。

代理人能够证明不存在利益冲突者,不在此限。

下列情形,准用双方代理的规定:(1)代理人为第三人的唯一股东、事务执行人或者法定代表人;(2)代理人与第三人具有夫妻关系或者三亲等以内亲属关系;(3)相对人选任了本人的代理人;(4)代理人以本人名义与自己选任的代理人为法律行为。

违反前两款规定所为的法律行为,适用无权代理的规定。由于双方代理未获承认而无效时,本人有权获得交易金额三倍以上的惩罚性赔偿金。

关于该草拟的条款,需要说明的是:

1. 条款一,强调非经本人特别授权,不得实施双方代理行为。本人对双方代理的同意可能为明示或默示,但明示或默示对双方代理影响较大。明示意味着本人对代理人存在较高的信赖,从而代理人就有更大的自主空间;相反,如果仅是默示,则代理人为代理行为时仍应保持与代理制度的本旨相一致。当本人给出一定的价格指示时,一般认为本人对代理人给予了比较明确的授权,但是代理人所为的行为仍然不能明显违背诚实信用原则。① 本条文要求本人的特别授权,是指本人明确允许代理人为双方代理行为,不可以推定。

2. 代理人在代理过程中负有忠实义务,②这是由代理的本质、代理中的信任关系所决定的,忠实义务主要体现在利益冲突的情形。如果不存在利益冲突,双方代理的实施无害于本人,亦不影响代理人忠实义务的履行,则没有必要禁止双方代理。当本人提供的合同为格式合同、本人指示的交易价格具有唯一性、不可协商性时,可以认为代理人实施

---

① 郑健才:“代理之常态与变态”,载杨与龄主编:《民法总则争议问题研究》,清华大学出版社2004年版,第271页。例如,在大学生毕业卖书的过程中,甲接受乙委托,出售王泽鉴最新版《民法总则》1本,乙的保留价为10元,明确说明,低于10元不再出售。此时,甲自己代理以10元买入该书,随后,又以30元的价格卖给同学丙,此时,即存在明显的滥用代理权的行为。

② [日]四宮和夫、能見善久:《民法总则》(第6版),弘文堂2002年版,第311页;[日]後藤卷则、山野目章夫:《民法総則》(第4版),弘文堂2006年版,第127页;[日]潮見佳男:《民法总则讲义》,有斐閣2005年版,第350页。

双方代理行为无害于本人的利益。① 此时,代理人可以实施本人行为。代理人实施双方代理行为的,需要就双方代理中不存在利益冲突,承担证明责任。

3. 忠实义务从正面看,表现为双方代理中代理人对本人的披露义务、回避义务,相应的,在代理人披露的基础上,双方代理行为是否生效取决于本人的同意,即双方代理经过本人的事先允许,对本人确定发生效力。双方代理行为未予披露时,则取决于本人的事后追认。

4. 双方代理的准用重在将双方代理扩张及于与双方代理利益状态相似的情形,从而扩张其适用范围,保证相同案型,相同处理的公平原则,在立法上尽可能消除明显的漏洞。准用分为构成要件准用和法律效果准用,本条规定为效果准用。

5. 立法者有时通过规定民事罚款甚至是刑事责任的方式,来强化对权利滥用的制裁。② 为了抑制有害的双方代理,防范代理权的滥用,应引入惩罚性赔偿金的救济方式,不仅有利于本人利益的维护,而且可以引导代理人积极披露信息,减少害及本人的双方代理行为。

(作者单位:南开大学法学院)

---

① 在“金某君与郑州某某服饰有限公司劳动争议纠纷上诉案”中,法院认为,金某君任某某公司人力资源总监10个月,双方应当订立书面劳动合同。金某君任某某公司人力资源总监期间,某某公司明确要求人力资源部,所有员工的劳动合同以及档案等相关手续必须规范。金某君作为某某公司人力资源总监,代表公司与职工签订劳动合同是职能部门应当履行的岗位职责,不签订书面劳动合同的法律责任也应当清楚。某某公司、金某君应当签订书面劳动合同而未签订劳动合同,金某君未履行职责,责任在于金某君个人,金某君个人应承担相应的不利后果。金某君称某某公司应向其支付未订立书面劳动合同期间双倍工资的上诉主张不能成立,本院不予支持。参见“金某君与郑州某某服饰有限公司劳动争议纠纷上诉案”,(2011)郑民二终字第1221号。在该案中,原告金某君应当与被告(金某君代表或者其他公司代表)签订劳动合同,由于其自身的消极不作为而未予签订时,不得主张未签订书面劳动合同的法律救济。在劳动合同采取格式条款的情况下,金某君受聘公司的行为本身已经表明公司愿意以格式合同与其签订劳动合同,而且,代表公司者即便为金某君本人也无妨事情之效果。

② [法]雅克·盖斯旦、吉勒·古博:《法国民法总论》,陈鹏、张丽娟、石佳友、杨燕妮、谢汉琪译,法律出版社2004年版,第744页。

# 论加害人不明时建筑物的抛掷物或坠落物致人损害的责任*

黄靖文

目　次



## 一、基于文义解释的初步界定

《侵权责任法》第87条规定:"从建筑物中抛掷物品或者从建筑物上坠落的物品造成他人损害,难以确定具体侵权人的,除能够证明自己不是侵权人的外,由可能加害的建筑物使用人给予补偿。"根据文义解释方法,可以得出粗略的请求权基础,即受害人因建筑物中抛掷物品或从建筑上坠落的物品造成损害,而实际加害人不明的,有权向可能加害的建筑物使用人请求承担补偿责任。有以下几点需要说明:

第一,法律关系当事人。该法律规范调整下列主体之间的利益关

* 衷心感谢梁慧星老师、孙宪忠老师、窦海洋老师、李宇师兄、谢伟、王旭和兰平对本文写作的指导、帮助以及批评。

系:受害人、具体侵权人、可能加害人。还可能涉及其他主体,如“社会公众”特别是“全体业主”、①物业公司②等。既然称为侵权人,一定是基于证据和法律评价的结果,含有价值判断的意味。而可能加害人就是基于生活经验和技术手段的一种单纯的事实判断,是否赋予法律意义取决于法政策的选择。所以,在第 87 条的情形下,可能加害人,即最后的补偿责任承担主体,应当包括具体侵权人,这反映了法律真实和客观真实的不对称性和交叉关系。而对这两种真实的区分,将是本文论证的一个重要基础。

从形式上看,可能加害人作为一个群体概念在法条上出现,但在思考路径中则不能作为一个整体,必须具体化地考量个体的可能加害人与受害人之间的法律关系。某种意义上,作为群体的必然侵权和作为个体的不必然侵权,二者之间的紧张关系难以把握,使得对第 87 条的理解具有智识上的极大挑战。极端偏向前者,将可能加害人视为一个整体而承担侵权责任,固然在理论上简便易行,却缺乏整体化的必要要件——同质性或者组合性。极端偏向后者,视每位可能加害人必然不侵权,又有悖于客观真实和公平正义。笔者认为,应该以个体考量为主,群体认定为辅,既寻求整体化的必要因素,也要考虑到特殊性的排除,这样才能增强逻辑分析的精确性和可操作性。③

另外,具体侵权人在实体法上虽然无法确定,但可能加害人在诉讼法意义上必须明确,否则违反了《民事诉讼法》第 108 条的规定,从而丧失作为裁判规范的作用。

第二,建筑物的界定。建筑物通称建筑,它是指人工建造的、固定在土地上,其空间用于居住、工作、学习、生产、经营、娱乐、储藏物品以

---

① 王利明:“抛掷物致人损害的责任”,载《中国政法大学学报》2006 年第 6 期。

② 深圳南山好来居大厦高空抛物案(下文述及)将物业管理公司是否承担责任的讨论推向高潮。参见石祺:“‘好来居’案抛出的两次旋涡”,载《现代物业(上旬刊)》2010 年第 8 期;陈冬瘟:“深圳‘好来居’案判决的可商榷之处”,载《新业主:现代物业》2010 年第 8 期。

③ 这个看似简单的结论,曾困扰笔者甚久。下文的进一步阐述,特别是关于构成要件、证明责任的分析,均建立在这个思维角度的基础之上。

及其他社会活动的设施,如住宅、写字楼、仓库等。[①] 该法条的适用范围仅限于高层建筑物,这是由该类案件在实际生活中的屡次发生,以及建筑物区分所有下的举证困境决定的,不得类推适用到高速公路、立交桥等构筑物、球迷看台甚至其他领域。

第三,物品。该规定对物品有两种分类:"抛掷"的物品,是一种积极行为,从传统民法理论上讲,为人的责任,或称行为责任。王利明教授认为"抛掷的物品必须是建筑物以外的其他物"。[②] 而坠落的物品"主要是指建筑物本身的装饰材料、阳台玻璃、花盆等坠落导致他人损害,但无法查明所有人或管理人"。[③]

《侵权责任法》第85条和第87条均规定了物件坠落造成他人损害的责任,可从前者得到启发。物件坠落不属于人的积极作为,应是建筑物管理瑕疵造成损害的行为,"相当于《日本民法》第717条关于土地工作物占有人侵权责任之规定"。[④]

从法哲学角度而言,不论是人的责任还是物的责任,归根结底都是人的行为造成的。所谓行为责任与物件责任的理论区分,可能在具体案件中意义不大,实践中的主要关切还是具体侵权人的确定,无论他是抛掷行为人还是坠落物的所有人或管理人。[⑤] "因为连行为人都不能

---

① 全国人大常委会法制工作委员会民法室编:《中华人民共和国侵权责任法条文说明、立法理由及相关规定》,北京大学出版社2010年版,第344页。

② 王利明:《侵权责任法研究》(下),中国人民大学出版社2011年版,第670页。这个限制本身在实践上是否有意义,值得讨论。首先,这个"以外"指的是空间的以外,功能的以外,还是二者皆有?其次,物品的"以外"或者"以内",在具体行为人不明的情况下,能否对应"抛掷"或者"坠落",也有疑问。

③ 王利明:《侵权责任法研究》(下),中国人民大学出版社2011年版,第664~665页。

④ 梁慧星:"中国侵权责任法解说",载《北方法学》2011年第1期。

⑤ 《民法通则》第126条规定了倒塌、脱落和坠落,并未规定抛掷。但下文将要述及的三个典型案件均是依照该规定进行判决的。可见,在该类司法实践中,很难判断物品是抛掷物还是坠落物;即使可以,也都能按照坠落物处理。该裁判实践经验对第87条的形成,应该起到了辅助作用。当然,也可以认为由于没有其他的法律规定,这三个案件只能根据第126条类推适用,特别重庆案中的烟灰缸属于抛掷物品毫无疑问。但假设是一个花盆坠落致人伤害,在加害人无法确定的情况下,也不能当然地依照第126条要求所有人或者管理人承担侵权责任。这种归谬法的采用,表明《侵权责任法》第87条的核心问题是具体侵权人无法确定,而不是物品属于抛掷还是坠落的界定。

确定，如何确定该物就是抛掷的物”？所以不必去考虑造成损害的物中是否有人的直接支配因素，“坠落”可以将“抛掷”包含在其中。因此，“无论是抛掷物还是脱落物，都界定在坠落物当中”。[①] 这里，从实践意义考量，坠落物的外延被扩大了。梁慧星教授将第 87 条的适用范围概括为难以确定具体侵权人的“高楼坠物”[②]致人损害案件，可能亦有此考虑。

总之，立法上第 87 条将抛掷物和坠落物并列放置，首先肯定了人的责任和物的责任的不同，但也突破了传统建筑物责任中关于物的责任和人的责任的理论分野，予以融合，其逻辑构成堪称先例。这种立法上的政策性安排基于一个共同前提，即实际加害人无法确定。正是如此，经常说的“高空抛物”仅仅是该规则调整范围的一个方面。[③]

第四，补偿责任的性质。这里的补偿责任是否属于侵权责任？倘若不是，该责任是狭义的还是广义的，即第一性的义务还是第二性的责任？对该问题的回答也许在一定程度上反映了文章的研究结论。暂时从文义解释的角度分析，补偿责任要求当事人双方无过错；责任的性质应为财产性补偿，而不涉及人身关系；而且，它还是一种限制性责任，并不要求充分救济，具有“救助和安慰”[④]的性质。

以上按照法律条文用语之文义及通常使用方式来阐述其内容，只求对基本概念进行界定。按照哈特的观点，法律语言并不是精密的表意工具，都具有一种“空缺结构”，即“核心范围”和“边缘地带”。[⑤] 具体到第 87 条，物品、加害人、侵权人和补偿责任等概念可能存在一定的模糊、笼统或者有待价值评价的问题。下文将通过司法实践、立法例以

① 杨立新：“对建筑物抛掷物致人损害责任的几点思考”，载《判解研究》2004 年第 2 期。

② 梁慧星：《中国民事立法评说：民法典、物权法、侵权责任法》，法律出版社 2010 版，第 378 页。

③ 这也是本文的标题未使用“高空抛物”这个传统指称的原因。

④ 参见王利明教授在 2010 年中国民法学研究会年会上的发言，转引自中国法学会民法学研究会 2010 年年会暨学术研讨会简报(二)，载中国民商法律网，http://www.civillaw.com.cn/article/default.asp? id = 50990。

⑤ 张志铭：《法律解释操作分析》，中国政法大学出版社 1998 年版，第 129 页。

及理论学说,运用多种解释方法,逐步厘清其内容和适用范围。

## 二、我国的司法实践和立法进程

### (一)典型案件

1. 重庆烟灰缸致人损害案

2001年5月11日凌晨1:40,重庆市民郝跃被楼上落下的烟灰缸砸中头部。在公安机关反复查证仍无法确定加害人的情况下,受害人将两侧的两栋居民楼2楼以上的22户居民告上法院。渝中区人民法院判决,受害人的医药费、误工费、护理费、伤残补助费、生活补助费、鉴定费、精神抚慰金共计178233元,由具备加害可能性的20户居民分别赔偿8101.05元,后二审法院维持原判。[①] 该案件值得注意的问题是:第一,法院依据《民法通则》第126条,适用过错推定责任;[②]第二,责任人的赔偿范围包括精神抚慰金;第三,只有无人居住的两户通过举证而不承担赔偿责任。那么,具有加害可能性的居民如何举证,才能证明自己没有过错或者因果关系?第四,判决承担赔偿责任的居民中,"有两位七十多岁的老妇,一个腿脚不便夹着双拐,另一位则身患癌症,其子女或下岗或无业"。[③] 这样的判决是否恰当?

2. 济南木墩致人死亡案

2001年6月20日中午12点左右,济南市民孟秀云突然被二单元楼上坠落的一块木墩砸中头部,后抢救无效死亡。死者近亲属将该楼二层以上15家居民起诉至济南市市中区人民法院,请求赔偿医药费、护理费、误工费、交通费、丧葬费、死亡补偿费,以及精神赔偿费。法院认为:"原告在起诉时无法确认谁是致其母亲死亡的加害人,不能具体指明是谁侵害了其民事权益或与谁发生了民事权益争执",欠缺明确具体的被告;原告主张适用《民法通则》第126条,但该坠落物"没有明

---

① 王利明:《侵权责任法研究》(下),中国人民大学出版社2011年版,第664页。

② 也有学者认为该案判决的理论依据是共同危险行为,参见梁上上:"利益衡量的界碑",载《政法论坛》2006年第5期。

③ 陈晓军:"高空抛物的概念与侵权责任之法律探析",载中国普法网,http://www.legalinfo.gov.cn/pfkt/content/2009-05/07/content_1087387.htm。作者为重庆市南岸区检察院公职人员,所述应为事实。

确的所有人和管理人,且坠落物位置不明确,无法确定所有人或管理人”。[①] 故依据《民事诉讼法》第108条第2款和《最高人民法院关于适用〈中华人民共和国民事诉讼法〉若干问题的意见》第139条第1款的规定,裁定驳回原告起诉。原告上诉,二审法院仍裁定驳回。后经申诉,山东省高级人民法院提审,审判委员会进行讨论,并向最高人民法院请示。最高人民法院电话答复:“经研究,同意你院审委会多数人意见,请努力对本案调解解决。”高院审委会的多数人意见包括两个方面:(1)本案应认定有明确的被告并作实体审理;(2)受害人的损失应由15名被告分担。山东省高院后作出民事裁定:撤销一审和二审的民事裁定,发回重审。经济南市市中区人民法院的再审一审和济南市中级人民法院的再审二审,仍以“原告不能举证证明造成其母死亡的木墩的具体所有人或管理人,即证明侵权主体的证据不足”,[②]“应当承担举证不能的法律后果”[③]为由,从实体上判决驳回诉讼请求。从2001年6月该案发生到2005年7月最终审结,历时4年。[④] 该案中有四个问题值得注意:第一,一审法院因欠缺明确具体的被告,而裁定驳回起诉,是否恰当?第二,再审法院以原告不能举证证明侵权主体,即具体的所有人或者管理人,而判决驳回诉讼请求,是否合理?第三,原审与再审的不同处理,有何理论上的启示?第四,最高人民法院的法官认为

① 山东省济南市市中区人民法院(2001)市民初字第1663号民事裁定书,第3~4页。转引自周波:“中美两国高空抛物侵权责任认定之比较分析”,中国政法大学2007年硕士学位论文。

② 山东省济南市市中区人民法院(2004)市民再初字第4号民事判决书,第21页。转引自周波:“中美两国高空抛物侵权责任认定之比较分析”,中国政法大学2007年硕士学位论文。

③ 山东省济南市中级人民法院(2005)济民再终字第54号民事判决书,第15页。转引自周波:“中美两国高空抛物侵权责任认定之比较分析”,中国政法大学2007年硕士学位论文。王利明教授关于该案的介绍即“经再审后仍驳回上诉,维持一审法院裁定”,参见王利明:《侵权责任法研究》(下),中国人民大学出版社2011年版,第664页,盖属印刷错误。该案件原审采取了裁定形式,从程序上驳回起诉。而再审采取判决形式,从实体上驳回诉讼请求。下文将详细分析。

④ 刘士国:“楼上落下物致人损害加害人不明的法律救济”,载《烟台大学学报》(哲学社会科学版)2006年第3期。

本案属于“非典型性的共同危险行为致人损害的情况”,可以参考共同危险行为致人损害的原理处理,但谢怀栻先生和杨立新教授等对此均持否定态度。[①] 为何?

3. 深圳南山“好来居”大厦高楼坠物案

2006年5月31日(儿童节的前一天)17时40分左右,10岁的四年级学生钟某放学回家,走在“好来居”大厦北侧的人行道时,突然被楼上落下的玻璃击中头部,经抢救无效死亡。公安机关经过数月调查,仍无法确定玻璃从何处坠落。受害人父母遂将“好来居”大厦北侧二楼以上74户业主及小区物业公司告上法庭,主张根据《民法通则》第126条的规定,应由被告承担死亡赔偿金、精神抚慰金等累计76余万元。2008年3月,南山区法院一审作出判决,由物业公司承担原告损失30%的赔偿责任,驳回其他诉讼请求,原、被告均表示不服。2010年4月,深圳市中级人民法院作出终审判决:撤销一审判决,改判“好来居”北面74户使用人各补偿钟某家属4000元,物业公司不承担民事责任。[②] 该案二审期间,正值《侵权责任法》通过,可以明显地看出,法院的判决参考了第87条。有以下三点值得讨论:第一,一审判决由物业公司承担部分责任,而二审中物业公司不承担任何责任。由于第87条中并未直接涉及物业公司,那么,受害人是否无法向物业公司主张责任?第二,终审判决中的补偿额达到原告主张损失的26%,这个比例恰当与否?第三,原告主张的死亡赔偿金应否得到法院的支持?

4. 小结

这三个案件的时间点耐人寻味。前两个案件的发生时间相近,而结果迥异,形成鲜明对比,可以帮助我们思考第87条在法理上的正当性。而《侵权责任法》在第三个案件的审理过程中通过,并极大地影响了最终的判决,这可以促进我们思考第87条在实践中的作用、意义及需要注意之处,从而增强司法适用的科学性。

---

① 杨立新、张新宝、姚辉:《侵权法三人谈》,法律出版社2007年版,第124页。

② 石祺:“‘好来居’案抛出的两次旋涡”,载《新业主:现代物业》2010年第8期。

(二)立法进程

1. 学者建议稿

(1)社科院建议稿:梁慧星教授担任负责人的中国民法典立法研究课题组起草的《侵权行为编》,“应该是最早提出的学者建议稿”。①在该草案中,并无加害人不明时的建筑物抛坠物民事责任的规定。其中第1602条规定:建筑物或者其他设施以及建筑物上搁置物、悬挂物发生倒塌、脱落、坠落或者其他事故造成他人损害的,由保有者承担民事责任,但能够证明自己没有过错的除外,②属于传统的建筑物责任。张新宝教授负责该侵权行为编的统稿,第1602条所在的第66章第1节“物造成的损害”由刘士国教授和于敏研究员负责。笔者认为,由于张新宝教授和刘士国教授均主张抛掷物只能按照一般侵权行为处理,坠落物则应依据《民法通则》第126条的规定,③故对此未作特别安排。但一些文章据此就推断出梁慧星教授反对由可能加害人承担一定的责任,④在笔者看来,显得太唐突了。⑤

(2)人民大学建议稿:王利明教授主持、中国人民大学民商事法律科学研究中心起草的《中国民法典学者建议稿·侵权行为编》第1794条“抛掷物品致人损害”第1款规定:从建筑物中抛掷物品致人损害,

---

① 白隽永:“共同侵权制度研究”,载梁慧星主编:《民商法论丛》(第49卷),法律出版社2011年版。

② 中国民法典立法研究课题组:《中国民法典草案建议稿附理由——侵权行为编·继承编》,法律出版社2004年版,第84页。

③ 刘士国等:《侵权责任法重大疑难问题研究》,中国法制出版社2009年版,第82~88页。张新宝教授也说过:“那条有关‘高空抛物责任’的规定,尽管局势表明它将极有可能成为‘法律’,但是打死我也无法认识到其中的正义性。”参见张新宝:《侵权责任法立法研究》,中国人民大学出版社2009年版,第499页。

④ 杨冰:“论建筑物区分所有条件下抛掷物致害之救济”,中国政法大学2011年硕士学位论文;周震旭:“论建筑物高空抛物致人损害侵权的救济——兼评《侵权责任法》第87条”,华东政法大学2011年硕士学位论文。

⑤ 事实上,梁慧星教授对第87条是持赞同态度的。参见梁慧星:《中国民事立法评说:民法典、物权法、侵权责任法》,法律出版社2010年版,第379页;梁慧星教授在《中华人民共和国侵权责任法》通过研讨会上的发言,载中国民商法律网,http://www.civillaw.com.cn/article/default.asp?id=47544。此外,梁慧星教授在指导笔者论文写作时,也表示在法律委员会的立法讨论过程中,第87条得到了一致的认可。

抛掷人承担民事责任;第2款规定:不能确定谁为抛掷人的,由建筑物的所有人或者全体使用人承担民事责任。但能够证明没有抛掷该物品的人不承担责任。[①] 该条首先规定抛掷物致人损害为一般侵权行为;但如果抛掷人不能确定,则由所有人或者全体使用人承担责任。

(3)"法学会部级法学研究课题"建议稿:由杨立新教授负责的课题组编写的《侵权责任法草案建议稿》第97条规定了"物件倒塌坠落致人损害":因下列物件致人损害的,由管理人或者所有人承担责任;但管理人或所有人能够证明自己没有过错或者法律没有规定的除外:(一)建筑物以及道路、桥梁、隧道等人工构筑物及其上的搁置物、悬挂物发生倒塌、脱落、坠落造成他人损害的……[②]值得注意的是,杨立新教授曾认为在侵权人无法确定的情况下,受害人可以对建筑物的全体所有人或者使用人请求承担连带赔偿责任。[③] 后来,这种观点产生了"动摇"[④],他主持起草的侵权法草案"以不规定的方式否定了此类案件的侵权损害赔偿请求权"。[⑤] 最新的资料则显示,杨立新教授对第87条规定的补偿责任是持赞同意见的。[⑥]

2. 立法草案

2002年12月《侵权责任法草案(第一次审议稿)》第56条:从建筑物中抛掷的物品或者从建筑物上脱落、坠落的物品致人损害,不能确

① 中国人民大学民商事法律科学研究中心:《中国民法典学者建议稿及立法理由·侵权行为编》,法律出版社2005年版,第249页。

② 2006年中国法学会部级法学研究课题组:《中华人民共和国侵权责任法草案建议稿及说明》,法律出版社2007年版,第216页。

③ 杨立新:"对建筑物抛掷物致人损害责任的几点思考",载《判解研究》2004年第2期,第103~107页。

④ 杨立新、张新宝、姚辉:《侵权法三人谈》,法律出版社2007年版,第131页。

⑤ 王竹:"建筑物抛掷物致害的'不赔'与'赔'——以侵权案例的体系化分析方法为视角",载《燕山大学学报》(哲学社会科学版)2008年第3期。

⑥ 杨立新:《侵权损害赔偿》,法律出版社2010年版,第441~445页;杨立新:"《侵权责任法》的八年立法之路",载《中国审判》2010年第2期。作者在后文中也提到:"梁慧星教授和王利明教授对第87条采取坚决赞同的态度,张新宝教授采取坚决反对的态度。"确定某位学者的观点,要求"独立思考、独立判断",这让我想起王泽鉴先生关于物权行为理论的不同表述。参见梁慧星:《法学学位论文写作方法》,法律出版社2012年版,第139页。

定具体的侵权人的，由该建筑物的全体使用人承担侵权责任，但使用人能够证明自己不是具体侵权人的除外。

2008年12月《侵权责任法草案（第二次审议稿）》第83条：从建筑物中抛掷物品或者从建筑物上坠落的物品造成他人损害，难以确定具体加害人的，除能够证明自己不是加害人的外，由可能加害的建筑物使用人承担赔偿责任。

2009年10月《侵权责任法草案（第三次审议稿）》第86条：从建筑物中抛掷物品或者从建筑物上坠落的物品造成他人损害，难以确定具体加害人的，除能够证明自己不是加害人的外，由可能加害的建筑物使用人给予补偿。

2009年12月《侵权责任法草案（第四次审议稿）》最终通过，其中第87条规定：从建筑物中抛掷物品或者从建筑物上坠落的物品造成他人损害，难以确定具体侵权人的，除能够证明自己不是侵权人的外，由可能加害的建筑物使用人给予补偿。

3. 小结——比较分析

由于学者建议稿和立法草案之间的相互影响，将它们放在一起进行研究，可以发现第87条的发展轨迹，更好地进行法律解释。

王利明教授主持的《侵权行为编》有立法机关的正式委托，梁慧星教授负责的《侵权行为编》虽无正式委托，但也在2002年3月法工委的专家讨论会上与前者一并得到研讨。后来的人大法工委草案，应该说是在二者的基础上产生的。

该草案规定不能确定具体的侵权人的，由全体使用人承担侵权责任，且将抛掷物品和脱落、坠落的物品统一起来，采取推定过错。该法条具有适用上的全面性和损害赔偿的彻底性，反映了立法机构试图立竿见影地解决建筑物的坠落物频繁发生所导致的一系列严重社会问题。这是社会现实带来的迫切的法律需求。[①] 这就为该规定打下了一

① 建筑物的坠落物的频繁发生及危害，参见谢军：“高楼抛物者住手”，载《光明日报》2001年8月20日；刘建：“杜绝高空抛物能否出台地方法规”，载《法制日报》2007年4月17日；高叙法：“高空抛物、坠物事故频发引人忧思”，载《社会》2003年第4期；李晨：“城市居住环境下住户高空抛物行为调查”，载《城市问题》2007年第11期。

个基调,后续的立法草案都是在其基础上的修补和扬弃。

结合上述条文,可以发现现行《侵权责任法》第87条的修正过程:

(1)责任的性质。人民大学建议稿规定的是"民事责任",试图扩大责任外延,以利于法官根据案情酌情确定具体的责任形式,但也有过于模糊之嫌;2002年草案规定的是"侵权责任",对上述"民事责任"进行细化,但这个概念本身即具有谴责和否定意义;2008年草案规定的是"赔偿责任",盖要求救济的完满性,且仍有谴责意味;最后改为"补偿责任",这个概念具有道义性质,排斥过错或者不法行为。而且,由其性质决定,补偿的范围较窄,以体现民法的公平精神。

无论"民事责任"、"侵权责任"还是"赔偿责任",均有连带或者按份之可能。事实上,2003年3月法工委召开的专家讨论会上即有围绕二者的争论,但多数人倾向于按户分担责任。[①]

(2)物品的类型。尽管人民大学建议稿只提到"抛掷物品",但立法草案坚持"抛掷的物品"和"坠落的物品",以扩张其适用范围。但值得注意的是,2002年草案中"脱落的物品"被删去了,"旨在排除第85条规定的建筑物发生脱落情形"。[②] 因为常见的物品脱落,都发生在建筑物的共有部分,如瓷砖。这时的责任主体很容易确定,可依据第85条由所有人或者管理人承担赔偿责任。

(3)具体行为人。人民大学建议稿规定的是抛掷人,2002年草案规定的是侵权人,2008年和2009年的草案改为加害人,最后通过的法律兼采侵权人和加害人这一表述。

2002年草案要求全体使用人承担侵权责任,将侵权人不明时的情况等同于《民法通则》第126条规定的建筑物责任,将法律真实的一部分极端化,即从无法确定侵权人推及每个可能加害人都是侵权人,从而违反了客观真实这个基本标准,混淆了客观真实与法律真实的关系。

---

① 杨立新:"中国民法典人格权法编和侵权行为法编专家研讨会讨论综述",载中国民商法律网,http://www.civillaw.com.cn/article/default.asp? id=7945。从该文中可以得知,与会专家普遍认可将侵权人不明时的抛掷物责任纳入法律,只是对责任的按份还是连带存在争议。

② 王竹、赵尧:"论建筑物抛掷物、坠落物致害道义补偿责任",载《政法论丛》2010年第5期。

人民大学建议稿采纳具体的抛掷人概念,侧重于客观真实中的行为,尽量避免侵权人这种具有法律评价的表述,故具有很强的包容性:既可以指称确定侵权人的情况,即该条第1款规定的一般侵权行为;也可以涵盖具体侵权人无法确定的情况,即该条第2款的规定。该法条的逻辑构成系统完整,具有学理上的明确性和实践上的易操作性。

2008年和2009年的草案,改为采用加害人概念,不仅包括抛掷人,也包括坠落物品的使用人、管理人等,相对于人民大学版草案调整范围更广。但也有不足,加害人的概念偏重于客观真实,故对于具体侵权人能够确定的情况,没有涉及。

最后生效的第87条,既有侵权人这个具有法律评价的表述,也有加害人这个基于事实判断的规定,具有高度的简洁性和抽象性,反映了立法者的匠心独运。侵权人概念本身就表明具体加害人可以确定,然后基于侵权责任的构成要件对其进行法律评价。而对于侵权行为,在法律没有特别规定的情形下,就应该按照过错责任原则处理。故第87条实质上有着类似于人民大学建议稿的两层法律规范:第一,在具体加害人能够查明,即可以确定侵权人的情况下,就应该适用《侵权责任法》第6条和第85条确定赔偿责任。第二,在侵权人无法确定的情况下,才能要求可能加害人承担补偿责任。

(4)责任主体。2002年草案规定的是建筑物的全体使用人,而从2008年草案开始就改为可能加害的建筑物使用人。这样,一方面尽可能地限制责任主体的范围;另一方面尽量地提高归责的可能性,以获得理论上的正当性。

(5)抗辩事由。2008年及其以后的草案,将"除能够证明自己不是加害人的外",放在责任规定之前,这与2002年草案将抗辩事由放在最后有显著的不同。这种安排,反映了尽量缩小责任人的立法意图,突出了补偿责任的道义性质。抗辩,主要是从程序法意义上而言,指被告针对原告的诉讼请求提出各种免责或者减轻责任的事由。从实体法观之,既包括不符合责任构成要件的事由,也包括符合构成要件,但由法律明文规定的免责事由。所以,抗辩事由的外延广于免责事由。在第87条中,证明自己不是加害人,就从根本上否定了可归责性,属于不符合责任构成要件的事由,故称为抗辩事由更为准确。

## 三.国外的立法例

### (一)罗马法

“某人占用一楼房,不论是自有的,租用的或借住的,而有人从楼房投掷或倾注某物,致对他人造成损害的,前者被认为根据准侵权行为负责。”①“倒泼与投掷之诉的存在反映了从公元前2世纪开始的罗马普遍修建公寓楼(最高可以达到8层)解决人口剧增带来的住房问题、楼宇之间通道逼仄的现实。”②可见,此时虽然无现代的建筑物区分所有制度,但要证明具体的行为人已经很困难,故“该诉不是向行为人提起,而是向房屋的居住者提起。”③第87条的法律渊源,“是罗马法落下物或投掷物致害的‘准私犯’规则”,④盖由于两个相同点:第一,均有投掷行为;第二,均可以在行为人不明的情况下主张赔偿。当然,不明的程度不同。在罗马法中,“一个房屋内有数人共同居住的,他们须对该房屋内发生的倒泼和投掷行为连带负责……如一幢房屋分由数人分别居住的,则被害人仅能向倒泼和投掷部分的居住人起诉”。⑤可见,某个具体的行为人可以不确定,但从中投掷或倾注的建筑的某个部分必须确定,即行为人应该有个相对明确的范围,此时,该部分内共同居住的人承担无过错的连带责任。用今天的语境来讲,一幢建筑物内某个专有部分(如住宅)中,在无法确定具体行为人的情况下,共同居住人应该对从该住宅中抛掷的物件造成的损害承担连带责任。值得思考的是,这个规则在今天还适用吗?

今年深圳就发生了这种事情,从四位女房客租的一个住宅上,落下一把菜刀且致人伤害。⑥ 根据《民法通则》第126条的规定,即使最后无法确定具体的行为人,假设因此四位承租人也不需要承担责任,仍可

---

① [古罗马]优士丁尼:《法学总论》,张企泰译,商务印书馆2009年版,第211页。

② 徐国栋:《优士丁尼〈法学阶梯〉评注》,北京大学出版社2011年版,第494页。

③ 周枏:《罗马法原论》(下册),商务印书馆1994年版,第867页。

④ 梁慧星:《中国民事立法评说:民法典、物权法、侵权责任法》,法律出版社2010年版,第378页。

⑤ 周枏:《罗马法原论》(下册),商务印书馆1994年版,第867页。

⑥ “七楼掉下菜刀,路人险遭斩首”,载《深圳晚报》2012年2月20日。

依据过错推定原则要求该房屋的所有人或者管理人承担全部赔偿责任。而《侵权责任法》第85条更是扩大了责任主体的范围,增加了使用人,据此可以要求4位房客举证证明自己没有过错或者没有因果关系,并承担举证不能的后果。进一步举例,如果一幢建筑物只有一个所有人,即使其中有4个独立的房间和4位使用人,那么在任何房间发生了坠落物件致人伤害案件,也无须确认具体加害人,而由所有人承担赔偿责任。而根据我国台湾地区"民法"第191条的规定,公寓大厦共有部分因瑕疵损害他人权利的时候,数个建筑物所有人之间也成立连带赔偿责任。[①] 可见,以上情形中,虽然具体加害人并不明确,但受害人都能得到基于侵权行为的民事救济,而责任主体也可能并无过错。简言之,这些案件中加害人不确定,但责任人可以确定。这对第87条的启发在于:为什么在建筑物区分所有的情况下,因具体加害人不明确,就不能要求可能加害人承担一定的民事责任?难道因为建筑物区分所有,就能产生一条"鸿沟",而使受害人受到完全不同的对待?如果这条"鸿沟"确实存在,又能否在上面架起一座"桥梁"?

(二)法国、德国等国家和地区对罗马法的摒弃

《法国民法典》第1386条:建筑物所有人就其崩溃所生之损害,如系由保存至欠缺或构造之瑕疵所致者,应负责任。

《德国民法典》第836条:建筑物或与土地结合之其他工作物因全部崩坏或一部分脱落,致人死亡或侵害人之身体或健康,或毁损其物时,如其崩坏或脱落,系因设置或保管之瑕疵所致者,土地占有人对于被害人因此所生之损害负赔偿义务。

《瑞士债务法》第58条:建筑物或其他工作物之所有人,对于因设计建造或保管有瑕疵所生之损害,负赔偿责任。

《日本民法》第717条:因土地工作物之设置或保存有瑕疵致他人受损害者,其工作物之占有人对于被害人负损害赔偿责任。

我国台湾地区"民法"第191条:土地上之建筑物或其他工作物所

---

① 王泽鉴:《侵权行为》,北京大学出版社2009年版,第497页。

致他人权利之损害,由工作物之所有人负赔偿责任。[①]

可见,这些后来的民法典与罗马法不同,均没有规定建筑物的抛掷物致人损害责任,也没有规定加害人不明时的坠落物致人损害责任,而是将重心转移到建筑物或者工作物的管理瑕疵损害责任,即前文所说的物件责任。在他们的司法实践中,建筑物上抛掷物责任通常也按照一般侵权行为处理。[②] 这与民法理论后来的发展密切相关。在罗马法中,倒泼与投掷责任的承担,并不以行为不当为前提,换言之,不涉及过错的问题。即使房屋的支配者履行了合理的注意义务,对居住其中的人也尽到了妥善的监管责任,只要发生了倒泼与投掷行为并致人损害,他就应该承担赔偿责任。而随着过错责任原则的确立以及自己责任理念的形成,这种规定不符合学理的需要和正义的评价。正如桑德罗·斯奇巴尼所说,1804年法国民法典摒弃了这些法则,"原因在于对这些判例所做的解释均是学究所做的学理解释"。[③]当然,法律制度的取舍和变迁,更重要的是基于社会生活现实。

### (三)埃塞俄比亚、智利对罗马法的沿袭

1857年1月1日生效的《智利民法典》,由拉丁美洲伟大的法学家和人文主义者安德雷斯·贝略起草。[④] 第2323条规定:建筑物因所有人未进行必要的修葺或因缺善良家父的注意而倒塌时,所有人应对第三人的损害承担责任。如建筑物为两人或数人所共有,应按他们的所有权份额的比例分担损害赔偿金。[⑤] 第2328条规定:因建筑物内的物体从高处坠下所致的损害,被害人有权向居住在该建筑物内同一部分的所有人提起诉讼,如果无法证明是由于他们中谁的过失或恶意行为

---

① 以上法条均引自王泽鉴:《侵权行为》,北京大学出版社2009年版,第486~488页。

② [德]克雷斯蒂安·冯·巴尔:《欧洲比较侵权行为法》(上),张新宝译,法律出版社2004年版,第294~312页。

③ [意]桑德罗·斯奇巴尼:"罗马法系的契约外责任过错和特征",费安玲、张礼宏译,载罗马法教研室,http://www.romanlaw.cn/sub2-70.htm。

④ [意]桑德罗·斯奇巴尼:"在智利、厄瓜多尔、哥伦比亚生效的安德雷斯·贝略民法典",徐国栋译,载《法商研究》1999年第5期。

⑤ 杨立新:《侵权责任法》,法律出版社2010年版,第585页。

所致,则应由所有人共同平均分摊赔偿金,如果能证明,则只有具有过失或恶意行为的人承担赔偿责任。①

1960 年 9 月 11 日,由世界著名的比较法学家勒内·达维德起草的《埃塞俄比亚民法典》生效。第 2080 条规定:建筑物的占据人,应对从建筑物上坠落的物所致的任何损害承担责任。第 2142 条规定:如果损害是由数人中的某个人造成的,并且不能查明所涉及的哪个人是加害人,法院在衡平需要时,可命令可能造成损害,并且在其中确定可找到加害人的那一群人共同赔偿损害。②

这两个国家的法律,是域外民法典中少见的对加害人不明时坠落物责任的规定,故经常被学者用来对比说明第 87 条的合理性和正当性。对它们进行仔细分析,有助于更好地理解和适用我国的侵权责任法。有三个相同点值得注意,第一,二者都采用坠落物的说法,刻意回避了"抛掷"一词。如此从结果入手,就更加客观,也增强了实践中的适用范围和可操作性。第二,尽管表达方式不同,二者都力图调整加害人不明时的利益关系。此时尽管具体加害人主体不明,但是可以确定一定的范围,然后依此范围要求承担责任。第三,二者的责任形式都是损害赔偿责任,此与第 87 条规定的补偿责任不同。另外,二者也有两个不同点。第一,责任主体不同。前者的责任主体是所有人,而后者的责任主体是占据人。所谓占据人,笔者以为是能对物体进行管理控制的占有人或者使用人,其外延明显地广于所有人。第二,伸缩性不同。前者的表达方式是"应该",而后者是基于衡平需要时的"可以"。显然,后者授权法官根据具体的案情自由裁量,从而更好地平衡当事人之间的利益。

## 四、理论争鸣

在介绍和分析国内外的法律制度和司法实践后,就应该探明深层次的法理基础,研讨这些制度安排的正当性及其社会功能导向。我国

---

① [意]桑德罗·斯奇巴尼:"罗马法系的契约外责任过错和特征",费安玲、张礼宏译,载罗马法教研室,http://www.romanlaw.cn/sub2-70.htm。

② 《埃塞俄比亚民法典》,薛军译,中国法制出版社 2002 年版,第 392 页。

的论文和著作对此有着详尽的阐述,本部分将列举重要的观点并加以分析。笔者会尽量综合国内外的司法实践和理论学说,故讨论的范围不限于第 87 条,但仍以该条为核心进行阐述。

(一)肯定说

1. 对受害人的救济

侵权法的核心功能在于救济,新的《侵权责任法》规定了多种责任形式,充分体现了这一趋势。同情弱者是民法的基本立场,也是侵权法救济损害的基本规则。① 一般认为,在建筑物的抛坠物致人损害的情况下,由可能加害人承担补偿责任虽然不妥,但由遭到重大人身伤害的受害人自己担责,更为不公。这与侵权法的核心理念背道而驰。一定意义上可以说,现代的侵权责任法,以保护受害人为核心价值。第 87 条的规定,就是考虑到当今中国社会保障制度不完善,特别是保险制度不普及,更没有新西兰的《事故补偿法》那样的福利制度,所以受害人往往得不到任何经济救济。故立法部门不得不对传统的侵权责任法内容进行扩张,以实现对受害人的救济。

2. 教育和预防作用

事实上,坠落物致害案件在其他国家也时有发生,主要有下列应对措施予以预防,如香港房署配备数码监察系统专门监测高空抛物行为②;新加坡对高楼抛物行为最长可判两年监禁,还可以强制收回高空抛物者的住宅。③ 但在我国目前的经济政治状况下,这些几乎是不可能的。而且“我们国家人数众多,房子非常非常多,比不上欧洲都是小栋的或独栋的公寓”。④ 所以,社会的现实迫切要求重视侵权法的预防和教育功能,这从 2002 年的立法草案即可窥见一斑。

如果说侵权法是以损害赔偿为主要内容的救济法,那么教育、预防

---

① 杨立新:《侵权责任法》,法律出版社 2010 年版,第 581 页。

② 香港《简易程序治罪条例》4B 条规定:如有人自建筑物掉下任何东西,或容许任何东西自建筑物坠下,以致对在公众地方之内或附近的人造成危险或损伤者,则掉下该东西或容许该东西坠下的人,即属犯罪,可处罚款港币 10000 元及监禁 6 个月。

③ “各地应对高空抛物举措概览”,载《中国物业管理》2010 年第 8 期。

④ 梁慧星教授在《中华人民共和国侵权责任法》通过研讨会上的发言,载中国民商法律网,http://www.civillaw.com.cn/article/default.asp? id =47544。

和惩戒作用就是侵权法的第二层功能,其中又以预防为核心。通过第87条的规定,可以避免具体行为人免予承担责任的侥幸心理,起到法律规范的评价和指引作用。

3. 保护公共安全

建筑物的抛坠物致人损害,表面上侵犯了一个具体受害人的民事利益,但实际上,它威胁的是不特定的大多数人,特别是附近的所有业主。乌尔比安也强调指出:“没有任何人会否认此敕令(即上文所述的相关罗马法规则)的巨大的积极作用,因为安全地、坦然地行走在道路上是符合公共利益要求的。”[①]尽管有可能会使无辜的人承担一定的补偿责任,但相对于公共安全利益而言,是法律做的一种妥善的政策性牺牲。这里就涉及价值冲突的解决问题,即“个人自由主义”与“社会集体安全”两个基本价值的选择和调和。它不但是社会政策问题,也是社会正义问题。[②] 张新宝教授就曾指出,第87条并不是一个技术层面上的问题,而是一个利益层面的问题。[③] 首先,公共安全利益要高于一定范围的主体的财产性利益,这是所谓的优先性原则;其次,法的各种价值形态都是作为整体上所追求的正义的有机组成部分,都有其合理性。因此,在不同的价值形态发生冲突时,应根据具体情况进行权衡,以做到平衡。这就是所谓的比例平衡原则。[④] 可能加害人的财产利益应当让位于受害人的重大人身利益和公共安全利益,但这并不意味着可以忽略可能加害人的诉求,而应通过妥善安排达到综合平衡。

4. 过错推定责任和公平责任

在《侵权责任法》生效以前,司法实践中普遍以《民法通则》第126条为依据处理该类案件,上述三个重要案例均是如此。而该规定正是以过错推定原则为基础,即推定建筑物所有人或者管理人有过错,除非

---

① [意]桑德罗·斯奇巴尼:“罗马法系的契约外责任过错和特征”,费安玲、张礼宏译,载罗马法教研室,http://www.romanlaw.cn/sub2-70.htm。

② 王泽鉴:《民法学说与判例研究》(第2册),北京大学出版社2009年版,第129页。

③ 张新宝:“侵权责任法二次审议稿的修改”演讲稿,载中国民商法律网,http://www.civillaw.com.cn/qqf/weizhang.asp?id=44545。

④ 朱景文主编:《法理学》,中国人民大学出版社2008年版,第72页。

他们能够举证排除。

《侵权责任法》生效以后,该类案件应依据第87条进行裁判。王利明教授认为,这里的补偿责任就是公平责任,换句话说,公平责任原则是该条的正当性基础。大致有以下两点理由:第一,补偿责任不同于赔偿责任,最重要的区别就是归责原则的不同。补偿责任一般都是根据法律的特别规定,在衡量当事人双方利益的基础上,基于公平理念给予一定限度的照顾。第二,在加害人不明的情况下,责任主体是可能加害人而不是实际加害人,故无法推定他们具有过错。而公平责任正是建立在无过错的基础之上,这时只能依据公平责任原则来主张补偿责任。

5. 自己责任原则的突破以及民事责任的财产性

准侵权行为,如物件损害责任、未成年人致害责任等,其属于一种间接行为,一般不特别注重责任人的过错,采取过错推定或者无过错责任。之所以从罗马法中发展出这一规定,主要目的是基于对受害人的保护。如果采取德国法的侵权责任的四要件说,即违法行为、过错、损害和因果关系,替代责任中一般放弃了过错要件。若再对行为进行狭义的界定,违法行为也可以剔除。通说观点认为,侵权责任的承担,以自己责任为原则,以替代责任为例外,也许这种观点正在受到挑战。近代社会中,"市民存在的基础在于个人自由",①主体之间的平等性和互换性,是自己责任或者过失责任原则的基础。而进入20世纪,平等性和互换性逐渐丧失,民法的理念由形式正义转向实质正义。② 侵权法的核心功能,越来越注重对受害人的救济,偏向于矫正正义,这在我国更是如此。

自己责任原则的突破,基于民事责任的财产性,而这正是民法发展到现代的一个重大进步。无法想象,如果民事责任仍具有人身性质,替代责任会具有丝毫的合理性。这也从另一个侧面反映出现代民法的人文关怀和终极诉求。

---

① [德]茨威格特·克茨:《比较法总论》,潘汉典、米健等译,2003年版,第144页。

② 梁慧星主编:《从近代民法到现代民法》,中国法制出版社2000年版,第169~179页。

6. 损失的分担

现代侵权法不仅关注行为人的可归责性,也更注重风险或者损害的分担。这也是根植于侵权法的救济功能,真正地弥补受害人的损失,从而实现社会的和谐稳定。从侵权法的历史发展过程中可以看出,可归责性,或者说归责的正当化要件,是在演进的。进入资本主义社会后,过错责任制度发展到高峰,以往的结果责任主义被彻底取代。但是进入现代社会,过错责任制度也得到修正,无过错责任或者严格责任应运而生,侵权法的救济功能得到彰显。及至当今,从价值导向来看,可归责性还有让位于损失分担的趋势,即在特定情形下,法官更优先考虑责任的分担,从而实现损害的真正救济,传统意义上的可归责性倒在其次。正所谓"文明的进步会不断地使法律制度失去平衡;而通过把理性适用于经验之上,这种平衡又会得到恢复"。①

王泽鉴先生曾指出,损害移转(loss shifting)为传统的侵权法所强调的功能,注重加害人行为的可归责性;而损害分散(loss spreading)的思想及至现代,已逐渐成为侵权法的思考方式,其并不强调加害人的过失,而在于寻找一个"深口袋",即有能力分散损害之人。② 在建筑物的抛坠物致人损害的情况下,使本来只能由受害人一人承担的责任,转由一定的"集体"承担,实现了损害的分散,从而大大降低了损害无法弥补的可能。

7. 利于发现真正加害人

这种观点认为,相对于受害人而言,其他业主的举证更有利于发现加害人。在建筑物区分所有的情况下,专有部分属于个人领域,一般情况下很难发现内部活动。但业主们毕竟和具体加害人生活在一起,具有举证能力上的特殊性。这种承担责任的可能性,一方面促使业主们积极举证证明自己没有实施加害行为;另一方面也会提供线索甚至证据以确定真正加害人。这两者都有利于承担补偿责任主体数量的最少化,甚至真正加害人的最终确定。换句话说,第 87 条既以具体侵权人

---

① [美]E. 博登海默:《法理学:法律哲学与法律方法》,邓正来译,中国政法大学出版社 2004 年修订版,第 157 页。

② 王泽鉴:《侵权行为》,北京大学出版社 2009 年版,第 9 页。

的不确定为前提,也以具体侵权人的确定为理想目标,这正是其合理性的表现。实践中,这种情况确实很明显。①

(二)否定说

1. 被告不明确

有的观点认为,将可能加害人作为被告起诉,违反了《民事诉讼法》第108条规定的被告人必须明确的要件。②"济南木墩致人死亡案"中的一审和二审法院,正是根据该条裁定驳回起诉。其实,第108的规定属于程序性要求,只需要被告明确,即被告应该特定化、具体化,从而使法院能够以书面方式通知其参加诉讼。③ 实体上是否准确或者正确,是法院在受理案件以后进行实质审查的任务。而且,第108条的的前两款对原告和被告使用了不同的表述,其中原告要求有"直接利益关系",而被告仅要求"明确",驳回起诉的做法不符合文义解释和体系解释。在建筑物的抛掷物或者坠落物致人损害的案件中,只要原告在起诉书中列明他认为正确的可能加害人的基本情况,法院就应该受理。如上所述,"济南木墩致人死亡案"的提审过程中,山东省高级人民法院和最高人民法院均认为符合受理条件,后来的再审中也的确改为实体审理。

2. 保甲、连坐制度的复活

绝大部分反对第87条(特别是之前的立法草案)的文章中,都提到这是保甲制度、连坐制度的复活。④ 仅仅因为与加害人具有场所上的联系,而不问具体的主体及其行为和过错,就要求无辜的业主承担责任,很难说存在合理性。在现代的建筑物区分所有的情况下,同一幢大

---

① 参见京口区人民政府,京口区史志档案办公室编:《京口年鉴》(2009年),2009年版,第117页。该案中,一名被楼上抛下的灰桶砸中头部的中学生,将该栋楼上的八户居民起诉至法院。审理中,除最终被确定为实际加害人的其他被告,都能列举充分证据证明与灰桶无关,并一致要求对致人伤害的行为人依法处理。附近的邻居也对实际加害人进行了指证。

② 张谷:"烟灰缸伤人案与现代株连",载北大法律信息网 http://article.chinalawinfo.com/Article_Detail.asp? ArticleID=33080。

③ 江伟主编:《民事诉讼法》,中国人民大学出版社2008年版,第278页。

④ 陈甦:"因相邻而连坐的现代法实践剖析",载《人民法院报》2009年4月30日。

楼中不同业主的共同居住,一般事出偶然,不可能要求他们相互之间存在选择的可能甚至监督管理的权利。而且,这会使居民之间相互猜疑,破坏邻里和谐。

3. 抛掷物和坠落物的根本不同

第一,抛掷属于人的行为,人力所致;而坠落属于自然力导致,为物的责任。第二,前者适用过错推定责任,而后者适用过错责任。第三,抛掷的物一般较难判断其所有人或者管理人,而坠落的物要么属于建筑物本来的一部分,要么属于搁置物或者悬挂物。从体系解释入手,无论归责原则,还是行为形态,第 87 条在第十一章中都显得格格不入。

4. 过错推定原则或者公平责任原则的否定

重庆烟灰缸致人损害案中,基于《民法通则》第 126 条规定的过错推定责任判决 20 户居民承担侵权责任。及至新的《侵权责任法》通过,也有学者认为"在特殊情况下适用过错推定责任"。① 但是,在加害人不确定的情况下,推定的实际上是行为,而不仅仅是过错。而且,从法理上分析,实行推定过错,是为了更好地保护受害人,考虑到责任主体与损害的特定联系而作出的特殊规定。结合《侵权责任法》第 37 条的规定,就能发现过错推定说的不妥。安全保障义务人承担责任的基础就是过错,因为特定的商业主体有义务也有能力保障进入其场所的消费者;而在建筑物区分所有的情况下,一个居民很难监督控制他人是否实施抛掷行为,却要接受过错推定的安排,导致的责任反而更重。

依据《民法通则》第 132 条和《侵权责任法》第 24 条的规定,公平责任的确定要求三个前提条件:第一,当事人应该是确定的,否则无法判断过错。第二,当事人对造成的损害都没有过错。第三,行为与损害结果之间具有因果关系。而在建筑物的抛掷物或坠落物致人损害案件中,责任主体中包括加害行为人和无辜的业主,毫无疑问前者具有过错,后者不具有行为以及因果关系。这样笼统言之,不甚妥当。

5. 预防作用的否定

不少观点认为,第 87 条的规定反而是对具体行为人的一种放纵,更容易引起道德风险,因为本来要承担全部赔偿责任甚至刑事责任,结

① 王利明:《侵权责任法研究》(下),中国人民大学出版社 2011 年版,第 675 页。

果却以可能加害人的身份承担补偿责任。笔者觉得这个观点还是法律真实和客观真实没有区分开来的不当推论。当然,这个观点颇有实践意义。“高楼坠物”一般导致重大的人身伤害,公安机关依据《治安管理处罚法》和《刑事诉讼法》,在业主和物业公司的协助下,必须尽可能地找到具体加害人。不得因为第87条的规定,而消极懈怠,甚至不作为。笔者以为,刑法的规定对“高楼坠物”能产生明显的一般预防效用,片面地将期望全部寄托在第87条之上,较为不妥。

6. 真实发现的否定

有种观点认为,第87条的规定“可能导致受害人一方怠于发现真正的抛物人甚至恶意隐匿真相的情况出现”。[①] 如“12岁男童楼顶抛砖砸死3月大女婴”[②]一案中,在实际加害人确定之前,律师已经告知可以要求周边的三栋楼的业主承担部分民事责任,而事实上,后来确定的实际加害人及其监护人根本没有经济能力进行赔偿。依此案看来,从受害人的经济角度考虑,还不如实际加害人无法确定,故存在受害人怠于发现真正加害人的可能。

这个观点值得商榷。第一,无论从法理角度,还是从人性角度,为受害人发现真相,不仅仅是执法者的义务,也是受害人及其亲属的首要要求。此时认为物质上的赔偿,要优位于真相的发现,于情于理都不甚妥当。正如耶林所言,承担责任的基础是过错,而不是损害。受害人及其亲属首先思考的是尽全力找出有过错的行为人,而并不是财产上的弥补。而且,这里暗含的假定是确定的加害人赔偿能力弱于可能加害人的补偿能力,然后由果及因,违反了时间的先后性。第二,暂且不论受害人轻微伤害的时候适用第87条是否恰当,即使能够适用,也不可

① 陈晓军:“高空抛物的概念与侵权责任之法律探析”,载中国普法网,http://www.legalinfo.gov.cn/pfkt/content/2009-05/07/content_1087387.htm。还有此观点的是:“受害人即使知道侵权人是谁,考虑到损害赔偿(补偿)的可能性和实现程度,也可能不说出真正的侵权人。这样,以后就会有越来越多的侵权人得不到应有的法律制裁。”参见曾庆郁:“侵权人不明的高空抛物案处理新探——兼评《侵权责任法》第87条”,载《太原师范学院学报》(社会科学版)2010年第6期。另有李海涛:“对‘加害人不明情形’类案件责任承担适用原则的探析”,载《河南社会科学》2004年第1期。

② “12岁男童楼顶抛砖,砸死3月大女婴”,载《广东日报》2009年4月20日。

能得到巨额的经济利益。若构成轻伤、重伤甚至死亡，承担的也仅是限额的补偿责任。而且此时应由公安机关调查甚至立案侦查，确定加害人的任务并不由受害人承担。第三，与一般社会事实不符。之所以有第87条，正是由于高层建筑抛坠物很难确定加害人，受害人都是突然被坠物砸中，故强调受害人一方怠于发现真正的加害人，意义不大。

7. 损失分担的否定

损失分担、替代补偿，是以社会成员收入水平基本相当为假定事实的。① 但事实上并非如此，如"重庆烟灰缸致人损害案"中，责任人中就有两位七十多岁的老妇，一个腿脚不便拄着双拐，另一位则身患癌症，其子女或下岗或无业，而受害人为某公司董事长。这种基于公平理念的制度安排，却导致了不合理的结果，让人唏嘘不已。

损失分担，相对于损失移转，是第二位的。王泽鉴先生在其著作中强调损害的分散，但并未否定损害移转。损害首先应予以"内部化"（internalization），这实质上是损害移转的合理性问题，故不得将损失分担置于损失移转之上，否则本末倒置。

8. 类推适用的担忧

许多反对第87条的文章中，都提到第87条类推之后的荒谬性，指出有"害群之马"的嫌疑。② 换句话说，若将第87条抽象为一般规则，即某种侵权案件甚至刑事案件中，如果加害人无法找到，就应该由可能的加害人承担责任。这种论证采用的是演绎之后的归谬法，可以轻松地发现这种规则的不合理之处。比如说，若一个人被高架桥上行驶的汽车中抛掷出来的物件砸伤，就可以要求当时行驶的汽车车主承担责任；甚至一个老人在街道上行走而被碰伤，在无法确定加害人的情况下，可以要求当时他身边的所有人承担责任。如果真是如此的话，侵权法力图达到的行为自由价值与权益保护目的将严重失衡，人们最好的

---

① 陈甦："因相邻而连坐的现代法实践剖析"，载《人民法院报》2009年4月30日。

② 王海力："高空抛物侵权责任研究"，载《经济研究导刊》2011年第25期；王竹："建筑物抛掷物或坠落物致害'莫须有'补偿责任之否定"，载中国民商法律网，http://www.civillaw.com.cn/qqf/weizhang.asp? id=46912。

选择是躲进屋子里;可即使如此,也仍可能承担建筑物的抛掷物或坠落物致人损害责任。

笔者认为,这种学理上的担忧有一定的道理,其实质还是反对对无辜者妄加责任。由于各种主客观原因,主要由公权力机关承担的客观真实发现义务无法履行,但这并不意味着其他无辜者应为其买单。立法者显然考虑到这一点,故严格限制第87条的适用范围,必须是高层建筑物的抛掷物或者坠落物致人损害。问题是第87条可否类推适用。所谓类推适用,指对于法无明文规定之系争事件,比附援引与其具类似性的案型之规定。[①] 由其定义决定,第一,类推适用要求某类案件无法律上之明文规定;第二,类推适用的结果非绝对真实,仅有盖然性和一定程度的妥当性,可在一定条件下排除。而且,通过制定某法条,立法者或准立法者所意欲规范的某类事件具有复数的最重要利益时,只有待处理的案件包括上述全部最重要利益的情形,才能进行类推适用。[②] 在第87条的规定中,立法者预想的利益状况肯定是复数,至少包括:"高楼坠物"的多发性、重大的人身伤害、难以发现加害人、公共安全利益等。只有同时具备这些最重要利益的其他事件,才有类推适用的可能。

9. 可归责性的否定

侵权责任的构成要件,是在实践经验的基础上,由人类理性归纳出的承担责任的主客观要件,是法学理论和实践高度精密化和抽象化的结果。简言之,它是逻辑推理和价值判断的科学结论,是衡量侵权责任构成的标准化依据。某种意义上可以说,侵权责任的构成要件正是可归责性的表现;而可归责性的判断,又必须以公平正义、伦理常识为基准。

侵权责任的构成要件有法国法上的三要件说和德国法上的四要件说,我国理论界倾向于采纳四要件说,即行为、损害、因果关系和过错。

① 黄建辉:《法律漏洞·类推适用》,第77页;转引自梁慧星:《民法解释学》,法律出版社2009年版,第274页。

② 石田穰:《法解释学的方法》,第37页;转引自梁慧星:《民法解释学》,法律出版社2009年版,第276页。

尽管随着侵权法的发展,为了更好地保护受害人,传统的归责要件被一定限度地放弃,出现了大量的替代责任,但仍要求责任人必须具备可归责性。例如共同危险行为,虽然不是每个人都与损害有因果关系,但可归责性正在于责任人都具有违法行为;未成年人致害案件中,监护人可能无过错,但仍要求承担侵权责任,可归责性在于监护人与未成年人的监护关系;物件致害责任的可归责性在于责任人是物件的"保有者";①危险责任人承担责任的可归责性在于对危险的控制力或者可获利性等等。简言之,虽然传统的侵权要件有所突破,但仍要求必须具备控制关系、监护关系和利益关系等可归责性。

而在第87条的情况中,由于真正加害人的不确定,行为、因果关系和过错都无法彻底限定,只能说在一定的范围内。特别是明知其中有大量的无辜者,而加害人可能有一个。仅因为价值的考量,而放弃逻辑上的正义,据此就要求所有的可能加害人承担侵权责任,可归责的理由并不充分。②

(三)进一步思考——否定之否定

这些观点,无论肯定说还是否定说,均反映了研究者对于第87条相关问题的思考和见解,充满了理性和睿智。在阐述这些观点的过程中,笔者也对其中的一些观点进行了评价或者批判。下文的论述正是建立在这些基础之上,希望能够取长补短,达到扬弃的目的,从而为实践中解释和适用第87条提供理论支撑。

1. 基于立法目的的分析

侵权责任法作为民法规范,既是裁判规范也是行为规范,③只是它从消极角度确定了民事主体行为的自由边界。侵权制度的基本问题就在于法益保护与行为自由之间的紧张关系,二者构成"此消彼长"的博

---

① 所谓保有者,是指一切对物(有其是物之危险)具有实际控制力的人。参见张新宝:《侵权责任构成要件研究》,法律出版社2007年版,第114页。

② 麻锦亮:"抛掷物侵权责任——在价值与逻辑之间",载中国民商法律网,http://www.civillaw.com.cn/article/default.asp? id=23238。

③ 梁慧星:《民法总论》,法律出版社2011年版,第35~36页。

弈要素。[①]近代发达国家或者地区的侵权行为法，根植于个人主义时代，其立法的首要目的是保障行为自由，而不是民事主体的合法权益；追究侵权责任是例外，只有在不妨碍自由的情况下，才可能让加害人承担责任。简言之，通过界定行为自由以保护法益。霍姆斯法官说过，“除非存在一个特殊的理由，否则良好的政策针对侵害应当采取损害止于发生之处”。保障民事主体的合法权益更多地被认为是对某种行为进行否定性评价的结果；损害赔偿是一种事后的救济方式，预防功能并不明显。诚如朱岩教授所言，“过错责任主导下的侵权责任法的首要目的不是预防损害或者抑制人的行为，而是维护自然人的行为自由，以及在自然人违反理性情况下事后提供补偿救济”。[②]

这种立法目的和功能的定位，发展至现代已有所调整，即从事后的救济向事前的防范转移。侵权法的核心本质是保护性，它最重要的一点就是作为整体防止损害的发生，实现对可能受害人的预先保护，而不是事后的赔偿和矫正。[③]《侵权责任法》第1条规定，本法的立法目的是保护民事主体的合法权益，预防并制裁侵权行为，促进社会和谐稳定。它将保护民事主体的合法权益作为首要目标，并突出强调对侵权行为的预防，而没有像《德国民法典》第823条和《法国民法典》第1382条那样明确规定“损害赔偿”功能，反映了《侵权责任法》立法目的的创新。[④] 事实上，侵权法的名称从侵权行为法演变为侵权责任法，也反映了现代侵权责任法的内在目的的调整，即从关注侵权行为及加害人的

---

① 朱岩：《侵权责任法通论——上册：责任成立法》，法律出版社2011年版，第86页。

② 朱岩：《侵权责任法通论——上册：责任成立法》，法律出版社2011年版，第29页。

③ Hanoch Sheinman, Tort Law and Corrective Justice, *Law & Philosophy*, 2003, pp. 68－72. 该文作者认为侵权法中有首要义务和次要义务两大类，前者为禁止或预防伤害发生义务(proscriptive tort duties or duties of harm-prevention)，后者为首要义务违反时提供救济义务(remedial tort duties)。无论从概念、功能还是立法者目的而言，前者都具有优先性和根本性。

④ 梁慧星：“如何认识和看待《侵权责任法》——侵权责任法的成就与不足”，西南政法大学渝北校区演讲稿，载 http://www.swupl.edu.cn/yjsjy/News_View.asp?NewsID＝1245。

损害赔偿责任变为对各种风险责任的公平分担和损害后果的妥善转移。

为了更好地预防损害发生和保障受害人权益,经济分析法学提出了一些值得思考的观点,如非故意侵权案件中过失的判断标准——汉德公式(Hand Rule);而严格责任案件中,“只需要判断事故的哪一方当事人,更容易在预防成本与事故预期损害之间做出成本收益分析并据此采取行动,而不是判断是否有过错或者是否履行了义务(whether the party ‘ought’ to have done what he did)”。关键在于找到“付出预防成本最低的当事人”(the cheapest cost avoider)。[①] 甚至有观点认为,“侵权责任的目的在于通过抑制不合效率的行为在未来的重复出现而实现社会价值的最大化。侵权责任归属的根据不在于行为人是否造成了损害的发生,而在于行为人是不是最廉价的成本吸收者或分担者。只要由特定行为人承担责任有利于抑制不合效率的行为,有利于实现价值最大化,即使行为人的行为并非损害结果的原因也在所不惜”。[②] 当然,这种彻底的功利主义法学思想,必须由法律的公平正义加以节制。

“高楼坠物”中的侵权人,主观上往往是故意或者严重过失,事实上只要他能符合善良人的基本标准,就能避免此类事件的发生;而受害人遭受的严重身体伤害和精神伤害,通过事后赔偿并无法彻底弥补或复原,社会利益和社会安全也遭受了侵犯。所以,基于“高楼坠物”的可预防性和必须禁止性(此与危险责任和产品责任不同)以及预防成本要大大小于实际损害成本,第 87 条有一定的突破,突出了预防和震慑功能(function of deterrence),也是一种警示和教育。这正是《侵权责任法》立法目的创新的表现。即使对第 87 条持反对意见者,也无法否认其救济和预防功能。强调行为自由和责任构成要件,均是传统侵权法理论的核心。这里基于立法目的的调整,而对侵权人确定时的责任

---

① Guido Calabresi, Jon T. Hirschoff, *Toward a Test for Strict Liability in Torts*, Yale Law Journal, May 1972, pp. 1060, 1065.

② 韩强:《法律因果关系理论研究——以学说史为素材》,北京大学出版社 2008 年版,第 256 页。

加以适当的修正,以适用于加害人无法查明的情况,殆无不妥。

2. 基于侵权行为的分析

在一个具体的"高楼坠物"致人损害案件中,只可能有下列两种结果:

一是加害人可以确定,此属典型的侵权行为。这里又分为两种情况:(1)自己加害行为,即承担侵权责任的加害人自己亲自实施了抛掷物件的行为,为狭义的侵权行为,适用过错责任;(2)准侵权行为,坠落的物件造成他人损害,而建筑物的所有人、管理人或者使用人不能证明自己尽到了一般的善良管理人或合理人的注意义务,应承担物件致人损害责任。这里的准侵权行为属于广义的侵权行为,适用过错推定责任。根据杨立新教授的观点,自己加害行为属于直接行为,准侵权行为属于间接行为。①

二是加害人无法确定,根据第87条的规定,由可能加害的建筑物使用人给予补偿。这里又涉及实践和理论的区别与调和。从实践观点和法律真实看,如果具体加害人无法确定,很难说上述两种类型的侵权行为存在,更何谈它们的相同对待?但从理论上则有很大的研讨空间,这时面临的问题就是,为何由于具体加害人无法确定,上述两种不同类型的侵权行为(客观真实而言),能够同时规定在第87条之中,适用相同的归责方法和责任形式?简单的解决办法就是,努力找出二者之间的理论共性。

主流的反对观点是,高空抛物属于行为责任,而第87条所在的章为物件致害责任,构成了体系矛盾,不合逻辑。显然,这是从体系解释入手的。如前所述,这种观点混淆了法律真实和客观真实,即假定加害人确定来分析加害人不确定的情况,也不能说合乎事实逻辑。即便如此,笔者也试着回答这种说法。为了增强说服力,姑且直接讨论自己的加害行为和准侵权行为这两个上位概念,它们的关系自然可以适用到作为下位概念的抛掷行为和物件致害行为。

侵权行为法上的"行为"有狭义和广义之分。广义的"行为"具有

① 杨立新:《侵权法论》,人民法院出版社2005年版,第167~168页。

统一性与全面性。[①] “行为”的概念是统一的,它包括了人的有意识的行为,人对他人的监护、管理以及对物件和动物的管领、控制的事实,还包括无行为能力者的“举动”。正因如此,这里的“行为”包括自己的加害行为和准侵权行为,而后者又包括替代责任,以及动物或物件造成损害的责任。这种对行为的二分法,在罗马法时期已经出现,即所谓的“私犯”和“准私犯”。

从必要性而言,对“行为”进行广义解释,在无行为能力人致害或者物件致害时,不会出现狭义的“行为”无法涵盖的情况。将一般侵权行为和特殊侵权行为都放在统一的侵权责任构成要件中分析,有利于理论研究和司法适用的科学性和准确性。

从可能性而言,“行为”的统一性和全面性,源于自己加害行为和准侵权行为的“同质性”。如前所述,二者具有以下不同:(1)前者为直接责任,行为主体即为责任主体,属于“自己责任”原则;后者为替代责任,责任主体为其他人的行为或者“举动”负责,为“自己责任”原则的例外。(2)前者一般采取过错责任,后者一般采取过错推定责任或者无过错责任。(3)前者为直接行为,而后者为间接行为。(4)前者一般为“谁主张,谁举证”,后者则由法律特殊规定。但相同点为:从哲学意义上讲,二者都属于人的行为造成的;责任主体都与损害事实的发生具有密切的关系;最重要的一致性在于,二者都具有可归责性,“这也是两类侵权行为同质性之所在”。“自己加害行为与准侵权行为的同质性是可以把两种行为纳入一个条款的根本原因……在一般条款中,可以通过两者的这种同质性将两种行为加以联结”。[②]虽然一般条款具有高度的概括性和抽象性,但放在其中都有可能,难道将该加害行为和准侵权行为放在共同的一章,就行不通?[③]

具体到第87条的规定中,笔者认为,经过历次讨论和修改,立法者

① 张新宝:《侵权责任构成要件研究》,法律出版社2007年版,第15页。

② 张新宝:《侵权责任构成要件研究》,法律出版社2007年版,第23~25页。

③ 反问句一般是为了表达肯定的语气,但我此时却颇有如履薄冰之感。张新宝教授对第87条持反对态度,这里用他的观点来表达对第87条的某种维护,立论很不踏实,深怕班门弄斧,贻笑大方。但能“以彼之矛,攻彼之盾”,可能正反映了张教授著述的精深。

充分认识到了抛掷物和坠落物的不同,并通过补偿责任、抗辩事由前置等多种方式予以弱化。同时,立足于二者之间的相同点,而将它们规定在相同的条文中,既在理论上厘定了抛掷物、坠落物的含义和范围,也妥善处理了实践中徒增困扰的盲点和误区,有利于更好地发挥救济和预防功能。所以,将"抛掷"和"坠落"放在一个条文中,有其合理性。

3. 基于法律真实的分析

法律真实和客观真实在理论上的区分,可能更多地在法理学和刑诉法研究中研讨,且主要服务于法院案件的裁判。这也在一定程度上反映了民事领域和刑事领域中事实认定、举证要求和责任形式的不同。而之所以在这里援引,是由于第87条本身的特殊性。综观《侵权责任法》,涉及具体行为人不明的条文很少,第23条和第53条规定的侵权人的逃逸,与该条的措辞表达并不相同。引用法律真实的概念,可能会使分析更加谨慎,更贴近司法实践。

对于客观真实和法律真实,张志铭教授做过经典的评述:"客观真实作为评价事实判断真实性的标准,虽然提出了概括的要求,但只有在各种实践领域、在各种具体场合下转化为与'法律真实'相类似的更具操作性的评价标准,才能实现并具有意义。同时,法律真实作为评价案件事实真实性的标准,也不能剪断连接'客观真实'标准的'脐带',否则,在现代法治社会就没有正当性。"在第87条的情形中,客观真实与法律真实的不对称,是引发许多异议的根本原因。因为从客观真实而言,一定范围内的居民中,只有加害人和非加害人,二者的法律评价完全不同。但从符合证据情况的法律真实而言,一定范围内的居民中,只存在着非侵权人和可能加害人,后者当然也可以称为"可能非加害人"。接下来的讨论基于两个前提性假设:第一,在对案件事实判断既无法肯定也无法否定时,应该"搁置"真实性评价,而这正是为了追求真实,至少没有背离真实。① 第二,在排除特殊性的基础上,应该寻求可能加害人或可能非加害人的同质性依据,将他们作为一个整体处理。同质性的不同主张,也可以说对法律真实的不同剪裁,大致有以下三类:共同居住的建筑物、共同的共同危险行为;共同的行为推定、共同的

---

① 张志铭:《法理思考的印迹》,中国政法大学出版社2003年版,第436~440页。

因果关系推定;共同的非过错行为推定、共同的非因果关系推定等。现有的解决方案,即(可能)加害人承担侵权责任、补偿责任抑或不承担责任,均是建立在这两个假定之上。由于行为推定[1]或者因果关系推定[2]的主张获得了一定的认可,下文将对此观点进行分析。

《民法通则》第126条和《侵权责任法》第85条要求由所有人、管理人"证明自己没有过错",虽没有"推定"二字,但属于过错推定责任,已为学界公认。第87条要求"证明自己不是侵权人",就内含了多种证明标准。理论上而言,举证自己不具备侵权行为/责任的任一构成要件,如侵权行为或者因果关系,即可证明不是侵权人。那么按照第85条的思维路径,可否认为,这里推定了可能加害人是侵权人,或者"将行为的可能性推定为必要性",又或者"推定损害的发生和可能加害人之间存在一定的因果联系"?

这里的行为推定或者因果关系推定,属于法律上的(事实)推定和可反驳的推定。所谓法律上的推定,"是指当某法律规定的要件事实(甲)有待证明时,立法者为避免举证困难或举证不能的现象发生,乃明文规定只须就较易证明的其他事实(乙)获得证明时,如无相反的证明(即甲事实不存在),则认为甲事实因其他法律规范的规定而获证明"。[3] 叶自强教授的阐述更加明确,所谓法律上的推定,"是指法规的内容规定为'如果是X就推定Y'的情况。于是,事实Y就成为其他法律条款的要件事实。在此种情况下,只要X(前提事实)替代Y(推定事实)被证明,就承认该法律条文所规定的效果。但是即使事实X存在,对方当事人也能提出证明事实Y不存在的反对事实,仍可以妨碍其法律效果的产生"。[4] 在第87条的情况下,需要思考的是,前提事实和推定事实(要件事实)是什么,二者之间是否需要基于一定的关系?推定后的法律效果是什么?

---

① 鲁晓明:"论民事侵权行为的推定及类型化——从抛物行为展开",载《法律科学》2008年第4期;王成、鲁智勇:"高空抛物侵权行为探究",载《法学评论》2007年第2期。

② 王利明:《侵权责任法研究》(下),中国人民大学出版社2011年版,第680页。

③ 樊崇义主编:《证据法学》,法律出版社2008年版,第352页。

④ 叶自强:《民事证据研究》,法律出版社1999年版,第101页。

文章第一部分已经提到,应该具体地考量个体可能加害人与受害人之间的法律关系。这里的前提事实是受害人由于建筑物的抛掷物或者坠落物造成损害,而且一定范围内的建筑物使用人均有可能实施了侵权行为;推定事实是每个可能加害的建筑物使用人均实施了该行为,或者行为与损害具有因果关系。严格说来,因果关系推定的前提就是"因"和"果"的存在(如共同危险行为),而第87条恰恰是"因"无法确定,①所以可以认为因果关系推定暗含的前提是行为推定。

事实上,第85条首先为过错推定责任,才要求"证明自己没有过错"。这种过错推定,有其深层次的法意,而不是仅仅来源于法条的表述。严格意义而言,"过错推定责任"和"证明没有过错"是充分非必要的关系,并不能直接反推。认为第87条进行了行为推定或者因果关系推定,实质上还是为了符合侵权责任的要件事实,推定后的法律效果反而是侵权责任,这就无法解释补偿责任的成因。所以,从条文的逻辑结构而言,并不能得出采用了行为推定或者因果关系推定的结论。

法律上的推定,与事实上的推定单纯依赖经验法则不同,"涉及的不是对事实的确认,而是法律的适用",②推定的根据就是法律的规定。立法者预先对证明责任的负担方式进行调整,使得原本承担客观证明责任的当事人在遇到举证困难时获得特别的立法救济,也可以避免真伪不明带来的法律适用困难。但是,这种规定并不是任意的,而是基于经验法则、举证难易以及当事人之间公平等因素的衡量,有其内在的客观性。

在第87条的情况中,将行为的可能性推定为确定性,就意味着也承认了可能加害人的过错(表见证明),故"行为推定责任是以过错责任为基础,基于公平理念而确定的责任","推定责任的归责原则混杂着过错责任和公平责任"。③ 这种主张明显违反了客观真实,绝大部分

① 说几句也许并不多余的话。有观点认为这里的"因"即加害行为肯定是存在的。从客观真实而言这是正确的,但行为不可能脱离主体而独立存在,法律分析中必须将二者结合进行判断。

② 毕玉谦:《民事证明责任研究》,法律出版社2007年版,第433页。

③ 鲁晓明:"论民事侵权行为的推定及类型化——从抛物行为展开",载《法律科学》2008年第4期。

可能加害人根本没有实施加害行为；在具体行为人都不确定的情况下，主观的心理状态更无从谈起，故过错的认定也不正确。更为重要的是，进行行为推定特别是加害行为的推定，是背离法律文明的，不符合法律的基本假定。① 罗斯科·庞德将关于一定时间和地点的文明社会的关系和行为的各种假设，作为进行法律推理和衡量的具备权威性的出发点。“经验在这个基础上由理性所发展，而理性则受到经验的考验。”他把文明社会的法律假说归纳为五个命题，其中一个就是“在文明社会中，人们必须能假定那些持有可能约束不住或可能逸出而造成损害的东西的人，将对它们加以约束或把它们置于适当地范围内。”②叶自强教授归纳了18种法律上的推定，其中有无过错推定、行为方式的适当性和习惯性的推定以及善意的推定。③ 值得注意，这三种推定不是对行为本身存在与否的推定，而是对行为方式以及主观心理状态的推定，认为行为人为理性人、善意人。“任何正义的法律，绝对不可以推定‘作为’这种行为。”④通过这些论述，可以进一步发现主张第87条中存在行为推定的不妥之处。

这里附带提及共同危险行为。在“高楼坠物”的情况下，实际的加害人一般只有一个。以共同危险行为理论作为责任的正当化根据，实际上就是进行了行为推定。前文还提到了“非典型性的共同危险行为”，这种观点主张参考或者准用共同危险行为致人损害的规则，是所谓的“类型化思维”。但类型化解释要求“类比必须具有实质的一致性，或者重要特征的一致性”，⑤而共同危险行为的核心特征正在于数人在同一时间和地点实施了共同的加害行为。故“高楼坠物”和共同

---

① 感谢孙宪忠教授在论文答辩过程中的点拨，出于法学家的敏锐和责任感，他对于民法上的加害行为推定持强烈反对的态度。

② ［美］罗斯科·庞德：《通过法律的社会控制》，沈宗灵译，商务印书馆1984年版，第55页。

③ 叶自强：《民事证据研究》，法律出版社1999年版，第131～134页。

④ 李霞：“高空抛物致人损害的法律救济——以《侵权责任法》第87条为中心”，载《山东大学学报》（哲学社会科学版）2011年第1期。

⑤ 刘士国等：《侵权责任法重大疑难问题研究》，中国法制出版社2009年版，第86页。

危险行为不具备共同的实质,这种类比缺乏合理性。

因果关系的推定,主要是基于法律政策的考量。但因果关系的客观实在性不容置疑,人们只能选择是否认识以及如何认识,而不能任意地剪裁因果关系,这是基本的唯物论观点。[①] 法律上的因果关系认定应该以事实上因果关系的成立为前提,再依合理可预见说、法规目的说或者相当因果关系说等加以判断。

事实上因果关系属因果律之问题,与法律政策、社会正义或者自然感情无关,纯属客观事实之判断,可依必要条件说与充分条件之必要因素说判断之。[②] 但在第87条的情况下,依据"删除说"和"代替说",并无法认定每个可能加害人与损害之间具有"条件上的因果关系",进行这种推定违背了客观真实和法律真实。再奢谈法律上的因果关系以及因果关系推定,较为勉强。在笔者看来,这种观点是基于可能加害人应当承担责任的判断,再主张因果关系的推定。另外,王利明教授主张第87条属于公平责任,而公平责任"具有法律上的强制性,并且行为人的行为与损害后果之间具有事实上的因果关系"。[③] 这与第87条中存在因果关系推定的观点有矛盾之嫌。

总之,法律真实标准是由抽象概括形态的客观真实标准分解转化而来,是一种实践形态和规范形态的客观真实标准。[④] 分解转化存在着界限或者底线,即应具有合目的性和合法性,并以客观真实为依归。行为推定或者因果关系推定的观点,违背了客观真实,有些牵强附会。

笔者认为,是否可以拟制[⑤]可能加害人既无加害行为,也无加害过错。"在民事侵权诉讼中,既然存在过错推定原则,也当然允许有无辜推定原则,这本来是一个问题的两个方面"。[⑥] 这种主张符合法律真

---

① 韩强:《法律因果关系理论研究——以学说史为素材》,北京大学出版社2008年版,第246页。

② 陈聪富:《因果关系与损害赔偿》,北京大学出版社2006年版,第141页。

③ 王利明:《侵权责任法研究》(上),中国人民大学出版社2011年版,第254页。

④ 张志铭:《法理思考的印迹》,中国政法大学出版社2003年版,第438页。

⑤ 笔者起初用的是"推定"一词,后改为"拟制",具体分析见本章第五节。为了行文的逻辑性,此处直接摆出结论,可能略显突兀。

⑥ 叶自强:《民事证据研究》,法律出版社1999年版,第123页。

实,对客观真实的取舍也符合政策衡量。理由如下:第一,不应将公权力机关无法确定加害人的不足转嫁给他人承担。第二,符合民法理念,相信民事主体为理性人、善良人;第三,与公平原则相符。公平责任原则是否作为一项归责原则,争议较大。《民法通则》第132条和《侵权责任法》第24条以立法形式确定公平责任,但仔细分析法条的表述,可知确定公平责任的前提是行为人必须确定,且行为与损害之间的因果关系能够成立。因此,从法律规定而言,前述否定说中反对第87条依据的是公平责任的观点,有其合理性。但补偿责任是民法公平原则在侵权责任法中的体现,[①]即使是基于公平原则,也要求当事人双方均无过错,而主要根据实际情况分担责任。从法律真实的角度分析,这种观点能避免对于补偿责任的否定依据,即实际加害人具有过错。这样,理论上可以自圆其说,实践中也能更好地平衡可能加害人和受害人之间的利益。第四,与补偿责任兼容。补偿责任通常是一种限额性责任,具有道义上的补助性,而并无严格的可归责性,这与上述假定相契合。第五,既然是一种推定,当然可予以推翻。因此,可能加害人虽然承担了一定的补偿责任,但其享有追偿权,只是这种追偿行为是附条件的。

严格意义而言,这里的更准确的表述是"补偿义务",体现了对损害的公平分担。根据上述观点,可能加害人并无过错,不存在义务的违反,而是出于道义和经济能力给予受害人抚慰和补偿。"民事补偿责任在立法中首先表现为民事补偿义务,补偿义务向补偿责任转化需要具备一定的前提条件,即义务人违反补偿义务如不愿履行或不按期履行而受到权利人的追究。"[②]《侵权责任法》第23条、第31条、第33条和第87条均规定了补偿责任,它们并不以侵权法意义上的因果关系为要件。这就使得侵权责任法承担了一定的"社会保障"功能,对损害赔偿进行分担和救济。特殊的是,在第87条的情况下,预防功能也得到彰显,能够停争息讼,更好地调整和干预社会生活。

---

① 张新宝:《侵权责任法》,中国人民大学出版社2010年版,第24页。

② 黄龙:"民事补偿责任研究",载《厦门大学法律评论》(第7辑),厦门大学出版社2004年版。

4. 基于利益衡量的分析

论证了上述拟制及其理由,下面必须回答的问题是,由可能加害人承担责任有何依据。上文已经阐述,这并不符合传统的侵权责任构成要件,也不能归于过错责任或者过错推定责任。这里的补偿责任,其分担损害当然不具有“承担侵权责任”的性质。[①] 这种实事求是的结论,虽然可以规避关于构成要件的诘难,但仍未直接回答由可能加害人承担补偿责任的道理。无论持肯定说的学者,如梁慧星教授、王利明教授、张新宝教授,还是持否定说的学者,如张新宝教授、麻锦亮法官,均认为第87条主要是价值判断和利益衡量的结果,关键是价值判断的正当性问题。所以,必须研究如何进行利益衡量以及能在多大程度上发挥作用。

利益法学由赫克首创,主张应该把握立法者所注重的利益,并加以衡量判断。它既反对概念法学,也反对自由法学。前者追求法的安定性价值,因而坚持严格解释;后者追求妥当性价值,主张自由裁量。利益法学面临的一个问题是,基于法律概念进行的逻辑思维,与在利益冲突层面所进行的法律思维可能发生异化的情况,此时将导致合理与否的争论,损害判决的妥当性。[②] 简言之,即利益法学与概念法学的不同而导致的不利结果。一些反对第87条的观点,即主张该条文与法律概念或者逻辑不符。而且,一致的价值经验是认识正义的基础,认可此种主张并不困难,难处正在于实际获得一种广泛一致的价值经验。[③]

加藤一郎在日本首先提出了利益衡量的概念,后来星野英一也提出了利益考量的概念。鉴于英语中的称谓是 balancing of interest,所以,利益衡量更为准确。价值判断是利益衡量之一,或者说是指更看重什么样的利益,也是利益衡量的基础。[④] 从哲学意义而言,价值是价值主体所希求,并借助于价值客体的价值属性而得以满足的各种价值目

---

① 梁慧星:《中国民事立法评说:民法典、物权法、侵权责任法》,法律出版社2010年版,第378页。

② 梁慧星:《民法解释学》,法律出版社2009年版,第75页。

③ [德]卡尔·拉伦茨:《法学方法论》,陈爱娥译,商务印书馆2003年版,第7页。

④ 梁慧星:《民法解释学》,法律出版社2009年版,第323页。

标的集合。其含义涉及三个方面,即价值主体的价值需求、价值客体的价值属性和作为价值形态的价值目标。[①] 价值的产生有其客观基础,既包括价值客体所固有的属性,而且作为价值主体的人的需要以及欲望也是由社会实践和历史发展所制约,这就使价值具有客观性。但价值的性质主要取决于价值关系主体的情况。因此,虽然价值判断具有主观性和客观性的特征,但偏重于前者,正是在此基础上,发展出了利益衡量论。[②]

"评价法学"者认为,在法秩序的意义上,对适当的价值判断仍然可以作合理的说明,即使有关的理由未必具有逻辑上的必然性。[③] 纵观侵权法发展的历史,特别是可归责性的变化,该种论说是有道理的。如果只依逻辑演绎或者概念推导,而不考虑社会现实和价值判断的变迁,侵权法很可能故步自封。过错、违法行为、侵权责任等,这些词语并非由概念性体系演绎而得,毋宁是基于特定正义观念的要求,借检讨司法裁判而逐渐发展出来,并且亦将继续演变下去。而正义具有一张普洛透斯的脸,"正义的原则则是由先验的价值认识配合经验共同发展出来的,因此,当然可以因新的经验来修正这些原则。它们并不构成一种封闭的体系,也不是一些可供演绎推论的公理。因为它们会承受不同的修正,彼此会相互限制,此外还有来自于事物的本质及具体生活关系的范限"。[④] 所以,基于利益衡量,对传统的法律逻辑进行突破,在特定的条件下,是完全可行的。

那么,如何进行利益衡量呢?简言之,就是分别对不同利益赋予重要性,然后从事权利或者法益的衡量。此时,最大的困难在于,利益之间的比较往往无法量化,缺少一个一般性的标准,必须结合具体情况详加斟酌。大致有以下三种原则:第一,某种利益较于其他利益具有明显的价值优越性,如人的生命或者尊严与财产权的比较,应优先保护前者。第二,在同种利益之间或者完全无法比较的利益之间,前者如生命

① 朱景文主编:《法理学》,中国人民大学出版社 2008 年版,第 63 页。

② 梁慧星:《民法解释学》,法律出版社 2009 年版,第 184 页。

③ [德]卡尔·拉伦茨:《法学方法论》,陈爱娥译,商务印书馆 2003 年版,第 3 页。

④ [德]卡尔·拉伦茨:《法学方法论》,陈爱娥译,商务印书馆 2003 年版,第 58 页。

健康权的同类比较,后者如肖像权与选举权的比较。此时,一方面应该考虑每种利益被影响的程度;另一方面则取决于某种利益让步时所承担的受害程度。第三,应适用比例原则、最轻微侵害手段或尽可能微小限制的原则。[①] 结合第87条进行分析,人身利益大于财产利益,公共安全利益大于小部分人的财产利益,适用第一个原则。同时,条文所规定的免责事由以及补偿责任的性质,充分考虑了比例原则和最轻微侵害手段原则。另外,让受害人让步和让可能加害人让步,后者承担的不公程度明显较轻。

汉斯·里费尔关于正义的探讨也许可以给我们更直接的启迪,他试图获得一种超越"绝对论"与严格相对主义之对立的看法。关于正确性的陈述,固然绝不能主张其具有"绝对的正确性",却可以主张,其较他种陈述"更正确",易言之,更接近"绝对的正确"。[②] 对于高空坠物的解决,学者也提了大量的建议,如保险制度、基金制度、国家救助等,但在当前的条件下,缺乏可操作性。最主要的分歧还是存在于可能加害人承担补偿责任和不承担责任这两种观点。毫无疑问,"与被判决分担损害的真正加害人以外的建筑物使用人比较,被高楼坠落的烟灰缸砸伤、砸死的受害人更无辜"。[③]

5. 基于真伪不明的分析

基于法律真实和客观真实的不同关系,对于一项事实的认定存在三种状态,即真、伪和真伪不明。所谓真伪不明(non liquet),是指"在诉讼结束时,当所有能够释明事实真相的措施都已经采用过了,但是争议事实仍然不清楚(有时亦称无法证明、法官心证模糊)的最终状态"。[④] 在第87条的情况下,受害人可以证明一定范围的建筑物使用人具有加害的可能性,而可能加害人也能基于不确定性予以反驳。可

---

① [德]卡尔·拉伦茨:《法学方法论》,陈爱娥译,商务印书馆2003年版,第285页。

② [德]卡尔·拉伦茨:《法学方法论》,陈爱娥译,商务印书馆2003年版,第56页。

③ 梁慧星:《中国民事立法评说:民法典、物权法、侵权责任法》,法律出版社2010年版,第379页。

④ [德]普维庭:《现代证明责任问题》,吴越译,法律出版社2006年版,第21页。更详细的定义参见毕玉谦:《民事证明责任研究》,法律出版社2007年版,第115页。

以大胆地说,上文所述的司法实践、学者主张以及法律文本,均试图对该种情况提出解决方案。

首先必须回答一个前置问题,即真伪不明的情况下法院能否拒绝审理和判决。在"济南木墩案"中已经指出,在第87条的情况下法院不得驳回起诉。可以发现,实践中这种无实质既判力的处理方式,从诉讼形式上看是结束了纷争,但它并未解决当事人之间的纠纷。"因为驳回起诉的理由可能是法官对原告的权利之形成的事实主张不能形成心证,但并不意味着原告的事实依据的反面是成立的"。而且,使争议处于悬而未决的状态,"违背了为世人所承认的诉讼目的,即解决纷争、限制自力救济以及通过国家机构帮助实现个人权利"。[①]

从法理上分析,驳回起诉的理论基础可见于莱昂哈特的证明说。该学说认为,当且仅当在向法官证明了请求权的前提,即要件事实时,法官才能按照原告的主张来判决。从积极方面看,若要件事实a和b被证明,法官就可以确定法律后果;从消极方面看,如果a或者b没有被证明,就不能确定法律后果。这种学说"将法律后果与要件事实的可证明性联系起来,而不是与事实的客观存在相联系;它强加给实体法规范一种纯粹的程序法内涵并且将证据调查的三分结果(被证明——真伪不明——被驳回)减至两分(被证明——未被证明)"。缺陷在于,不能将实体的法律关系纯粹理解为诉讼上的关系。"实体法是一种抽象而一般的独立存在,它永远不以具体情况的可证明性为前提"。[②] 有观点认为第87条的产生是基于"有损害就得有赔偿的错误思想"[③],但笔者认为真正的原因是,《民法通则》第119条和第126条的客观存在不得因真伪不明而无法发生法律效力。

接下来就是解决真伪不明的具体方法。首先应该排除纯粹的逻辑推理的方法,因为只能在确定的事实基础上(即要件事实的肯定的存

---

① [德]普维庭:《现代证明责任问题》,吴越译,法律出版社2006年版,第174~175页。

② [德]普维庭:《现代证明责任问题》,吴越译,法律出版社2006年版,第200~203页。

③ 张谷:"烟灰缸伤人案与现代株连",载北大法律信息网,http://article.chinalawinfo.com/Article_Detail.asp?ArticleID=33080。

在或者不存在)进行推理。当事实真伪不明时,仅仅依据特定的实体法规范进行推理会导致自相矛盾的结果,即某一要件事实在诉讼中存在但同时又不存在。所以,必须借助于法律适用的辅助手段,如客观证明责任。在学理上,它是指“在诉讼上当案件事实出现真伪不明状态时,由其中一方当事人实际承担不利益裁判后果的风险负担”。① 结合“高楼坠物”的实践和理论主张,以及证明责任的相关学说,笔者将分下列三个部分进行阐述:

第一,推定事实说。上文所述的“烟灰缸案”以及行为推定和因果关系推定的主张,均以推定为基础。而且,如果说行为推定或者因果关系推定的主张是以第87条为基础的,属于法律上的事实推定(法律推定),那“烟灰缸案”就属于司法中的事实推定(事实推定)。

推定是解决真伪不明的理性手段。法律上的推定,如《侵权责任法》中的过错推定条文,实现了举证责任倒置,②解决了无法证明过错(真伪不明)时的责任归属,与证明责任有密切的关联性。“推定的本质标志为法律推定的后果是认定某个生活事实的确存在或者不存在”。③ 它是指法律根据某种事实的表现,确认该事实为真实的一种法律拟制,故推定是法律上确认法律真实的一种手段,不得与真实事实对抗。④ 如本章第三节所述,在第87条的情况下,这种法律真实的推定与客观真实相违背,颇有“有责推定”的嫌疑,⑤不足采信。“重庆烟灰缸案”中进行的事实推定,既无法律上的明确规定,也无实质的经验基础,应认为不妥。

---

① 毕玉谦:《民事证明责任研究》,法律出版社2007年版,第107页。

② 此时,主观证明责任(相当于英美法上的举证负担)并不一定只由被告承担。例如被告提出反证证明自己没有过错,就可能发生主观证明责任的转移,即原告为了自身利益而举证证明被告存在过错。主观证明责任是流转的和非固定的,不存在倒置一说。而客观证明责任由立法者在实体法中预先予以规定,具有客观性和固定性,不可能倒置。经常所说的举证责任倒置,应该是相对于“谁主张,谁举证”的一般证明责任分配规则而言的。

③ [德]普维庭:《现代证明责任问题》,吴越译,法律出版社2006年版,第213页。

④ 左卫民、谢鸿飞:“分辨事实真伪的理性思考”,载《法学》2003年第3期。

⑤ 朱岩:《侵权责任法通论——上册:责任成立法》,法律出版社2011年版,第81页。

第二,规范说。罗森贝克承认真伪不明的存在,主张用证明责任的分配进行处理,即"每一方当事人承担对其有利的法律规范的前提要件的证明责任"。法律规范有利于原告还是被告,应依其自身的文义和权利属性进行界定。前者指的是基本规范或者权利发生规范,后者是对立规范,包括权利障碍规范、权利消灭规范和权力制约规范。事实被驳回和事实真伪不明发生类似的法律效果,即规范无法正面适用,因为真伪不明的不利后果应该由依据法律规范提出胜诉要求的那一方当事人承担。不同的是,前者往往可以从程序上直接驳回起诉,而后者应该经过实体审理,因为"只能依据具体的实体法规范才能进行证明责任的分配"①。显然,规范说不涉及对事实的认定,能够避免推定事实说的弊端。而且,它"内在逻辑性强、实务可操作性强以及能够维持法律形式上的公平,从而有利于增加法律安全适用性"。该学说"所体现的思维方式与实体法规范所具有的抽象性相适应,同时也与大陆法系三段论裁判方式所形成的既定模式相契合"。② 事实上,规范说获得了德国、日本和我国台湾地区的通说地位。"谁主张,谁举证"也透露了规范说的基本思想。"济南木墩案"再审中,通过判决驳回诉讼请求,相对于初审的裁定驳回是一种进步。在《民法通则》第119条和第126条的情况下,原告应该承担作为结果责任的证明责任,再审的判决严格按照法律规定,正确合理。

规范说也有一些局限性。首先是逻辑上的不足。如前所述,只有在确定的事实上进行推理。当法官对请求权的要件事实形成肯定的心证时,法律规范就能适用;反面的结论是,法官形成否定的心证时,则不能适用该规范。但真伪不明的场合下,法官无法形成确定的心证,此时将"被驳回"和"真伪不明"的法律效果等同,即均不适用该规范,有些不能自圆其说,难以令人信服。

其次是实践上的不足。"规范说过于注重法律规范的外在形式以及权力规范属性,并未重视隐含于各种法律规范中的实质价值和实质公平,在相当程度上忽略了个案的具体情形,特别是忽略了双方当事人的举证能力、与证据的远近距离、是否存在举证妨碍行为等与社会公平

---

① [德]普维庭:《现代证明责任问题》,吴越译,法律出版社2006年版,第216页。

② 毕玉谦:《民事证明责任研究》,法律出版社2007年版,第182~247页。

正义紧密关联的情事”。[①] 简而言之,规范说注重的是实体法的形式公平和法律适用的安定性,但一定程度上以实质公平的牺牲为代价。特别是在社会主流意识和价值观念不断发生变化的当代社会,规范说面临着前所未有的历史考验。当然,这并不是对规范说的否定,采用规范说所作出的责任分配,大多数也符合公平的结果。[②]

第三,对规范说的修正和补充。近代社会规范说占据支配和主导地位,及至现代,这种局面成为过去,转而步入规范说为重心兼采诸种学说为辅的“一强多元”模式。[③] 笔者认为,第87条的规定反映了这种变化,是立法者基于实质公平,对加害人不明时“高楼坠物”的客观证明责任的创新性分配。下文将从客观证明责任的角度,结合各种学说的启发阐述第87条的合理性。

(1)莱波尔特的特别规范说、穆兹拉克的消极规则说以及普维庭的操作规则说,虽有诸多不同,但均主张在真伪不明的情况下进行拟制,以克服上述规范说中的逻辑不足。莱波尔特认为,“证明责任规范是以真伪不明为内容的,其法律后果就是对作为其前提要件真伪不明的法律要件事实满足(或者不能满足)的拟制”。穆兹拉克同意莱氏的观点,但主张“应将某个争议事实消极地拟制为不存在,这样规定该事实要件的法律规范不视为被满足”。普维庭也认为“可以而且必须将一个真伪不明的要件事实虚拟为存在或者不存在。操作规则的实质内容只能是虚拟(拟制)”。[④] 必须强调,这种拟制只能在真伪不明的情况下进行,一旦发现具体侵权人或者某个可能加害人提出抗辩并获得法官心证,真伪不明在实体上即被克服。笔者认为,这与拟制不得通过反证推翻的观点,并不矛盾。

拟制不是对生活事实的武断认定或者虚构,而是对一个要件事实存在与否的虚拟,这就避免了对同一生活事实得出矛盾认定的尴尬。

① 毕玉谦:《民事证明责任研究》,法律出版社2007年版,第246~247页。

② 陈宗荣:《举证责任分配与民事程序法》(第2册),台湾三民书局有限公司1984年版,第82页。

③ 毕玉谦:《民事证明责任研究》,法律出版社2007年版,第244页。

④ [德]普维庭:《现代证明责任问题》,吴越译,法律出版社2006年版,第212~237页。

甚至可以说,被拟制的要件事实是否与真伪不明的生活事实相符,并不重要。即使法官的证明责任判决的结果是"正确"的(亦即与客观真实相符),也不是因为依据了一个客观事实,而是拟制的事实。借助于拟制的手段,将真伪不明的法律效果与拟制事实的法律效果等同,就好像一个生活事实的存在与否已经得到判断一样。这就解决了规范说中说理不清的问题。正是如此,"客观证明责任的本质就是通过法律拟制将实体法扩大适用于真伪不明领域"。①

拟制与推定不同。前者直接以前提事实代替拟制事实成为要件事实,无意苛求拟制的要件事实与生活经验保持一致,往往是为了贯彻特定的立法意图。后者并未将前提事实独立规定,而将推定事实作为构成要件,并尽可能地力求前提事实及推定事实与社会生活中的经验事实保持一致。②

这样,前文中拟制可能加害人均无过错,以及对行为推定和因果关系推定的否定,就是一种水到渠成的结论。基于这种拟制,侵权行为的构成要件并不具备,可能加害人不应承担赔偿责任。解决了方法论问题,下面将简要阐述具体的证明责任分配。③

(2)客观证明责任的分配。理论上说,拟制可能加害人均无过错,可以得出与规范说类似的结论,即由受害人(原告)主张侵权赔偿责任,并承担举证不能的风险。同样也可基于可能加害人无过错,要求其承担补偿责任。立法政策上选择了后者,并将客观证明责任转由可能加害人负担。某位可能加害人若无法举证自己不是侵权人并使法官形成确定的心证,就应承担真伪不明的后果(补偿责任)。实质上,根据莱波尔特的学说,第 87 条是典型的"特别规范",这种证明责任规范的法律要件就是真伪不明(侵权人不明),而法律后果是对法律要件事实的虚拟(可能加害人无过错)和证明责任的分配(可能加害人承担客观

---

① [德]普维庭:《现代证明责任问题》,吴越译,法律出版社 2006 年版,第 237 页。

② 毕玉谦:《民事证明责任研究》,法律出版社 2007 年版,第 428～429 页。

③ [德]普维庭:《现代证明责任问题》,吴越译,法律出版社 2006 年版,第 227 页。作者将证明责任判决分为三个阶段:(1)在真伪不明时法官的裁判义务是否存在的问题。(2)判决所要求的方法过程。操作规则就是这种纯形式的方法论过程。(3)证明责任的分配问题。只有确定了拟制的方法或过程,才能进一步解决证明责任的分配问题。

证明责任)。这就既从方法上克服了真伪不明的问题,也对真伪不明的不利后果进行了分配。而且,通过立法而不是司法的形式,预先设置当事人之间因为真伪不明带来的风险,摒除了特别规范说的弊端,即证明责任的分配不是依据实体的法律规定。此并非孤例。《侵权责任法》第10条和《德国民法典》第830条也采取了将真伪不明直接纳入法律要件事实的做法。

笔者以为,立法者规定由可能加害人承担客观证明责任,以排除、减弱甚至克服真伪不明,可能基于以下理由:

①通过改变法律后果以克服真伪不明。在仅涉及金钱赔偿的争议场合,基于公平原则和利益衡量,改造事实确定时的法律后果,对请求权进行分割。这实质上就是打破非此即彼的做法,折中解决。第87条采取补偿责任,即有此意。它可以回避事实争议,弥补客观真实与法律真实之间存在的差距。①

②按照危险领域说分配客观证明责任。当损害原因存在于加害人的领域(危险领域)时,加害人应负证明责任。所谓危险领域,是指"当事人在法律上和事实上能够支配的生活领域范围。可分为在空间上直接对物的支配,以及就对被害人的关系来说其对事件转变的支配两种情形"。② 普霍斯提出危险领域说,目的在于克服规范说的缺陷和不足。这种学说从实质公平的角度出发,依据就是"受害人的证明危机、加害人对证明的接近以及责任规范的预防目的"。③

危险领域说作为一般的证明责任分配规则,也存在无确切定义、无确切的空间确定标准以及无法作为独立的裁判标准的问题。但立法者通过第87条的规定,在具体的"高楼坠物"的情形下弥补了这些不足。无论对危险领域说如何批判,它对证明责任规范的解释以及立法都具有一定的指导作用。受害人无法举证证明具体侵权人以及对"高楼坠

---

① 黄龙:"民事补偿责任研究",载《厦门大学法律评论》(第7辑),厦门大学出版社2004年版。

② 叶自强:《民事证据研究》,法律出版社1999年版,第165页。值得强调,危险领域与危险利益、危险责任并无实质关联。

③ [德]普维庭:《现代证明责任问题》,吴越译,法律出版社2006年版,第331页。

物”的预防作用，正是制定第 87 条的主要立法考量。

有观点认为，在建筑物区分所有的情况下，某位业主只能对自己的专有部分进行支配，而对其他业主无权干预。要求可能加害人举证以发现真正侵权人，“超出了人们权利范围和控制能力的要求，实在强人所难”。[①] 这种观点颇有合理之处，一方当事人的证明危机并不必然意味着另一方当事人对证明的接近。德国联邦法院判决的电影院一案中，原告在被告的电影院的一道门前失去知觉，事故原因不明。虽然原告是在被告的空间区域受到损害并且有证明危机，但不能认为被告就特别地接近证明。故法院没有照搬危险领域说。[②]

必须承认，第 87 条为发现真正侵权人提供了激励机制，但并不以这种发现为依归。在笔者看来，对危险领域的控制，以加害人对证明的接近为判断标准。严格地说，在第 87 条的情况下，危险领域仅限于单个住户的专有部分，他只能对该领域发生的加害行为承担证明责任。可能加害人只需成功证明在自己的专有部分内未发生侵权行为，即能有效抗辩第 87 条的适用。[③] 这种证明是完全可能的。[④] 换句话说，相较于受害人举证证明权利发生的要件事实，可能加害的建筑物使用人更容易对权利阻碍或者权利消灭的要件事实进行举证。这就为危险领域说的适用提供了前提条件。

③按照利益衡量说分配证明责任。利益衡量说在美国的证明责任分配原则上居于重要地位，甚至被贴上通说的标签；在日本由石田穰教授在《证明责任的现状与未来》中提出。[⑤] 它通过与规范说截然不同的

---

① 王旭光、满洪杰：“建筑物之抛掷物致人损害的法律规制”，载中国民商法律网，http://www.civillaw.com.cn/wqf/weizhang.asp? id=50147。

② [德]普维庭：《现代证明责任问题》，吴越译，法律出版社 2006 年版，第 296 页。

③ 同样是具体侵权人不明，在共同危险行为中，行为人提出因果关系抗辩证明自己不是具体侵权人尚不足够，还须真正的侵权人能够确定。

④ 有观点认为可能加害人举证证明的是消极事实，而“证明自己没有做过什么是极其困难的”。参见李霞：“高空抛物致人损害的法律救济——以《侵权责任法》第 87 条为中心”，载《山东大学学报》（哲学社会科学版）2011 年第 1 期。鉴于与司法实践的密切关系，笔者将在第五章“司法适用”部分对该问题进行讨论。

⑤ 毕玉谦：《民事证明责任研究》，法律出版社 2007 年版，第 97～100 页。

视角和标准对证明责任进行分配,以符合实质正义和社会公平。由于前文已经分析了第87条中的利益衡量,此处不再赘述。

④基于责任法上的预防思想分配证明责任。"一般承认,预防思想是责任法上分配证明责任的立法目的,也是防止损害发生的防护措施。"[①]容易忽视的是,不仅作为法律后果的补偿责任可以预防侵权行为的发生,客观证明责任本身就能产生诉讼威慑作用:即使在诉讼中可能加害人能够有效抗辩,他所付出的时间、金钱等诉讼成本,也能对潜在的可能加害行为进行节制。

⑤基于"经济承担能力、人性与虔诚"[②]分配证明责任。在第87条的情况下,这正反映了补偿责任的性质,不再赘述。

⑥基于对某种预期行为的激励分配证明责任。第87条的规定,可以刺激建筑物的业主采取某些理性行为,以实现损失的最小化,如出资安装摄像头、设置专门基金,这能从根本上解决"高楼坠物"多发的现象。

所以,规范说是证明责任分配的基本规则,但其并不足以应付各种复杂的法律关系和事实关系。证明责任的例外情况必须通过法律规定,这种法定的证明责任分配也应进行不断的改进。第87条规定客观证明责任由可能加害人承担,是基于公平正义和社会现实,对规范说的改进和修正。这样,真伪不明被克服,法律后果得到确定,加害人不明时的裁判规则就实现了统一。

总之,加害人不明是第87条的内核和最主要的立法原因,充满了政策安排上的无奈,体现了法律真实与客观真实的矛盾。也正是加害人不明,使得第87条引起了诸多理论和实践争议。实现对受害人的救济,仅仅通过侵权法是不够的,这种手段也是不得已而为之的办法。[③]第87条体现的创新和突破,是在当前特定的社会和经济条件下产生的,主要是利益衡量的结果。但是,这并不意味着它没有法理上的正当性。从侵权法的功能而言,要求可能加害人承担补偿责任,主要起到的

---

① [德]普维庭:《现代证明责任问题》,吴越译,法律出版社2006年版,第353页。

② [德]普维庭:《现代证明责任问题》,吴越译,法律出版社2006年版,第354页。

③ 王利明:"抛掷物致人损害的责任",载《中国政法大学学报》2006年第6期。

是救济功能和预防教育功能;从证明责任而言,它是基于公平正义对规范说的修正;从可归责性而言,正如前文介绍罗马法规则时提出的问题,第 87 条的安排与传统的逻辑规则之间,并无一条巨大的“鸿沟”,而是有节制、有理由的技术性突破,并通过补偿责任进行正当化和合理化。

## 五、第 87 条的适用

《侵权责任法》通过以后,必须将视角从立法论转向解释论,上文所做的理论准备正是为了更好地探讨第 87 条在司法实践中的适用问题。鉴于上述分析,为了平衡受害人和可能加害人的利益,笔者认为应该严格限制第 87 条的适用。

### (一)适用范围

该条仅适用于建筑物上物件抛掷或者坠落的情况,不得类推适用。如果具体侵权人可以确定,在抛掷物品的情况下,按照一般侵权行为处理,适用过错责任;在物品坠落、脱落的情况下,根据第 85 条,按照建筑物特殊侵权责任处理,适用过错推定责任。如果具体侵权人无法确定,无论物品抛掷还是物品坠落,都应该适用第 87 条,由可能加害人承担补偿责任。当然,这里也可能有共同危险行为的情况存在,如两个以上行为人同时往楼下掷物,在无法确定具体侵权人的情况下,应承担连带赔偿责任。

损害包括人身损害和财产损害,而第 87 条只笼统规定了损害。笔者认为,应该采取目的性限缩,只能适用于人身伤害和死亡。可能加害人承担补偿责任的一个重要原因在于责任的财产性以及人身利益优于财产利益的价值衡量,同类的财产利益之间并无位阶的不同。而且,人身伤害限于重伤和轻伤。轻微的人身伤害不应适用第 87 条,可参考公安部发布的《人体轻微伤的鉴定标准》和司法部发布的《人体损伤程度鉴定标准》进行判断。理由在于:第一,立法者制定该条的目的,是对重大的人身伤害予以救济,并起到预防作用。第二,利益平衡的需要。这里涉及可能加害人与受害人的利益博弈,考虑到客观上确有大量的无辜者,不应扩大该条的适用范围。第三,发生轻伤、重伤或者死亡的,公安机关必须介入调查,运用国家资源和公权力尽力发现具体侵权人。

这里,民事的证明和刑事的证明发生了契合,弥补了可能加害人的证明能力之不足,大大利于侵权人的确定,从而降低第87条适用的可能性。第四,不适用于轻微伤,并不会使第87条的预防和救济功能产生显著折扣。由可能加害人承担证明责任,使他们付出一定的诉讼成本,这本身就能产生预防作用。轻微伤害造成的损失较小,如果据此允许受害人请求全部可能加害人承担责任,既有些偏袒受害人,也会浪费大量的司法成本,不符合效益原则。

(二)责任主体

可能加害的建筑物使用人,包括建筑物的所有人、管理人、使用人,以及承租人、借用人和其他使用建筑物的人。[①] 立法者在这里采用了一个比较宽泛的概念,即对建筑物有定期的使用或者控制关系即可。只要具备这个标准,就可以认定为使用人。此与第85条的责任主体有明显的不同,可能因为补偿责任侧重于责任分担,故倾向于对责任主体进行宽泛的界定,实践中具体的判断交由法官自由裁量。值得思考的是,抛坠物致人损害时,建筑物中的外来人员是否应该承担补偿责任?笔者持否定的观点。第一,外来人员一般在建筑物的共同共有部分,其行为较易受到监督,与专有部分内部行为的私人性和隐蔽性不同。第二,由可能加害的建筑物使用人承担责任,已不符合传统的侵权责任构成要件,若再无端扩及于其他临时的外来人员,甚为不妥。第三,立法条文规定的是"可能加害的建筑物使用人",而不是"可能加害人",两者外延不同。

"深圳高楼坠物案"中,一审判决由物业公司承担一部分责任,二审则判决由可能加害的建筑物使用人承担补偿责任。根据第87条的规定,除非物业公司本身为建筑物的使用人,例如自有或租用某高层住宅,否则不可能承担补偿责任。那么,物业公司可否作为承担其他责任的主体?

《物业管理条例》第46条规定:对物业管理区域内违反有关治安、环保、物业装饰装修和使用等方面法律、法规规定的行为,物业服务企

---

① 全国人大常委会法制工作委员会民法室编:《中华人民共和国侵权责任法条文说明、立法理由及相关规定》,北京大学出版社2010年版,第354页。

业应当制止,并及时向有关行政管理部门报告。第 47 条规定:物业服务企业应当协助做好物业管理区域内的安全防范工作。发生安全事故时,物业服务企业在采取应急措施的同时,应当及时向有关行政管理部门报告,协助做好救助工作。《重庆市物业管理条例》更是明确规定高空抛物行为,第 59 条规定:物业管理区域内禁止下列行为:……(十一)乱丢垃圾,高空抛物。物业管理区域内发生上述行为时,业主、物业使用人有权投诉、举报,物业服务企业、业主委员会应当根据物业服务合同或者管理规约及时予以劝阻、制止;劝阻、制止无效的,物业服务企业、业主委员会应当及时报告有关行政主管部门。因上述行为导致权利受到侵害的,受害人可依法向人民法院提起民事诉讼。由上述规定可以得知,对于"高楼坠物"的情况,物业公司负有制止、劝阻义务,应及时向有关行政管理部门报告并积极配合。既然法律文件设置了这些义务,那么违反这些义务就应该承担一定的民事责任或者行政责任。例如物业公司负责管理的共有服务设施,发生坠落、脱落,就应该依据第 85 条承担责任;明知业主的外墙装饰装修存在问题而不予制止,结果发生脱落致人损害,也应该承担民事责任。若某居民楼频繁发生高空抛物事件,物业公司应该积极教育制止,并及时通知相关部门,否则也会因其不作为成为承担责任的考量因素。

所以,尽管物业公司很难根据第 87 条承担补偿责任,这并不意味着不会承担其他民事责任。在笔者看来,因为物业公司的专业化以及通过物业费用分散风险的能力,强调物业公司的责任,能够为其提供一种激励机制。如果这能与广大业主因为第 87 条获得的激励效应契合,会以最小的成本实现第 87 条的教育和预防功能,从而达到自身利益和社会利益的最大化。例如业主自费设立摄像头,而由物业公司负责管理,在实践中已经得到了大量的采用,效果显著。

### (三)举证责任

证明责任有客观和主观之分,后者是一种行为意义上的证明责任,指"当事人为了满足其提出事实主张的需要,通过提供证据的方式获得对其有利的裁判并且避免对其不利裁判后果的发生所承受的一种必要负担”。[①] 它又包括主观抽象的证明责任和主观具体的证明责任。前者独立于具体的诉讼活动而存在,是一个纯粹的法律问题;后者存在于具体的诉讼活动中,是法律问题和事实问题的结合。上文已经分析了第 87 条中的客观证明责任,本部分主要探讨主观(抽象的)证明责任。这就涉及了实践中的证明尺度和证明评价问题。

原告应该举证损害由特定范围内的建筑物使用人所致,被告则提出抗辩证明自己不是具体的侵权人。实际上,由于第 87 条的规定,建筑物内的居民面临较大的诉讼风险,可能在没有从事任何侵权行为的情况下被起诉至法院,这本身就会使他们付出一定的诉讼成本。所以,从可能加害人的角度考虑,必须在实践中充分保证其抗辩权的行使,设置可行的“逃逸”通道,以尽量排除无辜的居民,平衡受害人与可能加害人之间的利益。

关于抗辩事由,第 87 条仅抽象地规定了“能够证明自己不是侵权人”,在实践中必须予以具体化。前文提到,这里涉及消极事实即未曾发生的事实的证明。消极事实说认为,只能证明积极的要件事实,从消极方面证明是不可能的;主张消极事实的,则不负证明责任。这种学说源自罗马法的“否定者毋庸举证”规则。不可否认,这种观点有一定的合理性,但总体上是“站不住脚的”。[②]《侵权责任法》中的过错推定原则以及因果关系推定,就要求被告对不存在过错或者因果关系举证。消极事实说的缺陷在于,积极事实和消极事实的界限并不明确,当事人往往可以通过表达方式或者用语上的变更来逃避证明责任。例如在《侵权责任法》第 85 条中,“没有过错”和“尽到了善良管理人的注意义务”其实是一个意思;但从文义来看,前者是消极事实的证明,后者是积极事实的证明。另外,消极事实虽然较难利用直接证明方法进行证明,但通常可采取间接证明方法证明,“尤其是受到时间场所限制的消极事实,均能得到证明”。[③]

对于第 87 条的抗辩事由,杨立新教授提出的司法解释建议稿,列

---

① 毕玉谦:《民事证明责任研究》,法律出版社 2007 年版,第 143 ~ 144 页。

② [德]普维庭:《现代证明责任问题》,吴越译,法律出版社 2006 年版,第 342 页。

③ 毕玉谦:《民事证明责任研究》,法律出版社 2007 年版,第 43 页。

举了下列标准,可资借鉴:(1)损害发生时,证明人不在该建筑物中;(2)损害发生时,证明人所处建筑物位置无法实施该特定行为;(3)证明人无法完成该行为;(4)证明人实际没有致损之物。①应该强调的是,这种民事证明以“优势证据”为标准,并不要求“排除一切合理怀疑”。实践中,法院不得因公安机关介入调查并无法确认具体侵权人,就忽视甚至剥夺可能加害人的举证抗辩权利,在民事审理中判决由全体可能加害人承担补偿责任。这是因为民事和刑事的证明尺度不同,可能加害人仍然有通过举证抗辩免责的机会和可能。无论在“重庆烟灰缸案”还是“深圳高楼坠物案”中,居民均尝试证明没有实施加害行为,但只有前案中两户居民举证未在家中而被法院采纳。一些学者也悲观地指出,以后只能在家中架上机器时刻录像。笔者认为,这确实与消极事实较难证明有关,单从此点来看,第87条让可能加害人承担了较重的证明责任。法院在以后的审判中,应该紧扣条文精神,适当放宽此时的证明标准,以更易获得证明评价,实现受害人与可能加害人之间的利益平衡。

(四)补偿责任

笔者认为,第87条是基于人道主义精神与要求而规定的法定补偿责任。由于“高楼坠物”具有一定的普遍性和典型性,且客观上确实需要平衡当事人的利益,立法者将纯粹的道义补偿上升为法定的人道主义补偿责任,以克服单纯道德制约的不足、避免不必要的争议和对受害人进行救济。“人道主义补偿责任的着眼点在于同情受损害者并在法益上向受损害者作适当倾斜,它体现的是民法的人性关怀。责任的‘人’性特点,也决定着人道主义补偿责任只适用于人身损害而不应适用于单纯的财产损害。”②

补偿责任为按份责任,而不是连带责任。这是由补偿责任的性质决定的,基于上文的分析,可能加害人被拟制为无过错,其与受害人的

---

① 杨立新等:“中华人民共和国侵权责任法司法解释草案建议稿”,载《河北法学》2010年第11期。

② 黄龙:“民事补偿责任研究”,载《厦门大学法律评论》(第7辑),厦门大学出版社2004年版。

关系应依照公平原则的精神处理;而连带责任具有一定的惩罚性质,侧重于保护受害人,其必须有法律的明文规定。在当前的司法实践中,“份”以“户”为标准。根据公平理念,补偿责任不仅应该考虑受害人的利益,也应考虑补偿人的情况,以期达到平衡。故在第87条的司法实践中,必须充分考虑补偿责任人的分担能力。前述“重庆烟灰缸案”中,被害人是某公司董事长,经济能力应该较强,而责任主体包括那两位老太太,不符合法理民情,让人难以释怀。

补偿责任也应该是一种限额责任,问题在于,应基于何种基准进行限制,限制的程度如何,这就涉及赔偿责任数额和补偿责任数额的不同确定标准。杨立新教授主张:“依照第87条规定确定的补偿责任,以不超过被害人实际损失的50%为限。”①笔者认为,除“实际损失”本身需要进一步解释外,规定某个具体的限制比例,虽基于对补偿数额的限制和当事人之间利益平衡的考虑,但更源于对法官自由裁量权滥用的担忧。这种绝对的数额限制无法考虑到实际的案件情况,不利于法官做出有针对性的判决,与第87条的立法趣旨存在一定程度的偏差。

“重庆烟灰缸案”中,承担责任的范围包括抚慰金。当时《最高人民法院关于确定民事侵权精神损害赔偿责任若干问题的解释》(以下简称《精神损害赔偿解释》)已经开始实施,根据第9条的规定,该抚慰金是精神损害赔偿的后果。精神损害赔偿的主要目的在于对受害人的抚慰和对加害人的制裁。② 这与第87条的立法目的有重合之处。但《精神损害赔偿解释》第10条第1项规定,除法律有特别规定的以外,应根据侵权人的过错程度确定精神损害的赔偿数额,故精神损害赔偿的前提通常是基于过错的侵权行为。在《侵权责任法》第22条中,更是限定为侵权人侵害人身权益造成的严重精神损害。可见,精神损害赔偿的制裁功能对其构成要件提出了较严格的要求。根据上述分析,第87条的补偿责任并不是侵权责任,其前提是可能加害人无过错,不

---

① 杨立新等:“中华人民共和国侵权责任法司法解释草案建议稿”,载《河北法学》2010年第11期。

② 王利明:《侵权责任法研究》(上),中国人民大学出版社2011年版,第653页。

能将精神损害纳入担责范围。

基于上述结论，判断残疾赔偿金或者死亡赔偿金的性质，即属于精神损害赔偿还是财产损害赔偿，就显得特别重要。梁慧星教授主张前者，王利明教授和张新宝教授主张后者。[①] 笔者也赞同后者的观点，《最高人民法院关于审理人身损害赔偿案件适用法律若干问题的解释》和《侵权责任法》事实上改变了《精神损害赔偿解释》的规定，将死亡赔偿金或者残疾赔偿金与精神损害赔偿相分离，彼此相对独立。故残疾赔偿金或者死亡赔偿金应当纳入补偿责任的考量范围。

如前所述，第87条产生的立法动机就是在受害人无法获得救济时提供适当补偿。故补偿责任还应该让位于其他能够救济受害人的措施，倘若通过这些手段能够适当地弥补损失，就应当审慎地适用第87条。这里可能会涉及损益相抵的问题。所谓损益相抵，系指“损害事故发生后，赔偿权利人受有损害，同时因发生损害之原因事实受有利益，赔偿义务人于损害赔偿时，得于赔偿额中扣除赔偿权利人所得之利益”。[②] 其适用的标准包括：第一，损害事实与利益之间存在因果关系，这又有损益同源说和相当因果关系说两种判断标准；第二，法规意旨说或法规目的说，要求损益相抵不违反法规目的或第三人给付之目的。《欧洲侵权法原则》就采纳了此观点，第10:103条规定：“在决定损害赔偿金额时，受害方通过损害事件所获得的利益必须扣除，除非扣除与受益的目的不一致。”[③]

有学者主张可建立建筑物的抛掷物、坠落物强制责任保险制度。[④] 该保险性质上为财产保险，投保人是建筑物使用人，保险标的为被保险

① 梁慧星：《中国民事立法评说：民法典、物权法、侵权责任法》，法律出版社2010年版，第358页；王利明：《侵权责任法研究》（上），中国人民大学出版社2011年版，第630～638页；张新宝：《侵权责任法》，中国人民大学出版社2010年版，第111页。

② 陈聪富：《侵权归责原则与损害赔偿》，北京大学出版社2005年版，第286页。

③ 欧洲侵权法小组编著：《欧洲侵权法原则：文本与评注》，于敏、谢鸿飞译，法律出版社2009年版，第14页。

④ 王竹、赵尧：“论建筑物抛掷物、坠落物致害道义补偿责任”，载《政法论丛》2010年第5期。

人承担的补偿责任。这种情况下,获得保险赔偿与损害事实之间具有因果关系,目的是减轻被保险人的补偿责任。学理上而言,这种制度能将道义补偿责任的分担由可能加害人转移至更广泛的社会,是一种理想的解决方案。但是,这种事故具有极大的偶然性,在投保人范围、保险费的数额和征收等设计中实现制度公平,可能非常困难。需说明的是,受害人从保险人处所获得保险金属于其应得的补偿责任(或其中一部分),而非因损害事实而获得的利益。既然不是利益,当然不存在损益相抵的适用问题。

那么,受害人对自己的人身损害投保时,能否适用损益相抵? 先分析侵权损害赔偿的情况。从损益同源说来看,保险金的取得以保险合同和保险费的支付为基础,而损害赔偿请求权源于侵权行为,二者非属同源。从法规目的而言,侵权责任法除有损害填补的功能外,尚有吓阻行为人从事侵权行为之目的。若加害人就保险给付得主张损益相抵,该吓阻作用将减损甚至丧失。[①] 从第三人给付的目的而言,保险人支付人身损害保险金显然不是为了减轻甚至免除侵权人的损害赔偿责任。故侵权人不得主张损益相抵,受害人可以获得双重赔偿。《保险法》第46条正是如此规定。同样,社会保险(基本医疗保险、基本养老保险和工伤保险等)是基于人们的生活安全和社会稳定,为了受害人的利益而设定的,其目的更谈不上减轻加害人的损害赔偿责任,也不得适用损益相抵。

但在第87条中,可能加害人被拟制为无过错,应承担的是基于道义的补偿义务,这就为损益相抵的适用提供了空间。原因在于以下五点:第一,保险金和侵权损害赔偿均源于人身损害的发生,损害是利益之"不可欠缺的条件"。基于此时的政策衡量,保险合同的介入并非一定导致因果关系的中断,二者具备相当的因果关系。第二,第87条的产生基于其他救济措施的匮乏,在救济措施有效存在的时候却忽略了其对第87条适用的影响,逻辑上存在悖论。第三,补偿责任和保险责任,虽不能说他们的法规目的完全相同,但基本无异,均是着眼于对受害人的救济。而且,后者的损害分担作用广泛彻底,更具备正当性。第

① 陈聪富:《侵权归责原则与损害赔偿》,北京大学出版社2005年版,第291页。

四,允许用保险金抵销一定的补偿责任数额,尽管可能在作为受害人的投保人和未投保人之间产生一定的不公,从而抑制人身伤害保险的购买,但现在保险往往是一种投资手段,而且“保险义务之目的仅在使受害人尽早获得赔偿,及承担受害人可能无法获得赔偿之危险”,[①]此与第 87 条中可能加害人的补偿有相似之处。第五,若保险人给付和可能加害人补偿同时存在,其总额可能大于受害人的实际财产损失,这逾越了民事责任的损害填补功能。毕竟,无论保险责任还是补偿责任,均不涉及精神损害的赔偿。

实践中,还存在捐助的情况。笔者认为,应该区分第三方的捐助和可能加害人的捐助。很难说这两种利益与损害具有相当的因果关系,而且,第三方捐助的目的在于对受害人提供帮助和慰藉。若主张损益相抵,则第三方实际上使可能加害人获得了终局利益,真正的受益人并不是受害人。另外,这对第三方捐助反而起到了遏制作用,不符合社会正义观念。对于可能加害人的捐助,一般也不应适用损益相抵,否则背离了捐助人的预期和高尚的品德。但捐助后,可能加害人在案件审理中主张损益相抵,法官应予支持。这体现了对捐助行为的激励,也有利于第 87 条的有效实施,加强其在实践中的法律效果和社会效果。

笔者无意得出一个绝对的结论,而是认为存在适用损益相抵的可能,在具体的案件中应由法官结合实际情况自由裁量。总体而言,鉴于商业保险与社会保险的不同,其较易于适用损益相抵;第三方的捐助不应适用于损益相抵,而可能加害人的捐助在特定情形下可以考虑运用。

## 结语

可以借用埃塞尔的话,介绍第 87 条的产生。他曾经描绘了新的法律思想进入现行法中的过程:“特定真实、实质的问题要求我们必须发展解决方案出来;起初的做法只是寻求个案解决,并不追求或证实原则的存在,之后便实事求是地以此条或彼条适当规定为其依据,当体系上

① 陈聪富:《侵权归责原则与损害赔偿》,北京大学出版社 2005 年版,第 293 页。

的矛盾不容掩饰时,大家就必须承认:我们之所以利用这些规定,只是为了在体系上支持超越这些规定的法律原则。”①

第 87 条立足于社会现实,根据侵权责任法的立法目的以及利益衡量,通过客观证明责任和补偿责任,对传统的规范说理论和侵权责任构成要件理论进行了合理而有节制的突破。从证据法的角度来看,它以加害人不明作为要件事实,以补偿责任作为法律后果;从责任构成的角度来看,它包括两层法律规范,即过错责任构成和补偿责任构成。

本文主旨是支持第 87 条的,并以法律真实和客观真实的特定差异作为论证的基础。但这不妨碍笔者在“否定说”部分投入了较多的笔墨,因为这些观点颇有道理,对于第 87 条的理解和司法适用有极大的帮助。借用梁慧星教授的话:“法律上的问题没有绝对的真理……制订侵权法时,选择的方案并没有对错之分,只有选择之别……立法中有很多折中和妥协,它不同于学术研究,学术需要说明最充分、最满意的理由。”②

《侵权责任法》通过之后,理论研究应专注于解释论。笔者力求对第 87 条的法律适用进行分析,但由于水平所限,仍感不足。而且从篇幅来看,对于理论上的争鸣有“用力过猛”之嫌,存在学说和观点的堆砌。虽然一直以“理论研究指导司法实践”聊以自慰,但写作过程中发现只能“指导”,无法“代替”。相较于某种错误观点的大胆提出,这种“泛泛之谈”和“隔靴搔痒”更让笔者惶恐不安。最后还是提出有关解释论的主张,至少从形式上表明对于法律适用的侧重。笔者认为,在司法实践中,应该准确地判断第 87 条的适用范围和法律效果,尽可能地实现受害人和可能加害的建筑物使用人之间的利益平衡。补偿责任并不简单的是侵权损害赔偿数额的一部分,二者不同的功能定位决定了实质要素的差异,如对于精神损害和损益相抵,就应作不同的考量。相

---

① [德]卡尔·拉伦茨:《法学方法论》,陈爱娥译,商务印书馆 2003 年版,第 18 页。

② 梁慧星:“如何认识和看待《侵权责任法》——侵权责任法的成就与不足”,西南政法大学渝北校区演讲稿,载 http://www. swupl. edu. cn/yjsjy/News _ View. asp? NewsID = 1245。

信在《侵权责任法》的实施中,通过法官和学者的努力,第87条能得到科学合理的适用。

（作者系中国社会科学院法学研究所硕士研究生）

**判解研究**

# 买卖合同特别效力解释规则之创设

## ——买卖合同解释(法释〔2012〕7 号)第 3 条解读

梁慧星

目　　次



## 一、引言

《最高人民法院关于审理买卖合同纠纷案件适用法律问题的解释》(法释〔2012〕7 号),已于 2012 年 3 月 31 日由最高人民法院审判委员会第 1545 次会议通过,于 2012 年 5 月 10 日公布,自 2012 年 7 月 1 日起施行。此项解释文件(以下简称"解释")的公布和施行,无疑将对民事裁判实务,乃至民法理论,产生重大影响。因此为法律实务界和理论界所特别关注。

不难发现,"解释"并不满足于对合同法条文和制度作一般性的解释和释义,而是大胆运用附属于最高审判权的司法解释权,总结合同法实施十多年来的民事裁判实践经验,并参考民法理论研究成果,新创了若干解释规则。例如第2条买卖预约规则、第3条买卖合同特别效力规则、第9、10条动产多重买卖的履行顺序规则、第31条损益相抵规则等。其中,第3条买卖合同特别效力规则,最能体现最高人民法院司法解释的创造性,具有重大实践意义和理论意义,值得实务界和理论界特别重视。

但在"解释"公布后,最高人民法院未能准确阐发第3条买卖合同特别效力规则的解释标的(对象)、适用范围、规范意旨及与其他法律规则之间的界分,以发挥此项解释规则的规范功能,反而因自己的不当"释义",招致法律界对本条具有重大理论意义和实践意义的解释规则之误读,不能不令人惋惜。

特撰本文,着重解读"解释"第3条买卖合同特别效力规则,说明此项解释规则之创设,并非对《合同法》第51条无权处分合同规则之修改,及何以最高人民法院无权修改法律,以就教于法律实务界和理论界同仁。

## 二、对《合同法》第132条的反面解释

《合同法》第132条规定:"出卖的标的物,应当属于出卖人所有或者出卖人有权处分。"本条之反面,包含4种案型:(1)国家机关或者国家举办的事业单位处分"直接支配的不动产和动产",不符合"法律和国务院的有关规定"(《物权法》第53、54条);(2)抵押人出卖抵押物未经抵押权人同意(《物权法》第191条第2款);(3)融资租赁承租人付清全部租金之前出卖租赁设备(《合同法》第242条);(4)保留所有权买卖合同的买受人在付清全款之前转卖标的物(《合同法》第134条)。

严格言之,本条之反面解释,还可以包括恶意及误认出卖他人之物。但在《合同法》制定时,起草人将恶意及误认出卖他人之物,与恶意及误认无偿转让他人之物合并,设立"无权处分(他人财产)合同"规则,规定在总则第3章第51条。[①] 因此,对《合同法》第132条作反面

① 《合同法》第51条不包括恶意及误认抛弃他人之物,因"抛弃"属于事实行为,而非合同。

解释,仅包括上述4种案型。

《合同法》起草人将本应属于第132条反面解释范围之内的"恶意及误认出卖他人之物",与"恶意及误认无偿转让他人之物"合并,设立第51条"无权处分(他人财产)合同"规则:"经权利人追认或者无处分权的人订立合同后取得处分权的,该合同有效。"依反对解释,未经权利人追认或者无处分权的人订立合同后未取得处分权的,该合同无效。

依据《合同法》起草人创设"无权处分(他人财产)合同"规则之政策判断,对《合同法》第132条反面解释所包括的上述四种案型,属于"所有权或者处分权受到限制的所有人处分自己的财产",并非"恶意及误认处分他人财产",显而易见不在第51条适用范围之内,当然不能仅"因出卖人在缔约时对标的物没有所有权或者处分权"而认定合同无效。于是产生"解释"7月修改稿第4条。

"解释"7月修改稿第4条:(买卖合同的效力)

当事人一方仅以出卖人在缔约时对标的物没有所有权或者处分权为由主张合同无效的,人民法院不予支持。

前款情形中出卖人因不能取得标的物的所有权或者处分权致使标的物所有权不能转移,买受人要求出卖人承担违约责任或者要求解除合同并主张损害赔偿的,人民法院应予支持。

鉴于5月在北京郊区举行的专家讨论会上,曾讨论本条解释规则与《合同法》第51条无权处分合同规则的关系,故起草人特意在"解释"7月修改稿第4条添加了两个"脚注"。第1款"脚注"原文:"该条款系对《合同法》第132条的反面解释。"第2款"脚注"原文:"违约责任能否包括解除合同并赔偿损失,也是一个问题。"

第1款"脚注",明示创设本条解释规则的目的,是"对《合同法》第132条的反面解释",并非解释《合同法》第51条无权处分合同规则,澄清了5月专家讨论会上个别人对本条解释与无权处分合同规则关系的混淆。

第2款"脚注"表明,起草人还没有注意到,根据第1款解释规则,"出卖人因不能取得标的物的所有权或者处分权致使标的物所有权不能转移",将构成根本违约,应发生违约责任(第107条)与法定解除权(第94条)的竞合,因而对第2款规定买受人可以"要求出卖人承担违约责任或者要求解除合同并主张损害赔偿”,心存疑虑。

## 三、创设“将来财产买卖合同”效力规则

所谓“将来财产买卖”,俗称“未来货物买卖”,属于典型商事买卖合同。此种买卖的特征在于,经销商与终端购买人签订货物买卖合同之后,经销商自己才与上端供应商(生产商、进口商、批发商)订立买卖合同,购进已经销售给终端买受人的货物。经销商与终端买受人之间的买卖合同签订之时,所出卖货物还在上端供应商(生产商、进口商、批发商)的占有之下或者还没有被生产出来,出卖人(经销商)还不享有对所出卖标的物的所有权或者处分权。特别在现代市场经济条件下,经销商为了节约成本,实行所谓“零库存”经销方式,致所谓“将来财产买卖”,或“未来货物买卖”,成为最常见、最重要的商事买卖合同形式。

《合同法》起草于中国由计划经济向市场经济转轨之初,起草人无法预见到将来财产买卖是市场经济条件下重要的买卖合同形式,故《合同法》未设相应规则。致转轨到市场经济之后,将来财产买卖这种最常见、最重要的商事买卖合同形式,在现行法上没有相应的法律规则,形成立法漏洞。

鉴于将来财产买卖合同订立之时,出卖人(经销商)尚未占有所出卖的标的物,当然不可能享有标的物的所有权或者处分权,因而容易被混淆于“无处分权的人处分他人财产”,被误认为属于《合同法》第51条无权处分合同规则的适用范围。而根据《合同法》起草人之立法本意,《合同法》第51条无权处分合同规则的适用范围,并不包括将来财产买卖合同。为了纠正裁判实践中,误用《合同法》第51条无权处分合同规则,裁判将来财产买卖合同纠纷案型的错误,最高人民法院制定买卖合同解释时,预定计划创设将来财产买卖合同解释规则。这就是“解释”7月修改稿第5条,起草人特以“将来财产买卖合同的效力”,作为这一解释规则的名称。

“解释”7月修改稿第5条:(将来财产买卖合同的效力)

以将来可能取得所有权或者处分权的财产为标的物的合同当事人,以出卖人未取得所有权或者处分权为由主张合同无效的,人民法院

不予支持。出卖人在合同履行期限届至时仍未能取得标的物所有权或者处分权致使标的物所有权不能转移的,应当承担违约责任。①

将来财产买卖合同,是现代化市场经济条件下最常见、最重要的商事买卖合同,其本身属于合法行为,当然不得"仅以出卖人未取得所有权或者处分权为由",认定合同无效。如果出卖人在合同履行期届至时仍不能取得标的物所有权或者处分权,理当构成根本违约,依据《合同法》第107条,应由出卖人承担违约责任。另外,依据《合同法》第94条,还将发生买受人法定解除权。但在此时,起草人尚未注意到,将发生违约责任与法定解除权的竞合。

特别值得注意的是,起草人对"解释"7月修改稿第5条"将来财产买卖合同"效力规则,特别加上一个"脚注":"如果第4条可以成立,那么第5条的情形可否并入第4条之中"?

说明起草人在按照制定本"解释"之预定计划,草拟了《合同法》第132条反面解释规则(第4条)和新创将来财产买卖合同效力规则(第5条)之后,已经注意到两个解释规则完全相同。既然如此,为什么不可以将两个解释规则合二为一呢?于是,就此问题征求参与本"解释"草案讨论的民法专家的意见。

鉴于《合同法》第132条反面解释规则(7月修改稿第4条),与新创将来财产买卖的效力规则(7月修改稿第5条)完全相同,起草人在征得参与讨论的民法专家同意之后,遂将两项解释规则加以合并,成为"解释"8月修改稿第4条,亦即最后正式公布的"解释"第3条。

"解释"第3条:当事人一方以出卖人在缔约时对标的物没有所有权或者处分权为由主张合同无效的,人民法院不予支持。

出卖人因未取得所有权或者处分权致使标的物所有权不能转移,买受人要求出卖人承担违约责任或者要求解除合同并主张损害赔偿的,人民法院应予支持。

---

① "解释"2011年5月专家论证修改稿本条(第5条)名称为"买卖合同的效力",与第4条的名称相同。"解释"7月修改稿本条名称变更为"将来财产买卖合同的效力",第4条名称仍为"买卖合同的效力"不变,但起草人为第4条加了一个"脚注":"本条是对第132条的反面解释。"意在明示两条解释规则不同的解释标的(对象)。

## 四、"解释"第3条买卖合同特别效力规则:理论意义和实践意义

以上对"解释"第3条起草讨论修改过程的回顾,已充分表明,"解释"第3条,是《合同法》第132条的反面解释规则,和新创将来财产买卖合同效力规则合并而成,是最高人民法院运用附属于最高裁判权的司法解释权,新创的一项解释规则。

此项解释规则的适用范围,包括五种案型:

1. 国家机关或者国家举办的事业单位处分"直接支配的不动产和动产",不符合"法律和国务院的有关规定"(《物权法》第53、54条);

2. 抵押人出卖抵押物未经抵押权人同意(《物权法》第191条第2款);

3. 融资租赁承租人付清全部租金之前出卖租赁设备(《合同法》第242条);

4. 保留所有权买卖合同的买受人在付清全款之前转卖标的物(《合同法》第134条);

5. 将来财产的买卖。

前4种案型属于"处分权受到限制的所有人出卖自己之物",①第5种案型属于所有人出卖尚未取得所有权之物,相对于《合同法》第132条规定的出卖人有所有权或者处分权的通常买卖合同而言,属于买卖合同的特殊情形。因此,本条解释规则,应称为"买卖合同特别效力规则"。

最高人民法院创设"解释"第3条"买卖合同特别效力规则",填补了合同法两项法律漏洞:一是属于《合同法》第132条反面的前述4种案型,其买卖合同效力(有效抑或无效)缺乏判断标准;二是"将来财产买卖合同"效力(有效抑或无效),缺乏判断标准。

由于此项解释规则之创设,使法院裁判实践获得明确无误的指引:处分权受到限制的出卖人"处分自己财产"的案型及将来财产买卖案

---

① 第(3)、(4)两种案型,亦属于"所有人出卖自己的财产",因为出租人享有设备"所有权"、前出卖人保留售出货物的"所有权",仅作为所欠租金、价金的担保,属于"担保权人",不是真正的所有权人。

型,应当适用“解释”第3条“买卖合同特别效力规则”;无处分权的人(恶意或误认)“处分他人财产”案型,应当适用《合同法》第51条无权处分合同规则。于是,可以纠正此前裁判实践中,对于处分权受到限制的出卖人“处分自己财产”的案型及将来财产买卖案型,误用《合同法》第51条无权处分合同规则的错误。①

显而易见,“解释”第3条,创设“买卖合同特别效力规则”,具有重大的理论意义和实践意义,足以表明最高人民法院司法解释,已达到前所未有的水准,值得赞佩。

但在“解释”公布之后,未能及时向法院系统进而向整个法律界,准确阐发“解释”第3条“买卖合同特别效力规则”的解释标的(对象)、适用范围、规范意旨及与其他法律规则(如《合同法》第51条)之间的界分,以发挥此项解释规则的规范功能,反而因自己的不当“释义”,招致法律界对本条具有重大理论意义和实践意义的解释规则的误读。致“解释”第3条“买卖合同特别效力规则”,被误解为对《合同法》第51条无权处分合同规则的修改,引起法律界思想混乱,令人惋惜。

## 五、如何看待《合同法》第51条?

《合同法》实施以来,有关《合同法》第51条的争论一直没有停息。略加分析可以发现,理论界和实务界的主流对该条持肯定态度,批评《合同法》第51条、认为该条立法错误的,只是少数学界精英。概括言之,对《合同法》第51条的主要批评有三:(1)所谓与“共同规则”不一致;(2)所谓片面保护财产静的安全对买受人不利;(3)所谓起草人故意标新立异。下面作简单回应。

关于批评(1):《合同法》第51条规定无权处分他人财产的合同,须以权利人追认或者处分人事后取得处分权为有效条件,权利人不追

① 《合同法》第51条的适用范围:无处分权的人因恶意或误认处分他人财产。其中所谓“财产”,仅指有形财产(动产、不动产),不包括无形财产(债权、知识产权、股权);所谓“处分”,仅指有偿转让(出卖)及无偿转让(赠与),不包括设立担保权、使用权。裁判实践中常见误用《合同法》第51条的错误,除这里指出的误用于处分权受到限制的出卖人“处分自己财产”的案型及将来财产买卖案型之外,还有,如误用于共有人处分共有物案型、非持股人转让股权案型、非所有人设立担保权、使用权案型。

认、处分人事后也未取得处分权的,无权处分合同无效。并非起草人不了解所谓共同规则,而是起草人有意与所谓共同规则不一致。因此,仅指出本条规定与所谓共同规则不一致,尚不足以构成对本条的正当批评。

关于批评(2):无权处分他人财产的合同,因权利人不追认,处分人事后也未取得处分权而致合同无效情形,买受人如属于善意,依《物权法》第106条关于善意取得制度的规定,仍可获得标的物所有权;买受人非属于善意,则依《合同法》第58条关于合同无效的效果之规定,可要求出卖人如数返还买卖价金,如果因此受有损失,还可以要求有过错的出卖人予以赔偿。可见,《合同法》第51条无权处分合同规则,并非对买受人不利。所谓片面保护财产静的安全、对买受人不利的批评,难谓公允。

关于批评(3):毋庸讳言,包括《合同法》在内的中国民法,属于所谓继受法。但历史上所谓法律继受,有所谓主动继受与被动继受之分。所谓被动继受,指殖民地继受宗主国法律,实则宗主国将本国法律,强行地适用于殖民地,如历史上英国法适用于北美、日本法适用于朝鲜、日本法适用于我国台湾地区,当然是原封不动地继受,宗主国不允许作为殖民地的继受国有任何选择和改动的自由。中国继受外国法属于主动继受,尤其改革开放以来的民事立法,在广泛参考借鉴发达国家和地区成功的立法经验和判例学说之时,总是结合本国国情有所选择、有所变更、有所创新。在合同法、物权法、侵权责任法上这样的实例不少。《合同法》第51条只是其中一例。指为标新立异,亦无不可。

简而言之,《合同法》起草人设计和拟定《合同法》第51条无权处分合同规则、第130条买卖合同定义、第132条要求出卖人对所出卖之物应有所有权或者处分权,未遵从所谓共同规则,既非有意追求什么特色,也非有意要标新立异,只不过是在面对所谓共同规则与社会生活经验之对立,自觉选择了遵从社会生活经验罢了。

按照人们无数次的交易实践所积累的社会生活经验,买卖合同与现实交易行为是一一对应的。如购买一只茶杯,只是一个交易行为,只是一个买卖合同。但按照所谓共同规则,你必须把购买一只茶杯的交易理解为三个法律行为:(1)你与出卖人就购买茶杯讨价还价达成合意,成立一个买卖合同,属于债权行为。根据此债权行为,你享有请求出卖人交付那只茶杯的债权,当然你也因此负有按照出卖人的要求支付价款的义务。但你与出卖人订立的买卖合同,尚不足以使你得到你所选定的那只茶杯的所有权。(2)你要得到那只茶杯的所有权,还必须与出卖人缔结另一个法律行为,将你所购买的那只茶杯的所有权移转到你的名下,此项法律行为以发生物权变动为目的,称为物权行为。(3)你还须与出卖人协商缔结第三个法律行为(物权行为),将你付出的购买茶杯的价款若干元人民币的所有权移转给出卖人。

按照所谓共同规则,你与出卖人订立的买卖合同,只是使双方负担交货付款的债务,性质上属于债权行为(负担行为),与你所购买的那只茶杯的所有权移转无关。因此,买卖合同,不应包含标的物所有权移转的效力;也不应要求出卖人对于所出卖之物,应有所有权或者处分权;无处分权的人(因恶意或者误认)出卖他人之物,即使权利人不予追认、处分人事后也没有得到处分权,买卖合同仍然应当有效。

中华民族尚属于擅长抽象思维的民族,但无论如何也难于想象,我们的10多亿普通人民,能够把哪怕是购买1只茶杯的交易,理解为缔结了三个法律行为!能够理解,合同法何以不要求出卖人对所出卖之物有所有权或者处分权!能够理解,一个人因恶意或者误认把别人的东西卖了,合同法居然规定买卖合同有效!

《合同法》制定中确曾讨论过这样的设例:假如有人把天安门城楼出卖给某个外国人,能否设想最高人民法院或者北京市高级人民法院依据中国的合同法宣告该买卖合同有效?不幸而言中,今天就有真切实例摆在中国人民面前:日本一些什么鸟人正在鼓噪上演所谓"购买"我国神圣领土——钓鱼岛的反华闹剧,这些鸟人真要订立了以东京都或者日本国作为买受人的所谓的"买卖合同",能否设想依据我国的《合同法》宣告该"买卖合同"有效?!值得庆幸的是,当年《合同法》的起草人遵从中国人民的社会生活经验,规定了不同于所谓共同规则的规则!我国政府新闻发言人严正声明:中国神圣领土——钓鱼岛绝不允许任何人买卖!其法律根据,就是我国《合同法》第51条。

一只猫就是一只猫,你不能硬说成三只猫!买卖合同不仅发生交货付款的债权债务,当然还发生标的物和价金所有权的移转!出卖人须对所出卖之物有所有权或者处分权！无处分权的人因恶意或误认出卖他人财产，权利人不追认、处分人事后也未取得处分权的，当然买卖合同无效！《合同法》第130条、第132条、第51条之所以不同于所谓共同规则，不过是起草人选择遵从社会生活经验的结果。如此而已！

## 六、结语：谁有权修改法律？

就算退一万步，承认《合同法》第51条无权处分合同规则错误，也不能由最高人民法院通过制定司法解释予以修改！理由很简单：最高人民法院无权修改法律。

谁有权修改法律？唯有立法者（在我国是全国人民代表大会及其常务委员会）有权修改法律。最高人民法院无权修改法律。即使是依据该国宪法拥有法律审查权的最高人民法院（或者宪法法院），也只是在审理违宪案件时，有权判断涉案法律（法规）是否违反宪法，有权作出涉案法律（法规）违宪与否的宣告，绝对不能对被宣告违宪的法律（法规）擅作修改！法院包括最高法院无权修改法律，这是法治发达国家和地区一体遵循的铁则！

尊重法律、维护法律，是法官和法院的神圣职责，绝对不能借口行使裁判权、解释权修改法律！法律有威信，法院、法官才有威信；法律有尊严，法院、法官才有尊严！法院、法官自己不尊重法律，不维护法律，把法律当成可以执行、可以不执行、可以随意修改的东西，也就从根本上否定了法院和法官自己！

（2012年7月31日于昆明北郊六榕居）

# 配偶间生育权冲突的法律规制

## ——兼评《婚姻法》司法解释(三)第9条

姚秋英

目　次



### 一、问题的提出

2011年7月4日最高人民法院审判委员会通过的《关于适用〈中华人民共和国婚姻法〉若干问题的解释(三)》[以下简称《婚姻法》司法解释(三)]第9条规定,"夫以妻擅自中止妊娠侵犯其生育权为由请求损害赔偿的,人民法院不予支持;夫妻双方因是否生育发生纠纷,致使感情确已破裂,一方请求离婚的,人民法院经调解无效,应依照婚姻法第三十二条第三款第(五)项的规定处理。"配偶间的生育权行使与保护问题在我国学界与司法界本来就争议很大,此条规定一经颁布,立刻是一石激起千层浪。不少人认为,配偶间双方都有生育的权利,我国2002年实施的《人口与计划生育法》第三章"生育调节"中第17条就规定,"公民有生育的权利,也有依法实行计划生育的义务,夫妻双方在实行计划生育中负有共同责任”。任何公民都享有生育权,男方与女方都应该有权决定孩子是否出生,该条有侵犯男性生育权之嫌。但也有人认为,《婚姻法》司法解释(三)第9条的规定合情合理,虽然配偶双方均享有生育权,但女方为妊娠承担了更多的生理风险,生育对女性利益的影响大于男性,因此女方有堕胎的权利,男方不能强制干预,而且英国、澳大利亚、加拿大的相关立法和判例都确认、规定配偶间男方没有阻止女方堕胎的权利。针对一些学者提出的“夫妻一方与相对方生育意愿相左,可以自主进孕、堕胎、流产,自主选择生育方式等,但是必须及行告知义务”。[①] 有学者主张,要赋予女性对堕胎几乎完全的自由,法律如果赋予丈夫对妻子堕胎的同意权或要求妻子堕胎前履行告知义务,无异于给男方的隐性强势再披上一件合法的外衣,那么女性的生育自由将彻底成为空想。因此,所谓要求妻子“善意堕胎”和履行告知义务的观点是绝对不可取的。[②]

生育权必须配偶协力才能行使和实现,如果配偶间意见相左,生育权行使的冲突在所难免。立法不能代替当事人安排私生活,但如果当事人的权利行使遇到障碍或纠纷,立法当然需要提供规制的路径。近年来,配偶间的生育协议、代孕、一方拒绝生育等引发的配偶间生育权冲突问题十分复杂,不论《婚姻法》司法解释(三)第9条第1款的规定是对是错,仅仅规定人民法院不予支持一方的损害赔偿请求,是无法完成规制配偶间生育权冲突的任务的。如何规制配偶间的生育权冲突才能实现对生育权的合理和公正保护,确实是我们不得不面对和解决的问题。

## 二、配偶间生育权冲突的含义与类型

探讨生育权冲突,须首先明确生育权的概念与内容。一般认为,生育权是个人在法律允许的范围内,自主决定生育或不生育的权利。[③] 生育权是一项基本人权,是每一个人与生俱来的必不可少的权利,1968

① 李文康:“生育权侵权及其法律救济”,载《湖南科技学院学报》2005年第7期。
② 马忆南:“夫妻生育权冲突解决模式”,载《法学》2010年第12期。
③ 何勤华、戴永盛:《民商法新论》,复旦大学出版社1999年版,第66~68页。

年第一次世界人权会议通过的《德黑兰宣言》第16条规定:“父母享有自由负责地决定子女及其出生间隔的基本人权。”同时,生育权也是一项民事权利,属于每一个民事主体固有的权利,它并非一种身份利益,是为了维护人的尊严和自由的权利,在性质上属于以人格利益为客体的人格权。生育权的内容,主要包括生育支配权和生育知情权。生育支配权即决定是否生育的权利、选择与谁生育的权利、选择生育方式的权利;生育知情权包括公法和私法上的知情权,公法上的知情权,是公民享有的要求政府公开、告知与生育有关的法律、法规、政策以及生育相关知识的权利;私法上的知情权,是公民享有的要求生育伙伴告知生理状况、生育意愿、生育情况等信息以及有契约关系的第三方如医疗保健机构告知生育病情和医疗保健措施的权利。

生育权在实现过程中有可能受到第三方的侵害,如医疗机构的医疗侵权行为导致公民丧失生育能力,交通事故、环境污染导致公民生育过程受到妨害、生殖能力受损等都是侵犯生育权的行为。生育权也可能遭到配偶的侵犯,如一方实施家庭暴力导致另一方生殖能力受损、夫妻一方违反忠实义务擅自婚外生育,妨碍了另一方生育权的行使,也构成侵犯生育权。但实践中,生育权在实现过程中很多时候遇到的障碍是双方生育权行使的冲突问题,比如一方拒绝另一方的生育要求就难说是侵权行为,这是一种生育权行使的表现,但往往引起生育权的冲突。与生育权侵权不同,生育权的冲突是两个具有合法性、正当性的权利之间所发生的冲突。生育权侵权发生于受害人与侵权人之间,而生育权的冲突发生于两个合法权利主体之间;生育权侵权往往要引起侵权责任的承担,但生育权冲突更多的结果是一方的牺牲与让步,即冲突权利之间的协调行使。生育权冲突的实质原因在于生育权主体对生育利益的不同认识或追求,比如一方要求传宗接代,渴望儿女亲情,希望生育孩子,但另一方可能担心抚养孩子的经济能力或担心生育影响工作、影响身材而不愿生育,不同的利益需求必然导致生育权的冲突。

在实践中,生育权相互冲突的形式多种多样,最常见的分类是怀孕前配偶间生育权的冲突,怀孕后配偶间生育权冲突。怀孕前配偶生育权的冲突有:生育支配权行使的冲突,生育权具有共享性,配偶可以共同决定是否生育,生育权的实现也需要双方的共同配合,但生育权的行使又具有相对独立性,配偶各自都可以行使生育权,妻或夫有权决定自己是否要生育及生育的时间,如果一方的生育愿望与另一方的意愿不同,其并不能要求对方为实现自己的生育权而进行配合,生育权的冲突就会发生;生育方式选择权行使的冲突,生育方式主要包括自然生育和人工辅助生育两种形式,如果配偶双方对于生育方式选择不一,比如是利用自然生殖方式实现生育目的,还是采用非自然生殖方式生育双方各执己见,也会发生生育权的冲突。怀孕后配偶间生育权冲突主要表现在,在胎儿出生前,对于是否顺利生产、如何生产以及是否堕胎双方意见不一时发生的生育权行使冲突。比如男方认为是意外怀孕,养育孩子条件不成熟要求堕胎,而女方不同意,再比如自然生育状态下孕妇分娩时可以选择自然生产,也可以选择剖腹生产,但由于对孩子的健康影响不同,双方意见分歧,由此发生生育权行使的冲突。

## 三、配偶间生育权冲突的法律规制原则

法律规制配偶间的生育权冲突,要符合私法中权利行使的意思自治原则、符合生育权行使的自然规律、符合生育权法律的立法精神、符合女方在生育过程中的特殊角色需求。因此,法律规制配偶间的生育权冲突要遵循以下原则:

### (一)尊重配偶间生育权行使的有效协议

生育权是一项民事权利,依据民法意思自治的基本原则,每个人可按照自己的意愿行使生育权。但由于生育权需要双方共同行使,在夫妻平等享有生育权的前提下,对待生育问题应该通过协商合意解决,任何一方都应彼此尊重,不得强迫对方生育或者不生育。如果在生育权问题上,配偶间对生育权行使达成了有效协议,比如一致决定不生育或者一致决定生育、一致决定何时以何种方式生育,只要协议是双方真实意思表示、不存在违反法律、行政法规强制性规定,违反公序良俗等导致协议无效的情形,双方就应该遵守。“法不禁止即自由”,协议在当事人之间具有法律的效力,法律规制配偶间生育权行使的冲突,也应该尊重配偶间生育权行使的有效协议。虽然我国《合同法》第 2 条规定,婚姻、收养、监护等有关身份关系的协议,适用其他法律的规定。但有关配偶间生育权行使的协议,属于当事人对于自己人格权的处分,在订

立、效力、违约责任方面可以适用《合同法》的规定,但由于涉及人身,在生育协议履行方面不能强制执行。

(二)生育权应平等共同行使

任何配偶一方的生育权作为一项人格权,在法律地位上都是平等的,应平等行使。宪法和民法所确立的平等原则在此应遵守,这表现在任何一方都有生育或不生育的自由,决定生育和决定不生育都是对生育权的行使,任何一方没有配合对方生育的义务。生育行为需要双方配合,生育权也必须双方共同行使,在没有协商一致的情况下,任何一方不得强迫另一方生育或不生育,不得强迫另一方选择生育方式、时间等。如果单方强行行使生育权,就会构成侵权。比如妻子不同意生育时丈夫强迫妻子怀孕或者私自将妻子的避孕药换掉致使其怀孕,以及丈夫不同意生育时,妻子在丈夫不知情的情况下私自怀孕,都构成对另一配偶生育权的侵害。

(三)给予女方生育权行使更多照顾

虽然生育权应平等行使,但并不是对等对待,由于在生育过程中,女性基于自己的天然性别原因,大部分生育活动由女方承担,基于对自然规律的尊重,理应对妇女给予更多的照顾和保护,女方应在一些问题上享有优先权。女性在生育活动中要经历卵子受精、十月怀胎到分娩过程,在事实上承担着更大的责任。女性在生育中不仅承担着生理负担,还要承受巨大的心理压力,甚至冒着生命危险,据统计,全球因妊娠或分娩导致的并发症平均1分钟就夺去一个妇女的生命。在每年50万的孕产妇死亡中,90%发生于发展中国家。每21个非洲妇女就有一个因与妊娠或分娩有关的原因而致死。在其他地区,死亡比例为:亚洲54个人中有一个,南美地区73人中有一个,美洲6366人中有一个,北欧9850人中有一个。[①] 女性有更大的责任和风险,对妇女生育权给予倾斜和特殊保护,符合"责、权、利相一致"原则。另外,女方在生育中的地位也使她们有较大的主动权,导致男性生育权的实现具有较大依从性,特殊的女性生理结构使得女性生育权天然较男性生育权有优越地位,比如女性怀孕

① 顾宝昌:《生殖健康与计划生育国际观点与动向》,中国人口出版社1996年版,第47页。

后可以自己决定是否来阻止生育活动的完成,因为这不仅关涉生育权问题还关涉女方的身体、健康、生命问题,为保护女方的生命健康和对自己身体健全的支配,应该确认其怀孕期间的生育自决权。“虽然两性的生育权是同质权利,不存在位阶高低之分,但是与怀孕妇女生育权密切关联的是该妇女的生命、身体、健康权利。所以存在生命风险时,丈夫的生育权应该让位于妻子的生命权。生育权利分配向妇女倾斜是多数国家的法制选择,它代表了一种以人为本的文明发展趋势。”①

## 四、配偶间生育权冲突的法律规制对策

配偶间生育权冲突问题的复杂就在于双方可能对生育权行使达成一致,也可能达不成一致意见,而且在生育过程中的不同阶段,男女在生育中的处境不同,因此对配偶间生育权冲突的法律规制,应该根据不同情况区别对待。

### (一)根据配偶间是否有生育协议进行不同的规制

生育协议是配偶双方根据合意制定的,是对自己生育权的处分,这种处分只要形成了一致的意思表示,就要对双方形成约束力。当然生育协议的有效,必须符合几个要件:第一,生育协议只能由配偶双方制定,第三方无权干涉配偶之间生育权的行使,比如实践中,妻子怀孕后丈夫突然去世,公婆作为第三方与丧偶儿媳签订生育的协议,应属无效。第二,配偶双方应在平等自愿基础上签订协议。第三,不得有《合同法》规定的导致协议无效的情形,如不得违反法律、行政法规强制性规定,如不得有超生多生、选择孩子性别等违反《人口与计划生育法》的强制性规定的约定。第四,生育协议也应受到公序良俗的约束,不得有违背公序良俗的情形,否则无效。公序良俗,是指公共秩序和善良风俗,生育权的享有与行使,不仅涉及配偶双方,还涉及子女、家庭、社会,生育权行使的协议不得违反公共道德、社会公共秩序,比如不允许借生育牟利;不能不当的排斥剥夺对方的生育权。比如配偶间约定两人只生育一个孩子,如果日后离婚,为了便于抚养教育孩子,即使与他人再

① 周平:“配偶间生育权冲突之法律规制”,载《中南民族大学学报》(人文社会科学版)2011年第6期。

婚也不得生育子女,这个协议中约定只生育一个孩子的条款有效,但离婚后不得生育的条款就因不当限制了对方在非婚姻关系存续期间的生育权而无效。

生育协议只要符合以上条件就应有效。实践中有的夫妻在协议中约定与生育密切相关的金钱给付内容,比如男方不想生育孩子,就与女方约定,如果近两年不生育孩子,就给予女方若干金钱作为补偿,有人认为这种约定违背了公序良俗应属于无效约定,但笔者认为,生育与否是当事人自己自愿选择的,作为一项赠与条件并不违法而应该有效。

如果生育协议有效,当事人应按照生育协议行使生育权。如果违约自然应承担违约责任。比如配偶间协议在2012年生育孩子,后来男方因移情而拒绝生育,此时女方应享有违约赔偿请求权,不过根据《最高人民法院关于适用〈中华人民共和国婚姻法〉若干问题的解释(一)》第29条的规定,只要婚姻关系还合法存在,当事人不能提起诉讼要求配偶承担赔偿责任。因此,在现行立法体系中,这种赔偿请求只要不解除婚姻关系,是无法得到实现的。不过,笔者认为,如果夫妻双方婚后实行分别财产制,这种违约赔偿请求权应该是可以得到实现的。我国婚姻法应建立有限的婚内民事责任制度。另外,在生育协议有效的情况下,涉及人身的内容是不能强制执行的,比如配偶间约定生育,但女方反悔,此时不能强制履行协议而要求女方配合生育。

如果配偶间没有生育协议,或者无法在生育问题上形成一致意见,那么任何一方都有权自主行使生育权,但因需要共同行使才能完成生育,在这种情形下,如果一方不愿生育,那么对方的生育权是无法实现的。实践中,有的当事人因为对方不配合自己生育,而基于《人口与计划生育法》对生育权的规定向法院提起诉讼,要求依法保护自己的生育权,但此时是无法得到裁判支持的,当事人只能选择离婚而另寻实现生育权的途径。"这种以解除婚姻关系为主要手段的救济方式因缺乏直接性而显得不是那么有力,但是,不可否认,这也是目前解决各种生育权冲突的最合理、最具操作性的方式。"①有人认为,夫妻选择结婚一

① 幸颜静:"论生育权在私法领域的存在",载《中华女子学院学报》2011年第5期。

般即认为选择了赞成生育,生育协议无须另行达成。但这种观点是无法自圆其说的,比如丧失生育能力的老年人或其他患有生殖疾病的人结婚显然不以生育为目的。在目前的社会中,家庭仍然是人口繁衍的主要场所,多数夫妻结婚后会生育子女,但这也只能说明生育行为是婚姻的可能结果而非必然结果。从解决夫妻生育权冲突的角度,应对夫妻婚后的生育契约作否定推定,即推定夫妻婚后没有签订生育的契约。①

(二)根据女方是否怀孕进行不同的规制

在女方怀孕前,配偶生育权的实现必须是双方合意的结果,如果通过协商无法解决生育权的行使问题,那么不生育的决定权优先于生育的决定权,一方不同意生育,另一方就无法实现其生育权。这是因为对于想生育但生育权无法实现的一方,可以通过离婚重新寻找伴侣来排除权利实现障碍,但如果强迫不想生育的人生育,其权利被侵害却没有有效救济途径。

在女方怀孕后,堕胎是否应经男方同意?如果赋予男方否决权,那么男方不同意女方就不能合法堕胎,女方要堕胎只能通过极端方式进行流产,此时妇女的身体健康、生命安全就无法自我保障,因此,要遵循生育权的行使应给予女方更多照顾的原则,赋予怀孕妇女自我决定是否中止妊娠的权利。但是如果女方怀孕是双方协商的结果,女方单方堕胎是违反双方协议的,应承担违约责任。当然,在对怀孕妇女的生育权进行倾斜性保护的同时,也不能完全无视男方的生育权,此时应赋予男方对女方决定生育权情况的知情权。基于日后孩子与男方的亲子关系,男方有权知道妻子是否为他生育子女,女方中止妊娠的时候要将相关情况及时告知其配偶。

## 五、小结

用以上观点来衡量我国《婚姻法》司法解释(三)第9条,笔者认为,怀孕妇女有权决定是否中止妊娠,因此,女方中止妊娠无须男方同意,妻擅自中止妊娠时,丈夫自然不能以侵权为由要求女方承担损害赔

① 马忆南:"夫妻生育权冲突解决模式",载《法学》2010年第12期。

偿责任的,这一点《婚姻法》司法解释(三)第9条的规定是合理的。但是《婚姻法》司法解释(三)第9条并没有区分之前双方是否有生育协议,而一概排除丈夫的救济途径也不严谨,女方怀孕如果是男方强迫的,当然其可以单方中止妊娠,但如果女方怀孕是履行之前双方的生育协议,也就是说是双方协商一致行使生育权的,怀孕女方单方中止妊娠,是一种违约行为,男方应可以依据双方的协议寻求违约救济。如果因此离婚,应赋予无过错的男方离婚损害赔偿请求权。

另外,我国应及时以司法解释方式认可配偶间生育协议的效力,双方已达成不生育的协议或者生育的协议,一方违反约定生育或不生育则构成违约。双方不能就是否生育达成协议的,应承认不生育的决定权优先于生育的决定权。如果单方行使生育权侵害另一方生育权的,比如男方在女方不知情的情况下致使其怀孕,则构成权利侵害,如果因此导致离婚的,也应赋予无过错方请求损害赔偿的权利。

(作者系河南财经政法大学教师)

**基本理论**

# 权利能力抑或拟制:人格技术的真相论辨

周清林*

目　次



## 引言:疑问重重的人格技术

有学者指出,近些年来,学界多从理念和制度层面研究民法典,至于有关民法典制定中的技术层面则较少涉及。① 诚如他所说,在法典编纂上技术同样重要,缺少技术支持,民法典编纂几乎不可能。在整个法典编纂技术上,首当其冲者乃人格技术。因为谁可成为民事主体,是

* 本文写作过程中得到了肖厚国教授的指点和帮助,在此表示感谢。当然文责自负。另外,本文章纳入易健雄博士主持的"著作人格权与民法人格权理论冲突及协调机制研究"(10CFX073)。

① 张新宝:"民法典制定的若干技术层面问题",载《法学杂志》2004年第2期。

否所有民事主体皆由民法典一视同仁地对待,如何把秉性各异的民事主体统一进民法典,这些都需要人格技术提供方案。然而,人格技术究竟为何却未见探讨。众所周知,在民法人格理论上,星野英一教授著名的文章——《私法中的人》——对我们的研究产生了极大影响。星野教授认为,德国民法在创制团体人格的同时,避开了"人格"这一古老概念所涵盖的伦理属性,以"权利能力"这一仅具"私法主体资格"含义的概念取而代之,使得"法律人格即权利能力明确地从伦理人格中解放出来"。[1] 尹田教授基于此总结道,尽管在伦理处理上备受责难,"但其毕竟从技术上解决了自然人和法人在同一民事主体制度框架下的共存,满足了《德国民法典》形式结构的需要"。[2] 此时,权利能力抽离了具体的伦理内容而只剩下一个资格空壳,[3]这样统一自然人与法人的权利能力成了纯粹的技术性规定,[4]它除了具有历史意义和逻辑自足意义外并无多大价值。[5] 从实质意义上而言,《德国民法典》权利能力的规定实在可笑而无法理解。[6] 当运用权利能力法律技术产生法人时,这门人格技术已被德国立法者错误地运用了。[7] 显然,我们早已将人格技术等同于权利能力,而权利能力反过来又成为可以进行技术性规定的法律人格。

如今,这一理论已是毋庸置疑的通说。不过,这一通说背后却疑问重重。权利能力即为法律人格,倘若权利能力等于人格技术,那人格岂不就是人格技术?假如权利能力只是技术性规定,是否可以随意取消

---

① [日]星野英一:"私法中的人——以民法财产法为中心",王闯译,载梁慧星主编:《民商法论丛》(第8卷),法律出版社1997年版,第162页。

② 尹田:"论法人人格权",载《法学研究》2004年第4期。

③ 马俊驹:"人与人格分离技术的形成、发展与变迁——兼论德国民法中的权利能力",载《现代法学》2006年第4期。

④ 李永军:"论权利能力的本质",载《比较法研究》2005年第2期。

⑤ 付翠英:"人格·权利能力·民事主体辨思——我国民法典的选择",载《法学》2006年第8期。

⑥ 曾世雄:《民法总则之现状与未来》,中国政法大学出版社2001年版,第76~83页。

⑦ 付翠英:"人格·权利能力·民事主体辨思——我国民法典的选择",载《法学》2006年第8期。

民事主体的权利能力？为什么《民法通则》仅仅规定公民的权利能力一律平等,而在法人权利能力上却未做如此规定,更遑论公民与法人权利能力之平等？为什么最近一次《民法(草案)》第四编“人格权法”的规定,只是因其平等地对待自然人与法人而频遭诘难?① 为什么德国理论大都认定权利能力具有无可置疑的伦理性(后文有述,在此不赘述)？可见,将人格技术等同于权利能力,从而认定权利能力丧失了伦理性是一个值得商榷的结论。② 如果我们不能将人格技术等同于权利能力,那么人格技术究竟是什么？出于民法典编纂的技术考虑,作者认为有必要对人格技术展开探讨。

## 一、我国学人对人格技术的通常理解及其逻辑

我国学者对人格技术的思考并无专论,仅零散地见于论述法律人格抑或权利能力的文章中。要想真正了解人格技术,有必要概括一下我们对人格技术的通常理解及其逻辑。

在民法研究上,我们总是不住地回头,一直回溯至古老的罗马法;对人格技术的探讨亦不例外。徐国栋教授认为,由身份所叠加而成的人格乃组织市民社会的工具。法律之所以仰仗身份对社会进行构造,是因为“任何身份安排的目的都在于区别对待,都意味着赋予特权或课加受歧视状态,这样做的目的在于对社会进行组织……使社会能够按一定的目的存在下去”。③ 那时,人格全由身份要素构成。具体说来,要想成为罗马市民法上的主体,必须具有家长、市民和自由人三种身份。不具备这三种身份或不完全具备这三种身份者,便不被视为享有完全人格而成为法律关系的主体,或者其人格就被认为不完全。基

---

① 《民法(草案)》第四编“人格权法”第 1 条第 1 款规定:自然人、法人享有人格权。第 2 条规定:自然人、法人的人格尊严和人身自由不受侵犯。第 3 条规定:自然人、法人的人格权与该自然人、法人不可分离,人格权不得转让、继承,但法律另有规定的除外。第 5 条规定:侵害自然人、法人人格权的,应当承担停止侵害、恢复名誉、消除影响、赔礼道歉、赔偿损失、支付精神损害赔偿金等民事责任。

② 对此,拙文已有专论。参见周清林:“权利能力的形式化误解及其真正局限”,载肖厚国主编:《民法哲学研究》(第 3 辑),法律出版社 2011 年版,第 3 ~ 27 页。

③ 徐国栋:“‘人身关系’流变考(上)”,载《法学》2002 年第 2 期。

于此,尹田教授总结道:“始于罗马法的人格理论,其最重要的特点就在于人与人格的分离”。[①] 换言之,罗马法通过人格这一区分工具将生物人与法律人进行分离,从而表明并非所有的生物人都是法律人。尽管当时并未涉及团体是否可成为人格的问题,但人格理论等同分离技术这一观念却被完全继受下来。在马俊驹教授看来:“罗马法上‘人格’是人类运用法技术的一大发明,其成熟的技术和逻辑,使之成为人类法律文明的一项传统,并对后世产生了深刻影响”。[②] 可见,学者们在总结罗马法人格理论时皆认定,人格理论只是一种分离技术,因而人格理论就是人格技术理论。至于人格理论是否具有超越工具的价值以及人格理论与社会现实的调适关系,一直未见讨论。通过将罗马法上人格理论等同于分离的人格技术,一方面无可辩驳地把人格技术定位为分离,另一方面也排除了对其从价值层面进行探讨的可能。

然而,学者们对罗马法人格理论所做出的这一定见在面对1804年的《拿破仑法典》时便显得有些力不从心。该法典第7条和第8条的规定,完全终结了罗马法人格理论的逻辑。在强调人人平等的法国社会,再运用分离的人格理论恐怕不合于新的社会条件。[③] 尹田教授指出:“作为身份区分工具的‘法律人格’在人人平等的社会中,应当毫无使用价值。这正是迄今为止,没有一个近代或者现代国家的宪法或者民法曾将所谓‘人格’明文赋予其国民的根本原因”。[④] 照他说来,在罗马社会,法律人格全由法律所赋予,而法律之所以需要赋予人以法律人格乃人人不平等的社会现实使然。在人人平等的社会中,法律不需要这一人格技术,因为无须对人群分而治之。同时,也因为当时团体无法与自然人争夺法律主体地位,所以法国民法完全没有必要以人格理论来

---

① 尹田:“论自然人的法律人格与权利能力”,载《法制与社会发展》2002年第1期。

② 马俊驹:“人与人格分离技术的形成、发展与变迁——兼论德国民法中的权利能力”,载《现代法学》2006年第4期。

③ 《拿破仑法典》第7条规定:民事权利的行使不以按照宪法取得并保持的公民资格为条件。第8条规定:所有法国人都享有民事权利。《拿破仑法典》,李浩培等译,商务印书馆1979年版,第152页。

④ 尹田:“论法人人格权”,载《法学研究》2004年第4期。

规制民事主体。[①]综观各家讨论,学者们对法国民法与人格理论的论述简直是惜墨如金,但大都认为法国民法中断了罗马法的人格分离技术传统。至于法国民法是否奠定在一种截然不同的人格理论上,几乎未予涉及。

既然法国民法出现了断层,那罗马法的人格理论要"传至"德国民法,就需要一次考古式的跳跃。果然,有学者指出:"从古罗马的故纸堆里发掘其人格理论,并将其作为法技术手段有条件地重新利用的工作,是由德国人来完成的。"从历史延续这个视角,德国民法越过了法国民法而直接溯流而上抵达源头。问题是,为何德国人未承续最近的法国民法。该学者继续指出,"德国人让古老的人格理论死灰复燃的目的,当然不是为了给相互平等的自然人重新带上身份区分的面具,而是为了将这一经过改造的面具戴到某些'适于成为交易主体'的团体的脸上,使之与其他团体相区别……"[②]原来,德国民法对罗马法人格理论的采纳,并非完全照搬,而是有所抉择。首先,人格理论的继受不是为了区分各自然人,而是以自然人平等作为前提。由此看来,德国民法沿袭了法国民法的理念;其次,德国法之所以接受罗马法的人格理论,是因为德国民法需要认真对待在罗马法和法国法上没有出现过的团体。那人格理论又如何适用于团体?对此的思考逻辑是:人格理论是一种分离技术。根据这种具有分离功能的人格技术,生物人与法律人并非一致。因而,在罗马法上生物人不一定是法律人,那法律人也并非必定是生物人。马俊驹教授认为,"人格"既然与"生物人"能够分离,那么"人格"这种面具就不见得一定戴在"生物人"头上,它还可以

---

① 不过,马俊驹教授有不同的看法。他认为,法国民法仍然沿袭了罗马法关于"生物人"与"法律人"相分离的立法技术,只是生物人之所以能够成为法律人的条件发生了变化。此时,这一条件,即"适格判断"的标准,已经不是人的某种特定的身份,而是由人的理性所决定的人的伦理价值—它不是由人的外在地位所决定的,而是由人的内在价值所决定。笔者认为,理性为每个人所具有,理性并非科学意义上的可认识的对象。作为每个人本质的理性而言,是不可认识的,是先天具有的。因而以理性作为标准,针对自然人而言,相当于承认了只要是人就可以成为法律人格。参见马俊驹:"人与人格分离技术的形成、发展与变迁——兼论德国民法中的权利能力",载《现代法学》2006年第4期。

② 尹田:"论法人人格权",载《法学研究》2004年第4期。

根据社会需要戴在某些团体或财产之上。[①] 尹田教授阐释道:“既然生物意义上的人不一定是法律意义上的人,那么,法律意义上的人也就有可能不是生物意义上的人。当法律人格的赋予纯粹成为法律技术运用的产物的时候,其与法律主体是否同为生命现象并无必然联系……1900年《德国民法典》正是利用了前述理论,解决了创设团体人格及法人制度所必须解决的法律技术问题。”[②]可见,通过罗马法上分离技术的现时代想象,我们的认识就从“生物人不一定是法律人”跃至“法律人不一定是生物人”。既然法律人范围超越了生物人,团体作为法律人格也就顺理成章。不过,至少从《德国民法典》表面看来,该法典并没有运用如同罗马法人格分离技术的身份要素,通过身份的数学运算来确定人格的边界。相反,在《德国民法典》上有的只是统一,即在权利能力下将自然人与法人统一纳入民事主体领域。那么,这里的统一又是如何与罗马法上的人格分离技术相关联?统一的权利能力怎样体现了分离?对于本应逻辑一致的问题,学者们并没有予以回答,而是将目光转向另外一个方面。有学者指出,为了能够在私法领域解决团体的主体地位,“因此,必须构造出一个仅仅在私法上享有如同自然人那样能够取得财产权利并承担财产性义务的主体性资格。正是基于这样的目的,人们创造出‘权利能力’这一概念”。[③] 换言之,《德国民法典》的统一只是形式上的统一,在实质内容上并没有掩盖自然人与法人之间的人格分野。团体的法律人格不可能具有社会政治性,自不能与自然人格相等同。[④] 于是,权利能力成了毫无伦理内容的技术性规定,仅仅是一种享有权利和承担义务的主体性资格,要想由此挖掘出更多的含义一定是徒劳。

综览上述观点,我国学者对人格技术的理解大致如下:罗马法的人格理论使自然人与法律人格之间发生分离,从而自然人不一定是法律

---

① 马俊驹:“人与人格分离技术的形成、发展与变迁——兼论德国民法中的权利能力”,载《现代法学》2006年第4期。

② 尹田:“论法人的权利能力”,载《法制与社会发展》2003年第1期。

③ 李永军:“论权利能力的本质”,载《比较法研究》2005年第2期。

④ 尹田:“论法人人格权”,载《法学研究》2004年第4期。

人。这种通过身份要素进行区分的人格理论只是一种法技术,因而当时的人格理论等同于人格技术,分离正是这种人格技术的本质。《法国民法典》制定的前提是人人平等理念的普及,这样罗马法分离的人格理论便无法适用,所以法国民法没有人格技术。《德国民法典》继受了人人平等的价值观,但考虑到团体的法律地位,由此再度使用罗马法上的人格技术将自然人与法人分离,从而给法人创设主体地位。不过,出于法典编纂的需要,《德国民法典》却以权利能力统一了性质迥异的自然人与团体,因而完全形式化的权利能力成了人格技术。这就是我们学界对人格技术的主要理解。但这样的理解会导致如下困难:为什么人格理论这一负载价值观的理念在罗马法上却等同于毫无价值内容的人格技术?是否罗马法对人格的赋予完全取决于立法者的主观意愿?法国民法为何忽视社会现实中的团体存在的事实而一意孤行地只承认自然人的主体地位?为何《德国民法典》的人格技术是对罗马法的继受而不是主要来自于法国民法?罗马法上生物人不一定是法律人这一分离逻辑何以能顺理成章地推导出法律人不一定是生物人,从而赋予团体以主体地位?尤为重要的是,被界定为德国民法上人格技术的权利能力,明明是统一各主体的形式人格,为何又成了具有分离本质的人格技术的延续?认为人格技术等同于权利能力而权利能力又是形式化主体的资格的做法必然会引发两个困惑:或者以自然人属性解读法人,从而赋予法人以伦理属性;或者将法人属性强加自然人,从而否定自然人具有超越实证法基础的伦理属性而仅从法律技术的视角去理解自然人的主体资格。可见,欲揭开人格技术的真实面目,我们的讨论必须从头开始。

## 二、人格技术的历史沉思

既然我们对人格技术的探讨从罗马法开始,这样就必须首先对罗马法的人格理论予以解释,毕竟人格技术只是对人格理论的运用。而要论述罗马法上的人格理论,首先需要解明罗马社会的构造。著名的罗马史家蒙森认为,罗马国家由罗马家庭而来的氏族所组成。据其考证,罗马国家的前身乃源于罗米利氏、沃尔提尼氏和法比氏等古氏族的联合体。[①] 家庭是社会的基本单元,因而其对罗马法的形成具有决定作用。从当时的家庭来看,父亲是一家之主,具有绝对的权威。同时,从罗马社会的历史来看,罗马城邦是在贵族和平民两个阶层的二元状态中得以发展的。[②] 起初,只有贵族才有市民权,直到公元前494年的平民脱离运动后,平民才逐渐被城邦接纳为合法成员,取得了罗马法意义上的市民权。此时,作为罗马城邦的人的范围扩展到平民。通过无止境的征战,罗马俘获了大量的外国人作为奴隶。由此奴隶也在罗马城邦生根发芽。[③]可见,在罗马社会里至少存在三组权利迥异的群体:家父与家子、市民与外国人以及自由人与奴隶。基于此,罗马法立法者从"caput、persona 和 homo"三个词语中选择"caput"一词,用它来表达罗马法上的权利义务主体,因为当时只有家长才有权利能力,[④]同时又将家长限定在市民和自由人两个身份之下。确然,罗马法在自然人中进行了区分。但这种分离并非立法者任意妄为,以至于将人格当做毫无价值的技术、凭自己的好恶予以适用。实际上,罗马法之所以抽取这三种身份,完全体现了当时对人(persona)的理解。斯宾格勒认为,"人"(persona)是一个特有的古典概念,只在古典文化中有意义和价值。在古典的世界里,法律是由公民且为了公民而制定。它通过预先假定国家的形式即城邦而设定了"人"的形象,即能成为这个城邦实体的个人的三种身份。[⑤] 如果我们任意地猜测罗马立法者能动地适用法律理念在干预私法,那可能就背离了当时的法律环境。根据古郎士的研究,"私法在邦成立前已经存在。在城邦制定法律时,私法已经深入

① ［德］特奥多尔·蒙森:《罗马史》(第1卷),李稼年译,李澎泖校,商务印书馆1994年版,第58~59页。

② 关于平民产生的原因同时参见［意］朱塞佩·格罗索:《罗马法史》,黄风译,中国政法大学出版社1994年版,第65~66页。

③ 产生奴隶的方式应当有两种。根据优士丁尼《法学阶梯》第1卷第3题"人法"Ⅰ.1.3.4规定:而奴隶要么是生来如此;要么是变得如此。但其源头应当是来自于战争。参见［古罗马］优士丁尼:《法学阶梯》,徐国栋译,中国政法大学出版社1999年版,第23页。

④ 周枏:《罗马法原论》(上),商务印书馆1994年版,第106页。

⑤ 关于当时"人"的特有含义,参见［德］奥斯瓦尔德·斯宾格勒:《西方的没落》(第2卷),吴琼译,上海三联书店2006年版,第50~52页。

人心,为全民所赞同。城邦亦没有别的办法,只有承认。后来渐渐地才有改变。古代法律不是一个立法家所草成,而是强迫立法家承认的”。[①] 公元前494年的那场“脱离运动”使得平民与贵族一样取得了完全的罗马法主体地位;必须看到,这诸多改变也只是对社会现实的承认,而非立法者根据某种理念进行的创制。在格罗索教授看来,这个具有里程碑式的立法——《十二表法》也仅仅是由于贵族与平民有这么一段插曲而显得意义重大。实际上,《十二表法》只不过使原来的规范变得确定罢了,若考究那些构成传说中《十二表法》的内容,那只是在重申早期法律那些野蛮而残酷的内容而已。[②]至于自由人与奴隶的分野,则更是常年战争现实的真实写照。梅因爵士一针见血地指出:“‘罗马法典’只是把罗马人的现存习惯表述于文字中。”[③]这些说法足以表明,罗马法与现实的关系即真实地反映与适应现实,这在人格理论上表现得淋漓尽致。当我们以分离界定人格理论时,人格理论似乎成了毫无内容的人格技术。甚至有学者言之凿凿地认为,罗马法已经将分离提炼为一种有意识的人格技术。[④] 其实,分离背后隐藏的不是罗马立法者有意识地制造不平等,而是人格理论对社会现实的折射。罗马法的立法者只不过将现实中人的形象移到了法律舞台上。如果说罗马法有人格技术的话,那一定是从现实生活中抽象人格的技术,而非在法典编纂上依据已经拟定好的人格理论适用该理论的技术。因为罗马法没有超越社会现实的人格理论,当然就谈不上如何用人格技术对这一理论进行适用。根据我们的通常理解,所谓人格技术应当是将一定的人格理论付诸实践的技术。由此理解,罗马法并不存在人格技术。概言之,罗马法由于没有发展出超越现实的人格理念,因而它的人格理念也就不存在和社会现实的调适问题,也就不可能产生如何在现实中

---

① ［法］古郎士:《希腊罗马古代社会研究》,李玄伯译,中国政法大学出版社2005年版,第64页。

② ［意］朱塞佩·格罗索:《罗马法史》,黄风译,中国政法大学出版社1994年版,第80~83页。

③ ［英］梅因:《古代法》,沈景一译,商务印书馆1959年版,第11页。

④ 马俊驹:“人与人格分离技术的形成、发展与变迁——兼论德国民法中的权利能力”,载《现代法学》2006年第4期。

实现人格价值的人格技术。

尽管艾伦·沃森教授宣称,1804年的《法国民法典》主要是罗马法积淀的硕果,[①]然而启蒙思想的如涌而至也正在改变着传统的轨迹。在人格理论上,卢梭思想的深刻影响和法国大革命的洗礼决定了法国民法必然有着与罗马法截然不同的考虑。在崇尚自由的法国自然法思想里,自然人之间人人平等成了不可违抗的神圣命令。《拿破仑法典》第7条规定:"民事权利的行使不以按照宪法取得并保持的公民资格为条件。"基于此,民事权利便和政治架构脱离,这样《拿破仑法典》就可以在第8条规定:"所有法国人都享有民事权利。"这条足以证明,法国民法典将人格等同于自然人,尽管有国籍的限定。从此,法国法明文规定所有法国人都有资格获得权利,不再区分贵族、教士和第三等级。法国社会的等级结构被夷平为一个平等的公民社会。显然,这是在自然法思想的指引下法国大革命取得的伟大成就。让每一个自然人都享有法律人格,并非是对现实存在的反映,而是对自然法思想的呼应。从此,"人人都享有法律上的人格"便成为自然法的训条,任何实证法都不可以更改。普世的人道主义思想通过民法典向世人宣告了新纪元的开始。较之于罗马法,《法国民法典》正是以现实中的不存在来作为人格理论之目的。西耶斯在他那篇充满了火药味的"论特权"一文中激情地说道:"由于长期的精神奴役,种种最可悲的偏见得以乘虚而入。人民几乎真诚地相信,他们只有做法律明文规定的事。他们好像完全不知道,自由先于一切社会,先于所有立法者而存在……"[②]正是这些在认识论上荒谬乖张的自然法思想,使得《法国民法典》的人格理论从罗马法脱离出来,不再被动地适用现实社会,而是以人类心中的理念来改造社会现实。此外,基于政治哲学的考虑,团体不被认可为法律人格。从《法国民法典》所处的社会情形来看,团体作为人格早就存在于现实中。根据伯尔曼教授的考察,自11世纪晚期,一种类似于现在股

---

① [美]艾伦·沃森:《民法法系的演变及形成》,李静冰、姚新华译,中国政法大学出版社1992年版,第168～169页。

② [法]西耶斯:《论特权:第三等级是什么?》,冯棠译,张芝联校,商务印书馆1990年版,第2页。

份公司的康美达即已出现在欧洲。[①] 在教会法上,自1122年"沃姆斯协约"以来,教会独立的法律地位得到承认,很多教会被界定为独立于其成员的财团。[②] 17世纪法国著名的法学家让·多马先生更是明确地指出,贸易公司被认可为人格,有自己的财产、权利和特权。[③] 这些情形表明,团体作为独立体乃现实地存在于法国社会中。那为何《拿破仑法典》却对它们视而不见?这个问题把我们带到了指引法国大革命的卢梭思想上。朱学勤教授比较了卢梭与西耶斯四个异常关键的观点后,认为在主要思想上西耶斯完全是卢梭思想的忠实阐述者。其中第三点便是"以公共利益取消社团党派的存在"。[④] 作为人权宣言的作者、1791年宪法、1799年宪法的设计者,人称"法兰西制宪之父"、"头号政治设计师"在拟定法国宪政之路的《第三等级是什么?》这本宣传书里,针对团体能否存在进行了煽动性的立论:"处于自然状态的个人……不牵涉任何民事组织……最大的困难来自那种使一个公民仅与若干他人相一致的利益。这种利益促使人们共同商议,结成联盟;由此策划出危害共同体的计谋;由此形成最可怕的公众的敌人……社会秩序严格要求普通公民不组成行会……"[⑤]这些都是卢梭个人意志、众意和公意理论的翻版。法国大革命和《拿破仑法典》仅仅是将这一思想

---

① 根据伯尔曼教授的考察,康美达最早的前身可能是穆斯林的一种商业惯例,这种惯例在8~10世纪传播到拜占庭。这种模式于11世纪晚期在意大利、英格兰和欧洲的其他地方逐渐获得使用。它开始是作为一种借贷契约,后来很快就发展为合伙协议。这种合伙主要是针对海上航行,因而主要是海上合伙。其极大的便利就是合伙人的责任被限定于他们最初投资的数额上。不过,康美达一般是一种短暂联营,在完成了它为此建立的特定航行后就解除了。参见[美]哈罗德·J.伯尔曼:《法律与革命——西方法律传统的形成》,贺卫方、高鸿钧、张志铭、夏勇译,中国大百科全书出版社1993年版,第429~430页。

② 彭小瑜:《教会法研究》,商务印书馆2003年版,第199~200、204页。

③ Jean Domat, *The Civil Law in its natural order*(Volume Ⅰ), translated by Willeam Strahan, Fred B. Rothman & Co. Littleton. Colorado. 1980, p. 148.

④ 朱学勤:《道德理想国的覆灭——从卢梭到罗伯斯庇尔》,上海三联书店1994年版,第188~190页。

⑤ [法]西耶斯:《论特权:第三等级是什么?》,冯棠译,张芝联校,商务印书馆1990年版,第61、80页。

实践出来。可见,法国民法依据的人的形象,是启蒙哲学家所设想的超越现实的自由人。法国大革命正是按照这一理念试图改造法国社会。相较于罗马法,法国民法有了自己的人格理论,树立了自由而平等的人像。正是对这一理想的人的形象的强调和关注,《拿破仑法典》才漠视现实存在的团体,及至为了贯彻这一理念不惜排斥行会等组织。如雅克·盖斯旦等说:"民法典忽视了法人、协会、团体甚至家庭自身。"[①]从人格技术角度,法国民法只关注人格理论在现实中的实施,并没有从技术层面考虑人格理论与社会现实的协调。可以说,法国民法发明了近代人格理论,但并没有对人格理论如何妥当适用进行研究,即只是一以贯之地实施人格理论而不顾社会现实,因而缺少人格技术。

面对罗马法与法国民法展示出来的两种不同人的形象,《德国民法典》的编纂者及其前辈究竟进行了怎样的选择?其实,只要我们深究《德国民法典》制定背后的人格理论根基,便能获得答案。根据拉伦茨教授和维亚克尔教授的考证,康德的学说尤其是康德创立的伦理人格主义哲学,对《德国民法典》制定者的精神世界产生了深刻的影响,其程度类似于18世纪的自然法学说对《普鲁士普通邦法》以及《奥地利普通民法典》的制定者们所产生的影响。[②] 而卢梭作为探讨人性的先驱,无疑开启了康德对人格理论探索的新途径。[③] 康德在《实践理性批判》一书中说道:"……因而个人作为属于感官世界的个人,就他同

① [法]雅克·盖斯旦、吉勒·古博等:《法国民法总论》,陈鹏等译,法律出版社2004年版,第100页。

② [德]卡尔·拉伦茨:《德国民法通论》(上),王晓晔、邵建东等译,法律出版社2003年版,第45~46页;[德]弗朗茨·维亚克尔:《近代私法史:以德意志的发展为观察重点》(上),陈爱娥、黄建辉译,上海三联书店2006年版,第349~365页。

③ 康德自己说道:"我一度认为,这一切足以给人类带来荣光,由此我鄙夷那班一无所知的芸芸众生。是卢梭纠正了我。盲目的偏见消失了,我学会了尊重人性,而且假如我不是相信这种见解能够有助于所有其他人去确立人权的话,我便应把自己看得比普通劳工还不如。"转引自[德]卡西尔:《卢梭·康德·哥德》,刘东译,北京三联书店2002年版,第2页;同时杨祖陶、邓晓芒两教授就卢梭对康德的影响进行了思想上的详细描述,参见杨祖陶、邓晓芒:《康德〈纯粹理性批判〉指要》,人民出版社2001年版,第5~6页。

时又属于理知世界而言,则服从于他自己的人格……”[①]显然,伦理意义上的人格仅仅属于自然意义上的个人。这一点在法律上亦无二致。在《法的形而上学原理》里,他认定作为一切法根据的“先验法(天赋权利)”即具有自由意志的个人,即自然人。[②] 基本上承袭康德人格理论的萨维尼同样认定:“人格或者法律主体最原始的概念必须和人(Menschen)的概念完全一致,这两个概念原始的同一性可采用这样的表达式:每一个个人,并且只有这个个人,才具有权利能力。”[③]温德沙伊德在《潘德克顿教科书》里也首先指出,个体所具有的自我意识和意志能力叫做人格(Person),法人正好与之相对(Gegensaze des Mensch)。[④] 这些足以判断,德国民法学理上的法律人格与权利能力完全一致,专属自然人而仅具伦理性。为此,《德国民法典》第1条规定的“人的权利能力始于出生的完成”确立了人人平等的人格理念。这与法国民法规定的人的形象一脉相承,而与罗马法却截然不同。周枏先生说:“罗马法上人格的含义不完全等同于现代法中的权利能力。”[⑤]更确切地说,罗马法上的人格理念和现代的权利能力具有天壤之别。

---

① [德]康德:《实践理性批判》,邓晓芒译,杨祖陶校,人民出版社2003年版,第118~119页。

② Siehe Kant, *Kants Werke* [Bang VI], Walter de Gruyter & Co. Berlin 1968.237. 汉译本参见[德]康德:《法的形而上学原理——权利的科学》,沈叔平译,林荣远校,商务印书馆1991年版,第49~50页。

③ Siehe Savigny, *System des heutigen Roemischen Rechts*, Bd. 2. Berlin bei Deil und Comp. 1840, SS. 1–3.

④ Siehe Windscheid, *Lehrbuch des Pandektenrchts*, Bd. 1. 1900. 8. Auf. Frankfurt, SS. 191–192.

⑤ 周枏:《罗马法原论》(上),商务印书馆1994年版,第107页。当然,还有很多方面可以证明古罗马的人格概念和现代的权利能力概念是完全不同的,如奴隶没有人格等,足以说明它们之间的差别。若从哲学上讲,当时古罗马还处于古希腊哲学的影响力中。作为当时主导哲学的斯多葛哲学不可能发展出主体哲学来。

因此,德国民法在人格理论上没有沿袭罗马法,而是遵循了法国民法。[①] 不过,虽然德国学者采行了法国法的人格理论,但在对待团体上却与法国民法大相径庭。康德认为,当孤独的自然人欲摆脱落寞的自然状况而进入社会时,市民团体便开始存在。但按照康德的观点,这样的市民团体并非市民社会里的团体,因为这样的"市民团体不可能被命名为社会,因为命令发布者和受命者之间并非平等的关系,而是相互隶属的。因此,这些团体只是在形成一个社会而已"。[②] 用法学术语表达,一个脱离自然状况但还没有进入市民社会的团体,既不属于自然人而具有私法意义上的人格,[③]也不属于政治团体而具有公法人格。因为市民团体不再是自然法规制下的个人,也没有完全形成一个社会,它处于私法和公法之间无法定性的状态。自然康德的定论就是,团体既不能见容于私法也无法被公法接纳。但无论如何,团体的现实存在是毋庸置疑的事实。萨维尼在此基础上推进了康德的论述。他明确地说到,像国家、城镇等团体不但自古以来现实地存在于社会,而且都被当作法律上的存在而享有权利和负担义务。这样的存在被萨维尼称为自然的或必然的存在,具有公法人资格。一旦团体具有了公法人资格,当然可以作为人格者参与私法关系,国家乃最显著的例子。[④] 但是,对于一些事实上存在却不可能具有公共意志性质的集合体,由于它们仅仅代表某个集团而非全体人民的利益,如果也认可它们享有人格则不合乎社会契约论的思想。为了一以贯之卢梭以来的契约论传统,萨维尼首先排除了这些团体的公法人资格,因为它们仅仅代表着众意。易言

---

① 那是否可以认为《德国民法典》编纂者在人格技术上完全继受了罗马法的分离技术但在人格理论上却沿袭了法国民法?这一观点深值商榷。顾名思义,人格技术必定是从技术上解决人格理论在现实中的适用问题,以人格理论的存在作为逻辑前提。倘若人格理论大相径庭,对于适用这一人格理论的技术不可能具有普适性。况且,学者们认定人格理论就是人格技术。如果两者完全一致,那么在继受上不可能分离进行。

② Siehe Kant. Kants Werke [Bang VI], Walter de Gruyter & Co. Berlin 1968. SS. 306 – 313.

③ 根据康德的看法,适用于自然状况的自然法即私法。Siehe Kant. Kants Werke. [Bang VI], Walter de Gruyter & Co. Berlin, 1968, S. 307.

④ Siehe Savigny. *System des heutigen Roemischen Rechts*, Bd. 2. Berlin bei Deil und Comp. 1840, S. 245.

之,在政治领域的公法层面,市民团体既不可能在现实上也不可能在价值上得以存在。可市民团体却现实地存在于社会中,如何在法律上应对成了作为法学家的萨维尼面临的难题。根据当时私法和公法的二分法,既然市民团体不可能出现在公法领域,对其回应也只可能从私法角度进行。所以,萨维尼说道:"首先,我们主要是在私法领域,也就是说,仅仅在私法的关系里才需要涉及法人的技术能力。"①然而,私法领域唯有自然人方具人格,如何让团体也能有容身之地,是一件异常棘手的事情。正是基于此,德国民法才发展出人格技术。

可见,人格技术的出现具有一定的历史条件,它必须以人格理论与社会现实的不可调和为前提,同时又认定社会现实具有一定的合理性。由于人格理论与团体这一现实存在具有根本冲突,团体要想冲破人格理论的伦理封锁实无可能;同时团体的存在又是无可置疑的社会现实,否认它的存在与现实不合。此时,德国民法需要学者们运用一种技术,既不伤害人格理论的伦理根基,又能化解社会存在的现实矛盾。一言以蔽之,人格技术的出现只有在伦理实在与社会实在之间出现严重分歧时才可能出现。因此,相较于罗马法和法国法,只有德国法才可能出现人格技术,因为罗马法人格理论与社会现实并无冲突,而法国法却不承认社会现实的合理性。

## 三、人格技术的真相

那究竟何谓人格技术?人格技术是否如学界通说所认为的那样乃所谓的"权利能力"?要回答这个问题,让我们考察一下当时学者们是如何调适伦理实在与社会实在的。

萨维尼认为:"所有法律皆为道德意义上之存在,即存在于每个人内在的自由意志当中。人格或者法律主体最原始的概念必须和人的概念完全一致……"②在萨维尼看来,法律上本真的人必定是且只能是自

---

① Siehe Savigny. *System des heutigen Roemischen Rechts*, Bd. 2. Berlin bei Deil und Comp. 1840, S. 237.

② Siehe Savigny. *System des heutigen Roemischen Rechts*, Bd. 2. Berlin bei Deil und Comp. 1840, S. 3.

然人。在"法人的概念"的讨论中,他特别指明上述意思即权利能力与自然人乃同一表达。[①] 既然法律上原初的承担者只能是自然人这一伦理实体,团体不具备道德性,当然就不能成为法律主体。可团体作为社会实在一直存在于社会中,法律该如何应对?作为法学家的萨维尼显然没有固执一端而否认社会存在的合理性,相反,他觉得伦理实在和社会实在各具合理性,都有存在的价值。可是,这两种价值却相互冲突,为了调和这一两难的矛盾,萨维尼便使出奇招:拟制(Fiction)。所谓拟制,即虚构、想象和假定。萨维尼在法人的定义里说得非常清楚:"法人,是我们对照个人而进行技术上扩充得到的纯粹拟制(Fiction)主体。这种主体我们即叫做法人,即纯粹为法律目的而采用的人格。"[②]温德沙伊德更是直截了当地指出,若撇开法典编纂的纯粹形式层面,法人只是非人格(Nichtpersonen)意义上的拟制人格。[③] 众所周知,《德国民法典》在对待自然人与法人时,虽然它们都分享"权利能力"一词,但法人却只是拟制的人格,认为它可以成为法律关系的主体,在这里法人模仿了自然人这一主体。由此我们明白,真正地作为人格技术的乃"拟制",是一种创制或模仿技术。

然而,拟制的含义却极为复杂。从字面意义而言仅为"假定或模仿",但对应于伦理实在与社会实在这一冲突,拟制便会跃出两层意思。首先,针对事实上之不存在者进行模仿地创制。从事实上之不存在者出发进行的拟制会有两个结果:或拟制为事实上的存在;或拟制为法律上的存在。"将事实上不存在者拟制为事实上之存在者"没有意义,因为拟制要解决的是这一存在者是否具有法律主体的问题。至于

---

① Siehe Savigny. *System des heutigen Roemischen Rechts*, Bd. 2. Berlin bei Deil und Comp. 1840, S. 236.

② 前引书。《德国民法典》基本上采用了萨维尼关于法人的论述。众所周知,德国民法典上的法人虽然具有权利能力,但并不具有行为能力,其行为需要法人机关进行代理。如《德国民法典》第26条第2项规定:"董事会在诉讼上和诉讼外代表社团;其具有法定代理人的地位"。参见《德国民法典》,杜景林、卢谌译,中国政法大学出版社1999年版,第5页。

③ Siehe Windscheid. *Lehrbuch des Pandektenrchts*, Bd. 1. 1900. 8. Auf. Frankfurt, SS. 191 – 192.

将"事实上不存在者拟制为法律上之存在者"也意义不大。倘若团体不具有现存的合理性，法学家们自然没有必要对此枉费心机。其次，将社会实在拟制为法律上存在，即将事实上存在的团体拟制为法律上存在的主体。鉴于我们讨论的背景，拟制只能指向这一点。若笼统地认定拟制仅适用这一情形，必将与真相擦肩而过。因为把社会存在拟制为法律存在又可分为两种不同的情况：其一，将社会实在拟制为法律上真正的存在，让其与原初的主体一样享有权利和负担义务。其二，仅将社会实在拟制为法律上不真正的主体。真正的"拟制"究竟对应哪一种？作为"拟制"鼻祖的萨维尼说道："仅仅在私法的关系里才需要涉及法人的技术能力。"①从用词可见，法人享有的只是"技术能力"而非"权利能力"，显然萨维尼在故意回避法人本身的道德性。因此，"技术能力"这一表达说明了法人作为法律上的主体不可能具有道德性，仅仅是从技术上让其享有能力，从而可以成为法律主体。既然法人被排除了成为道德主体的可能，在法律领域团体作为法律上的人格只能是财产方面的人格。由此，萨维尼才说："我们可以尽可能地把法人概念确定为：它是一个财产能力的技术主体。在私法当中法人独有的本质就是财产能力的身份。"②可见，真正的拟制乃将现实地存在于社会中的团体拟制为法律上的不真正主体，只让其具有财产方面的能力。

既然"拟制"乃"人格技术"这一事实是如此明显，为何我们总是将"人格技术"归之于"权利能力"？个中缘由我们不得不察。笔者认为，造成这一误解的原因有两点：

第一，不正视拟制，只是在法人拟制说中才附带地予以讨论。在笔者收集的资料范围内，我们可以发现，我国学者对拟制的探讨仅仅在法人拟制学说中才有所涉及。而当他们思考法人拟制论的时候，又总是匆匆地卷入对法人本质的探讨。在法人本质的探讨里，也只是对各家学说进行介绍和比较，并没有深入探讨为何拟制、为何实在、为何否认等问题。如今，学者们对"拟制论"和"实在说"的争论已经厌烦，拉伦

---

① Siehe Savigny. *System des heutigen Roemischen Rechts*, Bd. 2. S. 236.

② Siehe Savigny. *System des heutigen Roemischen Rechts*, Bd. 2. Berlin bei Deil und Comp. 1840, SS. 239 – 240.

茨教授声称“这个争论已经消失了”。[①] 梅迪库斯教授更是宣称,这一争论已毫无意义。[②] 只有依靠法人本质学说才能得以有所涉及的探讨里,“拟制”已被盖棺论定、无须顾及。即使对法人本质学说有些许兴趣的学者也一致认定,“拟制说”把法人人格仅看作纯粹技术的产物,不是对本质的探讨。[③] 更有学者认为,“否认说”、“拟制说”和“实在说”之间的分歧只是法人人格的有无,实际上没有一种观点在探讨法人的本质。[④] 在这两种观点的夹击之下,“拟制”确实无处容身。[⑤] 如果说这仅仅是一种学说走向,尚不足以说明“拟制”被有意忽视的原因,那么我们对法人概念的翻译及其历史也许更有说服力。根据李贵连教授的考证,对这个新词的诠解经历了两个阶段:翻译过程中的夹注式解说和在整理出版日本专家讲义中在书后对讲义中的名词进行集中解说。在第一阶段,法人被解释为:“法人者,法律所承认为有人之资格者也,如团体等类皆有法人之性质者也。”到了第二阶段,解释也就更加详尽化:“法人:具法律上之人格者。按法人实无其人,仅由法律上,定其行事,得视为与人相等。”[⑥]史尚宽先生认为:“惟以自然人应为权利主体,法人为权利之主体,系由法律之拟制。”[⑦]胡长清先生认为:“权利能力,惟自然人有之,但惟自然人有权利能力,实际上甚为不便,故法律对于法人亦予以权利能力,不过法人之有权利能力,乃由于法律之所拟制,故谓之拟制人。”[⑧]如今,梁慧星先生同样认为:“质言之,所

① [德]卡尔·拉伦茨:《德国民法通论》(上),王晓晔、邵建东等译,法律出版社2003年版,第180页

② [德]梅迪库斯:《德国民法总论》,邵建东译,法律出版社2000年版,第823页。

③ 马俊驹:“人与人格分离技术的形成、发展与变迁——兼论德国民法中的权利能力”,载《现代法学》2006年第4期。

④ 李锡鹤:“论法人的本质”,载《法学》1997年第2期。

⑤ 这里需要提及的是,江平教授和龙卫球教授发表的卓越文章“法人本质及其基本构造研究——兼为拟制说的一点辩护”。该文有着对法人拟制说的深刻洞见。参见江平、龙卫球:“法人本质及其基本构造研究——兼为拟制说的一点辩护”,载《中国法学》1998年第3期。

⑥ 李贵连:“二十世纪初期的中国法学(续)”,载《中外法学》1997年第5期。

⑦ 史尚宽:《民法总论》,中国政法大学出版社2000年版,第139页。

⑧ 胡长清:《中国民法总论》,中国政法大学出版社1997年版,第97页。

谓法人,即法律所拟制之人。”[①]张俊浩教授认为:“萨氏认为,法人之为人,乃法律之拟制,系为使团体得享有权利之法律技术的产物,法人不过为想象中的人格而已。”[②]从这些一脉相承的观点可以看出,法人实无其人而为拟制者即想象中的人的认识得到了延续。按照这种理解,只有自然人是社会中的实体,法人只不过是一个“观念上的整体”而已,不是社会中现实存在的实体。它之所以能充当法律上的主体,完全是法律为了某种目的将个人组合或财产组合视为具有整体性的一个实体罢了。[③] 可见,我们在理解法人拟制论时,基本上只从字面意思理解“拟制”,并未意识到人格理论追求的价值与社会现实之间的冲突。基于这一理解,“法人实无其人”被认定为法人在现实上和法律上皆不存在,法律为了方便起见假定团体可为法律上之存在。亦即,对于“拟制”的理解,我们认定其事实上不存在且法律上也不存在,为了适用的方便,假定它在法律上存在。至于事实上不存在为何还要拟制以及将它拟制为法律上何种人却未见讨论。正是由于我们仅从“团体在事实上或法律上有无存在”出发进行思考,所以我们的讨论就未触及“拟制”的根本。这样,我们对“拟制说”的理解是想象的,同时也因为团体作为法律主体已存在于实证法中的事实,史公尚宽先生才指责道:“此说的弱点,在于以为自然人以外不得有权利主体之独断的谬误,自法律之目的及权利之见底言之,俱无以权利主体限于自然人之理由。”[④]由此看来,“拟制”定无还魂之术,断无重拾的必要。

第二,权利能力的形式化误解,使得我们误以为权利能力就是人格技术。由于对拟制的忽视,我们将目光投向了一统自然人与法人的权利能力。学者们都承认,自然人与法人秉性各异。众所周知,罗马法和法国法在市民法领域都没有法人制度,同时“权利能力”这一概念也没有出现在罗马法和法国法中,由于“权利能力”统辖了自然人与法人,

---

① 梁慧星:《民法总论》,法律出版社 2001 年版,第 141 页。

② 张俊浩:《民法学原理》(上册),中国政法大学出版社 2000 年修订第 3 版,第 175 页。

③ 龙卫球:《民法总论》,中国法制出版社 2001 年版,第 352 ~ 353 页。

④ 史尚宽:《民法总论》,中国政法大学出版社 2000 年版,第 139 页。

因此我们便以为德国法创造了"权利能力",从而技术性地容纳了法人。"权利能力",因其形式化和技术化,便等同于"人格技术"。可见,将"权利能力"误解为"人格技术"的根源乃"权利能力的形式化"。所谓"权利能力的形式化"包含两点内容:权利能力丧失了法律人格本应有的伦理性,于是成了主体空壳式的自然人与法人的上位概念。其实,对权利能力形式化的指控是不存在的。就第一点而言,权利能力并未失去伦理基础。萨维尼和温德沙伊德就一直坚持,权利能力与自然人概念完全一致仅具伦理性。这一观念成了《德国民法典》立法者的不二法门。《德国民法典》第一草案说明书早就说过:"不论现实中的人的个体性和其意志,承认其权利能力是理性和伦理的一个戒律。"①拉伦茨教授也指出:"每个人都具有权利能力,因为他在本质上是一个伦理意义上的人。"②施瓦布教授说道:"权利能力就其本意而言只有自然人才享有。"③另外,根据《德国民法典》的规定,自然人权利能力始于出生,而法人权利能力始于国家授权。由此我们可以判断,自然人与法人享有的权利能力具有本质上的不同。④ 既然权利能力并未形式化,仍然只由自然人专享而具伦理性,为何法人亦可以享有?这涉及对自然人与法人共享"权利能力"的理解。从形式上看,自然人与法人都具有权利能力,似乎权利能力成了毫无内容的形式技术而可由立法者随意赋予。基于此,"权利能力"被理解为自然人与法人的上位概念而成了权利义务的主体资格。根据《德国民法典》释义书的说法:"作为上位概念的人格,不能在法律伦理意义上去理解,而应当在法律技术意义上理解为:人格,就是权利义务的主体。就《德国民法典》的人格概念而

① 转引自[德]罗尔夫·克尼佩尔:《法律与历史——论载〈德国民法典〉的形成与变迁》,朱岩译,法律出版社2003年版,第58页。

② [德]卡尔·拉伦茨:《德国民法通论》(上),王晓晔、邵建东等译,法律出版社2003年版,第120页。

③ [德]迪特尔·施瓦布:《民法导论》,郑冲译,法律出版社2006年版,第101页。

④ 《德国民法典》第1条规定:人的权利能力始于出生的完成。《德国民法典》第22条规定:社团以经济上的营利为目的的,如帝国法律无特别规定,因国家授予而取得权利能力。第26条第2项规定:董事会在诉讼上和诉讼外代表社团;其具有法定代理人的地位。参见《德国民法典》,杜景林、卢谌译,中国政法大学出版社1999年版,第5页。

言,其决定性标志就是权利能力,即享有权利和承担义务的能力。"若只根据该段言辞,权利能力似乎就是纯形式化的人格技术。不过继续阅读发现,该释义书的陈述马上进行了转折:"在《德国民法典》里,就自然人格来说,不言自明的是,每个人,无论其社会地位、性别或国籍,都具有权利能力。在此正确的表达是,人的权利能力并非来自于立法者的赋予,它先于法律而存在。"①看来,将"权利能力"理解为纯形式的上位概念是欠缺考虑的。倘若"权利能力"被形式化,为何自然人可以享有精神性人格权而法人不能?如果具体人格的享有由自然人与法人各自的秉性决定,那权利能力的存在又有何意义?为何团体可以享有人格以及团体为何享有不同人格?这些都无法回答。由于我们把权利能力形式化而将其误读为人格技术,使我们无法区分自然人与法人的人格,由此严重混淆了我们对自然人与法人不同秉性的理解。这一切都来自于我们对"权利能力"的错误认识,认为它是上位概念并已形式化。其实,"权利能力"并未成为自然人与法人的上位概念。作为上位概念必须内涵小而外延大,能从中演绎出下位概念。如果认为"权利能力"是上位概念,那就意味着"权利能力"必须具有伦理性,因为自然人人格具有伦理性,但当我们理解"权利能力"的上位概念性时实际上是将之作为形式化的主体资格使用的,不可能具有伦理性。因而,"权利能力"若作为上位概念不可能囊括自然人与法人。另外,若仅仅是将"权利能力"当作形式上的上位概念而认其为人格技术,在逻辑上也不能自洽。首先,"权利能力"形式化即成为法律关系的主体资格意味着,一个人或组织可以进入法律关系、享有权利和承担义务。现实清楚地表明,法人只具有财产方面的能力,只能在财产关系中享有权利和负担义务。这意味着法人自始至终都没有资格进入人身关系领域而承受权利并承担义务。因此,我们在一般意义上将其理解为"主体资格"的"权利能力"只能适用于自然人,而不能适用于法人。其次,若"权利能力"是人格技术,那作为人格技术适用前提的人格理论有待发掘,因为自然人与团体具有完全不同的人的形象,为什么能通过"权利能力"这

① Siehe. Palandt, *Buergerliches Gesetzbuch*, Bd1. verlag C. H. Beck Muenchen 2005, S. 9.

个人格技术将这两个完全不同的人的形象予以统一的界定。如果我们未解明人格理论,那又何谈人格技术的适用?这对于一部民法典的编纂而言简直不可想象。如果我们丢掉这些理论成见,便可以明白,自然人具有完全的权利能力,而法人只具有财产权利能力。真正统一自然人与法人的并非权利能力,而是拟制。

不难明白,只有深入理解"拟制"的结构,才能化解这一切矛盾。由于"拟制"乃将社会上实在的团体拟定为法律上不真正主体,因而整个"拟制"的结构可作如下概括:团体在社会上现实地存在,但作为法律实在之主体只能是自然人这一伦理主体。为了兼顾社会实在和伦理实在,法律便运用拟制这一人格技术。通过拟制,团体从社会实在一跃而为法律主体,但并非法律上本原的伦理主体,只是技术主体,仅具有财产方面的能力。可见,拟制这一人格技术展示了它对人格理论的运用,同时也调和了社会现实。经由拟制,团体可以进入法律主体领域而具有财产主体资格。之所以自然人与法人都可以统一到权利能力下,不是因为创设了权利能力这一纯形式的上位概念,而是经过拟制使得团体也具有了财产权利能力。此时通过《德国民法典》编纂上最为常见的提取公因式方式,将它们共享的财产权利能力提取出来,这样自然人与法人就都享有了权利能力,但仅仅是财产权利能力。因此,权利能力并不是主体资格,而是只属于自然人享有且只具有伦理性。法人享有的只是财产性主体资格,且这一主体资格都是法律经过拟制而来的,乃拟制的主体而非伦理主体。

## 四、人格技术的延伸理解

既然拟制是一项人格技术,而权利能力并未形式化而成为单纯的主体资格,那么我国学界的理解与西方的主流理论就截然有别。基于此,有必要对相关理论予以澄清。

首先,人格技术的真正本质及其衍生问题。以尹田教授为代表的传统主流观点认为,人格技术来自于罗马法,其本质为分离,因而并非所有的生物人都可以成为法律人。① 正是把人格技术的本质理解为分离,因而我国民法学者对"德国民法规定法人"的做法就有了这样的认识:罗马法上生物人可以与法律人分离,所以德国民法上法律人可以与生物人分离。可是,如果我们把拟制理解为人格技术,那么对《德国民法典》相关的规定的认识就会大相径庭。人格技术必定是适用人格理论的技术,并且人格理论的适用与社会现实存在冲突,所以才需要技术性地适用人格理论。罗马法的人格理论与社会现实完全一致,或者说本来就来自于对社会现实的总结,因此人格理论就是社会现实,所以无须技术性地对人格理论的适用进行支持。罗马法之人格理论由于是对不平等社会现实的反映,当然对生物人进行分离认定就是其本质。然而,近代以来人人平等的理念成了普适的价值,其分离不可能再出现在自然人领域,唯有在自然人与团体之间才有可能。若在此认定德国学者运用了分离的人格技术,必须能证明一开始并不存在分离,即自然人与团体没有不同。也许深受罗马法的影响,因为在罗马法上,生物人在生物事实上完全一样毫无差异,但法律人格却迥然有别。以此逻辑,自然人与团体完全一样才是分离的前提。显然,自然人与团体不具备可比性,不像罗马法的生物人那样具有同一的生物事实基础。自然人个人为主体,并不必然推导出作为自然人集合的团体就是主体的结论,否则就不会出现诸多的法人否认说而只认定它们为目的财产之组合。关于自然人和团体的主体资格问题,我们只能从价值理念的角度进行认识和判断。根据当时的伦理价值观念,团体不可能被视为法律主体,只有自然人才有资格充当法律主体。于是,从伦理价值出发,自然人与团体完全不同,这种差异也体现在法律主体资格上。可见,自然人与团体的分离是人格技术的运用前提,而非立法者运用人格技术制造分离而产生了不平等。通过拟制,人格理论这一伦理理念与社会实在达成了和解,团体被赋予本不能由它享有的主体资格。因此,拟制这一人格技术并非导致了分离,相反,其本质是统一。经由拟制,团体这一未具主体人格的社会实存与自然人一起享受主体地位,不再徘徊于主体之外。

① 尹田:"论自然人的法律人格与权利能力",载《法制与社会发展》2002 年第 1 期。

这样,简单地认为德国法在人格理论及人格技术上对罗马法进行了继受,从而断定德国法之所以赋予团体以法人地位,在于按照罗马法生物人与法律人分离的事实给予不属于生物人的团体以法律主体这一结论是值得考究的。因为这一被我们学界广泛接受的结论存在一个致命的难题:德国民法与罗马法的人格理论有着迥然不同的时代背景,并且罗马法上根本就不存在团体,所以,从罗马法的人格理论推导出德国民法相关理论断不可能。基于此,我们以为作为拟制的人格技术,其本质不是分离,而是统一。法律赋予团体以法人地位,并非源于罗马法的分离,亦非立法者有意识地制造差异,而是立于伦理实在与社会实在根本分野这一事实,通过拟制统合自然人与团体,从而弥合伦理和事实之间的鸿沟。

既然作为人格技术的拟制其本质不是分离而是统一,那拟制是否会导致自然人人格与法人人格之间的混淆?正如学者在阐释一统自然人与法人的权利能力所担忧的那样,由于自然人与法人都采用了人格或权利能力的表达式,因此用语上的相似必然导致自然人人格与法人人格的进一步混同,从而引发理解上的两个误区,即以自然人属性解读法人,反过来又以法人属性解读自然人。[①] 诚然,如果不能正确地适用拟制这一结构,必定导致混淆;或者即使知道不应该混淆,也难以解释或者将罪责全数推给权利能力。根据凯尔森的观点,不仅法人是拟制的结果,而且连自然人也是拟制的结果,因为自然人与事实上的生物人明显不同,纯属法律的构造而已。[②] 暂且不论实证法对人文精神的漠视,如果这样理解拟制,拟制必是造成自然人人格与法人人格混同的罪魁祸首。其实,拟制不可能将自然人与法人混同起来。“拟制”这一概念表明,自然人这一伦理人像是私法的标准人像,且是私法唯一的真正人像。正是为了保障这一根本伦理价值不遭受侵犯,法律才假定事实上存在的团体在法律上有一席之地。如江平、龙卫球两位教授所说,法

---

① 尹田:“论法人人格权”,载《法学研究》2004年第4期。

② [奥]凯尔森:《法与国家的一般理论》,沈宗灵译,中国大百科全书出版社1996年版,第109~111页。

人拟制说具有强调自然人主体所具有的独特伦理价值的意义。[①] 为了防止事实存在对伦理存在的僭越,立法者只将团体拟制为不具伦理意义的存在主体。经过拟制,自然人享有的伦理主体和完全主体地位没有任何变化,而团体虽然拥有了法律人格这一名称,但只是名不副实地具有财产方面的技术主体资格。因而,自然人与法人之间的界限仍泾渭分明。自然人人格始终是一切的目的,无论出于什么理由、依据何种法律,自然人人格都不可以被剥夺。从自然人人格的全面意义而言,自然人不但可以进入财产法律关系充当主体,而且还可以作为人身关系领域的主体承受权利义务。至于团体这一法人,由于它并不具备伦理意义上的人格,因而在最终的意义上只是自然人人格的工具。它可以基于自然人的意思而产生,也可以因自然人的意思而消灭;可以因资不抵债经破产宣告后注销;可以因违法而被法院剥夺其人格。即使从主体资格角度来看,法人也只能享有片面的主体能力——财产能力,不能像自然人那样享有结婚、继承等人身权利。正如明策尔教授所说,法人没有人权。[②] 这样,是否真如学者所言"人格技术人为地制造了不平等",[③]颇有疑问。从法律结果来看,自然人与法人之间存在差异,这是显而易见的事实。问题是,立法者制造这一不平等是否合理?若笼统地从自然人与法人共享权利能力这一视角出发,认为自然人与法人似乎理应平等而具有完全的法律人格,正是忽视了"拟制"的内在结构的结果,而且它也是对拟制所要彰显的伦理价值的漠视。实际上,《民法通则》早就给我们指明了道路。《民法通则》第10条规定:公民的民事权利能力一律平等。但在规定法人权利能力的第36条却没有进一步阐明法人之间权利能力平等,更遑论自然人与法人之间权利能力的平等了。可见,在《民法通则》时代我们也许已经洞悉到了自然人与法人

---

① 江平、龙卫球:"法人本质及其基本构造研究——兼为拟制说的一点辩护",载《中国法学》1998年第3期。

② [德]弗·明策尔:"中国现行法人制度评论",陈丽苹译,载《比较法研究》1990年第1期。

③ 该学者认为,经由权利能力统一自然人与法人,在民事主体领域产生了三类不平等:自然人与法人;法人之间;法人与非法人团体之间。参见付翠英:"人格·权利能力·民事主体辨思——我国民法典的选择",载《法学》2006年第8期。

之间主体地位的不平等,不过由于《民法通则》并没有明确民事主体的内部结构,因而也埋下了民事主体混乱的隐患。提交讨论的民法典草案在民事主体里就规定了法人享有人格权,从而将自然人与法人等同起来。实际上,人人平等这一近代以来的法律原则具有特定的适用对象,只适用于自然人。而团体作为社会事实本来不具备法律人格,为了适用的方便才赋予它以拟制人格,所以从法律上来说自然人与团体本不存在可比性,自然就谈不上平等。因此,自然人人格与法人人格不平等是伦理价值的体现,是人文主义高扬的结果,是将自然人人格作为终极目的所应有的制度架构。这一不平等是合理的,若认定它们之间平等反而会丧失合理性。

其次,通过拟制,自然人与法人被统一在权利能力这一权利主体的范畴下,是否会产生法律主体纯由立法者拟定从而遮蔽民法人文精神的表达,以至于导致国家对自然人的压迫,从而人格有不保之虞?这确实是一个不可忽视的问题。徐国栋教授指出,在德国民法典编纂体例上,“人”被“权利主体”所取代,“人”由编的层次下降为章,这一现象强烈地说明了“人”的减等。自从权利主体这一概念被创设后,随着国家主义的兴起,自然人与法人都成了国家赋予的资格,从而致使自然人在国家面前不再是主体反而成了任由宰割的客体。[①] 若从纯粹的实证主义观点来看,徐国栋教授的担忧不无道理。倘使认真分析拟制的结构,这一担忧理应不存在。作为一统自然人与法人的权利能力并未丧失伦理性,这一点在此不赘述。权利能力只有自然人才能享有,法律人格的原初概念与自然人完全一致。团体之所以被赋予法人资格,全是依照自然人拟制出来的结果。因此,尽管团体同样归同于权利能力的范畴,可享有的却只是拟制的财产权利能力。尽管立法者以提取公因式的方式将自然人与法人共享的权利能力提取出来,但团体具有的权利能力并非伦理意义上的全面的能力,而只是技术性的财产能力。我们可以说团体享有法律人格的原因在于国家的赋予,因为它正是依据自然人而进行的拟制,自然人是其原型,但绝不能由此得出结论说,因

① 徐国栋:《中国民法典起草思路论战》,中国政法大学出版社2001年版,第70~71页。

为用权利能力统一了自然人与法人而认定自然人也由国家赐予主体资格。恰如德国学者里特纳所说："法律上的人是依据根本的，即法律本体论和法律伦理学方面的基础产生的，无论是立法者还是法律科学都不能任意处分这些基础。"①即使连认定权利能力为自然人与法人上位概念的德国民法释义书也坦言，自然人的权利能力是无条件的，它先于一切法律而存在。② 由此观之，任何力量都不可撼动自然人的权利能力，实证法对它唯有遵循，否则实证法将不具有合法性。基于此，如果立于拟制来分析权利能力的结构，虽然名义上自然人与法人共同享有法律人格，但实质上法人享有的却只是拟制的人格。法律主体的本真形象并没有因拟制发生任何改变；拟制并非制造分离和差异，毋宁说，它填补伦理实在与事实存在之间的鸿沟，从而将它们统一起来。

## 五、结论

综上所述，可知人格技术总是和人格理论紧密相连。人格技术是人格理论与社会现实之间的冲突而产生的结果，它技术性地把人格理论适用于社会现实，从而巧妙地化解理念与社会现实的矛盾。我们长期以来将人格技术等同于权利能力，使得权利能力经受了太多的误解，其原因在于我们未能真正理解拟制的意义。权利能力只具有伦理意义而从未被技术化，真正的人格技术实乃拟制。通过拟制，自然人的伦理意义未受触动；通过拟制，团体具有了法律主体资格，但只具有技术性的财产方面的主体资格。因此，经过拟制，自然人与法人不会被混淆，主体资格不可能按照立法者的意志来授予。拟制由于统一了本不可统一的自然人与团体，其本质不是分离而恰是统合。

（作者系西南政法大学民商法学院副教授）

---

① 转引自［德］卡尔·拉伦茨：《德国民法通论》（上），王晓晔、邵建东等译，法律出版社2003年版，第57页。

② Siehe. Palandt *Buergerliches Gesetzbuch*, Bd1. verlag C. H. Beck Muenchen 2005, S. 9.

# 论民事法益的概念及其构造*

鲁晓明

目　次



## 引言

长期以来，我国学者一直在一种混乱无序的状态下使用“法益”一词。一方面，绝大多数学者将法益等同于权利之外受法律保护的利益；另一方面，以法律所保护的利益指称法益者也不鲜见。同一语词内容迥异，形成了所谓狭义的法益观与广义的法益观。然而，无论哪种法益观，都存在目的定位不明、历史考证缺失，现实合理性论证匮乏等问题，在态度上均难言严谨。本文通过对法益理论历史流变的考察，了解其理论功用，探索其应然含义，并在此基础上分析其构成，冀以达到厘清理论误区之目的。

* 本文系笔者主持的教育部哲学社会科学研究青年基金项目《销售者产品责任疑难问题研究》（项目号09YJC820020）阶段性成果之一。

## 一、法益概念的产生与在民法学上的蜕变

"法益"是一个由刑法学者提出、进而引入民法学等其他学科的概念。"法益"一词,是由德文"das Rechtsgut"翻译而来。"das Rechtsgut"一词,则是由表示"法"的"das Recht"与表示"财,有价值的事物"的"das Gut"结合而成。在这个词被创设之前,是以"das Gut des Recht(e)s"表示的。[①] 故,要了解法益,必先了解刑法法益。

### (一)刑法学的法益观

刑法学中的法益理论,产生于德国刑法学者探讨犯罪本质的过程。德国法学家费尔巴哈受天赋人权思想的影响,提出了作为衡量犯罪之标准的权利侵害说,他认为犯罪的本质是对他人权利的侵害,如果一种行为没有侵害他人权利,则不能构成犯罪。为了证实权利侵害说的合理性,"费尔巴哈为此在1799年开始证明每一个刑法条款后面作为保护对象的个人与国家的权利"。[②] 这种思想对于限制国家权力的恣意妄为和刑法的不安定性具有很现实的意义,成为当时极具影响力的思想。

但随着研究的深入,研究者们逐渐发现权利侵害说存在不可克服的缺陷。很多行为具有社会危害性,但不一定侵害了权利。德国刑法学家Birnbaum通过对权利侵害说进行批判性考察,提出了财(Gut)侵害说。认为侵害一词是与财(Gut)而不是权利相关的概念。权利是不可侵害的,即使作为权利对象的物被夺走或减少,权利本身并没有被夺走或者减少。Birnbaum由此得出两个结论:"其一,侵害的概念不是与权利概念有关,而是与财概念有关;其二,我们受到侵害的不是权利本身,而是权利的对象,是与权利保护相关的财。"[③] 人们通常认为Birnbaum奠定了法益概念的基础。

---

① 高志明:"刑法法益概念学说史初探——以德国学说为主","国立"台北大学2002年硕士学位论文;李岩:"民事法益研究",吉林大学2007年硕士学位论文。

② 李海东:《刑法原理入门(犯罪论基础)》,法律出版社1998年版,第13页。

③ [日]杉藤忠士:"刑法中实质的法益概念及其机能",转引自张明楷:《法益初论》,中国政法大学出版社2003年版,第18页。

在Birnbaum的基础上,德国刑法学家Binding正式提出了法益学说。Binding认为,法律规范的保护客体就是法益。"规范之所以禁止引起某种结果,是因为所禁止的行为可能造成的状态,与法的利益相矛盾,而另一方面,行为前的状态是与法的利益相一致的;不应通过变更而被排除的所有这些状态,具有法的价值,这就是法益。"①按照Binding的观点,受到肯定评价的客体,只有受到规范保护时,才提升为法益;受到肯定评价以价值判断为前提,此种价值判断是法共同体全体的价值判断,其中立法者的价值判断起决定性作用。价值判断是立法者给予法保护的唯一动机;在创造法益、设立法益保护规范时,立法者只受自己和伦理的限制。德国刑法学者Liszt从刑罚的角度考察了法益,他认为刑罚是以保护法益为目的的国家强制,法益是刑罚所保护的对象。对个人与国家的生活条件进行相互比较后,作为法所保障的生活关系而被固定化、规范化的东西就是法益。②"法都是为了人而存在的。人的利益,换言之,个人的及全体的利益,都应当通过法的规定得到保护和促进。我们将法所保护的这种利益叫做法益"。③

德国法益理论逐渐被人所接受,在19世纪末至20世纪初广为传播,影响到大陆法系其他国家,其中,日本学者的法益思想对我国产生了直接的影响。

日本学者甲斐克认为:"法益,是指从国民的眼光来看,为了确保个人相互的实质的共存条件所不可缺少的、明显具有因果的变更可能性的生活财产。"④木村龟二认为,法益是指法所保护的利益或者价值;法以外的道德、宗教等具有文化价值的东西,可以经由法承认而成为法益;法益并不限于刑法的保护,各种法领域都以其特殊方法保护;法益和权利的区别在于,权利也是法所保护的法益,对权利的侵害也是对法益的侵害,但并不意味着对法益的侵害也是对权利的侵害。伊东研祐

---

① 张明楷:《法益初论》,中国政法大学出版社2003年版,第31页。

② [日]奈良俊夫:《李斯特的法益论及其现代的意义》(一),参见前注张明楷书,第35页。

③ [日]庄子邦雄"李斯特",载木村龟二:《刑法学入门》,有斐阁1957年版,第100页。

④ 张明楷:《法益初论》,中国政法大学出版社2003年版,第141页。

则认为,法益是国家遵循宪法所(应当)构造的,对社会为的社会成员共同生活的存立所必不可少的条件,而且是由纯粹规范所(应当)保护的,因果上可能变更的对象。①

我国刑法学者基本秉承了其他国家的法益观,比如我国台湾地区刑法学者陈志龙认为,界定法益必须遵循以下三个原则:第一,法益概念必须和国家保护法及国家意识分开,纯粹以法的观点来界定法益;第二,法益概念必须和人类概念有所关联,因为刑法的本质是对于某些人类的行为予以非难,如果行为并不侵害或者造成法益侵害之危险,则不能将其列入刑罚对象;第三,法益概念不必和文化权益(即德国学者所说的文化财)有关。刑法和民法等其他法律目的一样,旨在为人类服务,法律不是文化法,在界定时与文化挂钩是没有必要的。②

张明楷先生是我国研究法益最为系统的刑法学者,在其成名作《法益初论》中,张明楷先生提出了界定法益的五原则:法益必须与法有关;法益必须与利益相关联;法益必须具有可侵害性;法益必须与人相关联;法益必须与宪法相关联。张先生据此将法益定义为,所谓法益,是指根据宪法的基本原则,由法所保护的、客观上可能受到侵害或者威胁的人的生活利益。③

纵观法益发展史,可以清楚地发现,尽管刑法学者之法益观仍存在差异,对法益的基本问题多已达成共识:

1. 在目的功能上,法益理论是从本质层面探讨行为的违法性。"法益概念是作为社会的实在概念的'利益'与作为法的评价概念的'法的要保护性'相结合的产物,它能够发挥犯罪说明的机能、犯罪构成的机能、犯罪分类的机能和犯罪定数的机能等。"④正因如此,英国学者赫尔希甚至认为,如果从受害利益的角度来看,法益概念和英美刑法

---

① 张明楷:《法益初论》,中国政法大学出版社 2003 年版,第 465～490 页。

② 陈志龙:《法益与刑事立法》,台湾大学丛书编辑委员会 1992 年版,第 38 页。

③ 张明楷:《法益初论》,中国政法大学出版社 2003 年版,第 167 页。

④ [日]関哲夫:"法益概念与多元的保护法益论",载《吉林大学社会科学学报》2006 年第 3 期。

上的损害原则具有很大的相似性。①

2. 在适用领域上,法益并不只是刑法的保护客体,而是所有法的保护客体。刑法学者普遍认为,法益是一般法上的概念,刑法法益不过是一般法益在刑法学上的体现。正如日本学者内藤谦所说,法益本身并不限于刑罚法规所直接保护的利益,当人们说法益是法所保护的东西时,其中的法当然包含宪法及其他法律,所以,宪法与其他法律所保护的生活利益,如表现的自由、劳动者的团体行动权等,也是法益。②

3. 在内容上,法益必须与利益相关联。在德国理论中,此种利益就是财,法益就是为法律所保护的"法的财"。虽然关于法益的内容一直有状态说与利益说之争,但二者并非绝对冲突。利益是能够满足人们客观需要的生活资源,当某种状态所反映的是人们所需求的一种秩序时,它便是利益。

4. 从受侵害性的角度而言,法益必须具有可侵害性,必须是在现实中可能受到侵害或威胁的利益。如果不可能受到侵害或威胁,也就没有保护的必要。价值和价值观因为不具有可侵害性,因此不是法益。

5. 在与权利的关系上,法益是从本质层面探讨法律所保护的利益,权利则只是法律保护利益的形式。法益的范围十分广泛,权利保护的必然是法益,但法益并不必然是权利。

6. 就与人的关联而言,法益必须与人相联系。法益对任何客体的保护,都必须联系人的利益来理解。超个人的法益如国家利益、社会利益等,本质上均可以还原为个人法益。"'超个人法益'和'个人法益'概念并不是质的不同,而仅是量的差别;'国家'或'公众',不可能脱离与'个人'的关系,而单独为法益的持有者。"③

(二)法益概念在民法学上的传承与变异

在比较法上,欧洲民法学者明显接受了刑法学者的法益观。这可以在两个层面上得到佐证:首先,在《德国民法典》第241条和第311条

---

① [英]安德鲁·冯·赫尔希:"法益概念与'损害原则'",樊文译,载《刑事法评论》第24期。

② [日]内藤谦:《刑法讲义总论》(上册),有斐阁1983年版,第211页。

③ 陈志龙:《法益与刑事立法》,台湾大学丛书编辑委员会1992年版,第40页。

中,受到法律保护的"Interesse"(利益)被称为"Rechtgut"(法益),而"Rechtgut"中的权利部分则被称为"Recht",这意味着法益是指受到法律保护的利益,法益包括权利但不限于权利,这一概念与刑法学并无二致。其次,欧洲民法学者们都是在广义层面上使用"法益"这一概念的。比如福克斯在诠释法益时,就把《德国民法典》第823条第1款所规定的生命、身体、健康、自由、财产所有权等绝对权和第2款规定的绝对权之外的民事利益全部涵盖在内。[①] 冯·巴尔教授在讲到侵权法保护对象时直接使用了为法律所保护的利益作为涵盖权利和权利之外的利益的表述方式来指称法益。[②] 正是因为对刑法学者的法益观不持疑义,欧洲几乎见不到在民法学上另起炉灶对法益展开专门研究的学者。这并非民法学者放弃自有研究地盘,而在于法益的主要问题已经由刑法学者解决,在民法学中没有推倒重来的必要。前已述及,由于刑法学者并非恪守在刑法学科的巢臼中故步自封,而是着眼于从一般法的角度研究法益问题,对法益的许多阐述带有基本性和共同性,可以直接成为民事法益的基础性理论。正是基于这一背景,民法学者采取了拿来主义的做法,直接搬用了刑法学者的法益观。

与欧洲不同,我国民法学者对法益的认识与刑法学者存在巨大差异。我国民法学者通常认为,法益是权利之外为法律保护的利益。比如芮沐先生认为,"权利与法益……简言之,权利为法律所保护之积极方面……故权利主体在损害发生以后,固有请求赔偿之权,而在损害发生之前,亦有主张某种意思之权。但在法益,则个人仅有消极的补偿作用,积极地以意思主张权利则无之"。[③] 我国台湾地区学者史尚宽先生认为:"法益乃法律间接保护之个人利益";[④]洪逊欣认为法益是"法律之反射作用所保护之利益";[⑤]曾世雄先生则认为,"法益者,法律上主

① [德]马克西米利安·福克斯:《侵权行为法》,齐晓琨译,法律出版社2004年版,第11页。

② [德]克雷斯蒂安·冯·巴尔:《欧洲比较侵权行为法》(上),张新宝译,法律出版社2001年版,第20~25页。

③ 芮沐:《民法法律行为理论之全部》,中国政法大学出版社2003年版,第2页。

④ 史尚宽;《债法总论》,中国政法大学出版社2000年版,第127页。

⑤ 洪逊欣:《中国民法总则》,台北三民书局1979年版,第50页。

体得享有经法律消极承认之特定生活资源”。而所谓消极承认,是指“一方面肯认其合法性,他方面则提供相对薄弱之保护”。[①] 龙卫球教授认为,“权利仅限于指称名义上被称为权利者,属于广义法益的核心部分,其余民法上的利益均称法益”。[②] 其他论者如吴文嫔、李岩、韩强等均持与龙卫球教授近似的观点。尽管也有个别学者持广义法益观,[③]但影响甚微。论者通常认为,如果从广义上理解法益,则“会在理论上混淆法益与权利,导致不便,而且如果将法益等同于权利,也没有必要人为造成这样的理论不便”。[④]

## 二、民事法益的应然概念

究竟什么样的民事法益观是合适的?狭义法益论与广义法益论哪个更有道理?

笔者认为,对待法益这样一个有着长期历史的存在,判定相关观点的合适性应该从法益提出之目的、历史作用以及现实合理性等多个维度展开:

1. 从法益提出的目的来看,Binding 提出法益概念,是从法规范目的角度,为弥补费尔巴哈权利侵害说的缺陷提出来的。因为任何犯罪都侵害了为法律所保护的特定利益,却不一定侵害了权利,主观的权利同规范一样,是不可能受到侵害的。而且,权利只是法律保护利益的一种方式,并不是所有为法律所保护的利益,法律都赋予其权利的形式。

法益说取代权利侵害说,一方面是以法律保护对象这一本质取代权利这一形式;另一方面也弥补了权利指示不周延的缺陷,能够把所有为法律所保护的利益涵括进来。法益说的这一作用,在刑法学和其他法学中都同样存在。法律保护利益的方式是多种多样的,通过权利保

① 曾世雄:《民法总则的现状与未来》,中国政法大学出版社2001年版,第62页。

② 龙卫球:《民法总论》,中国法制出版社2002年版,第121页。

③ 比如梁慧星教授认为:生活利益本来很广,其中受法律保护者,称为法律利益,简称法益。参见梁慧星:《民法总论》,法律出版社2001年版,第77页。刘芝洋认为,“法益是法所保护的客体,是受法保护的一切利益”。参见刘芝洋:“法益概念辨识”,载《政法论坛》2008年第4期。

④ 李岩:“民事法益研究”,吉林大学2007年博士学位论文。

护利益是一种形式，但通过法律的明确规定、通过设定他人义务和法律原则的灵活运用保护利益也是重要途径。如果将法益指称权利之外为法律所保护的利益，则权利被排除在法益之外，这与提出法益的原初目的是相悖的。

2. 如果要抛弃一种业已长期存在的理论，必须具有必要且充分的理由。然而，从本质层面的广义法益，到与权利一起成为一种利益的法律表现形式，法益概念在我国民法学上完成了一种近乎诡异的蜕变，但对于为什么要进行这一蜕变，却没人作出像样的解释。既没有人论证传统法益观的不足，也没有人说明新的法益观具有难以匹及的优点，传统法益理念可以说是在一种莫名奇妙的情况下被阻断和颠覆掉的。这不能不令人心生疑窦，很难不让人怀疑是我国学者在法益概念传播过程中以讹传讹的结果。

3. 从现实合理性的角度来看，如果按照传统法益观，任何受到法律保护的利益都是法益。法益是“法”与“益”的结合，前者是手段、方式，后者是对象和目的。法律对法益保护的方式既可以通过权利，也可以通过权利外的利益。权利是法益的一种，是法律运用具体法律规则进行保护的类型化、确定化的利益；但法律所保护的利益不止是权利，在权利之外，还存在其他受到法律保护的利益。权利和权利外受法律保护的利益都因为其法律性而成为法益，这不仅符合人的正常认知，也容易让人理解，不会产生歧义。

相反，如果将法益限缩为法律消极保护的利益，其现实合理性就颇值怀疑。为什么要进行此种限缩，限缩会产生什么好处，不限缩将导致什么后果？这些问题在我国没有一个学者能够给出令人信服的答复。相反，从实践效果来看，倒是产生了许多本可避免的理论难题：(1)由于违背人的认知常识，法益这一本来十分容易为人理解的概念变成了一个极为生涩、冷僻的词。在我国，许多人从事法律工作多年，仍对民事法益处于懵懂困惑的状态，就是鲜明的例证。(2)必然产生许多解不开的理论困惑：若法益的功能在于标明利益的法律属性，则作为法律规定的类型化、明确化的利益，权利如果不是法益，那是什么，难道经由权利保护的利益不具有法律属性？若法益的功能不在于标明利益的法律属性，则法益理论的价值何在？法益作为法律所保护的利益，却不包括相当部分确定化、类型化的利益,为什么?许多问题本身不仅使人觉得荒谬,而且也不可能得到合理的解释,成为无解的谜团。

4. 从狭义法益论者对法益所下的定义也可以看出,狭义法益论者的法益观是不严谨的。把法益定义为法律反射作用所保护的利益本身就是晦涩含糊的。法律有反射作用吗,什么是法律的反射作用,法律反射作用的内涵有哪些?对于这些前置性问题,论者并无专门的论证。就洪逊欣先生之所指,此处的所谓反射作用,应是指反射损害,用法律的反射作用指称反射损害,不仅辞不达意,事实上也只是反映了部分权利之外的利益,胎儿利益、占有利益都不是反射利益,但却受到法律的保护而成为法益。把法益定义为法律间接保护的利益也存在明显的缺陷,前述胎儿利益、占有利益都受到法律的直接保护。将法益界定为法律上主体得享有经法律消极承认之特定生活资源,是将"法的财"大幅缩减至法律所消极承认之特定生活资源,但却并没有说明为什么要进行此种缩减。其他如龙卫球教授等的法益定义均存在这一问题。

因此,我国民法学者对传统法益观的改造,既没有明确的理论目的,也缺乏历史经验支持,更缺少基本的可行性论证,完全是盲目的行为。此种做法缺乏起码的严肃性,应予抛弃,实现法益观的历史回归。回归之后的民事法益,是表明利益的法律属性,而与非法利益、法外自由利益区别的一个概念。法益,即法律所承认和保护的利益;非法利益,即法所否定和排斥的利益;法外自由利益,即"法所不予干涉、由其自生自灭、放任自流的利益"①。权利是法益获得保护的一种手段,但是法益除了通过权利获得保护之外,还可以非权利的形式获得法律保护。换言之,法益,由权利和权利外法益两个部分构成。

## 三、民事法益的二元构造

### (一)权利

民事法益最核心的组成部分就是权利。在法益体系中,权利由于其内涵确定、形式稳定、对行为人指引明确、利于归类研究等原因备受

① 董兴佩:"法益:法律的中心问题",载《北方法学》2008年第3版。

研究者们青睐。在法学研究中,权利要么是预设的前提基础、要么是直接的研究对象、要么是评判理论合适性的标准。在民事法律体系中,权利被看成是法律关系的核心内容,权利至上、权利本位的观念深入人心。

但是,尽管早在罗马法中,就有一个用来表示权利的词"ius",[①]但怎样界定和解释权利,却一直是法理学上的难题。[②] 学者们不但没有对权利概念形成一致的观点,有学者甚至认为,给权利下一个正规的定义是不可能的,应该把权利看作一个"简单的、不可定义、不可分析的原初概念"。[③]

笔者认为,不同概念认识源自于不同的研究视角。从法益的角度来看,所谓权利,是一种为法律所规定或者承认,由国家强制力担保,主体自主地通过行为或不行为改变法律关系的能力,本质上是主体一定的利益。权利作为法益构成部分,具有如下几个方面的特点:

第一,权利的本质是利益。"一项权利之所以成立,是为了保护某种利益,是由于利在其中。在此意义上,也可以说,权利是受到保护的利益,是为道德和法律所确证的利益。"[④]因此,"利益成为权利的主要内容,权利成为实现利益的手段"。[⑤]

第二,权利是受法律保护的利益,法律保护是权利存在之前提。那种作为"就它能够与任何人根据一个普遍法则的自由并存而言,就是这种唯一的、原始的、每个人凭借自己的人性应当具有的法权",[⑥]即法

---

① Ius 本身是一个多义词,除了表示权利之外,还被用来表示公正和法。尽管法国学者 Michel Villey 对 Ius 表示权利的说法提出了质疑。但通常的观点认为,在罗马法中 ius 表示主观权利的情况是客观存在的。相关观点参见 Brian Tierney, The Idea of Natural Rights: Studies on Natural Rights, Natural Law and Church Law 1150 – 1625;李中原:"Ius 和 right 的词义变迁—谈两大法系权利概念的历史演进",载《中外法学》2008 年第 4 期。

② 夏勇:"权利哲学的基本问题",载《法学研究》2004 年第 3 期。

③ Joel Feinberg: "The nature and Values of Right", Journal of Value Inquiry, 4 (1970), pp. 243 – 244.

④ 夏勇:"权利哲学的基本问题",载《法学研究》2004 年第 3 期。

⑤ 刘芝洋:"法益概念辨识",载《政法论坛》2008 年第 4 期。

⑥ [德]康德:"道德形而上学",载李秋零主编:《康德著作全集》(第六卷),中国人民大学出版社 2007 年版。

律应当规定而没有规定的所谓应然权利,不过是自然权利。自然权利即使已经为社会成员所公认并融入社会风俗和习惯之中,而具有高度的社会认同性,也由于没有受到法律保护,不具有明确的规范内容而不具有法律属性,不属于法益。

第三,权利是定型化、类型化和确定化的利益。"权利是指那些被法律所确认的类型化了的利益。"①利益要成为权利保护的对象,必须具有稳定性和持久性,并且具有相同或相近的性质,立法者能够设计出通用的规则,将其定型化和确定化。"权利所以能出现,首先是因为社会中存在这样一些利益关系,这些利益关系稳定、持久地再现,对社会生活的影响较大,法律有必要予以规范,将之作为法益加以保护。其次,这些利益关系中的相当一部分因在某些方面性质相同或相近,有以共同规则加以调整的可能性和必要性。"②

第四,权利是一种具有法律上之力的利益。按照德国法学家梅克尔的观点,权利是由法律和国家权力保障人们为某种特定利益而进行一定行为的"力"。③ 权利的法律上之力表现在,为了保障权利的实现,法律往往赋予相对人一定的义务;而当权利受到侵害时,权利人可以获得法律救济。"权利是法律赋予权利主体的一种用以享有或维护特定利益的力量,义务则是对法力的服从,或为保障权利主体的利益而对一定法律结果所承受的影响。"④

第五,权利是一种主体得为或不为一定行为之力。此种力,即主体所享有之权能,也就是主体所享有的参与法律关系、改变法律关系的能力,包括权威(power)和能力。"一种利益、主张、资格必须具有力量才能成为权利。力量首先是从不容许侵犯的权威或强力意义上讲的,其次是从能力的意义上讲的。"⑤从参与法律关系的角度而言,则是一种

---

① 马桦:"我国民事法律关系理论的不足与完善",载《国家检察官学院学报》2006年第10期。

② 孙山:"寻找被遗忘的法益",载《法律科学》2011年第1期。

③ 相关观点参见王斐:"权利概念学说研究",山东大学2009年博士学位论文,第108页。

④ 张文显:《法哲学范畴研究》,中国政法大学出版社2001年版,第303页。

⑤ 夏勇:"权利哲学的基本问题",载《法学研究》2004年第3期。

资格:“说你对某物享有权利,是说你有资格享有它。”[①]因此,拉斐尔将权利分为接受权和行为权。其中,享有接受权是有资格接受某物或以某种方式受到对待的权利;享有行为权则是有资格去做某事或以某种方式去做某事的权利。[②]

权利的这些特性,决定了受到权利眷顾的利益,因为法律明确保护而鲜衣怒马,因为国家强制力的保障而孔武有力,因为具有权能而能量十足,因为定型化和确定化而安逸稳定。但是,权利的优厚待遇必然也意味着权利范围的有限性:那些虽有保护必要,却没有稳定相同或相近气质的利益,由于难以类型化,不得不被权利所抛弃;那些虽有一定保护价值,却不足以耗费较高立法和司法成本进行保护的利益,不得不被牺牲,因此,权利注定只是法益的一个组成部分。

(二)权利外法益

权利是核心的法益,但法益范围远大于权利。“社会经济生活中纷繁多样的利益事实不可能被法律包罗万象地穷尽并转化为权利……就民法而言,由于民法不实行法定主义以及其他原因,各种民事利益不可能也无必要均转化为民事权利,而只能把一些主要的民事利益赋予‘权利’的外壳,此外对那些未上升为权利的合法利益给予概括性的保护。”[③]

利益作为一个范畴极为广泛的群体,与法律的关系呈现出多样化的特征。利益的多样性与法律保护的有限性,决定了“有关利益保护只能限于法律明确规定的情形”。[④] 权利外法益,则是指尽管未能纳入权利范畴,却受到法律保护的利益。

作为法益构成部分的权利外法益,具有如下两方面的含义:

1. 权利外法益是一种受法律保护的利益,具有法律属性。由于受

① 格劳秀斯语,转引自[英]米尔恩:《人的权利与的多样性——人权哲学》(中译本),中国大百科全书出版社 1995 年版,第 111 页。

② D. D. Raphael, Problems of political. London: Macmillan, 1970, pp. 68 – 70.

③ 孔祥俊、杨丽:“侵权责任构成要件(上)”,载《政法论坛》(《中国政法大学学报》)1993 年第 1 期。

④ 王利明、周友军、高圣平:《中国侵权责任法教程》,人民法院出版社 2010 年版,第 73 页。

到法律保护,所以也存在一定的实现成本,与权利一样,权利外法益也是附条件的。尽管有些学者认为,我国《侵权责任法》所保护的民事利益范围具有无限性,①事实上,任何法律保护的利益范围均不可能不受限制。"如果各种利益都要受到保护,将使侵权责任法与其他法律保护的利益很难予以区分,成为侵权责任法难以承受之重。"②利益要跻身权利外法益之列,必须具有一定的价值,尽管这种价值可能不如权利中的利益那样重要。如果牵涉生活资源,则需具有稀缺性,有进行保护的必要。若价值甚微,无须法律保护;或者不具稀缺性,可以任由人们予取予拿,则不是法益,而属社会自由利益。

尽管同为受到法律保护的利益,但权利和权利外法益之分意味着法律对利益保护方式的不同。权利所保护的利益因为极其重要且特质明显,立法者比较容易了解和把握,所以法律采取多种方式对其进行保护。不仅原则性规定与具体性规则有机配套,而且设权性规范、义务性规范和禁止性规范互相配合,对利益提供全方位的保护。权利外法益则不然,多数权利外法益特征不明显,因此法律很少进行正面保护,设权性规范在权利外法益保护中基本上不起作用。对权利外法益的保护主要是通过义务性规范或禁止性规范以设定他人义务的方式进行,很多时候,甚至根本就没有具体规范,而是直接依照法律原则进行保护。在具体法律形式上,主要是通过事后救济的《侵权责任法》和设定他人义务的《反不正当竞争法》、《反垄断法》等法律进行保护。

2. 权利外法益通常是一种合法利益,不包括法律不加干预的自由利益和法律予以排斥的非法利益。但是,权利外法益侧重于法对利益的保护,与合法利益所强调的利益合乎法律规定性存在一定差异,二者不能完全等同。

权利外法益体现法律对利益的肯定态度,合法利益与法律保护的利益,在多数情况下犹如一个问题的两个侧面,具有互动性。我国台湾

---

① 张民安、林泰森:"我国《侵权责任法》对他人民事权益的保护",载《暨南学报》2010年第3期。

② 王利明、周友军、高圣平:《中国侵权责任法教程》,人民法院出版社2010年版,第73页。

地区发生过一个真实的案例，在该案中，某甲在住宅楼内开设娼妓馆，从事组织妇女卖淫的活动，邻居某乙多次报警无果，一怒之下率人冲入甲的家中捣毁该娼妓馆。王泽鉴先生在评点该案时就认为，尽管乙之行为属侵权行为，但是甲不能就该娼妓馆丧失的营业收入要求赔偿，因其此种利益并非合法利益。① 德国联邦最高法院的一则判决也指出，色情性交易契约违反善良风俗，娼妓因被车撞伤而无法从事色情交易期间的收入损失，不属于合法利益，故不得请求赔偿。②

但权利外法益是否只能为合法利益，则不无争议。学界通常认为，法律上的利益，只能是合法利益。③"只有合法的利益才可能受到法律上的救济，如果是非法的利益，尽管加害人的行为是侵权行为，亦不发生侵权赔偿责任，否则将导致非法利益通过侵权行为法的救济而合法化的效果。"④

笔者认为，将权利外法益限定于合法利益失之绝对，对合法性的解释也容易产生歧义。权利外法益和合法利益的角度不同，权利外法益侧重于利益的法律属性，而合法利益侧重于利益的合乎法律性，法律保护侧重于满足现实需求，合法性则重在进行价值评判，两者在多数情况下是一致的，但在某些特定的情况下也可能出现差异。比如某种利益具有法律保护的现实需要，但难以对其价值作出正面评判，因此不能断定其具有合法性，却不妨碍作为法益而受到保护。

有一种观点认为，以合法利益来限定法益"会造成如下弊端：一是在成文法国家，每当提到合法，人们习惯上便要去寻找某种利益的制定法依据，如果找不到则会导致对该种利益的否定；二是如同对权利的法定化、类型化一样，所有的制定法实际上都是不周延的，如果片面强调

① 王泽鉴：《民法学说与判例研究》（第 8 册），中国政法大学出版社 2005 年版，第 191 页。

② BGHZ67，119.

③ 相关观点可参见王利明：《侵权行为法研究》（上卷），中国人民大学出版社 2004 年版，第 65 ~ 75 页；王利明、周友军、高圣平：《中国侵权责任法教程》，人民法院出版社 2010 年版，第 72 ~ 77 页；程啸：《侵权行为法总论》，中国人民大学出版社 2008 年版，第 175 ~ 178 页。

④ 程啸：《侵权行为法总论》，中国人民大学出版社 2008 年版，第 177 页。

利益的合法性,则制定法在对权利进行规定时的不完善又扩大到了对利益的保护上,进而导致通过侵害利益的侵权行为来维持侵权行为法的开放性的效果消失殆尽……”①笔者认为是有道理的。合法利益强调利益合乎法律的价值性,权利外法益则强调利益的现实受保护性。因此,完全可能出现以下情况:对于利益主体来说,其对利益的享有或持有是非法的,但法律仍然进行保护。这并不意味着法律肯定了其持有利益的合法性,而只是意味着在特定情况下必须维持主体享有或者持有该利益的现实状态。非法占有就是最明显的例子。正如耶林所说,在占有之诉中,强盗和小偷亦受到保护。物权人之外的任何人均不得侵害小偷对盗赃物的现实占有,但绝不意味着小偷对盗赃物享有合法权益。合法性指的是利益的合乎法律性,小偷的占有显然与之不符。

作为一种区别于权利而在法律上受到保护的利益,权利外法益具有如下特征:

1. 就性质来说,权利外法益是一种私益。权利是一个私法概念,同样,权利外法益也须是私主体的利益,而非公共利益。因此,如果因社会公共利益受到侵害而遭受个人利益损害,通常不能要求行为人承担责任,除非法律有例外的规定。比如如果因为某地区环境严重污染而致空气质量不好,市民某甲以其生活于具有清洁空气的环境利益受到侵害为由主张赔偿不能得到支持,除非环境保护法作出特别安排。

2. 在技术上,权利外法益具有基本的可识别性。只有能够经由某种方式识别的利益,才适宜由法律加以保护。如果不具备基本的可识别性,法律的保护也就无从谈起。不过,权利外法益尽管是可识别的,但法律对其可识别性的要求远低于对权利的要求,权利具有明显的外观,可识别性非常高,他人可以根据法律的规定作一般性识别。权利外法益则不一样,除了少数法律明确保护的利益之外,多数没有明确的外观,往往只能在个案中进行甄别。

3. 在形式上,权利外法益具有开放性。权利外法益实质上是处于权利与社会自由利益之间的一个中间或者过渡地带,其边界十分模糊。有的利益处于靠近权利的前沿地带、地位重要,法律保护程度较强,一

① 曾庆云:“论侵害利益的侵权行为”,西南政法大学2006年硕士学位论文。

旦时期成熟即上升为权利,比如我国前些年的隐私利益;有的利益地位处于不断消减的状态,尽管曾受到法律的保护,但随着社会观念的变化已不再具有受法律保护的必要,从而成为法外利益,比如基于亲属关系而形成的许多身份利益。由于对权利外法益的认识与法观念直接关联,而社会法观念处于不断变动之中,不像权利存废一样受到严格程序的制约,因此权利外法益类型也因法观念的变化而变化,生成与消亡比较频繁。可以说,权利外法益的大门是随时开放的,利益只要具备了法律保护的价值,只要合符法律原则,即可在具体案件中经由司法的确认而受到法律的保护,不像权利体系一样,一旦立法活动结束,即处于封闭的状态。

4. 在构成上,权利外法益的构成具有多元性,法律保护方式也呈现出多面性,在内部存在多层次的利益位阶。

就利益位阶来说,有些利益,比如胎儿利益,对主体具有非常重要的作用,只是由于跟权利理论存在理论上的冲突,规定为权利存在技术障碍,而只能以权利外法益的形式存在;有些利益,比如虚拟人格利益和虚拟财产利益,尽管对主体具有一定的重要性,但重要程度尚难确定,利益本身也不稳定,对其认识需要时间,因而不得不暂时栖身于权利外法益之列;有些利益,比如相当多通过适用法律原则保护的利益,对民事主体仅具次重要性,法律为平衡利益、节约成本,往往只提供较弱程度的保护;有些利益,比如许多种类的纯粹经济利益,尽管具有一定价值,但其保护牵涉行为人利益、社会公共利益等诸多方面,法律对其是否提供一体保护本身就存在疑义。

由于权利外法益的广泛性和复杂性,法律的保护方式也因利益类型的不同而有差异。权利冲突型法益的内容相对确定,法律规定也比较明确。而对于其他利益,由于利益的组成过于复杂,立法者多数情况下无能力作出明确的正面规范,“法律往往持有反面救济的态度,往往不对其内涵、外延做正面规范,保护力度也不如权利的侵权法保护力度大”。① 如此处理的直接结果,就是利益的外观不明显、行为人难以注

① 曹险峰:“在权利和法益之间——对侵权行为客体的解读”,载《当代法学》2005年第4期。

意。由于具有不确定性,人们无法根据法益“来划定自己行为的范围以及他人行为的警戒线”,[①]因此,在行为人过错的判断上不如权利侵害那么严格,而对行为人承担责任之限制则比较多。

5. 在法律保护的程度上,权利外法益“由于这种利益形态尚不具有法律上可供概括归纳的确定特质,难以类型化,因此它受法律的保护弱于权利”。[②] 此种薄弱性主要体现在:

(1)许多国家对权利之外的利益保护附加了严格的限制条件,比如,在德国以及受德国法影响的国家,唯故意且以悖于善良风俗方式侵害利益的行为人始负赔偿责任。在《侵权责任法》之前,我国法院在审理有关权利外利益侵害案件时,对于是否保护受害人利益表现得也很慎重。比如在“陶莉萍诉吴曦道路交通事故人身损害赔偿纠纷案”中,法院认为:“利益不等于权利,利益并非都能得到司法救济。原告不是以故意违反公序良俗的方式加以侵害,纯因过失而偶致原告唇裂,故本院对原告不能亲吻的利益损失赔偿精神损害抚慰金10000元的请求不予支持。”[③]

(2)权利外法益保护的内容不如权利那么全面。按照霍菲尔德的观点,“权利”一词包含要求、自由、权力和豁免四个方面的意思,任何一个权利主体均有权提出对某种利益的要求或主张,自己决定自己的事情,迫使对方作出或不作出某种行为或不受某种对待。[④] 权利外法益通常只包括其中的自由、豁免等要素,而要求要素只在受到侵害的情况下享有,权力要素则根本不存在,法律一般不会赋予利益人要求他人为或不为某种行为的能力,因此,利益人不具有如权利人一样的明确权能。权利外法益的行使具有被动性,通常,权利外法益必须等到损害发生以后才能主张。

---

① 关永红、陈磊甲:“论民法法益本体及其制度化应用”,载《山西师大学报》(社会科学版)2009年第7期。

② 熊谞龙:“权利,抑或法益——一般人格权本质的再讨论”,载《比较法研究》2005年第2期。

③ 参见四川省广汉市人民法院(2001)广汉民初字第832号民事判决书。

④ Wesley. N. Hohfeld, “Fundamental Legal Conceptions as Applied in Judicial Reasoning”, 23 Yale Law Journal, 1919.

(3)有些权利外法益只是受到法律的间接保护,而非像权利那样受到直接保护。比如在《侵权责任法》颁布之前,由于我国法律没有明确将隐私权作为一项具体人格权加以规定,隐私只是被视为一种人格利益,对隐私的保护不得不长期借助于名誉权,隐私利益的保护因此受到很多限制。

(4)由于权利外法益无法穷尽,立法者通常只制定保护的概括性或原则性规定,利益能否得到实际保护往往依赖于法官对抽象法律原则的理解,不同的法官基于不同的价值观念(或谓法律良心),会作出不同的判决(从法律的角度,难以用正确或错误衡量法官的这种判决),①因此尽管总的方向一致,但不可避免地带有较大的随意性,案件结果的不确定性程度较高。

(三)民事法益二元要素之关系

作为法益要素之权利和权利外法益,具有两个共同特点:其一,本质上都是利益;其二,都是为法律所保护的利益。因此,二者是平行的关系。权利外法益是权利的前哨站和试验田、是利益保护的起步和初始阶段,权利则是利益保护机制的升级和强化,两者相互配合、互为补充,使法律保护利益的机制具有深度和层次、避免陷入单一化和简单化,使法律更能反映和契合复杂的社会利益格局、更具生命力。

一方面,权利外法益和权利作为法律保护利益的两种形式,在表现形式、调整范围、功能定位、运行方式、内在含义上均具有明显差异,两者互为区别:

1. 权利是确定化、类型化的法益,而权利外法益则只能实现典型利益的有限类型化,多数是不能归类的。权利所保护的利益通常能够稳定、持久的存在,并且具有许多相同或相近的特点,在逻辑上可以经过梳理并作类型化的处理,在公示后为民事主体所注意和遵循;而权利外法益很多是易变的,稳定性和持久性不如权利,由于范围过于广泛、形式过于多样,因此很难进行归类,多数不具备相应的明确外观,也难以通过公示产生警示他人的作用。

---

① 张开泽:"法益性权利——权利认识新视域",载《法制与社会发展》2007年第2期。

2. 法律对权利的保护较为全面,权利人具有权能,享有要求他人为或不为某种行为的能力;对权利外法益的保护则在程度上比较弱、在方法上比较消极,利益主体只享有要求他人不为某种行为的能力,通常只享有在受到侵害时向法院请求救济的权利。

3. 权利人具有权能,权利能力的存在是权利人享有权利之基础;而多数情况下,权利外法益只是对事实上客观存在之利益的承认和保护,无须权利能力的要求。因此,胎儿利益难以借由权利制度得到保护,却可以在权利外法益中找到容身之地。

4. 权利有多方面的实现和保障机制,权利外法益则不然。权利既可通过权利人自身的行使实现,也可以借助于权利的转让或者权能的分离得到实现,权利外法益尽管也可以实现一定形式的转让,但主要依赖于主体自身的利用,很难通过权能的分离实现利益的价值。通常,借由占有转移或权利凭证等公示形式,权利的移转产生对外的公示效力,但权利外法益如商业秘密等的让与,不具有对抗第三人的效力,一旦第三人获得,利益人即失去该种利益。

5. 权利由于明确的法定性及保障机制上的完备性,对义务人往往构成强烈的约束,权利人既可以为或不为某种行为,还可以要求义务人为或不为某种行为,权利人的优越地位滋生出权利滥用的危险;而权利外法益则对义务人的约束较弱,基本不存在滥用的问题。

6. 权利的救济可以有多种方式,比如物权人有权要求返还原物、恢复原状;权利外法益的救济方式则要少很多。通常,权利外法益一旦脱离享有人的支配,利益人即丧失对于该种利益的享有,不享有返还原物之类的请求权,而只具有停止侵害、消除危险、损害赔偿一类的请求权。比如在商业秘密已为他人公开的情况下,原享有者不享有恢复原状请求权,不可以主张使其重归秘密状态。

7. 权利由于对义务人的约束较大,实现的成本较高,因此通常有期限的限制。在民事权利体系中,只有所有权为永久物权、无期限限制,其他权利无论是物权、债权还是知识产权,都存在存续时间的问题。权利外法益则不然,权利外法益由于多数是对事实的确认,因此只要事实状态存在,享有者就可以一直保有这种利益。比如商业秘密可以永久保持,专利权则有时间上的明确限制。

另一方面，权利与权利外法益都是受到法律保护的利益，二者本质相同，且相互配合、互为补充，具有密切的联系：

1. 彼此分工。权利调整核心的、已经稳定下来的、已经能够认识清楚的利益，权利外法益则调整那些有一定重要性，却非处于核心地带的、尚处于剧烈变动之中、特质表现不充分的利益，从而使具有保护价值的利益都处于法律的保护之下。

2. 互为补充。权利与权利外法益互为补充，构成了完整的法益，共同组成了法律所保护的客体。一方面，法律通过具体规则，以定型化、类型化的方式对核心利益提供稳定、全面的保护；另一方面，在权利体系力有不逮的地方，法律在法的目的范围内，通过法律原则的指引，实现对次重要利益、技术上难以规定为权利的利益的概括、笼统、一般保护，通过法官在适法活动中对原则的诠释和适用，在个案中实现对利益的具体保护。这样的保护体系，使得法律的保护更为全面，手段更为多样。

3. 相互合作。权利以确定的方式存之于世，法律在具体规则中设置权利，并通过法律文本的广而告之向行为人宣示其存在，行为人因此负有尊重他人权利的注意义务；而多数权利外法益则以一种隐形却符合法律原则、合乎法律价值的方式存在，法律通过对利益的保护，宣示法律所能容忍的最低道德要求，提醒人们注意自己的行为。正是权利和权利外法益的精诚合作，产生了人们各个层次的注意义务，共同充当了行为指示器的作用。

4. 互相渗透。权利和权利外法益并非截然分野，而是存在相互渗透的情况。一方面，许多重要的利益未能上升为权利，而仍然停留于权利外法益的状态；另一方面，一些形式上的权利，因为不具备权利的实质条件，本质上仍然只是利益，比如德国法上的一般人格权和营业权。利益在上升为权利之前，总是先在权利外法益的大厦中寻找容身之所，一旦时机成熟，即经由法定而荣登权利之列。权利和权利外法益的这种渗透，使得其边界趋于模糊，一些权利的非权利色彩浓郁，一些权利外法益也呈现出十分强烈的权利特征，使得人们对处于权利和权利外法益边境地带的利益难于从形式上进行区分，以致形成对其性质是权利还是权利外法益的论争。商业秘密和占有，之所以在一些学者看来是权利,在另一些学者看来则是权利外法益,原因就在于此。

## 四、法益二元构造论之意义

法益的二元构造论,既实现了法益理论的历史回归,又具有极强的现实功用,对于厘清理论误区具有非常重要的意义:

1. 法益二元构造论将法律保护的利益作为一个整体,避免割裂地看待权利与权利之外的法益,有利于了解权利和权利外法益之间的共性和联系,体系化地看待法律保护的所有利益,有利于探讨二者的共同特征及其差异,了解二者之间的分工与互动状况,克服狭义法益论只见其一不见其二的缺陷。

2. 有利于理顺法律保护的利益与社会一般利益的关系。从法律属性的角度看待利益,把具有法律属性的利益称为法益,不具法律属性的利益称为社会一般利益,不仅区分标准明晰简单,能够起到理论简化的作用,而且能够引导研究者将精力集中于具有法律属性的利益,既避免了将有限精力虚耗于不具法律属性的社会一般利益,又不至于产生以偏赅全、只见权利不见其他法益的情况。

3. 权利的实现需要国家强制力作保证,需要动用的司法资源多,实现成本比较大。权利意味着私人成本、公共成本、社会成本等各种成本。①"无论是权利的形成还是权利的实现都得依赖一定的社会物质基础,在相当多的情况下,物质因素甚至可成为权利实现的决定因素"。②与之相反,权利外法益尽管也受到法律的保护,但由于利益主体不享有明确的权能,保护程度较弱,因此所耗费的司法资源相对较小,法律对它的保护可以更便捷和多样。

权利和权利外法益相配合,可以依据利益的具体情况提供相应的保护,能够有效的实现广泛性与灵活性的结合。将法益区分为权利和权利外法益,法律通过权利对重要利益提供一种全面、刚性的保护,通

① [美]斯蒂芬·霍尔姆斯、凯斯·R.桑斯坦:《权利的成本:为什么自由依赖于税》,毕竟悦译,北京大学出版社2004年版。

② 张开泽:"法益性权利——权利认识新视域",载《法制与社会发展》2007年第2期。

过权利外法益对利益提供一种柔性的，某个角度、某个层面的保护，法律保护方式趋于多样化，避免了手段的单一。

4. 权利意味着法律确定化的正面评价。社会利益是否经法律特定化、类型化为权利，取决于立法者的价值判断。社会利益成为权利，不仅须具有重要性，而且必须具有正面肯定的价值。那些仅具现实重要性却难以进行价值评判的利益势必被排除在权利体系之外，此时，可以通过权利外法益以弱保护的方式保护起来。通过功能互补，有效地弥补不同法益在功能定位上的缺陷，而实现对利益的事实保护。比如占有，占有只是对于物事实上的控制状态，法律难以仅凭占有之事实对占有人作出正面的价值评判，故不宜规定占有人的权利，但占有人对物事实上的管领控制利益必须维护。因此，占有就成为一种权利之外的法益受到法律保护，并不因其不是权利而被遗忘。

权利和权利外法益的二元构造，使法律保护的利益更富于层次，由于权利外法益的存在，在法定权利与社会自由利益之间形成一个过渡地带，使得一些具有一定意义又没有能够规定为权利的利益有了容身之所，在法定权利与社会一般利益之间形成了一个缓冲区域，避免了对社会利益要么不调整，要么全面调整的非此即彼情况的产生。

5. 权利要具有公示性、确定性，要为人们所遵循和了解，必须保持足够的稳定，权利因此具有封闭性特征；权利外法益的构成则具有多层次性和弹力性，法官依据其内心观念就可确认，因而具有很大的开放性。在很多时候，权利外法益充当了一个权利前哨站和实验田的作用，权利和权利外法益的分工与合作，使得法律满足社会需求的能力大大提高，也使得立法者对权利的制定更为慎重、科学和合乎实际。

6. 有利于形成更为科学的法律漏洞理论。我国传统法律理论单一的以权利为中心，只要有应由法律保护而未能纳入权利体系的利益存在，就会认为存在法律漏洞，因为权利和义务被视为是法律关系的内容，而权利义务关系又以权利为本位，因此，某种程度上法律漏洞就是权利漏洞，两者只是语境上存在差异。

法益二元构造理论将评判法律漏洞的指标扩及权利之外的法益，法律通过权利外法益可以大幅度地扩大现实利益的调整范围，较大程度上减轻因成文法重普遍轻特殊、重一般轻个别的调整方式产生的法保护不周延问题,克服法律刚性保护所带来的机械性缺陷,实现保护程度上的层次性。传统理论视为法律漏洞之处,在新的评判标准下,可能并不构成法律漏洞,而成为一种有意识的制度安排。此时,权利体系的不完备性“并不是一种缺陷,而是一种先验且必然的结果”。①

首先,权利有明确的内涵,为法律所明确规定,“为了确保法律的确定性以及可预测性,任何行为或者利益的边界都必须是确定的、可预测的。法律设立权利来保障个人利益的同时,限制了别人的自由空间,因此,只有当设立的权利的内涵和边界是确定的,个人与他人的自由边界才可能是清晰的,也只有这样才可能产生一种具有可预测性的社会秩序。因此,一种内涵不确定、客体不清晰的权利是需要避免的”。②一种利益即使足够重要,如果内涵不确定,也不能规定为权利,从而产生保护不周的问题。在传统理论中,这被认为是源于成文法僵硬性的法律漏洞。但在法益二元构造视角下,被排除在权利体系之外的利益,只要通过权利外法益的方式获得保护,就不能认为是一种法律漏洞。

其次,法律要保持足够稳定,在立法结束之后权利体系必然处于封闭的状态。一种新生成的重要利益即使已经形成,但在启动新的立法程序之前,也不可能被权利体系所吸纳,在传统法律理论中这也被认为是产生法律漏洞的原因。然而,在法益二元构造理论的视角下,新兴重要利益可能因为符合社会道德规范而受到法律原则的保护,因为也很难认为存在法律漏洞。

(作者单位系广东商学院法学院)

---

① [德]考夫曼:《法律哲学》,刘幸义译,法律出版社2004年版,第142页。

② 薛军:“人格权的两种基本理论模式与中国的人格权立法”,载《法商研究》2004年第4期。

# 合同形式问题之历史流变及其法律史观意义

马 丁

目 次



## 一、引言

对于现当代各国合同法中合同形式方面的规定我国学者已多有论及。一个有趣的现象是,学者们几乎一致地将现当代法律中出现的对形式强制的否定性趋势理解为合同自由思想之伸张的结果。质言之,对合同形式的要求被视为是与缔约过程中体现出来的意思自治相对立的东西。这种看法毫无疑问有其合理的一面。但是,从另一方面来看,合同的形式与合同的内容却并非仅仅是二元对立的,两者——从存在和功能的意义上——处于一种相互依存、相辅相成的关系之中。

分析和研究合同内容与形式两者之间这种紧密结合、难以割舍的内在联系不仅仅有其部门法理论方面的意义,而且具有法律史观层面的价值:它可以从微观而具象的角度驳斥机械的法律发展论对法律史实和法律现状的简单、机械的解读,使我们了解到真实的法律事物所受到的外部牵制和它内部自有的价值冲突,了解到法律发展的相对性、缓慢性和反复性。

本文试图从历史上与现当代的合同形式的继承与发展关系、国家意志与当事人自由及利益间的关系、合同形式的实体法价值与程序法价值等角度探讨合同形式的存在与表现方式、合同的形式强制和形式自由的内在关系、合同形式的意义定位和内在价值等问题。

## 二、合同形式在历史上的不同表现形式

### (一)对合同形式的一般界定

从对合同形式的分类中可以看出法律对合同形式的认识和理解。基于不同的目的取向和方法,近现代法律将合同区分为不同的类型。从合同内容的外在表达方式这一角度出发,合同的形式一般分为以下几类:口头形式、一般书面形式、特别书面形式。口头合同因为不依赖于一定的物质载体而存在,所以又被称为无形式的合同。一般书面形式是指仅仅以合同内容的书面表达为已足的形式要求。特别书面形式则是指通过一定手段对于双方当事人以书面形式表达的合同内容加以进一步确定的缔约形式。一般认为,这种形式要求包括公证、鉴证、登记等。在有形式要求的合同种类之下,从对合同加以形式要求的意志来源来看,合同形式又被分为法定形式和意定形式。意定形式以当事人双方就合同形式的约定为基础,是双方当事人自由缔约意志的体现;法定形式以国家法律对合同形式的强制性要求为基础,是国家干预私人自治领域、行使管理社会市场交易方面职权的表现。

上述对于合同形式的分类体现出当代法律在界定合同形式的概念时的基本特色。这种界定以合同内容和合同形式彼此严格区别的两分法为基础:合同的内容是双方当事人缔约意志自由表达的结果,从法律规制的角度上讲,它不依赖于合同的形式而存在并发挥作用;合同的形式拥有自己应当遵循的法律规定,从而相对于合同的内容保持其独立性。这种认识以以下思维为基础:合同的内容是合同的核心和本质部分;合同的形式具有外在性,从而仅仅具有辅助性价值。由此可知,在

现当代社会中，合同形式一般被界定为与合同内容及当事人的缔约意思相区别的合同的客观外在表现方式。

（二）对合同形式的功能主义界定

上述对合同形式的现代界定固然有其清晰明了、易于掌握的优点，却也有其不足之处。首先，它不能囊括历史上曾经存在的所有合同的外在表现形式；其次，这种界定有割裂合同的形式和内容之间的有机联系之嫌（这两点将在下文详述）。基于此，笔者建议对合同形式作一种功能主义的界定，即从服务于合同缔结（合同的内容确定）及合同目的实现（排除履行方面的争议）的角度界定合同形式的存在及其外在形态。换句话说，双方当事人所采取的服务于合同内容之确定和有助于避免履行时的争议的手段，因为其功能和目的在于帮助合同内容实现外在化和客观化，可以被视为合同的形式。相对于前述的对合同形式的一般界定，这是一种广义理解的合同形式。

（三）合同形式的表现形式及其多样性：三个历史样本

这种对合同形式的功能主义界定的优点首先体现在对古代法上曾经存在的合同的外在表达的认识和性质界定上。以下以三种曾经存在的交易的作成方式为例，说明古代法上不同于现在的合同外在表现形式及相应原因。①

1. 要式口约

罗马法上最早出现的契约是要式契约。在罗马法的早期发展中，最重要、使用最广泛的一种要式契约是要式口约（stipulatio）。② 它由双方当事人以特定的语言经问、答相符而订立。它最早来源于《十二表法》之前的神前誓约，后来渐渐以问答式废弃了宣誓式。起初，其条件

① 需要指出的是，本文所谓的合同并非仅指现代法律意义上狭义理解的合同，而毋宁是指交易（或者更进一步地说：以一定形式缔结的交易）。所以本文致力于探讨一般意义上的合同以及那些并不表现为典型的合同形态的交易的外在形式及它们的价值。

② Max Kaser, *Das Römische Privatrecht*, 1. Abschnitt, Beck'sche Verlagsbuchhandlung, 2. Aufl., 1971, S. 168ff, 538ff; Max Kaser, *Römisches Privatrecht*, Verlag Beck, 16. Aufl., 1992, S. 46; Herbert Hausmaninger, Walter Selb, *Römisches Privatrecht*, Böhlau Verlag, 6. Aufl., 1991, S. 273ff; Detlef Liebs, *Römisches Recht*, Verlag Vandenhoeck & Ruprecht, 5. Aufl., 1999, S. 233ff.

相当严格,如须用拉丁语进行、双方都要到场并亲自一问一答、提问和回答须完全吻合、过程不得中断等。在市民法的影响之下,它的形式渐趋精简。① 要式口约最重要的特点在于它是最绝对意义上的要式适法行为。它不问缔约的具体原因,而只要求形式合于法律。② 它之所以备受青睐,即因以下两点:(1)它较之此前的缔约形式简便;③(2)它是严法契约,法律保障可靠。④

虽然在其发展的过程中逐渐摒弃了许多繁文缛节,要式口约的仪式性还是达到了令现代人吃惊的程度。这种仪式的合理性和必要性只有在当时的历史背景下才能理解。⑤ 由于古代对交易行为的法律规制尚不完备,怎样区分缔约前的谈判和合同的真正缔结就成了古代合同法的核心问题。在当时的物质和社会条件下,没有什么比邀请证人到场并严格履行刻板的形式更能充分地表达双方当事人缔结合同的决心和通过合同约束对方的意图。这种仪式具有以下意义:第一,它是当事人的缔约意志和合同内容的外在表达,具有确定合同存在、形成合同的功能;第二,对仪式的严格施行构成合同成立并生效的充分基础,排斥了对合同效力的质疑和追问,仪式本身即合同效力的来源;第三,对仪式的严格履行是证明合同成立与存在的唯一方式,在发生合同纠纷的

---

① 周枏:《罗马法原论》,商务印书馆1994年版,第667页;公元427年,拉比奥二世颁令,规定可以不采用严格的形式,只要采用问答形式并且当事人双方的意图明确,要式口约即有拘束力。参见江平、米健:《罗马法基础》(修订第3版),中国政法大学出版社2004年版,第335~336页。

② 黄风编著:《罗马法词典》,法律出版社2002年版,第235页。

③ 这是指相对于"债务口约"(nexum)和"要式买卖"(macipatio)而言。这两种罗马法上交易的缔结方式较之其后产生的"要式口约"具有更为严格和复杂的仪式。参见[意]彼德罗·彭梵得:《罗马法教科书》,黄风译,中国政法大学出版社1992年版,第353页。Kaser, *Das Römische Privatrecht*, 1. Abschnitt, S. 41f; Kaser, *Römisches Privatrecht*, S. 41f, 184; Liebs, *Römisches Recht*, S. 171, 229ff.

④ 承审员审理涉及这种严法契约(Contractus stricti juris)的纠纷时纯以双方订立合同时问答的内容为准,不问有无正当原因和是否公平,对于保护债权人很周到。参见周枏,前引书,第668页。

⑤ 关于罗马法上法律行为的形式主义参见[意]朱塞佩·格罗索:《罗马法史》,黄风译,中国政法大学出版社1994年版,第116~117页。

情况下对仪式内容的调查和举证就是对合同内容与效力的调查和举证。从仪式服务于合同的缔结和合意具体内容的确定这一角度来看，它发挥着合同形式的功能。而且我们可以看到，在要式口约中，合同的形式和内容紧密结合在一起，对两者加以区分不仅困难而且没有意义。

从当今学理的角度来看，要式口约中所履行的问答形式本质上是债务人在债权人面前作出的一个履行承诺（Leistungsversprechen）。[①] 从形式上看，双方所达成的只不过是一个单务契约。[②] 但要式口约的这种外在形态和它实际上的功能、价值并不相符。从它在历史上发挥的作用来看，它被广泛的应用于形成合意之债，实际上是一般的双务合同的法律表达形态。[③] 卡瑟尔（Max Kaser）称其为罗马法发展史上最重要的、最具原创性的法律制度发明之一。[④] 可见，在审视古代合同形式问题时候，不能拘泥于现当代的认识视角，而应以功能主义（Funktionalismus）和目的论思维（teleologischer Gedanke）为导向，具体地把握历史上的合同形式的表现形态及其特征。

值得一提的是，要式口约在之后的历史演变中也开始采用书面形式，即"要式口约约据"（clausola stipulationis）。这种书面形式开始时只是证明手段，[⑤]后来渐渐独立于要式口约而被使用并逐渐发展为一种文字契约形式。现代的书面契约应该是源于以口头订立的契约。最初为了证明口头契约存在，人们以文字记载佐证，后来因其较之口头形式更为可靠的记录功能，书面形式的重要性渐渐跃居口头形式之上。[⑥]

---

① Inst. 3,15,1. Kaser, *Römisches Privatrecht*, S. 188; Hausmaninger/Selb, *Römisches Privatrecht*, S. 273.

② Rudolph Sohm, *Institutionen des römischen Rechts*, Verlag Duncker & Humblot, 1884, S. 221；林新生："合同的形式研究"，中国社会科学院研究生院2006年博士学位论文，第24页。

③ 周枏，前引书，第668页。

④ Kaser, *Das Römische Privatrecht*, 1. Abschnitt, S. 538f.; Kaser, *Römisches Privatrecht*, S. 46.

⑤ 周枏，前引书，第667页；黄风编著：《罗马法词典》，法律出版社2002年版，第235页；江平、米健，前引书，第330页。

⑥ 江平、米健，前引书，第338页。Kaser, *Römisches Privatrecht*, S. 47ff.

当然,这种书面形式较之仪式的优越地位是逐渐确立而非一蹴而就的。[①]

2. 拟诉弃权

"拟诉弃权"(in iure cessio)是罗马法上实现物的所有权移转的一种方式。受让人和出让人分别以原告和被告的身份出庭,受让人宣称被转让物是他的,出让人(即物的原所有人)则直接承认受让人的诉讼主张或者对受让人的诉讼主张表示沉默,最终通过法官对受让人的权利主张的确认实现物的所有权的移转。这一制度以虚拟的法律纠纷和诉讼为形式,达到赋予一方权利而消灭另一方权利的私法上的目的。[②]双方当事人的意图在于通过法官的见证,表明出让人已将权利让渡给受让人,使该项移转成为具有权威效力的法律事实。[③]

虽然在关于罗马法的著述中,"拟诉弃权"——与"要式买卖"(mancipatio)一样——是被作为移转所有权的一种手段来介绍的,但笔者认为,从功能主义的角度来看,也可以把它视为双方当事人达成契约并使之生效的一种"契约形式"性质的制度设置。首先,在罗马法上尤其是其早期阶段,移转所有权的形式与达成契约的形式只是对同一交易过程的不同角度的描述,虽然侧重点有所不同,但两者之间并没有实质上的差别;[④]其次,无论把它视为对于合同形式的要求还是对交易作成方式的要求,两者的立意和功能都是相同的,最终目的都指向"该权利之移转的发生及其应有效力之取得"。[⑤]拟诉弃权作为达成交易的方

---

① Kaser, *Römisches Privatrecht*, S. 47ff.

② 它也被称为"庭前权利转让"(Abtretung vor Gericht)。黄风编著:《罗马法词典》,法律出版社2002年版,第127页;Sohm, *Institutionen des römischen Rechts*, S. 24;Kaser, *Römisches Privatrecht*, S. 45, 115;Liebs, *Römisches Recht*, S. 31。

③ [德]马克斯·韦伯:《论经济与社会中的法律》,张乃根译,中国大百科全书出版社1998年版,第168页。

④ 周枏的《罗马法原论》一书中也径将拟诉弃权与要式买卖并列列为"交易的方式"。周枏,前引书,第699页。

⑤ 这与后世的情形颇有不同。在近现代,合同的缔结与物的所有权的移转在时间和空间维度上的分离成了交易中常见的、主要的情况。此外,就德国法而言,其发展出的区分原则使契约的订立和所有权的转移作为相互区分的两个独立行为被加以认识。这在古代法上是不可想象的。

式是双方当事人的选择,是他们认为符合自己的利益和需求的进行交易的法律形式。它的完成强调了所有权之移转,而它的施行则是合同的达成及其具体内容的体现。从这一点来看,拟诉弃权也是合同之订立及其具体内容的一种外在表达方式,是当时的社会历史条件下的一种特殊的合同形式。

在拟诉弃权制度中,为了确保权利转让这一事实受到公权力的认许和保障,双方当事人采用虚假诉讼的形式进行转让。我们可以看到一种早期的(通过法院进行的)国家公证行为的萌芽。当然,这种国家行使公权力对合同的缔结和履行加以监督的行为具有被动性。当事人主动利用法庭审理的方式完成交易的做法,一方面体现出他们对国家公权力保障合同效力和履行的能力的信赖,另一方面体现出对仪式性的合同缔结方式的依恋和尊崇。①

3. 契据

"契据"(Contract under Seal)是英国法上最古老的合同形式。早在对价学说与非正式契约被承认并可被强制执行之前,蜡封盖印方式所产生的契据作为正式契约即为普通法法院所接受并强制执行达数世纪之久。② 形式完备的契据具有强制执行力。所谓完备的形式包括以下三点:(1)文书,其中应载明当事人信息、相应对价、产权限制、授予时间、附条件与否等。(2)盖印,即签字、封印等,它是当事人同意契据所载内容的进一步证据。(3)交付。契据于书写盖印后若未交付,则一切预定之效果均无从谈起。③

那些加盖印鉴的契据被强制执行,不是因为它被绝对的推定为建立在对价的基础上,而是因为对价根本不是这类合同的基本要素。④换

---

① 在拟诉弃权的实现过程中,虽然双方对争讼标的的所有权的法律纠纷是拟制的,但从审理的过程来看与一般的审判程序无异。法官作为双方之外的第三方的中立特征以及交易双方作为诉讼中对立的当事人的角色恰恰与债务口约、要式买卖和要式口约中的仪式性特征神似。Sohm, *Institutionen des römischen Rechts*, S. 19ff.

② 杨桢:《英美契约法论》(修订版),北京大学出版社 2000 年版,第 164 页;[美]科宾:《科宾论合同》(上册),王卫国译,中国大百科全书出版社 1998 年版,第 444 页。

③ 科宾,前引书,第 432 ~ 434 页。

④ 科宾,前引书,第 444 页。

句话说,合同的效力并非源于当事人的缔约意志和合同内容的交换性,而是源于盖印和交付。这种作成文契、加盖印鉴并庄重地交付给对方的行为体现为一种庄严的法律仪式。可以看出,仪式化的交易缔结过程在古代社会具有一种特殊的魅力,它的严格与机械恰恰反映出合同当事人作出承诺的严肃性和以合同约束对方的强烈意愿。①

契据可被应用于单务和双务合同中。即使在单务合同中,它也发挥着表达双方合意并使之具有约束力的作用。从功能主义的角度来看,它并非仅仅是完成权利移转的方式,而是同时发挥着合同形式所承载的功能——使交易双方的合意外在化、确定化并以契据的做成作为交易有效成立的证明。②

(四)小结:仪式的意义和功能

以上三个例证所处的地域、时代不同,内容和构造有很大差异,但却也有明显的相似之处:它们并非如现代缔结合同(或者说交易)的一般方式一样表现为纯粹的口头或者书面形式,而是具有仪式性的特征。③ 其原因主要在于受当时的物质条件水平和社会发展程度的限制。④ 但是,恰恰是因这种外在限制的存在而被使用的仪式性合同缔结方式更加彰显出合同形式的重要价值及其与当事人意志的内在联系。仪式在古代的合同缔结过程中发挥着以下功能:第一,它是双方当事人交易内容客观化和公示化的方式;第二,它是双方当事人严肃认真地缔结合同,使自己受合同义务约束并希望能约束对方的意愿的表达,从而也是使合同具有完备效力的意愿的表达;⑤第三,它是证明合同之

① 科宾,前引书,第435页。

② 科宾,前引书,第432页。

③ Wilhelm Ebel, *Recht und Form*, *Vom Stilwandel im deutschen Recht*, Verlag Mohr, 1975, S. 10ff.

④ 可能的原因包括:书写载体的稀缺;缔约人文化水平的低下;法院确定合同成立的能力的不足等。在不同的历史时期和不同的民族中,这些原因不尽相同。

⑤ L. L. Fuller, Consideration and Form, 41 *Columbia Law Review*, 1941, p. 801; Zweigert/Kötz, *Einführung in die Rechtsvergleichung*, *auf dem Gebiete des Privatrechts*, Verlag Mohr, 3. Aufl. , 1996, S. 359.

存在[①]与效力的手段。

在当时的社会历史条件下,合同的形式和双方的合意是一体存在的,并不存在后世所谓的"形式对合意的束缚"以及"将合意从形式中解放出来"等问题。仪式性的合同缔结形式既是法律和社会习俗的要求,也是当事人自己的要求。甚至可以说,无瑕疵地履行仪式更主要的是出于双方当事人自己的要求。在古代社会中,当事人非但不认为仪式烦琐、呆板,反而认为它们安全可靠且易于证明,认为它们是自己的缔约意志和合同内容本身,对它们充分信任并加以践行。可以说,仪式是双方合意的最好表达而不是外在于双方合意的东西。[②] 随着后世交易的频繁化和证明手段的发达,仪式逐渐因其僵化呆板和较高的成本而逐渐退出历史的舞台。但是,认为双方合意与仪式(或其他合同形式)自始对立、不断斗争的观点毫无疑问是站不住脚的。从对古代合同形式的历史考察中可以看出:当时的合同形式与双方合意处于一种一体两面的关系之中;仪式性的合同形式是印证双方合意并保护双方合意不受外力干预或者合同一方破坏的强大壁垒。[③]

毋庸置疑,当事人通过上文述及的三种形式所欲达到的直接目的是物权的移转。从现代法律,尤其是现代德国法的角度来看,这些仪式性行为的目的和实质是并且仅是物权的变动,从而似乎与合同的缔结没有直接的关系。但是,暂时抛开精致的现代学理转而深入思考古代社会中仪式性行为所承担的社会功能,就可以认识到其意义的复合性:仪式性行为并不仅仅是合同的履行结果——物权移转——的外在表彰,也是在此之前合同在双方当事人之间以特定的内容成立的外在体现。撇开合同缔结与物权变动间的有因、无因争论不谈,在古代社会条

① 林新生,前引文,第15~16页。

② Reinhard Zimmermann, *The Law of Obligations, Roman Foundations of the Civilian Tradition*, Juta & Co., 1990, pp. 68 – 69; Werner Flume, *Allgemeiner Teil des Bürgerlichen Rechts*, Verlag Springer, 2. Band, 2. Aufl., 1975, S. 244.

③ 在当时的社会历史条件下,严谨而呆板的仪式是表现当事人向神灵、社会大众、对方当事人以及自己内心的正义信念负责的行为。这在当时是必要的,从而也是自愿的。当事人在仪式的进行中不能够犯错,并非因为仪式对于他来说是一种无可奈何的束缚,而是因为他自己的意愿和目的要求他这样做。

件下,合同的缔结和履行是难以分隔地结合在一起的。仪式性的行为既代表具有绝对效力的物权移转行为从而排斥合同缔结过程中可能存在的瑕疵对合同效力的影响,同时也是合同本身的外在表达从而发挥着反映合同具体内容的作用。①

## 三、徘徊于自由和强制之间的合同形式问题

### (一)契约自由思想和形式自由理念的确立及其意义

对于合同形式要求的放宽或者说合同形式自由化的趋势最早出现在罗马法上。伴随着交易在社会生活中的日趋频繁以及其他约束当事人遵守合同的方法的发展,执法官渐渐放松了对合同形式的严格要求。② 但是真正将形式自由作为法律的一般原则加以确立,却是相当晚近的事。合同的形式自由是契约自由原则的有机组成部分。而契约自由原则作为近代私法的三大基石之一,一般认为是在十八九世纪左右才在欧洲确立的。③ 契约自由思想张扬自由在民事主体参与社会生活和构建法律关系方面的核心性地位,强调民事主体意志的自由性以及从行为导出责任与负担的理念。这一思想表现在合同形式问题上就具体化为合同形式自由的理念:如果认为双方当事人的合意(consensus)是合同的存在及其效力的根本基础,那么形式问题也应交由双方当事人决定;对于合同形式的强制性规定是对双方自由意志和自决权利的限制和干扰。概言之,形式自由的思想强调意思的独立性和它与形式的对立性。这种思想很明显的具有理想化的特征,它更应当被视

① [英]亨利·梅因:《古代法》,沈景一译,商务印书馆1959年版,第178~179页。

② 例如,对于要式口约的仪式性要求在罗马法的发展过程中渐趋松动和简化,法律开始接受并认可书面形式的证明力,但是仍要求双方当事人在缔约时必须在场。在这一过程中,包含在要式口约中的“缔约的意图”(animus stipulandi)因为那些形式性特征的淡化逐渐显现出来。彭梵得,前引书,第357页。

③ 李永军:“从契约自由原则的基础看其在现代合同法上的地位”,载《比较法研究》2006年第2期;郑云瑞:“古典契约理论的法哲学基础”,载《社会科学研究》1998年第3期。关于契约自由思想的理论基础、社会基础和制度基础参见李永军:“从契约自由原则的基础看其在现代合同法上的地位”,载《比较法研究》2006年第2期;姚新华:“契约自由论”,载《比较法研究》1997年第1期。

为与此前蛮横、粗暴的专制法律相对立的宣示性口号，而并非可以完全落实的法律准则。当然，它的思想价值并不因其理想主义色彩而贬损。契约的确往往仅是双方当事人之间的事务，而在其中起决定性作用的就是双方的合意。从这一点来看，这种自由化诉求具有正当性和合理性，值得人们不懈追求。下文对于形式强制及其合理性的说明，与其说是对这种理念的批判和反动，不如说是探讨这种自由在真实的社会环境中践行的困难性及由此可能会产生的问题。

（二）法律对合同的形式强制及其合理性

相对于合同形式自由的理念及其实践，要求一定的合同采取特定形式订立的法律规定具有更加悠久的历史：自从国家产生并开始承担社会经济事务管理职能和纠纷解决职能起直到当代，这种对合同形式加以规制的理念和做法从来没有中断过。虽然从理论上讲当事人具有规避这种规定而缔结并履行合同的可能性，但是这种做法实际上的成本可能很高。且不论国家对这种不具备法定形式的合同可能采取的惩罚性措施，仅仅是双方在缔约时意欲获得的确认合同有效成立并约束彼此的确信感和安全感这一点，未满足形式强制要求的合同就不能提供。尤其是在发生合同纠纷的情况下，国家主观上未必愿意肯定这种欠缺法定形式的合同的效力；而且，法院客观上能否对不具备形式或者有形式瑕疵的合同中的纠纷作出符合实情的、公正的裁判，也并不确定。各国普遍希望国民遵守法律中的形式强制规定，并将这种遵从寄希望于对违反形式规定的合同的负面法律评价；或者否定这种合同的效力，或者限制证明这种合同之存在的手段。

对合同加以特定的形式强制并非恣意而为，而是有一定的法律目的。对合同的形式强制的优劣、取舍的评判也应当从这些目的的必要性和合理性的角度出发作出。法律对合同形式的干预在不同时期和不同国度有着不同的出发点，如提醒当事人谨慎对待合同的签订及由此产生的履行义务、确定当事人意思表示的内容从而为纠纷及其解决预留证据材料、监督合同内容不会对第三人或者社会利益造成不利影响、国家窥探监视私法主体间的交易的癖好、确保国家合同税收方面的利益等。[①] 在大部分情况下这些目的杂糅并存,但是其中又有主次之分;而针对不同类型的合同所规定的形式要求也不尽相同;此外,不同的社会历史条件也会对形式强制及其合理性产生重要的影响。因此,对这些形式要求的合理性的评估也只有在具体分析不同历史时代和具体合同种类的情况下才能进行。下文从历史和国别的角度对形式自由与强制问题的发展进行简单的概括和梳理,力图凸显出立法思想与司法实务间的不同以及理论和实践间的差距。

(三)合同的形式自由与强制:历史变迁和法系差别

1.罗马法上合同形式问题的发展

在罗马法漫长的演进史中关于合同形式的规定历经变迁。对这一过程的描述和评价中最著名的莫过于梅因在其《古代法》第九章"契约的早期史"中的论述。在他看来,罗马契约形式的发展大致经历了以下过程:首先是通过一定的神圣仪式进行的交易;其次是需要履行一定问答程式才能缔结的所谓口头契约;再次是以书面形式订立的合同;然后是以物的占有移转为合同成立条件的要物合同(contractus re)的产生和发展;最后是完全抛弃形式特征的诺成合同(contractus consensu)被法律和裁判官所接受。[②] 基于以上描述,他总结道:"心头的约定从繁文缛节中迟缓地但是非常显著地分离出来,并且逐渐地成为法学专家兴趣集中的唯一要素。"[③]笔者认为,对于梅因的这种概括应当做一分为二的分析。首先,撇开由于史料缺乏所导致的疑点不论,他所描述的这一双方当事人合意渐渐摆脱合同形式(或者说:合意的效力脱离形式要求)的过程确实可以从这些合同类型在罗马法上的发轫和发展过程中推导出来。更进一步说,这种大而化之地被认为是法律史上的发展和进步的过程在一定意义上的确存在。[④] 但是,从另外一方面来

---

① 对形式之功能的详细列举参见:Peter Oestmann, Die Zwillingsschwester der Freiheit, Die Form im Recht als Problem der Rechtsgeschichte, in: Peter Oestmann (Hrsg.), *Zwischen Formstrenge und Billigkeit, Forschungen zum vormodernen Zivilprozeß*, Böhlau Verlag, 2009, S. 6f.

② 梅因,前引书,第177页及以下。

③ 梅因,前引书,第177、189页。

④ 郑云瑞:"西方契约理论的起源",载《比较法研究》1997年第3期。

看,正如一些学者已经指出的,梅因的这一论断在很大程度上带有浪漫和理想化的成分。① 至少从当代对罗马法的考据来看,他当时的许多论据不那么确凿,因此他就罗马契约史上“意思逐渐脱离形式”的著名论断的确切性就不可避免的打了折扣。就此容笔者以文书契约和简约为例加以说明。罗马法上的文书契约(债权誊账 nomen transcripticium)因仅被适用于金钱之债从而与要式口约的适用范围不同,它的产生和应用并不是导致要式口约被废除的原因,在两者之间没有更替关系。要式口约的仪式性逐渐被删减以致后来竟采用书面形式订立系受希腊法制影响的结果。② 后世被广为应用的合同的书面形式据考证乃是源自于要式口约的“约据”(clausola stipulationis)而非罗马法上的文书契约。③ 就简约(pactum)或者说裸约(nudum pactum)通过裁判官告令而被认可的情况而言,由于它们是被逐个地、明确地、特别地加以认可的,从而在相当长的时间内总体数量并不大。可以说,那些不采用任何形式即可以有效订立的合同在罗马法上总是表现为一种例外。④ 综上所述,梅因的论断并非完全不符合史实,但确实有加以部分修正的必要。笔者认为,较为可以接受的看法是:早在罗马法上就存在双方当事人尽可能使自己的契约合意摆脱无谓的或者丧失合理性的合同形式束缚的努力,但是这种努力的过程充满艰辛、反复和不确定性,而且这一努力的成果直到罗马法渐趋消亡的时候也仅仅保持在一个非常有限的范围内。

2. 中世纪时期合同形式问题的发展

中世纪是合同形式问题发展史上一个极为重要的历史时期。其中最引人注目的就是教会法中关于合同形式问题的思想和规定。教会法

---

① [英]喀莱顿·垦卜·亚伦:“《古代法》导言”,载梅因:《古代法》,商务印书馆1959年版,第16~17页。

② 周枏,前引书,第672页。

③ 江平、米健,前引书,第330、338页。周枏,前引书,第667页;黄风编著:《罗马法词典》,法律出版社2002年版,第53、235页。

④ 亚伦,前引文,第17页;彭梵得,前引书,第308、391~393页;马俊驹、陈本寒:“罗马法契约自由思想的形成及对后世法律的影响”,载《武汉大学学报》(哲学社会科学版)1995年第1期。

对于契约,在很大程度上采纳了罗马法,但也特别注重商务协议的道德要素,[①]认为诺言是神圣的从而必须得到遵守。契约若未履行,便等于订约之时就已经说谎。教会法学者在研究罗马法的基础上结合神学思想发展出了"自由意志理论",认为单纯的协议也可以被强制执行。他们主张合同法应该摆脱原始社会中几近魔术的要式主义规则,应该摆脱财产法而成为一个独立的法律部门,并且主张摒弃要式合同与要物合同。他们特别强调意思的核心地位,强调从形式中解放意思;认为不能因为某人说了某些话、写了某些词句就承担义务,如果这样就无异于退回到要式主义观点。[②] 由此,在中世纪教会法理论上,传统罗马法中的形式被撇开了,注意力集中在了立约人的意志上。

一方面,这种革命性的思想一方面与当时传统民法学者的认识相对立。在民法学者看来,诺言仅仅是一个"秃头协议",若无"更多的东西"就不能被强制执行。这种"更多的东西"是指书面契约等,它具有向旁观者通报协议、记录契约的缔结和内容、使合同不留疑问等功能。[③] 另一方面,教会法的"自由意志思想"也与中世纪商人阶级的主张相左。商人们不愿像教会法学者这样简单、学理化地对待合同形式问题。例如,11世纪末以来在意大利西北部以及随后在通往北欧和西欧各条商路沿线上的交易中体现出的法律观念认为:契约乃是不同意愿的一种结合,它反映一个、两个或者更多人的诺言;由于存在可对这些诺言予以强制执行的法律体系,它们无须太多手续即具有约束力,但

---

① [美]泰格、利维著:《法律与资本主义的兴起》,纪琨译,学林出版社1996年版,第34页。

② 沈达明编著:《英美合同法导论》,对外贸易教育出版社1993年版,第49页;郑云瑞:"西方契约理论的起源",载《比较法研究》1997年第3期。

③ 民法学者更强调契约要有客观载体。阿佐在一部罗马法诠释集中论述契约时,一开始就谈到乌尔比安的名言:ex undopacto, actio non nascitor(从一份秃头契约,不可能产生任何行动)。所谓"秃头契约",就是付款或行事的简单协议。只有加上"外罩",它才能被强制执行。阿佐依照罗马法,列举了六种"外罩":订立"真实契约"所需交付之物;举行定契仪式时需使用的订约语;契约的书写格式;双愿契约所达成的协议(具有特殊性,无须一定形式);补充性契约不用原因;业已履行的乃是曾有因由的(推定曾有协议在先)。泰格、利维,前引书,第104、140~142、145页。

是书面形式的作成是不可或缺的。① 采用这种方式的原因之一是担心发生纠纷时会在法庭遇到发伪誓或作弊的情况，而且，书面形式的确有利于避免关于合同内容的疑问的产生。② 订约的格式要求非常重要。订约各方若要契约被认可为具有法律约束力，就需采用律师告知的特定格式。③ 从整体上看，随着贸易规模的扩大和贸易体制的复杂化，订约各方在法律面前就愈趋非个性化。因应这一特征，商业活动中的契约广泛地采取书面形式订立。④

教会法在合同形式问题上的思想和规定激进并富于革命性，它抨击了传统罗马法学者的保守认识，汲取了后期罗马法发展的精髓。不过，虽然“允诺应当被履行”在抽象意义上是符合正义要求的，但怎样使允诺在摆脱“外壳”的情况下能够被证明从而被履行这一问题显然不会因单纯的理论鼓吹而自动解决。在这一点上，教会法并没有提出什么高妙的方法。因此，所谓的“自由意志思想”就停留在理论层面而不可能在现实的社会生活中发挥巨大的作用。⑤ 教会法强调允诺的核心性价值和独立性，甚至主张完全抛弃合同形式这一“外壳”，但是，合同的形式并非总是双方合意的枷锁或者一方为另一方设置的陷阱。教会法轻视甚至要求抛弃合同形式的主张遭到中世纪商人的冷落和拒斥，从根本上讲是因为它在合同形式问题上未能符合商业发展的需要。⑥ 这可以说是马克思关于“立法者只不过是法律的发现者而不是

---

① 泰格、利维，前引书，第 63 ~ 64 页。

② 泰格、利维，前引书，第 3 页。

③ 泰格、利维，前引书，第 148 页。

④ 泰格、利维，前引书，第 145 ~ 146 页。

⑤ “自由意志思想”最终发生了异化，参见泰格、利维，前引书，第 65 ~ 66、104 ~ 105、165 ~ 166、170 页。

⑥ 中世纪教会法上发展出的自由意志理论首先并不是为了解决世俗社会中合同法领域的问题而创造的，而是为了要求教徒对上帝保持忠诚、言行一致、有诺必履。也就是说，这一思想源于宗教戒律。所以，它在多大程度上和张扬人的自由意志这一价值相关，是值得疑虑的。而且，教会法的这一思想更加强调法律主体单方的意志和行为的拘束力，而没有更多的关注到交易行为所导致的义务的双方性和交易者彼此间的信赖关系。

法律的创造者”的经典论断[①]的一个绝佳例证,也有助于我们进一步思考将合同形式与双方合意完全区分开来的难度及其必要性的问题。

3. 英美法系国家在合同形式问题上的近现代实践——以英国和美国为例

(1)英国《反欺诈法》的兴衰。

英国法上对于合同形式的规定及其变迁突出体现在《反欺诈法》(An Action for the Prevention of Fraud and Perjuries)的兴衰上。《反欺诈法》产生的历史背景是:在该法颁布之前,口头协议的强制执行力已得到法院的认可。口头协议是否存在作为一种事实问题由陪审团裁判,但法官没有对陪审团的裁判进行控制的手段。于是有人雇用证人作伪证,利用虚假的口头证据证明本不存在的协议。[②] 由此导致未以口头形式许诺某事,反需承担子虚乌有的义务的情况大量发生。[③] 为此英国于1677年制定了《反欺诈法》,该法第4条和第17条要求特定的合同需要作成书面记录或备忘录并由承担义务的人签名。[④] 该法在颁布后取得了一定效果,轻易背信、无端兴讼的情况大大减少。它对合同书面形式的强制性要求使合同的订立易于证明,并使立约双方也变得较之以往更为谨慎。[⑤] 但是,该法的适用很快就产生了严重的问题。

---

① 张俊浩主编:《民法学原理》,中国政法大学出版社修订第3版,第17~25页。

② 科宾,前引书,第225页。

③ 杨桢,前引书,第180页。阿蒂亚也认为法律程序的薄弱与欺诈的盛行是导致《反欺诈法》产生的最重要原因。P. S. Atiyah, S. A. Smith, *Atiyah's Introduction to the Law of Contract*, Clarendon Press, 6th ed., 2005, p. 94. See further A. W. B. Simpson, *A History of the Common Law of Contract*, Clarendon Press, 1975, pp. 599 - 601; G. C. Cheshire, C. H. S. Fifoot, M. P. Furmston, A. W. B. Simpson, Law of Contract: *Historical introduction*, Oxford Univ. Press, 15th ed., 2007, pp. 259 - 263.

④ 据说,英国1677年《反欺诈法》的蓝本来源于法国1566年的《穆兰法令》(Ordonnance de Moulins)。后者中的第54条规定表达了以下意思:原则上,合同必须是书面的,除非不重要者;系争合同的标的价值超过一百磅者,禁止以口头证据证明之。参见[法]勒内·达维:《英国法与法国法——一种实质性比较》,潘华仿、高鸿钧、贺卫方译,清华大学出版社2002年版,第141~142页;Zweigert/Kötz, *Einführung in die Rechtsvergleichung*, S. 360; E. Rabel, *The Statute of Frauds and Comparative Legal History*, 63 Law Quarterly Review, 1947, p. 174.

⑤ Robert A. Hillman, *Principles of Contract Law*, Thompson West, 2004, p. 115.

首先,该法的规定使一些口头合同无执行力,这与双方当事人在许多场合倾向于订立口头契约的意愿相矛盾。其次,因为形式瑕疵而导致合同不能被强制执行,这为合同一方制造了以形式瑕疵为由拒不履行合同义务的便利机会,鼓励和助长了不信守合同的行为。因此,自该法颁布以来批评之声不绝于耳。① 科宾尖锐的评论道:该法在防止欺诈方面取得的这点成果是以允许那些事实上作出了口头允诺的人不受损失地违反自己的允诺,而使那些诚实的人期待落空并蒙受损失为代价的。② 对该法的严格适用往往不是发挥了防止欺诈的作用,而是起到鼓励欺诈的作用,所以法院竭尽各种可能阻止被告利用《反欺诈法》的规定达到使自己的允诺无须履行的不法目的。③ 但是这种努力的难度和效果可想而知。④

因为陪审团的缘故,在法律不允许当事人在涉及自己的诉讼中作证的时代,反欺诈法的以上规定确系迫不得已从而具有一定的合理性。然而,到了1851年,英国废止了当事人不能为自己作证的规定⑤。这意味着当事人在诉讼中有了较之以往强得多的抗辩能力,使自己不易陷入自己未尝建立过的法律关系之中。而法院和陪审团通过口头证词来确定事实真相的能力也有了显著提高,不像以前那样容易受到伪证的蛊惑。此外,证人作伪证的情况也大大减少。⑥所有这些都意味着:随着历史的发展,反欺诈法的合理性逐渐丧失了。英国于1893年废除了《反欺诈法》第17条,代之以《商品买卖法》第4条;在1925年废除了《反欺诈法》第4条的一部分,代之以《财产法》第40条;到1954年,《反欺诈法》的剩余内容大部分被同年颁布的《法律改革(合同强制执行)法》所替代,只有保证的允诺和与土地有关的合同还要受形式上要求的制约。时至今日,依英国法的一般原则,要使一项协议成为一个有

---

① 科宾,前引书,第480~481页。

② 科宾,前引书,第475页。

③ 科宾,前引书,第475~476页。

④ [英]约翰·史密斯:《合同法》(第4版),张昕译,法律出版社2004年版,第223~225、227页。

⑤ 沈达明,前引书,第79页。

⑥ 科宾,前引书,第481页。

约束力的合同,采用某种特殊的书面形式并不是必需的。[①] 所以,除法律规定一定的形式为强制执行的前提或者不具备一定形式则不能以证人证明的以外,大部分合同的订立没有形式要求。当然,英国法上对合同形式的这种宽松规定并不意味着鼓励合同以无客观载体的形式订立;毋宁说,法律对于"在大部分合同类型上作出严格的形式规定非但不能达到所欲的效果反而有可能造成负面影响"这一点有了清醒的认识,从而作出了明智的选择——交由当事人决定合同的形式问题。与法律的原则性规定不同,为当事人提供法律服务的英国律师直到今天仍然倾向于在订立某些特定的、重要的合同时采取严格的形式。[②]

(2)美国《统一商法典》中的规定。

《反欺诈法》中的规定在英国被不断削减,只留下一小部分继续发挥作用。然而在美国,《反欺诈法》的规定自从被继受以来,至今仍在很大范围内有效。[③] 在20世纪初讨论制定《美国统一商法典》的时候,人们对是否还要保留《反欺诈法》的规定展开了讨论。第二编的主要执笔人卡尔·卢埃林在广泛听取不同意见并认真分析《反欺诈法》的基础上,主张保留《反欺诈法》,但放宽对书面形式的要求并保证口头合同在一定条件下的有效性。这个主张得到了美国合同法学界绝大多数学者的赞成,遂形成了现在的《美国统一商法典》第2~201条,它也

---

① Edwin Peel, *The Law of Contract*, Sweet & Maxwell, 12th ed., 2007, p. 192; Ewan McKendrick, *Contract Law*, Oxford Univ. Press, 3rd ed., 2008, p. 260. 当然,在该原则之下也存在诸多重要的法定例外,Peel, *The Law of Contract*, pp. 192–207。

② 例如,虽然英国通过1989年的《财产法》取消了关于契据必须盖印的规定,但这并不影响实务界约定俗成地对重要的合同采取书面加盖印的订立方式。参见[德]海因·克茨:《欧洲合同法》(上卷),周忠海、李居迁、宫立云译,法律出版社2001年版,第119页。

③ 美国几乎所有的州都很快通过了该法,尽管在具体措辞和买卖合同的具体金额上有一些变化。Zweigert/Kötz, *Einführung in die Rechtsvergleichung*, S. 368. 有的州甚至扩展了"反欺诈法"中规定必须具备一定形式的合同的种类。科宾,前引书,第226页。

被称为“反欺诈法”。[①] 该法第 1 款为基本规定,包含了三项内容:强制使用书面的合同的范围、书面合同的核心构成要件和欠缺书面合同的法律后果。法律要求必须具备相应书面文件的合同是标的额达到 500 美元或之上的买卖合同。而违反合同形式要求的后果,体现为法律不赋予双方当事人申请强制执行的权利。该款对合同形式的做成提出了三点基本要求,即书面文件、签字和对货物买卖数量的约定。为了弥补以上对于形式的强制性要求所可能导致的困境,该条第三款列举了口头合同可以得到法律救济的三种例外情形。[②]

此外,《统一商法典》第 2 ~ 202 条中规定了著名的口头证据规则(Parol Evidence Rule)。口头证据规则是关于书面契约内容之外的口头协议在解释契约时的效力的一套法则。[③] 在很多情况下,客观上需要口头协议与书面协议互释互补。根据该条规定,如果双方当事人以某书面合同作为最终的、完整的、排他的协议,那么这个书面合同就是唯一的合同文件。在签订最终书面协议的同时以及在此之前达成的口头协议如果与最终书面协议相抵触,则以后者为准;但若两者并不矛盾而是相互衔接的,那么口头协议可以作为书面合同的补充,即作为合同内容的一部分发挥作用。法院在确定一个有争议的合同时,必须全面

---

① 杨桢,前引书,第 183 ~ 184 页;吴志忠:《美国商事法研究》,武汉大学出版社 1998 年版,第 48 ~ 50 页。J. D. Calamari, J. M. Perillo, *Calamari and Perillpo on Contracts*, Thomson/West, 5th ed., 2003, pp. 762 – 801; J. E. Murry, *Murray on Contracts*, Bobbs-Merrill, 2. rev. ed., 1974, pp. 663 – 702.

② 依美国“反欺诈法”中的规定,似乎在许多情况下,合同都变成“不可强制执行的”,但事实并不是这样。而且例外的情形也远不止“反欺诈法”中列举的三种情况。事实上,法官常常通过衡平及其他手段将很多本可能被视为无效的合同判令为有效。科宾,前引书,第 494 ~ 495 页。

③ 需要说明的是,口头证据法则是契约法中的实体法,而非如字面上所显示的那样是证据方面的法则。杨桢,前引书,第 254 页。科宾也指出:虽然常以口头证据规则相称,但它不是关于证据的可采信性的规则,而是确定书面整合体的法律效果的实体法规则。科宾,前引书,第 673 页。

考虑书面证据和口头证据，而不能简单地以书面证据排斥口头证据。①

美国《统一商法典》继受了英国《反欺诈法》中的规定并不意味着美国立法者愚鲁地跳入了英国法律人200年来所力图抽身的泥潭。恰恰相反，美国法律界是在认真分析英国《反欺诈法》的利弊的基础上决定采纳这种合同形式强制体制的，并且根据社会经济发展的需要作了多方面的发展和创新。事实也证明，《统一商法典》中的"反欺诈法"条款非但没有像英国早期适用该法时那样对商业活动的进行构成障碍，反而促进和保证了商业活动在自由和安全这两种价值平衡的基础上的顺利进行。②

4. 近现代大陆法系国家在合同形式问题上的理论和实践——以法国和德国为例

在中世纪后期，民族国家在欧洲大陆的兴起为法律制度的发展注入了新的因素，包括合同形式在内的合同法问题更为广泛和深入地受到了国家法的调整。迄近代，欧陆国家对合同的形式问题在立法上大都有了严谨细致的体系化规定，在司法上也积累了丰富的经验并构成了对立法的重要补充。

(1)法国法上对于合同形式的规定及其定位。

在漫长的历史发展过程中，法国合同法渐趋摆脱形式主义原则的束缚。同意主义学说于15世纪在法国得以确立。③ 及至1804年，同意主义已经成为毫无争议的法律原则，以至于《法国民法典》对它无须作

---

① 结合《美国统一商法典》中规定的"反欺诈法"的例外情形和"口头证据规则"可以看出，在美国并没有简单地采取书面证据优于口头证据的原则，而是在相当大的程度上允许口头协议的存在并赋予其可执行力。这种规制方式较之严格要求合同采用一定形式订立的规定松动、灵活得多。吴志忠，前引书，第50～59页；《美国统一商法典及其正式评论法》，孙新强译，中国人民大学出版社2003年版。

② 徐炳：《买卖法》，经济日报出版社1991年版，第66～70页。

③ 在15世纪到16世纪时，法国学者杜穆兰(1500～1566)站在倾向于打破形式约束的商人一边，认为法国习惯法已经认可教会法中"口头承诺具有约束力"的规定，并指出罗马法上原则认可的契约自由不应受到关于协议方式的规定的约束。泰格、利维，前引书，第206页。即便如此，法国1566年的《穆兰法令》第54条仍对合同作出了形式规定。

出明文规定。[①] 所谓同意主义原则(consensualisme)是指:合同一经双方当事人同意(即意思表示一致)即可成立,一般无须特定的形式;对合同的形式要求仅是例外情况。[②]

尽管法国法原则上采纳了契约形式自由的原则,但实际上还是对许多种类的合同有强制性的形式要求。法律直接规定了形式强制的合同大致有以下种类:几乎所有的涉及人身权利或家庭的行为都必须具备公证形式;[③]一些具有财产内容的合同也须经公证证书予以确认;借贷、寄存、质押三种合同的生效以交付实物为前提;[④]某些特殊性质的合同须以书面形式订立。此外,法国法还通过合同的登记、公告、合同证明等制度,间接地对合同形式加以要求。特别是有关不动产的公告制度具有特别重要的地位。根据该规则,当事人所实施的不动产所有权以及以不动产为标的的其他物权的转让行为,必须予以公证并经有关管理机关加以公告,否则其效力不能对抗第三人。[⑤] 此外,尽管许多重要的交易不采取一定形式仍然有效,但事实上当事人常常以书面或公证的形式订立这些合同,因为纯粹的口头合同难以得到执行。其原因在于《法国民法典》第 1341 条规定:所有价值超过 5000 法郎的合同都必须以私证书(acte sous seing privé)或公证书(acte notarié)的形式

---

① 尹田:《法国现代合同法》,法律出版社 1995 年版,第 181 页。

② 尹田,前引书,第 180 页。

③ 在公共利益方面,公证形式是对行为的正式确认,从而使行为的合法性受到公权力的检验;在个人利益方面,公证形式是对当事人意志自由的一种最好保障。

④ 尹田,前引书,第 183 ~ 187 页。参见《法国民法典》第 1857、1892、1919、2071 条的规定。这种所谓"实践合同"恰似我国学理上所谓的"要物合同"。法国学理上认为这是对合同形式的一种要求,这种认识有其罗马法上的渊源。

⑤ 虽然有的学者并不将这种对合同公告的要求认为是对合同的一种书面要求,但它实质上的确起到了对合同加以形式强制的作用。需要公告的合同首先需要进行公证。已经公告但尚未公证的合同,合同虽不至于无效,但对第三人不具有对抗力;未予公证的合同视为未予公告。参见卡尔波尼埃:《债权》,1991 年第 15 版,第 174 ~ 175 页。转引自 Zweigert/Kötz, *Einführung in die Rechtsvergleichung*, S. 362f)。购买土地者为了防范法律风险,一般都会去进行登记。而根据 1955 年 1 月 4 日第 55 – 22 号法令第 4 条第 1 款的规定,登记只有在对其合同进行公证的情况下才是可能的。诚如卡尔波尼埃所指出的,这实际上规定了不动产交易必须通过公证(转引自克茨,前引书,第 129 页)。

做成。对没有以此种形式做成的合同,该条以排除证人证明的方式予以制裁。[①] 于是,除了日常交易,合同的订立原则上必须采取公证书或私证书的形式。[②]

但是,“某些形式上有缺陷的合同不能以证人证明”这一点并不是绝对的。对《法国民法典》第1341条的规定最重要的一个限制是,当欲提供证人证言的一方能够提供“书证端绪”(commencement de preuve par écrit)时,即能通过一个书面文件来作出初步的证明时,证人即被认可。“书证端绪”可以被界定为:由一方当事人作出的、足以证明当事人之间确实订立了口头合同的文书。[③] 据此,一个由对方当事人签名的、由于形式方面的原因不符合一个有效私证书的要求的文书往往可以构成一个“书证端绪”,此时证人证言就是可被接受的。在司法实践中,“书证端绪”的概念被法院解释得非常广泛,以至于第1341条在实践中的效力被大打折扣。[④] 尽管如此,当事人在交易活动中实

① 该条的意旨在于:法律以规定的合同形式作为证明合同的存在及其内容的证据,除了法律规定的形式以外,法院不接受其他形式的证据,特别是人证。在法国法上,合同的证明问题是一个复杂而有趣的领域,它既涉及实体法,又涉及程序法。法国法对合同形式的法律强制首先是基于各种证据的证明力不同这一考虑的。诚如法国学者指出的:“证据制度和实体法紧密的联系说明了为什么存在众多的限制证据在某些领域可接受的条款。”参见[法]雅克·盖斯旦、吉勒·古博:《法国民法总论》,陈鹏等译,法律出版社2004年版,第600页。以排斥口头证据的方式变相对合同形式做出要求的立法例还有:《意大利民法典》第2721条、《比利时民法典》第1341条、《西班牙民法典》第1280(2)条、《波兰民法典》第74、75条。克茨,前引书,第120页。

② 这一规则不适用于商行为,依照《法国商法典》第109条的规定,商人所为的商行为可以通过证人加以证明;另见《法国民法典》第1341条末款。Zweigert/Kötz, *Einführung in die Rechtsvergleichung*, S. 363f.

③ 参见《法国民法典》第1347条。

④ “罗马法系国家对形式的法律规定在本质上立足于形式的证据功能。形式瑕疵原则上并不导致合同的无效,而只是导致证明合同的难度的提高。这种方式意欲排除——从法政策学角度来看——明显不可靠从而不被倚重的证人证言的应用。但若在证人证言之外存在能证明实际上作出过允诺的最起码的部分书面证据或者其他事实证据,则证人证言转而成为可被采信的。”Zweigert/Kötz, Einführung in die Rechtsvergleichung, S. 364f. 参见盖斯旦、古博,前引书,第602页。因此,第1341条中包含的令人印象深刻的原则很少在实践中得到应用。

际上往往以书面或公证的形式订立合同,因为纯粹的口头合同总有不能得到强制执行的风险。虽然法官致力于限制诸如第1341条的规定的适用,但这种司法措施并没有强大而可靠的保障。为了尽量事先避免不确定性,《法国民法典》第1341条的规定构成了当事人以书面形式做成合同的强烈诱因。①

一个值得注意的现象是,在现当代法国合同法上关于合同订立的形式主义原则出现了某种程度的复兴趋势(renaissance de formalisme)。立法者无意摧毁同意主义原则,但基于保护社会利益的需要制定了一些关于形式要求的规范。在他们看来,形式主义可以更好地保护当事人和第三人的利益,可以更好地发挥法律的预防功能,所以倾向于增设合同形式方面的规定,以形式主义限制同意主义,最终意在限制契约自由。这可以说是对传统的同意主义原则加以扬弃的努力。其结果是,在法国现代合同法中同意主义不再是一条绝对的原则,要式规定也发挥着一定作用。②

(2)德国法上关于合同形式的规定及其定位。

直到近代,下列思想才在德国法上占据上风:债务合同即便是无形式的,也可以产生为法院认可的可强制执行的债务。③ 原则上讲,遵守某种形式对所有种类的合同而言都并非必不可少的前提。④ 形式自由原则在《德国民法典》上并没有得到正面的宣示;相反,它是通过总则

---

① Zweigert/Kötz, *Einführung in die Rechtsvergleichung*, S. 365.

② 尹田,前引书,第182、193页。

③ 特别值得注意的是理性法、自然法思想中对意志的效力和承诺的约束力的宣扬起到的作用。Franz Wieacker, *Privatrechtsgeschichte der Neuzeit*, Verlag Vandenhoeck & Ruprecht, 2. Aufl., 1967, S. 293f.; Axel Hägerström, *Recht, Pflicht und bindende Kraft des Vertrages: nach römischer und naturrechtlicher Anschauung*, Almqvist & Wiksell, Harrassowitz, 1965, S. 41ff.

④ 与之相伴随的是形式的意义的变化:以前人们必须严格遵守形式,因为人们认为形式是法律约束力的源泉;现在人们则认为,产生法律约束力的真正原因在于行为当事人表达出来的意思,形式仅仅是法律行为发生效力的一个附加要求。参见[德]卡尔·拉伦茨:《德国民法通论》,王晓晔、邵建东、徐国建、谢怀栻译,法律出版社2003年版,第555页。

部分对形式的要求作为特殊、例外规定的方式间接地得以表达。[①] 尽管如此,德国法上还是存在一个庞大、严格的形式规定体系。德国法上规定的合同形式有以下几种:法定书面形式(gesetzliche Schriftform)、对签名的公证认证(öffentliche Beglaubigung)、做成公证证书(notarielle Beurkundung)和其他特别形式。就公证证书而言:要求公证人证实当事人是在他面前作出一定的表示;整个过程应做成一份笔录并向当事人宣读;当事人必须表示认可并签名。公证证书可以在特别的程度上达到保护双方或一方免遭操之过急之害以及澄清法律关系和保全证据的目的。[②]

德国法上对是否作出形式强制以及作出怎样的形式强制都有其立法背后的目的考量。[③] 首先,对有些行为,必须规定特别清晰明了的方式,因为这些行为对于当事人本身,有时对于第三人或对于某个人的法律地位具有长时间的、深刻的意义。这些行为主要包括婚姻、遗嘱继承合同等。其次,众多债法上的行为尤其是涉及物权移转的合同受法律关于特定形式的规定的约束。其主要目的是促使当事人清晰认识有关行为的经济意义或固有的风险,敦促他们尽量准确表达,并方便今后对行为的证明,这包括:承担移转或取得土地上所有权义务的合同(《德国民法典》第311b条第1款);关于移转土地所有权的合意(《德国民法典》第925条);承担让与其现存财产或现存财产之一部分的义务的合同(《德国民法典》第311b条第3款);赠与约定(《德国民法典》第518条);保证(《德国民法典》第766条);独立的债务约定与债务承认(《德国民法典》第780、781条)以及抵押债权的移转(《德国民法典》第1154条)等。[④]《德国民法典》第125条第1句规定:"不使用法律所规

---

① 参见《德国民法典》第125条。

② 这种形式可以保障双方当事人在起草合同时得到专业的法律咨询:公证人应向当事人说明有关行为在法律上的效果;他应注意避免出现错误和疑问;避免使没有经验和不熟悉业务的当事人受到损害(《证书法》第17条第1款)。梅迪库斯:《德国民法总论》,邵建东译,法律出版社2000年版,第465~466页。

③ 参见《民法典立法理由书》中的经典表述,载梅迪库斯,前引书,第461页。

④ 拉伦茨,前引书,第556~557页;梅迪库斯,前引书,第459~460页。

定的形式的法律行为,无效。”[①]该条规定属于“严格法”。德国学理认为,法律规定不遵守强制形式的情况下订立的合同无效,是保证当事人遵守这些形式规定的唯一途径。否则形式规定就会变成无约束力的建议。[②] 不过,在不符合形式要件的情况下承担的义务虽然是无效的,但只要义务人嗣后完全履行了他的义务,则法律认为该形式瑕疵在事后得到了补正。[③] 这表明,即使在法律认为形式必不可少因而加以规定的情况下,法律也仅仅将它视为达到目的的一种手段;如果该目的可以以其他方式达成或已失去意义,那么形式是可以被放弃的。因此,德国学者在解释形式规定时特别强调立法者所追求的特定目的:它们的设立是为了保护一方当事人的利益,如提醒他不要操之过急;还是着眼于双方当事人关于保全证据的利益;抑或希望他们能得到法律方面的专业咨询;或者是使这类法律关系具有较高的公开性和清晰度以维护某项公共利益或第三人的利益。[④]

德国法院在判定形式要求未被满足的合同的效力时,对于那些赋予无效后果的规定的副作用的疑虑非常明显。由此,法院作出了一些

---

① 该条规定与《瑞士债法》第 11 条第 2 款,《荷兰民法典》第 3:39 条,《希腊民法典》第 159 条第 1 款,《奥地利民法典》第 883 条,《葡萄牙民法典》第 220 条、217 条第 1 款规定,《波兰民法》第 73 条第 1 款,《匈牙利民法》第 217 条第1款的规定是相同的。克茨,前引书,第 123 页;崔广平:《论合同的形式》,载《当代法学》2002 年第 2 期,第 31 ~ 32 页。

② 拉伦茨,前引书,第 564 页。德国法上对规范的严格效力的强调和德国法律思想中对法的安定性(Rechtssicherheit)的追求有关,具体包括对法律的确定力和执行力的追求以及意欲使当事人对自己的行为效果产生明确的预期等。

③ 参见《德国民法典》第 311 条第 2 句、第 518 条第 2 款、第 766 条第 2 句。

④ 拉伦茨特别强调形式强制背后的立法目的对于严格施行形式强制的必要性的决定性意义。如在继承合同、土地所有权移转合同等情况下,由于公众要求法律关系绝对清晰的利益具有优先地位,并且这些情形还可能涉及第三人的利益,因此不能允许放弃形式强制;相反,在一般的债务合同中,即使法律规定必须具备一定形式,未遵守形式要求而承担的义务在特定的条件下仍可被视为有效。此外,形式要求在有的情况下会成为实现正义的障碍,如一方恶意利用形式瑕疵进行欺诈的情形。如果一方当事人以未遵守形式要求为由拒绝履行义务而正是他恶意地阻挠了遵守该形式规定,那么免去形式强制是正当的。此处应优先适用“任何人都不得从它自身的恶意行为中获利”的原则。拉伦茨,前引书,第 564 ~ 567 页。

基于衡平的矫正(Billigkeitskorrekturen),如在严格适用第125条将会导致某种“简直难以承受的结果”的情况下例外地摒弃该规定所赋予的无效后果。德国学术界对于法院限制形式要件的效力这一倾向提出了批评。[①] 当然,从实现正义、保护善意方的角度来看,并不完全否定法院在这方面作出的努力及其成效。

茨威格特和克茨在论述德国法系关于合同形式强制的特征时指出:德意志法系中关于交易形式的规定毫无疑问具有方便举证的功能;但与罗马法系国家不同,这些功能是从属于确保当事人严肃认真地使用这一功能的。在德国,缺少规定形式的合同一般导致合同无效,即使能够毫无疑问的证明确实做出过承诺或者当事人确实对系争的合同达成了合意也是如此。对缺少特定形式的合同要施以如此强度的惩罚,唯一的解释是立法者颇关心合同当事人缔约意思的严谨认真性。[②] 可见,德国法系国家特别强调合同形式在保护双方当事人意思的真切性以及确保双方得到法律咨询方面的价值。

(四)合同形式强制与合同自由的关系:对立紧张与密切联系

合同的形式强制和合同自由之间并非仅仅是对立排斥的,而是处于一种复杂的牵连和纠结关系中:它们既有紧密联系的一面又有对立紧张的一面。两者相对抗的一面表现在以下两点:首先,父权主义思想(Paternalism)所表现出的强化合同形式方面规定的努力和自由主义思想(Liberalism)提出的弱化、减少形式规制的要求相互对立。尤其是自理性主义哲学滥觞以来,要求在法律问题上尊重私法主体自己的选择的想法渐渐深入人心。合同法领域掀起了合同自由的思想,视合同形式为对双方当事人意志的限制,对合同的形式强制提出了批判。其结果是一些过分的、无必要和无效率的形式规定逐渐退出了历史舞台。不过,当代兴起的保护合同中弱势方利益的思潮提倡的在一定范围内

---

① 梅迪库斯,前引书,第468~474页;Ludwig Häsemeyer, *Die gesetzliche Form der Rechtsgeschäfte*, Athenaeum Verlag, 1971, S. 287ff。中肯的意见如Hans-Martin Pawlowski, *Allgemeiner Teil des Bürgerlichen Gesetzbuchs*, C. F. Müller Verlag, 7. Aufl., 2003, S. 198ff。

② Zweigert/Kötz, *Einführung in die Rechtsvergleichung*, S. 365.

强化形式强制的主张又构成了对合同自由思想的一种“反动”。① 不同的立法思想实际上反映出对待“私法上的人”(尤其是自然人)的两种截然不同的态度。父权主义对于当事人依据自己的力量获得有益于自己的结果的能力抱有怀疑,实际上反映出对人的理性的怀疑,所以它主张限制人的自由、规定人的行为方式、给人以帮助。与此相反,自由主义的思想则对私法主体抱有充分的尊重和肯定,认为具有理性的“经济人”基于实现自身利益最大化的目标,必然会谨慎地决定自己的行为——其中自然包括选择合适的合同形式。② 当然,这两种思想都并非完全中肯而切合实际,其结果自然是没有一方能够完全战胜另一方,所以各国在决定形式强制的时候都是在两者之间寻求平衡。其次,由于一定的形式具有使合同内容外在化的功能,所以法律往往基于保护社会公共利益或第三人利益的目的要求当事人通过特定合同形式公开他们约定的内容。特别是当这些合同有可能涉及合法性问题或公序良俗等原则时,国家强烈的意欲通过设定一定的形式强制对合同进行审查或者保留事后审查的可能性。③ 这种形式要求和交易主体一般想把关于合同约定的信息限制在双方之间的意愿相对立。而且,做成一定的方式对于双方而言也意味着成本以及效率的损失。在这种情况下,对合同的强制形式充当了国家干预私人自治的工具,形式强制与合同自由无疑处于对立冲突关系中。

但是换一个角度来看,两者之间也存在紧密联系的一面。这种联系常常为人们所忽视。在人类社会的早期时代,合同的形式就是合同的一切,合同的当事人、内容、效力等都通过一定的仪式性的合同缔结行为表现出来。从这个意义上讲,合同形式非但不是对当事人的限制和负担,反而是合同内容之母、合同效力之源以及双方当事人自由缔约意志的彰显。在古代社会中,合同形式对合同自由甚者能起到保护的

① Atiyah, Smith, *Atiyah's Introduction to the Law of Contract*, pp. 94, 96.

② Ebel, *Recht und Form*, S. 7; 郑全慈:“论合同形式的法律演变——兼论《合同法》对合同形式的规定”,载《当代法学》1999 年第 5 期;[美]庞德:《法律史解释》,曹玉堂、杨知译,华夏出版社 1989 年版,第 29 ~ 30 页。

③ [法]卡尔波尼埃:《债权》,第 142 ~ 143 页(转引自尹田,前引书,第 165 页)。

作用,这体现在以下两个方面:第一,合同的形式能够证明合同的存在及其具体内容,它起到了将合同公示化、使合同义务确定化的目的。在司法机关查明事实真相的手段有限、能力较弱的时代,合同以一定的形式做成可以有效的排斥一方当事人凑集证人作伪证的恶意行为,保护私法主体不受自己未曾订立的合同的约束,也不承担自己未允诺的合同义务,从而从反面保护私法主体的意志自由和缔约自由。① 第二,采取严格的形式所订立的合同是合同内容和合同义务的唯一来源,这种形式可以对抗司法上的不确定性对合同关系可能造成的伤害,尤其是可以对抗法官的"恣意"和"擅断"。② 双方当事人以他们之间缔结的合同的形式为准,明确地宣布,只有在合同形式中所明确表达的意思才具有合同内容的地位。③ 在这种情况下,合同形式堪称保护当事人的合同自由的厚重"外壳"。早在古罗马时期,人们就深刻认识到自由与形式之间的这种紧密联系,"形式是自由的天堂"这一法谚亦得以流传。④ 时至今日,情况发生了部分的变化。自从民族国家兴起以来,法律制度趋于成熟和稳定,法官"擅断"的问题得到了较好的解决。⑤ 但

---

① Oestmann, *Die Zwillingsschwester der Freiheit*, S. 10.

② 庞德指出:在立法不能给审判提供详尽、系统的实体法体系的时代,形式乃是一种防止司法权力采取专断行动的保障措施。参见[美]罗斯科·庞德:《法理学》(第1卷),邓正来译,中国政法大学出版社2004年版,第400页。

③ "形式是独断专横的天敌、自由的孪生姐妹。形式是对无节制的自由的牵制,把自由引上正确的轨道,避免它涣散和迷失。形式从内部强化自由,从外部保护自由。稳固的形式是教导与秩序的学堂,从而也是自由本身的学堂。它们是抵御外部进攻的堡垒。它们只会断裂,而不会弯曲。若一个民族真正懂得自由的作用,则这个民族从天性中就能感觉到形式的价值:他们所拥有的和所坚持的形式并不是某种纯粹外在的东西,而是他们自由的保护神。" Rudolph von Jhering, *Geist des römischen Rechts auf den verschiedenen Stufen seiner Entwicklung*, Schwabe Verlag, 2. Teil. 2 Abt., 8. Aufl., 1954, S. 471f. 并参见 Oestmann 对 Jhering 这一思想的解读: Oestmann, *Die Zwillingsschwester der Freiheit*, S. 21。

④ 一定的合同形式一般是由法律强加给缔约者的。但古代法上的一些情况却表明,合同形式对于合同的自由有如此重大的意义,以至于双方当事人主动的强烈要求在订立合同时采用一定的形式或者他们对于法律的形式强制采取欢迎和遵从的态度。

⑤ 简单地说,大陆法系国家的法官受到以法典为核心的成文法体系的有效约束,而英美法系的法官则受"遵循先例"原则的约束。

是,合同形式仍在一定范围内发挥着保护交易双方的意思不受伪证之害、不受法官扭曲的功能。

在现当代社会中,不同交易主体的能力间具有差异的情况越来越常见,这种差距不断拉大的趋势也越来越明显。合同一方的弱势体现在以下两个方面:首先是信息缺乏问题。与交易相关的法律和经济信息对当事人非常重要,但其中一方获取这种信息的能力可能非常有限。其次是信息处理能力问题,即理解复杂的交易和法律并就各种可能的选择作出符合自己利益的理性判断的能力。[①] 交易主体的能力差异导致在形式平等掩盖下的实质不平等的经常化和严峻化,阻碍了较弱的一方当事人作出对自己有利的选择的可能性。不平等的自由是虚假的自由。在信息不对称、判断力不对称的情况下,弱势的一方并不能完全明了自己作出的选择的内容和相应风险,此时,所谓的自治并未建立在一个坚实的基础之上;所谓的缔约自由就沦为掩盖这种不自由的工具。所以,当代各国普遍对于弱势方给予多侧面的、适度的法律保护和支持。其中之一就是通过一定的形式强制加强对弱势一方利益的关照,例如,要求优势方通过书面形式向劣势方提示特别重要的信息和风险,[②]通过公证等形式使劣势方得到充分的法律咨询等。以公证形式为例,[③]它可以发挥信息服务功能以帮助人们更好地理解经济活动行为的性质和后果从而正确地进行交易。法律通过强制公证形式使弱势的一方被告知即将进行的经济安排的相关信息以及事实上可作的选

① Michael J. Trebilcock, Steven Elliott:"法律父权主义的范围和局限",载 Peter Benson 主编:《合同法理论》,易继明译,北京大学出版社 2004 年版,第 71 ~ 72 页。

② 克茨,前引书,第 116 页及以下;Larenz/Wolf, *Allgemeiner Teil des Bürgerlichen Rechts*, Beck Verlag, 9 Aufl., 2004, S. 485f; Atiyah, Smith, *Atiyah's Introduction to the Law of Contract*, pp. 97 – 98; Peel, *The Law of Contract*, pp. 191 – 192。

③ 不同国家中提供这种中立的咨询服务的机构和主体是不同的。在法律制度框架内从事公证这一工作的可能是公证人、会计师、投资顾问等。在德国,法律规定合同必须采用公证形式的,公证员应该当着双方的面进行该法律事务的事实和法律两方面的咨询活动;而在美国,这种活动则是由商业化的信息服务中介机构提供的,相应的,在美国法律中也并没有关于合同必须进行公证的规定。可见,这种父权主义在德国以及其他一些大陆法系国家表现得较为突出。参见李先波:"论合同的形式",载《云南法学》2001 年第 1 期。

择,这会在一个极低的程度上干预缔约双方的外部自治[①],但可以帮助受咨询人理清思路、深思熟虑、作好选择,从而促进他们就即将进行的交易增加内部自治。[②] 在这种情况下,法律父权主义的干预追求的是让交易者作出在知道关键信息的情况下会作出的选择,因此,它反而有利于保障当事人真正的偏好和目的的实现。[③] 这种以一定的合同形式为手段的矫正机制以当事人的一部分自由为代价,力图换取更大的、更具有实质意义的合同自由——尤其是劣势方的自由。

法律基于尊重合同自由所追求的在合同解释中"探求当事人的真意"、基于促进真正的自由的实现而提供的矫正双方不平等地位的措施以及基于维护正常社会经济秩序而对合同纠纷加以解决等这些目的的实现都与对合同的形式强制紧密联系在一起。所以说合同是内容与形式的对立统一体。虽然古代的许多要式合同在近现代逐渐演变为诺成合同,但这绝不意味着对合同形式的否弃,而只是表明:因应社会经济发展的要求,法律对合同形式的功能定位和价值判断发生了部分的变迁。

### (五)对合同形式的不同效力定位及其原因探析

#### 1. 合同形式之效力的历史演变和国别差异

法律规定的效力问题是法律的核心问题之一。因此,形式规定的效力在整个合同形式问题体系中也具有中心地位。当事人围绕合同进行的活动的法律效果、国家所颁布的形式规定是否实际被遵守、合同形式强制的目的及其实现等,都或多或少地与形式强制规范的效力相关联。我们可以看到,在不同历史时期和不同国家,合同形式强制的效力定位是不同的。

---

① 简单地说,所谓外部自治,是指行为人可以不受外部世界阻碍地行动。参见Trebilcock, Elliott,《法律父权主义的范围和局限》,第64页。

② 内部自治涉及排除内在于人本身的限制而自由行为。欠缺内部自治通常被表述为不能以完全的目的性方式行为。它与人的思维成熟度有关。参见Trebilcock, Elliott,《法律父权主义的范围和局限》,第63页。

③ Trebilcock, Elliott,《法律父权主义的范围和局限》,第73~79页。这种具有照顾和保护一方当事人(特别是弱势方)的偏好的立法被克茨称为"温情主义"的。克茨,前引书,第117页。

在罗马法上，只有通过毫无瑕疵地履行特定的仪式才能达成受法律保护的合法有效的交易。早期英美法上的情况与此相类似，正确、完整地践行了书写、盖印、交付过程的契据就具有效力的保障。在商品交易尚不发达的早期社会中，交易标的一般是家庭中的重要生产、生活资料[①]，所以，交易的安全自然而然地是人们首要的考虑因素，而所谓的效率问题在那个时代尚不可能被提上议事日程。形式压倒了一切，甚至在意思与表示不符的情况下，后者压倒了前者。所以，合同的效力在古代社会自然而然地依附在合同强制形式的践行上。[②] 合同的强制形式拥有较合同内容与当事人真意的优越地位。在这一时期，对合同的形式作出要求的重要原因之一在于对严格的、准确的审判的追求。确定的、周密的乃至烦琐的仪式或者严格的、明确的书契制作方式虽然有其不菲的成本，但对于降低审判的复杂性，减少审判的失误具有重要的价值。法官只管依文字解决纠纷，不求对当事人的意思进行解读，也不必促成特定交易目的的实现；法官和法院追求的只是形式上的公允和自己权威性的保持。此外，如上文指出的，这种将合同形式视为合同的核心点和效力来源的定位也是古代社会中私法主体的意愿和要求。

时至近代，合同形式的神圣地位一去不复返。即便如此，在当代世界各国中，形式的效力问题依然是合同法中最重要的问题之一。形式强制问题的核心在于未遵守这种形式规范对于合同效力的影响。法院的裁判权和强制执行力是对当事人间合同关系的最终、最有效的保障。如果法定的形式要求未被遵守或未被有效遵守，则国家会对这种合同作出与那些严格遵守了形式要求的合同不同的评价，从而对合同的效力造成一定的影响。在不同国家，形式规定的效力存在显著的差异。以法国为代表的罗马法系各国采取了二元规制系统：法律明文规定若干种类的合同必须采取一定的形式，否则承受无效之后果；对于其他强制形式，法律则以排斥当事人通过人证证明合同成立的方法促使双方遵守形式规定，而不直接以无效论处。前一种情形在数量上非常有限。

---

① 韦伯，前引书，第168页。

② 在这种状况下，合同形式的效力问题完全代表了合同的效力问题，对合同效力的疑问悉以对“合同形式是否已经真实有效地做成”的判断为准。

在后一种情况下,为挽救未满足形式要求的合同,法国法通过"书证端绪"等制度促使法官尽可能认定确曾订立的合同之存在及其效力。但这种司法手段的应用并非必然、其效果无法预测,所以缺乏一定的形式仍会使当事人处于合同效力不确定的风险之中。从而,这种弹性的规制方式可以起到以下作用:它既能尽量减少形式瑕疵对合同效力造成的影响又能督促当事人尽可能依法律规定以特定形式订立合同。可见,罗马法系国家在这方面的规定的特色在于:合同形式的效力与举证问题紧密联系在一起。这种规制方法从形式强制的意义定位角度来看可以称为"有例外的证据主义",从对自由和强制两种价值的倾向上看可以称为"有例外的放任主义",从是否将形式瑕疵确定地视为否定合同效力的因素的角度看可以称为"实质主义"。[①] 而德国法系国家在这一问题上的观点和做法则另有特色。较之罗马法系国家,德国法系各国给予交易主体更多的关怀,通过对众多合同种类加以形式强制来达到向当事人提醒行为的交易性质、给予法律咨询、为解决纠纷预先保留证据等目的。与此相适应,如在德国法上,将合同的强制形式与合同的有效性挂钩,一般视合同形式为合同有效成立的必要条件。这种规定严格维护强制形式的目的及其实现,可以称为"要件主义"、"干预主义"或者"形式主义"。[②] 在英美法系国家,尤其是英美两国,都采取了形式强制规定的"要件主义"与"证据主义"相结合的办法。即对一部分合同采取"未满足形式要件则视为无强制执行力"的规定,而对另一些合同则通过限制证明方式的手段促使双方当事人尽量采取一定的合同形式。[③]

① 所谓"实质主义",是指法律并不将合同强制形式的遵守和合同的有效性问题直接地、抽象地联系起来,而注重分析研究具体案例中的合同形式瑕疵是否对承认并保护合同的效力造成难以消除的障碍。郑全慈,前引文,第50页。

② 张坦:"论合同形式",载《法商研究》1995年第2期。

③ 尽管存在上述的种种不同,各国之间也体现出一些类似的地方。这一现象具有多方面的原因,其中最为明显的是以下两点:第一,比较法上的借鉴和法律继受。显著的例子诸如英国《反欺诈法》对于法国《穆兰法令》的借鉴以及美国"反欺诈法"对于英国法的继受。第二,特殊的合同性质。各国对某些类型的合同提出的形式要求的相似性是由这些合同的特性所决定的,如关于土地交易的合同、担保合同等。

2. 形式规定之效力差异的背景探析

上文述及的现当代各国在形式强制的效力定位上的不同有其多方面的原因。要想完全弄清楚这些参与塑造各法系特色的因素并不现实。下文仅就其中两个发挥了一定影响的因素做简单的分析。

首先,不同国家合同法律体系形成的时代背景的不同对于形式强制的效力定位具有一定影响。① 法国在形式强制问题上所采取的"证据主义"、"放任主义",是与近现代法国合同法形成的时代背景分不开的。《法国民法典》的颁布正处于自由资本主义暨近代市场经济勃兴的时代。自由主义思潮对合同法的影响自然也在"不具备法定形式的合同的效力"这一问题上体现出来。当时立法者的选择是:规定这种合同"不能以证人证言加以证明",而并不直接导致无效。这样,一方面对于不具备一定形式的合同所可能产生的法律风险作了事先的预警从而督促双方采取法定形式,另一方面使非合同当事人不至于轻易陷入子虚乌有的合同关系中去,此外,为司法上衡平地处理有形式瑕疵的合同的效力问题预留了空间。相比之下,宣告统一的德国合同法律秩序的建立的《德国民法典》较之《法国民法典》晚近一个世纪,两者的历史背景也大不相同。《德国民法典》的颁布正值资本主义发展转型时期暨现代市场经济发展的时代,在合同强制形式与合同效力的关系问题上受到了国家干预主义思潮的影响。由此形成将合同的形式与合同的效力挂钩的体制,在这个问题上采取"要件主义"、"干预主义"的思想。而英美两国则采取了将"证据主义"与"要件主义"相结合的办法。英美法上对要式合同的"证据主义"可以说是由英国 1677 年的《反欺诈法》确立的,该法颁布时英国的社会经济处于自由资本主义时代。就英美法中采"要件主义"的合同而言,一部分是由这些合同的特性决

① Franz Wieacker, *Das sozialmodell der klassischen Privatrechtsgesetzbücher und die Entwicklung der modernen Gesellschaft*, C. F. Müller Verlag, 1953, S. 14ff; Imre Zajtay, Rechtsvergleichende Bemerkungen über den Code civil und das Bürgerliche Gesetzbuch, *Archiv für die civilistische Praxis* 157, 1958 – 1959, S. 480; 李永军,"从契约自由原则的基础看其在现代合同法上的地位",载《比较法研究》2002 年第 4 期。

定的,另外一部分则是国家干预的结果。①

其次,不同国家的立法和司法活动背后所体现出的法律哲学与法律价值观的不同对于合同形式的效力定位也具有一定影响。② 合同是以意思表示为核心要素的法律行为。关于意思表示,理论上历来有意思主义、表示主义和拆中主义等不同观点。法国法作为近代合同自由思想的兴起国偏重于意思主义。在合同成立问题上本着意思主义或者说同意主义的原则,对于合同形式的要求本来就比较少。与这种思想相呼应,在合同未满足强制形式要求的情况下,尽量不科以绝对无效的后果。与此相对,德国法则偏重于表示主义或者说形式主义。在合同未满足法定形式要求的情况下实行严格的要件主义使合同归于无效的做法,可以从德国合同法的基本法理中得到解释。英美国家奉行实用主义的哲学价值观,法官通过判例创制法律。为了适应社会经济发展的需要,对合同形式采取灵活而富有弹性的规定和态度。如在美国法上,除了一小部分合同若不履行特定形式则被认为无效外,对大部分的合同从排斥口头证明的角度督促双方以一定的形式订立合同;即便对这些采取"证据主义"的合同,仍然规定了许多的例外,以尽可能地确认合同的存在及其效力。实用主义的法律哲学思路极为明显。

(六)国家与私法主体在合同形式问题上的博弈

如上文所述,国家对于合同形式作出强制性的规定有其所欲达到的目的。当形式强制的主要目的并不在于维护私法主体的利益,而是主要服务于国家的意志和需要时,当事人会试图规避这种规定,如一些出于恣意或者窥视目的而制定的形式要求。当然,由于私法主体的不断斗争,这种情况至少在现当代发达国家的法律中已经比较少见了。而当这些立法目的意在对缔约当事人加以保护和帮助的时候,双方当事人似乎很难拒绝国家提出的形式要求。但是,现实社会生活的复杂

---

① 英国在合同强制形式上采取"要件主义"的部分法律,如《海上保险法》(1906年)、《公司法》(1948年)以及《票据法》(1882年)等颁布的时代正处于垄断资本主义时期。张坦,前引文,第46页。

② 而隐藏在一国的自由观、国家观和法律哲学观背后并影响着该国法律理论和实践的则是该国的国民性。至于国民性对于塑造不同国家法律的不同个性的影响程度和范围,难以量化,本文不予深究。

程度远远超出了人们的预期，这样的形式规定仍然会面临多种困境。首先可能遇到的一个问题就是，尽管国家意欲通过形式规定对当事人加以提醒或给予咨询，但是缔约双方却认为这种法定形式没有必要、效率低下或者成本过高。这种情况实际上是自由主义和父权主义之间矛盾的体现。① 至于对这种当事人未满足形式要件的情况的处理，则取决于法律的态度：如果立法者认为自己所设立的形式强制是绝对必要的因而不允许当事人随意逃脱规制，则会以（特别是在司法中）否认合同的存在和效力相威胁。如果立法者认为当事人能自己解决相关问题、保护自己的利益，则一般会默许通过司法手段尽量确认合同的存在及其效力。这是一种对形式瑕疵的默许和补救，也是一种对刚性法律要求的软化。② 另外一种可能的情况是，一方当事人在订立合同后发现形式瑕疵或者在订立合同之初就故意制造形式瑕疵并意图以此达到使合同无效从而逃避合同义务的目的。对于形式强制的要求越严格，这种情况就越容易出现，它所导致的结果就越令人难以接受。在充分认识到这一问题的现实性和严峻性的基础上，各国法律从不同的角度出发采取措施，以尽量避免这种一方利用法律规定所可能导致的恶果。③ 在法律作出形式强制的目的超出了对当事人利益的关注而主要在于保护社会一般利益或者第三人利益的情况下，各国法律倾向于保证形式规定的严格效力，从而，未满足形式要求的合同在发生纠纷的情况下一般不受法律保护。

如果我们把合同形式在近代的发展趋势简单概括为从法律强制渐

---

① 由此可见，合同的形式问题反映出不同合同法秩序背后所隐藏着的对社会、国家和私法主体的不同能力预期和角色预期。所以，各国对形式强制的范围和强度的不同设定可以在一定程度上反映出各国法律方面的意识形态色彩，譬如偏好于自由放任、偏好于国家襁褓主义抑或喜好窥视并控制私法主体。

② 这体现出一种在形式强制的必要性（以及国家法律的权威性）和个案正义发生对立的情况下优先考虑后者的思想，是一种国家理性对待形式强制的目的及其实现、理性看待当事人的能力和选择的体现。

③ 不同国家基于本国法律体系的特点采取了不同的论证手段，如允诺禁反言原则、合理信赖原则、诚实信用原则、禁止权利滥用等。在这一问题的处理上，各国的司法界起到了重要的推动作用。参见克茨，前引书，第 131 页及以下；王洪："合同形式研究"，西南政法大学 2005 年博士学位论文，第 94 页及以下。

渐走向尽可能的自由放任的话,我们将注意到现当代法律中存在的一个部分与此相背离的发展趋势,即形式强制的复兴。这种思潮的产生、发展和实践是由近代民法向现代民法转变的整体过程中的一部分。[①]古典契约理论的理想化色彩导致了其麾下的形式自由思想先天的不足,这种不足在现代社会更是暴露无遗。在一些看似平等的缔约关系背后存在实力悬殊的双方。这尤其体现在一方为普通消费者的合同关系中。为了避免表面的平等掩盖真实的不平等,防止一方的优势地位造成公平交易关系的扭曲,各国法律普遍对消费者合同加以特别的关注和规制。[②] 合同的书面形式以及通过书面形式促使经营者向消费者提供相关重要信息就是这些措施中非常重要的一个。当然,这种形式强制的复兴趋势仅仅在特定的领域中展开,它的发展也并不意味着形式自由思想的衰落,毋宁说,当代的这种趋势乃是对形式自由思想的必要矫正和补充。[③]

从历史的发展中可以看到,在合同形式的决定问题上当事人的利益和愿望与国家的意志和目的之间一直存在相互的影响。在这种博弈关系中,私法主体的角色并不是消极的。恰恰相反,他们总是尽最大努力使自己的意志成为立法表达并且拒斥法律中与自己的利益和选择不相符的规定。其结果是,只有那些具有合理性的形式强制能被保留下来,而丧失了意义和价值的形式强制将被慢慢抛弃。当然,在必要的时候,新的形式强制也会应运而生。私法主体和国家在这个问题上的博

---

① 梁慧星:“从近代民法到现代民法——二十世纪民法回顾”,载《中外法学》1997年第2期;李永军:“从契约自由原则的基础看其在现代合同法上的地位”,载《比较法研究》2002年第4期;李永军:“私法中的人文主义及其衰落”,载《中国法学》2002年第4期。

② 张学哲:“德国当代私法体系变迁中的消费者法——以欧盟法为背景”,载《比较法研究》2006年第6期。

③ 当代社会中通过合同形式达到某种法律目的的做法和古代社会中对合同形式的理解和功能定位有所不同。概言之,合同的形式从“效力性形式”(Wirkform)演变为“保护性形式”(Schutzform)或者“目的性形式”(Zweckform)。Gerhard Dulckeit, Zur Lehre vom Rechtsgeschäft im klassischen römischen Recht, in: *Festschrift für Fritz Schulz*, Böhlau Verlag, Bd. 1, 1951, S. 161; Zimmermann, *The Law of Obligations*, *Roman Foundations of the Civilian Tradition*, pp. 84 - 85.

弈、形式强制的立罢存废,归根结底取决于形式强制的合理性。

## 四、合同形式问题在诉讼法领域的展开:形式的程序法意义及对违反形式强制的情况的司法衡平

### (一)合同形式的程序法意义

对合同形式问题的探讨不应仅限于对实体法上自由和强制的二元对立关系这一主线。合同问题涉及当事人从达成合意到客观交换的实现这一整体过程。单纯地从实体法角度加以分析和讨论是以合同无争议地被履行为前提假设的。这对于研究合同形式问题往往并不足够。恰恰是关于合同内容和履行的争议的产生特别地彰显出合同形式的重要价值。在双方发生争议的情况下,合同形式连通了实体问题和程序问题:它不仅是双方当事人缔约合意的客观外在表达,也在程序法上发挥作用,亦即作为当事人举证的客体。从实体法的角度来看,对合同的效力问题、合同条款的法律解释等方面的规定都有赖于合同形式的基本甚至完备存在。而在诉讼法领域,合同纠纷中的管辖权之确定、适格当事人之确定、诉讼标的之确定等问题也以合同内容的确定可查为前提。而合同内容通过举证被加以确定则有赖于合同以特定形式存在。在法律并无形式规定的情况下,双方当事人以一定形式订立合同有利于在发生纠纷的情况下通过诉讼保护自己的合法利益;在有法定形式要求的情况下,当事人满足这种形式要求是使自己的利益得到充分法律保护的重要前提。未履行特定形式或者形式有瑕疵的,都有在发生纠纷的情况下不能从司法机关得到有力的法律保护之虞。合同的形式作为双方当事人合意的客观载体,既有利于防止一方抵赖合同之存在或者杜撰、篡改合同内容,也有利于在双方将纠纷诉诸法院的时候为法官的裁断提供坚实的基础。①

在合同形式问题上有一个有趣的现象,即现代各国的立法规定给人们留下的印象和实际法律生活中法院的司法活动、律师业务、公证和

---

① 此外,完整而无疑义的合同形式对于在时间和金钱两方面低成本、高效率的解决纠纷以及防止诉讼拖延具有重要的作用。Atiyah, Smith, *Atiyah's Introduction to the Law of Contract*, p. 96.

仲裁中所采取的实际做法之间有所差别:现代发达国家和许多发展中国家的法律一般都将“不要式”确立为涉及合同形式方面规定的原则,认可口头合同的效力,仅在法律明确规定的情况下要求合同形式的具备;而在现实的法律生活中,仅仅是那些即时的交易、标的额不大的或者是有交易惯例能够证明的合同才不采取一定的形式,司法机关和法律服务机构对于缔结合同时采用一定的形式一般持欢迎态度。这种差异的原因在于,关于不要式的原则性规定首要地体现为立法者的一种姿态,即对作为根本价值的自由的张扬,并表达自己不试图为当事人设置不合理、不必要的形式门槛的态度。但是,这种宣示性规定的实际意义是有限的。首先,它并不会导致那些确有必要采取一定形式强制的所谓例外情况的事实上的减少。其次,它并不能减少司法实践中因为合同的存在和内容难以证明所导致的法律纠纷解决方面的困难。在现实的法律世界中,权利的存在(Existenz)及其可证明性(Beweisbarkeit)往往处于一种密不可分的关联之中。从这一点来讲,法律的原则性规定和现实世界中法律事务的真实运行状况之间存在不小的差异。认识到这一差距对于正确地理解和应用合同形式方面的规定具有重要的价值。

在不同国家中,合同形式的证据功能在法律体系中的地位有所不同。在法国等罗马法系国家,对合同提出形式要求大部分是出于合同证明方面的考虑。不履行一定的形式所导致的不利后果并非是因为法律意欲惩罚这种违背形式规定的行为,而是在发生纠纷的情况下,由于客观确证的缺乏司法上很难帮助当事人实现自己的利益和主张。这种立法意图很自然地突出了合同形式的证据价值,从而也将程序法上的考虑糅合在实体法的规定之中。英美法系国家在这一点上与罗马法系国家类似,即对合同形式的强制要求常常是出于保留合同证据的目的。与此相对,德国法系诸国则把对形式规定的遵守和合同的有效性直接联结起来。即便如此,证明合同的存在与内容、杜绝或者减少纠纷也是这些国家设置形式强制的诸多目的中最为基本的一个。①

① Larenz/Wolf, *Allgemeiner Teil des Bürgerlichen Rechts*, S. 484; Dieter Leipold, *BGB I: Einführung und Allgemeiner Teil*, Mohr Siebeck Verlag, 5. Aufl., 2008, S. 224.

关于合同的实体法规定的重要目的之一是尽可能避免合同纠纷的产生;而程序法的首要目的则在于纠纷的合理解决。从这一点上来看,合同的形式不但有利于实体法律目的的实现,也有利于保证诉讼程序以事实真相为基础从而最终作出公正的审判。尽管如此,合同形式在诉讼法领域的价值仍往往为人们所忽视。如果考虑到程序法上证明问题的存在,就不会轻易得出结论,认为合同的形式仅仅是当事人缔约意思的外在表达从而可有可无甚至仅是双方合意的“包袱”与“负担”。合同形式对于合同之存在和内容的证明功能存在于迄今为止的整个历史发展过程中;在可以想见的未来,它的这一价值和作用还将持续下去。①

(二)法官在合同形式问题上的能动地位:司法衡平的价值及其问题

合同形式与诉讼法或者说司法程序的内在关联不仅直观的体现在它的证据价值上,而且也在以下问题中展开:在法定形式未被满足而双方就合同发生争议并诉诸法院的情况下,司法上怎样看待形式强制规定的效力以及怎样看待该具有形式瑕疵的合同的有效性。合理地处理这一问题,对于法律秩序目的的实现和公正地解决当事人之间的纠纷都具有决定性的意义。

在这一问题上,罗马法系国家和英美法系国家的法官扮演了积极的角色。② 从整体上看,这些国家的法官倾向于尽可能地促使当事人收集合同成立及内容方面的证据,尽可能使那些看起来确实存在的合同关系不被司法裁判所否认。当然,这种司法上的努力受到以下几方面因素的制约:首先,不完全具备形式或完全不具备形式的合同在客观上能否被证明是不一定的,这构成了对法官发挥能动作用的客观制约;其次,立法上的形式规定往往有其所欲达到的重要目的,确保该特定目

① Fuller, Consideration and Form, p. 822. 合同形式的价值和对合同效力的保障这一追求紧密结合在一起;合同的效力被认可往往以合同内容的确定和可被获知为前提。合同并非仅仅涉及一方的意志、言辞、行为、权利和义务,而是涉及法律主体双方。只要这些具有能动性的主体处于一种自由、平等的关系中,并希望以合同约束别人而又机会主义的想减少或消除合同对于自己的约束,则合同的形式永远没有消亡的一天。对合同形式的要求在本质和最深层次上根植于合同的双方性。

② 其他罗马法系国家的情况参见克茨,前引书,第122页。

的的实现这一要求可能迫使法官不能就个案进行权衡处理;[①]再次,法院和法官判断合同之存在和内容的能力受司法水平和诉讼构架的影响;最后,从对司法权的功能定位和行为限定的角度来看,不同国家的法制体系关于是否允许法官在处理合同形式瑕疵问题上发挥积极能动的作用的态度并不一致。即以法院查明事实的能力为例说明立法与司法在形式强制的效力问题上的互动关系。法国和英国在很早的时期就承认了口头证据的效力。然而在司法实践中法院面对不时发生的伪证常常束手无策。隅于特定历史时期法院查明事实真相的能力,《法国民法典》第 1341 条和英国《反欺诈法》都对采信合同的口头证据作出了限制。随着近代以来法院查明真相能力的显著增强,[②]对口头证据形式过于严格的限制才逐渐丧失了必要性,于是就出现了法国法上"书证端绪"制度的扩张以及英国对《反欺诈法》条文的删减。

在德国法系国家,法律突出地强调法律规定的权威性和法律结果的可预测性,从而把形式强制的践行和合同的效力联系起来,因此这些国家的法官发挥能动性的范围相对较小。[③] 尽管如此,考虑到过度强硬的法律及僵化的法律适用可能对合同正义造成的危害,法官们仍然尽可能地利用诚实信用原则或禁止权利滥用原则消解这种弊端,维护个案正义。[④] 当然,对这种司法衡平的批评总是不绝于耳。尤其是因

① 例如,对以下领域的合同关系各国一般都有严格的形式要求并有通过形式强制所欲达到的特定目的:与人身、家庭关系相关的合同领域;商事领域中的一部分合同,诸如票据、海上保险等;消费者合同领域等。对于这些类型的合同,立法上特别强调了形式强制的价值和贯彻形式强制的必要性。违反这种形式要求的合同在大陆法系一般被规定为无效,而在英美法系国家则被规定为无强制执行力,两种法律效果的实际差别不大。

② 阿蒂亚指出:大部分法律人认为坚决要求某种形式是原始而不发达的法律制度的典型特征。这种形式要求反映了对法院在没有任何形式或者仪式的帮助下是否能发现案件真相缺乏信心。就英国颁布《反欺诈法》的历史背景而言,当时的英国法上刚刚开始承认双方的允诺就能产生合同义务,但是那个时代法院的诉讼程序和证据规则却不足以应对这一法律上的新事物。See Atiyah, Smith, *Atiyah's Introduction to the Law of Contract*, pp. 94 – 95.

③ 对比德国法系国家与罗马法系、英美法系国家在这方面的不同,可以看出,立法上对合同形式的不同效力定位会对司法产生一定的影响。

④ 克茨,前引书,第 131 页。

为德国法系国家在合同形式方面的规定往往具有“严格法”的性质,学者们对于司法上缓和、削减这种法律规定的效力的努力始终保持着警惕的态度。但是对于法官来说,因适用“严格法”而对诚实守信方造成的不利后果远比学者的批评更加难以忍受。伴随着实践经验的积累和理论的发展,这种立法与司法、学术界与司法界的矛盾渐趋以下述方式消解:学者们考虑到“严格法”性质的形式规定所造成的问题,从理论角度对司法界矫正这种不利后果的做法加以扬弃,在不断总结司法经验的基础上构建需要对无效后果进行矫正的典型案例的体系(Fallgruppenbildung)。[①]

从历史传统的角度来看,早在罗马法时期法官就通过行使司法裁判权促进形式规定制度的发展。罗马法上合同形式渐趋简化、简约的效力逐渐被认可等法律发展都是从司法领域开始而最终为立法所肯认的。[②] 英美国家的法官承继了这一传统,在审判活动中广泛地通过司法衡平矫正形式强制规定所可能造成的不当后果。虽然在大陆法系国家尤其是德国法系国家中法官的裁量自由受到了立法的显著限制,但是法院仍然致力于尽可能地维护正义、解决严格适用强制形式规定所可能导致的问题。较之立法而言司法权的行使有其天然的优势:裁判行为针对具体的纠纷作出,所以它不但可以考量形式强制的目的及其在个案中实现的必要性,还可以具体地分析和判断案件双方当事人的主观动机和目的,从而在合同的形式瑕疵是否影响合同的效力这一问题上作出符合个案正义和实质正义的裁断。值得说明的是,这种司法衡平措施仅仅是在有充分必要的情况下才会作出,并需要结合案件具体情况进行严格、充分的论证,从而并不会导致架空立法上的强制形式规定。在形式强制问题上,立法规定具有中心地位;但法律适用过程中根据个案具体情况对形式规定的效力进行修正也具有不可忽视的价值。法官在纠纷解决过程中行使司法权的行为是各国关于合同形式的整体法律构架中一支积极而重要的力量。在这一问题上,立法规制与

① 克茨,前引书,第131页及以下。
② 彭梵得,前引书,第391~392页。

司法衡平表现出一种相互配合的关系。①

## 五、合同形式之法律规制的理性化方向及其原则框架

从上文对形式强制的变迁的考察以及对形式强制的功能定位的相关分析与评价来看,人类社会的法律制度对在合同形式强制问题上总体上不断趋于合理化。人们从最初将合同形式视为合同效力的根源逐渐转而认识到双方合意才是合同最为核心的因素;法律对于合同形式从毫无例外地提出强制要求发展到以形式的自由为基本原则。通过对当代各国合同形式规定体系的分析和比较可以看出,不同的法系和国家具有各自的特色。关于这些规制方式孰优孰劣的问题实际上是一个伪问题。各国的制度各有其自身的合理性和价值,生发于本国的经济、社会和思想土壤,为本国国民所熟悉和践行,在本国的整体法律框架内不断向着合理化的方向发展。当然,以上认识并不排斥对它们的共性和特性进行分析和比较。它们的相异之处体现出法系和国别的特色,而类似或基本相同的规定则显露出在同一历史背景下社会经济的发展对合同形式问题提出的具有普遍性的要求。历史视野中合同形式规制的理性化发展方向和当代各国法律中形式强制规定不断趋于合理的趋势促使我们思考以下问题,哪些因素推动着合同形式方面的规定的合理化进程,或者说,在形式规范的理性化设置方面有哪些因素具有积极意义。结合上文的论述和分析,笔者认为以下几方面值得特别的关注:

### (一)法律在合同形式问题上对事实的尊重

法律作出形式规定的最根本的动因在于帮助当事人达到其所欲实现的私法目的。所以,就某个要式合同如果双方虽未践行特定形式或者做成的形式有瑕疵,但双方已为部分履行的,则法律原则上应当变通地处理这种合同的效力问题。在这种情况下,当事人的目的已部分地实现。如果可以合理预期合同会被完全履行,则法律出于保护当事人

① 这也体现出法制发达国家的一个基本特征,即不仅仅具有精良的立法,而且有强大、高素质的司法力量。司法界在很多时候发挥着补充、矫正和发展法律的功能,具有不可替代的作用。甚至可以说,在很多问题的解决上,司法界通过长期探索所总结出的经验做法较之立法具有更重要的实践意义和价值。

而设定的形式规定的目的已经达到。仍要求当事人补正特定形式或者否定这种具有形式瑕疵的合同的效力就丧失了其合理性基础。从这一意义上讲，美国《统一商法典》第2～201条第3款第3项的规定、《德国民法典》第311b条第1款第2句的规定以及我国《合同法》第36条的规定都具有积极的价值。

(二)法律对当事人在合同形式上的自决的尊重

即使法律不对合同的形式作出任何强制性的规定，我们也可以合理地推测，合同形式基于其内在价值仍然会被当事人在实践中广泛采用。这样就产生了一个疑问：既然当事人基于一定考虑可能会采用特定的形式订立合同，那么法律作出形式强制的必要性何在呢？这是法律在设置每一项形式强制时都必须首先思考并回答的一个问题。换句话说，形式强制的合理性的一个重要标志就在于只在必要的情况下设立形式强制。这已经成为许多国家的立法在合同形式问题上的一个基本特征。以《法国民法典》第1341条末句与《法国商法典》第109条的规定为例，法国法中对于超过一定标的额的合同施以形式强制，但同时又规定商事合同不受该规定约束。在这个问题上的区分对待具有充分的理由。在现代商贸关系中，双方间的人格信任因素趋于弱化，一般都会就交易订立周密详尽的合同，甚至委托专业的法律服务团队进行条款拟定。法律可以合理预期这种合同能做到条款严谨、内容翔实、权利义务关系清晰。而在经常进行贸易的商人之间，由于信任因素和商业惯例的存在，简略的合同形式一般也不会造成效力和履行方面的问题。这就决定了法律在商事合同的形式问题上没有太大的规制必要。

(三)法律在形式强制的设立问题上对交易安全与交易便捷两种价值的权衡

无论在过去还是现在，证据功能都是合同形式最为基本的功能。具备一定形式的合同较之口头订立的合同总是能更好地保护交易安全。但是，从另一方面来看，简便快捷的口头缔约方式最能保证双方对交易的效率需求，这在很多情况下构成了私法主体订立口头合同的重要诱因。综言之，法律对形式的要求越详尽而严厉就越能保护交易的安全；而形式要求越简单宽松(甚至于不予要求)就越有利于交易关系的便捷达成。交易的安全和便捷间存在一种此消彼长的关系。在二者不可完全兼得的情况下,法律事实上面临着抉择。促使这种选择趋于合理化的方法在于:根据具体的合同类型来具体确定是否加以形式强制、加以怎样的形式强制以及赋予该形式强制何种效力。理由在于,在不同类型的合同中交易的风险不同,而不同的形式强制的成本也不尽相同。以《法国民法典》第1341条的规定和美国《统一商法典》第2~201条的规定为例,两者都以特定的合同标的额作为法律是否对合同加以形式强制的分界点。在立法者看来,低于一定标的额的合同没有必要对其做形式上的强制。在这种对当事人的生活影响不大、经济意义有限的合同中,追求交易便捷的价值压倒了防范合同风险的必要性,所以可以交由当事人自己决定合同形式问题。与此相对,可以合理设想,标的额较大的合同对于社会大众而言具有重要的经济意义。虽然当事人也可能采取一定的形式订立合同,但法律有强有力的动因和理由,通过一定的强制形式防止匆忙、遗漏和疏忽的发生,保护交易的安全从而最终保护合同当事人的法律利益。虽然"一刀切"式的以特定金额划分形式自由与强制的界限这一方法有其缺陷,但它整体而言还是具有很高的实践价值。

(四)形式强制规定的背后体现出的对个人自由与社会利益间关系的权衡

无论形式强制规定效力的强弱如何,法律的这种规定总免不了对当事人的缔约形式自由构成限制。更为重要的是,一定的形式使双方的交易内容可以在合同订立时或订立后为第三人或国家所知悉。这种将合同内容形成于物质载体之上并有可能被公诸于众的形式强制规定在一定程度上破坏了经典合同理论中"合同的内容和效力局限于双方当事人之间"这一法则,是对合同自由的重要限制。从这个意义上讲,对合同形式加以一定的强制需要充分的理由。在一些情况下,形式强制规定是为了保护当事人的利益或者合同目的的实现,对于此类规定需要证明它们具有积极价值和充分必要性。而在有的情况下,形式规定的作出则是为了确保诚实信用原则与公序良俗原则的实现或者出于保护社会性利益的目的。特别是在缔约双方经济地位悬殊的情况下,法律作出的形式强制规定往往是为了保护弱势一方的利益免受侵害。兹以德国《债法现代化法典》中对金钱借贷消费合同的形式规定为例,

《德国民法典》第 492 条中对这种合同作出了必须采用书面形式订立的规定，并列举了须由借用人签字的合同文本中的 7 种“必须记载事项”。这样的规定使得合同的基本内容暴露于双方当事人之外，特别是使得相关行政监督部门和法院较容易掌握合同的内容。这虽然构成对合同私密性的破坏，但是却能为消费者提供更多关于交易的基本信息，并且在发生纠纷的情况下可以有效地降低消费者举证的成本和难度，从而具有必要性和合理性。①

(五)法律在形式强制的成本与其积极效果间的权衡

通过一定的形式订立合同有其成本，也会有积极的收益。从这个角度来看，在形式强制的设定上存在一个利弊权衡的问题。就不利的一面而言，主要涉及两个因素。首先，是形式规则所带来的成本。一定的形式必然意味着一定的成本支出，所以标的额的大小与形式成本的大小之间是否成比例、成本的大小和采取形式强制所能避免的风险和损失之间是否成比例等都需要进行分析和权衡。其次，不同性质的效力规定可能对当事人意味着不同的成本。譬如德国法上关于未依照特定形式订立的合同无效的法律规定不但可能导致双方在缔约过程中花费的成本的浪费，而且可能导致合同双方当事人的履行利益的落空。此外，这种“严格法”可能诱使一方恶意利用形式瑕疵逃避合同义务。如果不从司法上加以相应矫正，则这种形式规定所导致的无效后果就构成诚实守信方的法律风险，此外，该方还需承担因对方恶意利用形式规定所导致的道德风险。因此，需要细致地计算形式规定的成本和收益：对于那些设置形式强制收效较好的合同类型可以积极作出一定的形式要求；对于那些赋予形式强制收效甚微，达不到预定效果，甚至会造成其他问题的合同则以交由当事人决定形式问题或者根据情况灵活的决定形式强制的设立及其效力为宜。这也是合同形式强制合理化的

① 德国债法改革集中体现出保护消费者的思想，在一定程度上导致对契约自由原则的限制，这涉及在社会保护思想与契约自由思想之间的权衡。参见吴越：“德国债法改革对中国未来民法典的启示”，载朱岩编译《德国新债法条文及官方解释》，法律出版社 2003 年版，第 17 页；王洪：《合同形式研究》，法律出版社 2011 年版，第 38 ~ 39 页。

应有之意。①

## 六、结语:合同形式问题中透射出的法律史观

合同的内容和形式处于一种辩证关系中,两者既有相互区别、相互排斥的一面,又有紧密结合、互相依存的一面。从合同形式的本质来看,它是合同内容的客观化、外在化、物质化的表达。在现实的法律世界中,合同形式的功能具有两个层次。首先,它作为合同的客观载体表现合同的内容,证明合同关系的存在和双方的合意。这种性质和功能存在于任何时代任何国家,不以合同订立者或立法者的意志为转移。其次,合同形式可以为立法者所积极利用,发挥特定的价值功能。譬如,以一定的形式门槛提醒当事人该合同的法律性质和法律后果,通过要求特定形式迫使具有信息优势的一方当事人向另一方提示与交易相关的重要信息等。第一方面的功能是合同形式最为基础、最为重要的价值,而第二方面的功能在现当代社会中为法律出于特定目的干预私人合同关系提供了便利,发挥着越来越重要的作用。因此,虽然合同内容和形式在概念和表象上相互区别,但合同形式的客观属性及其价值功能使得它与合同内容始终保持着一种内在的关联。

两者间关系的演变史充分说明了这一点。在人类社会的早期时代,合同的订立仪式发挥着重要的功能,它是合同的唯一表现形式,甚至可以说就是合同本身。② 在国家产生后,合同的仪式不但证明着合同的存在,而且在相当长的历史时期内被认为是合同效力的来源。在这种情况下,一定的合同形式不但是法律和司法的要求,也是当事人自身的要求。合同的形式和内容在理论上和实践中都密不可分。当时的

---

① 在这个问题上具有启发意义的是德国公法理论中关于对国家干预的收益和损害加以权衡考虑的比例原则(Grundsatz der Verhältnismäßigkeit):Reinhold Zippelius, Thomas Würtenberger, *Deutsches Staatsrecht*, Beck Verlag, 31. Aufl., 2005, S. 110ff。

② 在古代社会中,双方合意、缔约行为和缔约形式(仪式)三者是一体的。我们可以合理推测,在国家出现并提供法律保护之前,合同关系及其仪式性表现形式就已经存在于人类社会的生活中。在那个时代,合同的效力来源于双方在神明和证人面前通过仪式获得的内心确认。也就是说,仪式的社会性、公开性和严肃性(神圣性)能对交易者产生积极的心理影响,从而确保合同的效力并促进履行的实现。

人们并不认为形式是内容的包袱和累赘,恰恰相反,它是保护合同效力和双方自由缔约意志的坚固外壳。伴随着社会经济的发展,交易主体出于效率方面的考虑逐渐要求摆脱烦琐复杂的形式,而人类在法律事务方面的理性的增强也使得双方合意在合同制度中的核心价值渐渐得以彰显。人们试图直接将合同的效力依附在双方的内心意思上,摆脱形式所导致的成本和弊病。在立法表述上,形式自由成为原则而形式强制成为例外。这种理论和实践以形式和内容的相互区别为基础,并特别强调合同内容的决定性地位和价值。时至今日,如同我们所看到的,合同的形式在某些领域重新为法律所倚重,在立法中常常作为达到特定目的的手段被加以规定;从实践的角度来讲,即使法律未作出一定的形式规定,双方当事人就某些种类的合同仍旧会采取一定的形式。也就是说,合同形式与合同内容紧密联系的一面又被加以强调和积极利用,①从而在当今的法律世界中形成一种形式自由和形式强制并存、互补的局面。至于到底在强制和自由之间、不同方式的强制之间、对强制的不同效力定位之间如何选择取舍的问题,则需要就具体的合同类型、各国的特定社会经济情况和法律状况来具体分析探讨。换句话说,这是一个合同形式设置的合理性问题。如上文所述,在这个问题上,存在自由与强制、效率与安全、合同的私人性和社会性、规制的收效与成本等多种价值的对立、紧张关系。对是否加以强制以及怎样加以强制这一问题的回答总是摇摆在两种对立的价值之间。如同当代各国的不同实践向我们展示的那样,这毋宁是一个需要权衡的问题,而并不存在适合任何时代任何国家的普适结论。

通过对合同形式发展史的考察,人们总是可以作出一定的总结,得出一定的认识。不同时代、不同国度、不同世界观的人们得出的认识不尽相同。如上文所述,梅因通过对罗马法上合同制度演变史的研究得出结论认为:合意逐渐从形式的枷锁中逃脱出来而作为合同中唯一重

---

① 以前述的德国法上对于金钱借贷消费合同的形式规定(《德国民法典》第492条)为例,若不规定书面形式,则无法要求贷出方将若干必备条款列入合同中;若这些必备条款不能被列入合同,则法律所追求的使贷入者获得与交易相关的重要信息的目的就不能得到实现。在这里,对形式的强制促进了对内容的间接要求。

要的因素存在,这是一种法律的进步和道德的胜利。① 他的这一论断揭示了合同形式与合同内容关系问题上的部分真理,使人们惊叹于他在那个时代就具有如此的洞察力和道德勇气。但这一论断毫无疑问也有其薄弱的地方。首先,这种认识偏于线性化和理想化。虽然合同形式从古代到近代的基本发展趋势可以简单地概括为形式自由较之形式强制逐渐取得优势地位的过程,但是在这一过程中充斥着斗争与反复,并且形式自由的优越地位仅在一定范围内存在。其次,关于自由渐渐战胜强制的认识是以"形式与内容相对立并且妨碍合同目的的实现"为前提假设的。这种认识太过简单和天真,并未反映形式与内容的真实关系,实际上也难以证明在历史存在过或者我们正在经历这样一个显著的、全面的合同形式自由化的过程。这种观点也没有预见到此后的社会与法律的发展趋势。在现代社会中,法定形式和约定形式不但广泛发挥着作用,甚至法律的形式强制还具有部分复兴的趋势。简单地认为合同形式乃是合同内容的枷锁,认为在合同法的历史演进中对合同形式要求的宽松化是对合同自由的彰显和对合同内容的解放,忽略了合同形式和合同内容间的内在联系、忽略了法律放宽形式方面的规定所受到的社会时代背景的制约,忽略了真实的法律演进史中合同形式与双方合意两者间此消彼长的缓慢性和反复性,忽略了当事人对于法律强制并非必然敌视反而有可能寻求形式强制的保护这一历史事实,忽略了合同形式在诉讼法上和权利之实现过程中的意义和价值。

如果说"以合同自由取代形式强制是法律发展的方向,是法律史上的进步"这一认识不尽符合史实也不完全正确的话,则以下问题会浮现在人们的脑海中:"在合同形式问题的历史中是否存在进步和发展性的行动与过程"以及"怎样的演变可以称得上是法律的进步与发展"。对这一问题的不同回答,和人们对"发展"这一概念的不同认识紧密相关。在笔者看来,宜对"发展"一词作谨慎的理解:只有在合同的主人——私法主体——有削弱或者取消形式规定的要求,而该类型合同的强制形式不具有或者不再具有合理性与必要性的情况下,国家通过立法取消形式规定或者通过司法在实质上降低对合同的形式强制

① 梅因,前引书,第 177 页;亚伦,前引文,第 17 页。

的过程才能称为法律上的发展和进步。[①] 在当事人倚重合同形式的情况下，法律顺应当事人对形式的积极评价、满足其对形式的心理依赖而维持形式强制的，谈不上取消形式强制以及法律发展的问题；而某些类型的合同因其法律性质上的特殊性或者由于特定时代背景的限制不宜取消形式强制的，也谈不到取消及其进步性问题。概言之，法律在合同形式问题上的发展过程也即国家在形式强制上的合理化过程：行于所当行，止于所不可不止。所以说，只有由不合理的转变为合理的才称得上是历史中的进步。受社会历史条件的限制和影响所采取的形式强制在当时具有合理性和必要性，所以不能斥之为保守、落后；许多在古代被施以形式强制的合同至今仍为各国法律要求采用特定的形式缔结，这种历史持续性和不同国家间的共性足以表明这些合同客观上具有采取一定形式订立的必要性，维持这种形式强制也并非是不进步的表现；还有一种值得注意的情况是，一些原本不采用强制形式的合同或者已经摆脱了形式要求的合同由于某些原因又转而采取一定的强制形式，这如果是因应当代社会的需要的必要举措，则非但不是合同形式问题上的退步，反而是一种发展。如果只讨论从强制到自由这一过程的话，则仅仅是对那些恣意的或者丧失合理性的形式要求的去除才称得上进步。在合同法的发展历史中的确显现出这种意义上的发展的存在；但是，基于对"发展"这一概念的谨慎理解可以认识到，在真实的社会历史演进过程中这种发展的范围和意义是有限的。人们很难相信，在历史进程中曾展开过全面的形式自由化的过程并且形式自由已经取得了较之形式强制的绝对优越地位。从形式强制转变为形式自由不能被笼统的认为是一种法律进步，正如从形式自由走向形式强制并不必然是一种法律退步一样。

基于以上的论述可以得出以下几点认识：首先，不能以现代的思维模式和分析框架来描述和评价历史中的法律问题，而应当尽量再现和

① 凡法律欲成功地添加或者取消一定的形式强制必具备以下几个条件：合适的历史时机（社会与法律时代的变迁）、该形式强制因其客观性质上的原因具备或丧失了必要性与合理性、私法上的主体对增设或取消该形式规定的强烈要求。此三者系法律规制之变迁上的"天时、地利、人和"。

理解历史的原貌,从当时各个方面的情况出发,研究历史上的观念与制度的产生、发展、演变及其相应原因和合理性。[①] 就历史上合同形式的表现形式而言,可以说,凡是能够反映双方当事人的缔约意志的行为和文件都是合同内容的表现和外壳,都可以称为合同的形式。从功能主义的角度来看,罗马人采取的烦琐的合同订立仪式、英国传统的契据做成方式和当代的某个简单的租赁合同文本并没有什么本质不同。而古代人之所以会采取复杂烦琐的方式订立合同是和当时的历史条件分不开的。在纸张并不普及而识字者又非常有限的时代,要求双方订立书面合同是不现实的;而且那个时代的人们认为,只有通过一丝不苟的仪式性活动才能使自己的真实心意确切地表达出来,使对方作出的承诺发生约束力,使合同关系产生并确定地有效。仪式性的合同订立方式是适应当时的社会历史背景的产物,只有深入历史才能发现,它和近现代的合同形式发挥着同样的功能。

其次,合同的形式和内容处于一种对立统一的关系当中。[②] 不能简单地把两者对立起来加以理解和看待,特别是不应该轻易地把合同形式视为一种当事人意志之外的或者说与当事人意志相对立的客体。近代大陆法系私法学说特别强调意思的中心地位,把在这之外的合同因素都视为受意思决定的、非核心性的因素。这固然体现了对合同的主宰者——双方当事人——及其交易意志的尊重,但从另一方面来看,在一定程度上导致了现实法律生活中的实践困难和解释困难。合同形式与合同内容就像表示与意思一样,在一定程度上不可分离。形式在一定程度上也是意思的一部分或者说参与了意思。这绝非危言耸听,而是在意定形式和法定形式的情况下都存在的事实。在意定形式下,关于形式的约定是双方合意的一部分,具体地说,是当事人关于以什么样的形式订立合同、自己将遵守形式约定和要求对方践行形式约定的意思。这种约定对双方具有约束力,只有能证明嗣后存在关于变更或

---

① 苏力:"语境论——一种法律制度研究的进路和方法",载《中外法学》2000年第1期;Zimmermann, *The Law of Obligations*, *Roman Foundations of the Civilian Tradition*, p. 88。

② Oestmann, Die Zwillingsschwester der Freiheit, S. 20ff.

废除约定形式的合意才能使形式约定归于无效。[①] 对于法定形式而言，由于它是法律制度强加给当事人的要求，所以从表面上看是一种与当事人意志无关的因素。但是，法律提出的形式要求针对合同双方，共同履行形式要求并注意其完整性和有效性成为双方互相负有的义务。嗣后能够证明一方恶意地不提示法律提出的形式要求或故意制造形式瑕疵而导致合同效力受影响的，该恶意方应当承担因自己的过错导致合同无效或效力受影响的责任。在法律规定了特定的形式的情况下，法定形式要求的目的即在于参与或者说干预当事人的缔约意志，这种干预有时候仅止于影响双方对于合同形式的合意，有时候则进一步延伸到对合同内容的形成加以积极的干预和影响。所以这种外在的形式强制也可以对当事人的内心意思产生积极的影响甚至参与合同内容的塑造。可见，无论是意定形式还是法定形式，都与合同的内容、与双方的合同合意紧密联系在一起。

最后，也是最重要的一点：不应当采取简单的、线性的历史发展观。只有在尽量考虑到各种细节的情况下，才能判断某一过程是不是构成发展以及在哪种程度上构成发展。就合同形式问题来看，认为以自由取代强制是历史发展的潮流这一论点是不可接受的，它至少存在以下三方面问题：第一，很难证明在法律史上曾经存在过或者当代正在展开一个广泛的取消形式强制的过程；第二，这种论述以形式和内容的绝对对立、自由和强制的绝对矛盾为出发点，忽视了强制在特定条件下的必要性以及形式的重要价值；第三，它没有看到，在社会和法制的发展进程中出现了相反的趋势，即法律对一部分合同的形式问题从自由放任转而走向作出强制，而这种趋势基于其合理性也可以被视为一种法律

---

① 双方当事人关于合同的意定形式的合意在德国法上虽然也被看作当事人意志自由的结果和当事人缔约意思的一部分，但是没有受到应有重视。从总体上看，关于合同形式的合意还是被视为一种附属于双方关于合同内容方面约定的无关紧要的意思的组成部分。但是，在一方当事人或双方未按意定方式履行形式约定而一方嗣后提出意定合同形式未被遵守的异议时，又不得不把双方当事人关于形式约定的意思作为双方交易意思的重要组成部分加以取证、分析和解释。这违反了德国法学素来所强调的体系性思维和理论实践相一致的追求。

上的发展。① 在迄今为止的合同形式问题的发展过程中,我们可以看到这样的大致脉络:合同从一开始普遍的需要遵从一定形式加以订立逐渐发展到一部分合同摆脱了形式要求,再到今天的形式强制和形式自由并存互补局面的形成。与其说合同形式与合同内容(当事人意思)逐渐从统一走向分裂,不如说它们始终处于一种既和谐又对立的关系之中。

完全否弃对于合同形式的强制性规定并不可行;但若合同形式方面的强制规定不符合社会经济发展的需要,则同样也不能达到特定的法律目的。怎样使法律的相关规定实现合理化,是值得每一个国家从其所处的时代和国情出发认真考虑的问题。②

(作者系德国弗莱堡大学法学院博士研究生)

① 合同的形式问题是合同自由问题的重要组成部分。所以,合同在形式问题上的变迁是了解合同自由原则的一个窗口。法律对当事人的缔约形式从强制走向自由再到强制与自由并存的演变具体而生动地诠释了合同自由原则从无到有、从张扬到重新定位的发展历程。

② 在合同形式问题上,只有合适与不合适之分、相对的好与不好之分,没有绝对的好与不好、先进与不先进之分。当然,如同前文着力论证和表达的,对合同形式问题加以合理规制的前提首先在于需要认识到:合同形式问题并非仅仅是"形式问题"。

**名作翻译**

# 耶林的占有构成理论

柯伟才

## 目　次



## 一、导言

(一)19 世纪德国的占有争论

萨维尼的《论占有》拉开了 19 世纪德国占有争论之序幕，掀起了一股占有的文献潮流，导致后来关于占有的文献丰富到令人不可思议的程度，[①]普赫塔甚至对这种无穷无尽的文献泛滥感到恼怒和厌烦。[②]

---

① 耶林:《占有》，第 97 页( Rudolf von Jhering, Der Besitz. Aus: Jherings Jahrbücher für die Dogmatik des bürgerlichen Rechts. Bd. 32, 1893, S. 97)该文首刊于《国家科学简明词典》( Handwörterbuch der Staatswissenschaften. Band 2, 1891)，简称《占有》。

② 耶林:《论占有保护之原因》第 1 页( Rudolph von Jhering, Uber den Grund des Besitzschutzes. Jena, 1869, S. 1)，简称《论占有保护之原因》。

这场争论不仅持续时间长,[1]而且参与者人数众多。[2] 沃纳·舒伯特(Werner Schubert)说:"在19世纪,没有哪个法律领域能像占有那样,如此有争议并且被如此深入地探讨和描述。"[3]耶林把这场争论归因于萨维尼的这部著作,认为它是这场占有争论的"祸根"(Erisapfel)。[4]他说,萨维尼的这部著作比任何其他著作都招惹批评,其招惹批评之处不是在于其细节,而是在于其理论基础和基本观点[5],没有哪个基本观点是没有争议的[6]。

从当时的文献来看,这场争论主要集中在三个问题[7]之上:(1)占有保护的原因是什么?(2)占有的法律本质是什么?(3)占有的构成要件是什么?[8] 19世纪的德国民法学家们对于上述每一个问题都给出了多种答案,可见这场争论之精彩程度。

(二)耶林的参与

身处当时的环境当中,耶林自然不能置身于这场争论之外,相反,他是这场争论的主要参与者之一。从他写作的篇幅就可以看出他积极参与的程度。关于耶林参与这场争论的动机,他在1868年写作他的第

---

① 这场争论从1803年萨维尼的《论占有》开始,到1896年《德国民法典》公布时仍未结束。

② "没有对它发表过自己的观点的罗马法学者并不多"。参见耶林:《法学的概念天国》,柯伟才、于庆生译,中国法制出版社2009年版,第13页。

③ Werner Schubert, Die Entstehung der Vorschriften des BGB über Besitz und Eigentumsübertragung. Ein Beitrag zur Entstehungsgeschichte des BGB. 1966, S. 57.

④ 《占有》,第97页。

⑤ 《论占有保护之原因》,第1页。

⑥ 《占有》,第97页。

⑦ 舒伯特(Werner Schubert)也认为三个主要争议问题是:(1)占有的法律本质;(2)占有保护之原因;(3)一个统一的占有概念之确定(Vgl. Werner Schubert, Die Entstehung der Vorschriften des BGB über Besitz und Eigentumsübertragung. Ein Beitrag zur Entsteh-ungsgeschichte des BGB. 1966, S. 59)。他认为第三个问题最难解决。他说的三个问题和本文所说的三个问题实际上是一样的。

⑧ 也就是说,如何判断占有是否存在的问题。

一部占有著作[①]时是这样说的：

"没有任何一本罗马专著能像萨维尼关于占有的专著那样，一方面能受到如此之多的赞美和肯定，而另一方面又遭受如此之多的反对，这两个方面，我认为都是有道理的。他保持着永恒的、不可置疑的荣誉，是他首先把罗马法学的精神重新带回到我们的民法教义学中来，不管其实证成果有多少是站得住脚的、有多少是站不住脚的，都不会对其功绩有丝毫损害。而这个功绩所获的盛誉不能也不会妨碍我们的科学去重新检验萨维尼的观点……很久以前我就作出了一个独立的科学判断，我感觉我的观点和这个理论[②]在基本点上有矛盾，然而我认为不应该马上公开发表我的看法，以便可以反复进行检验。现在我进行了大量检验，我不想为了达到目的而说我已经找到了真相，但我相信我在主观上没有过错。我最初对萨维尼的占有理论产生反感是因为所有权人意思(animus domini)理论。从1846年起，我就已经在我的基础课(Vorlesungen)中讲述过这个观点(我将在第三篇论文[③]中阐明)。随后又产生了另外一些不同观点，尤其是占有改定(constitutum possessorium)理论，占有保护之原因的问题以及占有的法律本质的问题。"[④]

按照耶林自己的计划，[⑤]他要写四篇关于占有的论文，分别是：(1)论占有保护之原因；(2)占有的法律本质；(3)占有意思；(4)占有改定。不过，不完成写作计划似乎已经成了耶林的一个习惯，他的两个大型写作计划——《罗马法精神》[⑥]和《法律目的论》，[⑦]都没能最终完成，占有的写作计划也不例外。

---

① 《占有理论》(Rudolph von Jhering, Beiträge zur Lehre vom Besitz. Aus: Jahrbücher für die Dogmatik des heutigen römischen und deutschen Privatrechts. Bd. 9, 1868.)该书第2版改名为《论占有保护之原因》。

② 指萨维尼的占有理论。

③ 指耶林的占有论文计划中的第三篇。

④ 耶林:《论占有保护之原因》,第1～2页。

⑤ 耶林:《论占有保护之原因》,第2页。

⑥ Rudolf von Jhering, Der Geist des römischen Rechts auf den verschiedenen Stufen seiner Entwickelung. Teil 1－3, Leipzig 1852－1865. 简称《罗马法精神》。

⑦ Rudolf von Jhering, Der Zweck im Recht. Band I－II, 1877－1883. 简称《法律目的论》。

在完成第一篇占有论文之后,耶林把这个写作计划搁置了将近20年。[①] 直到1889年才出版计划中的第三篇——《占有意思》,而且,他在该书前言的开头就明确表示,关于占有的法律本质和占有改定的写作计划,被"最终放弃了"。[②] 至于,他为什么在将近20年后又重新拿起笔来写这篇《占有意思》,他在该书前言中作了交代。写作该书的主要目的,并不是为了证明萨维尼的所有权人意思(animus domini)理论是站不住脚的。他说,"如果是这样的话,当前这部著作也许连四分之一的篇幅都不需要,至少有四分之三是为了实现我在一开始就让你们看到的目的:阐明两种方法的对立。导致我写这本书的唯一目的是让法律界睁开眼睛看看,这两种方法的对立是什么状况。如果不能达到这一点,那么我将会后悔写下这本书"。[③] 这里所说的"两种方法",是指形式主义(formalistischen)或者辩证法的(dialektischen)方法和现实主义的(realistischen)或者目的论的(teleologischen)方法。[④] 我们还是看看他自己是怎么说的吧:

"我年轻的时候曾全身心地喜好形式主义方向,我在中年时认识到了它的错误,此后便不断与之作斗争。最初是一些匿名发表的文章(1861~1863年),然后是《罗马法精神》(第四卷第60章,1865年),再后来是《论占有保护之原因》(1868年),最后是《法学的戏谑与认真》(1884年)。它甚至为我伟大的著作《法律目的论》提供了思想。我认为,要想终结概念先验论(Apriorismus),最好的办法就是提供证据证明,目的思想是法律的唯一创造者,并且,逻辑在法律中无理要求的统治地位,是骗来的……

为了阐明辩证方法在占有上的谬误以及在科学上的贫瘠,并表明

---

① 耶林在《占有意思》(Rudolf von Jhering, Der Besitzwille: Zugleich eine Kritik der herrschenden juristischen Methode. Jena, 1889)前言中提到,该书是从1887年12月开始分批付印的,边写边付印,直到1889年才全本出版。该书简称《占有意思》。

② 同时他也提到,他分别在《罗马法精神》第Ⅳ卷第365页以下和《占有意思》,第210~230页顺带讨论了占有的法律本质和占有改定的问题。

③ 参见《占有意思》,前言第ⅩⅢ~ⅩⅣ页。

④ 耶林在该书前言中(第Ⅸ页)提到,如果在该书中详细论述两种方法之间的对立,将会导致该书不适当地增加篇幅,因此没有这么做。但是,如果读者细心追踪他的整个考察过程,就应该不会错过两者的对立。

目的思想的肥沃,也就是说,现实主义方法的正确性,在这些法律制度当中,我特别选择了占有……

法律逻辑在任何一个法律理论当中都不像在所有权人意思(animus domini)理论当中那样,有如此严重的混乱并遭受如此彻底的破产(Banquerott)。单单考虑到这一点,就可以使我作出上述选择,另外,所有权人意思理论在我想要举例说明的方向上,还具有文献史上的利益。萨维尼的《论占有》通过其无法抵挡的、可引以为荣的优越性,引领德国法律科学走上了一条他走过的道路。

想要与一个错误的方向作斗争的人,应该选择第一个选择这个方向的人以及这个人最初出发的地方。所以我选择萨维尼和占有理论,之前在我的《论占有保护之原因》中我是这么选择的,现在在当前这本书中也是如此。

人们驳斥错误的观点,人们与错误的方向作斗争。对于前者,只要把错误放在真理面前就足够了;但是对于后者,要去斗争的人必须拿起武器,精神抖擞地面对对手。

我的批评不仅残酷,而且很深入,我将在其错误的道路上一步步追随所有权人意思(animus domini),将其弱点、罪过、迷途揭露出来,就像要在其中寻找宝贵的真理那样。这对我来说并非易事。我敢说,这是我在我的整个写作生涯中完成的最令人厌恶的工作,这种不可抗拒的厌恶感让我逃避了很长时间,在这点上我是有过错的。然而,我有一种想法,那就是,我不能不完成它,没有它,我的其他工作就只能算完成了一半。这种想法最终促使我拿起笔,不辞劳苦,完成了它。"①

有两个原因,可能会让人觉得耶林写作《占有意思》一书带有参与立法的意图。其一,该书的出版和《德国民法典第一草案》的公布在时间上非常接近;其二,作为温德沙伊德(Windscheid②)的好友,耶林可能

① 参见耶林:《占有意思》,前言第Ⅸ～ⅩⅢ页。

② 德国民法典第一起草委员会成员之一。1888年8月5日,耶林写信给温德沙伊德,说想要把《占有意思》献给他(Jherings Briefe an Windscheid,[1870～1891],Göttingen 1997,S.63)。笔者没有找到温德沙伊德的回信,但是温德沙伊德应该是没有同意,因为最后出版的书里面并没有献词。

可以获得一些立法上的信息。但是，耶林自己并没有说自己有这样的意图。他说，《德国民法典第一草案》的出现对他来讲是"出乎意料的(unerwartete)"，[①]这部著作是边写边付印的，从1887年年底开始付印，到1889年才全书出版，在此期间出现的文献(包括《德国民法典第一草案》)，有一部分完全没有被考虑，有一部分到后面才考虑。[②] 事实上也的确如此。

1891年，耶林在《国家科学简明词典》第二卷上发表了一篇"计划外"的论文，题目是《占有》。[③] 该文显然是写给非法律人士(juristische Laien)看的，虽然写得非常简略，学术性不是那么强，但表达了一些前面两部著作所没有的观点。除此之外，耶林在其他著作中，如《罗马法精神》、《法学的戏谑与认真》，[④]也顺带论述了占有的相关问题。

(三)本文的计划

本文的计划包括：(1)通过分析耶林的占有著作和论文，[⑤]探讨耶

---

① 耶林：《占有意思》，前言第Ⅷ页。

② 耶林：《占有意思》，前言第ⅪⅤ～ⅩⅤ页。

③ Rudolf von Jhering, Der Besitz. Aus: Jherings Jahrbücher für die Dogmatik des bürgerlichen Rechts. Bd. 32, 1893.

④ Rudolf von Jhering, Scherz und Ernst in der Jurisprudenz: Eine Weihnachtsgabe für das juristische Publikum, Leipzig 1884. 简称《法学的戏谑与认真》。

⑤ 主要包括：(1)《占有保护之根据》；(2)《占有意思》；(3)《占有》；(4)《罗马法精神》第3卷第365页以下；(5)《法学的戏谑与认真》当中关于占有的论述。此外，根据耶林1860年的授课笔记整理出版的《根据普赫塔的潘德克顿教科书所作之授课》(Pandektenvorlesung nach Puchta, Wallstein 2008)，由于不是耶林亲笔所写，因此不作为本文的依据。另外，还有两篇论文(Inwieweit muß der, welcher eine Sache zu leisten hat, den mit ihr gemachten Gewinn herausgeben? In: Abhandlungen aus dem römischen Recht, Leipzig 1844. und Ist der ehemalige gutgläubige Besitzer einer fremden Sache verpflichtet, nach deren Untergang dem Eigenthümer derselben den gelösten Kaufpreis herauszugeben?: Ein Beitrag zur Lehre von den Grenzen des Eigenthumsschutzes. Aus: Jahrbücher für die Dogmatik des heutigen römischen und deutschen Privatrechts Bd. 16 = N. F Bd. 4 1878.)由于和耶林计划论述的主题关系不大，因此也不作考察。1868年5月26日在奥地利一般法院报(维也纳)上发表的《占有作为所有权之事实性》(Der Besitz die Thatsächlichkeit des Eigenthums)，笔者未能找到，因此不能纳入考察范围。其标题与《占有保护之根据》第十三章的标题一致，且《论占有保护之原因》出版在后，可能已经包含其内容。

林的占有构成理论。(2)关于《德国民法典》所采用的占有构成理论，有观点认为，耶林的理论成功地在《德国民法典》的占有制度中消除了任何“意图”[①]的痕迹，[②]也有观点认为《德国民法典》在占有构成上采用了耶林的客观性理论(客观说)，[③]还有观点认为《德国民法典》采用了贝克尔(Bekker)的纯客观说。[④] 本文将通过分析《德国民法典》的立法资料，考查耶林的占有构成理论对《德国民法典》第854条第1款的影响。

## 二、耶林的占有构成理论[⑤]

在全部占有问题当中，这是最难的，[⑥]也是最有意思的一个，因为“你从来不能有把握地确定它(占有)是否存在”。[⑦] 这个问题的本质是，如何描述占有。如何在一个统一的概念当中描述形态各异的各种占有，是19世纪德国民法学家，更是《德国民法典》起草委员们头疼的问题。

---

① 即意思(animus)。

② [意]萨尔瓦多·里科波诺：“罗马法中关于占有关系的理论——兼论现代法学理论及立法”，载《比较法研究》2009年第3期。

③ [日]川島武宜、川井健编：《新版注釈民法：(7)物権：(2)占有権·所有権·用益物権》，有斐阁2007年版，第11页。

④ 史尚宽：《物权法论》，中国政法大学出版社2000年版，第529页。

⑤ 实际上，很多作者(包括耶林)在论述时，有时候也没有明确区分“占有的构成”、“占有的概念确定”和“占有的取得和丧失”。“占有的构成”和“占有的概念确定”实际上是同一个问题，而“占有的取得与丧失”则略有差异，但仍然可以视为同一个问题。“占有的构成”和“占有的概念确定”是从静态的角度去观察，“占有的取得与丧失”是从动态的角度去观察。一般认为占有的取得条件和存续条件基本是一样。只是存在一点小小的差异：占有的取得比占有的维持对体素的要求高一些(尤其是通过单方行为取得占有时，对体控的要求要高一些)。在占有取得之后，只要不存在丧失占有的情形，占有就会一直存续，而暂时丧失事实上的关系并不马上导致占有丧失。

⑥ Werner Schubert, Die Entstehung der Vorschriften des BGB über Besitz und Eigentumsübertragung. Ein Beitrag zur Entstehungsgeschichte des BGB. 1966, S. 59.

⑦ 耶林：《法学的概念天国》，柯伟才、于庆生译，中国法制出版社2009年版，第55页。

(一)区分占有和持有的几种理论

1. 主观性理论

主观性理论①也被称为具体意思理论或者意思说,是在19世纪大部分时间里占统治地位的理论。该理论的要点如下:在存在外部占有关系的事实状态(即所谓的体素[corpus])时,根据行为人的意思来区分占有和持有。如果行为人具有为自己占有该物的意思(animus rem sibi habendi②)或者所有权人的意思(animus domini③),那么就是占有;如果行为人具有为他人占有的意思,那么就是持有。如果行为人以"为他人占有的意思"去持有,那么也具有为自己持有的意思;这两种意思必须精确地区分。比如说,契约佃农、承租人具有临时为自己持有标的物的意思。他们可以利用它们,但是这种对标的物的利用(uti)以及与此相联系的持有(habere,tenere)要和占有(possidere)相区分,标的物的占有(possidere)仍然

① 主观性理论的代表人物是萨维尼。主观性理论的拥护者们对心素的看法不是完全一致的,但有一点是相同的,即都认为占有心素除了持有意思之外还要包含特殊的要求。耶林在《占有意思》一书当中把批判的重点集中在萨维尼的理论上。

② 耶林在这里使用的是为自己占有该物的意思(animus rem sibi habendi)。参见耶林:《占有意思》,第6页。但是,萨维尼使用的是为自己占有的意思(animus sibi habendi)和所有权人的意思(animus domini),认为两者是相同的。Vgl. Savigny, Recht des Besitzes. Aufl. 7 von Rudorff. Wien. 1865, S. 110. 耶林在《占有意思》当中一直没有提到为自己占有的意思(animus sibi habendi),他应该是认为为自己占有的意思(animus sibi habendi)和为自己占有该物的意思(animus rem sibi habendi)是一样的。此外,耶林也没有说所有权人的意思(animus domini)和为自己占有该物的意思(animus rem sibi habendi)有什么不同。实际上,对于心素,当时的德国法学家还用了很多不一样的表述方法,如登伯格用"animus sibi possidendi"(Heinrich Dernburg, Pandekten. Band 1, Berlin, 1884, S. 392),伯林茨(Brinz)提到"animus habendi","animus rem habendi"(Alois Brinz, Lehrbuch der Pandekten. Abt. 1, 1857, S. 63)。

③ 该词组在罗马法源当中没有,开始很多人都以为所有权人的意思(animus domini)和传来占有(abgeleiteten Besitz)都是萨维尼创造的。后来耶林偶然地在劳特巴赫(Lauterbach)的著作(Collegium theoretico-practicum, tom. Ⅲ, Tit. Pand. 41, 2 § 8 – 10)里面看到所有权人的意思和传来占有。这个突然的发现促使耶林作进一步的文献调查,但是由于视力不好放弃了。不过,他说,他唯一能确定的是,注释法学家(Glossatoren)不知道所有权人的意思(animus domini)的名称和概念。后来他的助手高德施密特博士(Dr. Goldschmidt)帮忙调查,得出的结论是,所有权人的意思(animus domini)至少可以追溯到居亚斯(Cujacius)。参见耶林:《占有意思》,第248～249页。

由占有主人(Besitzherr[①])保留。是否享有占有以他们的意思为准,他们的意思不在于占有(possidere),因此他们没有占有(possidere)。[②]

2. 客观性理论

客观性理论就是耶林的理论,也被称为客观说。主要观点如下:如果占有关系通常所必须的两个条件:体素(corpus)和心素(animus[③])存在,就存在占有,除非能证明法律例外地规定其为持有。主张占有存在的人,只要证明存在外部占有关系(即体素)就足够了,体素本身已经包含了心素。[④] 主张占有不存在的人,要去证明罗马法规定其为持有的原因[⑤]存在。对于占有或持有是否存在的问题,心素没有任何意义,原告和被告均无须主张其存在或不存在。[⑥]

耶林对自己的理论非常自信,他说:"我的理论对整个世界来讲都很简单:在存在占有的外部事实关系时,全部承认有占有存在,只要不存在罗马法规定其为持有的原因。对于这些原因,在每一本潘德克顿教科书中都能找到列举。"[⑦]

然而,耶林的理论并不是一开始就具有客观性理论的形态,而是从一种被其称为原因理论(Causaltheorie[⑧])的理论发展而来的。根据这个原因理论,占有关系中的原因(causa)对判断是占有还是持有的问题具有决定性意义,因此将其称为原因理论。在这个理论当中,他为了让原告在占有诉讼中免除占有原因(causa possessionis)的证明,采用了一个权宜之计:假定原告是有占有原因的。这种方法实际上也能达到客

① 如果甲为乙占有某物,那么甲就是持有人,乙就是占有主人。

② 耶林:《占有意思》,第6~7页。

③ 该词可翻译为"心素"或者"意思",本文中根据具体情况的需要翻译成"心素"或者"意思"。

④ 耶林认为,没有心素的体素是不可能的,体素是心素的活动。

⑤ 也就是持有原因(causae detentionis)。

⑥ 耶林:《占有意思》,第8页。

⑦ 耶林:《占有意思》,第11页。

⑧ 根据耶林的观点,在区分占有和持有时,只要起决定性作用的是原因(causa)都可以称为原因理论。因此,一共提到三种原因理论:(1)耶林最初的这种原因理论;(2)抽象意思理论;(3)客观性理论。

观性理论的效果,耶林说,它“非常接近真理,但并不完全正确”。[①] 然后他决定对这个理论作一个改动:把肯定性的占有原因(causa possessionis)换成否定性[②]的持有原因(causa detentionis)。也就是说,不需要再假设原告已经有占有原因了,只要被告不能证明存在持有原因,那么原告的对物关系就是占有。这就变成了客观性理论。[③]

3. 抽象意思理论

耶林为主观性理论找到了一个辩护的方法,即主张区分占有和持有的决定性因素不在于特定当事人实际具有的具体意思,而是在于抽象的或者典型的意思。比如说,某个特定的承租人是否有持有意思(animus detinendi),完全是无关紧要的,抽象的、典型的承租人具有持有意思(animus detinendi)就足够了。耶林把这种理论称为典型的或者抽象的(typische, abstracte)意思理论。不过,主观性理论的捍卫者们并没有想到这个理论。耶林对此表示遗憾,他同时认为,抽象意思理论仍然停留在半路,它实际上只是用占有原因(causa possessionis)来替代意思(animus),因此也可以称其为原因理论。[④]

抽象意思理论仍然属于主观性理论的一种形态。在否定占有的方面,抽象意思理论的实践效果接近于客观性理论:具体的占有意思都是无关紧要的;相反,在肯定占有的方面,这两种理论会在实践中出现不同的证明问题:根据客观性理论,占有是给定的,一般都是被承认的,只要对方没有通过援用某个例外地认为它是持有的法律规定提出相反的意见。因此,占有人永远都不需要列举其主张的占有原因,然而,就像具体意思理论要列举意思(animus)那样,抽象意思理论也要证明原因(causa)。不管是主观的意思(animus)还是客观的原因(causa),都是不确定的,为了使其具有确定性,必须在个案中说明这些要素。原因(Causa)的证明要求在法律运用当中可以想象的后果是,占有在很多情况下肯定完全不受保护,谁总是能为其占有证明实际的原因(causa)

---

① 耶林:《占有意思》,第 10 页。

② 这里说的“肯定”和“否定”,是指肯定和否定占有存在。

③ 耶林:《占有意思》,第 10 页。

④ 耶林:《占有意思》,第 12、15 页。

呢？为了避免这个悲惨的后果，人们可能会利用假设。耶林认为，这种假设的方法就像是通过爬墙逃出由于自己的过错而陷入的死胡同。身处这个死胡同就表明已经错失了正确的道路，而正确的做法应该是，掉头并且揭露它。正确的道路是：这种关系一直都是占有，只要法律没有例外地认为它是持有。①

耶林用列表的方式，从实体法律关系和程序法律关系两个方面揭示了三种理论之间的区别与联系：②

（1）在实体法律关系当中，关于在具体情形当中产生占有还是持有的问题，决定性的因素是：

①个人的意思（具体意思理论）；

②法律规则，也就是说：法律把典型意思视为个人意思的基本规则，这个基本规则仅仅在所谓的传来占有的情形当中才会被否定（抽象意思理论）；一般形成占有，只要法律不是例外地规定行为人是以他人名义持有（detentio alieno nomine）（客观性理论）。

（2）在诉讼程序关系中：

①行为人要提供证据，去证明个人意思（animus）的存在（具体意思理论）；去证明占有原因（causa possessionis）（抽象意思理论）；

②对方要证明在当前的情况当中有持有原因（causa detentionis）存在（客观性理论）。

4. 耶林公式

为了让读者更清楚地看到主观性理论和客观性理论对占有和持有之区分的区别，耶林建立了两套公式：③

主观性理论的公式：

$X = a + a + c$

$Y = a + c$

客观性理论的公式：

$X = a + c$

① 耶林：《占有意思》，第16～18页。
② 耶林：《占有意思》，第19～20页。
③ 耶林：《占有意思》，第53页。

Y = a + c − n①

其中，X 表示占有；Y 表示持有；c 表示体素（corpus）；a 表示心素（animus）；a 表示根据主观性理论占有必须附加的东西；②n 表示根据客观性理论在某些关系中否定占有存在的法律规定，即法律出于实践考虑规定的持有原因（causa detentionis）。

两个理论的共同起点是 a + c，③主观性理论的起点是持有，客观性理论的起点是占有。主观性理论添加肯定性的要素 a 构成占有；客观性理论添加否定性的要素 n 构成持有。两者的辩证运动是相反的，一个从低到高，一个从高到低。④

关于证明的问题，根据主观性理论，原告负责证明 a + a + c；根据客观性理论，原告负责证明 a + c，被告负责证明 n。⑤

根据客观性理论，如果不能证明存在 n，就是 X。只要法律不规定一种关系是 X 还是 Y，那么就是 X。另外，占有的意思和持有的意思是一样的。X 里面的 a + c 和 Y 里面的 a + c 也是完全一致的。

下面我们看看，根据客观性理论占有所要求的 a 和 c 是指什么，持有所要求的 a 和 c 和占有有什么区别，以及 n 是什么。

（二）单纯的空间关系和占有关系的区别（客观性理论的 a + c）

1. 占有关系之三要素

耶林援用了叔本华的理论，认为将单纯的空间关系提升为占有关系⑥的动因（Motiv）是利益。他说，对我们没有利益的人，我们不会去接触，对物也是完全一样的。在人与物建立的外部关系当中，包含了人要

---

① 这个公式好像是有笔误，应该是 Y = a + c + n 才对。因为 n 本身就是否定性的要素，只要能证明存在 n 就从 X 变成 Y。

② 即为自己占有该物的意思（animus rem sibi habendi）、所有权人的意思（animus domini）及为自己占有的意思（animus sibi habendi）等。

③ 这意味着主观性理论的 a + c 和客观性理论的 a + c 是基本一致的，两种理论在具体案件中对是否存在 a + c 的判断应该是基本一致的，因为萨维尼和耶林都认为自己的理论是符合罗马法的，差异更多的是在于他们对 a + c 的描述。

④ 耶林：《占有意思》，第 54 页。

⑤ 耶林：《占有意思》，第 55 页。

⑥ 耶林在《占有意思》中把占有和持有统称为占有关系（Besitzverhältnis）。参见耶林：《占有意思》，第 2 页。

从物那里获得利益的事实表达,——占有关系证实了物对人的利益。因此,利益是占有的出发点。如果没有利益,人不会跟人,也不会跟物建立关系。人与人的关系可能是被强加的,但是人与物的关系,总是由人来决定的。人必须首先希望、想要这种关系,才能建立事实上的关系。①

因此,利益,(指向这种利益的)意思以及(相应的)外部关系是占有关系的三要素。占有是建立在第一个要素的基础之上的,法律不保护它认为没有利益的关系。占有的利益在于,为人提供了利用物以满足自己需要的可能性。它为三种物的利用方式——使用、收益及消费建立了事实条件,因此包含了所有权的全部事实内容。占有本身不是目的,而仅仅是实现目的之手段。②

2. 心素(animus)

人与物单纯在空间上的临近关系没有任何法律意义。根据罗马法学家的理论,占有关系要通过体素(corpus)和心素(animus)建立。③ 即使人和物存在直接的接触,如果该人没有意识和意志,也不会产生任何占有。而且,仅仅是知道还不够,知道还不是意志。因此,罗马法认为无意思能力的人是不能占有的,不管他们是否知道。被锁链锁住的囚犯,接触到锁链并且知道他被链住了,然而不能说他占有锁链。人与物的外部关系必须是一种该人想要的关系才能是占有。④ 而且,罗马法并不承认法定的(ipso jura)占有取得,⑤甚至在继承当中,所有权已经转移给了继承人,而占有必须到继承人实际获得时才能转移给继承人。⑥ 占有关系是意思的作品(Werk),意思的行为(That)。⑦

罗马法只有在占有的存续问题上在两个情况下例外地抛弃了意思

① 耶林:《占有意思》,第24~26页。

② 耶林:《占有意思》,第26页。

③ D.41.2.1.3.

④ 耶林:《占有意思》,第22页。

⑤ 法定的占有取得意味着占有的取得不存在占有人的意思。参见耶林:《占有》,第76页。

⑥ D.41.2.23pr.

⑦ 耶林:《占有意思》,第22页。

的要求。其一是占有人突然精神错乱。在这种情况下,占有持续,尽管他丧失了意思能力。其二是例外跟继承有关。被继承人死亡时,时效取得并不中断,继承人也像他此时已经取得占有一样可以享受占有保护。耶林注意到了这两个例外,①并且认为这两个例外都是出于实践目的的考虑。②

3. 体素(corpus)

另一方面,耶林认为,单纯的意思表示也不能成立占有,还必须存在一定的事实关系。③ 这种事实关系就是体素,其标准形态是,将物置于一个外部可识别的排他性的关系当中。这种外部关系的积极方面是自己对物产生影响的可能性,消极方面是排除他人这么做。没有人的活动,这种外部关系就不可能产生,因此它本身包含了意思的存在。④

体素原本是与感官状态联系在一起的,根据语源学的证明,占有首先仅适用于不动产,"besitzen, Besitz, possidere, possessio, in possession esse",是指在物上坐着(Sitzens)的感官状态。⑤ 这个表达到后来才传到动产上去。⑥

后来,罗马法在发展进程中摆脱了感官的束缚。晚期罗马法,除了占有的原始取得之外,对占有的继受取得和占有的存续都不再要求有真实的意思活动(Bethätigung des Willens),即对物的取得(Nehmen der Sache)。⑦

耶林认为,保罗(Paulus)说的"占有通过体素和心素获得"(possessionem acquire corpora et animo)当中的"体素"(corpus)实际上并不是指我们今天所说的人与物之间的身体关系,而是指占据意思的

---

① 这说明耶林也意识到存在无意思的占有,但另一方面他又说无意思的占有是不可能的。

② 耶林:《占有意思》,第31~33页。

③ 耶林:《占有》,第77页。

④ 耶林:《占有意思》,第27页。

⑤ D. 41. 2. 1pr.

⑥ 耶林:《占有意思》,第28页。

⑦ 耶林:《占有意思》,第28~32页。

真实活动(reale Bethätigung des Aneignungswillens[①])。而且,在罗马法学的意义上,这种要求实际上也不再被维持。[②] 罗马法学家已经承认,占据意思的真实实现可以通过一种精神上的或者观念上的实现来替代。[③]

因此,占有已经脱离了感官要素,变得观念化,[④]已经无法从外观上判断占有是否存在了。如果从感官出发,出租人不是占有人,承租人才是占有人。一旦脱离感官,就完全相反了。[⑤]

在已经观念化的情况下,如何判断是否存在占有呢?耶林认为,主流理论[⑥]认为体素(corpus)是对物的物理力量或者事实上的控制,这是完全错误的。占有不是物理力量,[⑦]而是所有权的事实性。所有权人占有的方式根据物的不同类型[⑧]来确定。保护占有的目的是对物进行经济利用。应当根据经济目的关系判断占有是否存在,正常的经济目

---

① "占据意思"(Aneignungswille)相当于"取得意思"(Erwerbwille)。当然,温德沙伊德对占据意思有不同的理解。参见下文。

② D.41.2.51.

③ 耶林:《占有意思》,第35页。

④ 尤其是占有改定。

⑤ 根据罗马法,出租人保留占有,承租人并不享有占有。这是脱离感官要素的产物。

⑥ 即萨维尼的理论。

⑦ 耶林并没有否认物理力量的价值,他认为物理力量有两方面价值:(1)对某些物的占有是存在物理量的,这是因为这样的占有方式是经济利用所要求的形式。(2)通过物理力量,占有关系才能对第三人具有可识别性,这点罗马法学者的理论完全没有注意到。另外,虽然占有关系的可识别性在私法关系上意义不大,但在刑法上意义会非常大。参见耶林:《占有》,第80~83页。

⑧ 耶林把物分为三类:保存物(bergbare Sachen)、封锁物(sperrbare Sachen)以及公开物或自由物(offenen,freien Sachen)。保存物是指保存在家中的,大多数动产都属于此类;封锁物是指通过某种设施(围墙、隔栏等)封锁起来的不动产;公开物是指放在任何人都可以到达的地方的物,如放在耕地里的稻草,放在工地上的建材,放在树林里的木材。他认为,对保存物和封锁物的占有是存在物理力量的,但对公开物,不存在对物的物理力量关系,占有人的安全性不在于他所处的位置可排除他人的影响,而是在于法律提供了法律的保障。参见耶林:《占有》,第78~82页。

的关系是从外观上判断占有是否存在的标准。①

此外,耶林还用准占有来驳斥物理控制的观点。他说,在物的占有中看不到的一个真相在准占有中显得非常清楚:占有不是对物的物理控制,而是权利的行使、权利的事实性。②

关于占有的丧失,耶林的论述相对较少。他基本上不同意萨维尼的观点。③ 按照耶林的观点,如果人与物不处于正常的经济目的关系,那么就丧失占有。然而,需要注意的是,根据罗马法,扰乱正常关系并不立即导致占有丧失,只有占有人怠于重新建立正常的关系或者不能重新建立正常的关系时占有才丧失。④

4. 心素和体素的关系

耶林认为,保罗所说的体素(corpus)是指意思的活动,意思的体现。我们今天认为体素更多的是一种身体关系。这样导致我们把占有关系拆分为两个要素:体素(corpus)和心素(animus),认为前者是纯粹的对物的空间关系,后者是意思作用在物上并将其塑造成占有关系的行为(Akt)。因此体素(corpus)和心素(animus)作为两个完全独立的要素是并列的,这个错误进一步导致了另一个错误:没有心素的体素和没有体素的心素都是可能的。⑤

正确的观念应该是:没有心素的体素和没有体素的心素都是不可能的。体素是意思的行为(That),在表达出来之前,就像语言一样,是

---

① 耶林通过一个例子说明如何判断是否存在占有:捕鸟的网上有一只小鸟,工地上有许多建材,旁边有个雪茄盒子。他说,普通人都知道,拿走小鸟或者建材就构成盗窃,拿走雪茄盒子就不构成盗窃。为什么会有这样的区别呢?因为雪茄盒子违背所有权人的意志在那里待着,因此是遗失了。将其拿走是拾得遗失物。而小鸟和建材却没有遗失,所以拿走就是盗窃。普通人都能判断物和所有权人处于正常的关系还是非正常的关系。小鸟、建材和雪茄盒子在外观上一样,无法判断是否存在物理力量。参见耶林:《占有》,第82~84页。

② 耶林:《占有》,第90页。

③ 关于对萨维尼的关于占有的取得和丧失的观点的批判,参见《论占有保护之原因》,第160~178页。萨维尼的观点是,如果任意重复原初状态的可能性持续,那么占有就继续存在;在原初状态任意重复的不可能性出现之时,占有丧失。See Vgl. Savigny, Recht des Besitzes. Aufl. 7 von Rudorff. Wien. 1865, S. 339.

④ 耶林:《占有》,第85~86页。

⑤ 耶林:《占有意思》,第34~36页。

不存在的。体素和心素,就像语言和思想,在语言中体现了在说出之前完全内在的思想,在体素当中体现了之前完全内在的意思,对于感官,两者在此之前都不存在。[1]

此外,耶林指出,意思可以先于体控(körperlichen Aneignung[2])产生,比如,野生动物落入我们的陷阱中和鱼落入我们的网中,我们就取得占有,我们订购的东西在我们不在家的时候放在我们家里或者我们的土地上,就构成我们的占有(即通过监管[custodia]获得占有)。通过代理人进行的占有也是如此。[3]

(三)持有原因(客观性理论中的n)

根据客观性理论,n是指法律规定的持有原因(causa detentionis)。n有四个特征:[4](1)否定性的。意味着n一旦被证实存在,就会否定占有的存在。[5](2)实证法的。这是指n必须是法律明确规定的。(3)实践的。这是指法律之所以规定n是因为出于实践的目的。[6](4)客观的。这是指n是客观的,不以行为人的意志为转移。[7]

---

① 耶林:《占有意思》,第36页。

② 萨维尼用"Apprehension"表示体控。

③ 耶林:《占有》,第77页。

④ 耶林:《占有意思》,第59页以下。

⑤ 对此,耶林举了罗马法的例子来说明,持有可以通过消除占有的障碍转变为占有,也就是说,Y-n=X。参见耶林:《占有意思》,第59~60、67~68页。

⑥ 比如,关于非流通物不能被占有的罗马法规则,主观性理论不会去考虑实践原因,而仅仅是根据概念来推断。Vgl. Savigny, Recht des Besitzes. Aufl. 7 von Rudorff. Wien. 1865, SS. 124-127. 然而,耶林认为概念背后隐藏着实践原因,非流通物不能占有的实践原因是为了排除时效取得非流通物的可能性。参见耶林:《占有意思》,第62页。

⑦ 对此,耶林举了罗马法的例子来说明:(1)即使错误地认为n存在,n也不存在。例如,家父已经在国外死亡,但是家子在不知道这个消息的情况下购买了某物。在这种情况下占有关系是什么样的呢?如果根据主观性理论,家子不能取得占有,因为他没有为自己占有该物的意思。然而,根据D. 41. 3. 44. 4的规定,家子取得占有。在这里,假想的n(即父权)并不存在,因此不能阻止家子取得占有。(2)可以通过消除占有障碍(n)把持有转变为占有。例如,某人占据了一个不在场的人的土地,那么他仅仅取得持有。这个规定的原因在于维护之前的占有人的法律地位,法律为其保留主张占有的权利,如果他主张权利,那么他的占有就被视为从未失去。如果他不主张,那么他就丧失了占有的心素。导致的后果是,占据人的持有变成了占有。参见耶林:《占有意思》,第66~67页。

(四)持有[1]和占有的联系与区别

耶林认为,占有关系中的a+c和持有关系中的a+c是一样的。[2] 他认为,主观性理论对此也没有异议,只是主观性理论认为,持有和占有相比,不是完全没有意思,而只是少了某种特别的意思。[3]

对于持有的法律意义,耶林区分直接法律意义和间接法律意义。间接法律意义,是指持有对占有的形成和存续所具有的重要意义。持有中包含了为占有主人进行的占有,为了评价是否存在占有,法官必须搞清楚持有关系。直接的法律意义,是指持有对持有人自己的法律意义,即法律提供的保护。[4]

持有人也受法律保护,只是受保护的方式和占有人不一样而已。法律赋予持有人的保护是双重的:自卫(Selbstvertheidigung)和诉讼。[5]

占有人可以进行自助,而持有人只能自卫不能自助[6]。

占有人和持有人同样享有的保护是侵辱之诉(actio injuriarum)。其条件和自卫的条件一样。任何人想将我持据之物夺走,就触及了我在物的关系中实现的意志,也就是说,我的人格,那么就可以提起侵辱之诉。[7]

另外,持有人在某些情况下还受到特别诉讼的保护,如契约佃农和

① "持有"(Detention)一词虽然来自拉丁文,但并不是来自罗马法,罗马法并没有专门的技术术语(terminus technicus)表示持有,耶林对此表示惊讶。罗马法学用占有(possessio)和自然的(naturalis)两个词的组合来表示持有。参见耶林:《占有意思》,第41~42页。

② 耶林认为这是有法源依据的,在保罗的话里,持有意思(animus tenindi)和占有意思(animus possidendi)是完全一致的。参见耶林:《占有意思》,第44页。

③ 耶林:《占有意思》,第43页。

④ 耶林:《占有意思》,第46~47页。

⑤ 耶林:《占有意思》,第48页。

⑥ 自助和自卫的区别在于自助可以进行恢复,而自卫只能进行维持。比如说,占有人被他人剥夺占有,他不仅可以当场防御,还可以在日后以暴力夺回,而持有人则只能当场防御,而不能在日后以暴力夺回。

⑦ 耶林:《占有意思》,第49页。

承租人可以使用防止暴力和欺瞒令状(interdictum quod vi aut clam),对于公地(locus publicus)的持有关系可以适用公共用地利用令状(interdictum de loco public fruendo),等等。①

也就是说,不是后来有了简易占有之诉(Summariissimum)和侵夺之诉(Spolienklage)之后持有人才像占有人一样受到法律保护,而是在罗马法当中就已经为其提供法律保护了。②

耶林总结了持有关系在人与物之法律关系中的位置:持有关系是一种法律效果仅仅少于占有的人与物之关系。它是人与物的法律关系的阶梯的最后一段。第一段是所有权以及从所有权分出来的他物权(jura in re),第二段是善意占有,第三段是占有,第四段是持有。③

(五)对主观性理论的批判

《占有意思》一书,几乎从头到尾都是在批判主观性理论。批判的角度包括程序的、历史的、立法政治的、教学的、辩证的等。对主观性理论的批判涉及大量罗马法文献考证,论证过程非常烦琐。现总结其要点如下:

1. 实体法效果

如果认为个人意志是确定某种关系是占有还是持有的决定性要素,那么就等于承认了行为人对占有关系的自由决定权。如果他决定自己有所有权人的意思(animus domini),那么就是占有,如果他决定没有此种意思,就是持有。如果是这样的话,承租人可以根据个人意志决定他对物的关系是占有,尽管罗马法规定为持有。出租人也可以根据其意志决定他对物的关系是持有而不是占有。④

最极端的后果是,行为人的意思不受约束,他的决定可以随时变更,一会儿是持有,一会儿是占有。占有关系成了当事人心情的玩

① 耶林:《占有意思》,第49页。
② 耶林:《占有意思》,第48页。
③ 耶林:《占有意思》,第51页。
④ 耶林:《占有意思》,第13~14页。

物。[①] 当事人的个人意思取代了客观法律规则,法律的不安全性取代了法律的安全性,混乱取代了秩序。[②]

2. 程序法效果

耶林认为,在诉讼程序上,应尽可能地减少用在争执上的力量。[③]如果说,原告在占有诉讼中除了证明单纯的占有事实(即体素,其本身已经包含了占有的意思)之外,还要证明内在的要素,即主观的所有权人的意思(animus domini)或者客观的原因(causa),那么是完全错误的。萨维尼及其追随者们对证明问题完全保持缄默。他们既没有说过,应该由谁去证明,也没说过应该如何去证明,更没有说法官应该以何标准认定是否存在所有权人的意思(animus domini)。[④]

耶林认定,萨维尼不可能不知道保罗关于证明问题的文本。萨维尼对证明问题只字不提的原因,有两种可能:一是他意识到这是个暗礁,可能会毁掉他的整个占有理论;二是他认为证明问题是实践者的事情,跟理论家没有关系。耶林对萨维尼的科学意识予以肯定。他认为,萨维尼是具有科学意识的,不可能意识到这个缺陷还建立这个理论。因此,事情的真相只能是第二种,这是当代法学的一个最大的特点。[⑤]

---

① 为此,耶林举了个例子:今天我拾得某物,我认为是别人抛弃的,因此我带着所有权人的意思(animus domini)入睡。第二天我意识到该物是所有权人遗失的,我决定将其交还所有权人,因此我带着以他人名义持有的意思(animus alieno nomine detendi)入睡。第三天,当我把该物送到所有权人面前时,他说,虽然是他遗失的,但是已经弄脏了,所以就不想再要回了。而我想继续保留该物。第三天晚上,我带着所有权人的意思(animus domini)入睡。第四天,失主的父亲或者监护人告诉我,他不同意失主将该物赠予我。第四天晚上,我带着持有意思(animus detinendi)入睡。第五天,一个法学家建议我去起诉。第五天晚上我带着所有权人的意思(animus domini)入睡。参见耶林:《占有意思》,第14~15、229~230页。耶林认为,这点并没有罗马法源的证据。同时,他认为,占有改定把罗马法学家的整个让渡理论都推翻了,罗马法源一直强调的真实让渡的要求,在生活中可以通过一个意思表示来避免。参见耶林:《占有意思》,第14页。此外,耶林对占有改定的观点是,占有改定是一个高度危险的制度,立法者应将其限制于最狭窄的范围之内,否则会导致痛苦的经历。参见耶林:《占有意思》,第226页。

② 耶林:《占有意思》,第14~15页。

③ 耶林:《占有意思》,第146页。

④ 耶林:《占有意思》,第13页。

⑤ 耶林:《占有意思》,第174页。

3. 主观性理论的辩证建构及内在批判

耶林认为，主观性理论的大厦是由八块砖头建成的，每块砖头都有问题：[①]

（1）法源中有为自己占有该物的意思（animus rem sibi habendi）的证据，因此，说明占有需要一个不同于持有的心素（animus）。

（2）保罗的两个关于占有意思（animus possidentis）文本，把占有意思（animus possidentis）和为自己占有该物的意思（animus rem sibi habendi）画上等号。

（3）因此，找到了理解持有的钥匙——占有意思（animus possidentis）。根据罗马法，持有人缺乏占有意思（animus possidentis）。

（4）所有传来持有关系的共同点是，持有人只是想临时持有标的物。

（5）占有人的要求是独立的，不具有依赖性，而持有人则承认自己的非独立性，即对占有的依赖性。

（6）独立占有的原型是所有权，主观方面具有所有权人的意思（animus domini）。

（7）在连贯地贯彻这个意思概念时，在传来占有的情况中必须承认有持有，因为即使是传来占有人，其本身仍然具有为他人持有的意思，所以他同时也是持有人。

（8）只要法律不设置障碍，持有人就可以通过改变占有意思来改变占有关系的形态。

主观性理论的基本观念是把占有意思（animus possidendi）确定为为自己占有该物的意思（animus rem sibi habendi）。耶林认为，这是主观性理论的根本错误。[②] 批判首先集中在法源上，他认为，是保罗的两个文本导致了主观性理论的建立[③]。实际上，早期罗马法只承认间接代理，而不承认直接代理。间接代理人为被代理人进行了法律行为，但是这种目的对所建立的法律关系没有任何影响，间接代理人甚至可以

① 耶林：《占有意思》，第 81 页以下。
② 耶林：《占有意思》，第 303 页。
③ 耶林：《占有意思》，第 301 页。

把他获得的权利转让给第三人,这当然包括占有。[1] 此外,萨维尼把占有刻画为所有权的行使,所以"占有意思"(animus possidendi)就是指"行使所有权的意思",这是错误的。所有权行使的方式有很多种,占有只是其前提条件而已,占有本身并无经济价值。[2] 因此,根据罗马法学家的观点,所有权人的意思(animus domini)在占有概念中是无关紧要的。[3] 罗马法的占有理论形态非常简单,一般来讲,占有关系的事实状态,即 a + c 存在,就存在占有,主观因素是完全无关的。客观法律规则决定法律行为的后果,与当事人的意思无关。[4] 约定契约佃农和承租人享有占有是无效的,因为占有和持有不由当事人决定。

《占有意思》有专门一章论述保罗的占有意思(animus possidentis),接下来我们看看耶林是怎么说的。

4. 保罗(Paulus)的占有意思(animus possidentis)

耶林说,保罗的两个片段[5]认为占有意思(animus possidentis)是占

① 耶林:《占有意思》,第92、304~305页。

② 耶林:《占有意思》,第321~324、329页。

③ 耶林:《占有意思》,第337页。

④ 耶林:《占有意思》,第341页。

⑤ 这两个文本是 D41.2.1.20. 和 D.13.7.37。D41.2.1.20:"Per procuratorem tutorem curatoremve possessio nobis adquiritur. Cum autem suo nomine nacti fuerint possessionem, non cum ea mente, ut operam dumtaxat suam accommodarent, nobis non possunt adquirere. Alioquin si dicamus per eos non adquiri nobis possessionem, qui nostro nomine accipiunt, futurum, ut neque is possideat cui res tradita sit, quia non habeat animum possidentis, neque is qui tradiderit, quoniam cesserit possessione.(我们可以通过代理人、监护人、保佐人取得占有,但是如果他们以自己的名义取得占有,而且不是出于履行义务的意思,我们就不能获得占有。但是,如果说我们不能通过那些以我们的名义取得占有的人取得占有,将会导致这样的结果:接受让渡的人不能取得占有,因为他没有占有的意思。让渡物的人也不能保留占有,因为他已经失去了占有)"该段的意思是说,以我们的名义获得占有的人肯定是为我们获得了占有,如果不是这样的话,那么谁都没有占有了。物就变成了无主状态。耶林认为,保罗并未考虑到无主状态也是可能的。D.13.7.37 Paulus libro quinto ad Plautium:"Si pignus mihi traditum locassem domino, per locationem retineo possessionem, quia antequam conduceret debitor, non fuerit eius possessio, cum et animus mihi retinendi sit et conducenti non sit animus possessionem apiscendi.(如果我将移转给我的抵押物出租给所有权人,通过出租我仍然享有占有,因为在债务人租借该物之前,他没有占有该物。而租借该物时我有保持占有的意思,而他没有取得占有的意思)"

有成立的要求。如果潘德克顿的编撰者像《巴西尔法律全书》(Basilica[①])的编撰者那样,只告诉我们这个简单的规则而不告诉我们保罗的理由,那么主观性理论就不会问世了。[②] 这两个单词给了主观性理论生命,因为在原始文献的其他地方都看不到保罗意义上的占有意思(animus possidentis)。因此,这只是保罗个人的观点,不具有法律原则的意义,[③]只是一个建构性的观点,一个失败的建构尝试。[④]

接下来,耶林开始批评保罗[⑤]:(1)他指责保罗经常自相矛盾,并举了很多例子。[⑥] (2)把保罗比作古罗马的普赫塔,说在保罗那里,建构达到了高潮。[⑦] 保罗直接把不合适的东西判断为不可能[⑧],把合适的东西推定为是必须的,忽视建立的观点和现存的法律之间的裂缝[⑨]。(3)认为保罗错误地把法律行为的后果归因到意思上去。耶林认为,在进行一项法律行为时,意思仅仅指向行为本身,而不需要指向其后果。如果意思要指向后果的话,那么对后果缺乏认识,就是法律上的错

---

① “这是由巴西尔一世(BasilI,公元867~886年在位)倡议所编。他的儿子莱奥六世(LeoⅥ,公元886~912年在位)继承其父遗志,任命了一个法律委员会编辑了此书。书用希腊文写成,便于东罗马人阅读。全书分六个部分.共60卷,卷分章,各章系统地收集了优帝一世时的《修正法典》、《新敕令》、《学说汇编》和《法学纲要》中在当时仍生效的有关条文,并由法学家综合加以注释。14世纪中叶曾对此加以修订,其内容反映了封建制度在东罗马的形成和发展。”参见周枏:《罗马法原论》,商务印书馆1994年版,第72~73页。

② 耶林:《占有意思》,第269~270页。

③ 克雷斯(Kress)对此有异议,他认为很多文本都有这样的意义,比如,D.41.2.18pr.(Celsus的观点),D.41.2.9(盖尤斯的观点),D.41.2.41(保罗的观点)。因此,这是一个一般的法律原则。参见克雷斯:《占有和权利》(Hugo Kress,Besitz und Recht.1909,S.113)。

④ 耶林:《占有意思》,第270页以下。

⑤ 耶林说,“我要严厉批评保罗,如果我的批评没有道理,请加倍批评我”。参见耶林:《占有意思》,第274页以下。

⑥ 耶林:《占有意思》,第279页以下。

⑦ 耶林:《占有意思》,第284页。

⑧ 耶林还用一句诗来形容保罗:“我不能建构的东西,我视其不存在(Was ich nicht construiren kann,seh ich als nicht vorhanden an!)。”参见耶林:《占有意思》,第282页。

⑨ 耶林:《占有意思》,第283页。此外,耶林注意到,占有对保罗有着特别的吸引力,没有另一个法学家有这样的偏好。他认为,这不是偶然的,因为没有另一个概念能像占有那样给概念法学家那么大的活动余地。占有是法律制度的顽症。也没有哪个罗马法学家像保罗那样那么多地涉及占有意思。参见耶林:《占有意思》,第284页以下。

误,就会导致行为无效。继承遗产的人可以以此为由不承担债务,罪犯也可以以此为由拒绝刑罚,而法官则要在具体案件中调查行为人是否知道其行为的后果。因此,意思确定的问题只能考虑行为,而不是后果。后果可以在无个人意思的情况下发生,法律可以把后果作为行为不可避免的后果。古罗马法学最重要的功劳就是抽象,即脱离个人意思的影响。[①]

5. 持有关系的历史

耶林的占有意思理论与持有关系非常密切,因此对持有的历史进行了详细的考察。《占有意思》,第八章的标题是《持有概念的历史发展》,该章详细阐述了持有概念在罗马法中的发展。另外,该书第十八章的标题是《持有概念后史》,该章主要为了批判《德国民法典第一草案》而写,主要介绍持有概念在罗马、中世纪及近代的发展后史,最后也讨论了持有概念在 19 世纪的一些制定法中的发展。

(1)罗马法中持有概念的历史发展

耶林认为,古罗马法学家并非根据占有意思去区分占有和持有,而是实践动机引导他们这么做。占有是建立在现实存在之上的,而其他概念都可以不考虑感官要素。[②] 因此,占有要脱离感官的束缚是非常困难的。从感官出发,出租人不是占有人,承租人才是占有人。一旦脱离感官,完全就相反了。

在发展的高级阶段的普遍观念,在低级阶段时往往仅仅是局部观念。耶林把这种低级阶段的局部观念称为,抽象之历史突破点(historischen Durchbruchspunkte des Abstracten)。[③] 他认为,抽象和复杂的形态总是晚期的,而早期的形态总是具体、简单的。[④] 罗马人的持有关系,首先是在家庭中产生。"持有"一词首先是在家庭中处于从属地位的人的占有关系中被理解的。[⑤] 家主不在家时,由家子或奴隶对家宅(Haus)进行持有。罗马家宅(Haus)是持有关系的历史起点、原始

---

① 耶林:《占有意思》,第 289 页以下。
② 耶林:《占有意思》,第 95 页。
③ 耶林:《占有意思》,第 98 页。
④ 耶林:《占有意思》,第 100 页。
⑤ 耶林:《占有意思》,第 105 页。

基座、故乡。[①] 自然占有原本是对罗马家庭内的占有关系的表达，家庭关系比合同关系更古老，持有是晚期才转移到合同持有关系上去的。地主将其家宅或其土地的一部分交给他人持有，由他人进行居住或耕种。[②] 占有最初只用在不动产上，因为"esse"这个词是指逗留在某物之上，因此只能是不动产。[③] 占有的概念从不动产到动产上，仅仅是概念强制的结果。[④] 对动产的占有实践意义不大。这些非实践领域的概念是纯学术的创造，法学通过辩证的力量，在远离实际生活的领域获得了法律概念。对动产的持有关系，根本就没有值得一提的实践意义，仅仅是法律思维的产物，它的出现，一方面是不动产持有的形成和完善，另一方面是罗马法学的高度抽象使然。[⑤]

耶林总结了罗马法持有概念发展的三个阶段：[⑥]持有关系在家庭关系中出现（基于家庭制度）；从家宅到土地（基于实践考虑）；从不动产到动产（由于法学思维）。并认为，持有概念的整个发展史与占有意思无关。[⑦]

（2）持有概念后史

耶林对后罗马时期的持有概念的考察得出的结论是：所有权，他物权，占有的范围扩大，持有的范围缩小。尤其是普鲁士和其他一些新近的法律使自益持据人（selbstnützigen Inhaber[⑧]）上升为占有人。在此基础上，《德国民法典第一草案还》更进了一步，它承认持据人，包括代理持据人（prokuratorischen Inhaber），全部享有占有保护。然而，耶林也认为，这一步还没有成为历史，将来的民法典有望不这么决定。[⑨]

① 耶林：《占有意思》，第103页。

② 耶林：《占有意思》，第106页。

③ 耶林：《占有意思》，第103页。

④ 耶林：《占有意思》，第129页。

⑤ 耶林：《占有意思》，第134页。

⑥ 耶林：《占有意思》，第134页。

⑦ 耶林：《占有意思》，第143页。

⑧ 自益持据人和代理持据人是对传来持有关系中的持据人的分类，"自益"是持据人本身对持据是有使用利益的，如承租人，而"代理"则是指持据人本身对持据并无使用利益，只是代为持据，如保管人。

⑨ 关于耶林对《德国民法典第一草案》的批评见后文。

6. 方法论的批评

《占有意思》的最后一章主要是对主观性理论的方法论批评,[①]也是整本书的主要目的。耶林总结了形式主义方法的六宗罪:[②]忽略法源的相反证据;不加批判地采纳罗马法学家的纯学说的抽象;对问题的历史方面完全忽视;对证明问题完全沉默;完全忽视问题的立法政治方面,不对所谓的罗马法中事物之形态进行任何实践批判;最粗暴地贯彻所确立的纯形式主义的观点,是对语言和普通思维的虐待,前提未经证实,结论错误,逻辑上自相矛盾。

最后,耶林总结说,如果我们的法学以目的而不是概念作为指导思想,就不会有这样的结论。占有和持有的问题是一个目的问题或者利益问题。[③]

---

① 耶林认为,主流理论的错误可以归因到主流方法的头上。他说,关于占有意思的主流理论站不住脚的证据已经很明显了。然而,这能说明主流方法的不正确性吗?有可能理论是错误的,但是方法是正确的。人们可以把科学犯下的错误归到方法头上吗?在多数情况下当然不能,但有的错误仅仅是因为错误的、与研究对象的性质不相符的观察和调查方法所引起的,那么就可以这么下结论。这种错误能让人正确认识方法的错误,因为通过正确的方法,它就不可能发生。参见耶林:《占有意思》,第535~536页。

② 耶林:《占有意思》,第537页。

③ 耶林认为,主观性理论并不能解释传来占有和有疑问的占有关系。在传来占有关系中,如果用目的来替代意思就很好解释了。占有主人把物交给他人但保留占有,有两个利益:(1)时效取得继续;(2)法律地位不改变(包括对第三人的法律地位和对持有人的法律地位)。而永佃权人和契约佃农的区别在于,永佃权更需要安全性,而所有权人则需要驱逐有恶意行为的契约佃农。这都是出于实践目的。那些有疑问的占有关系(即根据罗马法源表述,对是占有还是持有,或者在什么条件下认为是一种或者另一种关系,留下了争议空间的占有关系),可以根据实践目的去确定是占有还是持有。此外,关于传来持有关系,耶林认为,整个占有和持有的对立的历史,都是不断地受到利益观念的驱动。利益观念从古罗马到现在,在传来占有关系的四个形态中得到体现:(1)在原始时期,传来占有关系体现为地主和小民(Kleinen Leuten)的关系。地主将其土地或家宅(Hause)中的某个部分交给小民使用,以换取小民的服务、实物或金钱。地主可以随时驱逐他们:顾客(Klienten),契约佃农和居住者(Insassen)。从利益的观点来看,这种关系单方面强调所有权人的利益,而完全不考虑持有人的利益。(2)后来法律上升到了保护同一物上存在的多个人的利益的观念。除了所有权人之外还要保护他物权人的利益。(3)与原始时期的观点一样,但是方向相反,只保护事实上的持据人的利益,所有权人不受占有保护。(4)代理持有关系。只考虑占有主人的利益,而代理人仅仅是持有人。参见耶林:《占有意思》,第465~469页。

## 三、耶林的占有构成理论对《德国民法典》第854条第1款的影响

《德国民法典第一草案》[①]（以下简称《第一草案》）第797条内容如下："对某物之占有，通过对该物获得事实上之管领力（持据）与持据人将该物作为自己之物持据之意思（占有意思）相结合而取得。"[②]

到《德国民法典第二草案》[③]（以下简称《第二草案》）时，该条变为第777条第1款，内容变更如下："对某物之占有，通过对该物获得事实上之管领力而取得。"[④]到《德国民法典第三草案》[⑤]（以下简称《第三草案》）时，该条变为第838条第1款，内容没有变化。到《德国民法典》时，该条款变为第854条第1款，内容也没有变化。

单从文字来看，《第一草案》采用了萨维尼的理论；《第二草案》采用的是贝克尔（Bekker）的纯客观说。[⑥] 如果事情真是如此的话，那就

① Entwurfs eines Bürgerlichen Gesetzbuchs für das Deutsche Reich. Erste Lesung. 1888. 简称《第一草案》。

② 原文如下，"Der Besitz einer Sache wird erworben durch die Erlangung der thatsächlichen Gewalt über die Sache（Inhabung）in Verbindung mit dem Willen des Inhabers, die Sache als die seinige zu haben（Besitzwille）"。

③ Entwurfs eines Bürgerlichen Gesetzbuchs für das Deutsche Reich. Zweite Lesung. 1894. 简称《第二草案》。

④ 原文如下，"Der Besitz einer Sache wird durch die Erlangung der thatsächlichen Gewalt über die Sache erworben"。

⑤ Entwurfs eines Bürgerlichen Gesetzbuchs. In der Fassung der dem Reichstag gemachten Vorlage. 1896. 简称《第三草案》。

⑥ 贝克尔受到耶林的占有理论的影响，于1891年发表了专门为批判《第一草案》而写的《占有法改革》（Zur Reform des Besitzrechts. in：Jahrbücher für die Dogmatik des heutigen römischen und deutschen Privatrechts. Band. 30, 1891, SS. 235－362）。他在该书中说，"（看来）我比耶林走得更远，我要求在没有意思（animus），没有占有意思（Besitzwillen）的情况下也成立法律上完全有效的占有"。参见耶林：《占有法改革》，第236～237页。贝克尔对动产占有的定义是："如果某物在有或者没有取得人的协助（Zuthun）的情况下，到达其家庭管领力或者监管范围内时，就存在动产占有。"贝克尔的理论被称为"纯客观说"。1895年，贝克尔又发表了《论动产占有：以〈德国民法典第二草案〉为依据》（Der Besitz beweglicher Sachen：Nach der zweiten Lesung des Entwurfs eines Bürgerlichen Gesetzbuchs für das Deutsche Reich. in：Jherings Jahrbücher. Band. 34, SS. 1－81）。在此进一步阐述了他所谓的纯客观说。关于体素（corpus）方面，他总结了与耶林的三点差异：（1）耶林认

可以下结论说,耶林的理论导致贝克尔的理论产生,然后直接形成了《第二草案》的条文。然而,事情并没有这么简单。

(一)耶林对《第一草案》的批判

1. 耶林的批判

《第一草案》发布之后,很多人提出了批评意见,其中最强烈的是基尔克(Gierke①)。《第一草案》公布时,耶林正在撰写《占有意思》一书,顺便在该书第十九章对《第一草案》提出了批评意见。主要批评意见如下:

(1)草案对占有和持据(Inhabung)的关系作了一个整形,跟之前的法律中占有和持有的关系完全不一样了。耶林总结了草案中可能会形成持据的三种情况:①在物上不可能有所有权的情形(第798条);②对由他人占有之物的主要成分不能占有(第798条);③有"为他人行使事实上的管领力"的意思(第804、805、811、813条)或者为他人持有的意思(第815条)。耶林认为,上述①、②都是逻辑的产物(因为在

为:占有只能通过意思行为(Willensakt),"体控行为"(Apprehensionsakt)取得,比如说,未成年人和精神病人是无能力取得占有的。贝克尔认为:占有通常并非毫无例外地通过意思行为取得,而是也可以在没有我们的协助的情况下,进入我们的监管(Gewahrsam)当中而被我们取得。因此,未成年人和精神病人根据情况也具有占有取得的能力。(2)耶林认为,"体素"(corpus)是意思在体控行为中的活动。主流理论对体素建立的观点,即对物的物理上的管领力或者事实上的控制力,是错误的。贝克尔认为:精确地区分体素和心素根据《第二草案》是毫无价值的,相反,与《第二草案》第777条"事实上的管领力"的表述相应状态是绝对必要的。(3)耶林认为,在占有当中,事实上的关系之存续是法律保护请求权的前提条件,只有占有人占有的时候才拥有一项权利。贝克尔认为:占有(权利)一旦取得,那么就会自己存续,不再依赖于建立取得的事实状态,直到消灭占有的事实出现。参见耶林:《论动产占有:以〈德国民法典第二草案〉为依据》,第28~29页。

① 基尔克专门写了一本书来批判《第一草案》,该书名叫《德国民法典草案和德国法》(Der Entwurf eines Bürgerlichen Gesetzbuchs und das deutsche Recht. 1889),该书第295页指出:"第一草案的占有理论仅仅和所谓的与纯罗马法相适应的萨维尼理论联系在一起。新近的罗马法学者(耶林、贝克尔、登伯格、巴尔[Bähr]等)关于占有的工作对萨维尼的理论造成的冲击也仍然不受重视。"

这两种情形当中不能有所有权所以不能有占有),没有实践意义。①

(2)第③种情形最危险。草案把罗马持有概念完全抛弃,持有人变成了实践上的占有人,草案中的持据人(Inhaber)拥有罗马占有人的全部权利,不仅仅针对第三人,还针对占有主人的权利。他唯一缺少的就是占有人的名称。这是萨维尼的所有权人意思(animus domini)理论获得的前所未有的胜利。传来占有的障碍被清除了,那些根据罗马法是占有人但没有所有权人意思的人,变成了持据人,降格为罗马法的持有人的等级。然而,他们可以自我安慰说,他们拥有他们一直以来所拥有的东西,草案唯一剥夺他们的是名称。②

(3)在草案中,占有和持据在外部要素上是共同的。体素在草案中被称为事实上的管领力。占有和持据区分的标志在于内部要素:意思。③

(4)关于"事实上的管领力"。占有在历史发展开始时是和对物的事实管领联系在一起的,但后来观念化了。如果严格遵守草案的规定,那么在很多情况法官都不给予占有保护。罗马法并不把占有和事实上的管领力联系在一起,而是和经济要素联系在一起。根据物的不同,有的有事实上的管领力,有的没有。决定性力量不是外部关系,而是经济目的关系。④

(5)关于心素。耶林认为,这是草案的占有理论最令人担心的地方。事实上的管领力至少还有某种真实性⑤,而所谓的"所有权人的意思"是纯粹理论上的观点,即使被从草案中删除也不会对实践产生任何改变。⑥

(6)占有主人在草案中只剩下名称了,驱逐权也没有了。驱逐权是全部持有的目的,而不仅仅是不同占有意思的区别之逻辑结果。⑦

---

① 耶林:《占有意思》,第470页以下。

② 耶林:《占有意思》,第476页以下及第492页以下。

③ 耶林:《占有意思》,第477页。

④ 耶林:《占有意思》,第481页以下。

⑤ 耶林:《占有意思》,第491页。

⑥ 耶林:《占有意思》,第492页。

⑦ 耶林:《占有意思》,第494页以下。

耶林得出的结论是:草案实际上是罗马法和罗马法学者①的理论的不幸的折中,名义上维持了占有和持有的区别,实际上是抛弃了。草案对占有和持据所做的区分是完全没有道理的,在实践上,持据人和占有人的法律地位是完全一样的。②

此外,关于占有和持有的关系,耶林建议,仍然保留至今为止的意义:占有和持有都是受法律保护的关系,持有是相对于占有人不受保护的关系。法典应该在哪里区分占有和持有的关系呢?耶林认为应在有限的范围内维持这个区分。他对家庭持有关系、代理(prokuratorische)持有关系、③临时(momentane)持有关系三种情况做了说明。④

2.《第一草案》的真实情况

《德国民法典》第854条第1款相对于《第一草案》第797条,字面上的变化在于把占有意思的部分删除,而实质内容基本没有变化,因为所谓的持据和占有在实际效果上只有名称的区别。因此,可以说《德国民法典》第854条第1款的实质内容在《第一草案》中已经形成。萨维尼的所有权人意思(animus domini)理论在《第一草案》里只剩下一个残渣——占有人的空名。

《第一草案》第797条实际上是萨维尼理论和19世纪后期形成的理论的混合体。萨维尼的理论据称是符合纯粹的罗马法的,而19世纪后期的理论则是基于社会变迁及实践考虑而形成的理论。这里所说的"社会变迁",就像耶林在论述持有关系后史时所说的那样,持有基本已上升为占有,占有保护的范围不断扩大。而罗马法复杂的占有令状也已经不再符合实践的需要,需要大大地简化。

关于19世纪后期的理论发展,主要是受到实践的影响,在一些方面已经远离了罗马法的理论,尤其是在占有意思方面。保罗所说的原理——占有通过心素和体素获得,直到19世纪一直都被认为是不可辩

---

① 罗马法学者是指19世纪研究罗马法的学者,要区别于罗马法学家,后者是指罗马时期的法学家。

② 耶林:《占有意思》,第498页。

③ 耶林认为,代理持有人如果把物带回家里去,就变成了占有人。因为这个法律原理:监管产生占有(Gewahrsam gibt Besitz)。耶林:《占有意思》,第509页以下。

④ 耶林:《占有意思》,第509页以下。

驳的真理。当时最杰出的学者都同意意思在占有构成中的核心地位。[①] 然后,在一些当时最新的文献里面,有人开始表示占有的取得在没有取得意思的情况下也是可能的。母鸡下蛋,订购的东西在订购人不在家时放在其家里,果树长出水果,野兽落入陷阱,这些情形可能还存在遥远的取得意思,但是有些情况确实很难找到取得意思的存在,比如,邻居的果实落到我的土地上。[②] 科萨克(Cosack)还举了另外一个有意思的例子:一条被偷的狗逃离了小偷,并且在其主人及其仆人睡着的时候回到主人的院子里。[③]

《第一草案》第797条显然是考虑到了这些情形,所以对持据不要求有占有意思,甚至也不要求有意思存在。关于这一点的讨论,《第一草案立法理由书[④]》里有记录。《第一草案》的主要考虑在于:有些情况并不能假设持据人具有将物置于自己的权力范围内的意思,但是仍然需要法律保护。而且,为了不让未成年人或者精神病人的持据完全不受保护,在考虑持据意思(Inhabungswillens)时必须以与占有意思(Besitzwillens)和法律行为的意思(rechtsgeschäftlichen Willens)不一样的方式去理解。因此,完全不考虑持据意思(Inhabungswillens)的做法要优于把持据意思作为持据的要求,因为即使做了这样的要求,实践中为了避免不公还是会无视这个要求。因此,是否能在所有这些受占有保护的情形中找到持据意思,留给理论去探索。[⑤]

---

① 除了耶林之外,温德沙伊德(占有如果没有任何意思,就是一个法律上无足轻重的事实)、比宁斯基(Pininski)、昆茨(Kuntze)(占有意思是占有的概念核心,是建构体素之精神)。参见 Kniep, Der Besitz des Bürgerlichen Gesetzbuches gegenübergestellt dem römischen und gemeinen Recht. Jena 1900, S. 58。

② Kindel, Grundlagen des römischen Besitzrechts. 1883, S. 212; Strohal, Succesion in den Besitz. 1885, S. 94. vgl. Kniep, Der Besitz des Bürgerlichen Gesetzbuches gegenübergestellt dem römischen und gemeinen Recht. Jena 1900, S. 59.

③ Kniep, Der Besitz des Bürgerlichen Gesetzbuches gegenübergestellt dem römischen und gemeinen Recht. Jena 1900, S. 61.

④ Motive zu dem Entwurfe eines Bürgerlichen Gesetzbuchs für das Deutsche Reich. Amtliche Ausgabe. 1888.

⑤ Motive zu dem Entwurfe eines Bürgerlichen Gesetzbuchs für das Deutsche Reich. Amtliche Ausgabe. Band 3, 1888, SS. 80 – 81.

另外,第一起草委员会1884年2月25日的会议记录里面提到,考虑到上述理由,因此不把意思的要求放到持据的概念里。至于在具体案件中,获得对物的管领力的意识和意思是否必要的问题,留给科学和实践去决定。[①]

(二)从《第一草案》到《第二草案》

1. 从持据提升为占有

在《第一草案》公布之前,萨维尼的理论就已经受到过质疑。温德沙伊德就没有使用"所有权人意思"(animus domini)一词,而是使用了"占据意思"(Aneigungswille[②]),而且明确指出,将物作为自己之物为自己持据的意思,对占有的取得并非总是必要的,在传来占有中就没有这样的意思。[③] 登伯格(Dernburg)在1884年出版的《潘德克顿》一书第一卷中提出,所有的法律占有所共有的是,为自己占有的意思(animus sibi possidendi[④]),即将物为自己排他性地进行事实控制的意图,但所附带的目标和想法可能是不一样的,其目的可能是像所有权人那样去对待物,然而也可能是像容假占有人或者质权人那样行使控制力。[⑤] 曼德利(Mandry)在1880年提出,占有意思(Besitzwille)和持有意思(animus detinendi)在内容上是完全一致的,也就是说,仅仅是去持

---

① Horst Heinrich Jakobs, Die Beratung des Bürgerlichen Gesetzbuchs: in systemat. Sachenrecht. 1985, S. 105.

② 温德沙伊德对占据意思的解释比较抽象,他把占据意思定义为"为自己占有该物的意思(Der Wille, die Sache für sich zu haben. 对应的拉丁文表达是: animus rem sibi habendi)"。萨维尼把为自己占有的意思(animus sibi habendi)等同于所有权人意思(animus domini),和温德沙伊德的"为自己占有该物的意思"(Der Wille, die Sache für sich zu haben)是不一样的。温德沙伊德进一步解释说,对物的事实上的管领力是对处于其关系的整体之中的物(die Sache in der Gesammtheit ihrer Beziehungen)的事实上的管领力。如果通过他人取得事实上的管领力,那么他人将该物置入其关系的整体之中的意思(Wille, die Sache in der Gesammtheit ihrer Beziehungen sich anzueignen),也是占据意思。如果仅仅是将物置于其个别的关系(einzelnen Beziehung)之中,那么就不存在法律占有。Vgl. Windscheid, Lehrbuch des Pandektenrechts. Band 1, 1887, SS. 485 - 487.

③ Windscheid, Lehrbuch des Pandektenrechts. Band 1, 1887, S. 504.

④ 登伯格在这里并没有用"animus sibi habendi"。

⑤ Heinrich Dernburg, Pandekten. Band 1, Berlin, 1884, SS. 392 - 393.

据标的物的意思。[1] 从这方面来讲，曼德利可以说是耶林的先驱，但其观点并未被《第一草案》考虑。《第一草案》仍然在字面上保留了萨维尼理论，足以说明萨维尼理论的强大生命力。

《第一草案》公布之后，耶林、贝克尔及温特(Wendt)等人都指出，草案中的持据和占有的法律后果难以区分。温特提议把每一个受占有保护的人与物的关系都称作“占有”，把该章标题由原来的“占有和持据”改为“占有”，且该章仅规定跟占有保护相关的内容。[2] 这一提议得到第二起草委员会的赞同。[3]

这个变化，意味着《第一草案》当中的持据将变成占有，而萨维尼的理论肯定就没有立足之地了。接下来，第二起草委员会又有面临第一起草委员会面临过的难题——意思。

然而，所有权人意思(animus domini)理论并没有被清除干净，《第二草案》第 793 条[4]及《德国民法典》第 872 条仍然保留了所有权人意思(animus domini)理论的痕迹。[5]

2. 占有的构成

关于《第一草案》第 797 条的修改，《第二委员会议事记录》[6]记录了对三个提案的讨论过程。这三个提案分别是：(1)对某物之占有，通过对该物获得事实上之管领力取得，如果取得人有将物置于其管领力

---

① Mandry, Archiv für die civilistischen Praxis. Pr. ,BD. 63,1880,S 26.

② Zusammenstellung der gutachtlichen Aeußerungen zu dem Entwurf eines Bürgerlichen Gesetzbuchs. efertigt im Reichs = Justizamte. Ⅲ, S. 29.

③ Protokolle der Kommission für die zweite Lesung des Entwurfs des Bürgerlichen Gesetzbuchs. Band. Ⅲ. Sachenrecht. 1899, S. 28.

④ 将某物作为属于自己之物占有的人，是自主占有人。

⑤ 尽管大多数人建议抛弃自主占有的概念，但最后还是保留了下来。据说保留这个概念是斯特罗哈尔(Strohal)的建议。Vgl. Protokolle der Kommission für die zweite Lesung des Entwurfs des Bürgerlichen Gesetzbuchs. Band. Ⅲ. Sachenrecht. 1899, SS. 227 – 228.

⑥ Protokolle der Kommission für die zweite Lesung des Entwurfs des Bürgerlichen Gesetzbuchs. Band. Ⅲ. Sachenrecht. 1899, SS. 27 – 28.

之下的意思。① (2)对某物之占有,通过获得对该物之持据而取得。②(3)对某物之占有,通过对该物获得事实上之管领力而取得。③

第一起草委员会"留给科学和实践去决定"的问题,现在又被放在第二起草委员会面前。除了这个问题之外,体素如何表述也是个问题。从讨论的情况来看,委员们似乎对占有在个案中是否存在的问题争议不大,争议的焦点在于如何表述。法学家们似乎也是如此,只是他们可能更侧重于寻找一个能将单纯的空间关系提升为法律关系的要素。

我们看看第二起草委员会委员们的讨论:

(1)体素

三个提案对体素总共有两种表述:"事实上的管领力"和"持据",委员们对此二表述方式进行了讨论,其中还提到了耶林和贝克尔的观点。达成的共识是,"事实上的管领力"的说法要优于其他说法。

首先讨论的是第 2 提案的"持据"。第 2 提案的提案人认为,"事实上的管领力"与很多占有关系相符,但并不是与所有的占有关系都相符。某些关系,实际上毫无疑问必须享受占有保护,但是不符合"事实上的管领力"的说法。如果承认这个表达在科学当中是普遍通行的,那么其不精确性在科学当中是无害的,因为它会通过众多详细描述被解释和校正。但是,如果是"事实上的管领力"的获得被法律规定为占有取得的一般要求,情况就不一样了;按字面适用法律的话,会产生这样的危险:一些占有关系被不公正地剥夺占有保护。"持据"一词的

---

① 原文为,"Der Besitz einer Sache wird durch die Erlangung der thatsächlichen Gewalt über die Sache erworben, wenn der Erwerber den Willen hat, die Sache in seiner Gewalt zu haben"。

② 原文为,"Der Besitz einer Sache wird durch Erlangung der Inhabung erworben"。

③ 《第二草案》、《第三草案》及《德国民法典》最终采用了这个提案。针对《第三草案》的《纪要》(Denkschrift)对该条的看法跟第二委员会的议事记录基本一致。在体素方面,《纪要》认为是否获得事实上的管领力,要根据个案的具体情况确定。在意思方面,还是认为草案不要求取得人有取得事实上的管领力的意思。理由是存在无取得意思但需要法律保护的情形,尤其是无意思能力人。Vgl. Mugdan, Die gesammten Materialien zum Bürgerlichen Gesetzbuch für das Deutsche Reich. Band Ⅲ. Sachenrecht. 1899, S. 962.

优点是,其意义非常不明确因此也就没有这样的危险。①

委员们认为:毕竟一般认为"持据"这个词被普通法学,尤其是《第一草案》作为罗马持有(Detention)概念的名称。因此,第2提案的提案人的说法是不适当的。"事实上的管领力"一词不适合的情形,正好"持据"一词也不适合,比如,对远处的地块的占有。②

随后,委员们为"事实上的管领力"的表达进行了辩护:"事实上的管领力"相对于提案2更具有优势,提案2的"占有"的概念,在没有比其众所周知的含义更进一步的解释的情况下,不能克服这个词的多义性的问题。"事实上的管领力"的表达,在理智的法律适用当中不会引起让人疑惑的判决。同时,它表明了占有的本质的、典型的要素,即占有人处于排除第三人进入其权力领域的地位。获得事实上的管领力对于占有的取得是必要的,这点在所有情形当中都是适当的。然而,应当根据交往当中主流的观念去判断,人和其占有的物的事实上的关系是否足以被视为占有存续。无论如何,把事实上的管领力的获得作为要求,比耶林建议的根据其经济利用目的建立的人与物的事实关系③更加正确。这种关系的存在是占有关系存在的一个标识,但不是唯一标识,而且这种关系的建立在一些情况下并非是占有取得所必须的,在一些情况下也并不充分。贝克尔所选择的表达——"监管"(Gewahrsam)也不能采用,因为它仅仅适用于动产,不适用于土地。在批判当中,也能找到很多对第一草案的表达方式表示赞同的意见,尤其是高德施密特(Goldschmidt)。④

① Protokolle der Kommission für die zweite Lesung des Entwurfs des Bürgerlichen Gesetzbuchs. Band. Ⅲ. Sachenrecht. 1899, S. 29.

② Ibid.

③ Vgl. Zusammenstellung der gutachtlichen Aeußerungen zu dem Entwurf eines Bürgerlichen Gesetzbuchs. efertigt im Reichs = Justizamte. Ⅲ, SS. 39.

④ Protokolle der Kommission für die zweite Lesung des Entwurfs des Bürgerlichen Gesetzbuchs. Band. Ⅲ. Sachenrecht. 1899, S. 29.

(2)心素

提案1把旨在获得事实上的管领力的意思作为占有取得的进一步要求,而提案2和提案3则对此要求保持沉默。因此,总共就有两种表述方式。

首先讨论了提案1。提案1的提案人认为:①如果人们正确地理解这个要求,那么事实上的管领力的获得,没有相应的获得意思是不可能的。这不仅仅适用于土地,也适用于动产。只是,持据意思(Inhabungswillens)的要求不能理解为,所要求的意思必须总是在建立外部关系时存在。毋宁说,对于所有通过特定的外在安排到达其有限的权力范围内的物,要想获得对这些物的占有,该人存在将这些物置入其事实上的管领力之中的意思就足够了。比如说,到达用于接收信件的邮箱之信件。意思也可以在外部关系建立之后产生。第一草案立法理由书第三卷第81页②针对持据意思(Inhabungswillens)提出的疑虑,即未成年人或精神病人的持据不受保护,可能只会导致采纳一个特别的规定,如果需要这么一个规定的话;然而,情况并非如此,因为在不动产方面,这些人是否可以获得占有是有疑问的,而对于动产,因不法行为所产生的请求权就足够为其提供保护了。如果对于占有的取得仅仅要求获得事实上的管领力,那么要担心产生这样的误解,即占有保护应该和外部空间关系联系在一起,这和占有保护的内在原因是相矛盾的。甚至是现行有效的法律,尤其是普通法和普鲁士普通邦法也没有为无意思的持据提供占有保护。

委员们最终达成的意见如下:③必须坚持的是,不能推荐在法律当中把旨在获得事实上的管领力的意思的存在作为占有取得的要求。这个要求在很多情况下都是可有可无的,因为在这些情况下,根据物的位

---

① Protokolle der Kommission für die zweite Lesung des Entwurfs des Bürgerlichen Gesetzbuchs. Band. Ⅲ. Sachenrecht. 1899, S. 30.

② 即担心意思的要求会使未成年人或者精神病人的持据完全不受保护。

③ Protokolle der Kommission für die zweite Lesung des Entwurfs des Bürgerlichen Gesetzbuchs. Band. Ⅲ. Sachenrecht. 1899, SS. 30－31. 关于第二起草委员会对占有意思的态度,另可参见 Protokolle der Kommission für die zweite Lesung des Entwurfs des Bürgerlichen Gesetzbuchs. Band. Ⅲ. Sachenrecht. 1899, S. 33. und S. 166。

置,如果没有相应的意思,事实上的管领力的建立是不可能的,而且,这个要求对于以下情况也是有疑问的:必须获得保护的人的取得意思(Erwerbswille)只能在武断的假设和拟制的帮助下被建构,如在某人不在家的情况下为其将某物放在其家里。如何理解这种情况?是否存在无意思的占有取得或者寄件人的意思已经足以为他获得占有保护?这在科学当中还是完全有争议的。甚至,从现行有效的法律的观点来看,有一些人是支持这个观点的:甚至无意思的持据也能享受占有保护,如登伯格(Dernburg)。[①] 如果法律确立了意思的要求,那么在上述情形中导致的结果就是收件人被认为没有取得意思,如果科学和实践也是得出如此结论的话。在该物上根本不存在受保护的占有关系,这是个糟糕的结果。这个结果和占有保护的基本观念,即通过维护人与物的关系的外部事实秩序维持法律和平,是不相容的。而且,法律上无意思能力的人由于意思的要求而无占有取得的能力也并非没有疑问。也要考虑到,这个要求的确立可能会诱使法官要求提供意思的证明,[②]如果不能提供证明,那么事实上已经建立的占有请求权就无法行使。

(三)本章结论

"人类的精神看到有些东西在发生并且不断重复发生,它感觉到这些东西必须发生,并且将这些必须发生的东西(Müssen)写成文字。这样,法律条文就形成了。"[③]这是耶林对法律条文的形成所持的观点。他认为,"为了正确地描述一个客体,需要有两种能力;可靠地认识以及可靠地复述,或者换句话讲,观察能力(Beobachtungsgabe)和阐述能力(Darstellungstalent)。因此,运用到法律上的话,阐述者必须要在他从中抽象出规则的具体生活关系的丰富多彩的外观下找到法律核心。然后,他还要必须懂得相应地去表述它"。[④]

在《德国民法典》起草过程中,我们可以看到,第一起草委员会和

---

① Vgl. preuß. Priv. R. I §. 158, Entsch. d. R. G. i. Strafs. 3, S. 204.

② 不知道这点考虑是否是因为从耶林的书中得到启发。

③ Rudolf von Jhering, Der Geist des römischen Rechts auf den verschiedenen Stufen seiner Entwickelung. Teil 1, 1907, S. 28.

④ Ibid, SS. 28 – 29.

第二起草委员会,对真实的占有法的观察能力几乎是一样的,也就是说,对于什么情形需要占有保护,需要什么样的占有保护的认识是基本一致的。而在阐述上,第二委员会做得比第一委员会更好一些。

《德国民法典》最终对《第一草案》第797条作了三个改变:(1)把持据上升为占有(但在有限的范围内保留罗马法的占有和持有的对立①);(2)所有权人意思(animus domini)不再作为占有取得的要求;(3)对于占有取得是否要求有意思的问题,保持沉默。

对于第(1)点,主要原因应该是社会变迁以及批判者们提出的批评意见。这里所说的"社会变迁",主要是指占有的范围的扩大和占有保护手段的变化。而批判者们的意见主要是指出,《第一草案》中的持据和占有的法律后果难以区分,持据人和占有人的法律地位实际上一样。在这点上,耶林的影响不大,他只是批判者之一。另外,《德国民法典》第855条关于占有辅助人的规定与耶林在《占有意思》中的提议非常相似。

对于第(2)点,我们可以看到,第二起草委员会讨论的议案中,已经看不到所有权人意思(animus domini)了。这是把持据提升为占有的必然结果,还是耶林的《占有意思》也起了作用,本文认为前者的作用较大。

对于第(3)点,情况比较复杂。上文引述的第二委员会议事记录当中记载的说法比较暧昧:只是说不能在法律当中把(耶林意义上的)占有意思作为占有取得的要求,但也不说抛弃占有意思,毋宁说,把是否存在以及在多大程度上必须存在的问题,交给科学和实践去决定。②这跟第一委员会对持据意思的态度是何等相似!因此,在这点上,找不到受耶林影响的直接痕迹。

耶林的《占有意思》一书主要阐述的是罗马法的占有理论,其目的

① 参见《德国民法典》第855条关于占有辅助人的规定。

② Vgl. Werner Schubert, Die Entstehung der Vorschriften des BGB über Besitz und Eigentums. Ein Beitrag zur Entstehungsgeschichte des BGB. 1966, S. 57.

不在于立法，[1]因此我们不能期望《德国民法典》的立法者们会直接采用耶林的占有理论，但该书对持有关系的历史发展的描述、对证明问题的强调以及对《第一草案》的批判，无疑也为《德国民法典》占有法的起草提供了理论支持。

值得注意的是，《德国民法典》第一和第二起草委员会交给理论和实践去决定的问题，目前已经有了定论。德国理论和实务上的通说认为：占有的取得需要有概括性的、自然的意思。[2] 意思在饱受质疑后，又欣慰地回到了它本来的位置上，继续担任将单纯的空间关系上升为法律关系的要素之角色，但是稍稍有所改变，它不再是以前的法律行为意义上的意思，而是自然的意思。

## 四、总结

我们可以看到，耶林的占有理论洋溢着利益思想[3]：利益是将人与物之关系从单纯的空间关系提升为法律关系的动因（Motiv），占有的利益在于为所有权人提供对物进行经济利用的可能性；利益是传来占

① 这点应该是可以确认的，因为该书绝大部分篇幅都在致力于探讨罗马法，致力于批判萨维尼的理论，只是顺带讨论了《第一草案》的相关内容。前面说过，罗马法的占有理论已经不适应当时的社会发展，因此，作为阐述纯罗马法的著作，不大可能获得立法上的认可。耶林本人对罗马法和其当代法的发展都非常了解，不可能不知道这一点。

② [德]鲍尔、斯蒂尔纳著：《德国物权法》（上册），张双根译，法律出版社2004年版，第116～118页。王泽鉴先生也认为，这是德国判例学说的一致见解。参见王泽鉴：《民法物权》（第2版），北京大学出版社2010年版，第419页。非常不巧的是，帝国法院预备委员会（Vorkommission des Reichsjustizamtes）1892年9月26日的会议记录中提到的一种意见和当前德国的主流理论非常相似。记录如下：更多的意见是法律不能排除意思的要求：没有意思是不可能形成事实上的管领力的，然而，这种意思不是个别的意思，而是一般的意思，也就是说，愿意对进入特定权利范围的物都具有事实上的管领力的意思。如果占有取得的事实特征不提到意思，那么就会让人误解仅仅是单纯的空间关系就能判定占有存在。把意思作为要求，也不需要双方去证明，而是法官根据物的位置去判断。因此决定：对某物之占有，通过对该物获得事实上之管领力与获得该管领力之意思相结合而取得（Der Besitz einer Sache wird erworben durch Erlangung der Thatsächlichen Gewalt über die Sache in Verbindung mit dem auf Erlangung der Gewalt gerichteten Willen）。Vgl. Horst Heinrich Jakobs, Die Beratung des Bürgerlichen Gesetzbuchs: in systemat. Sachenrecht. 1985, S. 128.

③ 耶林自己也有意识地进行了总结，参见耶林：《占有意思》，第487～491页。

有制度的发展的动因,甚至是区分全部人与物之关系的动因,是立法者对占有予以保护的动因……

耶林把自己的方法称为目的方法,[①]而利益正是目的方法的核心概念。目的是全部法律之创造者,[②]法律的目的在于承认和保证利益,因此,利益是法律形成的原动力。通过利益考量,可以更加深刻地认识法律制度。耶林在占有上将其目的方法进行了彻底的演练。[③]

耶林的占有理论的基础是法律的客观性(Objektivität)思想[④](交往安全思想)。无论是占有保护原因,占有的构成,还是占有的外观判断,都是建立在法律的客观性思想[⑤]之上的。

德国关于占有构成的争论,实际上是一个纯概念的争论,是一个描述问题。争论者们对于在什么情况下应当给予占有保护争议不大,争论的焦点在于如何统一描述应当受占有保护的各种具体状态。在《德国民法典》第854条第1款当中,在体素方面采纳的是一种一般的、典

① 耶林对因果律和目的法则进行了论述。他认为,根据充分原因理论,没有任何东西是自己发生的(自因),也就是说,物质世界的每一个变化都是之前发生的变化的结果,如果没有之前的变化,这个结果就不会发生。那些通过我们的思考进行假设并通过我们的经验证实的事实,我们一般称为因果律。这种因果律也适用于意志。如果没有充分的原因,意志运动跟物质运动同样是不可想象的。因此,充分原因对意志和对自然界是一样的。但是对于后者,它是机械的:充分原因;对于意志它是心理的:目的(最终原因)。所以,因果律在意志领域被叫做目的法则。参见耶林:《法律目的论》(Rudolf von Jhering, Der Zweck im Recht. Band 1, Leipzig 1893, SS. 3 - 4.)。

② 《法律目的论》(Rudolf von Jhering, Der Zweck im Recht. Band 1, Leipzig, 1893)扉页。原文为:"Motto:Der Zweck ist der Schöpfer des ganzen Rechts."

③ 迪德里森(Uwe Diederichsen)把占有看作耶林的利益法学思想的阅兵式的例子(Paradebeispiel)。Vgl. Uwe Diederichsen, Jherings Rechtsinstitute im deutschen Privatrecht der Gegenwart. in: Okko Behrends, Privatrecht heute und Jherings evolutionäres Rechtsdenken. 1993, S. 58.

④ Vgl. Christoph-Eric Mecke, Objektivität in Recht und Rechtswissenschaft bei G. F. Puchta und R. v. Jhering. in: ARSP. Archiv. für Rechts-und Sozialphilosophie. 2008, Band 2, SS. 147 - 168.

⑤ 波莱(Pólay)认为,耶林的登场意味着占有理论领域的客观化进程的开始。Vgl. Pólay, Beiträge zu Jherings Besitztheorie. in: Jherings Erbe, Göttinger Symposion zur 150. Wiederkehr des Geburtstages von Rudolph v. Jhering. 1970, S. 195.

型的形态；在心素方面则没有采纳一般的、典型的形态，而是由于受到学说争议的影响而保持沉默。

耶林的占有构成理论，由于以纯粹的罗马法作为研究客体，随着时代的变迁，不可能被《德国民法典》的起草者们直接采用，但仍然为立法提供了理论支持。

（作者系北京航空航天大学博士研究生）

# 论 过 失[1]

[英]亨利·泰瑞 著 雷秋玉 译 唐 超 校

过失经常被说成是对义务的违反。这是错误的。按照这种定义的方式,义务可以仅被称为注意义务,即不应过失地行为;如此界定之后,又反过来将过失说成是对义务的违反,这是一种循环定义。之所以如此混淆,是因为未能区分过失性不法行为(negligent wrong)与过失本身(negligent itself)。事实上,过失不过是过失性不法行为的一个要素。诚然,在有些案件中,不涉及义务违反的过失没有多少法律意义;但是该说法并没有触及过失之为过失的本质。在许多案件中,法律对注意义务并无要求,此处的过失就不是法律上的不法行为,但它仍是过失。我们必须有一个独立于义务的、本体意义上的过失概念,这样我们就可以在界定不同的义务时,将其作为"先见"(praecognoscendum)加以使用。

与有过失(contributory negligence)与可能具有不法性的对他过失(negligence towards others)在性质上似乎没有什么不同。说后者不合法,是指它违反了一个对他人的有效法律义务,就此可以起诉。如果说前者有那么一点法律效力,是指它可以被看作对是对某人自身或者其财物的无法律效力的安全注意义务的违反,在特定案件当中,他人对受害人的人身或财产享有利益。这种对自己的人身或财产安全的注意义务也是法律义务,但仅是无法律效力的义务,纵有违反,也不会被诉。其所受制裁是所受损害无法获得法律救济;若非受害人与有过失,违反

---

① Henry T. Terry. Negligence. Harvard Law Review. 1915(1): 40-54.

义务的他方当事人本应承担损害赔偿义务。

过失包含不合理巨大损害危险。而适当注意(Due care)则不包含此种危险。

过失是行为,而非意识状态。它通常由疏忽大意(carelessness)或掉以轻心(heedlessness)所致;疏忽大意的过失是指行为人对可能由其行为所致的后果未尽适当注意,致其未能认识到其行为存在不合理的危险。但过失也可能由其他的意识状态引起。例如,行为人或许认识到了其行为具有危险性的事实,但对其行为是否会造成损害并不关心;或者,尽管他并不愿造成损害,但出于自身的原因,明知危险大得不合理,也甘愿一试。这种意识状态称为放任(recklessnes),为故意(wilfulness)的一种,基于放任的过失行为也经常称为有意疏忽(wilful negli-gence)。有些法院否认存在有意疏忽这种情况。那是因为他们不能区分过失和疏忽大意,事实上,前者是一种外部行为,后者是一种意识状态。过失行为有可能出于单纯的误判,即行为人对其行为和行为后果作了适当的考虑,仍错误地认为其行为不包含任何不合理的巨大危险。在此情形下,如果其行为在事实上具有不合理的巨大危险,他不能免责。[①] 如下所述,他必须像一个理性且谨慎的人(a reasonable and prudent man)那样做出判断和决定;所以,如果事实上他并非如此,尽管他尽其所知而行动,仍可能会做出错误的决定,犯下法律上的过失。单纯的误判并非过失,这一规则有着特别的含义,下文将作进一步的阐释。无论何种意识状态引起过失行为,作为原因的意识状态都应当与作为结果的过失行为相区分。相反,如果在一个特定案件中,行为人并未从事具有不合理的巨大危险的事情,那么其行为就不是过失,亦即他尽到了适当注意义务,而不论其意识状态如何。[②] 恰如一个人,即便其意识状态无可指责,也可能做错事情一样,一个意识状态可责难的人也可能做出正当的行为。

过失行为得为作为,亦得为不作为,采取不合理巨大危险行动者为作为,疏于采取理性的防范措施以防范危险者为不作为。下文还会提

① Hover *v.* Barkhoof, 44 N. Y. 113(1870); Roberts *v.* Smith, 2 H. & N. 213(1857).

② Wanless *v.* North Eastern Ry. Co., L. R. 6 Q. B. 481(1871), per Eram well, B.

到,并不存在一般性的采取那种防范措施的义务。但是未采取此种防范措施仍然是一种过失。通常认为,过失即,为理性谨慎的人不应为之事,或不为理性谨慎之人应为之事。一般见解还认为,过失总是表现为不作为。这种说法混淆了过失和疏忽大意。疏忽大意的确一贯表现为不作为,即未虑及行为结果;而此种不作为,一向被误认作了法律上的过失。

行为欲构成过失,其包含的危险必须大得不合理;其造成损害后果的可能性不应是微乎其微,而应当是异乎寻常。生活中的风险损害行为(可能对己,亦可能及人)所在多有,完全避免实无可能,法律亦不会完全禁止;所能要求的不过是,危险不得不合理的巨大。过失之本质在其不合理性,适当注意则不过出于理性。在此并没有数学上的概率规则可以遵循。不能因采取某种行为比不采取某种行为损害结果发生的可能性更大,就认定其必然包含不合理危险;也不能因采取某种行为比不采取某种行为损害结果发生的可能性更小,而认定其风险必然在合理范围之内。在某些情况下,一个非常巨大的危险或许是合理的,而在另一种情况下,一个小的危险或许是不合理的。当适当注意是指采取防范措施时,仅指采取合理的防范措施,而不是指采取一切可以想得到的或者可能的防范措施。不是对一切可想象得到的或可预见的危险都得采取防范措施,只需对那些合理可能的危险采取防范措施即可。[①]书本里充斥着这样一些例子,虽然未能防止特定损害的发生,亦不被认作过失,因为损害之发生不能合理预见。

有时某人负有保障安全,绝对防止特定损害发生的义务。这样一些义务,可以称为强制性义务(peremptory duties),完全不在过失的法律范畴之内。然这些义务的违反行为通常被称为过失,或者换作一般的说法,在此类案件中,过失被终局推定,如常举的例子,一只恶狗的主人没能防止它咬到别人。然而那只不过是一个错误的概念,或者充其量是一个无益的、误导的臆想。

特定危险的合理与否,取决于以下五个要素:(1)危险的大小。危险越大,越可能为不合理。(2)置身于危险中的事物,其价值或者重要

---

① The Nora Costello, 46 Fed. 869(1891); Flynn *v.* Beebe, 98 Mass. 575(1868).

性,为法律保护的目标,或可称为主要目标(principal object)。危险的合理性是指与主要保护目标相关的合理性。(3)行为人冒险侵害主要目标,通常有一些自身的理由,即追求他自己的目标。此目标可称为次要目标(collateral object)。起码在一些案件中,在确定危险的合理性时,应适当考虑次要目标的价值或者重要性。(4)通过实施危及主要目标的行为,次要目标实现的可能性;危险的效用。(5)如果不采取此危险,不能实现次要目标实现的可能性;危险的必要性。下面举例说明。

原告的被继承人(intestate),看见一个小孩在铁轨上玩耍,一辆火车快速驶来,他冲上铁轨去救小孩。小孩的确救下了,他自己却被火车撞死。陪审团须就其是否与有过失作出裁断。① 问题取决于他是否将自己置于一个不合理的巨大危险之下。试依上述合理性标准分析如下:

(1)危险之大小,取决于伤亡的可能性,可能性极大。

(2)主要目标是他自己的生命,价值极高。

(3)次要目标是孩子的生命,价值同样极高。

(4)危险的效用取决于孩子获救的可能性。可能性一定非常大,因为他实际上成功了。如果无此可能,则此行为不合理,存有过失。

(5)危险的必要性,这孩子不能及时离开轨道使自己获救。

在此案件中,尽管危险的程度非常大,主要目标非常有价值,然而次要目标的价值、巨大的效用和危险的必要性抵消了这些考虑,使危险变得合理。如果在铁轨上的是一只猫,同样的危险将是不合理的,因为次要目标价值太小。不存在不能以人的生命为代价抢救财物的一般性规则,但是由于人命比财物更有价值,在特定案件中这种危险一般被认为是不合理的,由此产生了一些试图将此判断永久化的法律意见(dicta)。但在另一些案件中,这种危险却被认为是合理的。

有时,在判断危险是否合理时,根本不考虑次要目标以及仅仅与该目标有关的危险效用和必要性。目标有法律目标与个人目标之分,法律要保护的特定目标,可称为法律目标(legal objects);法律不欲保护

① Eckert n. Long Island R. R. Co. ,43 N. Y. S02(1871).

的目标,可称为个人目标(personal objects)。例如,法律保护人的生命和身体的安全、财物安全以及其他各种具有价值的目标。法律在一定程度上也保护财产收入(pecuniary condition),即如法院判决所表明那样,避免经济损失(pecuniary loss)通常但并不总是一个法律目标。法律保护生命、身体安全、财物和经济状况,[①]以及其他存在于不同目标或处不同现实条件之下的权利。但除了一些此处并不重要的例外,法律不保护个人思想和情感状态。人的身体安全性受到法律的一般保护,精神安全(mental security)则不然,精神可能因个人遭受到不愉快或者痛苦的精神经历,诸如恐惧、焦虑、耻辱或不满等而受到侵害。

有着各色各样的、关于何种目标是法律的从而受到法律保护以及何种目标是纯粹个人的(purely personal)从而不受法律保护的特别规则,此处不拟详述。因此,当事人可以通过某种协议或者安排,使某一目标变成法律目标。例如,在通常情况下个人不能就其采取原本不合理的、提高自己的舒适或便利的危险行为免责,因为舒适和便利仅仅是个人目标,然而,当这一目标存在于承运人和乘客之间时,乘客的舒适和便利就是法律目标,与承运人相反,乘客可以置身于危险之中以提升自己的舒适度和便利度而不必因此被指控与有过失。所以,这种法律义务的履行,亦即通过这种履行而得以达到的目标是一个法律上的次要目标。在这种义务的履行中,对于其采取的危险行为,个人可以免责。然而,在纯粹的道德义务和对第三方履行的合同义务中,此规则并不适用。[②] 一般的判断标准似乎是,如果次要目标是法律目标,则应当予以考虑;如果是纯粹个人目标,则不予考虑。以下是一些个人目标不

---

① I have explained the nature of the right of pecuniary condition, and how it differs from the right of property, in Chapter Ⅺ of my book, LEADING PRINCIPLES OF ANGLO-AMERICAN LAW, where also I have criticised the decisions which in certain cases have refused protection against pecuniary loss on the ground that no right was violated, and tried to show that they were based on a misconception. (在我的著作《英美法的主要原则》的第Ⅺ章中,我已经对财产收入的性质以及它与财产权的区分进行了解释,在该书中,我也批评了在某些案件中基于没有权利被侵犯的理由而拒绝对金钱损失提供保护的判决,指出它们是错误的概念。)

② The James Adger, 3 Blatchf. 515(1856).

被考虑的例子：

一列火车没有在它应当停靠的站停下，一个要在此站下车的旅客试图从高速行驶的列车上下来，结果受到伤害。他对自身的伤害与有过失。法院说，他的妻子在列车旁等他并为他不能到达而焦急不安的事实不能成为他跳车的理由，使他的妻子免于焦急是纯粹的个人目标。[1]

一男子内急，因为害羞（modesty）他找了一个不会被人看见的地方。这也是一个危险的地方，他因此而受到伤害。很明显找不到别的隐蔽地点。法庭认为，在判定他这样做的时候是否存在过失，不应考虑他去此处的目的。害羞的意思不会产生一个法律目标。[2]

一座里面存放着大量金钱和一匹马的房子着火了。主人想尽力把两样东西都救出来，但是只能救出一样。出于仁爱的动机他救了马而没有把钱抢救出来。他被认为对金钱没有尽到适当注意。作为财物，马的价值远低于金钱，解除马的痛苦并非法律目标。如果他不能救出两样财物，他就应当救出价值较高的。[3]

当次要目标是节约费用（saving expense）时，它无疑是一个法律目标。即使一个人不得不付出费用以阻止损害的发生，也没有必要承受不合理的费用。为采取危险防范措施花费过高，往往被认为无须采取这些措施。[4] 但是，如果此人有义务支出这样一笔费用，那么即使这笔费用对其或多或少是一项负担，也得支出。例如，铁路公司应当采取预防措施以保护乘客安全，穷的铁路公司，即使其难以承受，也应与富有的铁路公司一样采取措施。[5] 但这些情况下的问题是：要求这种支出是否具有一般合理性？当需要一项费用，而这项费用由铁路公司支出

---

① I cite this case from memory, not having been able to find it again.（举此例完全凭记忆，不再可能找到它的出处。）

② Van Schaick *v.* Hudson River R. R. Co., 43 N. Y. 527(1871).

③ Toledo, P. & W. R. R. Co. *v.* Pindar, 53 IU. 447(1870).

④ Riddle *v.* Proprietors of Locks & Canals, 7 Mass. i6g(1810); Ccoper *v.* Dallas, 83 Tex. 239, 18 S. W. 56S(1892).

⑤ Denver & R. G. R. R. Co. *v.* Peterson, 30 Colo. 77, 69 Pac. 578 (1902); Pennsylvania, R. R. Co. *v.* Books, 57 Pa. St. 339(1868).

具有一般性的不合理性时,没有公司有义务采取这种预防危险的措施。对企业来说,成功经营、获取利润是相关人等的法律目标;为保护雇员安全而采取预防措施,如果费用超出企业承受能力,这就不是法律目标。

然而,考虑到穷人负担不起采取预防措施的高昂费用,有些法院认为,尽管富人对此义不容辞,穷人则情有可原,在大量案例中,小孩被放在城市里危险的街道玩耍而父母不在旁看管,被车辗了、撞了,受到伤害,孩子的父母是否与有过失呢?一些法院坚称不应考虑这些父母的贫穷,①尽管贫穷使他们无法照顾好孩子——因为得忙着干活,也花不起钱雇人看孩子;另一些法院坚持认为应考虑这些父母的穷窘状态。

不指向任何目标的行为是无目的的行为,本身(per se)是非理性的(unrational)。然而,在特定的案件中,当事人不应考虑次要目标,此时,即不应想当然地认为当事人在做无谓的、无目标冒险。此处的问题是,考虑到人们一般的行为方式、生活中的种种突发事件(ordinary exigencies),以该种方式行动通常是否具有合理性?能否制定一个一般规则,来判断此种行为合理还是不合理?② 例如,因火车未在其到站停靠,就从快速前进的火车上跳下来的行为一般是否合理呢?然而,毫无理由就做危险之事的事实本身或许就是其不合理和存有过失的证据。③

合理性的标准(the test of reaonableness),就是在同等情形下何种行为或者判断是符合称为理性人(standard man)的行为或判断的。

理性人并非理想化的或者完美无缺的人,他不过是这个社会的普通成员。他通常被看成是一个具有普通理性的、小心和谨慎的人。这种定义并非完全正确,因为在特定的案件中,除了理性、小心和谨慎的品质之外,勇气也是非常重要的;但就我们当前的目的来说,它是合适的。陪审团被假设是由理性人组成的,从而可以从他们自己的知识出发了解在特定的情形下此种人将会如何行动,所以合理和过失之类的

---

① Cumming *v.* Brooklyn City R. R. Co. ,104 N. Y. 669,10 N. E. 855(1887).

② Le Blanche *v.* London & N. W. Ry. Co. ,i C. P. D. 286(1876).

③ Finlayson *v.* Chicago,B. & Q. R. R. Co. ,i Dill. 579(1871).

问题通常留给陪审团解决。

不管其是否为理性人，每个人都被要求像理性人一样行动。如果碰巧他并非如此，如上所述，尽管他已经尽其能力做到尽其注意义务和事先考虑，他也许会犯错误，做出具有法律上的过失的行为。在与有过失的案件中，存在一个相对此规则的例外，即非正常人（abnormal persons）的例外规则，如儿童和精神病人。他们无须像理性人那样行为，而只需尽其所能的做出判断即可。但就一般的过失（非与有过失）而言，如对他人的不法过失行为，他们也适用理性人标准。妇女不属非正常人，当然，她们可能在勇气方面会有所欠缺。

理性人所做的任何事情都是合理的。如果存在数种不同的他可以选择的行为方式，任何一种都将是合理的，即使其中的一种行为方式比其他的更为合理。[①] 法律所要求的是合理的行为，并非最合理的也非更合理的。即使是一个理性人也有可能出现判断错误，因为他是一个人，而作为人就难免会犯错。如果致损的行为源于一个理性人也可能做出的错误判断，就不是过失。这就是上文所说的单纯错误判断并非过失。然而，这又必须与理性人不可能犯的错误区别开来。

行为人的这种状况是主观性的，而非客观性的。它由一些行为人所知悉的事实组成。要求一个人根据他完全不知道的事实去规制他的行为，明显是荒唐的和不公正的。[②] 可如果某人明知仍冒失行动，则行为不合理。但在有些情况下，一个人或许会因明知故犯而被指控和要求承担责任，但事实上他根本不知情。当一个人有责任去采取预防措施以防范危险时，存在确认应采取何种预防措施的附随注意义务；如其完全知悉原本应适当履行的附随义务而未履行，就会因主要义务的目的未达而被指控。

在确认某一特定行为是否包含不合理的巨大危险时，人们一般认

---

① Cartwright *v.* Chicago & G. T. Ry. Co., 52 Mich. 606, 18 N. W. 380 (1884); Metropolitan Ry. Co. v. Wright, L. R. 11 App. Cas. 152 (1886).

② The Nitro-Glycerine Case, 15 Wall. (U. S.) 524 (1872); Minneapolis Gen. Electric Co. *v.* Cronon, 166 Fed. 651 (1908); Western Union Tel. Co *v.* Meyer, 61 Ala. 158 (1878); Blood *v.* Tyngsborough, 103 Mass. 509 (1870).

为陪审团精通常识(common experience),又熟知如何证明行为是不是必要、可不可行。如果根据常识,行为人的行为具有不合理的危险性,通常也就认为,他肯定具备常识,并存在过失。可以确信的是,对于这类案件陪审团和行为人的看法并不相同;就后者而言,其是否具有某种常识只是一个初步(primâ facie)假设,可能的话,他可用缺乏此种常识的证据否定过失的存在。例如,要是某人明知箱子里装着硝化甘油,仍设法用凿子和锤子去打开它,爆炸就会发生,如果问题是其从事此行为的过失,那么以我们现有的知识条件,陪审团无须任何证据就可以判定该行为实际上非常危险。毫无疑问,陪审团假设行为人知悉此种知识;但是行为人可以为自己辩护,证明他实际不知道那种物质的特征。当然,如果行为人认为那个箱子里装的不是炸药而是浓牛奶,这种确信即作为其行为状态的一部分,那么关于硝化甘油普通经验的常识问题也就不存在了。

作为对上述关于理性人标准和行为人状态特征的一般原则的补充,存在一些更为具体的规则,本文将对其中两三个简单地举例说明。

习惯通常可作为行为合理的证据。行为符合习惯,可引习俗惯例证明其合理性。当行为与习惯相悖时,亦可引习俗惯例证明其不合理。尽管就特定情形而言,如果他人对行为人的个人行事习惯可作合理期待,其个人行事习惯关乎其行为的合理性,但通常情况下,行为人的个人行事习惯与行为的合理性无关。

行为人可能遭遇突发紧急事件,不及考虑便立即行动(理性人处此情势之下,亦会有失方寸)。在此情景下,我们不应酷求其行为思虑周详。但是时间上颇有余豁,可以详加参详,这样行动就是不合理的。紧急情形构成其情势的一部分。然而,即使在此突发事件中他仍然应当像一个理性人那样行动。①

通常一个人可以基于他人将会正当和理性地行为假设来规整自己的行为。但在特殊情况下,行为人知道事实将证明假设不正确时,就应适时变通。

在某些情形下,技术或者特殊的知识是适当注意义务的要素;即个

① New Orleans, S. L. & C. R. R. Co. *v.* Burke, 53 Miss. 200(1876).

人不具备从事特定行为的充分知识或者技术,是不合理的。

行为的合理性或者不合理性是源于证据事实(data)的推断。此种证据事实由所论之行为和构成行为人情势的若干事实组成。证据的存在是一个事实问题。在讨论证据时,过失问题必须交由陪审团,必要时接受来自法庭的适当指导。一旦证据确定,对合理性或者不合理性、适当注意或者过失的推断,本质上都是事实推断,在这个事实推论中,证据事实构成了小前提,而大前提系由常识提取而来。而在真正的法律推理中,大前提乃是法律规则。即为事实问题,一般交由陪审团。但有些案件极为简单,案情一目了然,只可能有一个合理的推断,此时法庭将其作为法律问题予以判决。如果不能合理推断,法庭必须就争议做出不利于承担举证责任一方当事人(这方当事人往往主张他方存有过失)的判决,而不得允许陪审团在纯粹的猜测而非合理推断的基础上做出裁断。

然而,法庭就特定行为是否合理或者是否存在过失一旦做出判决,即成先例。做出此种裁断的案情也许相当特殊,类似的案件不会再发生。假如的确如此,所谓的先例也就毫无意义。但是此类事实或许经常发生,无论其发生于何时,先例均应适用。尽管无论在法律上,还是按照它的性质来讲,过失都是一个事实上的问题,大量相当具有一般性的正式规则(positive rules)还是通过判例制度逐渐形成了,用于确定特定情形下的特定行为原本或按照法律是否构成过失。适用这些规则时,过失的问题的确就是法律问题。这些规则的适例,包括穿越铁道时应察看和聆听;引诱他人本身并非过失,但在特殊情况下构成过失;拿枪指着别人并扣动扳机,即使行为人确信枪里已无子弹亦构成过失。

尽管与适当注意有关的义务并非本文论述的范围,但仍想就此补充几句。

注意的义务是一种与实现特定结果或者目的(上文所称的主要目标)有关的作为或不作为义务。法律为行为人设定那种目标并令其实现,或者通过作为,或者通过不为妨碍目的实现的行为。但是在普通法的义务中,法律仅仅描述了其目标,而未说明任何可使用的手段。普通法上的注意义务系一般性义务,义务人应为一切具有合理必要性的行为。何种行为当为,何种行为不当为,行为人应自行决定并自负其责。

因此,涉及一般性义务的案件,法庭不得以某一特定手段的使用作为尽到注意义务的标准,也不应允许陪审团这样做,尽管当那些手段是唯一可行手段时,这样做似乎并无害处。[1] 与一般注意义务不同的是,这样做会给当事人强加一种法庭或者陪审团无权强加的义务。例如,虽然旅馆老板应尽保护顾客人身安全的注意义务,在没有法律规定的情况下,不能将他没有为房客提供防火安全通道的行为认定为没有尽到注意义务。[2]

当存在某项普通法上的义务,要求行为达到特定的目标,制定法有时会要求当事人采取特定手段。例如,如果存在混淆有毒物质(poison)与无害药物的危险,药剂师应当尽其注意义务,不售有毒物质。如果存在此种危险,他可以采取各种方式予以防范,且根据一般注意义务,他可以采取这些方式中的任何一种。但是制定法可以要求他在药瓶上粘贴特殊标签。再比如,市政当局也许负有防止行人掉入坑洞的一般注意义务,这种义务可以通过采取不同的防范措施予以履行;但是制定法可以要求建立棚栏或者在夜里亮灯。

这些制定法所课加的特殊义务,就其特征而言并非是针对某一目标的真正注意义务,但却是法定的、从事某一具体行为的绝对义务。需达到的目标仅仅提供了课加这种义务的理由;但与真正注意义务下的目标不同,这种目标不在义务的范畴之内。严格来说,此种义务不属于过失法的范畴。但是对它们的违反通常仍然称为过失。当此目标也是一般性注意义务的目标,以及当特殊义务事实上与一般性义务重合且实际上指出了履行它的较佳方式时,通常两种义务的任何一种被违反均具有可诉性;如依据一般注意义务提起诉讼,特殊义务的违反通常可以作为存在过失的证据,有时是作为其终局性的证据。在这样的案件中,似乎将特殊义务归入注意义务的类别中,将对它的违反称作过失,并不存在很大的障碍。但是,当就特定目标不存在一般注意义务时,要么根本不存在普通法义务,要么普通法义务不是单纯的注意义务,而是

---

① McGrath *v.* New York Cent. & H. R. R. R. Co. ,63 N. Y. 522(1876); Legge *v.* Tucker,i H. & N. 500,26 L. J. Ex. 71(1856).

② Yall *v.* Snow,201 Mo. 511,100 S. W. i(1906).

指实现特定结果的强制性义务，这样一种归类和名称（nomenclature）显然就是错误的、易引进混淆的。如猛狗主人（知道他的狗很凶）防止狗咬人的义务不是注意义务。它是强制性的义务。只要狗咬了人，不论他是否尽到注意义务，都要承担责任。而在注意义务角度，狗通常并不具有危险性，如果他不知道狗的凶猛特性，他就根本没有义务。不论哪种情形，制定法所规定的给狗上口罩都不是注意义务，或者说，将让狗四处闲逛而不给它戴口罩的行为，并非过失。

存在一种所有人对所有人的普遍消极义务，即不得为过失行为的义务，这里的所谓“过失行为”，是指对他人人身或者有形财物带来不合理危险的行为。但是就是否应对侵害人或者被许人（licensee）科以此种义务，存在一些不同的观点。

并不存在同样的普遍性的积极义务，亦即不存在去做某种行为，去采取防范措施或者去防止伤害他人的一般义务。一般原则是，人们并无义务去做让他人获利的事情；他可以静坐不动任由事态发展。只有在特定的情形下，才有可能发生采取一定行为以保护他人的积极义务。对这些积极义务，本文不拟详述，也不拟精确界定，更无意穷尽列举。聊举几种特别重要的：

1. 除采取了预防措施防范危险外，已为之行为或正为之行为，若包含不合理危险，行为人必须尽其注意义务，采取尽可能合理的防范措施。如果未进行防范，那么通常可对其作为提起侵权之诉，亦可对其不作为提起侵权之诉。在前者，为违反在先义务、非法作为（malfeasance）或者不当作为（misfeasance）；在后者，为失职（nonfeasance）和违反当下义务。如果行为时应采取适当的预防措施而未采取，那么这种行为通常会被称为合法的不当行为，即不当作为。

2. 交付物给他人或者将物供他人使用，行为人即负有注意义务，若物包含不合理危险，即不应交付或者供给；如物虽有危险，但交付或供给并无非法，有采取预防措施的合理需要，则应采取措施，不过一般情况下并无此必要。交付或者提供具有危险性的物给他人或供他人使用，未采取任何预防措施，不能一般性的认为这种行为具有不合理的危险，不存在一般性的判定规则。收付人或者受供者应当可以了解到物的特征并自我防护；有时向其警示此种危险也可以算是对这种义务的充分履行。在将物供他人使用的案件中,关于哪些类型的物具有此种危险以至于产生了这种注意义务,存在一些相左的观点。通常认为物应具有"内在危险性"。关于何人是哪个物将供其使用,或者对其承担注意义务的人,也存在大量不同的难以调和的观点。

3. 在某些情况下,于某地占有一危险物的人,如其危险物对于儿童或者动物具有吸引力,且在此地,儿童或者动物因无法抗拒的天性使然,难免接触到它,而将自己置于危险之下,即应采取预防措施。关于在儿童或者动物作为侵入者时是否存在上述义务,判例的立场并不一致。

4. 危险物的占有人必须尽到注意义务以防损害发生。占有人负有义务是为了保护合法地置身于危险物所在地的人或者物。但是不存在一般性的不应占有危险物的规则,占有危险物本身不构成过失。对于一些种类的危险物,如危险动物以及火(依古老的普通法),为防止它们造成损害,存在一个强制性的义务,但此并非纯粹的注意义务。在有些地方,对于具有积极危险性的物通常适用严格义务;但在另外一些地方则否。

5. 某人如将他人或他人财物件延入一危险境地,如有合理必要,则必须采取预防措施防止损害发生。这有时被称为保护场所安全或者提供安全场所的义务;但总体来说,这并非对这种义务的正确表述。在许多情形下,这或许是上述义务的履行方式,且常常会是一种最为便利的,有时也是唯一可行的履行方式;但是如果场所不安全或者不可能变得安全,采取其他预防措施或许也算尽到义务了。有时给予被邀请者以警示便足够了。这种义务仅仅只是针对被邀请者,对于有权进入此场所的人,或者被许可人(licensees),或者侵入者则不存在。然而,似乎对于被许可人存在一个较为有限的注意义务,以保护其不致受到陷阱似的隐蔽性危险(trap)侵害。

6. 物或服务受托人(bailee)——即使没有合同关系——负有一定的积极注意义务,违反此种义务可能会引起侵权的诉讼。

7. 由合同所创设的注意义务。

8. 由特定关系而产生的注意义务,如存在于丈夫与妻子或者父母与孩子之间的注意义务。它们通常是法定义务。公务员或有此种义务。

9. 大量的衡平法上义务(equitable duties)也属此种类型,例如受托人对信托财产的义务,此种义务与物的受托人所承担义务相似。

(雷秋玉,民法博士,昆明理工大学法学院讲师;
唐超,民法博士,首都医科大学卫生管理与教育学院讲师)

# 日本民法学的历史与理论[①]

## ——一个研究者的视角

[日]北川善太郎 著　赵立新 译

目　　次



## 序

本文的题目源自2007年8月29日我在首尔大学举办的韩国法史学会的一次演讲,同时也是对20世纪六七十年代我发表相关研究[②]之

① 本文译自[日]新井诚、山本敬三编:《德国法的继受与现代日本法》(现代评论社2009年版)第一章"日本民法学的历史与理论:一个研究者的视角"(北川善太郎执笔)。部分注释因与文章内容关联不大而有省略。

② 主要研究包括:《合同责任研究——结构论》,有斐阁1963年版(以下简称《合同责任》);《日本法学的历史与理论——以民法学为中心》,日本评论社1968年版(以下简称《历史与理论》);Rezeption und Fortbildung des Europäischen Zivilrechts in Japan, Arbeiten zur Rechtsvergleichung, Bd. 45 (1970, Alfred Mezner Verlag)(以下简称Rezeption)。需要说明的是,《合同责任》主要考察日本民法学的原型及之后出现的属于自立理论的合同责任论。《历史与理论》主要从法史学、法社会学、比较法学、法学方法论

后，学术界发展情况进行的总结。首先声明，本文反映了演讲的结构。

第一部分“日本民法学的原型”几乎是关于半世纪之前日本民法学的，当时受德国民法学的影响形成了日本民法学的原型。第二部分“日本民法学的自立”主要追寻从原型到民法学自立的踪迹。第三部分“日本民法学的理论”则以超越原型和自立范畴展开独立民法学的潮流为分析对象。之后，成为时间起点的20世纪60年代我关于日本民法学动向的研究和关于近半世纪后的现在和未来发展的研究也成为考察的对象。

在那次演讲的最后我曾经总结说：“最后，我想就日本民法学提出一个问题，日本民法学现在几乎在不断刊行的教科书中呈现出非常活跃的状态。我曾提出判例原则，但详细的判例需要详细展开的法律理论。据此，需要法律知识的积累。我常感疑惑的是，树叶虽然繁茂，但枝干难以寻觅。我们是否有代替民法学原型的民法理论？虽然潘德克顿体系强烈引以自豪的逻辑体系并不是必要的，但有机混合了判例和法律理论的所谓体系感觉的东西是什么？日本民法学不是正面对这一课题吗？以该自问作结。”

以下是对上述问题的尝试解答。

## 一、日本民法学的原型

在1950年左右，日本民法学的大部分是通过介绍德国民法学文献，直接建立起日本民法学解释论的，发表的论文也是同样的题材，开始研究民法的人认为这是很正常的现象。德国法学对日本法学者的重要性可见一斑。也正因如此，对德国民法学说史本身的研究也是非常有魅力的，当初每天就是在查找文献和记笔记中度过的。在埋首向学的同时也不断产生一个疑问：“为什么日本民法学者在涉及日本民法的论文中，对德国民法学说就像日本民法学说一样对待呢？”该疑问虽然是针对日本民法学的，但当时也感觉是向作为法律圣殿的德国法学

角度分析产生原型的德国法学的学说继受这一继受类型，考察德日民法学的同系性和日本民法学自立于德国民法学的必要性。从时间上来说，Rezeption 是在《合同责任》之后在德国总结的，但其完成在《历史与理论》之后，因此，其与《历史与理论》可以看做孪生关系。

提出来的,为此,开始对具有悠久传统和厚重性的德国学说史产生了兴趣。的确,我们的法律研究是将德国学说原封不动地吸收进我们法律解释论之中的。将学说发展追溯到明治时期,在反复探寻德国法学压倒性影响的轨迹中发现,明治以后条文注释的民法学风格在某一时期变为德国学说的风格,这种变化不是从最初开始,而是迅速地突然转变过来的。这就成为解释疑问的线索。

(一)关于瑕疵担保责任的事例

在此通过具体事例予以说明。[①] 以下是典型的卖主瑕疵担保事例:“作为卖主的土地担保公司X将土地转让给买主Y,已经进行了登记转移,但是,因X已建成工程的缺陷造成地基疏松,在一场大雨过后,部分土地塌陷。”该瑕疵担保责任源于古代罗马法的检察官诉权,该诉权是为在奴隶和牲畜买卖中,防止恶意者而保护买主导入市民法的。此后,通过罗马法的继受被各国民法典所吸收。在这一过程中,作为反映其来源的瑕疵担保没有被吸收进债务不履行和合同责任之中。在德国的潘德克顿法学及其后继者德国民法学中,支持的逻辑命题是“特定物理论”,[②]即作为买卖目的物的特定物在订立合同时存有缺陷,不能给付没有缺陷的目的物。因此,卖主的瑕疵担保责任不是债务不履行,而是法律特别认可的法定责任。

那么,在日本民法学中具体会产生什么情况呢?以当时具有代表性的民法学家冈松参太郎的学说为例。首先,在刚制定民法典后的《注释民法理由》中,他认为,瑕疵担保是不履行合同债务的一种,即卖主负有必须给予适当性质之物的义务。但是,在其后发表的《无过失损害赔偿责任论》中,他又从正面否定了自己的观点,即从逻辑上说,卖主只在其特定物缔结买卖合同时的状态下负有转让义务。即使该物

① [日]北川善太郎:“日本民法与德国民法——一个比较法的视角”,载《民商》131卷4·5期合刊。

② “特定物理论”反映了德国法律理论的真谛,特别是E. Zitelmann, Irrtum und Rechtsgeschäft, 1879; T. Süss, Wesen und Rechtsgrund der Gewährleistung für Sachmängel, 1931的理论最有名。参见《合同责任》,第142、170页。

有瑕疵,也不是卖主的不履行义务。①

本来,冈松认为瑕疵担保是债务不履行,但在留学德国后改变了观点。的确,我们可以说,冈松是受到德国民法学的影响改变自己观点的,但问题并不仅限于此,不仅是冈松个人,压倒多数的民法学者置身于德国民法学的洪流中,在法条的注释中构筑起了德国式的民法解释理论。

由于日本民法典是以德国民法第一草案和法国民法典为基础混合继受的产物,但此时的民法解释理论是法条注释型的,②冈松参太郎的3卷本《注释民法理由》是当时的代表作,而它只是以德国民法学为范本的一种转化。

(二)德国法学的学说继受

1898年日本民法典制定时期的民法学说和其后开始的受德国法学压倒性影响的民法学说之间存在很大的断层。从法律概念或制度的解释论来看,就像其他国家的学说一样,其结果使日本民法解释论的结构发生了转换。在某一时期,日本民法学被德国民法学完全覆盖了。虽然不能无视德国民法典和日本民法典的差异,但一旦民法解释论的结构转换为德国式的,尽管两部法典有差异,日本民法解释论的结构就与德国民法解释论的结构同步了。我把该种情况称作对德国民法学的"学说继受"。③ 它超越了外国学说的影响问题,日本民法学的概念和制度说明都转换为德国式的。该学说继受过程是将德国民法理论作为

① [日]冈松参太郎著:《注释民法理由》(下卷)(第9版),有斐阁书房1899年版,第52~53页。

② [日]北川善太郎:"民法典与比较法——研究笔记",载《比较法研究》1991年第58期,第71页。

③ "所谓学说继受即是,在现存法'学术化'之时,该国法律人(更多的是法学家)依据某特定外国法,虽不是全面的,但至少在重要之处,有时甚至建构起了完全不同于现存法规范结构的情况。"参见《历史与理论》,第25~26页;Rezeption, S. 21; 卡纳里斯将"学说继受"称作"法律问题的发现",参见Claus-Wilhelm Canaris, Theorienrezeption und Theorienstruktur, Festschrift für Z. Kitagawa(dunker & Humblot, 1992, S. 59)。但是,这一类型在比较法学界并不广为人知,如,M. Graziadei, comparative law as the study of transplants and receptions, M. Reuman & R. Zimmermann, The Oxford Handbook of Comparative Law, 2006, p. 442。

日本民法解释论来吸收、同化因法典继受导入日本的异质外国法因素的过程。其结果(当然也有例外)是,在任何问题解释中,日本民法解释论都与德国的民法解释论在概念和体系方面成为连成一体的结构,在日本民法解释论中,同等对待德国学说却没有异样的感觉。可以说,该种结构转换远远超过了在比较法中学说影响的范畴。现在或许不能想象,当时甚至有"不使用德国法就不是法学家"的声音,这种说法虽然有些夸张,但也反映了半个世纪前日本法学界的实际状况。

通过对德国民法的学说继受,在日本民法典制定之时被当做"别人东西"的解释理论开始流行。除瑕疵担保之外,在债务不履行中,民法典的统一债务不履行规定转变为德国民法学说的三分体系(履行延迟、履行不能、不完全履行),没有规定的原始不能无效论成为流行学说。另外,在强制履行、损害赔偿和关于解除的各种制度中,日本的民法学也深深地打上了德国法学的烙印。

作为日本民法学比较法的原型,日本民法典是在德国民法和法国民法等基础上制定的混合继受型法典,通过对德国法的学说继受,使日本的民法体系具有了双重结构的特点。从时间上来说,对德国民法的学说继受在20世纪20年代基本结束,但是,战前不用说,即使战后也很快进入这一延长线上。

一般来说,学说继受的比较法含义及其作用在于,日本法学在体系化之时嵌入了德国法这一模型。这当然与1881年明治政府以德意志帝国为蓝本的立宪君主政治方针相关,此后,日本整体急速地向德国体制倾斜,对德国法学的学说继受只是其中的一部分。①

(三)作为法律圣殿的潘德克顿法学

作为日本民法学原型的德国民法学来源于19世纪在继受罗马法基础上形成的潘德克顿法学,在潘德克顿体系中,债务法是由费德里

---

① 关于学说继受的原因,参见北川善太郎:"一个世纪的日德法学",载《法学论丛》126卷4·5·6合刊,第68页;同 Ein Jahrhundert Deutsch-Japanische Rechtswissenschaft: Vortrag gehaiten an de Verleihung der Ehrendoktorwürde am 12.17.1989, Marburg, Institut für Rechtsvergleichung(hrsg. Von Hans Leser),S.23 ff。

希·穆森(Fridlich Mommsen)完成的,[①]并经过本哈特·温德希特(Bernhard Windscheid)的权威和影响,[②]被1900年德国民法典继承。作为其成果,则是以下德国民法的特有理论。即以原始不能给付导致合同无效这一命题为中心,将履行障碍区分为原始障碍和后发障碍。债务不履行也分为因后发履行障碍事由导致的履行延迟和履行不能两种类型。卖主对特定物原始瑕疵的瑕疵担保责任不是债务不履行,而是卖主的特别法定责任。

因此,作为德国民法学真谛的潘德克顿法学是在整顿庞大罗马法源的基础上,运用抽象的法律概念,将法律问题进行严格定义、分类,构筑起的一套完整法律体系。潘德克顿法学及作为其继承者的德国民法学是通过著名法学家的厚重体系书和细密注释书构建起来的巨大法律殿堂,[③]对作为东方新兴国家日本的法学家来说处于巨大的压倒性优势,与此同时,运用其精密的理论进行法解释具有充分的魅力。

(四)原型的含义:双重结构

从1950年到1960年,虽然我对德国民法的学说史与日本民法学直接连在一起感到疑惑,但疑问的解决来自于学说史研究。我集中研究学说继受这一继受类型是在留学德国时。该继受类型不同于法典继受,它是从某一国家向另一国家移植法律理论的问题,据此,法典结构是混合继受,但日本法学被纳入德国法的类型,日本法的解释论结构拥有了与德国法共同的基础。有意思的是,该学说继受既是历史过程这一事实的问题,也有日本实体法的问题。在这一意义上来说,可以看到日本民法学的原型。由此,德国式的民法体系被移植到日本民法中的结果是,日本民法学与作为同一系统的德国民法学说可以没有区别地同样对待了。这样,日本民法拥有了通过法典继受而来的民法理论和

① Friedlich Mommsen, Beiträge zum Obligationenrecht: Abt. 1 Die Ummöglichkeit der Leistung in ihrem Einfluss auf obligatorische Verhältnisse(1853), Abt. 3 die Lehre von der mara nebst Beitrag zur Lehre von der culpa(1855).

② Bernhard Windscheid, Lehrbuch des Pandektenrechts, 3 Bde. (1862 - 1870).

③ [日]北川善太郎:“日本民法与德国民法——一个比较法的视角”,载《民商》131卷4·5期合刊。

通过学说继受而来的民法理论这一双重结构。[①]

## 二、日本民法学的自立

### (一)从原型到自立

从原型到自立的道路给予日本民法学超越德国民法学的自由,学说继受期的德国法学就像闪光的灯塔。但是,第一次世界大战爆发后,情况发生了变化,19世纪末产生于德国法学内部的自我批判声音影响到日本民法学界,从而出现了对向德国法学一边倒的批评和反省。这是对概念法学法律实证主义的修正。与此同时,埃里希的法社会学也开始影响到日本,同时还出现了以美国判例形式为范本的、重视判例的趋势。这一趋势宣告了德国法学学说继受的终结,[②]虽然不意味着德国法影响的消失,但此时开始的与原型不同的法律潮流逐渐清晰可见。对日本法学来说,重要的不是提供了自立于德国法学并自由展开的理论根据,而是显示了其必要性。在考虑日本法在比较法中的位置方面,日本民法学自立这一视点具有重要意义。在促进学说继受方面作出重要贡献的石板音四郎本身开始意识到日本法学的独立性问题。[③] 就日本民法解释论来说,可以举出侵权行为中的相互关系说和财产管理权理论。在民法基础理论中,可以举出近代法中的债权优越性、所有权理论、入会权研究、农村法律问题等。因此,即使只在民法学领域,在日本民法学从原型到自立的潮流中,可以强烈感受到日本民法学独自的发

---

① 虽然有程度之差,但影响并不仅限于民法。在日本,对德国法的学说继受除了法律解释理论之外,在法制史、比较法乃至法社会学等基础法中,都可以发现宝贵的、独特的事例。本文以来自法典继受和学说继受而产生的民法理论的双重结构作为分析对象,但是,学说继受带给我们的是一种除此之外的多样的双重性。关于此请参见《历史与理论》,第385页以下。对此,有必要与超越法解释理论的基础理论共同研究(如及于社会规范和法律规范级别的学说继受的影响等)。

② 《历史与理论》,第155~156页;Rezeption,S. 205。

③ [日]石板音四郎:“日本法学的独立”,载《法学新报》1913年23卷1期,第73页。

展步伐。①

尽管如此,从战前到"二战"结束后不久,以前的原型与德国法学的权威都给予日本民法学强大的影响,这是不可否认的。20 世纪 60 年代仍是这一状况。与宪法、禁止垄断法、公司法、刑事诉讼法那样直接受美国法影响的领域不同,特别是在民法财产法领域,民法学原型毋宁说还是存在的。

1963 年出版的《合同责任》中提示的解释理论就属于从原型转为自立的理论。当时,虽然自立理论这一视角还不明确,但已经尝试将与日本民法学直接连接的德国法学相对化。因此,在纵向上,该书从罗马法到潘德克顿体系的发展史中剖析德国民法的学说史,证明潘德克顿体系的债务法是古代罗马法的严格契约型结构这一事实。② 在横向上,从英美法与大陆法的比较探讨新法律理论的可能性。之后,分析德国民法学说史,整理日本民法学说,在这一基础上,对作为原型的德国民法学的问题进行批评分析,尝试对作为日本民法解释论的合同责任的再建构。

潘德克顿体系的问题之一是过度抽象化,债权总论的债务不履行是最好的例子。在德国民法典中只规定了履行延迟和履行不能两种类型,在法典制定后不久,就通过学说补充了不完全履行和积极的债权侵害。并且,因为债务不履行的事例是合同问题,作为合同债务的不履行、合同违反也接受了德国民法学的债务不履行理论,分为延迟履行、不能履行和不完全履行三种。因此,展开的自立理论否定了自始不能 = 合同无效论,而是一种统和了自始不能履行和嗣后不能履行的合同责任和债务不履行理论。瑕疵担保责任也不看作特别的法定责任,而看作卖主债务不履行的特则。缔约过失责任和违反安全保护义务是作为补充合同责任而存在的。

---

① 在自立理论中,钻研德国民法学并超越德国民法学展开解释理论的是于保不二雄所著《财产管理权论序说》(有信堂 1954 年版,共收录从 1933 年至 1940 年发表的 11 篇论文和未发表的序说),从德国民法理论内部构建了自立的财产管理权概念和体系。

② E. Rabel, Grundzüge des Römischen Privatrechts, 2 Aufl. 1955, S. 132;《契约责任》,第 12、21、33 页。

这样,在合同责任和债务不履行理论的再构成中,如不是种类物交易而是在以特定物交易为中心的民法体系批判、欺诈缔约和缔约过失责任理论的比较法理论等方面都成为参考。[①] 特别需要说明的是,在德国民法典公布前后,存在批判潘德克顿债法体系的恩斯特·哈贝尔(Ernst Rabel),在研究合同责任的过程中从其法史研究中学到了众多的批判理论。据此可知,早在20世纪初期,德国民法典吸收的潘德克顿体系,特别是以自始不能理论为中心的古罗马的严格契约型债法结构就受到了批判,毋宁说,主张自始不能(=有效)的古罗马过错契约型债法得到了强调。[②] 这一立场在其后从"二战"前到"二战"后作为比较法典型的《动产买卖法》,[③]再到战后的《海牙动产买卖统一条约法》、《维也纳国际动产买卖条约》,贯穿比较法的发展始终。而在德国终于登上舞台是在2001年的民法典修改。

(二)原型与自立的比较法

在相当长的时期内,由学说继受形成的原型和之后的自立过程确实在重合中慢慢前行,因此,日本民法学在吸收德国法理论的同时,也出现了自问"为什么是德国法"的倾向。虽然是同一体系,但也必须找到将德国民法学照搬过来作为日本解释论的理由。当然,这并不是要抛弃德国理论,由学说继受生成的民法理论有很多即使在今天的日本民法中仍然根深蒂固。在这一状况下,产生了日本民法学"由原型到自立理论的道路"。

上述日本民法的二元结构给予日本民法学新的发展可能性,因为有法典继受的学说继受,故可以理解为日本民法是德国民法的分支。与此同时,因德国法学的学说继受而形成的日本民法学在比较法上归入德国民法类型的理由也是很明显的,即尽管日本民法典不是,但日本民法学可以与德国法学按同一体系对待。以此来把握,日、德民法学错

---

① Grossmann-Doerth, Die Rechtfolgen vertragswidriger Andienung (1934); R. Nirk, Rechtsvergleichendes zur Haftung für culpa in contrahendo, Zeitschrift für ausländisches und internationals Privatrecht, 18 Jahrgang. 1953, S. 353 ff.

② E. Rabel, Grundzüge des Römischen Privatrechts, 2 Aufl. 1955, S. 132.

③ E. Rabel, Das Recht des Warenkaufs, Bd. Ⅰ(1957), Bd. Ⅱ(1958).

综的相互关系在比较法上就明确了。①

进一步说，作为比较法上重要发展的一环，与德国民法学同一体系的日本民法学这一原型，给战前的中华民国民法典立法和战后的韩国民法典立法以强烈的影响。这些民法典受到了学说继受期日本民法学的影响，受德国法的影响更甚于日本民法典。在这一意义上来说，这些国家的民法模型，作为东亚潘德克顿家族的成员，与日本民法学的自立问题不同，更应引起比较法上的关注。当然，这里也应该包括现在进行中的中国民法典立法编纂。

## 三、日本民法学的理论

### （一）迈向民法学自立的法学潮流

在战后日本从混乱走向复兴的过程中，法学对日本社会的现代化起到了很大的推动作用。在这一潮流中，作为私法基本法的民法虽然占有非常重要的位置，但起主导作用的是法社会学，而不是法解释理论。尽管如此，法学方法论和判例法很早就成为战后法学的关心问题，对德国法学从战前出现的概念法学、自由法学、利益法学到战后的评价法学，不断引起战后日本法学界的讨论。两者的相通点是对自己完整的、封闭的潘德克顿体系的批判，这为以后民法体系的修正奠定了基础。

与此同时，该种民法基础理论使人感觉到有必要从作为民法基础的日本社会现实出发对民法学进行修正。即使对民法解释论来说，也

① 在20世纪60年代，用同样的方式讨论了损害赔偿法的再构成。《日本民法》第416条的规定是与英国1854年的一项判例相对应的结构，但在学说继受过程中，以德国民法的相当因果关系论、完全赔偿原则和损害概念的差额说为基础，确立了日本民法的流行学说。关于原型理论参见韦定广芝：《历史与理论》，上海人民出版社2011年版，第63页。作为由此开始的自立理论，展开了限制赔偿原则和一般损害与特别损害的区别等解释理论。北川善太郎："损害赔偿法的展开——初步的考察"（载《法学论丛》1989年124卷5·6期，第21页，对相关研究进行了综合分析，在批判原型的同时，概括了自立理论。

担心在所谓的结构理论研究中陷入毫无结果的理论之中。[①] 在法解释论领域,要建立起民法学的自立理论,必须与结构理论一样,从法的事实因素进行分析。

(二)面向社会现实的民法解释学的活跃

战后,经过全面修改的民法家族法和继承法,废除了关于家、户主权、家督继承、妻子无能力等规定,确立了以夫妻平等、父母共同亲权为基础的父母平等、血族继承人的平等继承权等原则,受其影响,在民法学领域,众多研究者把目光和精力投向了这一领域,论文数量也远远超过了民法的其他领域。其次则是反映因受战争影响而极度恶化的有关住宅问题的土地和房屋租赁领域,而此时,债权法,特别是合同法的研究则受到忽视。

从20世纪60年代到70年代,日本的经济复兴逐渐走入正轨,不久就进入了高度成长期,与此相关,民法问题飞速增加并呈多样化趋势,而日本民法原型所依靠的法理论不能适应这一发展,渐渐地在债权法和合同法领域,重新思考民法学也成为一项研究课题。在这一研究环境中,从20世纪60年代后期开始,分析在日本交易现实中发挥作用的民法问题,特别是合同问题,重新构建日本民法解释理论和民法体系成为一项研究课题。可以说,不认识社会现实就不能评价民法学,也不能对外国法的影响做出适当判断。这是一种立足眼前,即从日本社会现实之中发现民法新的素材,构建对应民法基础独特理论的研究。这是从日本民法学原型通向自立的道路,与此同时,也存在超越这一范围,走向独立民法学的倾向。

这一潮流的起因是战后风行日本的质量管理理论,特别是质量保证法理论的导入,即在1968年发表的论文"企业交易与质量:其现状与法"中,分析了质量工程学与商学领域的质量概念,[②]由此了解了在法律上对作为有体物的生产领域与商学领域之物,在性质上缺乏区别理

---

① 如在日本合同实务中,订单、保单、从交货到验收的物流票据,通过一份文件就能完成的高效合同交易管理体系已经非常普及,但却没有发现介绍这一问题的相关教科书。

② [日]北川善太郎:"企业交易与质量——现状与法",载《法学论丛》83卷6期。

论。因此,不应该将物与性质分离开,以至于一提到物首先想到的是产生债务,然后才是转让物有无瑕疵的问题。这样,从社会现实中学到的"有瑕疵的特定物是没有瑕疵的履行"这一"特定物的两难命题",不能认为是作为逻辑归结的正确的法解释理论。这一两难命题始终是法律特有的存在。之后,在若干企业开始实施关于质量管理、质量保证实务合同的实况调查,由此析出了"质量保证合同"这一合同的现实类型。

这样,在20世纪70年代,从社会现实之中发展了债权法、合同法、债权担保法等研究,具体说,这些研究论著涉及所有权保留、同时履行和不同时履行、法律中信用的含义、信用不安、企业之间的信用、决算条件与手段、同行决算、合同当事人(法律当事人与经济当事人)、代办物流及支付货款的代办合同、不完全履行的特别采纳、合同责任的量化、索赔处理、流通形式与合同形式、消费者合同法、质量保证书、信息合同(包括信息处理合同、信息提供合同、信息开发服务合同)等。

虽然合同制度实务在日本社会现实中崛起并被法解释学所吸收构建起了民法学的独立理论,但这一研究的开展并不仅限于问题领域的解释理论。①

(三)自立的民法学与外国法

第二次世界大战后,日、美亲密关系代替了日、德亲密关系,美国对日本的影响不仅在法律方面,在政治、经济、社会、文化等各方面均产生了强烈的影响,在法律领域的影响与前述学说继受期德国法学的影响相比,可以说是有过之而无不及。但是,因为大陆法与英美法的差异,对民法的概念和制度没有产生直接的影响,因此,日本民法学的原型和自立问题从表面上看保留下来了。

如前所述,在日本经济高速增长时期,民法的社会基础也发生了剧烈的变化,这在民法解释论方面也有充分的体现。住房问题、交通事故、侵权行为、环境保护、产品责任、消费者信用、信息、合同等所谓新兴

① 当时,以法社会学为首的学术界主流认为日本仍处于前近代社会,其理论是以欧美模式为目标、提倡近代化的近代化论。但我并不相信,于是开始展开研究。这一问题设定本身虽然未必科学,但通过从合同实务的现实到法解释学的考察,至少了解了以下事实,即日本的交易社会并非全部如此,实务方面也有比欧美模式更合理的地方。

领域,法律问题频繁出现。在法律环境方面,至少从20世纪70年代后半期开始,随着到美国法学院留学以及司法考试合格人数的增加、与美国国际交易的频繁,与民法学原型不同的土壤得到培育,并且这一影响与此前德国的影响相比毫不逊色。在这一时代洪流之中,民法学逐渐从德国法学中获得自由,问题是,这一潮流的方向在哪里？当然,民法学的自立并不是要否定其原型,回复到学说继受以前的民法学说。即使需要进行详细的类型化,也是对融入我国民法制度的德国法因素进行评价,对其他因素进行再分析。坚持这一着眼点对从自立走向独立的过程是非常必要的(否则的话,日本民法会从多元法系中提炼法律理论)。

在这一状态下,外国法的影响会通过新的视角重新浮现,日本民法解释理论在与其原型的关系上会通过一个个的着眼点呈现出多样的形式。与德国法一样,特别是法国法和英美法,作为外国法对我国的民法学产生了多重的影响。美国法对日本法产生了压倒性的影响,因为星野英一的领导作用才使法国法对日本民法学的影响进一步增大。尽管如此,与德国法学的学说继受相比,很难说日本法成了美国法的一部分或成为法国法系的一部分。

### (四)美国合同法与日本民法

战后,日本民法学面临的最大问题是,在美国法压倒性的影响下,日本民法与英美法的比较问题。早在20世纪60年代到70年代,在基础研究中已开始对大陆法和英美法进行比较研究,在债务不履行、合同责任领域,在进行大陆法与英美法比较的同时,德国法的学说继受问题与法典继受一样,也在谋求从普通法的英国法向美国法的继受,并进一步扩大到大陆法与英美法法学基础理论层面的比较研究。特别是J.埃塞关于法官创制法律方面的《在私法中法官创制法律的原则与规范》影响非常大。①

本来我对英美法的关心只停留在研究层面,但是,1966年2月,通过到美国法学院访问这一形式,与英美法的比较研究具体化了。以此为契机,与英美法的比较研究通过我在美国法学院开讲的《日美比较

① J. Esser, Grundsatz und Norm in der richterlichen fortbidung des Privatrechts, 1956.

合同法》获得了进展。

美国案例教学法的基本特点是，将通过先例形成的普通法的传统原则以案例为教材进行讲授。但是，案例教学法是讲授普通法原则的方法，在日本不被重视，甚至被忽视了。以第一次世界大战为契机，作为从判例当中学习的实用法学，这一方法被介绍到日本，并且是作为对当时德国概念法学进行体系思考产物而接受的。当然，也应该注意，案例教学法是以教授普通法原则为着重点的。其原因或许在于，在以大陆法的视角观察英美法时，在体系思考方面很难理解毫无关联的普通法长期以来发展起来的法律概念以及法律原则的含义，约因是其中最好的事例。但是，案例教学法固然从比较法的角度来看非常有意义，其实际发挥着与大陆法中所谓概念法学这一潮流对应的功能。这一问题同时还可以从美国对案例教学法的批判（如法学院的案例教学法不讲授现实的东西这一批评）与大陆法中对概念法学的批判来对应。

具体而言，从1969年到1970年，在华盛顿大学法学院亚洲法项目中，通过与瓦伦·沙塔克一起讲授“日美比较合同法”课程，编纂了教材，①其间，作为英美法合同体系与日本民法比较的方法，从判例和事例之中抽出两法共同的问题，在可能的范围内根据问题总结合同法体系，比较对照其解决情况。通过编纂教材时的交涉了解到，案例教学法未必以选取现实合同问题为目的，如在是否要将约款问题作为一个项目收入时就产生了对立。当时的美国，作为约款问题，在信用卡、运输合同和保险约款等方面已经出现了很多令人感兴趣的判例，但是，讲义的对方认为，在普通法的合同法中没有约款，因此，在合同法中没有必要作为单独项目设立。后来，经过多次讨论，在双方合作的教科书中，在“经济强制”（economic coercion）项目中，涉及约款问题。可以说，有时在被基本上与大陆法完全不同的普通法合同原则强烈吸引中，深深地感受到贯穿其中的富有生命力的法律原则通过案例构建起来的传统。

美国判例法是与众多制定法并存的，特别是在合同法领域，《统一

① W. Shattuck/Z. Kitagawa, *United States-Japanese Contract and Sale Problems*, Univ. of Washington, 1970, 1973 rev. pp. 1 – 591.

商法典》正在修改着普通法的合同原则。之后,在华盛顿大学讲座数年后,从1973年到1974年,又用同样的教材在哈佛大学法学院担任"日美比较合同法"课程和"日本法律制度"的讨论课,在强烈感受到几年间美国合同法变迁中,努力探索日本民法、特别是合同法和债权法体系的理想模式。我认为,虽然对基本相异的法律概念和法律制度本身进行比较没有多大意义,但是,对相同问题的法律解决进行比较的功能和比较方法是有效果的。[①] 与此同时,在美国法学院进行的比较法讲座对两大法系合同法(包括大陆法系的民法总则和债权法)通用的、关于法律体系的理论发展做出了贡献。当时,日本民法学处于开始从原型向自立理论、并进一步向独立理论转舵的时期,通过开展"日美比较合同法"讲座,就像掌握了转舵的方向,对建立日本合同法体系做出了贡献。

(五)司法研修所的专题讨论会

在美国合同法与日本民法比较的教材中,反映了从德国法的学说继受创立的原型逐渐自立的日本民法学的状况。与日本经济成长一样,这一潮流不久即在内外两方面要求体现日本独立民法学的姿态。与此同时,我们也必须重新从正面认识外国法的影响问题。

与上述问题相关联,2004年司法研修所针对法官研修举行的第一届专门研究会"日本法的历史与展望——外国法的继受及其影响"特别引人瞩目。这一策划产生于以下的宗旨和目的,即对于以只靠现存的学说和判例不能处理的案件以及虽然通过审判已经得出结论但未必合适、这一在审判实务中不断增加的疑难案件为前提,"关键是,为了正确应对包括疑难案件在内的各类案件……采取在开动脑筋的基础上,整理价值序列、洞察事物、周密思考关于规范的理想方式之战略。作为前期工作,对与外国法相关的日本民法重新审视应该是非常有益的"。关于直接的宗旨和目的在于,"在与文化、社会的关联中,思考民

① [日]北川善太郎:"合同履行过程的比较法——以U.C.C的同一性为中心",载《美国法》1968年第2期。

法以及民法存在基础的思想和社会哲学”。①

该研究会在做了主题演讲“日本民法与德国法:一个比较法的视角”(北川善太郎主讲)之后,在专题研讨中的发言内容有“日本民法学中的法国法研究”(小洲太郎)、“德国民法的现代化与日本民法解释学”(潮见佳男)、“日本民法学中的英美法研究”(松本恒雄)以及讨论(大村敦志主持)。在专题研讨报告中,描述美国法的影响是静悄悄地开始,慢慢地大范围覆盖;法国法的复活是以多样性的解释论形式不断加强;德国法则应该区分开学说继受时期的德国法和之后作为外国法之一的德国法。

作为非学术界的司法研修所如此接受外国法对日本民法的影响,在审判实务中正确把握民法与民法学的问题,在这一含义上来说是非常重要的。民法学界应该继续深化这一研究,因为,这与日本民法或民法学在比较法中处于什么位置这一身份问题密切相关,现在进行中的民法修改工作可以说是其正式的表演。与此同时,通过该次修改能否解决其身份问题是这里提出的一项非常大的课题,以下就与德国法的关系窥其端倪。

(六)日德民法的身份问题

对日本来说,在所有外国法中,对德国民法学的参考是最重要的,因学说继受成为日本民法学原型的德国法学与日本民法学处于同一体系,在外国法中发挥着独特的作用。在这一独特关系中,德国人是如何对待日本民法学的,在与德国民法的比较法中具有与其他外国法层次完全不同的独特含义。

战后,在从原型向自立转型过程中,对日本民法学来说出现的新情况是2001年德国民法典的修改,并且,这一修改与日本民法的自立理论基本是一致的,即自始无效不再是合同无效的事由(德民第311a条),个别债务不履行规定也被债务关系中的义务侵害吸收(德民第280条),瑕疵担保被债务不履行吸收(德民第434条)。可见,在债务不履行和合同责任体系中,作为日本母法的德国民法的转换与20世纪

① [日]加藤新太郎:“策划的宗旨与目的”、“特集·日本民法的历史与展望1·2——以与外国法的关联为中心”,载《民商》131卷4·5期。

60年代前期日本提倡的自立理论是一致的。这一修改的契机虽然是《维也纳国际动产买卖条约》以及《欧盟消费财产买卖指令》的国内法化,但是否会在比较法掀起预想之外的波澜呢?这也与潘德克顿体系这一巨大法律财富在本次修改中完整保留下来有关。这一体系在今后欧盟法中的走向是一大问题。《德国民法典》修改后,欧盟法中的德国民法学这一问题会重新浮出水面,即在欧盟合同法的统一问题和关于欧洲民法典的讨论中,潘德克顿体系的未来影像一定在相关者的脑海中存在。

与本文相关,需要注意的要点是以下问题,即对同样属于潘德克顿体系的日本和德国民法来说,在欧盟法发展中德国民法体系的未来影像以及对日本民法来说这一体系今后的发展这一相同背景,实际上需要拷问的是各自民法的身份问题,就此来说,两者之间产生了共鸣。

起点之一可以追溯到20年前,以图宾根大学K.奈尔为代表的"德国东亚学术论坛"的日本德国专题,超越了民法学的法学交流已经持续了20年。第一次以"西欧法的日本化"为题,对方关注的是吸收西欧法的日本法的统一性,日方则理解为西欧法被日本法吸收的问题,无论当时还是现在,同样的表现,其理解因人而异是非常有趣的,现在要讨论的是吸收西欧法的日本法的身份问题。①

在日本民法走向自立并逐渐开始独立的今天,关于潘德克顿体系的未来走向是在比较法上引起瞩目的现象,即由此可以看到在拷问日本民法身份问题时的"欧洲法的日本化"与拷问德国民法身份时的"欧洲法的德国化"这一共同性的问题。在这里,欧洲法的德国化并不是欧洲法要模仿德国法这一含义上的德国化,相反,它意味着吸收欧洲法的德国法在何处能体现其德国法的含义。这与日本民法的身份问题是相通的。在比较法的视野中提出上述身份问题是在2006年的专题讨论会上。②

这一问题今后如何展开是非常有意义的,对日本民法学来说也具

---

① 关于日德论坛的对话,每4年举行一次,第6次于2008年召开。

② 在德国民法典修改后,关于德国民法在欧盟法中的地位问题,在2006年的研讨会中曾经提及。

有划时代的意义,因为,作为问题本身,它标志着日本民法学从由于德国法的学说继受产生的原型以及由此开始的自立这一迄今的问题框架中脱离出来。与此同时,也说明了,日德法学为解决这一共同问题在各自立场上是如何应对的,以及在解决这一问题时是如何开始走向新的征程的。以下从这一新展开的视野中探讨日本民法学的未来。

(七)独立民法学的未来

以上以民法学为中心对日本民法的原型及自立并进一步走向独立的趋势,通过与外国法的比较及其影响进行了考察。应该明确,从原型到自立并进一步从自立到独立这一趋势是双层或三层重叠在一起,各自作为明确的一部分直到现在。并且,虽然时间较短,但在一个多世纪的传统之上,日本民法学正站在充满新挑战的战场上,我们是否可以预测这一战场是怎样的以及它会怎样发展。

日本已经成为经济大国,在经济全球化不断扩大的浪潮中,日本民法学也受到了影响,其中,许多近代民法不能想象的各种问题不断涌现,软件和信息系统的安全问题、重大灾害问题、环境问题、消费者问题、信息问题、计算机以及 IC 芯片、DNA · ES 细胞 · IPS 细胞等微小生物等问题,对这些新的民法问题,民法学会如何对应?而这些问题是世界各国共同存在的,恐怕是现行法规定不能解决或不能充分解决的,这一"法的空白领域"是一个发现,并且是不得不深入思考的事实。这虽然是民法体系研究中发现的问题,但很难仅站在民法体系理论的立场上进行把握,这既是日本法的问题,也是各国法的问题。这是日本民法学在试图把握从自立到独立潮流中应该研究的课题,为解决这一课题所倡导的正是 1995 年的"未来法律模式"论。①

(八)民法的未来模式

这一理论的研究对象是:传统法学自不待言,即使在现代法律理论中,也是未知的或者虽然知道但没有适当法理,对此,在法律上来说重要的是有无的问题,如果有,是何问题以及应该如何解决,如重大灾害、生物体、信息、信息缺陷、系列合同、刻录市场等。可以描绘

① 从本文的说明可以了解,未来的法律模式并不仅限于民法,进一步说,甚至不仅仅限于法律模式,之所以以民法为对象,是因为笔者是以民法为专业的。

一幅非常精确的事物的未来状况、由此出发确定问题的未来模式,现在是要思考解决这些问题在当今表现的方法。在这一含义上来说,未来模式不是未来论,它是现在的问题以及为解决这些问题的“现在”的法理论。①

之后的1999年,在“未来模式”基础上增加了“欧美模式”和“多元模式”。② 在此,“欧美模式”是近代史的标准模式,是继续主张普遍性的事实模式,即使今天仍然是领导世界的标准。日本的近代化是将具有多元模式的“日本的东西”转换为“欧美模式”的国家政策。“多元模式”是与欧美模式完全不同的现实模式,正如联合国的重要性在增强一样,在政治、经济、文化等方面,一方面非欧美事务的地位及理解在不断加强,另一方面欧美模式也扩展到作为普遍标准并不当然适用的地方。承认非欧美的亚洲、中南美洲、阿拉伯世界、非洲等的标准是多元模式,欧美模式和多元模式现在是某种情况下的事实模式。

对于日本,不能仅仅理解为欧美模式,这是非常清楚的,这首先要在多元模式中寻找其位置,到底有没有探究这一切的法律理论?这虽然与法源论相关,却是日本法不能回避的问题。与此相对,因为未来模式是以现代社会的共同问题为对象的理论模式,通过它,包括民法学在内的日本法学将会对全球化法律的发展做出贡献。

(九)三种模式与民法学的走向

以下想通过概述三种模式,特别是从未来模式到民法学的走向,来结束本文。首先触及的是民法的潘德克顿体系问题,一方面,该体系是作为日本民法学原型的德国民法典的基础;另一方面,迄今它仍是众多国家的民法模型。虽然时至今日仍然是有魅力的法律体系,但是否适合作为将来民法典的基础体系,不可否认也存在消极的评价。从这一意义上说,潘德克顿体系问题对民法的未来模式是重要的题目。或者也可以说,不是这一体系将来会如何,而是现在的民法体系会如何。以下是我的理解:

---

① [日]北川善太郎:“未来的法律模式”,载《法学论丛》136卷4·5·6期合刊。

② [日]北川善太郎:《未来的法律模式——从未来思考现代》(高等研选书),国际高等研究所1999年版。

在探索民法学从原型到自立再到独立的趋势过程中，以社会的现实分析为起点，构建起了作为上述问题及其解决规则体系的合同法体系模式，[①]采用这一体系的民法教科书是《民法概要》，[②]该教科书采用新的编码体系，即它首先将构成民法5编的体系要素重新分类为从01到99的2位数编码（称作“共同编码”），之后，每一个共同编码之下，将与每一个体系要素相关的问题项目细分为4到5位数的编码（称作“参照编码”）。共同编码是从民法整体角度首先做出的（每一编码对应一个民法问题），与此相对，参照编码是由各自每一个共同编码决定的，民法体系是由这些共同编码和参照编码组合在一起构成的，带有这一编码的《民法概要》既是书籍，也可以转化为计算机的体系。目前，该书的CD已经制作完成，正在进行联机。因为该民法的法律信息系统是由共同编码和参照编码组成的，无论是什么样的民法典还是什么体系的民法教科书，都可以使用该编码体系来应对。

在构建这一民法体系数据基础的同时，以重新编纂民法为目标的民法模式研究也在进行。1998年，在纪念《日本民法典》100周年国际研讨会上发表的未来民法模式就是典型体现，作为民法典的民法结构主要考虑包括：以现在的民法总则、物权总则、债权总则综合编纂为民法通则，以其作为综合主要领域，包括人格、合同、财产、担保、民事责任等的“开放体系”。这是以潘德克顿体系为起点同时又超越该体系的体系模式。[③]

需要注意的是，这一未来的民法模式与中、日、韩三国和我国台湾地区这一东亚潘德克顿家族的联动，在各个国家和地区民法典的编纂和修改中，可以既以潘德克顿体系为基础，同时又以超越该体系的未来模式作为共同基础发挥作用。在关于中国民法典编纂的国际研讨会上

① ［日］北川善太郎：《现代合同法Ⅰ（体系化的尝试）》，商事法务1973年版，第33页；［日］北川善太郎：《民法的理论与体系》，一粒社1987年版，第143页。

② 北川善太郎民法讲要全6卷：《民法总则》、《物权》、《债权总论》、《债权分论》、《亲属继承》、《民法入门》，有斐阁，第1版是1993～1995年。

③ ［日］北川善太郎：“民法的未来模式”，载《神户法学杂志》54卷1期，第161页。

发表的内容引起了很大关心,[①]该民法体系模式考虑到了最近亚洲标准合同法构想。[②]

重要的是,继承潘德克顿体系这一欧美模式的亚洲各国会描绘一幅怎样的民法典影像,再进一步,各国的多元模式如何与民法和民法学相关联。现在,对这一问题的思考才刚开始,今后需要进一步相互联系,不断扩大。

再说一下民法的信息体系,上述日美比较合同法讲座正逐渐接续到扩大的商事法 Doing Business in Japan(DBJ)的商事法信息系统,DBJ 是以合同、财产权、担保交易、知识产权、行政控制、禁止垄断法、纠纷解决法以及商事法的新领域为对象的,但是双语版的法信息体系还正在建立之中,其中,商事法的信息体系与民法的信息体系连在了一起,这样,民法的信息体系虽然保持了原状,但已经成为 DBJ 商事法的一部分。

关于民法体系问题,我们已经看到了多样的未来法律模式,如果与信息提供体系连接在一起,也许会催生新的信息社会制度。在民法体系中出现的未来法律模式,如果根据使用者的需要,能够发现针对问题的解答(判例、法令、解释论、文献、审议报告等),并且,通过权利人设定的条件可以与获得在线信息的供给体系连接起来会如何呢?可以说,这一未来的法律模式与信息供给体系链接整合后的体系是能够为使用者(不限于法律人)解决具体法律问题发挥作用的制度。作为信息社会的制度,这一体系可以使未来法律模式为解决具体问题发挥作用。如果我们把它称作法律信息共同体的话,它可以通过与过去完全不同的方式和范围,使法律信息为社会做出贡献。这样,作为信息社会的制度,就会产生一个为各种人解决法律问题的多种类型的法律信息系统,不仅是在审判现场,也可以在审判之外;不仅可以解决法律专门人员的法律问题,也可以解决其他专门人员

① [日]北川善太郎:"中国民法典立法过程的比较法考察",丁相顺译,王晨校,载《人大法律评论》2003 年卷;同《中国民法典的体系和债权》,第 47 页。

② [日]北川善太郎:"日本的合同法与模范合同法",载《民商》136 卷 6 期,第 1 页。

的法律问题，解决消费者咨询的法律问题、经商者的法律问题，甚至一般人的法律问题。

## 结语

以上就日本民法和民法学的历史与理论进行了阐述，当然，全面论述这一题目并不容易，正如我在文章开始所言，这使我有机会以一个研究者的有限视野，回顾从20世纪60年代开始，半个多世纪以来日本民法学的发展历程。

《日本民法典》是通过混合继受型的法典继受制定的，之后，通过对德国法的学说继受形成了与德国法学同系的日本民法学解释论，这源于当时的明治政府向德国寻求国家制度的典范。第一次世界大战后不久，虽然不是很强烈，出现了从原型到自立的趋势，这一趋势与原型相伴而生，因为原型理论在第二次世界大战后实际上仍然有很大影响，原型理论与自立理论在日本民法学中叠压存在。现在，我们看到了超越原型和自立结构（当然也有一些重叠）的多元的独立理论，特别是在日本经济进入高速增长时期后，其倾向更加明显。因此，日本民法学是在原型理论和自立理论基础上增加独立理论的三层结构之上展开的。

日本民法学的解释如果不超越这一范畴则很难发展，这一问题无论是德国模式、法国模式还是美国模式都不能得到解决，只能由日本民法学自己探索解决。叩问日本民法或民法学是什么法或法学的这一身份问题是探索的开始。虽然只是提出问题，但与法源论相关的"欧美模式"和"多元模式"以及关于法理论作用的"未来模式"可以说是作出的一点思考。

迄今重点针对民法体系论，从扩大的视野中对法解释论进行了探讨，最后触及在信息社会作为制度发挥功能的法律信息系统的可能性。或许算不上对开头所提问题的回答，希望本文能对民法和民法解释学的发展提供一些参考。

（译者系河北师范大学法政学院副教授，法学博士）

**同性婚姻**

# 欧盟同性婚姻与同性伴侣法律制度初探:立法现状、司法判例与评析

金　晶

目　次



同性伴侣和同性婚姻的制度性保障是现代婚姻家庭法的新的立法方向,欧盟在该领域的制度性立法模式多样,司法判例相对连贯,具有一定的制度借鉴价值。本文将对欧盟目前的非歧视立法作简单梳理并介绍同性婚姻和同性伴侣在各成员国国内立法的基本情况,此外,将引用欧盟法院先予裁决和欧洲人权法院的相关判决,介绍同性伴侣平等权在司法实践中存在的不同观点,为欧盟目前的同性伴侣和同性婚姻的制度性发展提供大致框架。

## 一、欧盟非歧视立法的法律渊源

第二次世界大战中,欧洲国家曾为国家和民族间的不甚宽容甚至相互仇视付出了惨重代价。战后,欧洲各国经济文化进一步发展融合,

欧共体内部市场逐步建立,欧盟作为统一整体的法律地位最终奠定,各成员国和民族间的相互宽容、平等对待,欧盟自身的基本权利保护和非歧视立法成为欧洲社会尤其是欧盟可持续健康发展的基本原则。

欧盟非歧视立法的制度性保障主要包括欧盟自身立法,在欧盟生效的国际公约和约束所有欧盟成员国的《欧洲人权公约》三个层面。在欧盟法层面上,非歧视立法主要包括欧盟基础性条约和派生性指令立法,这是欧盟非歧视立法最直接和最重要的法律渊源。在国际公约层面,目前欧盟成员国都是联合国两项国际公约缔约国,虽然联合国的国际公约不属于欧盟自身法律体系,但因欧盟成员国签署加入上述公约,受公约制约,因此联合国有关平等对待和非歧视保护的公约当属欧盟非歧视立法的间接法律渊源。最后,《欧洲人权公约》及其司法审判机制作为一个独立的层面,为欧盟的非歧视法律进程发展起到了自己独特的作用。

### (一)欧盟的复合立法体系

欧盟的非歧视立法最重要的法律渊源当属欧盟自身立法,包括基础性法律渊源和派生性法律渊源两个层面,基础性和派生性法律渊源的复合立法体系不仅是欧盟法的基本特色,也决定了欧盟非歧视立法的基本结构和法律适用。禁止基于性取向的歧视在欧盟法律体系中体现出基础性立法明确性和派生性立法的适用范围局限性两大特点。

#### 1. 基础性法律渊源的立法明确性

欧盟法律体系中的基础性法律渊源主要包括欧盟的基础性条约、后续条约和欧盟法院在司法判例中确立的一般法律原则。欧盟非歧视立法的基础性法律渊源主要指《欧洲联盟基本权利宪章》(Charter der Grundrechte der Europäischen Union,简称《欧盟基本权利宪章》),这也是欧盟在基础性条约中集中规范基本权利的最重要的法律文件。[1]

《欧盟基本权利宪章》的制定和发展并非一蹴而就,经历了从不具法律效力的政治宣言到欧盟基础性条约法定内容的漫长蜕变过程。早在 1999 年立法者已开始起草宪章并对此赋予重望,立法者欲创设一个欧盟自身的基本权利宪章,为欧盟的基本权利保护和司法实践提供一

① OJ C 83,30/03/2010.

个相对完整和独立的法律依据。但该宪章在2000年的尼斯会议(Nice European Council)上仅作为一个政治宣言通过,宪章不具有法律效力。[①] 2007年,欧盟在葡萄牙里斯本签署《里斯本条约》(Treaty of Lisbon)并将宪章写入条约,由此,宪章成为欧盟基础性条约的一部分。[②] 2009年生效的《里斯本条约》对《欧洲联盟条约》(Treaty on European Union-Maastricht Treaty)和《建立欧洲共同体条约》这两个基础性条约进行了修订,[③]修订后,《建立欧洲共同体条约》转变为《欧洲联盟运行条约》(Treaty on the Functioning of the European Union,简称《欧盟运行条约》)。[④]《欧盟基本权利宪章》随《里斯本条约》的生效正式具有法律效力。宪章的第21条纳入《欧洲联盟运行条约》第6条成为欧盟法基础性法律渊源的一部分。《欧盟基本权利宪章》作为欧盟基础性条约的法定内容对欧盟的基本权利保护有重大意义。宪章的生效使欧盟第一次拥有了一个相对完整和独立的"人权宣言",这不仅平抑了欧盟内部针对欧盟是否应加入《欧洲人权公约》的长期争论,[⑤]而且为公民的人权保护提供了欧盟法律体系明确的法律依据,各成员国需遵守宪章规定并履行相关义务。

在宪章的具体内容上,立法者意图涵盖三类原则:《欧洲人权公约》的基本原则、欧盟各成员国在司法实践中确立的共同原则及欧盟法院通过司法判例的确立的基本原则。上述立法意图体现在最终的宪章文本内容上,包括序言、正文两大部分共54个条款,其中正文部分包括人的尊严、自由、平等、互助、公民权、司法权、宪章解释及适用的一般规定七个章节。宪章通过54个条款对欧盟公民的民事权利、政治权利、经济权利和社会权利进行了较为完整和明确的规定。欧盟非歧视立法的基础性法律渊源主要通过宪章第21条奠定,宪章第21条对平等权及非歧视作出明确规定,该条第1款规定:"歧视,尤其是基于性

① Brussels(8/12/2000)No. 400/1/00.

② OJ C 306,17/12/2007.

③ OJ C 191,29/07/1992.

④ OJ C 83,30/03/2010.

⑤ 陈显武、连隽伟:"从《欧盟宪法》至《里斯本条约》的欧盟人权保障初探——以《欧盟基本权利宪章》为重点",载《台湾国际研究季刊》2008年第4卷第1期。

别、种族、肤色、人种与社会出身、遗传特征、语言、宗教或世界观、政治或其他见解、少数民族、财产、出生、残疾、年龄或性取向,都应当被禁止。"在语言组织上,该条不同于下文将分析的联合国《公民权利和政治权利国际公约》和《经济、社会及文化权利国际公约》以及《欧洲人权公约》,未引入基于身份的区别对待或歧视这一一般条款,明确将基于性取向的歧视规定为和基于性别、种族的歧视平行的歧视形式,基于性取向的歧视作为一项独立的歧视形式在欧盟基础性条约中得到明确,欧盟基于性取向歧视的非歧视保护有了明确的基础性法律渊源。

此外,除了《欧盟基本权利宪章》这一相对独立完整的法律文件外,《欧盟运行条约》第18条和第157条还分别规定:"禁止基于国籍的歧视"、"应对男性和女性工人予以共同同酬的待遇"。但上述规定仅为非歧视在劳动雇佣领域的法律适用提供依据,非歧视原则在上述特定领域之外作为一项一般原则在法律适用上具有较大的不确定性。这一基本原则个案适用的不确定性通过新的《欧盟运行条约》得到了补足。新的《欧盟运行条约》第19条的前身为1999年生效的《阿姆斯特丹条约》第13条,该条第一项包含了禁止基于性倾向的歧视条款,在《里斯本条约》生效后,该条成为新《欧盟运行条约》第19条,赋予欧盟采取合理措施打击基于性别、种族、出身、宗教信仰、残疾、年龄或性倾向的歧视的法律权限。这一规定一方面意欲打破欧盟禁止基于性别和国籍歧视的立法局限性,意图将社会发展过程中的更多的歧视方式纳入欧盟基础性法律渊源的规范范围。另一方面,《欧盟运行条约》第19条和《欧盟基本权利宪章》第21条作为包含禁止基于性取向歧视的基础性法律渊源,为欧盟通过派生性法律渊源针对基于性取向的歧视进行同性配偶和同性伴侣的条例或指令立法提供了明确的法律依据。

因此,欧盟非歧视立法的基础性法律渊源主要通过欧盟的基础性条约,尤其是《欧盟基本权利宪章》得到规范。较联合国《公民权利和政治权利国际公约》和《经济、社会及文化权利国际公约》,欧盟首次在基础性立法中对禁止基于性取向的歧视作出明确规定,欧盟的同性配偶和同性伴侣的合法权益维护有了明确的法律依据。但在条约内容上,欧盟的基础性法律渊源摒弃了基于身份的歧视这一灵活性的一般概念,采用了列举歧视形式的规范方式,这一规范方式虽然可能随欧盟社会自身发展难以适应新的实践需求,但却限制了派生性立法在进行条例和指令立法的范围,限制了欧盟法院对欧盟法进行司法解释的裁量空间。

2. 派生性法律渊源的适用范围局限性

欧盟的派生性法律渊源主要包括欧盟委员会和欧盟部长理事会制定的条例、指令、决定、建议和意见。欧盟非歧视立法的派生性法律渊源主要指欧盟颁布的一系列有关非歧视的指令,这些指令作为欧盟派生性法律渊源中最具特色的立法形式,为特定领域和特定事项的非歧视保护提供了明确的法律基础。

从宏观上看,目前的欧盟非歧视派生性立法形成了一个反对基于性别、种族、年龄、宗教或信仰、性倾向歧视的基本完备的指令立法体系。具体的单一指令包括:《关于在不同种族与民族出身的人之间实行同等待遇指令》(以下简称《种族平等指令》)、①《关于建立就业与职业平等待遇总体框架指令》(以下简称《平等待遇指令》)、②《关于获得和提供货物和服务方面的男女平等待遇指令》、③《关于雇佣和就业领域男女平等待遇指令》(以下简称《男女平等待遇指令》)。④上述四项指令的适用范围集中于劳动雇佣、就业、获得货物服务领域的男女平等及国籍领域,没有为同性伴侣或同性婚姻提供直接的法律依据,适用范围具有一定的局限性。因此,欧盟法院对上述问题的司法适用需要具体情况具体分析,结合指令规范和事实情况对指令作进一步解释,具有较大的裁量空间,指令的司法适用和法律解释将在下文通过欧盟法院的两例先予裁决作进一步阐述。

从微观上看,目前生效的派生性指令立法中仅《平等待遇指令》作为一项框架指令为同性伴侣的平等待遇提供了较明确的法律依据。首先,《平等待遇指令》序言第11条规定:“基于宗教信仰、残疾、年龄或性取向的歧视会削弱《欧洲共同体条约》目标的实现,尤其是高水平的

① OJ L 180,19/07/2000.

② OJ L 303,2/12/2000.

③ OJ L 373/37,21/12/2004.

④ OJ L 269,05/10/2002.

就业和社会保障、生存标准与生活质量的提高、社会经济的和谐团结及个人活动自由的实现。”该条规定不仅明确了欧盟推行平等待遇的目标,而且将基于性取向的歧视作为削弱上述目标的方式予以明确列举。其次,指令第1条明确规定:“指令旨在创设反对就业与职业中基于宗教信仰、世界观、残疾、年龄或性取向歧视的一般框架,使平等待遇原则在成员国内生效。”该条对平等待遇的范畴作出了界定,将基于性取向的歧视限定在就业和职业这一特定领域,并在此基础上将歧视区分为直接和间接歧视两种形式(后文将对这两种歧视方式进行具体阐述)。由此可见,虽然该指令在目前的欧盟非歧视立法的众多指令中为同性伴侣或同性配偶的平等保护提供了明确的法律依据,但指令本身限定在特定的就业与职业领域,指令的法律适用虽然明确,但相对局限。即使如此,该指令仍然作为一项反对基于性取向的歧视的代表性指令在司法实践中被欧盟法院屡屡引用。

(二)联合国两大公约的双重保障机制

在国际法层面上,目前欧盟各国签署并加入包含非歧视原则的国际公约主要包括联合国大会于1966年通过并自1976年生效的《公民权利和政治权利国际公约》(International Covenant on Civil and Political Rights)①和《经济、社会及文化权利国际公约》(International Covenant on Economic, Social and Cultural Rights)。②虽然事实上欧盟各成员国是公约缔约国并受其拘束,但性质上公约并不属于欧盟法律体系,因此上述两项公约当属欧盟非歧视立法的间接法律渊源。在具体内容上,两大公约通过对特定歧视方式的具体规定和纳入一般概念的兜底条款,形成了一个互补的双重保障机制。

考察两大公约对平等权和非歧视原则的具体规定,条款的文字组成和规范结构高度一致,《公民权利和政治权利国际公约》第2条规定:“每一缔约国承担尊重和保证其领土内和受其管辖的一切个人享有本公约所承认的权利,不分种族、肤色、性别、语言、宗教、政治或其他见解、国籍或社会出身、财产、出生或其他身份等任何区别。”《经济、社

① 载 http://www2.ohchr.org/english/law/ccpr.htm。

② 载 http://www2.ohchr.org/english/law/cescr.htm。

会及文化权利国际公约》第2条亦规定:“缔约各国承担保证,公约所宣布的权利应予普遍行使,而不得有例如种族、肤色、性别、语言、宗教、政治或其他见解、国籍或社会出身、财产、出生或其他身份等任何区分。”除了上述两条高度一致的一般性条款,《公民权利和政治权利国际公约》第26条基于第2条的一般规定引入了非歧视条款:“所有人在法律面前平等并有权受法律的平等保护,无所歧视。法律应禁止任何歧视并保证所有人得到平等和有效的保护,以免受基于种族、肤色、性别、语言、宗教、政治或其他见解、国籍或社会出身、财产、出生或其他身份等任何理由的歧视。”总体而言,两大公约对平等权和非歧视原则的规范内容不仅如出一辙,而且规定位阶均居于条约首要位置,平等权和非歧视原则在联合国公约中得到了较为明确和一致的阐述。

考察基于性取向的歧视这一特殊的歧视方式和两大公约的相互关系,虽然公约通过一般规定和非歧视条款奠定了平等对待和非歧视原则,但没有为基于性取向的歧视这一特别的歧视方式提供明确直接的法律依据。在公约列举歧视方式的语言组织上,没有将基于性取向的歧视作为一个明确的歧视理由与基于种族、肤色等原因的歧视进行平行列举。虽然公约没有明确肯认基于性取向的歧视,但不能绝对地将基于性取向的歧视排斥在公约的适用范围之外。在公约明确非歧视原则的语言组织上,非歧视条款纳入了不分其他身份等任何区别、免受其他身份等任何理由的歧视这类一般性的语言,把身份作为一个一般概念引入非歧视条款,为基于性取向的歧视提供了间接的法律基础。因此,基于性取向的歧视虽不是公约明确列举的歧视表现方式之一,但可以从公约禁止免受身份等任何理由的歧视这一一般性的规定导出,公约对非歧视和平等原则的规定包含了禁止基于性倾向的歧视。

考察公约在非歧视条款中采用不分身份等任何区别这一一般性规定的立法初衷,立法者考虑到仅通过对具体歧视方式的列举无法穷尽歧视这一概念,随着现代社会的发展可能衍生出新的歧视表现方式(如基于年龄或性倾向的歧视),为了避免因公约规范的局限性无法涵盖新出现的歧视方式,将身份作为一个一般概念纳入非歧视条款,不仅为基于性取向的歧视提供了一般性的法律基础,而且保证了公约规范面对现代社会发展的灵活性,该立法技术具有一定的前瞻性。

联合国《公民权利和政治权利国际公约》及《经济、社会和文化权利公约》作为欧盟非歧视立法的间接法律渊源,通过对歧视方式的明确列举和纳入不分身份任何区别这一一般条款,为缔约国提供了明确完整、灵活前瞻的双重保障体系。虽然欧盟各成员国签署并加入了上述公约,但欧盟本身没有作为一个独立整体加入公约,因此公约只能作为欧盟非歧视立法的间接法律渊源为欧盟的非歧视原则及基本权利保护提供间接的法律依据。尽管如此,公约在平等对待和非歧视原则的语言组织和规范结构设计上颇具特色,形成了通过规定列举歧视具体形式、纳入基于身份的歧视一般条款兜底的双重保障立法机制,为欧盟自身法律体系的非歧视立法起到了不容忽视的示范作用。

(三)《欧洲人权公约》的独立机制

《欧洲保障人权与基本自由公约》(Europäische Konvention zum Schutz der Menschenrechte und Grundfreiheiten-Europäische Menschenrechtskonvention)(以下简称《欧洲人权公约》)①及欧洲人权法院的司法审判机制作为一个独立的层面,为欧盟各成员国非歧视法律进程和公民基本权利保护起到了独特的作用。

在立法进程上,《欧洲人权公约》于1950年由欧洲理事会(Council of Europe)各国在罗马签署并于1953年9月3日正式生效。欧洲理事会仅是一个为保障欧洲人权和民主发展而设立的区域性政府间国际组织,有别于欧盟理事会(European Council),不属于欧盟机构。欧洲理事会的非欧盟性质也能从理事会成员国得到佐证,欧洲理事会共47个成员国,包括土耳其、乌克兰、俄罗斯等非欧盟国家。因此,《欧洲人权公约》在法律性质上不是一项欧盟立法文件,在适用范围上涵盖非欧盟国家,公约是一项保障欧洲人权和基本自由的国际公约,不具欧盟立法的法律性质,不属于欧盟非歧视立法的直接法律渊源,但因目前欧盟成员国均为公约缔约国,受公约约束,因此,公约当属目前的欧盟非歧视保护的间接法律渊源。

在具体内容上,《欧洲人权公约》包括正文和议定书两部分。正文

---

① 载 http://www.echr.coe.int/ECHR/EN/Header/Basic + Texts/The + Convention + and + additional + protocols/The + European + Convention + on + Human + Rights/。

分三部分共59条,主要包括权利和自由、欧洲人权法院等规定。正文第14条作为一项禁止歧视条款明确规定了非歧视原则:"不应歧视本公约承认的权利和自由,尤其是对基于性别、种族、肤色、语言、宗教、政治或其他见解,国家或社会出身、少数民族、财产、出生或其他身份的歧视予以禁止。"此外,公约还颁布了禁止歧视的《第十二号附加议定书》。

在司法保护机制上,基于公约在法国斯特拉斯堡设立的欧洲人权法院为人权保护提供直接的司法监督。当公民的个人权利受到缔约国侵害时,公民有权向欧洲人权法院提起申诉,此外,缔约国可在欧洲人权法院对另一缔约国提起诉讼。欧洲人权法院直接并唯一负责公约确立和保障的权利义务,审理与公约的解释和适用相关的所有案件。

在非歧视原则的立法技术上,首先,公约采取了与联合国《公民权利和政治权利国际公约》及《经济、社会及文化权利国际公约》类似的立法技术,未明确列举基于性取向的歧视这一歧视方式,仅纳入了禁止基于其他身份的歧视这一一般条款,将身份作为一般概念以涵盖性取向、地域、年龄等随社会发展新出现的歧视方式。其次,公约未肯认同性婚姻权利,欧洲人权法院在一项同性伴侣收养子女案中再次阐明上述观点,下文将对该案的具体判决和有关争点作进一步阐述。

在公约和欧盟非歧视立法的关系上,虽然《欧洲人权公约》由欧洲理事会制定通过,仅对欧洲理事会成员国产生法律效力,不具欧盟立法性质,但公约作为欧盟的非歧视保护的间接法律渊源,对欧盟成员国公民的基本权利保护起到了特殊作用。首先,欧盟理事会的47个成员国覆盖了所有欧盟成员国,欧盟成员国作为公约缔约国需遵守公约有关基本权利保护的规定。其次,欧盟明确要求新加入欧盟的成员国需以加入批准《欧洲人权公约》为前提条件,因此未来的欧盟成员国都是公约缔约国。再次,公约通过《第十四号附加议定书》特别为欧盟作为一个单一整体加入和适用公约提供了明确的法律依据。该议定书第17条修改了公约正文第59条的规定,加入第2款:"欧盟可以加入本公约。"欧盟作为整体加入公约的可能性由此产生。但事实上由于《欧盟基本权利宪章》随《里斯本条约》生效产生法律效力,欧盟拥有了自己的相对完整独立的基本权利保护基础性立法,欧盟加入《欧洲人权公约》的讨论已经有所平抑。虽然欧盟目前并未加入公约,但未来仍存在这种可能性。所以,欧盟与公约的相互关系仍存在一定的不确定性。最后,欧洲人权法院通过独立的司法审判程序,针对欧盟成员国公民基本权利保护的案件作出独立于欧盟法院的判决,这些判决也对欧盟成员国国内法的非歧视和基本权利保护体系起到一定的影响。司法实践中,欧盟成员国不仅作为《欧洲人权公约》的缔约国需受公约约束,而且也需遵守欧盟自身有关非歧视的基础性条约和派生性指令立法的规定。在未来的司法实践中,若出现欧洲人权法院和欧盟法院就同一问题在不同案件中意见相左的态度,由于成员国需要同时遵守公约和欧盟非歧视立法规定,受两个法院的判决拘束,可能出现公约与欧盟直接法律渊源的规定相互矛盾、欧洲人权法院和欧盟法院判决相左的两难困境,这不仅为成员国切实遵守和执行非歧视保护带来障碍,也存在潜在的法律位阶之争,这些潜在的冲突将对欧盟的非歧视立法和基本权利保护提出较大的挑战。

(四)小结

欧盟非歧视保护的制度性保障初步呈现三足鼎立格局:欧盟自身通过基础性条约立法确立禁止基于性取向的歧视基本原则,通过派生性指令立法明确非歧视在劳动雇佣、就业职业等特定领域的具体适用;欧盟各成员国作为联合国《公民权利和政治权利国际公约》及《经济、社会及文化权利国际公约》缔约国受公约约束;成员国同时作为《欧洲人权公约》缔约国受该公约和欧洲人权法院独立的司法审判制约。虽然如此,非歧视保护,尤其是基于性取向的非歧视保护制度性立法在欧盟的法律体系仍处于探索阶段,欧盟非歧视的派生性指令立法局限于特定适用范围,这些特定适用范围原则上服务于欧盟内部统一大市场的人员、资本的进一步自由流动这一特殊目的,同性配偶或同性伴侣的在亲属、婚姻和继承法领域合法权利的肯认和保护仍需通过成员国立法和欧盟法院的先予裁决逐步推动。此外,欧盟自身的非歧视立法体系与《欧洲人权公约》间的潜在冲突和司法判决的潜在矛盾使欧盟未来立法和司法实践更加任重道远。

## 二、欧盟成员国同性婚姻与同性伴侣立法模式之争

欧盟的非歧视立法可从法律渊源角度横向区分为欧盟自身立法、联合国公约及《欧洲人权公约》三个层面,也可从成员国国内立法的角度进行纵向区分。目前欧洲国家(欧盟成员国及非欧盟成员国的其他申根国家)对同性关系法律地位的立法模式有三类:合法的同性婚姻、合法的同性伴侣及非正式的同性同居关系。

同性婚姻指同性配偶以民事婚姻的方式依法缔结为婚姻关系。该形式赋予同性配偶和通过传统民事婚姻形式缔结的异性夫妻同等的权利和义务。由于这种立法模式赋予同性配偶等同于传统家庭法上夫妻的法律地位,对同性结合问题持较开放的立法态度,这一态度不仅需以成员国婚姻家庭法的现代发展为立法基础,也需以成员国本土对同性恋的文化认同为社会基础,由于该立法模式的法律和社会基础较高,仅少数几个欧盟成员国采纳该模式。

同性伴侣是指同性伴侣依法通过登记结成伴侣关系,该伴侣关系严格区别于民事婚姻,不允许同性伴侣缔结婚姻达成婚姻关系。这一立法模式在欧盟国家较为普遍,但各成员国国内立法的法律形式差异较大。同性伴侣关系在德国为生活伴侣关系(Lebenspartnerschaft),在法国为共同生活契约关系(Pacte civile de solidarité),在芬兰、瑞典这些北欧国家为登记伴侣关系(registered partnership)。虽然同性伴侣在国内法的法律形式和称谓上有所区别,但实质内容基本类似。

非正式的同性同居关系(informal cohabitation of samesex partners)既不承认同性伴侣关系的合法性,也不承认同性婚姻合法性,仅允许同性伴侣以非正式的方式维系其同居关系。这种立法模式仅出现在少数成员国,如波兰和意大利。采取这种模式的国家受传统宗教文化影响较大,对同性伴侣问题采取更为保守和谨慎的传统态度。

虽然目前的欧盟成员国国内立法对同性关系的法律地位基于文化认同、立法传统、社会基础采取了三种不同的立法模式,但上述模式在立法技术上相互影响,不同模式间呈现进一步趋同态势。由于非正式的同性同居关系模式仅涉及极个别成员国,且没有明确的法律依据,下文将对同性婚姻和同性伴侣这两个较有代表性的立法模式作集中

梳理。

(一)同性婚姻模式的地域性和局限性

同性婚姻允许同性配偶缔结婚姻并承认婚姻的合法性,是目前欧盟成员国同性关系国内立法最前沿的立法模式。目前荷兰、比利时、西班牙、瑞典和葡萄牙共五个欧盟成员国采纳该模式。此外,挪威虽不是欧盟成员国,但作为传统地理意义上的欧洲国家和申根国家,也采纳了该立法模式。采纳同性婚姻立法模式的国家在立法进程中基本沿袭了承认同性伴侣合法性在先,确认同性婚姻合法性在后的基本轨迹,通过承认同性婚姻合法性明确赋予同性配偶和传统家庭法意义上的夫妻同等的法律地位。

荷兰是全球第一个采纳同性婚姻立法模式的国家。1998 年荷兰立法承认同性同居制度,2000 年通过了著名的《允许同性婚姻法案》(The Act Opening Marriage to Same-Sex Couples)并于 2001 年正式生效。[①]法案通过前的《荷兰民法典》要求婚姻须以异性结合为法定要件,法案后的《荷兰民法典》纳入法案规定,形成新的第一编第 1:30 条,突破了婚姻须以异性缔结为法定前提这一限制,重新定义婚姻为:"婚姻可由两个不同性别或两个同样性别的人缔结。"这一条款给同性婚姻提供了明确的法律依据,同性婚姻由此具有合法正当性,同性婚姻家庭依法享有传统家庭享有的一切待遇。在荷兰承认同性婚姻合法性后 9 个月内共 1075 对女同性恋伴侣和 1339 对男同性恋伴侣依法缔结为婚姻关系,仅 2001 年 1 年内共缔结 2414 对同性婚姻关系,2002 年至 2009 年共 13460 对同性伴侣依法缔结为婚姻关系。[②]由此可见,该立法模式在荷兰本身就有较好的社会基础,符合荷兰社会的现实需求并推动了荷兰家庭法的现代发展。

比利时是全球第二个采纳同性婚姻立法模式的欧盟成员国。1998

---

① Act of 21 December 2000 amending Book 1 of the Civil Code, concerning the opening up of marriage for persons of the same sex, Official Journal of the Kingdom of the Netherlands, 2001, nr. 9.

② 载 http://statline. cbs. nl/StatWeb/publication/? DM = SLEN&PA = 37772 eng&D1 = 0 - 47&D2 = 0,10,20,30,40,50,(1 - 1) - 1&LA = EN&VW = T。

年比利时承认合法同居关系(wettelijke samenwoning),同性生活伴侣关系作为合法同居关系的特别形式随比利时对合法同居关系的认可具有合法性。2003年比利时通过《同性婚姻法案》并于同年6月正式生效,《比利时民法典》新纳入第143条对婚姻重新定义:"不论双方性别如何,只要达到18周岁并基于自由意志结合,均可合法缔结为婚姻关系。"①比利时由此正式成为采纳同性婚姻立法模式的第二个欧盟成员国。西班牙、瑞典和葡萄牙是继比利时后正式承认同性婚姻合法性的欧盟成员国。西班牙于2005年6月通过《同性婚姻法案》并于同年7月正式生效,成为全球第三个采纳同性婚姻立法模式的国家。瑞典于2009年4月通过《同性婚姻法》并于同年5月生效,成为全球第七个承认同性婚姻的国家。葡萄牙于2010年5月通过《准许同性伴侣缔结民事婚姻法案》(Permite o casamento civil entre pessoas do mesmo sexo),该法案于同年6月正式生效,②葡萄牙成为全球第八个承认同性婚姻的国家。

荷兰、比利时、西班牙、瑞典和葡萄牙这5个国家采纳同性婚姻立法模式使欧盟走在全球同性关系立法最前沿。成员国采纳同性婚姻立法模式体现出一定的地域特征,采纳该模式的国家集中为传统的西欧和北欧国家,这些国家由于在历史上就同性问题持相对开放态度,在同性婚姻立法问题上更容易打破传统家庭法的观念,这是同性婚姻模式呈现出地域性特征背后的社会根基。此外,西班牙和葡萄牙作为两个南欧国家也十分值得注意,虽然同性婚姻合法性在这两个国家尤其是西班牙经历了一系列波折,即使是西班牙颁布《同性婚姻法案》后,法案仍饱受保守党的抨击和质疑,但西班牙和葡萄牙作为欧盟的两个典型南欧国家能够采纳该模式从另一个侧面说明,欧盟内部对同性问题在并非持最前沿最开放态度的国家也可能随着欧盟同性保护整体水平的提高、各成员国同性婚姻立法国内法的进一步发展有自己新的发展和突破,对传统法律现代化进程持较为开放态度的国家更容易接受该

① Loi ouvrant le mariage à des personnes de même sexe et modifiant certaines dispositions du Code civil, Moniteur Belge, 28 February, 2003.

② Lei no 9/2010.

模式。最后,该模式的推广具有一定局限性,由于承认同性配偶合法性赋予了同性配偶与传统民事婚姻的夫妻同等的权利,给传统婚姻法带来了较大冲击,这不仅需以成员国国内婚姻法律制度的现代化为基础,更需立足于本国社会发展、文化观念等实际情况,若缺乏广泛的社会认可和文化认同,同性婚姻难以作为一种立法模式在成员国国内立法中得到确立、受到法制保障。因此,同性婚姻立法模式由于模式本身对社会基础、文化认同的要求较高,在对同性恋和传统婚姻法现代发展持相对开放的国家具有较大的可能性和现实性,短期内在整个欧盟推广该立法模式具有较大的局限性。

(二)同性伴侣模式的普遍性和趋同性

较荷兰、比利时、西班牙、瑞典和葡萄牙这五个走在同性关系立法最前沿的国家,绝大多数的欧盟成员国采纳了同性关系制度性保障的第二种立法模式:同性伴侣立法模式,不承认同性婚姻的合法性。《里斯本条约》生效前,丹麦、德国、捷克、英国、斯洛文尼亚、匈牙利共6个成员国采纳了同性伴侣立法模式,条约生效后,爱尔兰和奥地利也采纳上述立法模式。

丹麦早在1989年通过了《伴侣关系法案》(Dänisches Gesetz über die registrierte Partnerschaft),成为欧盟第一个采纳同性伴侣立法模式的国家,同性伴侣不具有婚姻性质。此后,德国《生活伴侣关系法》(Gesetz über die Eingetragene Lebenspartnerschaft)于2001年2月通过并于同年8月生效,①同性伴侣可依法登记注册为生活伴侣关系。捷克《同性伴侣关系法案》(Czech Civil Partnership Act)和斯洛文尼亚《同性伴侣登记和相关法律权利法案》均于2006年7月生效。匈牙利《同性伴侣关系登记和相关权利法案》于2009年4月通过并于同年7月生效。英国《民事伴侣关系法案》(Civil Partnerschip Act 2004)于2004年11月通过并于次年12月生效。②爱尔兰政府《同性民事伴侣关系和同居伴侣相关民事权利及义务法案》(The Civil Partnership and Certain Rights and Obligations of Cohabitants Act 2010)于2011年年初

① BGBI. I S. 266.

② 2004 c. 33.

正式生效。[1]最后,奥地利于2009年宣布就承认同性民事伴侣关系的法律草案达成一致意见并于同年12月通过《同性民事伴侣关系法案》。[2]

从采纳同性伴侣立法模式的欧盟成员国数量和覆盖的地域范围而言,该模式是目前欧盟同性关系制度性保障中采用的最普遍的立法模式。该模式一方面肯认了同性伴侣的基本权利和义务,另一方面将其区别于传统婚姻关系,为同性伴侣的关系维系提供了明确的法律依据。但该模式将同性伴侣和同性婚姻关系明确区别,同性伴侣无法享有传统夫妻享有的权利义务。该模式在目前欧盟成员国国内立法中较普遍,但制度性明文立法大多在近十年间完成,各国立法的相互借鉴和影响较大,虽法律形式或具体称谓有所区别,但实质内容较为接近,呈现较明显的趋同性特征。该立法模式的趋同性也带来一些问题,不仅涉及因人员流动带来的采纳同性伴侣立法模式的成员国相互间权利保护的差异,也涉及采用不同立法模式成员国间的域外承认,这些潜在问题对欧盟各成员国同性伴侣基本权利的保护提出了较大的挑战。

### (三)两大立法模式的潜在问题

虽然目前欧盟对同性关系法律地位的承认已较前沿,有了较大的发展,呈现出同性婚姻、同性伴侣、非正式的同性同居关系三种典型的立法模式,其中同性婚姻立法模式具有一定的地域性和局限性特征,而同性伴侣立法模式则呈现出普遍性和趋同性的态势,

但目前各成员国国内法在对上述关系进行规制时仍存在较大的立法差异,这些差异对同性关系的存续发展产生重大影响,上述立法差异主要集中在实体规则和域外承认两方面,包括是否承认同性关系的合法性、是否允许登记、是否可以依法缔结婚姻关系、是否在另一成员国受到承认这些问题,此外还包括同性伴侣的实体权利(如收养)是否得到保障的问题。

在域外承认问题上,依据成员国国内法正式登记的同性伴侣在某些成员国等同于婚姻,在另一些成员国严格区分于婚姻。保加利亚、爱

---

① S. I. No. 24 of 2010.

② BGBI. I Nr. 135,30/12/2009.

沙尼亚、希腊、爱尔兰、意大利、拉脱维亚、列支敦士登、马耳他、波兰、罗马尼亚、斯洛伐克、塞浦路斯这 15 个国家仍将登记的同性伴侣与传统婚姻严格区分。由于欧盟以人员自由流动为基础,努力推进内部市场进一步发展,势必牵涉到同性伴侣基于内部市场人员和劳务服务流动产生相应的域外承认问题,这些问题为同性关系在各成员国的平等保护提出严峻挑战。若各成员国不能很好地解决同性婚姻、同性伴侣的域外承认和平等保护问题,最终将为欧盟的人员自由流动带来一定的困扰,阻碍欧盟内部大市场的进一步融合和发展。

## 三、欧盟法院先予裁决:平等保护同性伴侣与婚姻配偶

欧盟的非歧视立法,尤其是同性婚姻和同性伴侣合法性的制度性保障不仅以欧盟基础性立法和派生性立法为基础,而且受欧盟法院司法判例的进一步推动。欧盟法院的先予裁决程序是欧盟司法实践中的一大特色。在欧盟法法律适用中,若出现需要对基础性或派生性立法,尤其是指令立法进一步法律解释的案件,成员国国内法院可以裁定停止案件的国内诉讼程序,将案件上呈欧盟法院,就欧盟法的法律解释向欧盟法院提出疑问。在某种程度上,欧盟法院的先予裁决对欧盟法的法律解释和司法应用起到了至关重要的作用。由于欧盟法院对欧盟法的解释具有较强的连贯性,立场相对统一,因此先予裁决涉及的欧盟法内容也对成员国相关领域的司法适用起到一定指示作用。

下文将介绍欧盟法院的两例先予裁决,案件均由采纳同性生活伴侣立法模式的德国向欧盟法院提出,涉及对欧盟《平等待遇指令》的司法解释,问题核心为是否应在特定领域同等对待同性伴侣与传统婚姻关系。两例先予裁决在内容上具有一定的连续性,为欧盟在就业和职业这一特定领域中同性伴侣的非歧视问题提供了较为清晰和相对完整的理由。

### (一)同性伴侣与婚姻配偶的死者抚恤金平等权

#### 1. Tadao Maruko 案件综述①

Maruko 先生于 2001 年 11 月依德国《生活伴侣关系法》与同性伴

① EuGH Urt. V. 1. 4. 2008 – C – 267/06, NJW 23/2008.

侣合法登记为生活伴侣。Maruko先生的伴侣自1959年9月投保于公立养老保险机构VddB保险公司(以下简称保险公司)并按时支付保费,于2005年1月逝世。Maruko先生于2005年2月17日向保险公司书面申请以过世伴侣鳏夫的身份领取死者家属抚恤金。11日后保险公司拒绝该申请并书面阐明理由:保险公司章程仅规定了婚姻配偶的死者家属抚恤金请求权,未规定同性生活伴侣这一特定主体的请求权,由此拒绝支付Maruko先生申请的死者家属抚恤金。

Maruko先生将上述事宜诉诸慕尼黑行政法院,认为德国自2005年1月1日通过在《社会法典》第6卷第46条引入第4款,明确规定:"应平等对待婚姻关系和生活伴侣关系中的鳏夫和寡妇的个体请求权。"因此,德国法尤其是《社会法典》对婚姻配偶关系和同性生活伴侣关系予以平等对待。保险公司基于生活伴侣关系这一主体的特殊性否认其作为鳏夫申请死者家属抚恤金的请求权,违反了德国法的平等待遇原则。Maruko先生认为,若婚姻配偶在家属死亡后有权获得死者家属抚恤金,而同性生活伴侣在伴侣死亡后无权获得该抚恤金,那么他作为同性生活伴侣与传统的婚姻配偶相比,在死者家属抚恤金问题上受到了不利待遇,构成基于性取向的间接歧视。Maruko先生认为这一歧视不仅违反了欧盟法的相关规定,同时也违反了德国《基本法》第3条的平等待遇原则,他有权基于平等待遇获得上述死者抚恤金。

2. 涉及先予裁决的指令条款

慕尼黑行政法院将该案上呈欧盟法院并就《平等待遇指令》的解释提出5个问题,请求法院作出先予裁决。行政法院有疑问的5个问题主要涉及对指令适用范围和歧视这一实质内容的认定。

在适用范围上,案件涉及指令序言立法理由第13条和第22条的解释。序言第13条和第22条列举了两种不适用指令的情形:"指令适用范围不包括社会保险和社会保障体系,不适用提供或维持就业机会的国家支付的各类款项。"①"指令不影响成员国对家庭状况及所属法律项下权益的的国内法规定。"②

① Erwägungsgründe 13 der Richtlinie 2000/78/EG.

② Erwägungsgründe 22 der Richtlinie 2000/78/EG.

慕尼黑行政法院就案件是否落入上述两项例外情形而无法适用指令,向欧盟法院提出三个疑问。第一问指向案件所涉保险公司保险体系的性质认定:保险公司的保险体系是否能与指令第3条第3款项下的国家保险体系同等对待,是否不属于指令适用范围。第二问指向指令第3条第2款c项薪酬概念的解释:案件中死者家属抚恤金是否不属于指令的薪酬概念,进而不属于指令的适用范围。第三问指向指令序言立法理由第22条的效力解释,由于指令序言以立法理由形式出现,未纳入指令正文,是否可以引用立法理由将该案件排除出适用范围。

在实质内容上,案件涉及指令正文第1条和第2条的解释。第1条明确了指令的宗旨和目标并规定:"指令旨在创设反对就业与职业中基于宗教信仰、世界观、残疾、年龄或性取向歧视的一般框架,使平等待遇原则在成员国内生效。"第2条定义了歧视:"指令所指的平等待遇原则指不得有第一条规定的任何原因造成的直接或间接歧视。"依第2条第1款a项,直接歧视指:"在可比情况下,基于第一条载明的任何原因,个人相比他人已受到、正受到或将受到不利待遇的情况为直接歧视。"依第2条第1款b项,间接歧视指:"一项明显中立的规定、标准或惯例使有特定宗教信仰、某种残疾、某个年龄或特定性取向的个人处于某种与其他人相比更为不利的情况,为间接歧视。"此外,间接歧视包括两类例外:"规定、标准或惯例通过合法目标具有客观的法律正当性,且实现上述目标的方式方法是适当和必要的。或者,有某种残疾的个人、指令适用的雇主或任何其他个人或组织在国家法律条款之下,必须采取符合指令第五条所包含的原则的措施以消除上述规定、标准或惯例带来的不利情况。"

慕尼黑行政法院提出的第三问涉及对指令歧视条款的解释和对案件是否构成基于性取向的间接歧视的认定。依保险公司章程,生活伴侣一方死后另一方作为鳏夫或寡妇无权获得死者家属抚恤金,但婚姻配偶关系一方死亡后另一方有权获得该抚恤金,这种区别是否对待可以认定,保险公司章程内容违背了《平等待遇指令》第1条及第2条第2款的规定,是否构成基于性取向的间接歧视。

3. 先予裁决核心理由

欧盟法院对慕尼黑行政法院提交的上述问题进行了明确回答。首先,欧盟法院认为慕尼黑行政法院的提出的第一、二、四问取决于保险公司承保的死者家属抚恤保险金是否属于《平等待遇指令》的适用范围。

针对案件是否适用指令这一疑问,保险公司认为,公司是国家社会保险体系的一部分,案件的死者家属抚恤金不属于《平等待遇指令》第3条第1款c项的薪酬概念,因此,案件不属于指令的适用范围,不得适用指令。欧盟法院驳斥了保险公司的观点并提出了相关依据。法院认为案件中的死者家属抚恤金应属于《平等待遇指令》的适用范围。指令第3条第1款c项下的薪酬指雇佣关系中,雇主以现金或实物福利形式,以直接或间接方式向雇员支付的通常意义的基本工资或最低工资及其他相关报酬。依欧盟法院早先的判决,就业关系终止后给予的特定给付也同样具有《阿姆斯特丹条约》第141条规定的报酬的基本属性。[①]《阿姆斯特丹条约》第141条明确规定:"各成员国在第一阶段期间应确保并维持男女同工同酬原则的适用。"欧盟法院认为,该条所称的报酬指一般的基本或最低工资、薪资报酬及任何其他酬劳,无论酬劳为金钱或实物形式,只要是雇员因雇佣关系而直接或间接自雇主领取,都属于报酬。[②]因此,该案对指令薪酬概念的解释应援用上述报酬的理解。保险公司以投保人的就业关系为投保的先决条件,因此,雇佣关系是投保的前提条件,投保人须以雇员身份投保并向保险公司负缴纳保费义务。死者家属抚恤金额度直接取决于投保人参保时间及缴纳保费金额额度。由于案件的保险关系实质上直接与雇佣关系挂钩,因此基于该保险关系的死者家属抚恤金也以雇佣关系为直接前提。基于上述理由,欧盟法院认定案件中Maruko先生过世的伴侣基于其雇佣关系投保产生的死者家属抚恤金应属于《平等待遇指令》第3条第1款c项下的薪酬概念,属于指令的适用范围。

针对指令序言的法律效力问题,欧盟法院认为指令序言立法理由第22条确实没有纳入指令正文条款,若欧盟立法者欲将所有与家庭状况及其所属的负担统统排除出适用范围,那么该条应以指令规定形式

① Slg. 1993, I-4879, EuZW 1993, 742 Rdnr. 8.

② Slg. 1994, I-4471, EuZW 1995, 152 Rdnr. 21.

纳入指令正文,而非以序言立法理由形式出现。因此,该案不得以第22条立法理由作为抗辩理由。此外,即使是成员国在进行有关家庭状况的国内立法时,也需注意遵守欧盟法的其他基本原则,尤其是非歧视原则。[①]但因案中死者家属抚恤金本身已落入指令的薪酬概念,可以直接适用指令,因此能否援引立法理由的考虑也显得多余。

针对案件是否构成基于性取向的间接歧视,欧盟法院认为指令第1条明确提出要反对就业和职业中的歧视,这也包括基于性取向的歧视。指令第2条涵盖的平等待遇原则,包括基于指令第1条列举原因产生的任何直接或间接歧视。依据指令的规定,“若一项明显中立的规定、标准或惯例使得有特定宗教信仰、某种残疾、某个年龄或特定性取向的个人处于与某种与其他人相比更为不利的情况,构成间接歧视”。案件中保险公司以章程仅赋予婚姻配偶未赋予同性生活伴侣死者家属抚恤金请求权为由,拒绝向Maruko先生支付死者家属抚恤保险金。德国《社会法典》第6卷第46条第4款规定:“同性生活伴侣关系应与婚姻关系同等对待。”案中基于同性生活伴侣关系的一方与婚姻关系一方相比,在保险公司支付死者家属抚恤金问题上处于不利地位。该不利地位不仅构成指令第1条规定的基于性取向的歧视,且满足指令第2条间接歧视的前提条件,构成基于性取向的间接歧视。

欧盟法院对Tadao Maruko案的先予裁决,不仅针对同性伴侣和传统婚姻配偶就死者家属抚恤金平等请求权作出了明确的判定,同性伴侣在就业和职业领域中可引用欧盟《平等待遇指令》相关规定,以基于性取向的歧视理由维护其合法权益。而且,法院基于对《阿姆斯特丹条约》中报酬概念的解释,在裁决中对薪酬概念作出了一致解释,为该领域的案件的法律适用提供了明确的指引。

（二）同性伴侣与非长期分居婚姻关系的可比性

1. Jürgen Römer案件综述[②]

Römer先生自1950年至1990年5月31日出现后天残疾的时间内作为行政人员在汉堡市供职。Römer先生和U先生自1969年以来长

① EuGH, Slg. 2006, I-4325, BeckerRS 2006, 70372 Rdnr. 92.

② EuGH Urt. V. 10.5.2011, C-147/08, NJW 30/2011, 2187.

期无中断共同生活并于2001年10月15日依德国《生活伴侣关系法》登记为生活伴侣关系。Römer先生在登记后第二天以书面形式将其登记为生活伴侣关系事实通知了雇主,并于2001年11月28日书面申请从同年11月1日开始依工资税等级Ⅲ/0相应的税收扣减规则重新计算附加抚养费金额。汉堡市于2001年12月10日书面拒绝申请,认为根据1995年的《汉堡市雇员及工人附加养老金及死者家属抚恤金法》(以下简称《汉堡市养老金法》)第10条第6款第1项的规定,只有未长期分居的婚姻配偶有权享有工资税等级Ⅲ/0项下的抚养金重新计算请求权,Römer先生作为同性生活伴侣不享有该请求权。Römer先生认为自己作为合法登记的同性生活伴侣应与非长期分居婚姻配偶平等对待,应依《汉堡市养老金法》第10条第6款第1项的规定重新计算附加抚养费金额,他认为将依法登记的同性生活伴侣与非长期分居的婚姻配偶区别对待违背了欧盟《平等待遇指令》的相关规定。

2. 先予裁决核心理由

该案同样涉及欧盟法院对《平等待遇指令》解释和理解。法院首先认定,案中的附加养老金及死者家属抚恤金属于《阿姆斯特丹条约》第141条(目前的《欧洲联盟条约》第157条)规定的薪酬概念。其次,根据指令序言立法理由第13条,指令不适用于社会保险体系和社会保障体系,但由于案件中的附加抚养费具有薪酬性质,不得援引序言立法理由。

该案集中对同性生活伴侣关系和非长期分居婚姻关系的可比性做出了论证。欧盟法院认为,目前的欧盟法没有对成员国家庭领域的内国立法权限作出明确规定。鉴于案件发生国(德国)对同性婚姻持保留态度,采取同性伴侣立法模式,坚持合法婚姻需以异性缔结为法定前提,仅允许同性伴侣依《生活伴侣关系法》通过登记达成生活伴侣关系。德国通过生活伴侣关系这一制度创设了新的法律关系,已登记的同性生活伴侣和未长期分居的婚姻关系这两种关系最大的区别是,婚姻关系以异性缔结为前提,生活伴侣关系以同性缔结为前提,但这两种关系具有可比性。此外,依《生活伴侣关系法》第2条及第5条的规定:"登记的生活伴侣相互间负有支持和照顾义务。""伴侣间通过工作及财产合理维系其生活伴侣关系"。这些规定与夫妻双方在婚姻关系存续期间所负的义务的同样具有可比性。因此欧盟法院认为，德国的生活伴侣关系与非长期分居的婚姻关系具有可比性。案件中生活伴侣生活关系一方获得的附加养老金或死者家属抚恤金的金额低于婚姻关系一方获得的金额，与《平等待遇指令》第 2 条和第 3 条第 1 款 c 项以及《汉堡市养老金法》第10 条第6 款的规定背道而驰，构成基于性取向的直接歧视。

（三）小结

以上两例欧盟法院先予裁决均涉及依德国法合法登记的同性生活伴侣是否可与传统的婚姻关系平等对待问题，涉及对《平等待遇指令》基于性取向的歧视的解释和认定。

欧盟法院通过对薪酬概念的解释，为案件和指令适用建立了连接点，使《平等待遇指令》在就业和职业领域的借助薪酬这一连接点，为同性伴侣关系的非歧视保护提供了欧盟指令立法的明确法律依据。此外，先予裁决还对同性生活伴侣关系与非长期分居的婚姻关系的可比性予以了肯定，为同性生活伴侣关系在死者抚恤保险金、附加养老金这些社会保障体系内应当享有的合法权利提供了明确的欧盟法法律依据。但不能否认，欧盟法院对同性伴侣和传统婚姻关系的可比性认定没有提出欧盟立法的相关依据，而依据成员国国内立法作出判定。这一判定方式为后续的类似问题判定带来一定的不确定性，若成员国国内立法将婚姻和同性伴侣区别对待，同类案件可能会得出相反结果，继而产生成员国间同性伴侣平等保护问题。因此，同性伴侣和婚姻关系可比性问题仍需要欧盟通过自身立法予以完善。虽然目前的欧盟指令立法为同性伴侣提供一定的非歧视保护，但指令立法仍局限于特定领域和特定事项，无法为同性伴侣的平等权提供完整的法律保护，但欧盟法院通过上述先予裁决不仅为德国《生活伴侣关系法》和欧盟法的法律适用创立了新的联系，为同性伴侣争取合法权益提供了欧盟法法律基础，而且也将为那些目前仅承认同性伴侣关系合法性不承认同性婚姻合法性的欧盟成员国国内法进一步发展完善带来启示。

## 四、欧洲人权法院:驳斥同性伴侣与婚姻配偶可比性

除欧盟法院的预先裁决外,目前欧盟非歧视保护的司法实践也需关注欧洲人权法院的相关判决。由于目前所有欧盟成员国都是《欧洲人权公约》的缔约国,欧洲人权法院基于公约进行独立的司法审判,因此各成员国受公约约束并受欧洲人权法院判决制约。因此,欧盟成员国不仅受欧盟自身立法和欧盟法院先予裁决制约,还需遵守《欧洲人权公约》与欧洲人权法院相关司法判决,这不可避免带来很多法律冲突或者是判决矛盾等问题。较具有典型性的案件是2012年欧洲人权法院审理的 Gas and Dubios v. France 案,①该案的判决裁定禁止未婚伴侣领养子女不涉及歧视,同性婚姻不是《欧洲人权公约》的法定权利,公约不要求缔约国承认同性婚姻的合法性。虽然目前的欧盟自身立法也未将同性婚姻作为一项法定权利,但是欧盟法院在先予裁决中曾论证了同性伴侣与婚姻配偶的可比性,而欧洲人权法院的这例判决否定了两者的可比性,为成员国的司法审判带来一定困境。

### (一)案件综述

Valeérie Gas 和 Nathalie Dubois 均为法国人并自1989年开始同居。2000年 Dubois 女士通过接受匿名捐精和人工受孕方式诞下女儿 A,A 与 Gas 和 Dubois 女士共同生活并由其共同抚养。2002年 Gas 和 Dubois 依法国法缔结共同生活契约关系。Gas 女士于2006年3月向当地法庭申请对 A 的简单领养遭到拒绝。法庭认为若允许 Gas 女士的简单领养请求,将出现领养人意愿和孩子最佳利益背道而驰的不利结果,因此法庭拒绝了该简单领养申请。上述理由得到了凡尔赛上诉法庭支持,上诉法庭认为《法国民法典》允许的简单领养需以申请人是孩子亲生父母的婚姻配偶为前提,由于该案中申请人 Gas 女士和孩子的亲生母亲 Dubios 女士仅缔结了共同生活契约关系,没有缔结为合法的婚姻关系,不满足《法国民法典》规定的简单领养的法定前提。Gas 女士不服,将案件诉至欧洲人权法院,Gas 女士认为法国作为《欧洲人权公约》的缔约国,法院的司法裁判应遵守公约规定,法国法庭对此案

① ECHR 108(2012),15.03.2012.

的判决不仅违反了《欧洲人权公约》第14条关于禁止歧视的规定,还违反了公约第8条关于私人和家庭生活的规定。

（二）共同生活契约关系不享有简单领养权

欧洲人权法院于2007年6月15日收到上诉申诉,于2011年4月12日举行听证。2012年3月15日法院作出判决,认为《欧洲人权公约》第14条规定的歧视指:“对类似情形进行区别对待,且区别对待需以不追求合法目的,或区别对待的方式和目的间没有合理和相称关系为前提条件。”案件中法国法院将共同生活契约关系和传统的婚姻关系进行区别对待不满足公约第14条设定的前提条件,法国法院从孩子的最佳利益出发,追求目的合法,方式和目的间的关系合理相称。

法院还认为,《欧洲人权公约》不要求缔约国承认同性婚姻的合法性。申请人提到的基于性取向的歧视需以重大理由为前提。该案中,由于申请人没有和孩子的亲生母亲缔结婚姻关系,并不享有《法国民法典》赋予婚姻配偶的权利,包括简单领养这一权利。此外,在法国即使是异性间达成生活契约关系也同样无法获得对孩子的简单领养权,只有依《法国民法典》达成婚姻关系的夫妇才享有该权利。因此,该案中申请人的共同生活契约关系与《法国民法典》规定的异性婚姻配偶关系不具可比性。

基于上述理由,欧洲人权法院拒绝了申请人的申请,裁定禁止未婚伴侣领养子女不涉及歧视,禁止未婚伴侣领养子女不仅适用于同性生活伴侣而且也适用于异性伴侣,同性婚姻不属于《欧洲人权公约》的一项法定权利,《欧洲人权公约》不要求缔约国承认同性婚姻的合法性。

（三）欧洲人权法院和欧盟法院的冲突

欧洲人权法院对非歧视问题的解释有独立的体系。首先,欧洲人权法院对《欧洲人权公约》第14条的歧视概念应与欧盟法院对《平等待遇指令》第1条和第2条的歧视概念的解释相区别。

欧洲人权法院认为,歧视不仅是区别对待,而且区别对待需以不合法的目的,或方式与目的之间不合理的关系为前提,因此欧洲人权法院所谓的歧视在实质上是一种不正当的区别对待,如果区别对待本身具有正当性,那么正当的区别对待不构成《欧洲人权公约》的歧视。此外,欧洲人权法院在歧视概念的成立上,需证明目的不合法,或方式目的之间不合理的关系,这一不正当性的证明在司法实践中具有较大的裁量空间。

欧盟法院则认为,《平等待遇指令》第2条的歧视指在平等待遇原则下不得有指令第1条规定的任何原因造成的直接或间接歧视。依第2条第1款a项,直接歧视指:"在可比情况下,基于第一条载明的任何原因,个人相比他人已受到、正受到或将受到不利待遇的情况。"因此,受不利待遇构成直接歧视的关键判断要件。依第2条第1款b项,间接歧视指:"一项明显中立的规定、标准或惯例使有特定宗教信仰、某种残疾、某个年龄或特定性取向的个人处于某种与其他人相比更为不利的情况。"处于不利情况则为间接歧视的判断要件。此外,间接歧视包括两类例外:"规定、标准或惯例通过合法目标具有客观的法律正当性,且实现上述目标的方式方法是适当和必要的。或者,有某种残疾的个人、指令适用的雇主或任何其他个人或组织在国家法律条款之下,必须采取符合指令第五条所包含的原则的措施以消除上述规定、标准或惯例带来的不利情况。"因此,具法律正当性的不利情况不构成间接歧视。因此,考察欧盟《平等待遇指令》的歧视的概念内涵,仅具法律正当性的不利情况不构成间接歧视,除此以外,满足受不利待遇这一要件时,毫无例外地都构成直接歧视。这和《欧洲人权公约》项下的歧视概念相比,覆盖范围相对较宽。歧视这一基础概念在《欧洲人权公约》和欧盟现行指令立法的内涵差异,有可能为成员国国内司法实践中某一特定行为是否构成歧视的判断带来不便,如何解决上述差异,如何形成相对统一的歧视概念,是未来欧盟自身立法和《欧洲人权公约》相互协调需要解决的一个问题。

此外,欧洲人权法院的判决认为同性生活契约关系和传统婚姻关系不具可比性,论证过程并未论证法国是否将生活契约关系与婚姻关系平等对待,而直接援引《法国民法典》的规定予以驳斥,认为同性伴侣关系和异性伴侣关系同样没有领养的权利,不构成歧视,绕开了可否将生活伴侣关系与婚姻关系同等问题。相反的,欧盟法院的两例先予裁决则为同性伴侣和婚姻配偶的平等对待提供了较翔实的理由。虽然目前欧盟未作为一个整体加入《欧洲人权公约》,但是欧盟成员国均为该公约缔约国,也不排除欧盟在未来加入该公约的可能性,因此,同性伴侣与婚姻配偶关系的平等对待问题,欧洲人权法院有可能与欧盟法院的意见相左,这一潜在问题为厘清欧盟未来的非歧视立法法律体系与《欧洲人权公约》的关系提出了挑战。

## 五、结语:欧盟同性婚姻与同性伴侣法律制度的潜在问题

欧盟的非歧视立法随着欧盟自身法律体系的完善得到较大的发展,在法律渊源上,非歧视尤其是禁止基于性取向歧视通过欧盟基础性条约得到明确肯定,在此基础上,欧盟通过派生性指令立法,为特定领域和特定事项的平等权的实现提供了较为明确的法律依据,《平等待遇指令》特别对就业和职业领域禁止基于性取向的歧视作出明确规定。因此,欧盟目前的非歧视保护立法已有一个较好的开端并处在进一步完善发展的阶段。

在司法适用上,欧盟法院通过先予裁决程序,为欧盟目前的非歧视立法提供较为连贯的法律解释。法院通过对《平等待遇指令》的解释,肯定了雇佣领域同性伴侣和婚姻配偶在死者抚恤金上的平等权,肯定了同性伴侣和非长期分居婚姻关系的可比性,推动了欧盟指令立法就特定领域同性伴侣与传统婚姻配偶的平等权的贯彻和实现。

在成员国国内立法上,欧盟目前的成员国就同性关系制度性保障呈现出三足鼎立格局,采用三种立法模式,对同性恋问题持较开放态度的国家采纳了同性婚姻模式,承认同性婚姻的合法性,但该模式体现出一定的地域性和在其他成员国进一步推广的局限性。大部分成员国采纳了同性伴侣立法模式,仅承认同性伴侣的合法性,不承认同性婚姻合法性,该模式由于立法态度相对折中,在成员国立法中普遍性较广,采纳该模式的成员国国内立法呈现一定的趋同性。最后,极个别成员国受传统宗教文化影响,仅肯认非正式的同性同居关系。虽然目前的成员国国内立法采纳了不同的立法模式,但同性关系的制度性保障呈现出承认同性伴侣合法性在先,肯认同性婚姻合法性在后的基本趋势,未来欧盟各成员国立法模式的进一步发展不仅将遵循该趋势,而且受到本国文化认同的影响。

但是,目前欧盟的非歧视立法还存在很多问题。首先,各成员国国内法对同性婚姻和同性伴侣关系采纳了不同的立法模式,模式间的相

互差异为同性婚姻或同性伴侣关系的域外承认带来一定困扰,如何实现同性配偶法律权利在各成员国的平等对待,如何通过对同性伴侣和同性婚姻配偶在成员国间的相互承认来保障其平等权,促进同性人群这一特殊主体在欧盟内部大市场的人员自由流动,是目前欧盟各成员国国内法进行双边或多边法律互认、法律协调急需解决的现实问题。其次,目前欧盟自身非歧视立法虽然形成了基础性立法和派生性指令立法相结合的体系,但指令立法仍集中在类似劳动雇佣、就业职业等特定领域,仍以服务于欧盟内部市场进一步发展为目标,因此,指令立法具有一定的局限性。如何进一步完善欧盟非歧视立法,进一步通过指令立法为更多领域的非歧视保护提供明确的法律依据;如何协调统一欧盟基础性立法和指令立法以及不同的指令立法的相互关系,是欧盟非歧视立法进一步完善需要解决的任务。最后,由于欧盟成员国都是《欧洲人权公约》缔约国,受公约规制,但欧盟自身随《欧盟基本权利宪章》的生效有了一套相对独立的保护体系,成员国既要遵守《欧洲人权公约》,又要遵守欧盟自身立法,在《欧洲人权公约》和欧盟立法出现冲突,或欧洲人权法院和欧盟法院意见相左的时候,如何处理欧盟自身立法与《欧洲人权公约》的相互关系将是未来欧盟非歧视立法进一步发展的首要问题。

(作者系德国明斯特大学法学院欧洲私法研究所博士研究生)

**域外法**

# 德国法上的土地债务制度：从日耳曼古法到《德国民法典》

黄家镇

目　次



## 引言

传统上，民法学界一般认为《德国民法典》是继受罗马法的德国历史法学派、潘德克顿法学派学术智慧的结晶。“藉由优帝私法在私法学理、立法及法适用上取得支配地位，使古老的德意志私法退出此领域。”①对此，19世纪以后的很多德国法学家都终究意难平。拉德布鲁赫一段广为流传的名言最贴切地反映出这种幽怨的感伤：“一个伟大

① ［德］弗朗茨·维亚克尔：《近代私法史》，陈爱娥、黄建辉译，三联书店2006年版，第105页。

的民族为了一个外国的、异国语言的、千年之久的法典而放弃了她的祖国的法律”。① 不过,《德国民法典》的罗马“血统”并不那么纯正。在《德国民法典》中,有不少制度并非源于古典罗马法,而是源于日耳曼古法以及中世纪习惯法的创造,例如代理制度、法人制度以及实物负担、土地债务制度等;当然这些制度在法典化的时候也经受了罗马法形式理性的洗礼或改造,以做到整个法典的体系融贯。

其中,土地债务制度显得尤为独特。其一,土地债务的独特性质与占主导地位的法律关系学说有些格格不入。从字面上理解,土地债务(Grundschuld)就是土地上的债务,其法律效果为应从土地上获得清偿,而与人上的债务(债务人或者担保物提供人与担保权人之间的合同关系)无关;土地现时的所有人不过被视为“代理人”,不能对他主张对人债务。而大陆法系民法理论通说认为,“法律关系总是法律规定的人与人之间的关系”。② 但在土地债务,债务和责任承担者却是土地,土地债务权利人是不能向土地所有人主张对人债务的,即不能要求其清偿土地价值不足以清偿债务之剩余部分。这种物上债务的观念是非常独特的,其源于古日耳曼人泛灵论的宗教观念,堪称古代自然宗教的“活化石”。其如何与罗马法的理性观念融合是颇值得研究的法学课题。

其二,土地债务制度源于简册微茫的日耳曼古代习惯法,经千年历史而不坠,历罗马法复兴运动的冲击与洗礼而顽强存活,而且在新时代成为最受市场欢迎的不动产担保物权,更是不动产担保物权流通化最为理想的私法构造。其法律结构的构造技术说不定能为面临如何保存民族古代法律遗产并使之现代化的我国提供借鉴。本来,在《德国民法典》物权编的担保物权部分,关于土地债务的规定总共只有13条,而关于抵押权的规定有78条,其中关于流通抵押权的规定占了71条。

---

① [德]拉德布鲁赫:《法学导论》,米健、朱林译,中国大百科全书出版社1997年版,第60页。

② [德]卡尔·拉伦茨:《德国民法通论》(上册),王晓晔、邵建东等译,法律出版社2003年版,第257页。但同样很多学者不认同这种观点,而且拉伦茨先生本人后来也对上述观点做了修正。参见[德]梅迪库斯:《德国民法总论》,邵建东译,法律出版社2000年版,第51页。

显然,流通抵押权不仅被作为流通式不动产担保物权的范式加以规定,而且还是整个不动产担保物权制度的范式。而土地债务制度明显处于附属地位,按照 BGB 第 1192 条规定,土地债务之适用可准用抵押权之规定,即为明证。事实上在德国民法典施行后的最初几年里,土地债务在实践中使用的地域范围非常狭窄,只是在那些早已习惯土地债务的北德地区,土地债务的使用比较频繁。① 而在南德地区,人们要么对土地债务心存疑虑,要么就认为其纯属多余。因为自罗马法继受以来,这些地方的人们几乎没有与土地债务这种法律形式打交道的经历,还因为抵押权已经能够满足他们的全部实际需要。据学者马丁·沃尔夫(Martin Wolff)在 1906 年的一项调查统计显示,巴登州 1903 年全年登记的土地债务只有区区 52 笔,而抵押权的登记在 4 万至 5 万笔之间。而且当时数额较大的信贷业务通常拒绝以土地债务作为担保手段。② 但时代的发展逐渐平息了对这种“新的”土地担保权的怀疑和恐惧。抽象的土地债务相对于传统抵押权的优点在实践中逐渐显现出来并获得人们的承认:在 1950 年前,主要用于担保私人信贷的严格从属性保全抵押权和主要用于担保交互计算信贷的最高额抵押权几乎被土地债务制度完全排挤。③ 在中短期的信贷领域,从 20 世纪 50 年代起,土地债务也逐步取得垄断地位。因为在这一领域居于主导地位的信贷金融机构发现土地债务具有极佳的担保品质。首先,土地债务的存续几乎不受被担保债务瑕疵的干扰;其次,在需要再融资时,土地债务的变现极为方便、快捷。即使是在长期(投资性)信贷领域,土地债务也排挤了以前占支配地位的流通抵押权。到 1980 年,德国以法律行为设定的不动产担保物权中,大约 81% 是土地债务,只有不到 19% 是抵押权。④ 从这种变化可以看出,流通抵押权在德国民法典中的范式地位在实践中变得名不副实,土地债务已经僭越了其地位,成为实践所承认的“范

---

① Radloff, *Deutsche Juristenzeitung*, 1929, 981; Martin Segall, *Das bürgerliche Recht und die Lebensgewohnheiten*, in Archiv für Bürgerliches Recht 32[1908], 410, 423.

② Segall, aaO SS. 410, 423.

③ Wilhelm Felgentraeger, *Hypothek und Grundshculd*, *Festshcrift für Julius v. Gierke*, Berlin 1950, SS. 140, 145.

④ Michael Adams, *Ökonomische Analyse der Sicherungsrechte*, Atehnäum 1980. S. 11.

式”。那么,土地债务在法律构造上究竟有何独到之处使其能获得实践的如此青睐呢?

其三,土地债务制度不仅在德国获得青睐,而且还影响到整个欧洲。在欧洲私法的统一进程中,不动产担保法作为资本市场中资金流通安全性保障的重要手段,是统一资本市场非常关键的一环;而各成员国不动产担保法的差异性使得进行跨国融资与再融资变得困难,已威胁到资金流通的自由性,并且不利于不同国家的银行企业之间的竞争。[①] 因此,协调各国的不动产担保制度,使之适应统一大市场的建立与发展已刻不容缓。对此,学界开展了广泛讨论,并逐渐形成了两种具有代表性的意见:一种意见主张,以德国土地债务制度为蓝本制定统一的不动产担保物权制度,彻底解决各国不动产担保制度相互冲突的问题;而另一种意见则主张,在保持各国不动产担保制度多样性的前提下,设计一种以瑞士的债务证券(抽象的债务承诺和土地债务的结合体)为模本的“欧洲抵押权”(Eurohypothek)。[②] 对这两种意见,有学者评论道:“将所有国家的不动产担保物权只用一种不动产担保物权统一起来的后果,是灾难性的。因为这种统一将会取消为了形成更好法律而进行的法律制度之间的竞争,破坏旗鼓争鸣的法律制度带来的多样性和勃勃生机。相比之下,在保留各国原有担保制度的前提下补充一种新的担保形式的想法,更容易让人接受。因为它是否被接受可以

① 关于欧盟各成员国不动产担保法的差异阻碍跨国资本流通的问题,请参见[德]克里斯蒂安·冯·巴尔、乌里希·德罗布尼希:《欧洲合同法与侵权法及财产法的互动》,吴越、王洪等译,法律出版社2007年版,第305~306、316~318页。特别是德语国家由于其不动产担保物权制度的多样性和特殊性,使得他们的商人依据本国法设定的不动产担保制度在国外常常不被承认,所以德国和奥地利对统一欧洲各国的不动产担保制度最为热心。

② Siehe Baur, Stürner, *Sachenrecht*, C. H. Beck Verlag, 17. Auflage, München, 1999, S. 416. 瑞士在很长的一个历史时期都是属于德意志神圣罗马帝国,其政治、法律和文化上受到德意志本土的影响很大。瑞士的债务证券制度与德国的土地债务制度同宗同源:都是与中世纪的定期金买卖有着直接的渊源关系;而且都是以抽象原则作为制度的理论基础。另参见 Hartkamp, *Towards a European Civil Code*, Second Revised and Expanded Edition, Ars Aequi Libri-Nijmegen Kluwer Law International, 1998, p. 552。

留待市场去决定”。[①] 从有关资料反映的情况看,后一种意见得到更多的支持。[②] 笔者认为,两种意见实际上大同小异:不同之处仅仅在于是否以新的不动产担保制度实现各国不动产担保制度的“大一统”;而在根本上,两种意见几乎是一致的,即都是主张采纳一种根源于德国土地债务制度的新的不动产担保形式。这样一来,“出现了一种建议统一可流通的、应用广泛的抽象担保制度”[③]的趋势,这种抽象担保制度似乎更倾向于照顾银行而不是顾客的利益。抽象原则或许常常预备的是比最初效力较为简单的统一模式更加高效的、更加灵活的法学构造;这是抽象原则在欧洲的局部胜利吗?”[④]这一现象表明,虽然土地债务制度是根源于德意志法的独特创造,根源于德意志社会、政治、经济历史发展的独特环境,是一种“地方性知识”体系。但这一“地方性知识”体系在20世纪末却大放异彩,颇有成为“普世性”知识之趋势呢。原因何在呢?

要回答这些问题,我们只能走进土地债务制度的世界,循着它在历史上留下的斑斑印迹,追寻它的生命演进历程,回答其普世性何以可能的问题。

## 一、日耳曼法上的物上责任

当日耳曼人闯入古罗马的文明世界时,他们的法律文化尚处于比

① Baur, Stürner. aaO S. 417. 相同观点参见 Hartkamp, ibid, p. 563。

② [德]克里斯蒂安·冯·巴尔、乌里希·德罗布尼希:《欧洲合同法与侵权法及财产法的互动》,第306页。另参见 Hartkamp, *Towards a European Civil Code*, pp. 562 – 553, 556 – 560。

③ 指的是以瑞士的债务证书和德国的土地债务为代表的担保形式。这一概念以及独立式不动产担保物权与本书所用的流通式不动产担保物权实际所指是一样的,只不过前者着眼于担保物权抽象于其基础债权关系,后者则着眼于抽象的目的,即使担保物权更安全地流通着力。本书中三者是同义词。

④ Baur, Stürner. aaO S. 417. 施蒂尔纳教授则没有这么迟疑,其直言道:“就德国法学体系的思考者而言,存在一个法学理论上极富趣味性的观察点:往往为各国比较法学者匆匆放弃的源自萨维尼思想体系的抽象性理论的胜利,(至少)其在欧洲土地担保领域能够取得部分胜利”。Rolf Stürner, *Das Grundpfandrecht zwischen Akzessoriet. t und Abstraktheit und die europ. ische Zukunft*, in FS für Serick, 1992, S. 380.

较原始的状况,对理性程度相对较高的罗马法体系并不熟悉,可能也无法完全把握。对这些质朴的心灵来说,法律或权利都必须以某种象征化的形式表现出来方能把握。日耳曼人的习惯法中到处弥漫着泛灵论的气息和象征形式主义,其影响一直贯穿到未来的十多个世纪。正是在这种法律文化氛围中,诞生了土地债务赖以存在的物上责任观念。

(一)物上责任的制度渊源

物上责任属于日耳曼责任法的组成部分,在日耳曼法里,不动产质是一种典型的"纯粹物上责任"(reine Sachhaftung),即是说,一旦设定质权,质物即成为责任的"承担者",债务不履行之时,质物即归债权人永久占有收益或所有。"除了担保物本身的责任外,债权人根本不能对债务人的人身或者其他财产提出请求",①所以债权人不得起诉债务人,也不得对债务人自力执行。因此,日耳曼法中的担保,"并不像现今这样,是对有别于此而存在的某种请求权的保证。担保的设定毋宁是包含了对担保物的占有处分。换言之,若被保证的债务无法清偿时,债权人即可合法地占有担保物,若债务适时地清偿完毕,则债权人之占有担保即为非法,因此,等于是对以前的债务人产生了返还责任。以此,担保倒也还符合流通于法律思考里的、最古老的控诉原因模式:对人的实际侵害,或对人之占有物的实际侵害"。② 而日耳曼法中债务和责任不像罗马法中的债务总是伴随着责任,它们二者是严格分开的;物上责任观念的独特性与这种区分有着密切的关联。

1. 债务的概念

在日耳曼法上,"债务"(Schuld)一词,古语谓之Skuld,出自情态助动词Skulan(Sollen),意为应为。故所谓债务,原意指债权人与债务人之间应为的状态。这种债务包含两层关系:一方面是债务人的应为给付(Leistensollen),另一方面为债权人的应为受领(Bekommensollen)。债务的概念应该被理解为包含了同一权利关系中相互关

① Gierke, *Sachenrecht*. S. 811.

② [德]马克斯·韦伯:《法律社会学》,康乐、简慧美译,广西师范大学出版社2005年版,第53页。

联的两方当事人,将积极的应为和消极的应为相互联结在一起。[①] 债务的内容为应为状态,因此不能从外部强制实现。债务人并不负有强制履行义务,履行与否,取决于债务人的自由;若债务人基于自由意志而为履行,则其给付具有终局效力,不得随意撤回,当事人之间的债务关系因而消灭。而债权人不过仅取得保有其受领的权利;其并无权强制债务人履行给付。这是因为:

“起初所有的契约都是占有交换(Besitzwechselkontrakt)。因此,将契约性债务责任的古老形式真正表现出来的法律行为,特别是将不论何处皆为严格形式性的货币债务契约表现出来的法律行为,通常都和法律形式上的占有转移象征性地联结在一起。其中的某些象征,无疑是根植于巫术性的观念。不过,长远看来,决定性的环节还在于:法律思考本身,起先并不认为单纯的债务承诺之类不可见的事实有什么重要性,唯有有责行为(Frevel),亦即对神祇或对身体、生命或可见的占有状态的侵害,才是至关重要的。所以,契约若要具有法律分量,通常就必须包含对有形财货的占有处分,或者至少可以作成这样的解释。果能如此,则在发展的过程中,契约即可包容一切极端不同的内容”。[②]

而在债务人自愿给付之前,债权人并不占有任何属于债务人的有形财物,故而并无法律上的重要性可言,亦无法强制债务人履行。也就是说,与古典罗马法中的债不同,日耳曼法中的“债务”本身并不具有外部强制性,以致任何人不能仅仅因为他人负有“债务”而强制其进行给付。质言之,“债务”只是“应为”而非“必为”(müssen),其实际上相当于罗马法中没有诉权的自然债务。[③] 本来,债权人是可以自力救济的,但是自力救济并不充分——因为权利人并不恒为强者;而且由于古代社会实行的是血族连带责任,一个小小的纠纷在自力救济中往往就会引发家族之间、氏族之间甚至共同体的内战。为了维护内部和平,部落共同体必须限制自力救济。因此,债权人如欲使债务具有强制执行

---

① Otto Gierke, *Deutsches Privatrecht*. 3. *Bd*: *Schuldrecht*. Leipzig, Verlag von Duncker & Humblot. 1917, S. 9 – 10.

② [德]马克斯·韦伯:《法律社会学》,广西师范大学出版社 2005 年版,第 52 页。

③ 周枏:《罗马法原论》(上),商务印书馆 1994 年版,第 684 页。

效力,则必得将债务与责任相结合。

2. 责任的概念

日耳曼法上的责任(Haftung),在德意志法中原意为某人应为而未为时,服从另一人的攫取力(Haftung im des deutschen Rechts ist Unterwerfung unter die Zugriffsmacht dessen)的状态。其为权利人提供了一种可能性,即当其债权未被清偿时,可以通过强制履行或获得不履行的赔偿方式得到满足。故而当债务处于这种受约束状态时,就被称为责任、羁束(Haftung, lateinish obligatio、Bindung 或者 Verbindlichkeit、Verstrickung、Verpflichtung 等);如果责任是为债务之目的而设,则又被冠以保证、担保、保全(Sicherheit、Gewhärschaft、Garantie)等诸多名称。[①] 责任的客体可以是人、财产或者某一特定的物,即可能是债务人本人或者其他人的人身或者他们的财产来承担责任。在债务给付与责任实现结合的场合,通过共同体或者居于统治地位的公共团体的权力保障给付实现。

因此,在日耳曼法中,当事人基于自由意志缔结的契约如要产生强制执行力,必须通过缔结保证契约(Wadiatio)取得对债务人人身或者某项财产的占有权,进而实现与责任的结合。如果债务人是以人身作保,则"要约者或债务人抵押自身之方式,乃将自己所有之长矛,交付与债权者。揆其用意,即指以自身于法律上置诸债权者掌握之中,或其权利之下,如债务者不履行其债务时,则债权者为保全其担保品起见,得拘禁债务者之人身,且直接管领之,……此即德文中所谓之 Schuldknechtschaft,或称债役(servitude for debt)者是"。故此时,债权者之权利,显然已成为对人权(right in personam)。[②] 而如果以物作保,则须取得法律上和事实上的对物的支配。总而言之,只有这种象征化的或者实体占有所表现的权利内容才是法律上受保护的。而且,基尔克指出,在最初的日耳曼法上,人身责任和物上责任绝不可能重合。[③]

---

① Siehe Gierke, *Schuldrecht*, S. 13.

② [美]孟罗·斯密:《欧陆法律发达史》,姚梅镇译,中国政法大学出版社 1999 年版,第 68 页。

③ Gierke, *Sachenrech*, S. 811.

换言之,债权人不能既占有债务人人身作保,又占有债务人的财产作保。因此,当债权人通过设定不动产质权取得对土地的Gewere,那么他的权利就及于该土地,但也只及于该土地。该土地称为责任的唯一客体,债务人的人身或其他财产不能成为强制执行的对象。就此而言,土地质权是一种存在于土地之上的占有权,是一种独立于债务人人身责任的纯粹的物上责任。

### (二)物上责任的精神基础:自然宗教的泛灵论与日耳曼法的形式主义

如前所述,当债权人取得质权时,其取得对物的占有权,从而获得以强制方式实现自己债权的保障。由此,日耳曼古法将土地质权界定为对土地的占有权,是一种纯粹的物上责任,物作为权利义务的承担者,而与债务人的人身和其他财产无法律上的关联。这意味着不动产质权虽为债务之担保,但却为独立于债务的一种物权,即债务并不是其获得其法律存在的必要条件。二者唯一的联系不过在于:债务不履行是不动产担保责任启动的条件。这是一个非常独特的法律文化观念。要理解这种独特性,就必须首先了解日耳曼法上别具一格的占有权制度及其变动的形式主义程式。

1. 泛灵论与占有权

日耳曼法中,最具特色和影响的制度就是占有权(Gewere)制度。但是对于Gewere的本质,法学界一直众说纷纭,以致有学者这样悲观地说道:“德意志法上独具特色的公示制度——‘Gewere’——的基本意义,我们今日的理解力很难达到,而且对Gewere理论研究,使得这一问题与其说得以澄清不如说变得更加晦暗不明:由于受到现代权利外观学说的影响——这一理论试图以权利保障、推定效力和取得人保护的思想来解释这一早期法文化现象,这就忽略了法律理解在不同的时代有着不同的出发点”。[①] 这提示我们不能以现代的法律观念和思维去理解占有权,而应当从日耳曼法律文化本身出发去理解它。关键就在于必须牢记德意志法中的Gewere并未像罗马法那样精确地区分占有和所有权或者他物权,Gewere本身就是权利与支配事实的紧密结

① Buchholz, aaO S. 21.

合。按照基尔克的观点,Gewere是在中世纪德意志法中用以表现人与物的外部关系的概念,Gewere被法秩序确认为对物支配权的表现形式。[①] 当时日耳曼人原始质朴的思维决定了罗马式的抽象所有权观念是不可能产生的;对于他们而言,所谓的"所有"只能通过Gewere,即对土地的实际控制、使用和收益才能体现出来,即脱离具象化的Gewere,抽象地讨论"所有"是不可想象的。这一点从Gewere的语源和构成中可见一斑。

根据通说,在日耳曼古语中Gewere、were、Giweri、Giwerida诸字,是动词wern、vasjan、werjian、verjan的名词形式,意为穿衣。所以法律中Gewere取的是象征寓意,将对物事实上的支配比喻为衣服;[②]"物的主体对物的事实上的支配,被想象和解释为给物披上了人格的外衣"。[③] 要取得占有权必须同时具备支配要件和人格要件:第一是对物的支配,须有所谓用益(Nutzung)之行使,表现于外部。19世纪日耳曼法学家霍伊斯勒(Heusler)就将Gewere诠释为"以用益而表现之占有(Der durch Nutzung sich manifistierende Besitz)"。[④] 就不动产而言,这种用益并不限于不动产的直接收益,以获取地租、赋税为条件将不动产给予他人,也可称为用益。故而日耳曼法上的Gewere包括了事实上的支配力和法律上的支配力,表现形式有多种:占有人直接就标的物为用益者称为现实占有权(ledigliche Gewere);没有对物事实支配关系而成立的称为观念占有权(ideellen Gewere)。[⑤] 第二是利用人对物的支配须基于与其支配相一致的物权之主张,方能获得占有权,即还要披上人格的外衣。"故代地主而管理土地之使用人,及无权利能力之奴隶,纵就其土地为现实之用益,亦不可享有占有权"。[⑥]

因此,占有权的确立实际上意味着物披上了"人格化"的外衣,人

---

① Gierke, *Sachenrecht*, S. 187.

② 李宜琛:《日耳曼法概说》,第54页。

③ Gierke, *Sachenrecht*. S. 187.

④ 李宜琛:《日耳曼法概说》,第54页。

⑤ Siehe Mitteis, Lieberich. *Deutsches Privatrecht*, 9, durchgesehene und ergänzte Auflage, München, 1981, S. 91.

⑥ 李宜琛:《日耳曼法概说》,第55页。

和被占有的物之间就确立了一种法律关系,物就成为了权利义务的承担者。这乃是一种法律上的"泛灵论"。[1] 原来,日耳曼民族长期以来保持着原始的宗教信仰,认为世间万物皆有灵。入侵西欧之后的法兰克人仍将树林、河水、飞禽、走兽以及其他自然要素当作偶像,奉若神明,加以崇拜,并且向它们供奉牺牲。[2] 在人这种属灵的存在与其他属灵存在之间建立某种法律联系,在日耳曼人看来并非不可思议,反而是很自然的事情。不过,泛灵论的宗教信仰和后来取代它的基督教都推定,超自然的力量是自然界所固有的,而感官所能接近的物质世界——用马克·布洛赫的话说——"只不过是一具伪装,真正重要的事情发生在背后;在他们看来,物质世界有一种语言,它以符号表达一种更深刻的存在。一系列表象本身并不重要,这种观点的结果是,对事物的观察通常被忽视,而被代之以诠释。"[3]因此,人是不能直接接触到这些灵,更遑论与其直接建立联系。

"由于这些存在是无法以任何具体的意识来掌握或认知,它们具有一种背后世界之存在的性质,通常只能透过象征意义的媒介才能接近,因此显示出来的只是影子(有时则是完全不真实的)……因此必须努力去影响在具体事物中展现其自身的灵异力量。做法则是通过向一个精灵或灵魂致意的行动,因此也就是通过'意味'着某事的手段,亦即象征。……如果死者只能透过象征性的行为才能接近,如果神祇只透过象征来展现自己,那么,尸体也许会满足于象征性行为,而非真实的事物。结果是,祭祀的面包以及代表死者之妻与仆人的人偶取代了真正的牺牲。有意思的是,最早的纸币是用来付给死者而非生人的。类似的取代亦出现在人与神及鬼的关系上。逐渐地,事事物物超越其实际(或可能)的内在固有效用而'意味化',人类也企图借由有显著象

---

① [德]马克斯·韦伯:《法律社会学》,广西师范大学出版社2005年版,第69页。

② [法兰克]格雷戈里:《法兰克人史》,寿纪瑜、戚国淦译,商务印书馆1981年版,第66页。同时参见[美]哈罗德·J.伯尔曼:《法律与革命——西方法律传统的形成》,贺卫方、高鸿钧等译,中国大百科全书出版社1993年版,第74页。

③ [法]马克·布洛赫:《封建社会》,商务印书馆2012年版,第156页。

征意味的行为以达成现实具体的效用”。①

基于这种信仰,日耳曼人相信人与万物建立联系的方式只能是通过带有拜物性质的象征主义庄重仪式而达成,并且由此建立的联系绝不仅仅是物理意义上的支配与被支配关系,而是一种人与“灵”之间的沟通与联系——世界万物通过这种泛灵论的方式被想象为与人一样的主体。因此,要想取得诸如占有权这样的法律关系,严格履行象征主义的庄严仪式——占有让与程式——是最为关键的。正如梅因所说:“使法律执有制裁武器的,不是一个允诺,而是附着于一种庄严仪式的允诺。仪式不但和允诺本身有同样的重要性,仪式并且比允诺更为重要。”②

2. 象征主义的占有让与程式(Auflassung)

就法律行为的形式而言,古代人和现代人的理解可谓有天壤之别。在现代人看来,以何种形式作成法律行为本质上应当属于意思自治的范畴,通常国家不应当采取形式强制。而在古代人那里,形式是处于意思自治之外的公共领域的,形式满足公共秩序的要求永远是第一位的。这是由古代社会中人与共同体的关系所决定的。在那个时代,作为个体的人是渺小而羸弱的,面对恶劣的自然、狂暴的强者,个人宛如惊涛骇浪中的一叶扁舟,随时有倾覆之危险。为了自保,人们联合起来,借助集体力量编制安全之网抵御自然之恶与社会之恶的侵害。在这种社会状态之中,共同体存续发展的利益高于个人利益;个人的利益和诉求只有得到共同体的认可才具有正当性,才能获得集体力量的保护。

在这种社会状态中,程序和仪式是最重要的,私人土地占有权的变动必须按照严格形式程序进行方能产生法律效力:必须在部落大会——后来审判权、司法权分离后在专门的审判大会(echten Ding)——之前履行严格的仪式行为作成占有权的让与程式(Auflassung);部落共同体成员无人提出异议——即符合缄默原则(Vershweigungsprinzip)的规定——后可取得法律上的占有权(recht

① [德]马克斯·韦伯:《宗教社会学》,康乐、简慧美译,广西师范大学出版社2005年版,第8~9页。

② [英]梅因:《古代法》,沈景一译,商务印书馆1959年版,第177页。

Gewere),最后以象征行为转移事实占有。

详言之,双方当事人首先在部落审判大会之前,就土地占有权(Gewere)的转移达成合意(Sala,donatio)。之后审判大会当场发出公告,到场的共同成员如对交易有异议可以当场提出,保持缄默者此后就丧失异议权;如果公告三次,现场仍无人异议,审判大会则宣布交易满足和平效力,取得人获得对土地的法律占有权。根据早期的法兰克和萨克森史料,缺席审判大会者,可以在一年零一天之内对占有权让与程式(Auflassung)的效力提出异议。这一权利只能由缺席审判大会的成员主张。一年零一天之内无人提出异议和撤销,取得人对土地的法律占有权(recht Gewere)就确定地不可撤销。[①]

同时,双方当事人还需进行象征性的占有之转移(traditio investitur)。最初表示转移土地之象征,乃草皮与条枝,因为在日耳曼人的观念中,草块乃表示胜利之最崇高的象征。"因之,当时在私人占有之土地转移让渡时,即可见让与者往往将一块草皮交付于受让者或者以之投于受让者所系围裙之内。间常亦有从让与者手上脱一只手套或护手铁甲,以载于受让者之手,以象征其已转移土地于受让人。"[②]完成这一步骤,取得人对物的法律支配和事实支配便完整地结合在一起。

这里,日耳曼人将草皮、树枝等象征物视为权利的一种感官性的"担纲者"——这仍然是泛灵论法律心理的反映。他们笃信通过庄重的仪式将草皮、树枝等这些拜物性质的象征物交付出去可以产生特殊的法律效果——即将土地"交给"了对方,就好像其他拜物所产生的效果一样。这种原始宗教的巫术观念渗透到所有的纷争解决与所有的新规范和新权利的创造,结果是所有原始的法律程序皆典型带有严格的形式性格。"因为唯有当问题是以形式正确的方式提出,巫术手段才能够来解决。而且,对或错的问题并不能听凭任意选取的巫术手段来解决,而是不同种类的法律问题各有其独特的手段。因此,所有原始的、已有明确规则可循的裁判,率皆共通的一个原则是:在当事者表述

① Buchholz,aaO S. 24 – 25. 一年零一天的原则在后来的政治生活和法律生活中将发挥重要作用。

② [美]孟罗·斯密:《欧陆法律发达史》,第66页。

其(不管基于任何一种诉讼行为)所当宣示的格式性套言时,任何一丁点的失误都足以使该种法律手段失效,有时甚至使整个诉讼失败”。[1]

因此,相比象征物的交付,庄重的仪式或形式更为重要。对于聚集于某个图腾之下的部落共同体来讲,庄重的仪式是与图腾或其他灵异达致沟通的唯一方式,也是获得图腾护佑的条件之一。[2] 在这里,Gewere已经不仅仅是一种对物支配的事实状态,更是成为一个独立的法律概念。因为在古代社会,人格的确立并不是一个自然事实,并不能基于自然出生而取得;相反,它是一个法律的产物,须依照特定共同体的习俗或者法律来确定。在这一过程中,血缘、习俗和共同体利益的考量要重于个人利益的考量,相应地,在对土地占有权的分配中,个人对物的支配和保护的重要性根本上从属于共同体公共秩序的维持。这种公共秩序被称为“和平秩序”(Friedensordnung)。对于部落成员来说最为严重的惩罚就是对其处以“丧失和平”(Friedlosigkeit)的宣告,这将意味着被宣告者处于部落法律保护之外,等于是被逐出部落,其人身和财产安全丧失保障,任何部落成员都可以将其杀死。[3] 因此,对作为部落生存最重要物质基础的土地的分配、占有和流转都必须满足部落法律秩序和和平秩序的要求。故而,“并非是个人行为创设了权利,毋宁说是无异议权的主张赋予取得人的占有权以合法性,并最终将其强化为被法律承认和保障的权利”。[4] 通过缄默原则,共同体成员以不表示异议的方式参与到当事人的法律关系中。当让与行为被认为满足了庄重形式,满足了“和平状态”的要求,才能获得法律保障。早期日耳

---

① [德]马克斯·韦伯:《法律社会学》,广西师范大学出版社2005年版,第156页。

② 基于泛灵论的所谓图腾是指被认为有某一种灵附着其上的动物、植物、岩石、人造物或任何东西;图腾团体的成员与这个灵结合成泛灵论式的共同体。当图腾是个动物时,便不许屠戮之,因其血脉亦是共同体的血脉;以此,产生出特定的礼仪上的食物禁忌。图腾伙伴构组成一个祭祀团体,亦是个和平团体,彼此间不许争斗,并且施行族外婚,因为图腾伙伴间的通婚被视为近亲相奸,须科以重刑,于是遂与其他图腾团体成立婚姻同盟关系。此种意义下的图腾团体是个宗教礼仪的团体,经常横贯于家共同体及政治共同体之中。参见[德]马克斯·韦伯:《经济通史》,姚曾廙译,韦森校订,上海三联书店2006年版,第27页。

③ Siehe Mitteis, Lieberich. *Deutsche Rechtsgeschichte*, S. 35.

④ Buchholz, aaO S. 26.

曼—德意志法的缄默原则中,享有异议权的主体是非常广泛的。不仅交易人的近亲属、家族或氏族的共有人,甚至连邻居、马尔克共同体以及地主都享有异议权和赎回权。[①] 因为每一种异议权除了让每个人都负起监督让与程式是否符合庄重仪式的使命,本质上还带有维系家庭、氏族或者部落血缘共同体的存续的目的。与这些目标相比,所谓"独立的"私权(如所有权、担保权等)的意义则微不足道。因此总体看,Gewere体系的着力点不在于动态交易保护而在于静态财产秩序的维持。

"因此缄默原则与现代善意保护制度不可等而视之,二者分属土地法完全不同的发展阶段,处在法律'科学化'的两极:前者由于缺乏'抽象的'法学技术,倾向于强化看得见的土地占有关系,而后者倾向于保障诚实的流通秩序,而不是无限制地贯彻实体的、与公示制度无关的权利内容。由此二者视域分殊:缄默原则密切关注'异议权的放弃'、'抛弃'以及内部相关第三方的态度;而善意原则却指向'权利的产生'、指向将来的取得人和将来的权利人。"[②]

3. 占有权让与程式的意义

对于这种带有泛灵论色彩的原始法律形式,我们不能以现代法律的眼光简单地将其斥为迷信、落后或者非理性。在当时的文化环境之下,日耳曼—德意志法上的 Gewere 制度是具有合理性的,而且它还蕴含了未来抽象物权观念和公示原则的胚芽,间接地也产生了交易安全保障的效果——虽然不是有意识的、主动追求的效果。

首先,日耳曼人通过泛灵论的思维方式将土地想象为一种与人类相似的有灵存在,人可以通过象征性的仪式与其建立某种联系、达致沟通。这样,土地就被人格化了,成为可以独立负担法权关系的"主体"。通过象征性的庄严仪式于其上所设定的不动产质权也就被视为土地独自负担的责任,而与任何特定的个人没有直接联系。于是,一种朴素的、原始的独立物权观念得以萌生。

其次,我们看到,法律占有权(recht Gewere)的概念是与日耳曼—德意志法诉讼程序的结构和特色紧密联系在一起的,特别是在其萌芽

---

① Buchholz, aaO S. 26.

② Buchholz, aaO S. 27.

阶段应当被视为诉讼程序的一部分。[①] 其中,审判大会的三次公示催告程序、缄默原则以及一年零一天时效的结合,实际上起到了公示除权的效果,如出席审判者不当场提出异议或缺席者不在一年零一天内提出异议,真正的权利人便要丧失权利,且不能对抗受让人;受让人占有权成为法律上的占有权,受到法律强制力的保护。这与现代的因消灭时效或"除权判决"而丧失权利的"失权制度"相类似。在空间相对狭小、成员相互熟悉程度较高的部落共同体社会中,这种诉讼交易方式实际上发挥的作用与后世登记的公信力效果,并无二致。只不过其价值取向不是保护受让人的信赖,而是在于谋求土地占有关系的确定化。如此,日耳曼古法的占有权转移程式就具有了向后世理性的公示主义发展的基础。

再次,这种诉讼程序的安排通过在实质上减轻交易双方的举证负担,达到了权利推定的效果。[②] 在占有权转移程式中,主张异议的共同体成员需负担证明责任,否则其主张不会得到支持;而且,按照古代日耳曼法的诉讼程序,提出主张者如不能证明自己的主张将会受到严厉的惩罚。这样的程序进行使享有占有权的当事人不用承担证明自己权源正当的责任,实际上被推定为物的合法占有权人。

最后,如伯尔曼所说:"日耳曼法的戏剧和诗歌因素——它的摹拟因素——使法律语言高于日常语言,从而使法律和日常生活之间有了距离。当然,在所有的社会中,法律与日常事务分离都是必要的。这种分离是通过仪式和典礼,通过反映在仪式和典礼中的信念,即相信一定的言语的力量,这种言语用一定的方式表达,以便产生所谓'法律的'一定效果。如果法律要发挥作用,就需要这种魔法"。[③] 占有权转移程式的象征形式主义将法律关系仪式化、典礼化,在社会公众中产生一种神圣的印象和信念,从而获得公众的认可。在这里,仪式形式或行为本身即是权利变动效果的充要条件。因此"当法律占有权与土地占有权

① Buchholz, aaO S. 26.

② Buchholz, aaO S. 26.

③ [美]哈罗德·J. 伯尔曼:《法律与革命——西方法律传统的形成》,贺卫方、高鸿钧等译,中国大百科全书出版社1993年版,第70页。

让与程式(Auflassung)、书证制度和登记制度联系在一起后,距法律行为自身即能产生存续效力就只有一步之遥了"。[①] 换言之,具有象征主义色彩的 Gewere 形式体系与后世的书证制度、登记制度等具有外在化、客观化的法律制度具有亲缘关系或者说具有天然的亲和力,它们都以某种表象化的方式表征权利。布赫霍尔茨也指出:"德意志法的这一特色不只是事实上发生过效力的历史遗物,更加是产生了持续影响的理念,从这一特点可以发现后来的权利外观构成事实与公示原则之间联结的征兆。"[②]

## 二、中世纪城市法上的定期金买卖

从 9 世纪起,由于阿拉伯人控制了地中海地区的制海权,阻断了西欧同东方的海上贸易通道;加上诺曼人的抢劫损害了北海沿岸原有的正常贸易活动,西欧便开始向北方和东方寻找新的商路。远程贸易通道逐渐转移至流经德意志的莱茵河、多瑙河、美茵河等内陆河流域地区。借助有利的地理条件,德意志的城市兴盛起来,并成为中世纪城市的最为突出的代表,著名史家汤普逊曾感叹,在欧洲没有任何国家像德意志那样拥有如此众多的自由城市和如此活跃的市民人口;13~15 世纪,德意志是欧洲"最杰出的"市民国家。[③] 而这些德意志城市与欧洲其他地区城市最大的不同点就在于它们联合起来组成城市同盟。其中尤以吕贝克、汉堡、不莱梅、科隆为核心成立的北德汉萨城市同盟代表了中世纪城市发展的最高水准。特别是在法律发展方面,汉萨城市群较完整地继承了日耳曼—德意志的习惯法,并根据新的历史社会条件

① Buchholz, aaC S. 26.

② Buchholz, aaC S. 28.

③ [美]汤普逊:《中世纪晚期欧洲经济社会史》,徐家玲等译,商务印书馆 1996 年版,第 173~174 页。

对其加以改造,最终发展成庞大而稳固的城市法圈。[①] 这一独特法源在后世罗马法的强烈冲击下,顽强地保存下来,成为德意志法发展的重要源泉。

德意志汉萨城市最大的特点就是极度依赖波罗的海、北海的远程贸易。而以奢侈品为主的远程贸易需要持续不断地投入大量的财富,因此城市不可避免地需要大量的流动资本。同时,商人经常集聚的大量资本也需要寻找投资渠道。因此,中世纪城市对信贷有着炽热的需求,这也刺激了与信贷业密切相关的不动产担保制度的发展。

(一)新质

随着城市经济的发展,日耳曼法上的古质逐渐不能满足经济发展的需要。因为,以占有质物为成立要件的古质,将债务人丧失质物利用的权利,造成债务人的极大不便;同时日耳曼法上设定担保的占有权让与程式的刻板、烦琐也让商人感到不耐烦。人们开始寻求更为经济实用的担保方式。从12世纪开始,在德国的商业城市,首先是在科隆,一种被称为"新质"(jüngere Satzung;neuere Satzung)的不动产质权制度发展起来。[②]

最初,人们通过附延缓条件的不动产让与来达到这一目的。这一做法实际上是对最早的附解除条件的让与担保的改造。为确保债务履

---

① 德国很多城市是在12世纪之后,德意志人向东部斯拉夫人地区殖民形成的。它们往往是与某个老城有着非常紧密的联系,形成所谓"母城"和"子城"关系。当新城要建立法制时,如果"子城"(daughter city)的领主准许接受"母城"的法律,那么城市当局就派员前往母城,母城的主要司法官员、陪审法官(Schöffen)便为来人准备好当时流行的法律或其中所需的部分(例如关于城市政府、司法管理、行会、民事法律和刑事法律的那些部分)的最新版本。同时"子城"法院还经常将个别案件交给"母城"的陪审法官,并接受其对适用于具体事实情况的规则的意见。这样母城和子城之间的法律具有高度的亲缘关系。而在汉萨城市,汉萨同盟有权审理一切发生在汉萨城市的案件。由于吕贝克是同盟的领导核心,又是同盟的盟都所在地,很多汉萨城市将法律案件提交吕贝克审理或者接受吕贝克的法律。所以吕贝克法逐渐成了北德汉萨城市的共同法,逐渐形成了一个德意志城市法圈。据史料显示吕贝克的法律至少被43个城市所接受。参见[美]汤普逊:《中世纪晚期欧洲经济社会史》,第204~207页;[美]哈罗德·J.伯尔曼:《法律与革命》,第455页。

② Mitteis, Lieberich. *Deutsches Privatrecht*, S. 112.

行,当事人双方合意预先指定一块不动产,并让与纯粹的期待权(anwartschaftlichen Rechts)给债权人的方式而设立,[①]而不需要像附解除条件的让与担保那样实际交付不动产的占有。在实践中,这种做法逐渐转变为附失效条款的单纯担保,即当债务人清偿债务时,债权人便丧失对不动产的期待权。此外,实践中还流行设定一种附延缓条件的用益担保(Nutzungspfandrechtes)。为了满足法律对占有形式的要求使债权人立即获得占有权,通常承认他对土地之上地租享有权利,或者通过在土地上确立领主占有权(Lehnsgewere)——一种信托占有或者共同占有权(Mietsgewere),然后将土地实体占有授予债务人的方式,将质权占有权(Satzunggewere)立即让与给债权人。稍后,人们已经满足于纯粹期待权性质的质权占有权。由此出现了一种与当时流行的质权形成鲜明对比的完全没有现实的物质占有的质权形式。不过,这种保留债务人实体占有的新担保形式仍被视为附条件让与的特别形式。[②]当债务人不履行债务时,债权人期待权成就,其可以取得质物,以代清偿,或者变卖质物,以价金受偿。

只有在城市法首先将存在于相关土地上的纯粹期待权性质的质权(reinen antwortschaftlichen Satzung)与法院禁令结合,并在债务不履行之时对土地本身进行强制执行以实现债权人权利之后,一种新的质权形式才产生了:

“自此之后,质权的主要目的不在于利用占有,而是产生一种纯粹的担保效力。这种担保形式允许债务人继续占有质物,又通过强制执行手段保障债权人在债务不履行时通过质物受偿。这样就满足了新的经济需求,由此新质在法律本质上与古质形成了鲜明的对比。新质须在法庭或有禁令发布权的市政厅之前按照法定形式设立;但无须作成土地让与程式(Auflassung);不过质权必须在法庭登记簿或城市公簿或者专门的担保登记簿上进行记载。……债权人取得了物权,尽管这一物权在债务到期之前不能取得对物的直接支配,但已经表明土地置于债务的羁束之下。为此目的,尽管根本没有现实的对物占有

① Gierke, *Sachenrecht*, S. 818.

② Gierke, *Sachenrecht*, S. 818.

(Sachgewere),但对土地期待性质的占有得到承认,这种占有被作为现实的权利占有(recht Gewere)。由此债务人可以其质权对抗取得土地的第三方。但他有可能受到威胁,即当新的所有权人取得权利占有时,他的权利由于缄默原则的作用可能丧失”。①

通过引入城市登记簿,不动产质权设定的程序大大简化了,不再需要在全体市民参加的公众集会上履行日耳曼法上严格的有些刻板的繁冗程序,权利设定的效率大大提高了。而且占有权成立的要件不再包含对质物的事实占有,但却又通过登记簿公示和法庭强制执行程序的保障达到同样的支配目的。从而在债务人和债权人之间形成了比较好的利益平衡。这与近代的抵押权在形式上已经有些相似了,不过其内在逻辑仍是日耳曼法的。由于其仍然是通过形式主义方式设定于不动产质上的占有权,故而其性质还是纯粹的物上责任,与债务人的人身和其他财产没有直接关联。如债务人不履行债务,债权人只能就不动产主张强制执行。

(二)高利贷问题与定期金买卖的起源

1. 高利贷问题对新质的限制

不过,新质在城市不动产担保中发挥的作用并不大,个中原因除了前述的封建原因、不同法域并立而相互隔绝等因素之外,还有就是基督教的高利贷禁令妨碍了新质的使用范围。因为新质最主要的运用场合就是在金钱消费借贷场合,由于高利贷禁令禁止人们借贷取息,所以也造成不动产质权应用范围和频率的萎缩。故而,贯穿整个中世纪的高利贷问题不仅是一个道德问题,还是一个法律和社会问题。正如雅克·勒高夫所说:

“高利贷。西方从12世纪一直到19世纪的这七个世纪里,有哪一个现象比它更能在展现经济与宗教、金钱与救赎之间的爆炸性混合呢?在这样一个漫长的中世纪里,新生的人们被古老的象征碾碎了;现代性在那些神圣的禁忌中举步维艰地开辟道路;历史巧妙地在宗教权力的镇压下找到了在尘世成功的途径。围绕着高利贷的那场声势浩大的论

① Gierke, *Sachenrecht*, S. 819.

战,在某种意义上,催生了资本主义”。[①]

中世纪高利贷问题主要由《圣经》中关于禁止在金钱借贷中取息的戒律引发。在《圣经》中涉及禁止高利贷的文字一共有五处。其中四处在《旧约》,一处在《新约》。最主要的是《旧约》中的两处:一处是《旧约·出埃及记》,22:25 规定:“我民中有贫穷人与你同住,你若借钱给他,不可如放债的向他取利”;另一处是《旧约·利未记》25:35~37 规定“你的弟兄在你那里若渐渐贫穷,手中缺乏,你就要帮补他,使他与你同住,像外人和寄居的一样。不可向他取利,也不可向他多要,只要敬畏你的神,使你的弟兄与你同住。你借钱给他,不可向他取利;借粮给他,也不可向他多要”。[②] 从这两处引文可以看出,中世纪基督教所禁止的“高利贷”并非是我们今天所理解的过高的利息,而是利息本身;也就是说,禁止在消费借贷中收取任何利息。违反这一禁令者死后不得进入天堂,反要受炼狱之苦。这些教义逐渐成为基督教的宗教戒律,一直受到正统的维护。历代宗教会议都禁止神职人员放高利贷,后来扩展到非神职人员。在公元 789 年,法兰克帝国的查理曼大帝以帝国立法明令禁止神职或世俗人员放高利贷;[③]自此之后,高利贷禁令成为教会法和世俗法共同的规范。应该看到,基督教的高利贷禁令在一定时期是有其合理性的,它在一定程度上保护了自由农民不至于因为利息负担过重而沦为奴隶。对此,皮朗先生明确指出:

“当教会出于宗教原因而禁止高利贷,它对中世纪早期的农业社会作出了卓越的贡献。它使中世纪早期的农业社会免除了古代世界因消费债务而遭受的严重痛苦。贷款不取息的原则,完全符合基督教的仁慈。在货币还没有成为财富手段,因货币而获取报酬即被视为勒索的时代,‘相互授予无所希冀’,这句格言与这个时代是完全合拍的”。[④]

---

① [法]雅克·勒高夫:《钱袋与永生:中世纪的经济与宗教》,周嫄译,上海人民出版社 2007 年版,第 1 页。

② 引文见中国基督教协会出版发行的和合本圣经。另外三处分别是《旧约·申命记》,23:19~20;《旧约·以西结书》,18:13;《新约·路加福音》,6:34~35。

③ [法]雅克·勒高夫:《钱袋与永生:中世纪的经济与宗教》,第 13 页。

④ [比利时]亨利·皮朗:《中世纪欧洲经济社会史》,乐文译,上海人民出版社 1964 年版,第 109 页。

但是现实情况与理想之间往往存在较大的落差。高利贷禁令在理论上的明确性常常被复杂的实际情况搞得模糊不清。而这种混乱甚至还是源自教会的活动本身。因为在中世纪早期,教会实际上充当了社会信用组织的角色——由于教众们的捐赠,教会囤积了大量的财富和金银器皿。当发生饥馑或者封建领主们储蓄耗尽而又不得不用现款购买生活必需品时,附近的修道院或教堂对他们就起着信用机构的作用。前者借支必要的款项,而借款人拿土地作为抵押以保证债务的偿还。如抵押土地的实物收入用来抵偿本金,便叫做"活押";如抵押土地上的实物收入虽归债权人所有但并不减少本金,便叫做"死押"。在以上两种场合里高利贷的禁止是受到尊重的,因为原借出的货币本身并不产生利息;[①]而是土地的实物产出在流动。但随着货币经济的发展,土地的收入冲抵本金的形式从实物变为货币,这种担保形式的合法性就成问题了。所以,12 世纪末,教皇明令禁止了修道院和教堂最喜欢的这种信贷形式:抵押(Mortgage),即由不动产作保障的借贷,贷方收取不动产的收益。[②] 从 13 世纪初期以后,教会机构就很少再贷款给别人。教会机构与俗人不同,它们不能规避高利贷的禁令,虽然它们往往也破坏这种禁令。[③] 虽然世俗的借贷活动仍然不可遏阻,但是借贷取息的做法始终面临着沉重的宗教、道德压力,而常与借贷活动如影随形的不动产质押也被殃及。

2. 定期金买卖的起源

不过,历史宛如普洛透斯之脸,变幻无常,随时可呈现不同形状并具有极不相同的面貌。中世纪的神权社会中,《圣经》在社会生活中具有权威性,但《圣经》自身的一些矛盾或者说模糊之处又在悄悄侵蚀其权威的普遍性,或者说它自身的逻辑脉络在其权威性上留下了一些缺

① [比利时]亨利·皮朗:《中世纪欧洲经济社会史》,乐文译,上海人民出版社 1964 年版,第 109 页。

② G·Le Bras,"高利贷"条目,见《天主教神学词典》(第 15 卷),1950 年,col. 2356,转引自[法]雅克·勒高夫:《钱袋与永生:中世纪的经济与宗教》,第 19 页。译文稍有调整。

③ 比格伍:《货币贸易史》(第 1 卷),第 451 页,转引自[比利时]亨利·皮朗:《中世纪欧洲经济社会史》,第 122 页。

口,这使得中世纪社会不至于因《圣经》的权威性而瘫痪,不至于因历史的凝固而窒息。这是因为基督教的高利贷禁令专注的只是“征收以金钱形式实现的对于金钱的利息”。① 而对于其他与消费借贷取息本质上相似的活动却网开一面,例如一篇于12世纪下半叶被收录到教会法典中的文章就有这样的论述:

“在所有的商人中,最该死的是高利贷者。因为他贩卖的是上帝赐予的东西。这种东西不是人类所有的(这与商人是相反的)。在放完高利贷后,他重新收回这个东西,还有别人的财物,这一点儿都不是商人所为。人们或许会提问:那出租田地以获取地租,或出租房屋以获取租金的人,难道与那有息借贷的人没有一点相似之处吗?当然没有。首先,因为金钱的惟一功能是支付购买的价格;其次,农夫使土地结出果实,房客享受了房子。在这两种情况中,物主看起来都为了收到金钱出让了其物品的用途。从某种意义上来说,是以益换利。然而,被借出的金钱,却没有任何用途;最后,使用会使田地逐渐贫瘠,房屋毁坏,而借出的金钱既不会减少也不会老去”。②

这里体现的思想实际上是中世纪基督教官方神学家托马斯·阿奎那在《神学大全》中表述观点的通俗翻版。在亚里士多德关于“钱不能自我生产”观点的启发下,阿奎那断言:“货币……主要是被发明以用于交换的;因此,它本身的首要用途就是在交换中被消费、被用。因而,对借出的金钱的使用收费,其本身是非正义的。高利贷就是由此构成的”。③ 而另一位顶尖的神学家圣波拿文图拉也明确指出:“金钱本身,通过其自身都是不可结果实的。果实来自别处”。④ 由此我们看到这场被不断重复的禁令所标识、猛烈而又旷日持久的高利贷斗争,实际上针对的是“钱生钱”这种反自然的不劳而获的获利方式;如果获利有正当基础,那么它就是区别于非法高利贷的合法利润。教会法典和神学

① [法]雅克·勒高夫:《钱袋与永生:中世纪的经济与宗教》,第25页。

② [法]雅克·勒高夫:《钱袋与永生:中世纪的经济与宗教》,第26页。

③ [意]托马斯·阿奎那:《神学大全》,IIa和IIae,p.78,转引自[法]雅克·勒高夫:《钱袋与永生:中世纪的经济与宗教》,第26页。

④ 波拿文图拉:《第三智慧书》,dist.37,dub.7,转引自[法]雅克·勒高夫:《钱袋与永生:中世纪的经济与宗教》,第26页。

家们的著述向人们传达着一个信息,如果利润是建立在自然的基础上——至少表面上必须是,且来源于劳动(基督教义规定不劳动不得食),那么它就是合法的。因此从12世纪末起,在城市中兴起一种新型的投资手段及担保方式——定期金买卖。①

在中世纪的城市,从事远程贸易而致富的商人们,常常手握大量资本寻找投资机会。除了再投资于商业或放债外,最安全的投资是购买城市土地,然后再出租给新的居民;这种投资方式在很大程度上避免了远程贸易的高风险以及放贷的道德风险。而且随着城市人口的迅速增长,土地逐渐成为建筑的基础。土地所有者除了收取地租以外,很快地增加了一种新的租金,那就是从租地人所建筑的房屋收取租金。如果不动产所有人需要一笔长期贷款,他就可以将地租或房租——合称定期金(Rente)——"卖"给放贷人,而放贷人将"价金"支付给所有人,然后定期收取租金。如果所有人怠于给付,那么定期金权利人可以请求法院强制执行土地上的租金负担,而不管现在的占有人或所有人是谁——因为租金是不动产自身所负担的给付债务,其占有人不过是个"代理人"而已。

中世纪封建法早已经习惯于将土地或房产之上的负担或给付看作是——因此买卖这种独立于特定债务人身份的"抽象性"物上负担或物上之债,将其包含的作为抵押贷款利息的因素巧妙地遮蔽,在法律上和道德上几乎没有任何风险。虽然交付给放债人的定期金,实际上就是以房屋作抵押的借款的利息;但是由于采用了买卖形式,而且符合宗教法的经典论述,所以不受高利贷禁令的约束。因此,教会在定期金买卖出现时并未表示反对,甚至它也为自己的债权人设置终身定期金;这一"表率"为定期金买卖的推广作出了很大贡献。② 而且定期金买卖的

① Gierke, *Sachenrecht*, S. 753. 除了定期金买卖,中世纪规避高利贷禁令的方法还有很多,比如合伙、票据、货币兑换等。参见[意]卡洛·M. 奇波拉主编:《欧洲经济史(第二卷):十六和十七世纪》,贝昱、张菁译,商务印书馆1988年版,第455页以下。

② [英]M. M. 波斯坦、E. E. 里奇、爱德华·米勒主编:《剑桥欧洲经济史》(第3卷),周荣国、彰金秀译,经济科学出版社2002年版,第457页以下;[比利时]亨利·皮朗:《中世纪欧洲经济社会史》,第124页。

利息比商业利息温和得多，直到 15 世纪时，它的利率在 8% 至 10%。[①]而有史料显示，直到 1500 年，欧洲很多地方的借贷利率在 15% 以上。[②]定期金较为轻缓的负担也吸引了农村地区的居民，定期金买卖在农村地区也迅速流行起来。而且为适应定期金买卖的需要，农村土地上原来的各种实物负担也被改造成定期金的形式；封建制度下封闭的农业经济被拖入了商品经济的轨道。最终，定期金买卖成为中世纪最普遍、最常见的一种信用形态。特别是在欧洲西北部地区，定期金不仅成为私人之间常用的信用形式，而且成为城市公共借贷最常见的一种方式——成为公共信贷以及现代国家公债的前身。[③] 而对德意志不动产担保制度的发展而言，定期金买卖逐步排挤了日耳曼法上传统的不动产质权制度，将其适用范围压缩在规模非常狭小的短期借贷市场。[④]

（三）定期金买卖的法律结构

由于定期金买卖最早是采用所有人在变卖地产时保留租金的形式，因此定期金买卖必须履行日耳曼法上的占有权转移程式（Auflassung）。后来，单独"购买"租金的交易形式逐渐摆脱了继续使用所有权转移形式的要求，但定期金被视为一种独立的不动产财产权的观念在中世纪法中保留下来，并为近代物权法所接受。[⑤] 故而城市法将这种从所有权中分离出来的权利的流通严格区分于动产流通，而与土地所有权适用类似的法律程序。因此，定期金买卖必须遵守所有权买卖的形式强制规定：设定或转让定期金必须于市议会（Rat）之前作成占有权转移程式或其简化形式，并登记在定期金登记簿之上；同

① ［德］阿诺尔德：《德国城市财产史》，巴塞尔，1861 年版，转引自［比利时］亨利·皮朗：《中世纪欧洲经济社会史》，第 123 页。

② ［意］卡洛·M. 奇波拉主编：《欧洲经济史（第二卷）：十六和十七世纪》，贝昱、张菁译，商务印书馆 1988 年版，第 462 页。

③ 史学界在很长一个时期曾将定期金买卖视为德意志地区的专有制度。这主要是因为市政定期金买卖在德意志地区以及现在的荷兰、比利时以及法国北部、意大利比较常见，而在法国卢瓦河以南很难见到这种信用形式。这一点使得研究中世纪的史学家一直非常困惑。相关情况参见［英］M. M. 波斯坦、E. E. 里奇、爱德华·米勒主编：《剑桥欧洲经济史》（第 3 卷），第 457 页以下。

④ Buchholz, aaO S. 77.

⑤ Buchholz, aaO S. 74.

样,古典的缄默原则——“一年零一日异议权”(Ansprache binnen Jahr und Tag)原则——也适用于定期金买卖。[①] 满足这些形式要件之后,购买人就于该不动产之上取得一项独立的物权,定期金也被视为不动产之上的负担。购买人可以再次出卖定期金,或者将其再行设定担保。于是,定期金作为买卖的标的,巧妙地掩盖了其贷款利息的本质属性,而不动产实质上成为了贷款本息的担保物。

而定期金债务存续期间,按习惯法,定期金的支付以半年为期,分别是在复活节(Ostern)和米迦勒节(Michaelis)。[②] 一般来说,必须在这两个法定日期后14日内付清当期定期金,逾期则征双倍。如果定期金权利人设定的宽限期届满,土地占有人仍怠于给付定期金,权利人则可以申请强制执行不动产以获清偿。这时土地占有人是否是定期金的出卖人并不重要,因为定期金土地本身负担的一种物权性的给付债务,与土地占有权人特定的人格属性并无关联。不过,权利人也只能对不动产强制执行,即便土地价值不足以抵偿资本投入时也不能对土地占有权人的其他财产提出请求。因为定期金债务是一种纯粹的物上责任,因此债务人并没有对人债务。

在定期金土地信用市场发展成为城市经济生活最重要的支柱之一后,为保障这一市场的健康发展,城市通过立法强化了定期金在破产程序中的优先权顺位。因此定期金权利不仅对所有无担保债权享有优先地位,而且相对于其他担保权也享有明显的优先地位。据吕贝克史料显示,在该城市法上,抵押担保债权在破产程序中的受偿顺位大约排在14位,而定期金权利则高居第一位。[③] 这无疑极大地确保了定期金投资的安全性。

经过长期发展,中世纪城市法上的定期金基本固定为两种类型:终

---

① Buchholz, aaO S. 75.

② 这两个都是基督教的传统节日。复活节是为纪念耶稣被钉十字架受死后第三日复活。公元325年基督教尼西亚宗教会议规定复活节为每年春分月圆后的第一个星期天为复活节。米迦勒节是为了纪念天使长米迦勒而设定的节日。西方基督教定为每年9月9日(东正教定为11月8日)。这两个节日恰逢春耕和秋收,传统上就是结清债务的日子。

③ Buchholz, aaO S. 75.

身定期金(Leibrente)和永久定期金(ewige Rente)。前者的购买人可终身享受定期金支付;其死亡为定期金债务消灭的条件。这种定期金源于前述之宗教灵魂地租。而后者则是向购买人及其继承人永久享受支付的定期金,与权利人的寿命无关。① 最初,定期金设定之后,债务人是没有意定的回赎权或解除权的。因为定期金买卖原本是应付教会之消费借贷禁止取息法规的一种脱法行为,在形式上完全是采取的"买卖"形式,而没有一点消费借贷的痕迹,所以"买方"并不具有本金返还请求权,而"卖方"也无法以退还本金而免除定期金债务。所以定期金也有"永久金"(Ewiggeld)之称。但这样会造成土地负担越来越重,特别是当市政府作为义务人时会造成公共财政的危机,因此实践中慢慢出现以偿还本金而买回定期金权的特约,最后演变成即使没有特约也可以偿还本金而免除定期金支付的情形。这样定期金业已近似付利息的消费借贷。到13世纪末(1270年之后),大多数城市法已经通过修法承认债务人的回赎权为定期金买卖的一项基本原则:回赎要么按照原交易价格进行;要么以城市登记公簿中确认的年租金进行资本折算(从14世纪起按照1:20的比例)。② 据史料记载,年租金——实际是年利息——在早期一般是10%或更高;从14世纪开始,随着商业的繁荣和货币流通规模的扩大而逐步下降并稳定在5%~6%之间;到15世纪甚至降到3%~5%。③ 但是,必须强调的是这种回赎权是债务人的权利而非义务,因此债权人不得要求债务人备价回赎——北德汉萨城市法普遍不承认定期金权利人有解除权。④

(四)小结

在中世纪特定的社会文化环境中,基督教的高利贷禁令给附利息的消费借贷活动戴上了沉重的道德和法律枷锁,同时也阻塞了传统不动产质权的发展空间。但社会以某种方式进行资金融通,调剂余缺,追

---

① Buchholz, aaO SS. 75-76. 另参见[英]M. M. 波斯坦、E. E. 里奇、爱德华·米勒主编:《剑桥欧洲经济史》(第3卷),第457~458页。

② Buchholz, aaO S. 76. 汉堡城市法规定为1:15。Buchholz, aaO S 92.

③ M. M. 波斯坦、E. E. 里奇、爱德华·米勒主编:《剑桥欧洲经济史》(第3卷),第471页以下。

④ Buchholz, aaO SS. 76, 92, 102.

逐利润的需要却是无法被阻绝的。定期金买卖的出现将根植于封建体制和城市法中的实物负担逐步改造为一种极具特色的法律构造,使不动产之上独立的物权类型被应用于担保目的,但同时继续保持了独立性,即仍然"抽象"于特定的原因关系。这种独特的结构安排使定期金买卖适应了信贷投资的需要,同时又满足特定时代道德和法律合法性要求,为城市范围内早期的资本流通和土地流通作出了巨大贡献。作为日耳曼原始的法律构造与城市经济思维创造性结合的产物,定期金买卖制度成为在中世纪僵化刻板的土地秩序下土地流通的完美的技术手段。① 到中世纪末期和近代早期,由于教会高利贷禁令的松动以及罗马法继受的影响,抵押权制度有了长足的发展。但是,定期金买卖并未因此而完全枯萎,相反两种法律形式实现了特色互补:定期金买卖因其安全性、变现的灵活性在中长期信贷市场仍独占鳌头;而抵押权则满足了债务人将特定原因关系与限制物权紧密结合的特殊要求,适应了市场多元化发展和当事人意志自由的需要。这两种法律形式在17世纪以后不断接近,并在个人责任和定期金资本的赎回问题上找到了融合点。不过这种融合的真正实现尚需到近代邦国更广阔的舞台上来实现。

## 三、《德国民法典》中的土地债务制度

### (一)罗马法继受与土地债务的法典化②

15世纪以后,德国步入早期商业资本主义,原来习惯法,特别是债法和诉讼法,已经越来越跟不上时代。而"古代罗马法的优点在于私法体系,尤其债法。罗马法经注释与疏证法学派合于时代的注释后,发挥其适应社会的能力,而甚能满足德国当时社会发展的需要。于是德国步入实务继受罗马法的阶段"。③ 当时德意志各地法院中,从意大利

---

① Buchholz, aaO S. 74.

② 限于篇幅,本文于此简述罗马法继受对土地债务的影响。关于此一问题以及《德国民法典》起草时关于土地债务的争论更为详细的介绍参见黄家镇,前引书,第三章。

③ 戴东雄:《中世纪意大利法学与德国的继受罗马法》,中国政法大学出版社2003年版,第213页。

留学归来的罗马法专家占据了法官或陪审员的位置。通过这些罗马法博士,罗马法迅速蚕食了传统日耳曼法的许多地盘,致使很多传统法律规范从此退出了历史舞台,成为博物馆的遗迹。

不过,由于德意志内部邦国林立,主权高度分裂,政治环境复杂,造成各地法院体制发展五花八门,传统法律势力强弱不一,因此各地继受罗马法的程度参差不齐。大体而言,可以以德国中部的威悉河为界,以西的莱茵—威斯特伐利亚传统上深受罗马文明(主要是莱茵地区)以及后来的法兰克帝国的影响,而且在地理上毗连意大利,罗马法主要就是经由此一地区再向德意志其他地方传播,故而罗马法在这一地区影响力极大,基本上排挤了原来的日耳曼习惯法。而威悉河以东地区,包括萨克森以及汉萨诸城市,罗马文明自古以来从未扩及该地区,加上中世纪时该地区的日耳曼习惯法经过《萨克森明镜》编纂已经初具体系;特别是在北德汉萨同盟城市,借助城市间的法律继受,已经形成一个较为稳固的法圈。[①] 在这一区域日耳曼法与罗马法呈旗鼓之势,特别是在不动产法领域,罗马法并未取得对日耳曼习惯法的优势。在这些地区,不动产法的历史发展呈现出两个世界的法学思维和法律形式相互碰撞,相互渗透的态势,最终形成混合式的发展。“我们必须感谢十七八世纪的实务家,因为直到他们才把许多德意志法律生活中非普通法的制度,安排到普通法释义学的思考形式里面;例如……德意志法制中的土地信用形式,如土地负担(Reallasten)与地役权(Servituten)”。[②]

正是在这种学术研究以及司法实践活动的推动下,德意志特别法中的不动产法律发展产生了一项实质性的成果,“传统的公示制度——庄严程式与风格迥异的、在智识和实体方面更加精致进步的法律文化实现了融合:诚信思想——‘诚实可靠’(Redlichkeit)——逐步侵入原来封闭保守的不动产流转体系。虽然信赖保护和交易安全保护之间的典

① 这一划分受到佩里·安德森在《绝对主义国家的系谱》中关于德国绝对主义国家发展状况划分的启发。参见[英]佩里·安德森:《绝对主义国家的系谱》,刘北成、龚晓庄译,上海人民出版社 2001 年版,第 258 页以下。类似的分类参见[德]弗朗茨·维亚克尔:《近代私法史》,第 220~221 页。

② [德]弗朗茨·维亚克尔:《近代私法史》,第 202 页。

型联系尚未被十七八世纪的法学家的意识所把握——诚信原则的传播毋宁是基于伦理的考量”。[①] 但对个人伦理价值的强调,对善意诚信思想的推崇,已经出现了以纯粹私人合意变动物权的征兆。由此德意志特别法上的公示程式与近代私法上公示原则的联结点被发现:缄默原则与善意思维结合起来;稍后的法律体系就将善意纳入登记取得行为本身,以借助善意要件和公示形式共同克服以前取得程式缺乏实质合法性的缺陷。[②] 这种联结的方式尚显粗糙,但实际上使得以前只要满足了占有权让与程式和缄默原则的登记行为就具有不可撤销性的观念被削弱了,因为只要善意要件不具备,登记取得行为就可能被撤销。这样一来,权利变动的公共意义虽仍被坚持,个人意志因素与伦理正当性也日益重要。随着理性自然法思想在欧洲的传播,被认为是书面理性的罗马法的巨大影响力巩固了意志论和诚信思想在不动产法中的地位。罗马法中意思主义的物权变动模式,被作为具有普世性格的自由主义思想的典型代表而大行其道。相形之下,德意志法上的原始形式主义物权变动模式中的核心要素,如公开的文书、市政厅或法庭前的庄严而复杂的仪式、集中的需亲历亲为的法律公告程序等,由于通常有利于整体利益而“剥夺”个人意志,因而被认为与以个人主义为基础、以维护个人自由为宗旨的普通法财产权体系完全对立,屡屡被视为异类、粗糙和带有破坏性的精神构造物,而遭到鄙弃。[③]

而罗马法提供的替代方案则是一个没有完整形式体系的担保法结构,主要包括法定抵押权、裁判抵押权和无公示的合意抵押权,外加种类繁多的优先权。这种法律结构更多地考虑个人信用活动自由,偶尔附带承担社会政治功能。[④] 在这种价值取向之下,抵押权基于法律规定、判决或私人合意即可成立,无须进行登记。由于无须公示,因此权力机关也无法对抵押物的实际价值进行评估和监控——况且这种活动在自由主义理念面前也缺乏正当性。因此,在无法准确预测抵押物的

① Buchholz, aaO SS. 104 – 105.

② Buchholz, aaO S. 105.

③ Buchholz, aaO S. 110.

④ Buchholz, aaO S. 180

实际价值的情况下,权利人总是倾向于扩大自己的权利,所以这一阶段设定的抵押权,无论法定还是意定,一般都是在债务人的总财产上成立的概括抵押权(Generalhypothek),亦即抵押权的效力及于债务人现在及将来的所有财产。当债权已届清偿期而债务人仍不清偿债务时,抵押权人便可以出卖抵押标的物并由卖得价金优先受偿。

虽然罗马普通法上的抵押权制度实行形式自由,但是形式和顺位问题却是其无法完全回避的。抵押权没有了客观的物质表现形式,对担保只能作观念上的把握,而且这种观念性把握由于信息不对称也必然是存在极大缺陷的。这种观念性的抵押权不仅造成理解和察实的困难,其合法性也是备受争议的。特别是意定抵押权,因为法定或裁判抵押权毕竟还可以认为因为裁判的公开性和强制性而获得一定的"公示力"。既无法定情形又无登记公示却能和公示抵押权同等享有优先权,这无异于在没有任何正当理由的情况下将某个特定担保债权人的意志凌驾于其他债权人之上;这与自然法和罗马法强调对个人意志和自由的绝对尊重的理念背道而驰。并且多个抵押权人权利竞争的问题由于无章可循而变成一团乱麻。概括抵押权的存在,不仅常常引发担保过度的问题,而且还加剧了权利竞争的问题。更有甚者,无公示形式即可成立抵押权还为债务人与他人串通一气,损害其他债权人利益打开方便之门:债务人和第三人完全可以通过突击设定概括抵押权,并以"倒签时间"的方式淘空其他债权人的抵押权。因此,无公示抵押权诱发欺诈的道德风险极高。这种无公示的罗马抵押权制度对城市和邦国中至关重要的信贷业的发展构成极大威胁。

事实已经证明,罗马法抵押权几乎不能作为构建现代土地信用体系的最佳模型。所以罗马抵押权制度遭到不少地方——特别是汉萨城市——的强烈抵制。各地纷纷通过立法强制无公示的抵押权进行登记,否则就不赋予任何效力或者以无对抗力、极差的顺位等方式使其实质上贬值。[①] 但是,完全退回传统既不合时宜也不太可能,罗马法的重犁已经将德意志的法律土壤深翻,传统的、原始的德意志形式主义模式在意识形态和话语权上已经处于绝对劣势。因此,实际上焦点就集中

① Buchholz,aaO S. 118.

在如何解决罗马法抵押权的形式以及顺位问题,以及如何协调罗马法和德意志传统法的关系。有学者甚至感叹:“十七八世纪过渡时期的抵押权发展史就是经济界、司法界以及立法界围绕形式主义和公示问题进行斗争的历史”。[①] 部分地区彻底倒向罗马普通法抵押权,只是借助法院的参与来控制和解决相关弊害;而北德地区则从17世纪末已经开始清理被无公示抵押权、优先权弄得一团乱麻的担保法,并试图将两个担保法传统进行融合,赋予其一定的体系和架构。

首先是汉萨城市,因为它们拥有悠久的独立传统,而且形成了比较成形的成文法体系,因此拥有摆脱异域法支配、自由发展的可能性。[②] 其中,汉萨同盟曾经的领袖吕贝克又一次起到了示范作用。吕贝克法的实践通过梅克伦堡法学家梅维乌斯的理论综合后决定性地影响了后世的理论和实践。[③] 梅维乌斯赞同吕贝克城市法的做法,即只有在市议会前才能有效设定不动产担保;抵押权亦必须以明确的书面方式设定。这样就可以预防欺诈行为,并避免未公示的物权负担给交易带来的风险。不过,梅维乌斯回避了纯粹的合意抵押权无效的这一结论。他拒绝承认公示形式具有绝对强制的特点,因为形式强制只考虑了债

① Buchholz, aaO S. 118.

② 而在其他地区,由于邦国绝对主义的发展,很多城市早已被取消了自治权和立法权,因此通过立法积极应对抵押权法的现实乱局的能力有限,所以更多地通过法院的裁判活动来引导抵押权的发展。

③ 达维德·梅维乌斯(David Mevius),是德意志最重要的法律家之一,其重要性且不限于其时代(维亚克尔语)。他是格雷夫斯瓦尔德大学教授,曾任维斯马高等法院副院长,管辖范围为北德意志部分地区。他曾经负责起草了《维斯马最高法院及波美拉尼亚宫廷法院条例》以及梅克伦堡领地法草案,他还出版了《维斯马最高王室法院司法裁判集》和《吕贝克法律评注》,为德意志北部地区的习惯法体系化作出了杰出贡献,正是由于他的成就,梅克伦堡和吕贝克地区法律赢得世人瞩目。相关情况参见[德]格尔德·克莱因梅尔、扬·施罗德主编:《九百年来德意志及欧洲法学家》,许兰译,法律出版社2005年版,第515页。另参见[德]弗朗茨·维亚克尔:《近代私法史》,第209~210页。吕贝克在地理上本就属于梅克伦堡邦国,只是由于获得帝国自治城市特权才不受梅克伦堡公爵管辖,但两地的经济、政治和法律联系一直非常紧密。吕贝克的法律对梅克伦堡有着决定性的影响,并通过梅克伦堡法间接影响了后世的德国民法典。

权人的安全,而没有照顾到债务人的利益。[①] 他认为不应该禁止合意抵押权,因为这与所谓的"善意"原则矛盾——无论如何,无公示抵押权仍然是债权人与债务人之间的法律关系,应当赋予其相应的法律效力;至于取得不动产的第三人利益可以通过短期时效得到保护:时效过后,抵押权人不得再主张权利。由此,他提出一套顺位规则来解决抵押权竞争和冲突的问题:在市议会之前公示设立的抵押权最优先;在三个证人之前设立的"准公示抵押权"次之;无公示的合意抵押权再次之但优先于对人债权人(无担保债权人)。[②]

这种做法虽然并未能完全解决不动产担保物权存在的问题,但它迈出了两种差异甚大的法律思维、法律体系相互融合的第一步;并防止了北德不动产法的发展因噎废食,倒退到古代僵化的形式主义中去。因此在整个过渡时期的争论中,德意志法和罗马法两方谁也未占明显上风。由于法学家们的审慎、节制以及卓越的智识贡献,新法律形成的诸多要素开始汇集起来;德意志法上的定期金制度与富有弹性的、以个人意志自由为基础的抵押权开始形成一种混合形式,迈上了抵押权"独立化"的道路。在这一道路上,定期金制度的早期历史逐渐被淡忘,它逐渐融入了一个在规模和空间上都极大扩展了的信用经济体系之中。同时,罗马抵押权的影响使得在传统的硬壳中已经有些僵化的土地负担制度重新焕发青春。德意志土地负担与罗马法抵押权在物权负担的解销权和责任范围问题上找到了联结点。受到罗马法自由理念的影响,定期金债权人和债务人都平等地享有了解销权;同时允许将定期金债务与债务人的对人担保义务联结起来——特别是在强制执行场合。"这样两种法源开始相互渗透、彼此扬弃自身现行体系中的缺陷,在此,德意志法的贡献是形式主义的理念——独立性、完整的物权性和

---

① Buchholz, aaO S. 120. 不过,在近代以来城市对整个德意志政治发展的影响力越来越弱,到1815年德意志联邦条例通过时,以前数目众多的帝国自由市已经只剩下四个:吕贝克、不来梅、汉堡和美茵河畔的法兰克福。其他的城市早就被各个邦国取消了自治地位,并入各邦的统一的行政体系。因此,城市注定无法承担完成德意志法律统一的任务。

② Buchholz, aaO S. 121.

形式成立主义,而普通法的贡献则重在个人主义的契约思想”。① 从此之后,德意志不动产担保物权的发展都是围绕着形式主义原则和意思自治原则如何更好地相互融合、协调这一目标而展开。而这一历史使命是由德意志东北部地区的梅克伦堡和普鲁士两邦来实现的,然后通过普鲁士传递给了德国民法典。②

(二)土地债务的法律性质

《德国民法典》将土地债务制度规定在物权编部分。按照BGB第1191条的规定,所谓土地债务是指以从土地中向特定的人支付特定金额的方式为土地设定的负担。在支付不能得到满足或者权利人欲提前获得相应给付时,“土地债务赋予了其持有人通过变价从该不动产上获得一笔金钱的权利”。③ 这种土地债务设定的原因有多种,例如所有权人为自己或他人在土地变价时预留的受偿次序,或者以赠与为目的设定。但无论如何,土地债务与特定的原因债权关系并无法定联系,即

① Buchholz, aaO S. 124.

② 这主要是因为普鲁士主宰了德意志国家统一的进程。这一结果是德国中世纪特殊历史环境造成的。中世纪时,德意志皇权长期陷入意大利这个马蜂窝,忽略了德意志民族国家的建设,坐视国内各种政治分裂势力壮大。当德皇将精力放在意大利时,国内封建主向东部斯拉夫地区的殖民运动进行得如火如荼。到13世纪中叶,德意志封建主占领了勃兰登堡、梅克伦堡、波美拉尼亚和普鲁士广大地区,实力已经远远超过王权。特别是在1254~1273年间,德意志皇位出现长期空缺,历史上称为“空位时期”,德意志统治阶级内部的力量对比发生有利于封建诸侯的决定性转变,而且使得几个世纪以来起着政治重心作用的德意志西部和西南部地区,让位给易北河以东地区的边区马克伯爵和公爵。1356年颁布的“黄金诏书”正式确认科隆大主教、美茵茨大主教、特利尔大主教三大教会诸侯,以及萨克森公爵、巴拉丁伯爵、勃兰登堡马克伯爵和波希米亚国王四个来自东部的世俗诸侯为选帝侯。以后德意志国王必须经他们选举产生。这些选帝侯每次选举德意志国王时,总是选择势力较小、不至于危害他们独立与权力的弱小家族代表。黄金诏书是德意志封建主义百年发展的高潮,是诸侯对皇权的决定性胜利,却是德意志500多年分裂的开始。最终德意志在中世纪形成一个统一的德意志民族和国家的希望彻底破灭。到了中古末期和近代早期普鲁士以军事立国,穷兵黩武,四处扩张壮大自己实力,先后击败了各个诸侯——主要是奥地利,掌握了德意志统一的领导权。最终在普法战争中扫清了阻挠德意志统一的最后障碍,实现了国家的统一。所以德意志第二帝国在政治、法律和国家制度中都带有非常鲜明的普鲁士烙印。

③ [德]M.沃尔夫:《物权法》(第20版),吴越、李大雪译,法律出版社2004年版,第373~374页。

原因关系不是土地债务物权性的构成要件。基于此，即便存在某种特定的债权关系，其在登记和证券制作时并不出现在登记簿和权利证书之上。从本质上讲，土地债务是一种土地本身负担的独立的物上债务；[①]而且此种物上债务只能以货币方式进行支付。

由于德国民法典的起草者将土地债务与抵押权同归于变价权的行列，因此以其与抵押权进行比较，将有利于认识其特性。土地债务和抵押权在核心本质上是相同的；它们都是同一类型的物权，其区别仅在于与被担保债权的关系。[②] 这种区别可以从二者的法律定义中得出。BGB 第 1113 条第 1 款将抵押权定义为："可以以如下方式对土地设定负担：须从土地中向因设定负担而受利益的权利人支付一定的金额，以清偿其所享有的债权"。对于土地债务，第 1191 条第 1 款表述为："可以以如下方式对土地设定负担：须从土地中向因设定负担而受利益的权利人支付一定的金额"。这两个定义结构几乎完全相同，唯一不同的就是对土地债务的定义中没有了"以清偿其所享有的债权"这一目的限定。正是这一目的限定表明抵押权与其所担保的债权之间的手段—目的关系的法定性；而土地债务则没有这种法定的目的联系，即土地债务是一种去目的化的抽象物权。BGB 第 1192 条的规定，更进一步强调了二者之间的这种区别；该条规定，抵押权的规定相应地也适用于土地债务，只要不会造成如下后果即可，即土地债务须以债权之存在为前提。这就是说即便土地债务用于担保债权，也不产生法定的从属性，担保目的不能成为土地债务的构成性要素，而只是在当事人之间发生债法性的联系。因此，独立性、抽象性是土地债务的法定性质，而且根据物权法定原则，这一属性不能通过当事人的约定加以改变。正是这种特点决定了土地债务在物权变动上与抵押权的结构性差异。

（三）土地债务的设定

1. 土地债务的登记与证券颁授

按照德国民法典的规定，与抵押权一样，土地债务也有登记簿式和证券式两种形式。其中证券式土地债务是原则，而登记簿式土地债务

① Gieke, *Sachenrecht*, S. 909.

② Siehe Blomeyer, aaO S. 39.

则是例外。但无论哪种形式,作为物权的一种,土地债务都只能通过物权合意以及登记方能产生。由于土地债务是不以任何债权基础关系为构成要件的独立的抽象物权,因此进行土地债务登记时,土地登记簿上登记的就只是土地债务本身的物权内容,包括权利人的姓名、土地债务的金额和利息等,而不会出现债权基础关系或被担保债权的内容。即便是土地债务用于担保特定债权时,也无须在土地登记簿上标注该债权;如果标注了,也不产生效力,①即也不会导致土地债务适用从属性原理。

在登记时,按照第1192条第1款和第1116条第1款之规定,若当事人并未合意排除证券授予、并将这种合意登记于土地登记簿中,那么登记机关将制作土地债务证券并授予权利人,权利人占有证券时,取得证券式土地债务。这种土地债务证券所包含的内容应与土地登记簿记载的内容相同,但不必完全抄录登记簿内容。一般情况下证券应包括不动产在登记簿册中的编号、设定人、权利人、金额和利息、到期时间等。② 从证券记载的内容以及BGB第1154条关于其让与的规定看,其属于有价证券中的记名证券。按照BGB第1154条的规定,这种土地债务证券不能依靠单纯的背书而转让,而是必须以书面的让与声明和证券的交付相结合的方式让与土地债务证券。③

不过BGB第1195条规定,土地债务可以以无记名土地债务证券的方式设定。此种证券,准用关于无记名债券的规定。"这种无记名土地债务证券是纯粹的物权式有价证券,并由此区别于标注有保全性抵押权的无记名抵押债券"。④ 这种无记名土地债务证券可以完全脱离土地登记簿而流转,实际上已经完全动产化了,可以以交付方式转移土地债务。而且,无记名土地债务证券可以像无记名证券抵押权那样设定信托管理人。⑤ 信托管理人成为所有权人和多数情况下无法确定

---

① Baur, Stürner, aaO S. 507.

② 具体实例参见书末附录。

③ 关于记名证券的介绍,参见[德]梅迪库斯:《德国债法分论》,杜景林、卢谌译,法律出版社2007年版,第452页。

④ Gierke, *Sachenrecht*, S. 914.

⑤ Gierke, *Sachenrecht*, S. 915.

身份的土地债务权利人之间的中介,这样所有权人就不必和不为人知的债权人个别进行磋商。不过,由于无记名土地债务的功能通过设定普通的证券式土地债务也能实现,所以无记名土地债务的实践价值并不大。①

2. 土地债务的类型

通常情况下,土地债务是为他人而设定,称为他人土地债务。但所有权人也可以从一开始就为自己设定土地债务,是为原始的所有权人土地债务。在这种场合,所有权人须向登记机关作出为自己登记一个土地债务的单方声明,以代替一般情况下的物权合意。这种单方声明需按照《土地登记条例》第 29 条的规定以认证或公证文书形式作出。这种土地债务的设定可以不需要任何债权的产生作为前提条件,因此称为独立式土地债务,区别于为了担保特定债权的土地债务,即所谓的担保性土地债务(Sicherungsgrundschuld)。

总的来看,独立式他人土地债务在实践中比较少见,"只有当所有权人希望某人得到其土地的一部分价值时,这种独立式土地债务才会出现,根本不需要一项被担保的债权的存在。例如,父亲可以将在其所有的土地上设定的一项土地债务,作为嫁妆赠与他的女儿。如果这种所有权人土地债务是以证券式土地债务的形式设立,那么它可以在土地登记簿之外通过证券的交付和书面的让与声明被转让给债权人,但债权人并不出现在土地登记簿之上,他至少可以在'破产'之前秘密地持有该土地债务"。②

同样,所有权人以永久保有土地债务为目的而设定所有权人土地债务的情况也比较少见。因为这样没有多大意义:所有权本身就是对物的完全支配权;而且根据 BGB 第 1196 条第 1 款的规定,所有权人不能自己申请对所有权人土地债务进行强制执行。所以,通常所有人设定所有权人土地债务,往往是为了之后转让土地所有权或土地债务获得融资做准备,是为土地担保权流通而作的特殊安排。这种担保设定形式可以减少程序、节约成本,而且债权人并不出现在登记簿和证券之

① Baur, Stürner, aaO S. 552.

② Baur, Stürner, aaO S. 506.

上,有时能满足债权人不愿暴露商业信息的特殊要求。通常这种原始的所有权人土地债务很快会发生转让。例如,土地所有权人让与所有权时,为担保买卖价金或者为自己在土地上保留特定的价值份额而设定所有权人土地债务;在土地所有权让与后,该所有权人土地债务转化为他人土地债务。或者所有权人为获得融资,先设定所有权人土地债务;在获得融资后,将其让与给债权人,这时所有权人土地债务转化为他人担保性土地债务。土地债务与被担保债权基于担保合同的约定发生债法上——而非物法上——的联系。此外,"在实践中,所有权人在设立土地债务的同时也经常被要求作出抽象的债务允诺(第780条),记载转让所有权人土地债务时对第三人承诺债务(BGH NJW1976,567;Zawar NJW 1976,1823),其后果是,除土地债务外,所有权人个人也要承担责任"。① 这样使得土地债务与所有权人的对人债务结合在一起成为共同责任,增强了土地债务的安全性,更有利于吸引投资。②

另外,按照BGB第1199条的规定,土地债务还可以采取定期金土地债务的形式设定。所谓定期金就是指有规律的、反复出现的时间点从土地支付特定金额。③ 定期金土地债务的权利人有权请求给付,未获满足时,可以以强制执行土地之方式收取定期金。定期金土地债务的历史非常悠久,在中世纪时一度非常流行,不过在德国民法典颁行之后,其在实践中的地位已经被土地负担和分期清偿抵押权制度所取代。因为"这种物上负担中原始的类型不同于土地负担,其并不是物权性债务,而是物的责任(Sachhaftung)。因此有疑问时,所有权人并无对人债务"。④ 而土地负担的情况下,所有权人对于每笔到期的给付,还承担着个人责任。所以,在给付没有得到履行时,权利人可以对所有权人的其他财产进行执行,不一定非得执行土地。而这在定期金土地债务是不可能的:土地所有人只以土地来承担责任。⑤ 与中世纪的定期金

① [德]M. 沃尔夫:《物权法》,第375页。

② Siehe Baur, Stürner, aaO S. 482.

③ Gierke, *Sachenrecht*. S. 915.

④ Gierke, *Sachenrecht*. S. 915. Palandt/Bassenge, § 1199, Rn. 1

⑤ Baur, Stürner, aaO S. 552.

原则上不可解销的规定不同,德国民法典规定土地所有权人可以通过支付解赎金(Ablösungssumme)来消灭定期金土地债务,从而防止了土地所有权之上出现中世纪那种"永久的"定期金负担,不过这一解赎金必须从一开始就被确定并记载在土地登记簿之中。

(四)担保式土地债务

1. 担保式土地债务的本质

在德国法学界和经济界,人们已经形成一个共识:现代信贷担保方式中,担保式土地债务如果不是最为重要的,也是最重要的手段之一。[①] 不过,德国民法典中并没有使用"担保式土地债务"这个概念,甚至也不可能使用。因为学理和法律上,土地债务都是被界定为独立于债权的形式化、抽象化的物权。而担保式土地债务只是一个生活中约定俗成的概念,"这个概念只是想表明:在实践中,土地债务——与抵押权完全一样——也可以服务于债权的担保"。[②] 不过,"担保式土地债务"的称呼,无论从哪个观点来说,都是不恰当的。鲍尔和施蒂尔纳指出:"因为这个称呼使人不由自主地想到了担保性抵押权,并且因此产生这样的想法,即好像这里涉及的是一种土地债务的法律模式,就像担保性抵押权一样,其标志是土地担保物权与债权特别紧密地结合在一起。但这根本就是不可能的"。[③] 虽然土地债务为担保某个债权而设立,其与被担保债权形成实质上的手段—目的关系,但这种关系只能发生债法上的效力,土地债务的法定属性并没有变化,就其物权内容而言,它并不附属于某个债权,即仍然是物权法上独立存在的物权。由此,在进行登记时,它也不能以"担保式土地债务"的名义被登记在土地登记簿中,而仍然要登记为普通的土地债务!

不过,土地债务与被担保债权的事实以及债法上的关联确实无法回避,而且"担保式土地债务"这个概念随着时间推移和学术研究进展

---

① Axel Gärtner, *Die Sicherungsgrundschuld: im Spannungsfeld zwischen Eigentümerschutz und Verkehrsfähigkeit*, Inaugural-Dissertation, der Westfälischen Wilhelms-Universität zu Münster, 2005, S. 1.

② Baur, Stürner, aaO S. 513.

③ Baur, Stürner, aaO S. 513.

也获得了法律实体上的意义。我们看到,当以土地债务为债权设定担保之时,如果是登记簿式土地债务,那么须以在登记簿中完成土地债务的转移登记;如果是证券式土地债务,则可以选择登记转移和交付证券的方式转移,或者以书面的让与声明认证文书和交付证券来转移;如果是无记名土地债务证券,则可以直接交付证券来转移。不管哪种方式,完成转移之后,债权人都成为土地债务所有人,成为不动产物权部分价值的占有者。但债权人有义务遵守债法性质的担保合同,即仅约定条件成就时或者在债权未得到履行时为了担保的目的而行使其权利。与此相对应,所有权人在履行土地债务金额之后,享有土地债务回转请求权,而且所有权人还可以主张土地债务的回转和债务同时履行。因此,土地债务的变动都与债法性质的担保契约产生了千丝万缕的联系。由此出发,许多学者都认为担保式土地债务已经有些接近流通性抵押权。赫克(Heck)甚至从"目的共同体"(Zweckgemeinschaft)的理论出发,主张土地债务是一种类似于"债务"(Schuld)与"责任"(Haftung)相连接的共同债务(连带债务)。这就导致了债权领域的所有法律事件将直接作用于土地债务,反之亦然。在所有权人和债务人并非同一人的情况下,其内部关系由 BGB 第 426 条调整,结果土地债务与抵押权极为接近。①

不过,赫克的理论并未被承认。因为它与物权法定原则以及关于土地债务的制度传统都不相容。道理很简单,如果土地债务与被担保债权构成法律上的共同债务,那实际就意味着土地债务的存在依赖于被担保债权,这与第 1191 条和第 1192 条关于土地债务抽象性和独立性的规定直接冲突。况且,按照共同债务的理论,其中某一个债务被清偿,另一个债务会因为目的达到而自行消灭;这也不符合土地担保物权消灭只能通过注销登记达成的法定程序。此外,德国法院在判决中也否定了将某个债权约定为土地债务的延缓条件或者解除条件,从而使得土地债务的成立从属于该债权的做法。因为这种约定违背物权种类强制和种类固定原则,按照该原则,土地债务不能从属于债权。②

① Baur, Stürner, aaO S. 513.
② [德]M. 沃尔夫:《物权法》,第 388 页。

对于担保式土地债务的本质,德国学者沃尔夫的观点颇具启发性。他认为,担保式土地债务应属于自益信托的一种应用形式。① 担保契约的存在并不直接影响土地债务的物权性质,土地债务权利人只是基于担保契约负有债法上的义务:只能在特定条件下为担保目的而处分土地债务。但这一义务的违反并不影响土地债务的存续和变动,只是产生权利人的债法责任。这与担保性债权让与以及动产担保领域的担保式所有权让与的结构确实非常接近。其实,在物权契约理论中,同样可以解释担保性土地债务的本质以及其与担保契约的关系。按照抽象理论,担保契约作为土地债务设定的债权行为和原因都被抽离于土地债务的物权存续,只能作为一种调节性的因素存在,发挥债法上的作用:以不当得利或者损害赔偿请求权的方式。这种解释符合体系解释原则,也与土地债务的历史起源相吻合。实际上从某种角度来看,担保式土地债务是日耳曼法上不动产物权担保式让与的现代版本,是一种更高层次的“复古现象”。它们同样都是借助独立的不动产物权的让与来实现融资和担保的目的,只不过所处的时代背景和依托的制度体系已经完全不同:古法上的土地债务制度主要是用作规避基督教高利贷禁令的法律规避手段,其依托的是让与程式在小型封闭社会所产生的形成力和公信力;而现代土地债务制度本身就是作为一种安全、快捷的投资和流通工具而设计的高度理性法律,其依托的是形式理性的登记簿技术以及登记的公示公信效力。不过这些并不妨碍它们在制度内在逻辑结构上的共同性。

2. 土地债务与担保契约

如上所述,担保式土地债务本质上仍是一种独立的土地物权,其存续及变动都不依赖债权的产生与继续存在。因此,对担保式土地债务准确的理解应该是土地债务用于担保目的。这一担保目的虽然没有成为土地债务的物权性构成要素,没有导致其成为从属性的担保物权,但是,担保目的成为土地债务的一种调节性要素,使得土地债务权利人行使土地债务受到一定限制,从而间接影响到了土地债务。德国联邦最

① [德]M. 沃尔夫:《物权法》,第388页。德国学者鲍尔和施蒂尔纳也持相同观点。

高法院的判决就认为,土地债务权利人作为自益的信托人(eigennützziger Treuhänder),其扩张了的物上权利要受到债权的约束,[①]这一点与担保性所有权让与或者担保式债权让与的结构几乎是一致的。但是,关于担保契约的约定对土地债务约束的程度因各个担保契约的特质不同而有所不同。在现代金融市场条件下,信贷的提供越来越为金融信贷机构所垄断。为了减少一对一协商所带来的高昂交易成本以及道德风险,信贷机构往往采用格式合同形式来构造担保契约,因此这些担保契约常常需要受到合法性的审查。

担保契约由所有权人和土地债务权利人签订,其是BGB第812条所说的担保设定的法律原因,并规定了当事人之间债法性质的权利义务。若所有权人设定土地债务的义务是以贷款的发放为交换条件,则担保契约属于双务契约。反之,若系已经发放的贷款提供事后的担保,则它仅是双边契约。[②] 担保契约通常包括以下内容:

(1)设定土地债务的约定以及目的声明。按照担保契约,所有权人有义务为一个或者数个债权设定土地债务,债务是否为所有权人本身的对人债务则在所不问。这种约定包括两方面:首先必须有关于设定土地债务的约定。若没有这种约定,则土地债务缺乏债权基础,但土地债务本身并不消灭,而是按照第812条、第1192条第1款和第1169条的规定产生已设定的土地债务的不当得利返还请求权以及放弃请求权。其次还必须有所谓的目的声明,即声明土地债务为哪些债权人提供担保。若该目的声明无效而设立土地债务约定有效,则不能单独按约定主张第812条的请求权。这时,土地债务就成为独立式土地债务。"仅当目的声明与设立约定系同一法律行为且按第139条设立约定无效时,才能按第812条主张权利",[③]即所有权人享有不当得利请求权性质的回转请求权(Rückübertragung)。不过,鲍尔和施蒂尔纳认为在目的声明或者信贷债权关系缺少或消灭的场合,所有权人享有的是基

① 联邦最高法院裁判,载《新法学周刊》,1989年,第1732、1733页。Siehe Baur, Stürner, aaO S. 515.

② [德]M. 沃尔夫:《物权法》,第389页。

③ [德]M. 沃尔夫:《物权法》,第389页。

于信托约定而产生的合同上的返还请求权,而不是适用不当得利法。①若债权人违背回转义务,则债权人可能按照担保契约对其违约行为承担损害赔偿责任。不过,理论界和包括联邦最高法院在内的实务界都认为合同性的返还请求权在内容上与不当得利请求权是一样的:所有权人可以选择要求权利人返还、放弃或者废止土地债务。②

从形式上看,如果目的声明是包括在格式条款之中,那么就要按照2002年修订后的债法第305c、307条检验其有效性。若是为担保自己的债务,则原则上可约定设立债权人现有的或者将来的债权。反之,若所有权人为第三人的债务提供担保,则按照新法第305c条这种格式契约条款中的上述目的声明便属于异常条款,因为土地债务通常只能为第三人的具体债务而设立,若一般地规定为第三人的全部债权担保,则剥夺了所有权人小心审查每一项债务的权利。按照新法第307条,这种目的声明可能无效。③

(2)抽象债务允诺与双重执行服从。实践中,在信贷机构制作的担保格式条款中经常出现以下条款,即要求所有权人作出抽象的债务承诺或者债务承担以及对基于土地债务在土地上执行之容忍的执行服从,从而使所有权人对被担保债权负对人责任。这样就意味着除土地债务的物上责任之外,所有权人的全部财产还将被置于《民事诉讼法》第794条第1款第5项的强制执行之下。而债权人则可依据贷款契约或者选择较小的债务承诺执行债务人的全部财产,或者根据担保式土地债务提起物权诉讼以单独执行不动产;在土地债务执行之后,仍有部分债务未清偿的,债权人可基于附带执行服从大债务允诺对所有权人的其他财产继续进行执行。这就使得贷款方的权利变得非常安全,但所有权人的风险则变大。对于这种格式条款,沃尔夫认为其既不属于新债法第305c条的非寻常条款,也不违背新法第309条第12项以及

① Baur, Stürner, aaO SS. 519 – 520.

② Baur, Stürner, aaO S. 520.

③ 联邦最高法院判例,载《新法学周报》,1996年,第191页。参见[德]M. 沃尔夫:《物权法》,第389页。Siehe Baur, Stürner, aaO S. 516 – 517.

第307条的规定,[1]因此应当是有效的。不过,联邦最高法院对此做出区别处理:只要债务人与所有权人是一致的,而且,在银行上的担保需求与债务人的利益得到很好的权衡,这种条款就是允许的。与此相反,当所有权人并非对人债务人时,至少在土地债务设定文书中,以具有执行服从条款的债务承认的方式设定所有权人的格式化对人责任的做法是无效的。[2]

(3)债权人的义务。通常担保契约应当包括债权人相应的义务,尤其是他行使土地债务权利要受到限制,即仅当被担保的债权得不到自愿和及时清偿时方能行使。即使担保契约缺少这种约定,但是从担保契约的目的解释中仍然可以得出这种义务。不过,若债务人对债权人负有数个债务,而且这时第三人以土地债务为其债务提供了担保,假设债务人已经履行了部分债务,则债权人无义务将部分履行视为对土地债务担保的那部分债权的清偿。同样,债权人也没有义务为了照顾担保的提供人而必须先变价其他的权利。若某个土地债务为数个债权提供了担保,则原则上债权人可变价土地债务满足其自己选定的一个债权。[3]

如果债权人的担保债权已经得到满足或者从其他途径实现了担保目的,则债权人有义务将土地债务返还所有权人,或选择放弃土地债务,或者同意废除或者注销土地债务。如果被担保债权只是部分消灭,则回转义务只能相应地减少。这种回转请求权实际上是以担保目的消灭作为附带的延缓条件。不过,不能将土地债务回转请求权约定为附带解除条件,因为这样实际上就使得土地债务因债权的消灭而消灭,从而导致土地债务的成立依赖于债权的成立。这种将土地债务等同于不动产抵押的做法是与物权种类强制原则相矛盾的。[4]

如果债权人按照约定的条件或者未受清偿时,正当地行使了变价

---

① [德]M. 沃尔夫:《物权法》,第390页。

② 联邦最高法院判例,载《新法学周报》,1991年,第1677页。Siehe Baur, Stürner, aaO S. 517.

③ 联邦最高法院判例,载《新法学周报》,1993年,第2043页;1994年,第2514页;1998年,第601页。参见[德]M. 沃尔夫:《物权法》,第390页。

④ [德]M. 沃尔夫:《物权法》,第391页。

权或者将土地债务转让给第三人,则所有权人对债权人的回转请求权同时消灭。即使这时土地债务的债权人重新从第三人处获得该土地债务,回转请求权也不会自动恢复。

(4)清偿对象之约定。在抵押权场合,并不存在清偿对象确定的问题,因为抵押权和债权是一个法律上的共同体。而在担保式土地债务的法律结构中,主债权与土地债务并无物权性质的关联,这导致从属性原则无法适用,故而债权的清偿和土地债务的清偿产生的法律效果并不相同。如果所有权人清偿的是土地债务,那么就产生了所有权人土地债务;相反,如果其清偿的是债权,那么如前所述,土地债务保持不变,只是土地债务的回转请求权的延缓条件成就,请求权被激活;所有权人可请求权利人返还、放弃或者注销土地债务。实践中,所有权人究竟清偿的是债权还是土地债务常常不清楚。通说认为,一般应由支付人的意思决定;可能的是,根据其意思,债权与土地债务应当都被清偿了。[①] 不过,债务人/所有权人需对此承担举证责任。法院在进行意思表示解释时,会根据具体情况,尤其会考量各方的利益、契约的具体约定。

为了避免实践中出现争议,特别是在金融机构的担保契约中,除约定土地债务的解除、到期外,当事人还常常就债务人所履行的支付是为了清偿债权还是为了抵消土地债务做出约定。这一约定就排除了支付人的确定权。若系为土地债务支付,则形成法定的所有权人土地债务。为此,债权人将失去土地债务,所有权人获得更正或涂销请求权。此外,只要所有权人和承担个人责任的债务人为同一人,则按照担保约定的目的为土地债务而支付后,原则上被担保的债权也归于消灭。反之,若与债权人非同一人的所有权人支付,则债权不归于消灭。这时不会出现不动产抵押中按第 1143 条规定的债权法定转移的情况。不过,付款的所有权人可按担保契约要求债权人让渡其债权人的债权。若债权人已经依据土地债务受偿而仍然要求满足其债权,则违背诚信原则。不过允许作不同的约定,尤其是所有权人可与债权人约定将土地债务的数额用来抵消与原来约定的债权不同的债权。

---

① Siehe Baur, Stürner, aaO S. 523.

反之,若为债权而支付,则土地债务将继续存在。虽然债法上的回转请求权仍然成立,但是债权人可针对所有权人提出异议或者抗辩,或者他可约定土地债务为他的其他债权担保。因此,金融机构的担保契约通常包含所谓支付约定,即支付只是为了满足债权。联邦最高法院甚至认为,从经验上出发,若债权人为银行,则支付通常是为了满足银行的债权,而不是为了土地债务自身。不过,尽管有支付约定,起决定作用的还是所有权人在支付时的意愿。这时债权人可以拒绝受领不符合契约要求的履行。[①] 不过,在债权人按第1147条强制执行土地债务时,即便有支付约定,所有权人也有权为土地债务而支付,从而避免强制执行,因为契约约定不能排斥第1192条和第1142条的适用。

若系为债权而部分履行,则原则上将形成与部分履行相应的回转请求权。不过这样可能造成债权的零星履行而导致将土地债务零碎地返还给所有权人,为避免这种情况,实践中,当事人往往——主要是银行——要求约定所谓的担保界限(Deckungsgrenze),即银行有权在被担保债权的数额的基础上,在一定程度上扩大担保数额范围。这样一来,若土地债务的数额不是大大地超过被担保的数额,则所有权人不能主张回转土地债务。但是,担保界限使得回转请求权的条件处于不确定的状态,并有可能演变为实质性的过渡担保(Uebersicherung),从而损害所有权人的利益。因此,联邦最高法院在一项判决中认为担保界限通常不能超过尚未支付的债权的110%,超过部分即为过度担保。[②] 不过,如果暂时性的过度担保后来因为发放新的贷款而消除,则担保限额不因此无效。

3. 担保式土地债务的转让

(1)一般情形。原则上,担保式土地债务可与债权一起被让与,但前提是二者没有按照BGB第413条和第399条排除其转让的可能性并记载在土地登记簿中。转让的排除如果只是由担保契约约定而没有明确将排除约定登记在土地簿中,则所有权人不得以此对第三人进行抗辩——善意第三人受到公信力保护,除非第三人明知此约定的存在。

---

① [德]M.沃尔夫:《物权法》,第392页。

② BGH GS NJW 1998,671,675. 参见[德]M.沃尔夫:《物权法》,第313页。

在债权和土地债务一并让与第三人时,所有权人的法律地位受到的影响并不显著,按照 BGB 第 404 条以及第 1157 条的规定,其得以原债权关系产生的所有抗辩权对抗受让人。当然,为了流通安全,这些抗辩受到公示公信制度的限制,即只有在抗辩事由被登记在土地登记簿之中或者受让人知道抗辩事由时,所有权人才能主张。若土地债务被转让给第三人,则原债权人和所有权人之间的担保契约中的抗辩仍可按第 1157 条第 1 句用来对抗新的权利人。反之,所有权人不能行使原债权人与新权利人约定的抗辩权。若新的权利人系按照第 1157 条第 2 款和第 892 条善意取得土地债务,则所有权人对原权利人的抗辩权不能用来对抗新的权利人。为此可以将各具体的抗辩而不是整个担保契约登记在土地簿中,从而避免善意取得。尤其是可将回转请求权的条件登记在土地簿中。也可以通过预告登记的方式确保这种作为附延缓条件的返还请求权。若抗辩未被登记在土地登记簿中,从而第三人无从知道缺乏负担设定的事实,则不能对善意取得人提出抗辩。所以在这种情况下,尽管所有权人已经履行了债务或者债务不成立,他仍然可能面临其不动产被强制执行或者支付土地债务的危险。

不过,债权与担保式土地债务的一并让与并不是强制性的规定,第 1153 条关于抵押权与主债权不得分离转让的原则性规定不适用于此。因为土地债务与抵押权不同,其对债权的"从属性"不是法定的,而是担保契约约定的。因此,理论上和法律上,债权和担保式土地债务可以分别被转让。当债权和担保式土地债务被分别让与时,法律关系会变得复杂化,当事人的法律地位也会随之而发生变化。其中最主要的是所有权人的法律地位将显著恶化,因为他将面临双重给付的危险:分别来自债权人和土地债务人的给付请求。因此,所有权人可能享有的抗辩手段或者说防御手段是分别让与时的中心问题。为了分析方便,这里先讨论所有权人和债务人为同一人时的分别让与问题。

(2)单独让与债权。土地债务与债权分别让与的第一种情况是债权人将债权让与给第三人,而自己保留了土地债务。从法律构成而言,土地债务作为抽象的担保物权,并不具有法定从属性,因此在债权让与时不会自动转移至新债权人。不过,德国学者通过解释认为,根据作为让与基础的债务关系,可以产生一个对物权担保一同转移的请求权。[1]所以,对债权单独让与可以依担保契约加以限制,即约定债权和担保式土地债务必须一同让与。不过,如果债权人违反担保契约的约定将债权单独让与,通常不能按照第399条作无效处理。原因在于,债权和担保式土地债务二者之间的目的联系仅仅是债法上的担保契约的内容,而不是债权本身的必备内容。[2] 虽然这样一来债权人违背了担保契约的义务并可能承担损害赔偿责任,但债权的转让却是有效的。

这样一来,债务人(所有权人)就面临双重请求权的问题。当土地债务权利人(原债权人)向其主张土地债务时,他得按照BGB第1157条的规定,以所有产生于担保合同的异议和抗辩对抗土地债务人,即便这些抗辩和异议并未出现在登记簿或土地债务证券之上,因为此时土地债务权利人(原债权人)对异议和抗辩是知晓的,即不存在善意保护的问题。如果原担保约定有关于禁止分别让与的约定,那么债务人(所有权人)就可以以此为抗辩,确保免受双重请求的风险。而且担保目的最终丧失的抗辩,按照BGB第1169条的规定,所有权人享有一个对土地债务受让人的返还请求权。

如果新债权人主张债权,债务人则可以要求新债权人将土地债务证券或注销土地债务必需的证书以同时履行的方式交付给他。由于新债权人并未受让土地债务,其无法按照担保契约将土地债务回转给所有权人,并返还土地债务证券和同意更正登记,此时所有权人按照第273条规定主张同时履行抗辩并行使留置权,拒绝履行债务。若债权仅仅是部分到期,而担保契约约定仅当全部清偿债权时才返还土地债务,则可能出现麻烦。在具体情况下,这种约定可能因担保过度而违背风俗,例如大部分债权已经得到清偿,原来约定的土地债务数额已经失去担保需求的时候。因此,排除回转请求权是无效的。反之,若债务人无权主张回转土地债务,则他不能按照第273条行使留置权,而是可按对方违背担保契约依据第406条针对新的债权人行使损害赔偿请求权。同样债务人可按照第404条依据担保契约对新的债权人提出

① Siehe Baur, Stürner, aaO S. 530.

② BGH NJW-RR 1991, 305.

抗辩。

(3)单独让与土地债务。分别让与的第二种情形是债权人自己保留债权而将土地债务单独让与给第三人。这种情况比单独让与债权而保留土地债务要复杂许多。因为一般而言,根据担保契约,债权人只有在被担保债权到期后,才能通过变价土地债务的方式来实现债权。变价条件成就后通过让与土地债务实现债权,并不违反约定;被担保债权在变价所得范围内消灭。如无另外规定,在此之前进行变价是违背担保契约的规定的。"但在一般情况下,变价条件成熟之前的变价禁止,被解释为对物上权利的债权上的约束,而不是作为物权效果的让与禁止,这种物权上的让与禁止原则上也是可以的,但需要登记。违反担保约定的约束,会产生基于积极违反契约的损害赔偿义务,比如在单独让与导致双重请求的情况下"。①

不过,这种变价让与禁止的约定能否对抗受让人则取决于这些抗辩权是否登记在土地登记簿或证券之上,或者为受让人所知道。如果抗辩权并未登录在土地登记簿或证券之上,并且受让人是善意,那么他可以主张善意保护。反之,债务人可以主张担保契约的抗辩。这是土地债务准用 BGB 第 1157 条规定得出的结论。在分离让与场合,如果受让人得主张善意保护,所有权人不能拒绝其主张权利的请求。在履行土地债务时,所有人仍然可以要求土地债务权利人交换土地债务证券或者注销土地债务所需的证书。对于债权人,所有权人则可以主张债务消灭抗辩从而避免双重给付的危险。因为在变价条件成就时,债权人变价土地债务后,原对人债务在变价所得范围内消灭。以此类推,在债权人违背担保约定变价土地债务时,原债权也应当在相应范围内消灭。没有任何理由使得所有权人在土地债务让与时,法律地位显著恶化。

实践中存在疑问而且争议较大的问题是,受让人的下列状态是否构成恶意,即其在受让土地债务时知悉该土地债务是担保式土地债务。如果这种情况构成恶意,那么受让人在受让土地债务时,就必须负担一

① BGH NJW 1982, 2768, 2769; NJW-RR 1987, 139, 141. Siehe Baur, Stürner, aaO S. 527.

个了解的义务,即其必须咨询被担保定债权是否存在、让与人根据担保契约是否有权进行土地债务的让与以及所有权人是否可以要求土地债务的返还。否则,受让人很可能因为所有权人基于担保契约的抗辩而无法取得或保持土地债务。这实际上将使得担保契约对土地债务的流通限制变得非常严格。对此,德国的判例以及通说认为,土地债务的受让人不得比流通抵押权取得人的地位更差,流通抵押权取得人,就其对土地登记簿记载的信赖尚且为法律保护,即法律为流通抵押权的存在在一定范围内拟制债权存在。没有理由与债权并无法定联系的土地债务持有人需要承担更高的审查义务和风险。例外的情形是作为土地债务设定基础的担保契约不存在,并且受让人无偿地获得了土地债务的情况下,法院才会考虑所有权人按照 BGB 第822条提出的不当得利抗辩权。①

(4)债务人和所有权人并非同一人时的法律关系。在担保式土地债务法律关系中,不动产所有权人和被担保债权的债务人通常就是同一人。不过,所有权人也可能并非对人债务人,而是主债权债务关系之外的第三人。债务人与所有权人并非同一人的法律关系,在流通抵押权法中规定比较详细,也相对比较简明清晰。因为抵押权与债权始终是不能分离的,因此不存在抵押权与债权分别让与带来的双重请求的危险。如果所有权人清偿了债务或抵押权,那么债权和抵押权一同转移至所有权人,所有权人再按其与债务人的内部关系进行追偿。而在土地债务则不一样,由于土地债务与债权并无法定联系,理论上二者可以分别转让,因此造成法律关系相对而言复杂得多。

在上述情况下,如果所有权人是担保契约的当事人,情况稍微简单一些,债务人和所有权人对债权人的法律地位原则上与债务人和所有权人同一的情况一样。所有权人可按担保契约对土地债务的主张提出未设定负担之抗辩。对于土地债务的受让人,如果有关土地债务的抗辩被登录在登记簿或证券之上或者受让人知晓抗辩事由,所有权人则可以对其主张担保契约的抗辩。在担保目的实现之后,他可主张回返土地债务。因为所有权人并非对人债务人,故不能主张所有权人履行

① BGHZ 108,237,243;Siehe Baur,Stürner,aaO S.529.

被担保的债权。

反之,若不动产所有权人自己不是担保契约的当事人,如债务人将属于他的或者在第三人土地上为其设立的他人土地债务让与给债权人,或者所有权人购买了设定有土地债务的土地,则他不能因拥有不动产所有权而自动地取得上述权利;仅当在他继受担保契约的情况下才有权行使回转请求权或者抗辩权。因此,通常在不动产买卖契约中需约定原所有权人的让渡请求权之义务。不动产买卖契约中也可能包含了默示的让与回转请求权的义务。尤其是当契约约定继受人按第 414 条和第 415 条承受转让人向银行返还贷款义务从而免除了转让人的义务时,则应当推定继受人也继受了相应的请求权。此外,继受人也可按照土地债务之债权人与转让人签订的有利于第三人的契约获得回转请求权。融资银行尤其对住房所有权人的继受人提供了回转请求权。①

如果所有权人没有继受担保契约,那么在土地债务权利人主张权利时,所有权人因为无权抗辩而必须支付土地债务。这时要看继受人是否因为将土地债务折算为价款而对债务人负有支付义务,还是因为土地连同土地债务一起拍卖。在这种情况下,所有权人的支付应当作为价款的一部分,或者作为竞买价金的一部分。如果继受人对债务人没有支付义务,则可以要求债务人返还不当得利。债务人若违反义务耽误了继受人获得担保契约中的权利,还可能产生损害赔偿责任。②

## 四、土地债务:实践中僭越而成的范式

在德国民法典,立法者规定了多种不动产担保形式供当事人选择,以期这些多样化的担保形式能满足信贷关系当事人不同的利益追求。不过,在实践中,尤其是在机构信贷中,面对担保式土地债务的竞争,其他担保形式都未能守住自己的阵地纷纷败下阵来。1966 年的 Segré 报告表明,德国抵押银行、公众银行以及建筑储蓄银行只有在例外情况下才运用抵押权担保;换言之,土地债务已经排挤了抵押权的适用,成为

---

① BGH NJW 1983,2502,2503;BGH NJW 1976,2340,2342;参见[德]M. 沃尔夫:《物权法》,第 397 ~ 398 页。

② [德]M. 沃尔夫:《物权法》,第 398 页。

主要的土地担保方式。[①] 同时,在判例和法学著述中,专家们几乎异口同声地赞扬担保式土地债务作为担保手段的巨大优越性。担保式土地债务独具匠心的法学结构无疑是其饱享赞誉的重要原因。由于其为无从属性的抽象担保物权,从物权层面看,土地债务实现了高度的客观化、单纯化,不会出现任何个性化的人格因素。因此,在面对因奉行契约自由原则而表现出无限丰富性的债权关系时,土地债务具有高度的适应性和灵活性,几乎能和任何种类的特殊借贷关系结合在一起,从而满足了市场多样化的需求。

### (一)担保式土地债务与最高额抵押权

在德国民法上,物权确定性原则是一条基本原则。于土地之上为特定债权设定抵押担保之时,按照从属性原则,抵押权的确定须根据债权来确定,因此物权确定性原则必然导致在进行物权登记时,债权也被明确、确定地登记在册,且不得随意变动。相反,由于担保式土地债务对被担保债权之无从属性,因此,其可以用于担保多个债权而不必担心违反物权确定性原则。其甚至可以在无须履行特定形式的情况下,以单纯约定更换被担保债权。而且被担保债权的变动,例如贷款利率或者还款期限的变动都无须登记在土地登记簿中。而在采用抵押权作为担保手段时,这种情况按照 BGB 第1180条的规定必须达成形式的物权合意并登记在土地登记簿之上。

担保式土地债务这种优点特别符合信贷机构的利益:由于被担保债权并非土地债务的物权性构成要素,土地债务特别适合用于担保频繁变动的债权。土地债务的无从属性带来的债权的可替换性对信贷机构具有重大价值:信贷机构可以在现有的债务履行后,利用担保式土地债务为新的债权进行担保。这不仅符合债权人的担保利益,而且在具有长期的信贷关系领域,同样满足了债务人的需求。

尽管在对这类债权进行担保时,最高额抵押权也可能满足所有权人的需求。但是,对债权人而言,最高额抵押权除了保全性抵押权的共同缺点外,还有另外的劣势:第一,根据第1190条第2款的规定,利息要被折算入最高额度;也就是说,债权人在给予贷款时,必须不停地将

---

① Stöcker, *Die Eurohypothek*, Berlin 1992, S. 25ff.

增长的和将来的利息大约地进行计算,以防止贷款最高限额被用尽。第二,从举证责任的分配角度看,担保式土地债务的权利人相对于最高额抵押权人具有决定性的优势。因为按照 BGB 第 1184 条第 1 款的规定,保全抵押权权利的确定只能根据债权的内容加以确定,并且债权人不得援引登记来证明其债权。因此最高额抵押权人必须举证证明债权存在以及其最高额度,而且不得援引登记记载。与此截然相反,在担保式土地债务场合,证明债权存在和担保限额的举证责任是分配给所有权人的。这是因为土地债务权利人行使权利仅仅依据土地债务本身即可,而不必证明债权存在及其限额——债权不是土地债务存续的物权性要素。第三,最为关键的是最高额抵押权不能按照《民事诉讼法》第 794 条第 1 款第 5 项的规定与立即强制执行的服从结合在一起。因为对强制执行的服从必须明示地适用于确定的支付请求权,而最高额抵押权范围的不确定性使得无法给予确定的强制执行证书。因此,判例和通说都否定了将《德国民事诉讼法》第 800 条规定的预定执行服从适用于债权具有高度变动性的最高额抵押权。①

同样,土地债务对所有权人/债务人也是有益的,因为不同于抵押权,所有权人可以设定原始的所有权人证券式土地债务,借助这一权利,他们不仅可以无可争议地保证其顺位从而获得较优质的贷款,还更有利于以最安全的方式——同时履行——移转土地债务。但不能就此错误地认为这对于土地债务权利人(通常是贷方)来说就是缺点,因为在此场合,土地债务的交付而产生的权利变动未在土地登记簿中进行登记,故而土地债务权利人是不显名的,因而有利于保护某些商业信息并可以减少公权力机关的干预。此外,以设定和让与所有权人证券式土地债务的方式设定信贷担保产生的费用与直接设立他人土地债务是一样的,虽然直接设立担保式土地债务没有关于让与声明的认证要求,而且只要与登记法的要求一致,土地债务证券的授予同样不产生司法费用。由此,以所有权人土地债务的让与设定信贷担保本身不仅仅对所有权人/债务人有利,对放贷人同样是有好处的,可以节省大量的时

① BGHZ 88, 62, 65; 108, 372, 377; BayObLG NJW-RR 1989, 1467; Baur, Stürner, aaO S. 493.

间和费用。不过,所有权人/债务人在直接设定所有权人土地债务担保时,其必须预先理性规划,将最急迫的需求放在什么担保顺位,或者谨慎地转移已经设定的担保顺位。这时,其必须考虑到,这种隐蔽的转移可能会使未来的信贷安排复杂化。因为后来的债权人只会提供条件较差的信贷,比如要求较高的利息、较短的还款期限等。而且还要对土地债务的灵活性所带来的风险有足够的心理准备和预防措施。

(二)担保式土地债务与分期付款抵押权

在现代金融信贷活动中,借款人采取分期付款的方式归还贷款已经是非常普遍的现象了。而德国民法典的起草者在设计抵押权时,并不是从债权被分割为小额多期偿还出发,而是从一次性给付或者至少是以较大金额偿还出发。这可以从BGB第1163条和第1177条的规定看出,这两条关于抵押权转化为所有权人担保物权的规定并不是以分期付款为蓝本而设计的。而且第1163条的规定是抵押权的法定内容,因此不能通过约定排除其物权效力。① 这一区别的后果在实践中为分期付款抵押权的运用所证实,当分期清偿期间,负担的不动产所有权多次转移时,分期清偿的抵押权会导致一些麻烦,即这里会产生一个结果,不同所有权人就其所给付的期款额度,享有部分价值(产生多个所有权人土地债务)。由于抵押权只有在债务清偿完毕后方能终结,最后那个所有权人就必须获得每个土地债务的权利人允许抵押权解销的授权,但这会相当烦琐而且耗费大量时间。实践中试图采取所谓的"分期清偿基金抵押权"(Tilgungsfondhypothekk)的权利构造来避免这些问题;这里所给付的期款被储备在分期清偿基金中;只有在达到资本的全部数额时,才与债权进行结算,这样一来,只有最后的不动产所有权人才享有所有权人土地债务。但是这种约定并不具备物权效力,否则第1163条第1款第2句的强制性规定就会被规避。仅有的例外是,根据《〈德国民法典〉施行法》第167条的规定,在农村信用协会和骑士信用协会约定此类条款时允许其具有相应的物权效力。②

这一单纯的债法上的约定不是被视为对债务的履行,而是首先被

---

① Palandt/Bassenge, § 1163, Rn, 14.

② Palandt/Bassenge, § 1113, Rn, 15.

看作存款行为，被看作债权人提供的额外的担保，而被部分允许。① 根据这一见解，这一约定并非废除了第1163条第1款第2句的效力，而只是推迟了结算时间的效力。埃克尔曼在谈及此一情形时，将这种明显就是以延缓第1163条第1款第2句的效力为目标的约定称为"脱离生活、矫揉造作"。这种约定只是对债权人有利，其获得法律规定之外的其实并无太多必要的担保。而这种约定并未给债务人带来任何好处：当债务人履行相应的债务时，债权人并不产生对等的返还相应部分的担保的义务。因此，在分期付款抵押权中，所有权人/债务人很难通过分期履行相应部分的债务而将相应的免除负担的部分再次利用。他的这一权利在很长一个时期内被约定妨碍。因此，虽然可以进行债法上的约定，但从债务人的角度看第1163条第1款第2句不可能不造成损失。

在人们对分期付款抵押权或者类似的债法约定的适用疑虑重重之时，担保式土地债务却能够为债权人克服相应的麻烦。由于担保式土地债务的抽象性，解决的方式并不复杂。一般情况下，支付是针对被担保债权的，因此担保式土地债务本身与这一履行并无关联，进而其只在债权完全履行完毕之后方才恢复到所有权人。这就避免了在分期付款抵押权场合，所有权人挨个征集土地债务权利人解销授权的烦琐程序，也避免了分期履行被归入清偿基金而产生额外担保的情况。

(三)担保式土地债务与"隐蔽最高额抵押权"

在德国的信贷实践中，还出现了一种被称为"隐蔽的最高额抵押权"的新型担保形式。它实际上是将流通抵押权与最高额抵押权进行混合，意图相互取长补短，达到制度优势的最大化：既克服最高额抵押只能是严格遵循从属性原则的保全抵押权的劣势，又克服流通抵押权的债权不能浮动的弊端。不过，"隐蔽的最高额抵押权"并不是最高额抵押权的一个亚类，其并非严格的从属性保全抵押权。相反其本质上是流通抵押权；只不过按照信贷双方当事人的约定，在当事人内部被看作一个最高额抵押权，即抵押权并不是担保登记或约定的债权数额，而

① Palandt/Bassenge, § 1163, Rn, 12.

是担保将来在信贷关系解除时最终确定的债权额。[①] 其特别之处在于其可以按照《民事诉讼法》第794条第1款第5项的规定与一个立即强制执行的服从结合在一起,这使得所有权人/债务人不得对强制执行提出异议,并承担关于抵押权实际并未完全到期的举证责任。此外作为流通抵押权,其可以在登记的票面价值之上包括利息。这种被称为"隐蔽的最高额抵押权"的特殊构造物成为非常受债权人青睐的担保工具。

不过,在实践中,债权人常常也选择担保式土地债务来实现同样的目的,因为担保式土地债务不必加入"隐蔽的最高额抵押权"的那种约定,这样就可以避免关于这种约定的正当性和合法性争议——其涉嫌规避物权法定原则——的风险。[②]

同时,即便"隐蔽的最高额抵押权"融合了流通抵押权和最高额抵押权的优势,并在一定程度上克服了各自的缺点。但担保式土地债务仍有其不可比拟的优势:其对被担保债权无从属性。因为撇开合法性问题不谈,"隐蔽的最高额抵押权"仍然要受到被担保债权的影响。虽然,"隐蔽的最高额抵押权"本质上是流通抵押权,但其也只是在有限制的范围之内享有土地登记簿公信力的保护,即关于债权的相关情况在登记簿中进行了登记。而"隐蔽的最高额抵押权"的问题就在这里,因为登记簿上记载的债权金额并非实际发生的债权金额;实际的债权金额要到借贷合同约定的期限或条件成就时方能确定。因此,抵押权人在主张抵押权时可能无法援引登记簿的记载内容作为证明债权合法性的手段。而且,由于从属性原则的存在,抵押权的确定依赖于被担保债权的确定,因此抵押权不可能约定与被担保债权不同的利率,这使得在确定担保限额和放贷额度的时候非常麻烦,因为放贷人必须反复、仔细地计算并充分估计可能出现的违约风险,否则就可能出现实际发生

---

① Palandt/Bassenge, § 1190, Rn. 1.

② 联邦最高法院至今仍未承认这种约定的合法性。但有些地方的高等法院却认许这种做法。争议的焦点主要集中在这种约定是否是对BGB第1163条第1款第2句这一强制性规定的规避以及这种约定是否给予了债权人不正当的利益。参见RGZ(帝国最高法院民事判例集)152,213,219;OLG Brdbg WM(勃兰登堡州高等法院判例,载《有价证券法通讯》)1998,283,288;BayOblGZ(巴伐利亚州高等法院判例)1954,196,203。

的债权溢出抵押权价值的情况,如果发生这样的情况,溢出部分的债权就无法享有抵押权的担保。最后,如果债务人援引登记簿上记载之抗辩或者登记许可中约定的事项,抵押权的实行就会受到债权基础关系变动的影响,抵押权的安全性就很成问题。

而这些情况在土地债务几乎不存在。土地债务是独立于被担保债权的抽象物权,其登记之时,被担保债权根本不用进行登记,即便登记也不会发生物权法上的效力。因此,土地债务的利息约定完全可以独立于借贷合同中债权利率的约定。例如,贷款可以约定6%的利息,而土地债务可以约定12%的利息。这种情况在当代德国信贷实践中非常普遍。① 这样一来,土地债务就可以最大限度地覆盖可能出现的额外费用、损害赔偿债权或者新发生的债权等事先可能无法完全预计的情况。另外,由于债权并非土地债务存续和形式的物权性要件,因此,债务人往往无法直接对抗土地债务的行使,而只能基于担保契约的约定主张债法上的抗辩来对抗作为担保契约当事人的债权人,进而间接阻止土地债务的行使。这在土地债务的流转中对善意受让人是非常有利的。最后,土地债务形式时,土地债务权利人可以仅仅主张实行土地债务,因此可以避免证明债权合法性带来的诸多麻烦。而将这种证明责任转移给土地债务人,因为他只有证明实际发生的债权额,才能最大限度地避免损失。这是抵押权各种亚类型无论如何组合都无法具备的优势。我们看到实践中当事人往往更愿意采用担保式土地债务,因此,土地债务将流通抵押权最后可能占据优势的空间也蚕食殆尽。

(四)担保式土地债务与共同担保

在当今的信贷实践中,经常会出现需要为担保一单独债权而在多个不动产之上设定不动产担保的情形。这种情况多出现在损失担保、额外款项担保以及银团贷款场合:在这些信贷活动中,借贷人单一的不动产往往不足以担保贷款的安全。在德国法上,根据双重担保禁止(Doppelsicherung)的原理,对一个债权不能在一块或多块土地上设定

---

① BGH NJW 1996,253,256(联邦最高法院裁判,载《新法学周刊》,1996年,第253、256页)Baur,Stürner,aaO S. 508。

多个独立的抵押权。[①] 不过,可以在多块不动产之上为同一债权设定共同抵押权,或者是将一笔债权的总额向多个抵押权进行分配。通常情况下,抵押权人会选择前者。因为,如果将总的贷款分解成若干部分,并分配到相应的抵押权上,他就可能要承担其中某块土地贬值导致的风险。而为总的贷款设定一个共同抵押,那么其风险通常会被减少:因为该土地贬值,会被另一块土地的价值储备甚至价值上升所平衡。因此,共同式抵押权人可以像"大老爷"一样坐在土地上,很少遭受损失。[②] 但是,"对于债权人来讲,共同抵押权是太好了,对所有权人——包括多个所有权人的情形——来讲,则是很糟糕的,对后顺位抵押权人来讲,又太危险了。因为债权人可以任意地(第1132条第1款第2句即如此规定)从每一块土地中全部地或者部分地获得清偿。他也可以先将债权的金额分摊到单个土地上,再获得清偿"。[③]

从本质上看,这样的安排对于债权人而言也缺乏弹性,因为共同抵押权是一个整体,在担保类型上就无法体现出物权性的差别,比如就不能将一个抵押权设定为证券式,而另一个设定为登记簿式,也不能将一个设定为流通式的,而另一个设定为从属性的保全抵押。而只能是共同流通性抵押权、共同保全性抵押权或者共同土地债务。同样关于负担内容的变化、转移和处分限制以及登记在土地登记簿上的异议都会对所有担保权产生效力。此外,共同抵押权最大的困难在于债务清偿或强制拍卖抵押不动产的规则异常错综复杂。当所有被负担的不动产属于同一个所有权人时,除了债权人行使按照第1132条第2款第2句规定的将债权分配到各块不动产之权利带来的核算困难外,这一分配权实际上妨碍了被负担的不动产充分利用其信贷价值。通过这种方式对一块不动产设定负担,实际上就完全排除了充分利用其信贷价值的可能性。

更为重要的是,由于共同抵押权是一个整体,共同抵押权的变动只

① RGZ(帝国最高法院民事判例集)131,16,20;Palandt/Bassenge,§1113,Rn. 13.

② Baur,Stürner,aaO S. 497.

③ BGH NJW 1986,1487、1488(联邦最高法院裁判,载《新法学周刊》,1996年,1487、1488页) Baur,Stürner,aaO S. 498.

能是一体的,因此只能就整体的共同抵押权的变动为约定;同样某一约定也会对整个的共同抵押权产生约束力。这就排除了债权人就每块单独的土地约定不同的到期条件获得物权法效力的可能性。这种约定只能产生合同法上的约束力。同样,他也不可能将共同抵押权让与给不同的人,这也就断绝了其获得中间融资或者部分再融资的可能性,因为他只能整体转让共同抵押权。

在损害赔偿和额外费用担保的情形中,担保式土地债务则可以解决上述困难。因为其对被担保债权的无从属性,因此它不仅可以与其他土地债务组合起来成立共同土地债务,而且也可以设定多个土地债务。甚至,土地债务还可以和抵押权进行排列组合,使得债权的担保既保持了一定程度的确定性,又保持了很高的灵活性。因为,借贷双方完全可以就某个土地债务约定非常灵活的、具有物权效力的到期条件,也可以将土地债务进行单独让与而不受所谓担保共同体的限制,只需将这种情形做债法上约定即可。而这些优势,即便采取最高额抵押权也不能获得。因为将损害赔偿和额外费用追加到抵押担保的范围内是最高额抵押权的约定必不可少的内容;正如前所述,可能发生的损害赔偿和实际产生的累加费用的最高额都是难以确定的。通过为损害赔偿或者说额外费用设定一个附延缓条件的土地债务可以使债权人避免设定最高额抵押权带来的不利后果。

在银团贷款的情形,设定抵押权担保比起设定土地债务担保要拖沓得多,因为在设定抵押权时,必须清楚明白地将所有债权分配到每个抵押权,而且必须将这种分配按照《土地登记条例》第 47 条的规定登记在土地登记簿中。[1] 要不然就得为每个债权人的债权设定一个抵押权。与此相反,担保式土地债务可以为财团成员的全部债权提供担保,财团成员的内部权利分配关系可以在所谓的财团契约(Konsortialvertrag)中进行约定。运用担保式土地债务的优点在于可以在财团成员中为众多的担保权人确定一个信托受益人,由其代表所有财团成员处理相关的担保权益,这样就使得信贷交易变得非常轻松。

---

① 《土地登记条例》第 47 条规定:“数人共有的权利应登记,要么明确标注共有权利人享有的份额,要么将决定性的权利关系明确标注登记。”

由于担保式土地债务对被担保债权并无从属性,甚至连信托受益人都不用登记在土地登记簿之中。抵押担保是无法提供这种信托受益人的可能性的,因为抵押权始终必须属于债权人。

**结语**

上述对比表明,运用土地债务作为信贷担保手段在法律上具有很多优势,其使得债权人完全处于优势地位。正如鲍尔和施蒂尔纳的评价:“从债权人利益角度看,土地债务是‘最方便’的担保方式,债权人可以先不考虑土地债务所担保的债权而将土地债务变价,然后等待债务人提出抗辩。从债务人利益角度看,严格从属性的保全抵押权是‘最安全’的负担方式,因为债权人必须说明并证明债权的存在,而在无人只有在抵押权所担保的债权存在,事实上他也确实对此(仍)负有债务时,才会承受对其土地的强制执行”。[①] 比起在抵押权关系中的地位,债权人在土地债务关系中的地位强势得多,所以土地债务成为最具吸引力的担保手段。当然,硬币的另一面是所有权人面临着更多的风险。借助确定信托债权人,为债权人在外部关系中比在内部关系中提供了更多的回旋空间,所有权人由此面临更大的担保权被滥用的危险,其可能因此遭受丧失抗辩权以及由此导致的丧失不动产的后果。此外,根据立即强制执行服从允诺,强制执行被加快了并且诉讼实施的负担被转移给所有权人,这些都对所有权人不利。因此,土地债务备受青睐的原因只能从债权人一方来寻找。

近代以来的信贷活动中占据支配地位的是有组织的信贷机构。在德国,现今最为重要的信贷提供者是私人抵押银行、公法上的土地信贷机构、建筑储蓄银行、各类保险公司和综合性银行。据2003年的统计年鉴显示,2002年这些信贷机构提供的抵押信贷总额达到1,008,923,000,000欧元。[②] 除机构信贷外,私人和企业充当抵押信贷的提供者仅仅是例外情形。德国联邦银行和土地统计局虽然没有关于私人提供信贷数量的统计数据,但从愿意将金钱外借并为不动产担保

---

① Baur, Stürner, aaO S. 405.

② Quelle: Statistisches Jahrbuch 2003, 14. 8. Hypothekarkredit.

物权所担保的个人,越来越愿意通过银行中介,从而将风险转嫁给财大气粗的银行这一趋势可以证实上述观点。特别是对债务人保护的强调(经常是过分地强调),对这一发展起到了推波助澜的作用,这种对债务人保护的强调,使得强制拍卖的实施变得更加困难。①

这些信贷机构往往制定形式化的信贷条款和担保条款,因此信贷担保的类型同样也是信贷提供人预先确定。可想而知,由信贷机构制定的这种形式化的担保契约必然围绕着如何确保信贷机构的利益而构建相关的条款体系,所以担保式土地债务很快成为债权人最青睐的担保类型也就不奇怪了。

而因为其经济地位的缘故,借款人/所有权人不可能自由确定选择担保类型的条件,而只能接受信贷给予人的指定,而且别指望可以废除这种指定。施蒂尔纳在指出这种联系时,戏谑地说:"在需要金钱那一刻,所有权人是温顺的"。② 基于其市场权力和经济权力,组织信贷机构也无须去指导"桀骜不驯"的借款人,即便是在相互竞争非常激烈的信贷市场中,借款人可能找到其他放贷人。另外从理性角度讲,大信贷机构的利益也不允许其与单个借贷人面对面协商。只有统一的格式合同能够避免单独审核借贷人条件带来的昂贵费用并由此压缩财务管理开支。虽然在金融市场竞争的压力下,信贷机构也会对顾客的某些要求作出让步,比如尽快发放信贷给借贷人。但是即便在这种情形下,为了能使信贷机构尽快地拨付信贷,借贷人终归还是不能反对信贷机构预先确定的担保类型。

在由银行和其他各类信贷机构提供的信贷中,人们发现土地债务作为"不独立"的担保手段其主要的运用领域极为广泛:它可以用于担保简单债权,也可以用于担保连续贷款、银团贷款和从债权,乃至于概括贷款、分段贷款和中间贷款。但在执行这些任务时,人们根本不考虑保全抵押权。在实践中,担保式土地债务并没有排挤这种保全抵押权,因为机构信贷者并未考虑难以转移的保全抵押权来实现这些任务,而是排挤了流通式抵押权。这要归结于最初的立法者试图以流通抵押作

① Baur, Stürner, aaO S. 391.
② Baur, Stürner, aaO S. 479.

为土地债务和保全抵押权之间的一种折中,以为折中的选择往往会达到优化的结果。当信贷提供者试图利用流通抵押权的优点来完成这些任务时,他们发现现实和立法者的想象有着太大的差距,流通抵押权很难满足这些任务的要求。相反,只有结构简单灵活、变现能力极强的担保式土地债务能够满足这种需要,特别是当需要进行中间融资或者贷款转换或者再融资时。因为机构信贷者不可能逐个通知众多的债务人关于抵押权以及债权已经转让的事实,而在担保式土地债务场合,信贷机构可以直接转让属于自己的土地债务,而不转移债权,因此可以避免通知的烦琐和浪费。

因此,在信贷实践中,信贷机构占据了主导地位,相对人就信贷担保手段的选择缺乏相应的协商能力,信贷机构必然选择能使其利益最大化的优良担保手段。立法者在起草民法典时所设计的理想状况——流通抵押权成为立法和实践的范式——最终未能实现,因为过多考虑政治目标、特殊利益集团的诉求而作出的选择难以称得上是理性的选择。在本质上是高度市场化活动的信贷实践中,某种担保手段能否取得范式地位取决于资本和市场力量。故而,土地债务制度僭越了法典起草者赋予给流通抵押权的范式地位并且在实际中甚至排挤掉其他担保形式也就毫不奇怪了。

不过,必须看到,由于土地债务无从属性的特点使得债务人在信贷实践活动中失去了对债权人从物权法上进行制约的手段,实质上使得其本已经弱势的经济地位因无法得到物权法的扶助而更加恶化。这使得债务人只能借由担保契约来对债权人进行制衡。但是,由于担保契约的缔结往往是以信贷机构提供的格式合同作为基础,经济实力、商业经验和信息资源等方面的悬殊造成借贷人无法进行实际有效的磋商,“谈”合同往往变成了“填”合同,最终的结果仍然是债权人在债法上也处于优势地位。借贷人所享有的契约自由已经岌岌可危。在这种情况下,为避免土地债务成为压榨借贷人的工具,法律必须加强对格式合同的监管,加重信贷机构的法律负担,从而在事实上来平衡当事人的地位,确保借贷人的意志自由。我们必须记住,就其根本而言,不动产担保物权的流通立基于土地所有权的安全。二者之间必须保持一定程度的张力,如果赋予不动产担保物权(主要是土地债务)无限度的流通能力,那么最终就会绷断橡皮筋,使得所有权人望而却步;这反过来也会使得不动产担保物权流通难以为继。法学的艺术也许就在于保持法律体系的动态平衡,既能与时俱进,又能保持自身的目的统一性而不坠。

# 德国给付不能理论的重构

李　昊

目　　次



## 一、给付不能的历史缘起——牟姆森(Mommsen)的理论

《德国民法典》中的给付不能的理论源自德国19世纪时的法学家牟姆森(Mommsen)。他是第一位企图通过给付不能类型化来完全阐释债务不履行的代表人物。他在其1853年出版的《给付不能》一书中认为,给付不能为债务不履行的中心形态,单以给付不能就足以表现债务不履行的意义。他并将给付不能区分为自始不能与嗣后不能(nachträgliche Unmöglichkeit)、主观不能(subjektive Unmöglichkeit)与客观不能(objektive Unmöglichkeit)、一时不能(暂时不能,vorübergehende/zeitweilige Unmöglichkeit)与继续不能(永久不能,dauernde Unmöglichkeit)、一部不能(Teilunmöglichkeit)和全部不能

(vollständige Unmöglichkeit)。① 同时,他认为所有的债务不履行的形态,基本上皆可利用上述给付不能的概念区分来加以阐述。给付迟延仅被定义为一种时间上的不能,也就是一部不能,而不被认为是债务不履行的独立形态。不完全给付也仅是属于一部不能的问题。②

牟姆森(Mommsen)的学说得到起草《德国民法典》的重要学者温德夏德(Windscheid)的大力支持,奠定了《德国民法典》中给付障碍法体系的基本路径。③

## 二、旧债法中给付不能的体系

当义务的履行出现困难时,首先要考虑的问题即是,是否应让债务人继续履行原给付义务?债务人继续负担此给付义务是否合理?一般而言,这将牵涉以下几个问题:

1. 在何种情况下,债务人必须克服困难继续完成给付义务的履行,而又在何种情况下债务人的原给付义务得以终结。

2. 当原给付义务的履行得以免除时,债务人的原给付义务是当然被免除,或是需于债务人为特别的行为后,债之关系所生的原给付义务才能终结。

3. 原给付义务终结时,是否产生损害赔偿的问题。

4. 当债务人不得免除原给付义务的履行时,债权人得否自行将原给付义务过渡为损害赔偿的请求。④

---

① Emmerich, Das Recht der Leistungsstörungen, 4. Aufl., C. H. Beck'sche Verlagsbuchhandlung, 1997, S. 5;蔡晶莹:"从德国民法债务不履行之修正看给付不能规定的转变",载《中原财经法学》2002 年第 9 期;杜景林、卢谌:"是死亡还是二次勃兴——《德国民法典》中的给付不能制度研究",载《法商研究》2006 年第 2 期。

② 蔡晶莹:"从德国民法债务不履行之修正看给付不能规定的转变",载《中原财经法学》2002 年第 9 期。

③ Emmerich, Das Recht der Leistungsstörungen, 4. Aufl., S. 5;杜景林、卢谌:"是死亡还是二次勃兴",载《法商研究》2006 年第 2 期。

④ Bundesminister der Justiz (Hrsg.), Abschlußbericht der Kommission zur Überarbeitung des Schuldrechts, 1992, S. 118(以下简称 Abschlußbericht);蔡晶莹:"从德国民法债务不履行之修正看给付不能规定的转变",载《中原财经法学》2002 年第 9 期。

对此,旧债法中区分自始给付不能和嗣后给付不能以及主观不能和客观不能构建了其给付不能的体系并回答了上述问题。旧法第275~283条、第323~325条规定了嗣后给付不能的责任。第306~309条则规定了自始给付不能的责任。不过,对给付不能德国立法上并未给予明确的定义,在概念运用时只能由学说与实务透过解释来阐明。[①]

(一)嗣后不能

1.不可归责的嗣后不能——第275条

(1)嗣后客观不能与主观不能。旧法第275条第1款规定了债务关系发生后产生的不可归责于债务人的事由而导致给付不能的情形,这里实际上指的是嗣后客观不能的情形。第275条第2款则规定,嗣后发生的债务人给付不能,视同在债务关系发生后产生的不能,它指的是嗣后主观不能的情形。第275条将二者置于同等的地位。[②]

(2)给付不能不适用于种类之债。就第275条的适用范围而言,它对债的关系的种类并无限定,容易令人误解为"金钱债务"也被包含其中。[③] 但实际上依据第279条的规定,只有在特定类型的债务关系中,才有可能发生给付不能,因为对种类之债(Gattungsschulden),债务人对不可归责于自己的主观不能,仍应负担保责任。[④]

(3)给付不能的含义。就给付不能的含义,不论学说的见解或是实务上的运作,对于"给付不能"的应用,都早已扬弃了旧法第275条所规定的"真正(物理上的)不能"(wirkliche/ echte/physische Unmöglichkeit)的内涵,因为第275条将给付不能限于真正的履行不能只是不全面地规定了免除义务的真正适用范围:通过技术上的提高,可以在本质上缩小该种不能,例如人们今天可以发现沉船并将其打捞。

---

① 蔡晶莹:"从德国民法债务不履行之修正看给付不能规定的转变",载《中原财经法学》2002年第9期。

② Karl Larenz, Lehrebuch des Schuldrechts I, 14. Aufl., C. H. Beck'sche Verlagsbuchhandlung, 1987, S. 305; Emmerich, Das Recht der Leistungsstörungen, 4. Aufl., C. H. Beck'sche Verlagsbuchhandlung, 1997, S. 90.

③ Abschlußbericht, S. 119.

④ 黄立:"德国新民法债务不履行规定的分析",载《政大法学评论》第83期,第6页及注1。

技术上的手段并不说明债务人就应负担构成给付前提的技术手段的义务,债务人是否应负担给付义务,更多的是,应根据法律的观点,通过对承诺加以解释来判断,也就是受债务人是否应负担给付义务,须从社会或经济的观点出发,视其是否为可以期待。例如仅仅承诺交付一台机器的人通常没有打捞载有该沉船的义务,而允诺打捞沉船的人则通常不能因为打捞沉船所面临的困难而免除其义务。给付不能的范围因此被扩张到法律上的不能和事实上的不能(praktische Unmöglichkeit)。就所谓的经济上的不能(wirtschaftliche Unmöglichkeit)以及超出牺牲界限(das Überschreiten der Opfergrenze)是否可适用第275条,存在争议。①

(4)不可归责于债务人的嗣后不能的法律效果。

①免除第一次给付义务。就不可归责于债务人的嗣后不能,无论是主观不能还是客观不能,依据旧法第275条的规定,都免除债务人的第一次给付义务(原给付义务)。此时第一次给付义务当然免除,无需债务人为任何主张。② 债法修订委员会认为,当然免除并不适当,而应以债务人就给付障碍的主张来作为给付义务变动的必要前提。③ 同时它以债务人不可归责为前提,而实际上无论发生给付不能的原因是否存在于可归责于债务人的事由,对于债务人而言,他皆无法负担他所不能提出的给付。④ 正确地说,是否必须可归责对于第一次给付义务的继续存在是无意义的:债务人对他不能履行的给付不负担义务,而这独立于其不能(Unfähigkeit)的理由。⑤

同时,第275条也容易让人认为,该条免除了债务人包括第二次给付义务(sekundäre Leistungspflichten)在内的所有义务,事实上并非如

---

① BT Drucks. 10/6040, S. 127;蔡晶莹:"从德国民法债务不履行之修正看给付不能规定的转变",载《中原财经法学》2002年第9期。

② BT Drucks. 10/6040, S. 127.

③ Abschlußbericht, S. 119;蔡晶莹:"从德国民法债务不履行之修正看给付不能规定的转变",载《中原财经法学》2002年第9期。

④ Abschlußbericht, S. 118;蔡晶莹:"从德国民法债务不履行之修正看给付不能规定的转变",载《中原财经法学》2002年第9期。

⑤ BT Drucks. 10/6040, S. 127.

此，而且，实际上，债务人即使对给付不能不可归责也必须向债权人交付他取得的第一次给付的代替物(Surrogate)(第281条)。[①]

②请求让与替代物或让与赔偿请求权。依第281条第1款的规定(它同样适用于可归责的嗣后不能)，债务人因导致给付不能的事由而对所负担的标的物取得赔偿或赔偿请求权时，债权人可以请求他交付作为赔偿而受领的物或让与赔偿请求权。

③双务合同中的特殊效果。就双务合同而言，第323条规定了不可归责的不能时的法律后果。此时不能给付的一方丧失对待给付的请求权，一部不能时，对待给付依据第472条、第473条关于买卖合同中减价权的规定予以减少(第1款)。但这存在一项例外，若相对人依第281条请求交付对标的物取得的赔偿或让与赔偿请求权时，他仍负有对待给付义务，但在赔偿或赔偿请求权(Ersatz oder Ersatzanspruch)的价额低于所负担的给付的价额时，对待给付依据第472条、第473条关于买卖合同中减价权的规定相应地减少(第2款)。对于已经履行的对待给付，可以不当得利的规定请求返还(第3款)。

④举证规则。就给付不能的举证责任，第281条规定了举证责任倒置的规则，由债务人负责举证给付不能不可归责于他。

2. 可归责的嗣后不能——第280条

(1)可归责于债务人的嗣后不能。就可归责债务人的嗣后不能，第280条规定了损害赔偿的救济。首先债权人可以请求债务人赔偿不履行所发生的损害(第1款)。在一部不能的情形，若部分履行对债权人不具有利益，债权人可以拒绝尚属可能部分的给付而请求全部债务不履行的损害赔偿。此时准用第346~356条关于约定解除权的规定(第2款)。

依第281条第2款，在债权人享有不履行的损害赔偿请求权时，若他行使前述第1款所规定的权利，应从向其给付的赔偿中，扣除所取得的赔偿或赔偿请求权的价额。

(2)双务合同中可归责于债权人的给付不能。就双务合同中可归责于债权人的给付不能，由第324条提供相应的救济。此时，债务人仍

① BT Drucks. 10/6040, S. 127.

得保有对待给付请求权,但必须将其因免除给付而节省的或因将其劳力移作他用而取得的或故意不取得的利益抵作给付(第1款)。若一方负担的给付是在对方受领迟延时发生不能的,适用同样的规定(第2款)。

(3)双务合同中可归责于债务人的给付不能。就双务合同中可归责于债务人的给付不能,则由第325条提供相应的救济。此时给付不能一方的相对人可以请求不履行的损害赔偿或解除合同。在一部不能的情形,若部分履行对债权人不具有利益,债权人根据第280条第2款可以拒绝尚未可能部分的给付而请求全部债务不履行的损害赔偿。

(二)自始不能

1. 自始给付不能的合同无效

依据旧法第306条,自始不能的合同无效,这也表明债务人被免除了其给付义务。[①] 对此,第308条规定了二项例外,即在一时不能的情形,若合同是为给付嗣后可能的情形订立的,给付不能不妨碍合同的有效性(第1款)。在约定不能的给付负有停止条件或附有始期时,在不能的情形于条件成就或期限到来前消除的,合同也有效(第2款)。这两项规定也适用于违反法律上禁令的合同(第309条)。

2. 对无效规则的克服——区分客观不能和主观不能

自始给付不能的合同无效这一规定源自罗马法的Celsus规则——impssibilium nulla obligation(est)(即所谓不可能之事无债务,给付不能不构成债)——的精神。[②] 在罗马法中它主要适用于不存在标的物或事先就无意义的合同,此时维持或许可合同是不可理解的。例如以已经死亡的奴隶或神话中怪兽以及宗教上圣物为标的的契约。而《德国民法典》旧法的第306条的字面超出了这些情形,因此,德国法对罗马法做出这样的继受是否具有逻辑或体系的必然性备受怀疑。[③]

---

① BT Drucks. 10/6040, S. 127.

② Emmerich, Das Recht der Leistungstörungen, 5. Aufl., C. H. Beck' sche Verlagsbuchhandlung, 2003, S. 24;蔡晶莹:"从德国民法债务不履行之修正看给付不能规定的转变",载《中原财经法学》2002年第9期;杜景林、卢谌:"是死亡还是二次勃兴——《德国民法典》中的给付不能制度研究",载《法商研究》2006年第2期。

③ Emmerich, Das Recht der Leistungsstörungen, 5. Aufl., S. 24;蔡晶莹:"从德国民法债务不履行之修正看给付不能规定的转变",载《中原财经法学》2002年第9期。

同时,这一规定忽视了债权人对维持合同所具有的正当利益,也遭到德国学者的大量批评,[①]学者们努力从多方面来限制这一条的明显过于宽泛的适用范围,即将第306条的适用限于事先就无意义的合同类型。不过,即使人们考虑到法律的字面不想走这么远,也经常可以通过对合同的符合意义的解释达致这一结果,因为第306条并非是一项强行法。[②]

另一项限制就是在特殊的合同类型,如买卖合同、承揽合同、租赁合同等合同中,存在例外让合同有效的规定(如旧法第437条、第538条)。如根据第437条第1款,债权或其他权利的出卖人对债权或其他权利在法律上的存在负有责任。它们被解释为是对第306条的突破。因为,若所出售的债权或其他权利事先就不存在,依据第306条,该买卖合同就是无效的,因为该合同事先就指向不可能的履行,即对不存在的权利的转让,也就谈不上出卖人的责任。这样,在买卖合同、承揽合同、租赁合同等合同中瑕疵担保责任的规定被认为优先于第306条适用。即使在合同缔结时标的存在瑕疵或者并未显示出所允诺的性质,而且该允诺的性质在技术上是无法达到时,合同仍然有效。其理由在于从债权人的利益出发不允许做出任何其他的决定。法律没有动因使这样的合同无效。[③]

由是,德国学说和判例区分了所谓的主观不能(subjektive Unmöglichkeit, Unvermögen)和客观不能,并将第306条的规定限制于自始客观不能的情形。[④] 所谓的主观不能,是指仅妨碍债务人履行给付的情形,此时至少还有一个第三人可以提出给付。它可以是基于事实上的原因,如债务人生病,也可以是基于法律上的原因,如债务人未取得必要的工作许可。[⑤] 在自始主观不能的情况下,合同仍然有效,[⑥]

---

① Ulrich Huber, Leistungsstörungen, Gutachten und Vorschläge zur Überarbeitung des Schuldrechts(以下简称 Gutachten), Band I, Bundesanzeiger Verlags ges. mbH, Köln, 1981, S. 813ff.

② Emmerich, Das Recht der Leistungsstörungen, 5. Aufl., S. 24f.

③ Emmerich, Das Recht der Leistungsstörungen, 5. Aufl., S. 25.

④ Emmerich, Das Recht der Leistungsstörungen, 5. Aufl., SS. 17, 24, 30.

⑤ Emmerich, Das Recht der Leistungsstörungen, 5. Aufl., S. 30.

⑥ Emmerich, Das Recht der Leistungsstörungen, 5. Aufl., SS. 17, 31.

这可以从分散的规定中推断出来,如旧法第275条第2款、第306条、第440条、第538条和第541条等。[①]

3. 自始不能的法律后果

就自始客观给付不能的法律后果,旧债法第307条规定,订立以不能为标的的合同时,明知或应知给付不能的人负有赔偿对方信赖利益(消极利益)损失的义务,即该方因信赖合同有效而遭受的损害,该损害不得超过该方当事人的积极利益,即他在合同有效时所具有的利益。若受损害的一方明知或应知不能的,不发生损害赔偿义务。在给付只是部分不能,并且合同就可能的部分而言是有效的,或者在选择之债中有一种不能的,准用上述规定。

因此,可以看出,当事人明知给付自始客观不能仍签署契约,赔偿责任较轻;若缔约时给付尚属可能,嗣后成为不能者,其恶性远不如前者,责任却是履行利益的损害赔偿,显然不符合公平原理。[②] 因此,德国联邦最高法院(BGH)在一些情况下,认为债务人既然许诺为给付,就作了提出给付的担保。在自始客观不能者,契约无效,仍依据担保契约负履行利益之损害赔偿。[③]

而就自始主观不能,德国联邦最高法院持续的判决都认为,不论债务人有无过错均应就履行利益(积极利益)负责,因为债务人就其给付之承诺,默示还承担了给付可能之保证责任(BGH NJW1997,939)。[④]

## 三、德国债法对给付不能的修订过程

总体上德国旧债法关于债务人给付不能的规定存在的问题在于:首先,给付不能在实务上很少发生,而且也只有在特定类型的债之关系,才有可能发生(旧法第279条),以之作为旧法债务不履行规定的

---

① Emmerich, Das Recht der Leistungsstörungen, 5. Aufl., S. 24.

② 黄立:“德国新民法债务不履行规定的分析”,载《政大法学评论》第83期。

③ 黄立:“德国新民法债务不履行规定的分析”,载《政大法学评论》第83期。

④ 黄立:“德国新民法债务不履行规定的分析”,载《政大法学评论》第83期;另参见杜景林、卢谌:“是死亡还是二次勃兴——《德国民法典》中的给付不能制度研究”,载《法商研究》2006年第2期。

核心并不合理;[①]其次,给付不能的规定在德国旧民法的体系上相当复杂(旧法第275~283条、第306~309条、第323~325条),[②]特别是关于自始给付不能的规定非常不合理,一则它不区分情形将自始给付不能的合同的效力统一规定为无效,二则它将损害赔偿限于消极利益,从而造成了客观不能和主观不能的人为区分。主观和客观不能能否清楚区分,区分后体系适用上是否妥适值得质疑。[③] 损害赔偿上区分消极利益赔偿(自始客观给付不能)和积极/履行利益赔偿的合理性也值得怀疑。因此在债法修订过程中,一度有摒弃"给付不能"用语的提议。[④]

根据德国债法修订委员会的最初构想,是要将给付不能从《德国民法典》的债务给付障碍法的体系中彻底排除出去。这一点体现在1991年出版的《最终报告》中,并为联邦司法部2000年8月出台的《讨论草案》所采纳。《讨论草案》第275条中根本没有提及给付不能,并认为给付不能也应当"丧失其作为给付障碍法的中心地位"。[⑤] 代之以旧法第275条的规定,《讨论草案》第275条规定了"给付义务的界限":"债务非表现为金钱债务的,在债务人不能够以自己依债务关系的内容和性质而有义务付出的努力履行给付的限度内,并且以这一时间限度为限,债务人可以拒绝给付。债权人的权利依第280条至第282条和第323条决定。"第280条则是关于侵害义务情形的损害赔偿规定,第281条是关于交付赔偿利益的规定,第282条是关于替代给付的损害赔偿的规定,第323条是关于义务侵害情形解除的规定。它们涉及的都是债权人因义务违反所享有的次级请求权的问题。[⑥]

---

① 黄立:"德国新民法债务不履行规定的分析",载《政大法律评论》第83期。

② 黄立:"德国新民法债务不履行规定的分析",载《政大法学评论》第83期。

③ 蔡晶莹:"从德国民法债务不履行之修正看给付不能规定的转变",载《中原财经法学》2002年第9期。

④ 蔡晶莹:"从德国民法债务不履行之修正看给付不能规定的转变",载《中原财经法学》2002年第9期。

⑤ BT Drucks. 10/6040, S. 127; Canaris, Die Reform des Rechts der Leistungsstörungen, JZ 2001, S.499.

⑥ 杜景林、卢谌:"是死亡还是二次勃兴——《德国民法典》中的给付不能制度研究",载《法商研究》2006年第2期。

但这一设想在《合并文本》中被变更，该草案在第 275 条第 1 款中重新将给付不能确立为排除原给付请求权的原因，但并非毫无变化地回到旧法的第 275 条，而是将所有给付不能的情形纳入进来。[①] 这也奠定了新债法中给付不能的立法模式。

## 四、新债法中给付不能的体系

在新债法中，由于以"义务违反"为中心建构了新的给付障碍法体系，给付不能已经丧失了它作为核心债务不履行形态的地位，只是作为了"义务违反"的一种特殊情形，但在法律调整上仍保留了它的特殊地位，具体体现为第 275 条、第 283 条、第 284 条、第 285 条、第 326 条和第 311a 条。[②]

第 275 条规范了给付不能时债务人第一次给付义务的免除及其"拒绝给付的权利"（Leistungsverweigerungsrecht）。第 326 条规范了对待给付义务的免除，并规定了债权人的解除权，第 283 条（结合第 280 条第 1 款）规定了免除给付义务情形时替代给付的损害赔偿，第 284 条规定了作为替代给付的损害赔偿的代替救济的无谓费用的偿还，第 285 条规定了赔偿利益的交付，它们针对的都是嗣后给付不能的情形，适用一般给付障碍法，而第 311a 条则规范了自始给付不能，具有独立的请求权基础的地位。它们对旧法做出了重大的变更。

### （一）给付不能的一般规定

新法 275 条规范了债务人第一次给付义务的免除和"拒绝给付的权利"，其发生的前提是债务人的给付不能，因此该条相应于旧法第 275 条。由此得出，给付不能的概念在已修正的德国民法中，虽然失去其作为债务不履行法则的核心地位，但该用语仍继续在新法中被沿用，也表明了修法过程中曾经被提出的、完全扬弃"给付不能"字样出现在法律中的想法，并未被采纳。[③]

---

① Canaris, JZ 2001, S. 499.

② Siehe Medicus, 3. Kapitel Leistungstörungsrecht, in Lothar Haas etc. (Hrsg.), Das neue Schuldrecht, Verlag C. H. Beck München, 2003, S. 89；杜景林、卢谌："是死亡还是二次勃兴——《德国民法典》中的给付不能制度研究"，载《法商研究》2006 年第 2 期。

③ 蔡晶莹："从德国民法债务不履行之修正看给付不能规定的转变"，载《中原财经法学》2002 年第 9 期。

新法第275条第1款与旧法不同之处在于,它试图通过第275条对给付不能作一个统一的处理,立法者企图以该条包含所有给付不能的可能情形(它曾企图将一时不能 zeitweilige Unmöglichkeit 纳入第275条第1款中,BT-Drucks. 14/7052, S. 83),[①]因此,它不再如同旧法那样区分自始和嗣后给付不能,以及客观和主观给付不能。只有在规范损害赔偿请求基础时,才有所区分,嗣后给付不能之损害赔偿请求权基础在第280条、第283条,自始给付不能之请求权基础在第311a条第2款。[②] 德国债法改革者取消旧有的给付不能分类是出于下述考虑:一是无论给付不能是在负担义务之时即已存在还是嗣后发生,都不能够改变债务人现在不能够完成给付因而也不应当再行负担给付这一事实;二是给付究竟系对于何人为不能,这同样不应当具有任何意义,这是因为如果债务人能够从另外一个有能力履行给付的人那里取得给付,那么给付对于债务人而言也就可以履行了,从而也就根本不存在给付不能的问题。[③]

1. 第一次给付义务的免除和给付拒绝抗辩

虽然过去以给付不能的类型区分来决定契约命运以及当事人责任的规定与想法,不再是新法中关于给付不能问题的重点,但现行德国民法中,给付不能类型的区分,仍有其意义,这突出体现在第275条规范的法律后果上,它区分了给付义务因其标的不可能被实现或具备了不可能被实现的本旨而被免除(第275条第1款)和债务人在具备特定条件时,得主张拒绝履行权(Leistungsverweigerungsrecht)(第275条第2款、第3款)两种情形。[④] 对这些给付不能的原因,新法未作修正,对

---

① Canaris, JZ 2001, 499;蔡晶莹:"从德国民法债务不履行之修正看给付不能规定的转变",载《中原财经法学》2002年第9期。

② 陈彦良:"论给付障碍法之新体例——以德国新修正之民法债篇为中心",载《月旦法学杂志》第95期;林易典:第230页注9。

③ Medicus, Schuldrecht AT, 15. Aufl., C. H. Beck, S. 188, Rn. 378;杜景林、卢谌:"是死亡还是二次勃兴——《德国民法典》中的给付不能制度研究",载《法商研究》2006年第2期。

④ 蔡晶莹:"从德国民法债务不履行之修正看给付不能规定的转变",载《中原财经法学》2002年第9期。

此,旧的实务见解仍可适用。[①]

(1)免除第一次给付义务(原给付义务,Primärleistungspflicht):真正的给付不能(第275条第1款)。第275条第1款规范的是真正的给付不能(echte/wirkliche Unmöglichkeit),[②]也被称为不可克服之给付障碍。[③] 根据该款的规定,现在任何给付不能,不论是客观不能(任何人都不能提出给付,objektive Unmöglichkeit)还是主观不能(只有债务人自己不能,subjektive Unmöglichkeit, Unvermögen),给付不能之情事,是发生在契约缔结之后的,或者是在契约缔结时就已经存在,是全部不能还是部分不能以及不能是否可归责于债务人都将使债务人免除第一次给付义务。[④]

第一,第275条第1款首先强调主、客观不能在法律效果上的一致性。这从条文表述上也可以看出:"给付对于债务人或一切人为不能时,排除给付请求权。"[⑤]所谓客观不能,是指世界上无任何人可以为此给付的情形,[⑥]它是本质意义上的给付不能,包括物理上的不能

---

① [德]Gerhard Hohloch:"债法修正及新法侵害契约之类型",杨佳元译,载《月旦法学杂志》第99期。

② BT Drucks. 10/6040, S. 129.

③ 陈彦良:"论给付障碍法之新体例——以德国新修正之民法债篇为中心",载《月旦法学杂志》第95期。

④ Hohloch:"债法修正及新法侵害契约之类型",第44条;Teichmann:"德国民法债编修正之重点",第138~139页;陈彦良:"论给付障碍法之新体例——以德国新修正之民法债篇为中心",载《月旦法学杂志》第95期;蔡晶莹:"从德国民法债务不履行之修正看给付不能规定的转变",载《中原财经法学》2002年第9期;黄立:"德国新民法债务不履行规定的分析",载《政大法学评论》第83期;杜景林、卢谌:"是死亡还是二次勃兴——《德国民法典》中的给付不能制度研究",载《法商研究》2006年第2期。

⑤ 在《合并文本》中无"对任何人为不能"这一表述,仅有"对债务人为不能"的表述,而第311a条第1款中适用了"对债务人或者对任何人"这一表述,原因在于该条旨在废除旧法第306条,此时不明确的不是对债务人的适用,而是对任何人的适用,因此采用了与第275条第1款不同的表述。但Canaris教授认为二者应当协调,他倾向于二者都采用"对于任何人或对于债务人"这样的表达顺序,新债法基本采用了Canaris教授的看法,采用了"对债务人或对任何人"的表述。Siehe Canaris, Die Reform des Rechts der Leistungsstörungen, JZ 2001, S. 499.

⑥ 黄立:"德国新民法债务不履行规定的分析",载《政大法学评论》第83期。

(physishe/naturgesetzliche Unmöglichkeit)、法律上的不能(juristische Unmögl-ichkeit)以及目的丧失(Zweckfortfall)与目的达成(Zweckerreichung)。[①] 目的达成是指合同所追求的结果在没有债务人协助的情况下发生并且不再需要债务人履行的情形,目的丧失则是指因为债权人所确立的给付基础的丧失或因为债权人人身的原因,给付结果不再能够实现的情形。[②] 常举的例子如搁浅的船只在救助的拖轮到来前因涨潮而解脱困境或沉没。[③] 不过,它们并未被列入债法修订建议的范围,而留给了学说和判例来解决。[④] 就客观不能的标准,可从给付的提出在理论上是否可行去判断。[⑤]

主观不能则是指仅债务人不能为给付的履行,但至少有一人可以为给付之履行的情形,[⑥]它也是依与客观不能同样的标准来决定。[⑦] 只有当债务人经由采购等方法也无法提出给付时,才构成给付不能。若债务人仍有机会取得供应就不会有本条的适用。[⑧] 常见例子如出卖他人之物,而物的所有人坚持无论任何代价、任何情况绝不转让该物,或

---

① 黄立:"德国新民法债务不履行规定的分析",载《政大法学评论》第83期;AnwaltKomm-Dauner-Lieb, § 275, Rn. 11; Dirk Looschelders, Schuldrecht AT, Carl Heymanns Verlag KG, 2003, S. 180ff, Rn. 457ff; 陈彦良:"论给付障碍法之新体例——以德国新修正之民法债篇为中心",载《月旦法学杂志》第95期;蔡晶莹:"从德国民法债务不履行之修正看给付不能规定的转变",载《中原财经法学》2002年第9期;姚志明:"德国民法债编修正介绍——一般给付障碍与买卖契约",载《月旦法学教室》第8期。

② Looschelders, Schuldrecht AT, Carl Heymanns Verlag KG, 2003, S. 180f, Rn. 458.

③ Arnold, §3 Kodifizierung von Richterrecht, in Dauner-Leib/Heidel/Lepa/Ring (Hrsg.), Das neue Schuldrecht, S. 136.

④ Lorenz/Riehm, Lehrbuch zum neuen Schuldrecht, C. H. Beck, 2002, S. 150, Rn. 303;姚志明:"德国民法债编修正介绍——一般给付障碍与买卖契约",载《月旦法学教室》第8期。

⑤ 蔡晶莹:"从德国民法债务不履行之修正看给付不能规定的转变",载《中原财经法学》2002年第9期。

⑥ 黄立:"德国新民法债务不履行规定的分析",载《政大法学评论》第83期。

⑦ 蔡晶莹:"从德国民法债务不履行之修正看给付不能规定的转变",载《中原财经法学》2002年第9期。

⑧ 黄立:"德国新民法债务不履行规定的分析",载《政大法学评论》第83期。

者出卖人的标的物被偷，小偷不知为何人，该物沦落何方，寻回毫无希望。[①] 这里需要区分的是在主观不能的情形，何时适用第275条第1款，何时适用第2款。依据通说，如果再一次取得给付能力单纯以逻辑的判断或是从法律的原因来观察并非绝对不可能，但是需要不成比例的花费与气力时，适用第275条第2款；在债务人并无能力重新取得给付能力时，适用第275条第1款。[②]

第二，第275条第1款将自始不能与嗣后不能同等对待。这从该款规定的措辞可以看出，旧法第275条第1款采用了"成为不能"（unmöglich wird）的措辞，而新法第275条第1款采用了"是不可能"（unmöglich ist）的措辞，从语言上包括了自始不能的情形。[③]

第三，和旧债法第275条不同，新债法第275条第1款不问债务人是否有过错，都免除其第一次给付义务。[④] 因为，即使给付不能可归责于债务人，比如他在移转出卖物的所有权之前因过失将该物毁损，赋予债权人一项债务人无法履行而且理论上也无法通过强制执行方式实现的请求权也是无意义的。[⑤] 这一点在债法修订中受到学者的批评，因为透过这一规范，将会产生原给付的消灭与次给付义务的发生分别联系于不同的前提要件，而原给付义务与次给付义务之间存在的所谓一体两面的特质，也将因此被扭曲。[⑥]

第四，关于品质上的给付不能（qualitative Unmöglichkeit）。新债法

---

① Canaris, Die Reform des Rechts der Leistungsstörungen, JZ 2001, 499；蔡晶莹："从德国民法债务不履行之修正看给付不能规定的转变"，载《中原财经法学》2002年第9期；黄立："德国新民法债务不履行规定的分析"，载《政大法学评论》第83期。

② 陈彦良："论给付障碍法之新体例——以德国新修正之民法债篇为中心"，载《月旦法学杂志》第95期；蔡晶莹："从德国民法债务不履行之修正看给付不能规定的转变"，载《中原财经法学》2002年第9期。

③ Canaris, Die Reform des Rechts der Leistungsstörungen, JZ 2001, 500.

④ 黄立："德国新民法债务不履行规定的分析"，载《政大法学评论》第83期；蔡晶莹："从德国民法债务不履行之修正看给付不能规定的转变"，载《中原财经法学》2002年第9期。

⑤ Canaris, Die Reform des Rechts der Leistungsstörungen, JZ 2001, 500.

⑥ 蔡晶莹："从德国民法债务不履行之修正看给付不能规定的转变"，载《中原财经法学》2002年第9期。

第439条第1款、第635条第1款分别赋予出卖人和承揽人另行交付无瑕疵之物的义务以及瑕疵排除的义务,并将其纳入新债法的一般给付障碍法的体系中(第437条、第634条)。由此,就不可排除的买卖标的物或承揽工作物的瑕疵,即不可修复的不良给付(irreparable Schlechtleistung)的情形,产生了品质不能的概念,它属于一般给付障碍法规定的给付不能的一部分。此时买卖或承揽合同虽然有效,但出卖人或承揽人依第275条第1款免为给付无瑕疵物及补正瑕疵的义务。① 不过,根据第326条第1款第2句,买受人的对待给付义务并不当然消灭。债权人在这里仅可以根据第326条第5款结合第323条第5款第2句,在违反义务并非不显著时,无需指定期间而解除合同,使自己免予对待给付义务。在修补(Nachbesserung)不可能时,债权人也获得了在解除权和减价权(第441条、第638条)之间进行选择的权利。② 此外,根据第437条第3款和第634条第4款,在质的不能情形,可以适用第311a条第2款,即关于自始给付不能中的损害赔偿的规定。③

第五,关于一部不能。给付不能之样态,不仅包括债务人全部不能提出应为的给付的情形,如债务人不能交付其所出售的二手车,尚包括"一部之给付不能"的情形。这可以从第275条第1款采用了"在……范围内"(soweit)这一表述中得出。这和旧法是一致的。④ 原则上,对一部不能适用和全部不能同样的规定。⑤ 此时,债务人免负对不能部分的给付义务(第326条第1款第1句后半段),此时相应地可以适用买卖合同法中第441条第3款关于减价比例的规定。

第六,关于一时不能。

一时不能,或称暂时不能,是指在一定期间内无法提出给付。⑥ 旧

① 蔡晶莹:"从德国民法债务不履行之修正看给付不能规定的转变",载《中原财经法学》2002年第9期;Hohloch:《债法修正及新法侵害契约之类型》,第45页。

② Lorenz/Riehm, Lehrbuch zum neuen Schuldrecht, S. 163, Rn. 327.

③ Hohloch:《债法修正及新法侵害契约之类型》,第45页。

④ Canaris, Die Reform des Rechts der Leistungsstörungen, JZ 2001, 500.

⑤ Teichmann:"德国民法债编修正之重点",林易典译,载《政大法学评论》第79期。

⑥ 黄立:"德国新民法债务不履行规定的分析",载《政大法学评论》第83期。

法第308条对自始一时不能作出了规定:"(1)给付不能的情形可以消除,并且合同是为了给付嗣后可能的情形订立的,给付不能不妨碍合同有效。(2)约定不能的给付附有停止条件或规定始期的,在不能的情形下条件成就或期限到来前消除时,合同有效。"就嗣后一时给付不能,《德国民法典》没有作出明确规定。根据德国通说和判例,在一时不能的情况下,债务人仍然负有给付义务,债权人则应等到给付可能之时,他能否因为给付的拖延(Verzögerung)请求赔偿由此而引起的损失,根据给付迟延的规定(旧法第284条以下、第326条)来处理。仅在根据合同的内容或一时拖延的持续时间或基于二者,一时拖延是如此严重,以致无法期待债权人作出更长的等待时,才可将一时不能与继续不能等同处置。① 这包括如下情形:绝对定期行为(absolute Fixgeschäfte)的情况;存在一个"履行期间"(Erfüllungszeitraum),在履行期限过后,虽然仍可以提供给付,但此时给付已经无意义,该履行期间的长短可根据合同的性质、特殊内容及目的来确定;无法预计障碍是否会消除及其消除的时间,并且无法期待债权人继续长时间等待来维持合同,这实际上取决于交易的目的和性质。② 正如德国联邦最高法院所裁决的那样,对一时不能能否被视为继续不能的问题的判断取决于给付障碍出现的时刻。如果在这一时间点,无法预见给付障碍的消除,并根据实际情况无法期待债权人维持合同时,给付不能通常就被视为继续不能。③

2001年5月9日的《政府草案》第275条在其条文中有"solange"(在……期间内)这样的表述,④从而将一时不能纳入了规范的范畴。⑤

---

① Larenz, Lehrebuch des Schuldrechts I, S. 305f.

② Larenz, Lehrebuch des Schuldrechts I, S. 306f; 黄立:"德国新民法债务不履行规定的分析",载《政大法学评论》第83期;齐晓琨:《德国新、旧债法比较研究》,中国社会科学院法学研究所2006年博士后出站报告,第91~92页;Emmerich, Das Recht der Leistungsstörungen, 5. Aufl., S. 60ff.

③ Larenz, Lehrebuch des Schuldrechts I, S. 307.

④ "Der Anspruch auf Leistung ist ausgeschlossen, soweit *und solange* diese für den Schuldner oder für jedermann unmöglich ist." 这一条文继受了2001年3月6日的《合并文本》的规定。

⑤ Canaris, Die Reform des Rechts der Leistungsstörungen, JZ 2001, 500; auch siehe Looschelders, Schuldrecht AT, S. 184, Rn. 470.

根据立法理由书,一时不能可以根据部分不能的规则处理,因为它在一定程度上就是“时间上的部分不能”(Teilunmöglichkeit in der Zeit)。这意味着,在不能的持续期间,债权人根据草案第326条第1款第1句,可以免除对待给付义务。[①] 只要暂时给付不能持续存在,要求履行的起诉就会被认为在目前没有法律根据而被驳回(具有相应的有限的法律效力),除非是对将来的给付提起的诉讼并且根据《德国民事诉讼法》第259条[②]得到例外的允许。反过来说,起诉原则上从给付障碍消失那一刻起就具有了法律依据。也就是说,根据草案第275条第1款,履行请求权在根本上存在着,只是由于遇到抗辩而暂时受阻。[③] 在一时不能的持续时间或其结束无法预见时,债权人也可以取消整个合同,只要债权人对整个给付的利益已经丧失。[④] 此时,暂时的给付不能就等同于持续的给付不能。[⑤]

与《政府草案》不同,德国新债法就一时不能并无特别的规定。因为给付障碍法委员会和联邦参议院都认为,《政府草案》关于一时不能的表述将导致法律适用的困难。[⑥] 立法者将它留给了实务及学说去处理。[⑦] 鲁塞尔德斯(Looschelders)教授认为,这是值得赞同的,因为关于拖延

① BT Drucks. 10/6040, S. 189.

② 第259条[因为担忧不及时给付而起诉]:“除了第257条、258条的情形外,如果根据债务人会逃避及时的给付这一情形,担忧是有理由的,可以对未来的给付提起诉讼。”(§ 259 Klage wegen Besorgnis nicht rechtzeitiger Leistung: “Klage auf künftige Leistung kann außer den Fällen der § § 257, 258 erhoben werden, wenn den Umständen nach die Besorgnis gerechtfertigt ist, dass der Schuldner sich der rechtzeitigen Leistung entziehen werde.”)

③ Canaris, Die Reform des Rechts der Leistungsstörungen, JZ 2001, 500.

④ BT Drucks. 10/6040, S. 189.

⑤ Canaris, Die Reform des Rechts der Leistungsstörungen, JZ 2001, 500.

⑥ 齐晓琨:《德国新、旧债法比较研究》,第91页。

⑦ Looschelders, Schuldrecht AT, S. 184, Rn. 470; Medicus, 3. Kapitel, Leistungsstörungsrecht, S. 93, Rn. 49; Hohloch:“债法修正及新法侵害契约之类型”,第45页;黄立:“德国新民法债务不履行规定的分析”,载《政大法学评论》第83期;杜景林、卢谌:“是死亡还是二次勃兴——《德国民法典》中的给付不能制度研究”,载《法商研究》2006年第2期;齐晓琨:《德国新、旧债法比较研究》,第92页。

给付的规定通常较之不能规则能更好地适应于一时不能。[①]

对此仍应结合既有的判例和学说并区分自始的一时不能和嗣后的一时不能来分析其法律效果：

①就自始的一时不能，新法中将旧法第308条删去，与第306条、第307条、第309条一并为第311a条代替。这样，合同在自始的一时不能的情况下仍然有效，除此之外，立法者放弃了规范。[②] 此时可以考虑适用学说和判例的见解，在例外的情形，主要是在绝对定期行为的情形，将一时不能等同于继续不能，并适用第311条和第275条。[③] 除了例外情形，可以认为，在不能状态持续期间，债权人不可请求债务人履行并使债务人陷入迟延。[④]

②就嗣后的一时不能，旧法没有规定。原则上此种情况构成债务人迟延。其法律效果视给付不能的发生是在债权届至前还是届至后甚或给付迟延后发生而定。

若给付不能在债权届至前发生，此时同缔约前发生的一时给付不能的情形，可类推适用第323条第1款，除此之外，在给付障碍的持续期，应从给付请求权的障碍出发考虑，债权人无法以催告使债务人陷入迟延。[⑤]

若给付不能在债权届至后构成迟延前发生，债权人的权利视债务人有无可归责的事由而定。若债务人可归责，他因债权人的催告而陷入迟延（第280条第2款、第3款，第281条，第286条以及第323条）；若债务人不可归责，他不会陷入迟延，此时，允许债权人订定期限催告

---

① Looschelders, Schuldrecht AT, S. 184, Rn. 470.

② Emmerich, Das Recht der Leistungsstörungen, 5. Aufl., S. 63.

③ Emmerich, Das Recht der Leistungsstörungen, 5. Aufl., S. 64.

④ 黄立："德国新民法债务不履行规定的分析"，载《政大法学评论》第83期。对此时能否适用第323条第1款，存在疑问。但和旧法一样，在无法期待债权人继续等待时，毫无疑问可以适用第323条第1款，在指定期间未果时，赋予债权人解除权。Siehe Emmerich, Das Recht der Leistungsstörungen, 5. Aufl., S. 64.

⑤ Emmerich, Das Recht der Leistungsstörungen, 5. Aufl., S. 65；黄立："德国新民法债务不履行规定的分析"，载《政大法学评论》第83期。

后解除合同(第323条第1款)。①

若给付不能在给付迟延后发生,债务人应负事变责任(第287条),此时根据给付迟延的责任规则来处理(第281条和第323条)。②

就一时不能,也可以根据德国旧债法时期的通说来分析。在绝对定期行为的情形,即合同指向的给付根据债务关系的性质或内容必须在一定的时间或在一定的期间履行,在此种给付不能及时提供时,补做(Nachholung)是不予考虑的情形,例如在音乐会上协助演出的艺术家的义务,或音乐会举办者及时向入场券的持有者分派所约定的席位的义务,此时一时不能将等同于继续不能,③应适用第275条、第280条、第283条、第326条的规定。④ 在相对定期行为(relatives Fixgeschäft),即给付虽然原则上可以补做,但债权人在合同中明确表示,遵守确定的给付时间特别重要的情形,拖延给付并不构成给付不能。此时可以适用第323条第2款第2项(旧法第361条),债权人在债务人不遵守给付时间时可以不必指定期间而解除合同,债务人可归责时,可以适用关于债务人迟延的规则(第280条第2款、第281条、第286条),在商事买卖(Handelskauf)中,《德国商法典》第376条就相对定期行为规定了特殊的规则。⑤

此外,在债务人提供给付时或在依第296条为债务人的行为指定的期间内发生一时不能的,排除债权人的迟延(第297条)。⑥

在法律效果上,依据第275条第1款(以及第311a条)将产生不存在原给付义务的合同(Vertrag ohne Primärleistungspflichten)。不过虽然合同的原给付义务不存在,但合同的其他义务,如损害赔偿义务,仍

① 黄立:"德国新民法债务不履行规定的分析",载《政大法学评论》第83期;Emmerich, Das Recht der Leistungstörungen, 5. Aufl., S. 65。

② 黄立:"德国新民法债务不履行规定的分析",载《政大法学评论》第83期。

③ Looschelders, Schuldrecht AT, S. 184, Rn. 471.

④ Emmerich, Das Recht der Leistungsstörungen, 5. Aufl., S. 64.

⑤ Looschelders, Schuldrecht AT, S. 185, Rn. 472; Emmerich, Das Recht der Leistungsstörungen, 5. Aufl., S. 63.

⑥ Looschelders, Schuldrecht AT, S. 298, Rn. 749.

可基于合同而发生。[①] 不过在种类之债的情形,第一次给付义务并不消灭。[②]

(2)债务人的给付抗辩权:事实上的给付不能(第 275 条第 1 款)和道德上的给付不能(第 275 条第 1 款)。新法第 275 条第 2 款和第 3 款分别就事实给付不能(praktische bzw. faktische Unmöglichkeit)及人身给付不能(或道德上给付不能,persönliche bzw. moralische Unmöglichkeit)规定了债务人有拒绝给付的权利。[③] 它们也被称为不可期待的给付(Unzumutbarkeit der Leistung)。[④]

①事实给付不能。所谓的事实给付不能,是指即便债务人在技术上有可能提出给付,然其所必须支出之费用,却与债权人因该给付所能取得的利益不成比例,任何理性的债权人都无法期待此种给付的情形。[⑤] 对此,常举的例子如应交付的戒指沉入湖底。[⑥] 事实给付不能要求给付具有客观的不可期待性,它规范的重点在于债权人对于给付利益的期待,也就是从交易习惯上出发,衡量债权人的理智的期待。[⑦] 此时需要考量的因素有:债务关系的内容与诚信原则、给付所必须支出的费用及债权人因给付所能取得的利益。其中债权人的利益成为考察比

① 蔡晶莹:"从德国民法债务不履行之修正看给付不能规定的转变",载《中原财经法学》2002 年第 9 期。

② 陈彦良:"论给付障碍法之新体例——以德国新修正之民法债篇为中心",载《月旦法学杂志》第 95 期。

③ Hohloch:《债法修正及新法侵害契约之类型》,第 44 页;林易典:《德国新民法债务不履行规定的分析》第 231 页;黄立:"德国新民法债务不履行规定的分析",载《政大法学评论》第 83 期。

④ 陈彦良:"论给付障碍法之新体例——以德国新修正之民法债篇为中心",载《月旦法学杂志》第 95 期。

⑤ Teichmann:《德国民法债编修正之重点》,第 139 ~ 140 页;Canaris, JZ 2001, 501; BT Drucks. 10/6040, S. 129;卡斯腾·海尔斯特尔、许德风:"情事变更原则研究",《中外法学》2004 年第 4 期。

⑥ Canaris, Die Reform des Rechts der Leistungsstörungen, JZ 2001, 501; BT Drucks. 10/6040, S. 129.

⑦ 蔡晶莹:"从德国民法债务不履行之修正看给付不能规定的转变",载《中原财经法学》2002 年第 9 期。

例性时的决定因素。[1] 就债务关系的内容而言,首先指通过合同解释的规则就已表明,给付由于困难不应再被认为需要给付。此外,债务的种类也很重要。[2] 例如若某一特定物之债的标的物被从债务人处偷走,那么一般就不应对债务人为重新获得该物需付出的努力规定过高的要求,因为对特定物而言,这些努力通常很难成功。而在种类之债中,不言而喻,债务人应当设法取得另一个无作为原先约定给付的物。[3] 就金钱债务,也就是债务人单纯无资历的问题,由于它有别于一般债务的特质,因此并无给付不能的问题。[4] 债务人所支出的费用,不仅指金钱上的花费(Anwendungen in Geld),也包括人的行为和类似的个人努力(Tätigkeit und ähnliche persönlich Anstrengungen)。[5] 债务人应当作出哪些支出绝不取决于该支出与债务人自身利益的关系,比如与合同价款或者与人身利益,如内心顾虑、家庭负担等的关系,而仅仅取决于支出与债权人对履行原请求权所享有的利益的关系。[6] 所谓的债权人的利益并不只限于物质上之利益,也应考量内在的利益,例如此标的物对于债权人有特殊感情上之价值利益(Affektionsinteresse)。同时,必须注意债务人是否做出了特别的给付保证或是表示愿意接受特殊的危险负担。另外也可由契约本身做反面解释,债务人并未接受这种需要特殊负担之给付的可能性存在。在给付所必须支出的费用与债权人因给付所能取得的利益二者严重地/极大地不成比例时(in einem groben Missverhältnis),也即存在不可期待性时,债务人才可以拒绝给付。[7] 这一严重的不成比例必须达到一个特别显著的、根据诚信原则

---

① Canaris, Die Reform des Rechts der Leistungsstörungen,JZ 2001, 501.

② Canaris, Die Reform des Rechts der Leistungsstörungen, JZ 2001, 502.

③ Canaris, Die Reform des Rechts der Leistungsstörungen, JZ 2001,502.

④ 蔡晶莹:"从德国民法债务不履行之修正看给付不能规定的转变",载《中原财经法学》2002年第9期。

⑤ 黄立:"德国新民法债务不履行规定的分析",载《政大法学评论》第83期;Canaris, Die Reform des Rechts der Leistungsstörungen, JZ 2001, 502。

⑥ Canaris, Die Reform des Rechts der Leistungsstörungen,JZ 2001,502.

⑦ 陈彦良:"论给付障碍法之新体例——以德国新修正之民法债篇为中心",载《月旦法学杂志》第95期。

完全无法容忍的程度。也就是说,第 275 条第 2 款应当限于极端的情形。[①] 上述第 275 条第 2 款关于事实上不能的规定实际上与旧法第 251 条第 2 款、第 633 条第 2 款第 3 句[②]以及第 651c 条第 2 款第 2 句的规定有着类似性,只是它包含了考察比例性时有决定意义的两条标准:一是将着眼点放在债权人对给付所具有的利益上,二是不成比例的程度必须是重大的。以债权人的利益为标准也与联邦最高法院的判例和主流学说对旧法第 251 条第 2 款、第 633 条第 2 款第 3 句的解释是一致的,只是这一标准无法从这些规定的表述中推出。[③]

此外,根据第 275 条第 2 款第 2 句,在判断不可期待性时,也应当考虑债务人对于给付障碍是否负有责任。[④] 例如,如果债务人过失地出于错误或在完全清楚法律规定的情况下仍将合同标的物出让给了第三人,那么为了免除承担其原给付义务,债务人必须为重获该物向该第三人开出大大高于市场价的价格。这同样和德国联邦最高法院有关旧法第 633 条第 2 款第 3 句的判例以及有关由其从旧法第 251 条第 2 款、第 633 条第 2 款第 3 句发展出的一般法律思想的判例相一致。[⑤] 但从这一规定中不能反推出,若债务人对给付障碍没有过错,他就根本无需为克服给付障碍作出努力。只能说,此时债务人应当作出的努力和支出的费用要比他对给付障碍有过错时低。[⑥]

②人身给付不能。人身给付不能,是指如给付提出须由债务人本人亲自为之,然其因为特殊的事由,且于考虑到债权人的利益后,无法期待债务人提出该给付的情形。[⑦] 对此,政府草案的立法理由书中举

---

① Canaris, Die Reform des Rechts der Leistungsstörungen, JZ 2001, 502.

② 在新债法中修订为第 635 条第 3 款。

③ Canaris, Die Reform des Rechts der Leistungsstörungen, JZ 2001, 502.

④ 陈彦良:“论给付障碍法之新体例——以德国新修正之民法债篇为中心”,载《月旦法学杂志》第 95 期;蔡晶莹:“从德国民法债务不履行之修正看给付不能规定的转变”,载《中原财经法学》2002 年第 9 期;黄立:“德国新民法债务不履行规定的分析”,载《政大法学评论》第 83 期。

⑤ Canaris, Die Reform des Rechts der Leistungsstörungen, JZ 2001, 503.

⑥ Canaris, Die Reform des Rechts der Leistungsstörungen, JZ 2001, 503.

⑦ Teichmann:《德国民法债编修正之重点》,第 139 ~ 140 页。

了一例:一位女歌星的小孩生病且生命危在旦夕,她实在无法登台演出。[1] 人身给付不能要求给付具有主观的不可期待性。此时,给付的障碍非基于物力层面,而是来自于个人及精神层面,在单纯以交换利益作为债的内容的给付,较无本条款适用的余地。[2] 在判断人身给付不能时需要考量的有:a. 给付具有高度的属人性(die Leistung in Person),如雇佣合同、承揽合同与委任合同等都属于这一范畴。[3] 不过对于第613条第1款规定的雇佣合同中的劳动给付义务,通说认为属绝对的定期之债(absolute Fixschuld),也就是除了弹性的工作时间的劳动者之外,对于旷工无法在工作时间过去之后再补为给付,因此德国学者 Dauner-Lieb 教授主张此时应优先适用第275条第1款,债务人无须主张第3款所赋予的抗辩权来解除其劳动给付义务,因为该给付义务已经因为不可克服的给付不能而消灭了。[4] 对此,有学者认为,在时间上和逻辑上,第275条第3款都较之第1款先行发生。第275第1款规范的给付不能是工作时间点过了之后,劳动者没有可能再补行义务的情形,而第3款规范的则是在工作时间之前已有给付不能的状况,也就是说,在劳动者在根据第1款陷入给付不能之前,已经根据第3款可以行使抗辩权而解除劳动义务了。因此,第3款应当优先适用。[5] b. 债权人的给付利益。在比较妨碍债务人给付的障碍和债权人的给付利益后,不能期待债务人给付的,债务人享有拒绝给付的抗辩权。此时,与债务人有无可归责的事由无关,也与交易基础的障碍无关。[6] 此

① BT Drucks. 10/6040, S. 130; Hohloch:"债法修正及新法侵害契约之类型",第44页;Teichmann:《德国民法债编修正之重点》,第140页。

② 蔡晶莹:"从德国民法债务不履行之修正看给付不能规定的转变",载《中原财经法学》2002年第9期。

③ 陈彦良:"论给付障碍法之新体例——以德国新修正之民法债篇为中心",载《月旦法学杂志》第95期;黄立:"德国新民法债务不履行规定的分析",载《政大法学评论》第83期。

④ Dauner-Lieb, Schuldrecht-Fälle, 2002, S. 63ff. 转引自陈彦良:"论给付障碍法之新体例——以德国新修正之民法债篇为中心",载《月旦法学杂志》第95期。

⑤ 陈彦良:"论给付障碍法之新体例——以德国新修正之民法债篇为中心",载《月旦法学杂志》第95期。

⑥ 黄立:"德国新民法债务不履行规定的分析",载《政大法学评论》第83期。

外，也要考量到债务人的基本人权，如果涉及，债务人也可拒绝给付。例如因宗教上良心的理由（德国基本法第4条），一个在医院任职的医生得以根据第275条第3项拒绝实施堕胎行为。①

③法律效果。在法律效果上，第275条第2款和第3款赋予了债务人拒绝给付的权利（Leistungsverweigerungsrecht），这一权利在本质上是属于债务人的抗辩权（Einrede），②它须由债务人主张后，债务人才有权拒绝原给付义务的履行，法院不得依职权来行使。③ 作出这样的安排是考虑到，债务人终究可以“超义务地”（überobligationsmäßig）进行给付。④ 不过，Canaris教授在立法过程中更倾向于将《合并文本案》第275条第2款也设计成无须主张的抗辩（Einwendung），一方面可以更好地表明该款涉及的也是给付不能的情形，另一方面也使该款最终体现禁止权利滥用的思想，在这里表现为禁止不相称地优待债权人的利益。⑤

一旦债务人提出抗辩，就排除了给付迟延，因为此时债务人已经可以享受拒绝提供主给付的权利。也即，抗辩权的行使，纵然发生在给付迟延之后，却可以溯及既往地排除迟延的效果。⑥

（3）经济上的给付不能（wirtschaftlich Möglichkeit）。所谓经济上的不能，是指当债的关系成立后，产生了经济上不可能期待的因素，债务人未估算到给付的履行必须付出昂贵的花费，而使得债务的履行出现障碍的情形。也就是给付困难的克服必须期待债务人付出超过“牺牲界限”（Opfergrenze）的财力才能完成，而从经济的观点出发，债务人

---

① 陈彦良：“论给付障碍法之新体例——以德国新修正之民法债篇为中心”，载《月旦法学杂志》第95期。

② 蔡晶莹：“从德国民法债务不履行之修正看给付不能规定的转变”，载《中原财经法学》2002年第9期；黄立：“德国新民法债务不履行规定的分析”，载《政大法学评论》第83期。

③ 蔡晶莹：“从德国民法债务不履行之修正看给付不能规定的转变”，载《中原财经法学》2002年第9期。

④ Canaris, Die Reform des Rechts der Leistungsstörungen, JZ 2001, 504.

⑤ Canaris, Die Reform des Rechts der Leistungsstörungen, JZ 2001, 504.

⑥ 黄立：“德国新民法债务不履行规定的分析”，载《政大法学评论》第83期。

这样的牺牲是无法被社会所期待的。[①] 例如,合同双方当事人约定,债务人向债权人提供某个中东国家手工编绘的地毯,但在合同订立后不久,该国便发生了内战,导致债务人的履行成本急剧增加。[②]

由政府草案的立法理由书得知,所谓的经济上不能不属于第275条第2款规范的事实上给付不能的内容,它仍然属于第313条规定的交易基础障碍的问题。但在这里仍存在区分上的问题。[③] 可以认为,第275条第2款规范的重点在于债权人对于给付利益的期待,也就是从交易习惯上出发,衡量债权人的理智的期待;而第313条则从债务人的利益基础来考量,它着眼于债务人的支出和与该支出相连的负担,或者着眼于由此引起的等价性受干扰的情形,即当债的关系成立后,若从债务人的利益基础出发,债务人不可能被期待以超过牺牲界限的财力付出,去克服给付困难而提出给付的情形,即它旨在调适债务人的负担,订出一个债务人牺牲的界限(Opfergrenze)。[④]

不过二者在实践中难以区分,有学者认为,较佳的解决方式,应该摒弃传统上对所谓事实不能与经济不能的区分,并赋予债务人选择的权利,即在经济上不能的情形,债务人可以选择依第275条第2款主张拒绝给付,也可依第313条,就契约内容的条件为调整后,仍为契约义务的履行。[⑤]

也有学者认为,在事实要件同时满足第313条和第275条第2款时,后者应优先适用。一则从德国债法现代化法的立法理由书来看,第275条第2款实际上是一个用来限制第313条适用范围的规则;二则第

---

① 蔡晶莹:"从德国民法债务不履行之修正看给付不能规定的转变",载《中原财经法学》2002年第9期。

② 卡斯腾·海尔斯特尔、许德风:"情事变更原则研究",载《中外法学》2004年第4期。

③ BT Drucks. 10/6040, S. 130; Hohloch:《债法修正及新法侵害契约之类型》,第44页。

④ 蔡晶莹:"从德国民法债务不履行之修正看给付不能规定的转变",载《中原财经法学》2002年第9期;Canaris, JZ 2001, 501;陈彦良:"论给付障碍法之新体例——以德国新修正之民法债篇为中心",载《月旦法学杂志》第95期。

⑤ 蔡晶莹:"从德国民法债务不履行之修正看给付不能规定的转变",载《中原财经法学》2002年第9期。

275 条第 2 款能为债务人提供更好的救济；三则从债权人角度看，如果适用第 313 条允许债务人变更合同，可能导致债权人对待给付义务的提高，从而将风险部分移转给债权人。①

（4）与《国际商事合同》及《欧洲合同法原则》类似规定的比较。新债法第 275 条的规定实际上与《国际商事合同通则》第 7.2.2 条②（a）项、（b）项以及《欧洲合同法原则》第 9:102 条第 2 款③（a）项、（b）项、（c）项的规定类似。

《国际商事合同通则》第 7.2.2 条是关于“非金钱债务的履行”的规定，其（a）项和（b）项的内容为：

---

① 卡斯腾·海尔斯特尔、许德风：“情事变更原则研究”，载《中外法学》2004 年第 4 期；陈彦良：“论给付障碍法之新体例——以德国新修正之民法债篇为中心”，载《月旦法学杂志》第 95 期。

② ARTICLE 7.2.2 (*Performance of non-monetary obligation*) Where a party who owes an obligation other than one to pay money does not perform, the other party may require performance, unless

(a) performance is impossible in law or in fact;

(b) performance or, where relevant, enforcement is unreasonably burdensome or expensive;

(c) the party entitled to performance may reasonably obtain performance from another source;

(d) performance is of an exclusively personal character; or

(e) the party entitled to performance does not require performance within a reasonable time after it has, or ought to have, become aware of the non-performance.

③ Article 9:102: Non-monetary Obligations

(1) The aggrieved party is entitled to specific performance of an obligation other than one to pay money, including the remedying of a defective performance.

(2) Specific performance cannot, however, be obtained where:

(a) performance would be unlawful or impossible; or

(b) performance would cause the debtor unreasonable effort or expense; or

(c) the performance consists in the provision of services or work of a personal character or depends upon a personal relationship, or

(d) the aggrieved party may reasonably obtain performance from another source.

(3) The aggrieved party will lose the right to specific performance if it fails to seek it within a reasonable time after it has or ought to have become aware of the non-performance.

“如果一方当事人未履行支付金钱之外的债务,另一方当事人可以请求履行,除非:

(a)履行在法律或事实上不可能;

(b)履行或相关的执行带来不合理的负担或费用……”①

《欧洲合同法原则》第9:102条是关于非金钱债务的规定,其前两款的内容为:“(一)受害方当事人有权主张非金钱债务的实际履行,包括对瑕疵履行所为的补救。

(二)然如有下列情形,则不得获取实际履行:

(a)履行属不法或者不能;或

(b)履行将会导致债务人不合理的努力或花费;或

(c)履行属于具有人身特征的或取决于个人关系的服务或工作的约定;或

(d)受害方当事人能够合理地通过其他途径获取的履行。”②

《国际商事合同通则》第7.2.2条(a)项和《欧洲合同法原则》第9:102条第2款(a)项都将履行不能作为了免除原给付义务的事由,这和德国新债法第275条第1款的规定是一致的;《国际商事合同通则》第7.2.2条(b)项和《欧洲合同法原则》第9:102条第2款(b)项在功能上则类似于德国新债法第275条的第2款,但它们没有像后者那样明确提及比例原则,更未指出关键的着眼点是债权人利益或指出不相称的程度。③ 不过在对《国际商事合同通则》第7.2.2条(b)项的释义中提及一个例子:一艘油船在暴一场风雨中沉入海中,若果船主需支付的打捞费用大大超过油本身的价值时,托运人就不可以再要求船主履行运输合同了。④ 在对《欧洲合同法原则》第9:102条释义中也提及一个类似的例子:卖方A出售给B一艘快艇名叫“Eliza”,该快艇在运送

---

① 译文参见商务部条约法律司编译:《国际商事合同通则》,法律出版社2004年版,第381页。

② 译文参见韩世远译:“欧洲合同法原则”,载http://learn.tsinghua.edu.cn:8080/2001990002/Ⅳ03.9.htm。

③ Canaris, Die Reform des Rechts der Leistungsstörungen, JZ 2001, 505.

④ 商务部条约法律司编译:《国际商事合同通则》,法律出版社2004年版,第382~383页。

的路途中发生碰撞沉入200米深的水中,A打捞该快艇的费用相当于其价值的40倍,强迫A履行的费用就是不合理的。[①] 这两个例子隐含了与债权人利益的比较。[②]《欧洲合同法原则》第9:102条第2款(c)项则与第275条第3款提及的人身给付不能的情形类似,不过它也没有像后者那样提及比例原则。

较之《国际商事合同通则》及《欧洲合同法原则》相类似的规定,德国新债法第275条就给付不能提供了更为明确的标准。

2. 第二次给付义务(次给付义务)——第283~285条

就给付不能的法律效果,如前所述,在第1款规定的真正给付不能的情形,直接免除债务人的第一次给付义务,在第2款和第3款规定的事实给付不能和人身给付不能的情形,赋予债务人拒绝给付的抗辩权。立法者重新设计给付不能的法律后果是出于下述考虑,即判断所负担的给付是否已经超出债的内容,首先应当是债务人自己的事情,[③]而且这样保留弹性的解决之道,对于须经利益衡量的案例,及在高度属人性的给付不能的案例中,有其重要性。[④] 但债务人不负第一次给付义务并不妨碍他对债权人承担第二次给付义务,即他应赔偿债权人因为给付不能而受到的损失。对此,第275条第4款做了进一步的规定。

在给付不能的情形下,债权人享有的损害赔偿请求权包括对第280条规定的一般损害赔偿请求权、第283条规定的代替给付的损害赔偿请求权、第284条规定的无益费用的赔偿请求权以及第285条规定的赔偿利益的交付请求权。[⑤] 由第275条第4款的上述规定也可以得知给付不能为"义务违反"的下位概念。

---

① Ole Lando and Hugh Beale, Principles of European Contrat Law, Part I and II, Kluwer Law International, 2000, S. 396.

② Siehe Canaris, Die Reform des Rechts der Leistungsstörungen, JZ 2001, 505.

③ Rolland, 1. Kapitel Einführung, in Haas, Lothar u. a. (Hrsg.), Das neue Schuldrecht, S. 6, Rn. 9;杜景林、卢谌:"是死亡还是二次勃兴——《德国民法典》中的给付不能制度研究",载《法商研究》2006年第2期。

④ Teichmann:《德国民法债编修正之重点》,第140页。

⑤ 蔡晶莹:"从德国民法债务不履行之修正看给付不能规定的转变",载《中原财经法学》2002年第9期。

第311a条另就自始给付不能规定了债权人请求损害赔偿的权利。也就是说,债务人损害赔偿义务的产生,因给付为自始不能还是嗣后不能而有所不同。[①]

(1) 替代给付的损害赔偿。在嗣后(主观及客观)不能的情形,若给付不能可归责于债务人,他应依第280条第1款、第3款和第283条负替代给付的损害赔偿责任(Schadensersatz statt der Leistung)。[②] 所谓的替代给付的损害赔偿,即旧法中所说的因不履行的损害赔偿。使用替代给付的损害赔偿是出于功能(代替主给付)的考量,而非从赔偿的理由(不履行)去考量。[③] 和因不履行的损害赔偿一样,替代给付的损害赔偿赔偿的也是履行利益(积极利益),[④]债务人将因此得到,其因为给付未被履行,所致之经济上损失之金钱赔偿。[⑤] 此时催告期限是不必要的。因为催告对给付不能没有意义。[⑥]

在适用这一赔偿规则时,可以先检验第280条第1款,再检验第280条第3款和第283条的补充要件。不过,实际上,在检验第280条第1款时,同时便可检验第283条的补充要件,如此一来便可省去重复对“义务违反”所做的检验。[⑦]

第280条第1款规定的检验要件的顺序如下:[⑧]①是否存在债之关系;②是否存在义务违反,也就是是否违反合同或是法定债之关系中的

---

① Hohloch:《债法修正及新法侵害契约之类型》,第45页。

② Hohloch:《债法修正及新法侵害契约之类型》,第45页。

③ 黄立:“德国新民法债务不履行规定的分析”,载《政大法学评论》第83期;杜景林、卢谌:“是死亡还是二次勃兴——《德国民法典》中的给付不能制度研究”,载《法商研究》2006年第2期。

④ 黄立:“德国新民法债务不履行规定的分析”,载《政大法学评论》第83期;杜景林、卢谌:“是死亡还是二次勃兴——《德国民法典》中的给付不能制度研究”,载《法商研究》2006年第2期。

⑤ Teichmann:《德国民法债编修正之重点》,第142页。

⑥ 黄立:“德国新民法债务不履行规定的分析”,载《政大法学评论》第83期。

⑦ 陈彦良:“论给付障碍法之新体例——以德国新修正之民法债篇为中心”,载《月旦法学杂志》第95期。

⑧ 陈彦良:“论给付障碍法之新体例——以德国新修正之民法债篇为中心”,载《月旦法学杂志》第95期;黄立:《德国新民法债务不履行规定的分析》,第21页。

义务;③是否存在损害;④义务违反与损害之间有无因果关系;⑤债务人是否可归责。债务人的可归责性根据第276条、第278条来判断。不过根据第280条第1款第2句,债务人的有责性是被推定的。[①] 在给付不能的情形下,由于第275条第1款的规定,债务人不再负有给付义务,因此无违反义务的可能,债务人负责的理由,应该是他不履行其给付承诺,而不是不为给付。[②] 但要适用替代给付的损害赔偿这一救济方式,仍需要债务人可归责。[③]

就可归责的(Vertretenmüssen)概念,新法保留了旧法的规定,即第276条。[④] 不过它所涵盖的范围,不仅是故意及过失,尚包含债务人已承担能将商品"购置"(beschaffen)妥当的风险,或者其已承担"担保"(Garantie)责任的情形。[⑤] 旧法第279条[⑥]关于种类之债中的担保在新法中被删除,回归于第276条的"担保的承担"中,并未变更过去实务和学说上将种类之债当作债务人财务给付能力的担保的见解。[⑦] 而将承担担保纳入可归责的范畴,将使得德国债编各论买卖及承揽各节不去规定旧法中"担保"(Zusicherung)的概念成为可能(如旧法第463条第1句),因为它现在已经被一起规定在债编总论关于债务不履行的规范中了。[⑧] 不过,对承担担保的情形,债法分则中仍有一些特别规范,

---

① 黄立:"德国新民法债务不履行规定的分析",载《政大法学评论》第83期。

② Dauner-Lieb, § 2 Das Leistungsstörungsrecht im Überblick, S. 77, Rn. 17;黄立:"德国新民法债务不履行规定的分析",载《政大法学评论》第83期。

③ 杜景林、卢谌:"是死亡还是二次勃兴——《德国民法典》中的给付不能制度研究",载《法商研究》2006年第2期。

④ 新债法第276条规定:"(1)在较严或较宽的责任既未规定也无法从债务关系的其他内容,特别是从承担担保或购置风险中得出的,债务人应对故意或过失负责。第827条和第828条的规定准用之。(2)过失是指欠缺交易中必要的注意。(3)债务人的故意责任不得预先免除。"

⑤ Teichmann:《德国民法债编修正之重点》,第143页。

⑥ 旧法第279条规定:"负担的标的物仅依种类指定的,只要从此种类中给付为可能,债务人即使不负担过错,仍应对其(主观)给付不能负责。"

⑦ 林易典:《德国民法债篇修正简介》,第231页;黄立:"德国新民法债务不履行规定的分析",载《政大法学评论》第83期。

⑧ Teichmann:《德国民法债编修正之重点》,第143页;黄立:"德国新民法债务不履行规定的分析",载《政大法学评论》第83期。

如第442条、[①]第444条。[②③]

就履行辅助人的责任,第278条保留了旧法的规定:“债务人就其法定代理人或为履行债务所使用之人的故意或过失,应负与自己的故意或过失同一范围的责任。于此情形,不适用第276条第3款的规定。”新法没有将本人负责的范围扩大及于非履行给付或保护义务之外的人,也没有对技术性器材(如自动贩卖机)作出特别的规范,立法者采取了债法修订委员会的意见,不认为由扩张责任的必要。[④]

关于损害赔偿的计算,应适用第249条以下的规定。根据第249条第1句,赔偿义务应负责恢复原状,即恢复到假如没有发生导致赔偿义务的事由时应存在的状态。在给付不能的情况下,回复原状不可能或需费过巨,赔偿义务人可以用金钱进行赔偿(第251条)。[⑤]

在这里存在代替赔偿及差额赔偿对于新债法的适用性问题。所谓差额理论(Differenzmethode/theorie),是指依给付与对待给付的差价,要求损害赔偿。而根据代偿理论(Surrogationsmethode/theorie,或被称为交换说,Austauschtheorie[⑥]),若债务人因给付物之灭失而取得损害赔偿(如保险金),债权人得要求债务人给付此损害赔偿,但债权人必须进行对待给付。[⑦]

---

① 第442条规定:“(1)买受人在订约时明知瑕疵的,排除其因瑕疵而享有的权利。买受人因重大过失而不知瑕疵的,只有在出卖人恶意不告知瑕疵或就物的特性承担担保时,买受人始得因此种瑕疵而主张权利。(2)权利登记于土地登记簿上的,纵然买受人知悉此种权利,出卖人仍应将之除去。”

② 第444条规定:“出卖人恶意隐瞒瑕疵或对物之特性承担担保者,不得引据将买受人因瑕疵而得请求之权利排除或限制的协议。”

③ 黄立:“德国新民法债务不履行规定的分析”,载《政大法学评论》第83期。

④ Medicus, 3. Kapitel Leistungsstörungsrecht, S. 111, Rn. 139;黄立:“德国新民法债务不履行规定的分析”,载《政大法学评论》第83期。

⑤ 陈彦良:“论给付障碍法之新体例——以德国新修正之民法债篇为中心”,载《月旦法学杂志》第95期。

⑥ 姚志明:“德国民法债编修正介绍——一般给付障碍与买卖契约”,载《月旦法学教室》第8期。

⑦ 陈彦良:“论给付障碍法之新体例——以德国新修正之民法债篇为中心”,载《月旦法学杂志》第95期;姚志明:“德国民法债编修正介绍——一般给付障碍与买卖契约”,载《月旦法学教室》第8期。

根据德国联邦最高法院的意见,旧法第326条第1款第2句规定的债务迟延损害赔偿仅得依差额理论要求赔偿。其理由是,依旧法第326条第1款第2句后段的规定,在给付延展期限时应附带给予在延展期过后拒绝受领的警告,故在延展期过后双方给付义务因此终止,不应因债权人选择代偿理论使得债权人的对待给付义务再度复活。但在给付不能的情形下,旧法第275条第1款第1句并无旧法第326条第1款第2句拒绝受领警告的要求,故债权人得以自由选择代偿理论或者差额理论来请求赔偿,此即所谓的受限的差额理论说(eingeschränkte Differenztheorie)。

在新债法下,这种见解无法再适用。因为相较于旧法326条第1款第2句,新法在第280条第1款、第3款及第281条对给付迟延给予延展期,在延展期限届满后并不会使给付义务和对待给付义务自动消灭,因为债权人依法并未有提出拒绝受领的警告义务。因此与旧法不同的地方在此处亦有适用代偿理论的余地。而对于给付不能,新法第275条第1款和第326条第1款第1句使得双方的给付义务自动消灭,故无代偿理论适用的余地,此处应可继受旧法之见解,若依第280条及第283条要求损害赔偿仅得依差额理论请求差额赔偿。

不过,这一结论并非不可置疑。从另一个角度看,依第326条第1款第1句的文义,债务人不得再请求对待给付,并不表示债权人便无提出对待给付的权利。且代替损害赔偿允许债权人对损害采取一种特别的计算方式,使得在给付不能时债权人仍得依本旨履行契约。也仅有这种赔偿的计算方式才能考量到债权人对未料及之代位利益和对待给付的利益衡量。此两种赔偿计算理论对于给付不能仍应并存。① 即对这两种学说,原则上债权人(相对人)有选择权。②

就部分给付不能,若可归责于债务人,根据第283条第1句,对给付不能的部分,可以请求代替给付的损害赔偿,根据第2句,对尚可能

① 陈彦良:“论给付障碍法之新体例——以德国新修正之民法债篇为中心”,载《月旦法学杂志》第95期。

② Lorenz/Riehm, Lehrbuch zum neuen Schuldrecht, S. 107ff, Rn. 208ff; 姚志明:“德国民法债编修正介绍——一般给付障碍与买卖契约”,载《月旦法学教室》第8期。

给付的部分,可以准用第281条第1款第2、3句和第5款。依据第283条第1款第2句,在部分给付不能时,若债权人对部分给付不具有利益,他可以请求替代全部给付的损害赔偿,而根据该条第5款,债务人有权依据第346条至第348条请求返还所为的给付。[①]

在给付不能可归责于双方当事人时,德国新债法未加以明确规定。依通说见解,如主要可归责于债权人,依第326条第2款的规定,债权人仍应为对待给付,此时,债务人须依第254条关于与有过失的规定负责,对待给付的范围依债务人过失的比例扣减。而债权人可以依第280条第1款、第3款以及第283条的规定,向债务人请求替代给付的损害赔偿,此时因债权人有过失,有与有过失规定的适用。[②]

(2)无谓费用的偿还。作为替代给付的损害赔偿的替代救济,债权人可以根据第284条请求债务人偿还自己所支出的无谓费用,即他因信赖可以获得给付而支出的,并且从公平角度看可以支出的费用。如缔约费用、为了准备受领而生的费用(包括保险费、运送费或布置受领放置场所所生的费用等)。[③] 可以说,无谓费用偿还请求权请求的是对消极利益/信赖利益的赔偿,[④]但只是可以请求偿还债务人已支出的费用,并不包括全部的消极利益,更不能得出消极利益等同于积极利益的结论。[⑤] 也有学者认为此处消极利益不能获得赔偿。[⑥] 尚有学者认

---

① 参见黄立:“德国新民法债务不履行规定的分析”,载《政大法学评论》第83期;林易典:《德国民法债篇修正简介》,第231页。

② Lorenz/Riehm, Lehrbuch zum neuen Schuldrecht, S. 107ff, Rn. 208ff; 姚志明:“德国民法债编修正介绍——一般给付障碍与买卖契约”,载《月旦法学教室》第8期。

③ 姚志明:“德国民法债编修正介绍——一般给付障碍与买卖契约”,载《月旦法学教室》第8期。

④ 陈彦良:“论给付障碍法之新体例——以德国新修正之民法债篇为中心”,载《月旦法学杂志》第95期;黄立:《德国新民法债务不履行规定的分析》,第39页。

⑤ 杜景林、卢谌:“是死亡还是二次勃兴——《德国民法典》中的给付不能制度研究”,载《法商研究》2006年第2期;Lorenz/Riehm, Lehrbuch zum neuen Schuldrecht, S. 115, Rn. 227。

⑥ Jauernig/Stadler, § 284, Rn. 8. Hohloch 教授在其文章中已经提到,对第284条有争议的是,该请求权能否请求所谓的消极利益。Hohloch:《债法修正及新法侵害契约之类型》,第46页。

为这里请求赔偿的是履行利益。①

这一救济依据的是帝国法院发展出的盈利性/获利推定原则(Rentabilitätsvermutung),因为由生活经验显示,债权人通常只有在有获利可能性时才会支出费用,而且他所支出的费用至少会与应收到的给付的利益相等。基于此,他可以在无法证明所失利益的情况下,主张无谓费用的赔偿。② 不过既然是基于盈利性/获利推定原则,只有在债权人追求盈利的目的时,才适用这一推定,③而且该推定可以被推翻,即第284条但书规定的内容:若债务人不违反义务仍不会达到支出费用的目的时,排除这一无谓费用的赔偿请求权。例如,甲在与房东订立房屋租赁合同后,立即购买了餐厅厨房设备,但该房屋原本位于住宅区并不可能取得餐厅的设立许可,从而无法交付该房屋。这一购买厨房设备的费用就不可以求偿。④

根据第284条的规定,要行使无谓费用偿还请求权,需要债权人对获得给付存在信赖,还需满足所支出的费用从公平角度看是可以支出的这一条件,因此不成比例的高额费用并不在可得请求返还之列,例如为所欲购买的马买了一个农场,以便饲养该马之用,购买农场的费用显然不符合这里所要求的条件。⑤

再者,无谓费用偿还请求权以替代给付的损害赔偿请求权的存在为前提,二者是相斥的关系,若主张该请求权,则不能同时主张替代给非的损害赔偿请求权。⑥

最后,第284条规定了一项例外,即在债务人不违反义务仍不会达到支出费用的目的时,排除对无谓费用的偿还请求权。

---

① MuenchKomm/Ernst, §274, Rn. 6. See Markesinis/Uberath/Johonston, The German Law of Contract, p.462.

② 黄立:“德国新民法债务不履行规定的分析”,载《政大法学评论》第83期。

③ 杜景林、卢谌:“是死亡还是二次勃兴——《德国民法典》中的给付不能制度研究”,载《法商研究》2006年第2期。

④ 黄立:“德国新民法债务不履行规定的分析”,载《政大法学评论》第83期。

⑤ 黄立:“德国新民法债务不履行规定的分析”,载《政大法学评论》第83期。

⑥ 姚志明:“德国民法债编修正介绍——一般给付障碍与买卖契约”,载《月旦法学教室》第8期。

(3)请求交付赔偿物或让与赔偿请求权(交付代替利益,stellvertretendes commodum)。根据第285条,债权人还可以在债务人无须给付并就所负担的标的物取得赔偿或赔偿请求权时,请求债务人交付赔偿物或让与赔偿请求权。若此时,他还行使了替代给付的损害赔偿,应当从赔偿额中减去他所取得的赔偿或赔偿请求权的价值。该条继受了旧债法第281条的内容。[①] 这里指向替代利益的请求权也被称为代偿请求权。[②]

和其他赔偿责任不同,第285条规定的代偿请求权和债务人有无可归责的事由无关。它可以适用于对保险人享有的请求权以及对第三人的享有损害赔偿请求权。[③] 在债务人转让给第三人所取得的对价,较物的价值或对待给付为高时,债权人仍得行使代偿请求权(commodum ex negotiatione),[④]即代偿请求权也适用于债务人所取得的出让利益(Veräußerungserlös)。[⑤]

3. 对待给付义务的免除——第326条

就双务合同而言,在债务人被直接免除第一次给付义务或因其主张抗辩权而被免除给付义务时,依据第326条第1款的规定,债权人对待给付义务也自动归于消灭。[⑥] 但第326条第2款和第3款对此作出了例外规定。在债权人已经为给付时,根据第4款的规定,可以依据第346条至第348条关于解除权的规定请求返还,而不再如以前旧法第

---

① 陈彦良:“论给付障碍法之新体例——以德国新修正之民法债篇为中心”,载《月旦法学杂志》第95期;黄立:“德国新民法债务不履行规定的分析”,载《政大法学评论》第83期。

② 杜景林、卢谌:“是死亡还是二次勃兴——《德国民法典》中的给付不能制度研究”,载《法商研究》2006年第2期。

③ 杜景林、卢谌:“是死亡还是二次勃兴——《德国民法典》中的给付不能制度研究”,载《法商研究》2006年第2期。

④ Medicus, 3. Kapitel Leistungsstörungsrecht, S. 96, Rn. 63;黄立:“德国新民法债务不履行规定的分析”,载《政大法学评论》第83期。

⑤ 杜景林、卢谌:“是死亡还是二次勃兴——《德国民法典》中的给付不能制度研究”,载《法商研究》2006年第2期。

⑥ 这和旧法第323条第1款相同,只是不再以双方当事人都不可归责为前提了。

326 条那样准用不当得利的规定。①

(1)对待给付义务的免除。依据第 326 条第 1 款的规定,在债务人依据第 275 条第 1 款至第 3 款免付给付义务时,债权人对待给付义务也归于消灭。这一消灭不问给付不能是否可归责于任何一方当事人,依法当然地发生。② 在一部给付的情形,准用第 441 条第 3 款关于减价权的规定,即可以根据给付的价值相应地减少对待给付义务。不过,第 616 条关于雇佣合同中的暂时妨碍的规定构成一项例外:负有提供劳务义务的人在相对不显著的期间,由于其人身上的事由不能提供劳务,但自身并无过错时,并不丧失劳动报酬请求权,其作为债务人仍保有对待给付的请求权。③ 不过,他必须承受将其在受妨碍期间基于法定义务而存在的健康或事故保险而得到的金额算入报酬。

较之旧法第 323 条第 1 款要求的双方都无过错,新法第 326 条第 1 款并未作出此种要求。不过,第 326 条第 2 款实际上要求债权人对给付不能的事由不负单独或主要的责任。

在债权人已经为给付时,根据第 4 款的规定,可以依据第 346 条至第 348 条关于解除权的规定请求返还,而像旧法第 323 条第 3 款规定的那样适用不当得利的规定。这对债权人显然更有利,因为若依不当得利规定要求返还,存在额外的风险,第 818 条第 3 款规定有债务人无须返还的情形,即如果受益人的不当得利已经不存在时,他不再负有返还或价值补偿的义务。④

(2)保有对待给付请求权的例外情形。第 326 条第 2 款和第 3 款规定了债务人保有对待给付义务的例外情形。

①债务人无须后续履行(Nacherfüllung)的情形。

根据第 326 条第 1 款第 2 句,在债务人的给付不符合合同规定的情形下(即不良给付的情形),若债务人依照第 275 条第 1 款至第 3 款

---

① Hohloch:《债法修正及新法侵害契约之类型》,第 45 页。

② 黄立:“德国新民法债务不履行规定的分析”,载《政大法学评论》第 83 期。

③ 陈彦良:“论给付障碍法之新体例——以德国新修正之民法债篇为中心”,载《月旦法学杂志》第 95 期。

④ 陈彦良:“论给付障碍法之新体例——以德国新修正之民法债篇为中心”,载《月旦法学杂志》第 95 期。

的规定无须后续履行的[如第439条或第634条规定的修补(Nachbesserung)或为替代给付(Ersatzleistung)],不排除债权人的对待给付义务。为何未依债之本旨履行也无须后续履行的债务人能够保有对待给付?根据立法理由书,[①]无法修复的不良给付并不导致第326条第1款第1句中规定的部分给付不能。因为若构成部分给付不能,可以自动导致部分对待给付义务的消灭,实际上构成一种自动的减价行为,这和新债法将减价权设计为形成权的意旨不符。[②]

②债权人对给付不能可归责。

根据第326条第2款第1句的前半段,在债权人对给付不能负有单独责任(allein verantwortlich)时,债务人保有对待给付的义务。这一规定继受了旧法第324条第1款的功能。[③] 在债权人对给付不能负有*尤其*主要的责任(*weit* überwiegend verantwortlich)时,也适用同一规定。和第326条第2款第1句一样,这里使用"*尤其*主要责任"的表述旨在解决双方需负责的给付不能问题。[④] 就债务人的有责性问题,第276条和第278条(关于履行辅助人的规定)可以类推适用。[⑤]

但对债权人非大部分过失的情形,即双方皆有过失的情形,Canaris教授认为仍应依旧法的见解来解决问题。[⑥] 此时,应同时适用旧法第324条第1款关于可归责于债权人的给付不能和第325条第1款第1句可归责于债务人的给付不能的规定,并依第254条的规定,各自依减

---

① BT Drucks 10/6040, S. 189.

② Medicus, 3. Kapitel Leistungsstörungsrecht, S. 98, Rn. 75;杜景林、卢谌:"是死亡还是二次勃兴——《德国民法典》中的给付不能制度研究",载《法商研究》2006年第2期。

③ 陈彦良:"论给付障碍法之新体例——以德国新修正之民法债篇为中心",载《月旦法学杂志》第95期。

④ Canaris, Die Reform des Rechts der Leistungsstörungen, JZ 2001, 511.

⑤ 陈彦良:"论给付障碍法之新体例——以德国新修正之民法债篇为中心",载《月旦法学杂志》第95期;黄立:"德国新民法债务不履行规定的分析",载《政大法学评论》第83期。

⑥ Canaris, Die Reform des Rechts der Leistungsstörungen, JZ 2001, 501.

少的部分承担给付义务。[①]

③债权人的迟延。

根据第326条第2款第1句后前半段,若不可归责于债务人的事由是在债权人受领迟延时发生的,债务人也保有对待给付的义务。该规定继受了旧法第324条第2款的功能。[②]

在上述两种情形下,债务人在行使对待给付请求权时,必须将自己因免除给付所节省的,或因将自己的劳动力用于他处所取得的或恶意不取得的利益从中扣除。(第326条第2款第2句)这一规定源自旧法第324条第1款第2句。[③]

④风险负担。

第三种保有对待给付义务的例外情形就是存在风险负担规定的情形,如新债法第446条(买卖合同中的风险与负担转移)、第447条(发送买卖情况下的风险转移)、第644条(承揽合同中的风险负担)、第645条(定作人的责任)、第2380条(遗产出售后的风险移转、用益和负担)的规定。[④] 它们都对价金风险[⑤]作出了特别规定。如根据第447条,买卖标的物在送交给运送人时,风险就移转给买受人,即使此时因不可归责于双方当事人的事由导致标的物的灭失,买受人仍应给付价

---

① Faust, JuS 2001, 133ff, 转引自陈彦良:《论给付障碍法之新体例——以德国新修正之民法债篇为中心》,第127页。

② 陈彦良:"论给付障碍法之新体例——以德国新修正之民法债篇为中心",载《月旦法学杂志》第95期。

③ Ehmann/Sutschet, Modernisierte Schuldrecht, S. 18f, 转引自黄立:"德国新民法债务不履行规定的分析',载《政大法学评论》第83期。

④ 黄立:"德国新民法债务不履行规定的分析",载《政大法学评论》第83期;陈彦良:"论给付障碍法之新体例——以德国新修正之民法债篇为中心",载《月旦法学杂志》第95期。

⑤ 价金风险(Preisgefahr),即对待给付风险(Gegenleistungsgefahr),它针对的是债务人(价金债权人)因给付不能而未给付,他方是否须履行其对待给付(价金)的情形,这一风险原则上由价金债权人负担。参见黄立:"德国新民法债务不履行规定的分析",载《政大法学评论》第83期。Siehe auch Emmerich, Das Recht der Leistungsstörungen, 4. Aufl., S. 84, 108ff. 德国新债法第270条实际上是关于价金风险的规定(同旧法)。Siehe Looschelders, Schuldrecht AT, S. 108, Rn. 275.

款,即进行对待给付。[①] 但根据第474条第2款,第447条关于送交买卖(Versendungskauf)中的风险负担的规定不适用于消费品买卖,此时仍适用第326条第1款,债务人的对待给付请求权亦消灭。[②]

⑤代偿情形。

根据第326条第3款,若债权人依第285条请求债务人交付对其所负担的标的物的赔偿或请求让与赔偿请求权的,则他的对待给付义务仍继续存在。债权人所能请求的并不只限于原给付灭失或被窃的损害赔偿或保险金,还包括债务人将应给付物出卖于第三人时取得的价金。[③]

若此赔偿或赔偿请求权的价值低于依据合同所负担的原给付的价值,则依第326条第3款第2句及第441条第3款的规定,依比例减少对待给付。若对待给付并非金钱而是不可替代物,新法中并无规定,此时应适用第473条的法律概念,也就是将对待给付以金钱估算,再依比例减少。[④]

4. 解除权——第326条第5款

除了损害赔偿请求权外,根据第275条第4款和第326条第5款,债权人还享有解除权。这一规定参照了《联合国国际货物买卖合同公约》第49条第1款的规定。[⑤] 此时,准用第323条的规定,但无须给付债务人以延展期。因为第323条第1款中规定的指定期间丝毫不能改变给付不能本身的性质,纯粹是一种形式主义的行为,根本不具有任何实际意义和必要性。[⑥] 由于根据第326条第1款第1句,对待给付义务通常是自动消灭,因此,此时赋予债务人以解除权并无实际意义,仅在债权人的对待给付义务全部或部分得以保持,才会有所不同,此时,赋予债

---

① 姚志明:"德国民法债编修正介绍——一般给付障碍与买卖契约",载《月旦法学教室》第8期。

② 陈彦良:"论给付障碍法之新体例——以德国新修正之民法债篇为中心",载《月旦法学杂志》第95期。

③ 陈彦良:"论给付障碍法之新体例——以德国新修正之民法债篇为中心",载《月旦法学杂志》第95期。

④ 陈彦良:"论给付障碍法之新体例——以德国新修正之民法债篇为中心",载《月旦法学杂志》第95期。

⑤ Teichmann:《德国民法债编修正之重点》,第141页。

⑥ 杜景林、卢谌:"是死亡还是二次勃兴——《德国民法典》中的给付不能制度研究",载《法商研究》2006年第2期。

务人以解除权可以使他从其所负担的对待给付义务中解脱出来。①

不过,若债权人不确切知道债务人未给付的原因,债权人最好是依第323条第1款来解除契约,以确保双方的给付义务皆被终止。② 纵然事后确认,未提出给付的原因是由于给付不能,或者一时的给付不能,最多是债权人所订的催告期间称为多余,但是仍得依据第326条解除合同。③ 在损害赔偿的情形类似,可以先依第281条主张替代给付的损害赔偿,如果可以确认给付障碍的原因是基于给付不能,仍得依第283条主张替代给付的损害赔偿。④

(二)自始给付不能的特殊规定——第311a条

1. 自始给付不能合同的效力——有效

新债法删去了旧法第306~309条,其第311a条就自始给付不能作出了新的架构。与旧法第306条的规定不同,依据新法第311a条第1款,在自始客观给付不能的情形,合同不再如旧法那样归于无效。⑤ 这一点借鉴了《联合国国际货物买卖合同公约》的模式。在公约中,原则上给予买受人普遍性的担保权利,只有在导致债务不履行的原因,系不在出卖人所能影响之范畴的情况下,才排除买受人之损害赔偿请求权。并未根据发生给付不能情事的时间点,来进行区别。⑥ 同时,它也借鉴了《欧洲合同法原则》的第4:102条。⑦⑧ 自始给付不能的合同有效的规定并不排除合同由于给付不能之外的原因而无效或可撤销。比

① 杜景林、卢谌:“是死亡还是二次勃兴——《德国民法典》中的给付不能制度研究”,载《法商研究》2006年第2期。

② 陈彦良:“论给付障碍法之新体例——以德国新修正之民法债篇为中心”,载《月旦法学杂志》第95期;黄立:“德国新民法债务不履行规定的分析”,载《政大法学评论》第83期。

③ 黄立:“德国新民法债务不履行规定的分析”,载《政大法学评论》第83期。

④ 黄立:“德国新民法债务不履行规定的分析”,载《政大法学评论》第83期。

⑤ Hohloch:《债法修正及新法侵害契约之类型》,第45页。

⑥ Teichmann:《德国民法债编修正之重点》,第126页。

⑦ 第4:102条[自始不能]:“仅仅由于合同成立时所负债务的履行不能或由于一方当事人无权处分合同关涉的财产,合同并不无效。”载 http://learn.tsinghua.edu.cn:8080/2001990002/IV03.4.htm。

⑧ Canaris, Die Reform des Rechts der Leistungsstörungen, JZ 2001, 505.

如,在合同因为违反了《德国民法典》第134条意义上的禁止性规定而无效时,第311a条并不会改变这一点。[①] 但它排除了债务人以具有交易上重要性质的给付障碍为其订约时不知而可能得以行使的撤销权(第119条)。[②]

2. 自始给付不能合同的法律后果

(1)免付第一次给付义务。在自始给付不能的情形,无论是客观不能还是主观不能,依据第275条,债务人都免付给付义务,同时依据第326条第1款,债权人亦被免除对待给付义务。[③] 和第275条的规定一样,此时产生了一个无原给付义务的合同。它成为了第311a条第2款规定的赔偿请求权的基础(也构成第285条规定的代偿请求权的基础)。在暂时给付不能的情形下,这种无原给付义务的合同在暂时给付不能结束后可以作为原给付请求权的基础。[④]

因为在合同订立前已经给付不能,依据第275条第1款,债务人免付给付义务,此时就会存在第280条第1款中的"违反义务"的情形,债务人并非是因违反给付义务而负责,而是由于他粗心大意地作出了承诺,并且没有最终履行该承诺。[⑤] 第311a条由于其构成要件上的独立性也因此构成一项独立的请求权基础。[⑥] 这从它未援引第280条也可以得出。[⑦]

(2)替代给付损害赔偿和无谓费用的偿还。在救济方式上,依第311a条第2款的规定,债权人可以请求替代给付的损害赔偿或在第

---

① Canaris, Die Reform des Rechts der Leistungsstörungen, JZ 2001, 506.

② 黄立:"德国新民法债务不履行规定的分析",载《政大法学评论》第83期;Canaris, Die Reform des Rechts der Leistungsstörungen, JZ 2001, 506。

③ Hohloch:《债法修正及新法侵害契约之类型》,第45页;黄立:"德国新民法债务不履行规定的分析",载《政大法学评论》第83期。

④ Canaris, Die Reform des Rechts der Leistungsstörungen, JZ 2001, 506.

⑤ Canaris, Die Reform des Rechts der Leistungsstörungen, JZ 2001, 507;黄立:"德国新民法债务不履行规定的分析",载《政大法学评论》第83期;杜景林、卢谌:"是死亡还是二次勃兴——《德国民法典》中的给付不能制度研究",载《法商研究》2006年第2期。

⑥ Canaris, Die Reform des Rechts der Leistungsstörungen, JZ 2001, 507;黄立:"德国新民法债务不履行规定的分析",载《政大法学评论》第83期。

⑦ Canaris, Die Reform des Rechts der Leistungsstörungen, JZ 2001, 507.

284条规定的范围内请求偿还自己支出的费用。就赔偿范围,新法和旧法有所不同。旧法第307条规定,在自始客观不能的情形,债权人无法请求"不履行的损害赔偿",仅得于债权人曾相信合同的有效性,并且债务人对于给付不能的情事明知或可得而知时,才能请求所谓的"信赖损害",①即消极利益的赔偿。② 而在新法中,根据第311a条的规定,无论是自始客观不能还是主观不能,债权人都可请求积极利益的赔偿,即请求以损害赔偿代替给付。③ 这正是基于前述对给付承诺的不履行。④ 在请求以损害赔偿代替给付的情形,可以准用第281条第1款第2、3句和第5款的规定。(第311a条第2款第3句)债权人也可以根据第284条请求无谓费用的赔偿,该费用是指债权人信赖可获得给付而作出的合理支出费用,⑤并不包括所有的信赖损失,例如债权人由于信赖无法履行的合同而失去了另一个有利的交易。⑥ 由于有些客观上为不能的给付根本就没有市价或市值,因此在这些情况下,债权人往往只能请求无谓费用的赔偿,而不能请求替代给付的损害赔偿。⑦

对于债务人的责任,若其于订约时不知给付障碍并且对此不知不可归责的,不负赔偿责任(第311a条第2款第2句)。这表明在自始给付不能的情形下,债务人的损害赔偿责任适用的是过错原则,而非担保

---

① Teichmann:《德国民法债编修正之重点》,第125页。

② 陈彦良:"论给付障碍法之新体例——以德国新修正之民法债篇为中心",载《月旦法学杂志》第95期。

③ Canaris, Die Reform des Rechts der Leistungsstörungen, JZ 2001, 507; Hohloch:《债法修正及新法侵害契约之类型》,第45页;陈彦良:"论给付障碍法之新体例——以德国新修正之民法债篇为中心",载《月旦法学杂志》第95期;蔡晶莹:"从德国民法债务不履行之修正看给付不能规定的转变",载《中原财经法学》2002年第9期。

④ Canaris, Die Reform des Rechts der Leistungsstörungen, JZ 2001, 507.

⑤ 陈彦良:"论给付障碍法之新体例——以德国新修正之民法债篇为中心",载《月旦法学杂志》第95期。

⑥ Canaris, Die Reform des Rechts der Leistungsstörungen, JZ 2001, 507.

⑦ 杜景林、卢谌:"是死亡还是二次勃兴——《德国民法典》中的给付不能制度研究",载《法商研究》2006年第2期。

原则,[①]不过此时发生举证责任倒置,由债务人负责举证自己不可归责。[②] 适用过错原则是为了避免在合同订立前和订立后适用不同的责任安排。更重要的是因为担保原则从公平角度看不具有说服力,而过错原则则具有更强的法律道德上的说服力和更大的灵活性。比如,很难理解为什么在卖方完全无法发觉所出卖的工艺品已丢失时仍应向买方赔偿积极利益。[③] 依据该规定,在订约前,债务人就自己给付的可能性或给付能力已经负有一定程度的资讯义务(Informationspflichten)或查明/查询义务(Erkundigungspflichten)。但新债法并未对这一义务的强度和范围作出规定,必须根据缔约当时的情况,如标的物的价值、相关的危险程度(如运输经过战乱地区),来作出判断。[④] 同时,新法也放弃了第309条和第307条第1款第2句对于赔偿于他方对违法性可得而知时就可以免除的呆板规定,而代之以了新法第254条,依双方的过失为损失的分担。[⑤] 若双方事先均明知给付不能,就可能适用第118条关于缺乏真意的意思表示[⑥]无效的规定。[⑦] 在债务人不可归责的情况下,卡纳里斯(Canaris)教授认为应类推第122条来解决,债权人得请求消极利益,否则将与《德国民法典》第119条第2款、第122条的调

---

① Canaris, Die Reform des Rechts der Leistungsstörungen, JZ 2001, 506; 蔡晶莹:"从德国民法债务不履行之修正看给付不能规定的转变",载《中原财经法学》2002年第9期;杜景林、卢谌:"是死亡还是二次勃兴——《德国民法典》中的给付不能制度研究",载《法商研究》2006年第2期;Hohloch:《债法修正及新法侵害契约之类型》,第45页

② Canaris, Die Reform des Rechts der Leistungsstörungen, JZ 2001, 507.

③ Canaris, Die Reform des Rechts der Leistungsstörungen, JZ 2001, 506; 蔡晶莹:"从德国民法债务不履行之修正看给付不能规定的转变",载《中原财经法学》2002年第9期;杜景林、卢谌:"是死亡还是二次勃兴——《德国民法典》中的给付不能制度研究",载《法商研究》2006年第2期。

④ Medicus, 3. Kapitel Leistungsstörungsrecht, S. 41, Rn. 68; 黄立:"德国新民法债务不履行规定的分析",载《政大法学评论》第83期;杜景林、卢谌:"是死亡还是二次勃兴——《德国民法典》中的给付不能制度研究",载《法商研究》2006年第2期。

⑤ 黄立:"德国新民法债务不履行规定的分析",载《政大法学评论》第83期。

⑥ 它也被称为戏谑的意思表示。参见陈卫佐译注:《德国民法典》,法律出版社2004年版,第33页注[18]。

⑦ Medicus, 3. Kapitel Leistungsstörungsrecht, S. 41, Rn. 68; 黄立:"德国新民法债务不履行规定的分析",载《政大法学评论》第83期。

整模式之间存在难以接受的价值矛盾，根据后者，免除义务仅在以赔偿消极利益的无过错赔偿为代价时才可能。[①]

## 五、对德国新债法中履行不能制度的评价及其对我国民法的启示

### （一）对德国新债法中履行不能制度功能的评价

在形式上，出现了履行障碍法的统一构成要件，即义务违反，[②]新法第280条第1款的规则，不仅适用于所有履行障碍类型，也适用于第241条第2款意义上的保护义务违反的情况，还适用于瑕疵担保责任的情况下。[③] 但在实质上，并没有为所有的违约类型甚至履行不能类型建立统一的法律规则与效果，比如，第280条以下规定了多种法律效果：替代履行之损害赔偿、迟延损害之赔偿、与给付并列之损害赔偿（比如瑕疵结果损害情况下）以及解除后的返还请求权，所以，并没有履行障碍法的统一事实构成。[④] 甚至有学者批评，德国新债法在坚持过错原则以及履行障碍类型化立法模式的情况下，从国际协定中单单借鉴了一个"未履行"的术语，是比较法上最简单的错误。[⑤]

尽管如此，由于义务违反概念的引进，检验顺序产生了变化。引入形式上的统一构成要件后，新法在体系上产生变化，损害赔偿请求权（第280条到第284条）以及解除权（第323条到第326条）处于体系的核心。这带来了检验顺序的变化，检验的出发点是从所追求的法律效果，然后根据请求权目标确定请求权基础，比如，替代给付之损害赔偿请求权基础在第281条到第283条、第280条第3款以及第311a条第2款，而迟延损害请求权基础在第286条、第280条第1款。最后，才涉

---

① Canaris, Die Reform des Rechts der Leistungsstörungen, JZ 2001, 507－508；陈彦良："论给付障碍法之新体例——以德国新修正之民法债篇为中心"，载《月旦法学杂志》第95期。

② Schwab, das neue Schuldrecht im Überblick JuS 2002. 1 S. 1

③ Lorenz/Riehm, Lehrbuch zum neuen Schuldrecht, S. 86.

④ Medicus, Leistungsstörungsrecht, in "das neue Schuldrecht", von Haas u. a. München 2002, Rn. 5.

⑤ U. Huber, Das geplante Recht der Leistungsstörungen, in Zivilrechtswissenschaft und Schuldrechtsreform, herg. von Ernst und Zimmermann, 2001, S. 105.

及履行障碍类型,比如就替代给付之损害赔偿请求权,多种给付不能类型都有可能导致这一法律效果,那么就要区分自始、嗣后以及债务人有无过错,分别适用不同规范。

综上所述,与旧法相比,新法最大的变化是修改了自始客观不能无效的规则。而履行不能消灭原给付义务、作为损害赔偿基础以及对待给付消灭三大功能规则基本没有被触及。但值得注意的是,瑕疵担保制度被并入后,给付不能制度功能也有所减损,因为在出现物的瑕疵的时候,如果修补等请求权没有成功,无须考察瑕疵是否不可消除,直接可以进入次位义务的考察。

(二)德国的给付不能新体系对我国《合同法》的启示

我国《合同法》第110条和第117条规定了履行不能的类型,它限于非金钱债务,[①]包括事实上的履行不能、法律上的履行不能(第1项)、债务的标的不适合强制履行或者履行费用过高(第2项),第2项中履行费用过高类似于德国新债法第275条第2款规定的事实上的给付不能的情形,但我国《合同法》没有指明这里的履行费用过高所比较的对象,缺乏明确的指引性,而且难以和情事变更原则的适用情形区分开来,债务标的不适合强制履行可以作德国新债法第275条第3款规定的人身给付不能类似的解释,[②]但它同样缺乏德国新债法中那样明确的指引。从对第2项的解释来看,第1项中所称的事实上的履行不能应当指的是真正的给付不能情形中的物理上的给付不能,[③]它和同项中的法律上的履行不能都属于真正给付不能的范畴。此外,《合同法》第94条第1项还规定了因不可抗力致使合同目的不能实现的情形,实际上可以纳入"目的丧失"的范畴,在德国债法中也属于第275条第1款所规范的真正给付不能的类型。第117条第1款第1句所规范的因不可抗力不能履行合同实际上应纳入第110条第1项规定的事实上不能履行的情形中。根据第110条的规定,在前述情形,债权人不

① 《合同法》第109条规定了金钱债务情况下的实际履行责任,而不像第110条那样有例外规定,即金钱债务不存在不能。

② 韩世远:《合同法总论》,法律出版社2004年版,第712页。

③ 韩世远:《合同法总论》,第475页。

可以要求陷入履行不能的债务人履行义务,这里似乎是当然免除了债务人的义务,而未像德国新债法第 275 条那样区分了当然免除和赋予拒绝给付抗辩权两种效果,而第 117 条则规定不可抗力情况下不能履行合同时,要根据不可抗力的影响,部分或全部免除责任,这里应当解释包括免除强制履行责任、赔偿损失责任在内,①实际上和第 110 条第 1 项的规定似乎有所重复,而且从这一规定似乎还可以认为,它也包括了一部不能的情形,是否包括一时不能,②尚值得进一步分析,至少就德国法而言,在一时不能的情形一般适用给付迟延的规定,尚不能免除债务人的给付义务。

我国《合同法》没有像德国新债法第 326 条那样规定对待给付义务的效力问题,是否立法认为此时对待给付义务当然消灭? 这里,德国新债法的经验应值得借鉴。

就履行不能,我国《合同法》也没有德国新债法第 283 条关于免除给付义务情形时的替代给付的损害赔偿和类似于德国新债法第 284 条有关无谓费用的赔偿那样的单独规定,前者已被纳入第 113 条的规定中。德国新债法第 285 条关于让与赔偿代位物或赔偿请求权的规定在我国《合同法》中也没有体现,但它值得引入我国的合同立法中,③但应注意此时对待给付义务不消灭(德国新债法第 326 条第 3 款)。

值得注意的是,这里没有区分自始与嗣后不能,对法律上不能、事实上不能与经济上不能也都一致对待。④ 在《合同法》中没有类似于第 7.1.2 条的规定,但第 110 条规定的事实上与法律上不能并没有区分是由于谁的过错所导致的不能。解释上,可以认为,如果不能是由于债权人造成的,债务人也可以免责,但反过来,由于债务人的过错造成的不能,也能免责,对于债务人来讲,这就比国际协定中严格责任下的承担的责任还轻。

---

① 韩世远教授认为应限缩解释此处的"免除责任",它仅指损害赔偿或相当的责任。

② 韩世远教授认为包括一时不能的情形在内,参见韩世远:《合同法总论》,第 433 页。

③ 韩世远:《合同法总论》,第 483 页。

④ 韩世远:《合同法总论》,第 711 页以下。

尽管《合同法》中没有规定自始履行不能之合同是否有效的规则,但有力的学说主张,我国应借鉴《联合国国际货物买卖合同公约》的规定,承认自始履行不能之合同有效。①

作为客观归责原则的缓和方式,英国法与国际协定都规定了可预见性规则。在德国法上,在债务人违反义务所保护范围以外的、不相当(inadäquate)的损害以及结果损害是不能被赔偿的,同样对于一些高额损害,即就其产生之可能性,债权人应当提醒债务人注意的损害也不能得到赔偿(《德国民法典》第 254 条第 2 款)。相比之下,可预见性规则所限制的范围更大,法官在决定时,自由裁量权也大。② 我国《合同法》也继受了这一规则(第 113 条但书)。

(作者系北京航空航天大学人文与社会科学高等研究院)

---

① 韩世远:《合同法总论》,第 480 页以下。

② U. Huber, Das geplante Recht der Leistungsstörungen, in Zivilrechtswissenschaft und Schuldrechtsreform, herg. von Ernst und Zimmermann, 2001, S. 136.

# 德国不当得利法的历史发展

赵文杰

## 目　次



## 一、问题的提出

我国《民法通则》第 92 条规定:“没有合法根据,取得不当利益,造成他人损失的,应当将取得的不当利益返还受损失的人。”最高人民法院关于贯彻执行《中华人民共和国民法通则》若干问题的意见第 131 条规定“返还的不当利益,应当包括原物和原物所生的孳息。利用不当得利所取得的其他利益,扣除劳务管理费用后,应当予以收缴。”这两条是我国民法中有关不当得利请求权的一般规定。无论从构成要件还是法律效果看,这两条都没有明确的区分不当得利类型。与之形成对比的是我国大陆的学说要么赞同采非统一说,对不当得利请求权予以类型化,[①]要么认为需要继续研究统一说和非统一说之后才能做出抉择。[②] 从学说继受的角度看,我国大陆学说对非统一说的偏好又受到我国台湾地区王泽鉴教授《不当得利》一书的重大影响,而没有接续更早时期学者史尚宽[③]、郑玉波[④]、孙森焱[⑤]的统一说观点。[⑥] 此外,我国台湾地区的学说发展又受到德国民法学的深刻影响。[⑦] 因此,要回答不当得利制度究竟以统一说抑或非统一说为基础的问题,有必要回溯到学说继受的来源地德国,历史地纵向考察这一问题的来龙去脉,以达知古鉴今之效。

德国民法中的不当得利制度与罗马法一脉相承,[⑧]教义学历史源远流长。无论是对其立法目的的理解,还是对当下的讨论而言,都不可避免地要涉及它的历史发展脉络。这一发展可以分为五个阶段:作为初创期的罗马法、作为罗马法进一步发展的继受时期、关键转型期的潘德克顿法阶段、深受潘德克顿法影响的德国民法典立法阶段、民法典颁布后的实施阶段。以下以这一脉络为主线,做一梳理。

---

① 如崔建远、韩世远、于敏:《债法》,清华大学出版社2010年版,第184页;张广兴:《债法总论》,法律出版社1997年版,第97~106页;王利明:《民法》,中国人民大学2000年版,第494~495页。

② 姚新华、张俊浩主编:《民法学原理》(第3版),中国政法大学出版社2000年版,第649页。

③ 史尚宽:《债法总论》,中国政法大学出版社2000年版,第72~83页。

④ 郑玉波:《民法债编总论》(第2版),中国政法大学出版社2004年版,第95~102页,第106~112页。

⑤ 孙森焱:《民法债编总论》,法律出版社2006年版,第121~136页。

⑥ 虽然这些学者在分析不当得利构成要件中的无法律上原因都介绍了统一说和非统一说的观点,但在总体架构上仍然依循受有利益、致他人受损害、无法律原因的统一解说模式,更重要的是在法律效果上没有区分不同的类型分别予以论述,所以笔者认为这几种学说都可以归入统一说。

⑦ 如史尚宽先生在介绍统一说时,提及了《德国民法典》颁布后德国研究不当得利重要学者Jung的观点,见氏著前述书第77页;而王泽鉴先生在力倡非统一说的源流可追溯到奥地利学者Wilburg和von Caemmerer,见氏著《不当得利》,北京大学出版社2009年版,第9页。

⑧ 从词源角度看,现在德语中的不当得利Kondiktion直接源于拉丁语的condictio。

## 二、不当得利制度的起源—— 罗马法

早在人们发现有法律上拘束力的允诺之前,原始部落的"法秩序"就已经承认对已完成工作的报酬请求权和归还出借的种类物的请求权。在这种彼此孤立的返还请求权日渐增多的基础上,才发展出面向未来的计划行为及相关的清算制度,而这正是契约法的起源。[1] 这些以未来履行为目的的请求权在易物交换的史前时期就初露端倪,但是对当下讨论的不当得利法有意义的制度在法制史上最早出现于罗马法中。

今天致力于研究不当得利法的人会遇上异常多的罗马法谚、对学说汇纂的大量引证。推动不当得利法教义学转型的学者们往往将他们对《德国民法典》的理解建立在古典学者权威的基础上。罗马法中的材料至今仍是不当得利法教义学的不竭泉源。究竟是从类型不同、基本要素一致的各种不当得利请求权出发,还是以统一的不当得利请求权为基础,构造特殊形式,成为了时下争议激烈的问题。两派观点的分歧也要通过教义学史的梳理考察才能理解。究竟将《德国民法典》第812条及以下诸条理解为衡平法,认为它能提供独立自足的衡平请求权,还是理解为内含于财产法中、仅仅是提供一种清算工具的技术手段,这一争议的源头在罗马法中也有迹可循。但是,人们在回顾历史时找到的不过是态度飘忽不定的法律根基,因为迄今没有一种学说能对罗马法中不当得利法的类型和意义做出无可指摘的解释。

尽管如此,仍然有必要追本溯源,探寻"condictio"一词在罗马法中意义和对后世法学发展的影响。

### (一) 古典时期罗马法

condictio 最早是公元前三世纪左右由罗马人创立的诉讼程式类型。根据这一程式,原告必须在正式起诉之前给予被告三十天的宽限期让其自愿履行债务。只有在宽限期内被告没有履行债务,原告才能

① Farnsworth, The past of Promise, Columbia Law Review, Vol. 69(1969), S. 576ff. 转引自 Reuter/Martinek, Ungerechtfertigte Bereicherung, 1983, S. 4。

要求被告一起到裁判官(Praetor)处解决纠纷。[①] 如果被告拒绝原告的程式或对原告的请求权有异议,那么原告会对被告说:“quando tu negas, in diem trigesimum tibi iudicis capienda causa condico”,并要他在三十日后在法庭上见。因此,当代使用的“不当得利返还”(Kondizieren)一词最早的意思就是“期限预定”。

从诉讼种类来看,condictio 属于严法程式诉讼,其程序上的特征首先体现在抽象性,即原告可以拒绝提供起诉的理由,而仅仅要求被告在宽限期内给付特定的金钱或物品;[②]其次体现在严格性:与物权返还请求权(vindictio)不同,被告既不能以不再占有原物抗辩,也不能以没有得利而免责。此外,在被告知道或者应当知道自己的返还义务时,对原物的意外灭失也要负责;在种类物之债中,意外灭失不构成免责事由。[③] 因此,condictio 在程序法上的特征可以概括为抽象性和严格性。

condictio 发生的情况往往是权利人已经将特定物(certum)上的所有权通过给付(dare)移转给了债务人,因此丧失了物权返还请求权(rei vidicatio),但该移转本身又缺乏让取得人长期保有特定物(certum)的原因。[④] 因此,从功能角度看,condictio 被视为对所有物返还请求权的补充。

从 condictio 在民法体系内的地位看,尽管 condictio 最初被视为准契约,但是由于其抽象性,罗马法学家逐渐将其扩用到其他领域。它不仅适用于要式行为产生的请求权,如要式口约(stipulatio)和文字契约(Literalkontrakt),也适用于非要式的借贷返还、盗赃(furtum)返还。

从 condictio 的内部体系化程度看,古典法学家并没有抽象出不当得利的一般构成要件,而仅仅提炼出各种类型不当得利的构成要件。

---

① Kaser, Römisches Privatrecht, 2. Aufl., Bd. 1, 1971, S. 592ff. und Bd. 2, 1975, S. 421ff.

② Kaser, Römisches Privatrecht, 2. Aufl., Bd. 1, 1971, S. 593.

③ Vgl. Nils Jansen, Die Korrecktur grundloser Vermögensverschiebungen als Restitution? Zur Lehre von der Ungerechtfertigte Bereicherung, Zeitschrift der Savigny-Stiftung für Rechtsgeschichte (romanische Abteilung), 2003, S. 109f.

④ v. Lübtow, Beiträge zur Lehre von der condictio nach römischem und geltendem Recht, 1952, S. 59.

除了返还给付引起的不当得利(如 condictio indebiti)之外,他们还承认一些“侵害型不当得利”,其中主要的是返还盗窃物之诉(condictio furtiva)。此外还有一系列准侵权的不当得利之诉,其核心思想都是去除不当保有。①

从 condctio 在实践中的适用看,在所有的类型中非债清偿不当得利(condictio indebiti)的适用范围最广,不仅包括给付人因错误清偿不存在之债,还包括债务关系无效、被撤销或者有抗辩瑕疵的情形,也成为了最为典型的 condictio。此外,还有返还盗赃之诉(condictio furtiva),它是源于所有权的诉权,作为较所有物返还之诉更加便捷和更为严厉的所有权追夺之诉,其效果不仅指向被盗物本身的追还,在原物返还不能的时候还指向其替代物的返还。

古典时期的罗马法渐次承认了一系列彼此独立的、当今看来属于不当得利的返还请求权,正是根据这些请求权,6 世纪优士丁尼(Justinia)对这些诉权的类型化才得以实现。它们是 非债清偿的返还之诉(condictio indebiti D. 12,6)、基于不道德或不法原因的返还之诉(condicito ob turpem vel iniustam causam D. 12. 5)、因给付的返还之诉(condictio ob causam datorum D. 12,4)、给予目的落空的返还之诉(condictio causa data causa non causa D. 12,4)。

除了 condictio,在古典罗马法时期还有一种诉讼形式也具有返还的效果,这就是转化物之诉(actio de in rem verso)。它是非自权人通过与债权人缔结契约为自己家父取得财产权,而债权人在向非自权人请求给付无果的情况下向该受益家父提起的补充诉讼(adjektische Klage)。② 这一诉讼形式出现的最初原因是罗马法中非自权人不具有财产性权利能力,他通过负担行为取得的财产权直接归于家父,但根据无人可为他人允诺(alteri stipulari nemo potest)的原则,该契约仅仅在非自权人和债权人之间发生效力。除非非自权人嗣后得到解放,有独立的财产性权利能力和一定财产,否则,债权人难以通过对其提起诉讼获得债务的履行。为了救济与非自权人交易的债权人,罗马裁判官发

① Dig. 12,1,32; 12,6,46;12,6,33.

② Kaser/Knütel, Römisches Privatrecht, 19. Auflage, 2008, § 49 II, Rn. 9.

展出了具有补充性的转化物之诉。[1]

(二)后古典时期罗马法

后期罗马法,尤其是优士丁尼的立法给condictio制度打上了衡平制度的烙印,而condictio最初属于严法程式诉讼,并不具有衡平的特性,因为严法性排除了法官审查权利成立要件时考量公平因素的可能性。

这一转变的发生归因于两个互为补充的法律上的发展:

一方面,诉讼程式(Klageformeln)的衰亡和古典诉权概念在后期罗马法的解体有助于将各种condictio的形式理解为一项一般衡平请求权的特殊类型。被告形式上无瑕疵的取得完全有可能基于某种缘由不被法秩序认可,被告缺乏保有原因(causa retinendi)成为了越来越多案件的诉由,正当原因(Iusta causa)渐渐上升为矫正实质上无原因财产变动的一般工具。但罗马法中的原因(causa )还只是在无体系的运用中形成的法律修辞学的一般概念,[2]这一概念能够排除严法的僵硬,使得法律适用更加的灵活,同时让作为衡平手段的不当得利成为可能。

另一方面,东罗马的法理学由于受到后古典时期广泛传播的亚里士多德哲学和基督教的影响,继受了更早的斯多葛学派的精神遗产,倾向于承认一般的得利禁令为一项公正的原则。[3] 这一潮流不仅使得无法律原因的给付返还之诉(condictio sine causa)纳入了学说汇纂,而且造就了一般性给付返还之诉(condictio generalis)。[4] 通过东罗马法学家的诠释,它的适用范围扩展到了侵权、委托和费用赔偿,并可以作为矫正一切不公正的财产移转的一般衡平之诉。对后世的深远影响体现在非债清偿(condictio indebiti)论述中Pomponius的这一格言:

自然正义乃任何人不得损人而不当得利(Iure naturae aequuum est, neminem cum alterius detrimento et iniuria fieri locupletiorem)。[5]

---

① Vgl. Berthold Kupisch, Die Versionsklage, 1965, S. 11f.

② Esser, Grundsatz und Norm in der richterlichen Fortbildung des Privatrechts, 3. Auflage, S. 45, 58.

③ Kaser, Das Römische Privatrecht, 2. Aufl., 1975, Bd. 2, S. 422.

④ Kaser, a. a. O. S. 424.

⑤ D. 50, 17, 206; D. 12, 6, 14

东罗马的教义在公正的一般观念基础上构造了“得利思想”,这一思想直接导致一般不当得利返还之诉(condictio generalis)作为源于公正和诚信的衡平之诉超越了具体的 condictio,而各个 condictio 只是作为一般法律思想的表现。

作为方法逻辑上由个别规则发展为法律原则的典范,后期罗马法中的不当得利制度将古典时期罗马法中技术和历史渊源上各不相同,但效果一致的法律救济手段归类到一个共同的上位法律思想。

与此同时,与 condictio 密切相关的转化物之诉有了新的发展。早在古典时期债权人可以通过个别诉讼——如对船主之诉(actionens exercitoria)和对营业主之诉(actiones institoria)——对因自权人行为得利之人请求得利返还,①从而突破了转化物之诉早先仅存于非自权人交易的限制。到了优士丁尼时期,转化物之诉扩用到通过自权人行为为事务本人取得利益的一般情形,从而转变为一般的费用返还之诉。②

(三)小结

由以上的梳理可以看出,一方面,从历史发展的角度看,罗马法中的返还法并非对一般法律原则的具体化,而是在一系列先例基础上,以类推方法建立起来的制度。它们的共同点不在于构成要件的相似性,而是法律效果上的类同性。换言之,在罗马法上去除得利的请求权基础多种多样,责任标准也各不相同,只不过多种诉讼形式皆服务于返还这一共同目的。同时,罗马法学家们认为这种责任构成要件之间的多样性是可以接受的,不会妨碍将其作为同一种类型对待。正因为如此,不可能越过各种 condictio 中具体的价值评判去把握抽象的去除不当得利观念。即便在今天,去除不当得利这一观念由于过于抽象,也很难对返还得利责任做出周全的解释。比如说,还存在大量无法律上原因得利出于种种正当理由都由受益人保有而无须返还的现象,典型者如物权的善意取得。

另一方面,最初共用 condictio 这一程式的各个构成要件必须区分,而不能以一个公式统一说明,是因为罗马债法的体系化导致契约和

---

① Berthold Kupish, a. a. O. S. 12f.

② Kaser/Knütel, a. a. O. § 49 II Rn. 10.

侵权的分离。借贷(mutuum)无疑是契约问题,那么给付返还就是准契约问题,而侵夺导致的返还(condictio ex causa furtiva)则作为侵权问题处理。因此,从后世的角度看,罗马法中的"得利法"未完全厘清和这两大债因的关系,不曾形成完全独立的体系。

此外,转化物之诉在后古典时期也成为了贯彻不得损人而不当得利律令的重要制度,成为后世讨论多人关系中返还问题的重点。

## 三、从罗马法继受到共同法

### (一)西班牙经院法学派

后期西班牙的经院法学派学者认为返还的基础是物之利益返还(restitutio ratione rei),即需要返还本属于他人的东西,在物权返还请求权和债权返还请求权之间不需要做出明确的区分,因为物权变动并没有从相应的负担行为中抽象出来。而对于返还法而言,至关重要的是如何确定哪些财产究竟应当归属于谁。为了解决这一问题,他们借助了"所有权"(dominium)这个概念。"所有人"(dominus)能够对归属于他的法益任意支配,比如,神学家和法学家赖秀思(Lessius)就认为,所有权就是绝对的权利(ius in absolutum)。[①] 对于这一归属关系的任何侵害形成的所得都应该根据Pomponius的一般禁令完全返还。举例来说,无权利人出卖他人之物,那么无权处分人应当返还一切所得,包括超过该物客观价值的盈利。由于占有人的返还义务与引起不当得利的行为——无论是失利人自己的错误行为还是得利人的侵害行为——无关,所以进一步划分不当得利的类型并没有实践意义。

### (二)自然法学派

格劳秀斯(Hugo Grotius)[②]是自然法学派的开创人和后期经院法学的继承者。他将晚期经院学派的观点引入了一般自然法理论。格劳秀斯偏离了优士丁尼将债法分为契约和侵权的做法,而是将债因划分

---

① Lessius, II, III, VIII, Rn. 32:... et firmum non dependens ex alterius nutu, et arbitrio, 转引自 Nils Jansen, a. a. O. S. 135f。

② 他在私法方面的代表性著作是《荷兰法学导论》(Inleiding tot de Hollandsche Rechtsgeleertheyd)。

为契约之债和法定之债,契约之债是为了执行允诺,法定之债则是为了矫正不公平的情况。[①] 他延续了后期经院哲学的划分,将不当得利和契约作为一类,损害赔偿和非契约之债作为另一类。在处理有关不当得利之债的开头,格劳秀斯就说不当得利实质上是源自所有权之债(obligatio ex dominio),[②]因此是一项返还请求权。

在《战争与和平法》(De iure belli ac pacis)的第十章,格劳秀斯认为无论是原物返还请求权,还是在原物灭失时的得利返还请求权,实质上都是从所有权衍生的债务(obligatio quae ex dominio oritur),[③]在这点上他追随后期经院法学派的观点,而非罗马法通过对物之诉和对人之诉分立物权请求权和债权请求权的传统。[④] 无论是法源中最为重要的 condictio,还是罗马法上的其他特殊之诉都可以用于返还得利,进而可以抽象为返还请求权,以至于各种诉讼形式不过是返还得利法一般原则的具体运用。他明确地将转化物之诉(actio de in rem verso)和出卖他人之物时的无因管理之诉(actio negotiorum gestorum)同时予以考察。因此,格劳秀斯所讨论的一般返还请求权远比罗马法中的各个 condictio 涵盖范围要广。[⑤]

在格劳秀斯的构造中,并不是各种特别的价值判断,如履行中的错误、拟制契约、盗窃或者管理他人事务等,而是他人的法律地位受到损害并产生无法律原因的得利这一抽象的价值判断起到决定作用。即便是非债清偿返还(condictio indebiti)也仅被视为对被破坏的财产状况的恢复,而不是给付在契约法上的返还清算关系。负有返还义务之人负责的原因仅仅是他保有的东西根据原告的权利应当归属原告。[⑥]

---

① 相关论述可以参见朱晓喆:《近代欧陆民法思想史——十六至十九世纪》,清华大学出版社 2010 年版,第 122~123 页。

② Grotius, Inl. III, 30, § 1, 转引自 Nils Jansen, a. a. O. S. 139。

③ Grotius, ibp, II, X, 转引自 Nils Jansen, a. a. O. S. 140。

④ Robert Feenstra, Grotius' Doctrine of Unjust Enrichment as a Source of Obligation: its Origin and its Influence in Roman-Dutch Law, Eltjo J. H. Schrage (ed.) Unjust Enrichment - The Comparative Legal History of the Law of Restitution, 1995, p. 209.

⑤ Grotius, ibp, II, X, 2, Rn. 2. 转引自 Nils Jansen, a. a. O. S. 140。

⑥ Vgl. Nils Jansen, a. a. O. S. 141.

在对罗马法法源中的condictio的处理上值得注意的是,格劳秀斯在《荷兰法学导论》这本书当中并没有将因目的不达返还给付之诉(condictio ob rem)作为不当得利返还来处理,而是将它看作是特别的准契约。它的责任基础是契约解除后的清算关系,因此请求权的对象并非是不当得利,而是返还先行给付。[①] 这与古典罗马法时期将因目的不达返还给付之诉作为补救无效力契约不公正后果的功能有关,因此,它在性质上更加接近于契约。

格劳秀斯认为在基础关系双重瑕疵案件中追夺是允许的,因为这符合公正的要求,尤其是在中间人破产的场合。一般而言,恢复正确的财产秩序比在特定当事人间返还清算更重要。[②] 这一想法可能直接导致了18世纪转化物之诉发展为得利法中的追夺请求权(Durchgriffsanspruch)。

(三)罗马法现代应用时期(usus modernus)到共同法时期

罗马法现代应用时期的学说并没有对condictio的性质和背后的原则进行进一步的探寻,而是满足于遵循学说汇纂和法学阶梯中的归类,因此其讨论的深度尚不及自然法时期的学者。比如,一些学者将非债清偿返还和无法律原因返还归于准契约,将目的落空给付返还归入无名契约,将返还不道德原因或不法原因给付归入准侵权,盗赃返还归入侵权。[③]

19世纪初叶,欧洲大陆进入法典化时期,其中《普鲁士一般邦法》是后世德国民法立法的重要参考基础之一。在这部法典中,没有关于condictio的一般条款,相关规定散见于各处,比如关于定金返还的规定、[④]无因管理

---

① Grotius, Inl. III, 31, § §8ff. 转引自 Nils Jansen, a. a. O. S. 141。

② 这在后来的自然法学家中得到印证,如 Pufendorf, ing, IV, XIII §5; Wolff, nat., II, III, §§484, 525f. 转引自 Nils Jansen, a. a. O. S. 142。

③ Vgl. Schaefer, a. a. O. S. 96ff.

④ PrALR I 5 §216.

的一般条款[①]和转化之诉[②]的规定。[③]

罗马法现代应用时期的法学家也同样从各自目的出发处理罗马法上的请求权。共同法时期的实务界认为得利思想过于抽象,不适于直接使用,更加迫切地需要通过案例类型来具体化,因此,19 世纪初判例已经成为不当得利法的实际法律渊源。[④] 不当得利一般规则和各个具体构成要件之间在教义学上的关系直到这个阶段也没有被释明,尤其是《普鲁士一般邦法》确认的处理多人返还关系的转化之诉更增添了法律适用的不确定性。

(四)小结

总体而言,从评注法学者到后期评注法学者,乃至自然法学者、罗马法现代运用,最终到共同法的末期对不当得利法的认识研究尚不充分,在归类上千奇百态,更没有厘清和转化物之诉等功能类似的救济手段的关系。这些学说未抽象出能够供司法实践适用的统一规则,在实践中仍然是判例法居于主导地位。

## 四、潘德克顿学派的整合—— 萨维尼的观点

### (一) 萨维尼对 condictio 考察的脉络

萨维尼试图将不当得利法从直到他所处时代盛行的先例和类型化的桎梏中解放出来,并希望从罗马法中与 condictio 相关的材料中抽象出一般的原则。他在《当代罗马法体系》中秉持了历史和哲学的方法,在经其整理的罗马法法源基础上对不当得利法进行了体系化。

condictio 是作为救济权利侵害手段的诉权在《当代罗马法体系》第五卷中予以讨论的。它在体系中的位置是市民法诉讼(civiles actiones)中对人(in personam)诉讼下源于法律行为(契约与准契约)的

---

① PrALR I 13 § 230:"任何人不得在没有特别权利时侵占他人之物或行为的利益,藉他人之损失而自己得利。"从文义解释看,这段话像是不当得利的一般条款,但在体系上属于无因管理的一般条款。

② PrALR I 13 § 262:"将自己的财产用于增益他人的,可以要求返还原物或者赔偿相应价值。"

③ Vgl. Schaefer, a. a. O. S. 104f.

④ Esser, Grundsatz und Norm, S. 269.

严法(stricti juris)诉讼。[①]

在源于法律行为的对人之诉中,萨维尼首先论述了诚信诉讼的必要性。虽然法秩序的首要目标是对所有权及类似权利提供法律保护,主要表现为消极方式,即不侵犯他人权利,[②]但为了维护人们交往中的秩序,还要例外地强制人们应采取积极的行为,其正当化理由是对善良风俗中人们正当期待的保护。正是源于善良风俗的这一诚实信用要求催生了对人之诉中的诚信诉讼。[③] 基于此,萨维尼总结道:"所有权之诉能够保护我们的财产,而我们因他人意思表示获得的对其行为的期待则由诚实信用保护。"[④]一般的诚信诉讼足以保护当事人的合理期待。

但是在借贷中,出借人不仅对借贷人有到期支付的合理期待,他还自愿放弃了所有权以及相应的所有物返还之诉。因此,一旦出借人不能归还欠款,那么不仅会损害一般契约中的合理期待,还会损害出借人的原有财产。正因为如此,出借人要给予借贷人更高的信任,从而导致法律应当给予出借人更强的保护,其程度应不亚于所有物返还之诉。这一保护方法就是较诚信诉讼更为严格的严法诉讼。[⑤] 若非如此,则"我的财产将为了他人利益而没有法律原因的减损了"。[⑥]

除此以外,那些不以移转所有权,而单纯以移转占有为内容的契约中也可能发生 condictio,比如说保管、委托契约。尽管保管、委托的对象是占有,但原权利人依然是基于信赖给予取得人占有,因为后者有损害前者所有权的可能。一旦后者以出卖、消费、损坏等方式使得保管物或者寄托物所有权灭失,那么原权利人也丧失了所有物返还请求权,而且其信赖丝毫不亚于出借人。因此,此时也应当给予原权利人 condictio 的救济。[⑦]

---

① F. C. v. Savigny, System des heutigen Römischen Rechts, Band V, S. 106.

② F. C. v. Savigny, a. a. O., S. 107f.

③ F. C. v. Savigny, a. a. O., S. 108.

④ F. C. v. Savigny, a. a. O. S. 109.

⑤ F. C. v. Savigny, a. a. O., S. 109.

⑥ F. C. v. Savigny, a. a. O., S. 110.

⑦ F. C. v. Savigny, a. a. O., S. 519f.

以授信的借贷为基点，萨维尼认为可以通过法律自然的形塑力将condictio这一严法诉讼的形式扩展到其他转移了所有权且需要保护的案型。比如，并非出于信赖，而是由于其他原因转移所有权，但实际上要么一开始就缺乏法律原因，要么嗣后丧失了法律原因，且双方当事人都误以为原因存在，它们被统称为基于原因的给付（datum ob causam）。属于这一类的condictio有非债清偿返还之诉（condictio indebiti）、因给予原因给付的返还之诉（condictio ob causam datorum）、无法律原因给付的返还之诉（condictio sine causa）和非法原因给付的返还之诉（condcitio ob injustam causam）。[①] 这些类型也就是当今法学归于给付型不当得利的一类。它们的共性不再是给付人对受领人的信赖，而是给付人的"错误"。[②]

在返还客体范围方面，萨维尼以所有权移转为讨论的起点，在此基础上又将"由我们财产转到他人财产的错误变动"的客体扩展到所有权之外的其他财产权。[③] 不仅如此，除了"因我的意志"错误地从某人财产向他人财产中移转的东西可以要求返还，还有基于他人行为或者纯粹偶然事件引起的由"我"的损失造成的他人得利可以要求返还的情况。[④] 萨维尼认为无论是因为原告自由意愿引起的权利变动，还是因为他人行为或偶然事件引起的权利变动，只要这些变动如果缺乏法律上的原因，都需要返还，且都隶属于无法律原因给付的返还之诉（condictio sine causa）。[⑤] 正是在这意义上，萨维尼论述道：

"如若不给予如此保护，则我的财产将为他人之利益无法律原因而减损。因此，我们在其他存在这一抽象关系的案件中亦应予相同的救济。这些情形是我的所有权并非因授予之信赖，而是因错误的行为（如非债清偿返还之诉）或得利人自力行为、纯粹的意外增益他人。依据这一自然发展的过程，与借贷请求权处于同一位阶的有非债清偿返

① F. C. v. Savigny, a. a. O., S. 521.
② F. C. v. Savigny, a. a. O., S. 521.
③ F. C. v. Savigny, a. a. O., S. 522.
④ F. C. v. Savigny, a. a. O., S. 523.
⑤ F. C. v. Savigny, a. a. O., S. 524.

还之诉(condictio indebiti)、无法律原因给付返还之诉(condictio sine causa)和盗赃返还之诉(condictio furtiv)等。"①

综上所述,萨维尼的推演链条可以归纳为:首先是信赖他人而移转所有权的借贷;然后是依然基于所有人信赖移转占有的契约,但占有人使所有权灭失的场合,由于所有人给予了很高的信赖并相应失去了所有权的救济手段,因而要给予原所有人 condictio 这一严法诉讼方式以资保护。除了授信且所有权丧失的类型之外,所有人由于误信有原因移转所有权,但原因实际自始不存在或嗣后消灭的类型中,所有人因其给付时的错误和相应所有权的丧失,也应当受到 condictio 的保护。此外,在所有权灭失又需要给予原权利人保护的情形,也应当给予 condictio 的救济。

从这一推演过程可以看出,所有 condictio 的共同点是以原权利人丧失所有权及相应的所有物返还请求权为前提。至于所有权丧失后为什么还要给予 condictio 救济,理由各有不同,有的是原权利人异乎寻常的信赖,有的是原权利人对无原因发生认识错误,有的则是为矫正不法行为或自然力造成的不公平结果。

(二)对 condictio 构成要件的抽象

正如上文介绍的萨维尼推演显示的那样,他从 condictio 这一诉讼形式的本质及在体系中的地位出发,并以在历史上作为这一术语渊源的借贷返还之诉为考察的起点,阐明了它的合理性在于保护当事人根据契约产生的合理期待以外的利益,从今天的角度看,就是权利人的固有利益。如果所有权不消灭,那么所有物返还之诉就足以保护权利人不受损害,因此 condictio 出现的目的就是弥补所有物返还之诉不成立的情况下对权利人无法救济的漏洞。从功能角度看,萨维尼认为 condictio 是所有物返还之诉的替代,二者是无法并立的。这从他将法源上流传下来的 condictio furtiva 视为例外可见一斑,因为这种情形中

① F. C. v. Savigny, a. a. O., S. 110.

所有物返还请求权和 condictio 是可以并存的。[①] 因此，condictio 的消极要件——不存在所有物返还请求权已经可以抽象出来了，问题在于如何抽象积极要件，即存在哪些要素方能主张 condictio？

从法史来看，首先进入视野的可能是从优士丁尼时代开始在抽象讨论 condictio 中就经常提及的 Pomponius 的总结。就此，萨维尼在对 condictio indebiti 的讨论中对这一法谚作为可直接适用的法律规则表示怀疑。他说："这一规则过于一般化和不确定，以致难以直接运用来回答实践中的法律问题。它至多对某些法律规则的产生有影响，因此它顶多是作为某些真正的实践规则的要素而已。唯有结合非常具体的要件才能了解其实质和效果。"[②]正是由于 Pomponius 首先提出，并被后世自然法学者封为圭臬的不得损人利己规定过于抽象，因此若仅仅从字面去解释，甚至可能成为矫正正常买卖的工具，因为很难说一项交易在客观上具有精确的等价性，所谓"损人利己"结果难以避免。若依照该法谚对所有不具有精确等价性的交易予以矫正，则交易安全不复存在，弊害尤甚，不如弃之。[③]

因此，萨维尼抛开了并不精准的 Pomponius 法谚，开始对积极要件进行探寻。他发现所有符合规律的 condictio 都有一个真正的基础，那就是"返还从我们的财产中失去的"[④]。他认为，主张 condictio 的人必须证明，用于增益他人财产的东西此前确实曾属于自己的财产。而作为这一教义基础的财产移转（Vermögensverschiebung）一方面主要存在于以清偿为目的的契约构造中，另一方面则在它的社会哲学背景：所谓财产就是所有拓展个人能力的关系的总和，而财产则成为了不当得利

① 同时，肯定 condictio indebiti 的存在及其符合 condictio 的一般原则，也就必须抛弃以法律行为变动物权的要因模式，因为如果真实原因能够影响物权变动的效果，那么所有权就会由于无原因而不发生变动，造成的后果是所有物返还请求权并未消灭，那么这和 condictio 的一般存在前提是矛盾的。从这个意义上说，萨维尼的不当得利构造和其物权变动理论是互相印证的。

② F. C. v. Savigny, System des heutigen Römischen Rechts, Band III, S. 451f.

③ F. C. v. Savigny, System des heutigen Römischen Rechts, Band III, S. 451f.

④ F. C. v. Savigny, a. a. O. S. 457. 例外是盗赃返还之诉，因为权利人未丧失所有权。

法的核心概念。一个人的财产客体,也就是那些拓展其能力的支配权,尤其是所有权,以及支配他人行为的债权之变动在萨维尼看来必须经由作为将这些财产归属于他的权利的所有人(Inhaber)的意志才能正当化。唯有财产变化与财产所有人的意志一致,该变动才有法律上的原因。简言之,深受康德个人伦理思想影响的萨维尼认为救济一切无法律上原因财产损失的一般(规则的)不当得利请求权的核心基础在财产所有人以及他对自己财产的自由处分。

综上所述,所有不当得利共同的积极要件是通过减损另一人的财产来增加一人的财产,同时这一过程要么自始缺乏原因,要么嗣后原因丧失。① 概言之,就是没有法律上的原因让他人从我们的财产中得益。② 因此,后世法学家在解读萨维尼对 condictio 的分析时,认为他将不当得利的积极要件分为了财产移转和无法律原因。③

总之,萨维尼从罗马法中抽象出了 condictio 的消极前提是不存在所有物返还请求权,积极构成要件是直接的财产移转和无法律上的原因。

(三)小结与评价

萨维尼试图找到证据,使得所有的不当得利返还类型回溯到一个共同的简单原则,再通过这个原则推演出各种具体类型。但是这一处理方式有方法上不充分甚至许多引用段落被后来的罗马法学者推翻的弱点。罗马法之后,消费借贷已经发展为独立的契约类型,但是萨维尼为了忠实于罗马法法源,仍然将它作为考察 condictio 的原型和起点,没有将其放在契约之中讨论。在解释和展开具体的不当得利类型时,他也不够谨慎,以至于将盗赃返还之诉(condictio furtiva)和其他非给付返还的类型归入无法律原因的得利返还(condictio sine causa),而后

---

① F. C. v. Savigny, System des heutigen Römischen Rechts, Band v, S. 525.

② F. C. v. Savigny, a. a. O., S. 526.

③ Horst Hammen, Die Bedeutung Friedrich Carl v. Savignys für die allgemeinen dogmatischen Grundlagen des Deutschen Bürgerlichen Gesetzbuches, 1983, S. 189 – 193; Schaefer, Das Bereicherungsrecht in Europa, 2001, S. 149ff; Jan Wilhelm, Rechtsverletzung und Vermögensentscheidung als Grundlagen und Grenzen des Anspruchs aus ungerechtfertigter Bereicherung, 1973, S. 26.

者的出现晚于前者,也不可能包含前者。瑕不掩瑜,尽管萨维尼的学说在建构自己的体系方面存在方法上的很多问题,但其内容核心仍然指明了此后不当得利法发展的方向,具有示范意义,这体现在:

从法律技术上看,萨维尼发现了不当得利法具有修正抽象原则的功能,他首次详细阐述了 condictio 是 vindicatio 之替代的思想,这一思想成为了此后权利续存说(Rechtsfortwirkung)的先声。在体例上,萨维尼第一次将 condictio 整合到一个统一的原则之下,并初步建构了其构成要件。

从正当化理由看,之所以需要不当得利返还,是为了矫正影响法律原因有效性的意思瑕疵造成的不公平结果。在其不当得利"有机体系"中最重要的问题是动机中的"错误"。一般而言,动机错误并不重要,不会影响法律行为的效力,[①]但是作为法律原因的动机具有法律上的意义,其错误导致的后果就是无法律上原因。因此,错误是 condictio 的真正条件,并成为错误无害契约效力的例外。由于只有符合所有人有效意思的财产变动才能被视为正当的,所以法律上有效的、无意思瑕疵的契约是一项正当财产变动的必要条件。由给付或盗窃引起的财产损失因没有不符合所有人的自主意志而不具有正当性,这才是不当得利法的根基所在。

萨维尼的学说直接影响了此后潘德克顿法学派对不当得利的认识,尤其是借由温夏特(Windscheid)的"前提"理论对德国民法典的编纂发生了直接影响,这就是接下来所要揭示的内容。

## 五、不当得利法在德国民法典中的编纂

### (一)第一草案及其预备工作

1. 以罗马法法源为基础的分散模式

在法典编纂的准备工作中,首要的问题是在体例上究竟采用一般条款还是特别条款分列的模式。

弗兰茨·冯·库伯(Franz von Kübel)在 1882 年的部分草案中提到,根据共同法的通说和债法的德累斯顿(Dresden)草案,不当得利法

① F. C. v. Savigny, System des heutigen Römischen Rechts, Band III, S. 115.

的重点应当在构建各种类型的要件,理由是:"应当避免将(所有特别不当得利返还的)案件统归到一个一般条款下,它的内容是:取得(财产)或者(因此)得利缺乏法律原因时就应当发生不当得利。可是又没有具体的其他不当得利请求权发生。这样一来,在结果上又会退回到被视为不正确的模糊句子:从他人财产或者因他人的损失(Kosten)获利是不公正和不当的,因此需要返还。"①依循这一看法,库伯草案首先规定了不当得利的主要适用类型非债清偿(§§1-13),紧接着规定了其他的给付不当得利(§§14ff,23ff)、不法和故意行为造成的得利(§21)以及非出于其意思而由其财产得利(§27)。这一模式和罗马法法源中缺乏一般原则,分散规定 condictio 如出一辙。

第一草案对库伯的债法草案仅作了些微修改,就基本接纳了其内容,顺序依次是非债清偿不当得利(§§737-741),目的落空不当得利(§§742-746),可非难的受领(§747)和其他不当保有(§748)。

尽管非债清偿不当得利(condictio indebiti)中给付的确定目的意思(Zweckbestimmung)只是和过去发生的事件有关,但它仍然被认为是目的落空不当得利(condictio ob rem)的下位概念,这意味着传统目的因(rem)和发生因(causa)的区分已经消解,二者成了同义词。虽然在逻辑关系上如此,但在体例编排上非债清偿不当得利仍然被放在前面,因为它在实践中经常出现,也很重要。人们认为给付人的错误必须作为给付型不当得利的构成要件固定下来,这也符合萨维尼的学说,这一观点反映在明知无债务而为给付排除返还请求权的规定中。②

因预期的将来情事或者法律后果未发生而要求返还的规定部分反映了温夏特(Windscheid)的前提(Voraussetzungen)学说在不当得利法上的影响。所谓前提,是指介于在法律上无意义的动机(Beweggrund)和在法律上有重要意义的条件(Bedingung)之间的尚未成熟的条件,③它被视为意志的另一种自我限制,而在特定的案件中应予以考虑。前提不是那些人们想要做某些事情依凭的东西,而是若没有它们人们就

① Begründung des Teilentwurfs Abs. VIII, Teil I, IV, S. 78.

② E I, §737 Abs. 4.

③ Windscheid, Zur Lehre des roemischen Rechts von der Voraussetzung, 1850, S. 1

不会这么做的因素。[①] 这一思想影响到了 condictio causa data non secuta 。为了保护交易安全,这些不当得利返还仅限于这些场合,即预期的情事是将来的,而且为达到这一目的而给付。[②] 德累斯顿(Dresden)草案中,基于不道德或者不法原因取得的返还(condictio ob turpem vel iniustam causam)仅在不道德性或不法性仅在受领人一方时发生,这一规定在新的草案中得以保留。

第748条是对缺乏权利人的有效意思,又由其财产不当得利的兜底条款。根据委员会的设想,这一条款明确地与具体的案件类型相关,比如使用他人之物、添附、加工等,而不能作为一般的衡平规范滥用。[③]

萨维尼发展和构造的财产移转(Vermögensverschiebung)作为不当得利请求权成立的前提在民法典形成过程中也有影响。这尤其体现在草案第748条的表述:"所有从一人的财产移转到另一人的财产中并导致后者受益的东西都构成不当得利返还的可能客体。"[④]

在责任范围的确定上,第一委员会采纳了将责任限制在尚存利益范围内的观点。通过弗卢梅(Flume)的考察可知,关于限缩责任于现存利益范围内的观点并非是罗马法的遗产,而是16世纪才产生的观念。[⑤] 这一观点在共同法学界有关罗马法法源的激烈争论中逐渐占得上风,在19世纪成为通说。将责任范围限缩于尚存利益被拟制为罗马法学家的真实想法,以保证与不当得利法的价值判断职能及得利思想固有的意思保持一致。

2. 否弃转化之诉(Versionsklage)

第一委员会原则上拒绝将盛行于普通法时期的转化之诉纳入草案。这一诉讼形式最早只限于与奴隶或者他权人(alieni-iuris-

---

① Windscheid, a. a. O. S. 7.

② Motive II, S. 843.

③ Motive II, S. 851.

④ 条文内容是"Den möglichen Gegenstand der Kondiktion bildet Alles... durch dessen Übergang aus dem Vermögen des Einen in dasjenigen eines Anderen der letztere bereichert wird..."

⑤ Vgl. Flume, Der Wegfall der Bereicherung in der Entwicklung vom römischen zum geltenden Recht, FS für Hans Niedermeyer, 1953, S. 104 – 148.

Personen)交易的人向家主提起的 adjektizische Klage,在古典后时期成为在某人的财产为他人利用而被适用时要求费用补偿的一般诉权。

在17和18世纪,被继受的转化物之诉(actio de in rem verso utilis)上升为对不当得利法有重大影响的诉权。自然法中关于有益费用支出的诉权是不当得利主要形式的认识影响了共同法的发展,因为它也可以回溯到 Pomponius 的经典法谚。但它的特殊之处在于,不需要债务人直接因债权人的损失而得利。①

为了保护交易安全,帝国法院通过财产移转的直接性这一要件来限缩转化之诉的适用范围,如王国高等法院(Koenigliche Obertribunal)1872年认为:“被使用的东西必须直接从一人的财产转移到另一人的财产中去。”②

19世纪就是否允许共同法的转化之诉存在以及它和 condictio 的争论无穷无尽。③ 由于转化之诉要件的不确定性导致公平原则的滥用,只要某人的财产被用于增益他人的财产,就可以要求返还该财产或者偿还增益的价值。④

第一委员会考察了转化之诉的发展之后认为排除它是大势所趋,因此他们没有就此专门拟定条文。虽然他们也意识到例外的必要性,但第一委员会的牵头人温夏特认为法典应当放弃规定应由实践来解决的问题。

---

① 普鲁士普通邦法就采这一立场,见 ALR §262, I 13;实例如 August Leyser 报道了 Juristenfakultaet Helmstedt 1717 的一项判决:原告借款给一屋主,用来消灭房屋上的物权负担。嗣后屋主不能归还借款,并将无物权负担的屋子卖给了被告。原告对被告提起转化物之诉(actio de in rem verso),要求被告偿还这部分借款。这一请求得到支持,因为债务清偿对买房人有利,而他是因原告的损失而获利的。转引自 Reuter/Martinek, a. a. O. S. 18f。

② Königl. Obertribunal vom 19, 12, 1872 (IV), Vgl. Reuter/Martinek, a. a. O. S. 19.

③ Vgl. Erxleben, Condictiones sine causa, 1850, Abt. 1, S. 114, 152ff; Witte, Die Bereicherungsklagen des gemeinen Rechts, 1859, S. 75ff.

④ 如1886年帝国法院判决(RGZ 1, 159):原告出售肥料给被告的丈夫,被告的丈夫把这些肥料都撒到了地里。后来被告的丈夫死了,留下的遗产不足以偿清价款,原告对被告提起转化物之诉,要求她返还财产增益。法院支持了原告的主张。

立法者反对转化之诉的决定对于此后的判决中阐明的理由有决定性影响:就如人们在契约有效时只能对相对人主张权利且不能干涉其他履行关系一样,人们在契约有效力瑕疵时也只能对相对人主张权利而不能干涉其他的履行关系,也不能对财产最终流向的第三人主张权利。在契约返还清算中,人们只能相信相对人的信用,因此其信赖也只能向此人寻求。转化之诉显然与第一委员会要求的财产直接移转的要件对立。

(二)第二草案

基尔克(Gierke)和奥托·莱嫩(Otto Lenel)批评第一草案仅仅罗列了凌乱分散、互不相干的不当得利条款,而没有形成作为不当得利基础的统一原则。这一批评导致第二委员会彻底颠倒了第一草案的条文顺序,将本来作为补充条款的第748条第1款提前为所有个案的一般原则。这一做法和瑞士债法(此前的第70条)相仿。①

德国在民法典编纂中有意不和奥地利法及其他罗马法国家保持一致,拒绝侵权法的一般条款。与之相反,在不当得利法上,民法典却想设立一般条款。当中首要的是非债清偿返还,紧随其后的是其他不当得利请求权。理由是一条一般的、统摄全部学说的原则应当置顶,②因此,所有的法条也会显得一目了然和清晰。③ 有些人认为,这一构造是教科书式的语言,不符合法典的风格,但这一质疑最终被多数票否决。④ 在考虑具体行文时,萨维尼的财产直接移转要件被软化。因为在实践中存在诸如利益是直接通过受益人行为取得,或者受益人只是取代了失利人的位置而取得利益,这些利益本身还不曾进入失利人财产范围内的情况。因此,萨维尼的学说显得过于狭窄,在二读审议中,最初的“从他人财产那里”(aus dem Vermögen eines anderen)被置换成了“借他人的损失”(auf dessen Kosten),这一改变是为了表明得利的

---

① 《瑞士债法典》第70条:“以不当方式从他人财产那里获得利益者,应当返还得利。该债务尤其是在债务人无法律上有效原因、因未实现的或嗣后不存在的原因而获得给付的场合成立。”

② Prot. II S. 684.

③ Prot. II S. 685.

④ Prot. II S. 691.

客体无须曾经进入权利人的财产范围,只要和其财产客体有关即可。

## 六、《德国民法典》颁布实施以来不当得利法的发展

### (一)传统的不当得利学说(统一说)以及第一次转变

1. 后潘德克顿时期的统一说学者

《德国民法典》颁布之后,一般学说认为第 812 条以下的规定只是潘德克顿返还学说的结晶。立法中使用语言的模糊性导致了不同不当得利请求权之间极易混淆。当时普遍认为第 812 条第 1 款第 1 句是可以直接适用的有涵摄能力的一般不当得利请求权,虽然当中的一部分构成要件以选择性条款的方式表述,但这本身无关宏旨。起决定性作用的仅仅是"因他人费用而不当保有的利益"。① 所有不当得利请求权共同的基础是保有利益和允许保有的对立。

由于这样的认识,民法典评注、教科书以及不当得利的综述大多采取统一说的立场,认为不当得利法是更高位阶的法秩序的衡平,是在财产移转中虽然符合形式法,但不合实质法时矫正正义的需要。②

有些观点认为不当得利请求权应当属于民法总则,③有的学者甚至认为不当得利法可以作为万能工具使用,④所有这些观点都助长了统一说的发展。

从更早萨维尼传统中发展而来的统一说认为只要在得利人和失利人之间发生了无法律上原因的财产移转就成立不当得利请求权,而无须考虑究竟是以怎样的方式发生了移转。法典中列举的不当得利种类只有将不同的案例串联起来的线索作用。⑤ 财产移转被理解为财物由一人移转至另一人处,且主要取决于这一移转的直接性。通过财产移转的直接性这一以"因他人费用"确定的要件应当能够解决经济上彼此联系且有重合的给付关系中何人为不当得利关系的当事人的问题。

---

① Krawielicki, Grundlagen des Bereicherungsrechts, 1936, S. 1 bis 5.

② Stammler, Zur Lehre von der ungerechtfertigten Bereicherung nach dem Buergerlichen Gesetzbuch, Festgabe fuer HErman Fitting 1903, S. 133ff.

③ Heck, Grundriss des Schuldrechts 1929, S. 427.

④ Plessen, Die Grundlagen der modernen condictio, 1904, S. 6

⑤ Heck, a. a. O. S. 13.

直接性,或者此后被称为"得利过程的一致性"(Einheitlichkeit des Bereicherungsvorgangs)被理解为财产移转不能通过与第三人的法律行为转经第三人的财产实现。[①] 这样一来,人们就能够避免出现共同法时期的转化之诉 死灰复燃。

2. 弗里茨·舒尔茨(Fritz Schulz)和侵害型不当得利的发现

舒尔茨于1909年在《民法实务档案》杂志发表"侵害所得(Eingriffserwerb)法之体系"一文,试图将不当得利法重塑为"侵害所得法的体系",这一尝试开启了后世称为"不当得利法第一次转向"的进程。他的出发点仍然是统一的不当得利请求权,但重点不再是当时盛行的给付型不当得利和财产移转,而是所有不当得利请求权在侵害权利上的类同性。

不是无法律上原因的财产移转,而是不法行为才是不当得利请求权成立的真正理由。"将状态、权利,乃至行为的后果称为合法或者不法是大错特错的。这世界上不存在不法的所有权,而只有不法的行为。"[②]不当得利法的核心不再是保有(利益)不法性,而是取得的不法性。

他的不当得利统一说建立在这一原则基础上:"原则上不许任何人通过不法侵害他人权利而获利"。[③] 因采用这一行为导向的不法性概念,不当得利法与侵权损害赔偿法更加接近。根据"不得因不法获利"的思想,不当得利法的实质成为了惩罚不法行为的返还义务。"我们的原则是损害赔偿观念的反面:不像损害赔偿法关注受害人的财产,而是将焦点放在侵害人的财产,要使他的财产回复到若无不法侵害行为应有的状态。"[④]通过对不当得利请求权在构成要件上从无法律原因的财产移转转化为权利侵害,舒尔茨将不当得利的教义学从原来深受罗马法影响的给付不当得利的定式中解放出来。在这个意义上说,舒

---

① Vgl. Nebenzahl, Das Erfordernis der unmittelbaren Vermögensverschiebung in der Lehre von der ungerechtfertigten Bereicherung 1930.

② Fritz Schulz, System der Rechte auf den Eingriffserwerb, AcP Bd. 105 (1909), S. 438.

③ Fritz Schulz, a. a. O. S. 433.

④ Fritz Schulz, a. a. O. S. 455,12.

尔茨也是侵害型不当得利的发现者。尽管他的权利侵害理论和行为导向的不法性概念在今天的讨论中只是对少数说有影响力,但是若没有舒尔茨的创见,此后威尔伯格(Wilburg)和克雷默尔(v. Caemmerer)对“以其他方式”不当得利类型化几无可能。

当然,舒尔茨本人并没有考虑要区分给付型和非给付型不当得利。即便对给付不当得利而言,取得本身的不法性仍然适用,因此,通过给付得利需要返还的根本原因不再是缺乏通过失利人发生财产变动的合法性,而是返还义务人不法接受或保有被给付的东西,[①]这和客观不法行为并无不同。至于由自然力引起的得利,舒尔茨认为这是和不法行为可以等视的“自然力侵害”(Elementareingriff)。[②] 不仅如此,他还将不当得利最终推向了更高的层次,其观点是:从德国民法典第281、第556、第604、第816、第862、第894、第985、第1007、第2213、第2288、第2329条之间的相似性可以看出,它们都以“侵害所得”(Eingriffserwerb)返还为客体,可以视为同一类,而这一类可以囊括所有不当得利请求权。[③] 根据这一理论,所有侵害他人权利所获的利益都应当予以返还。

(二)第二次转变和非统一说

1.第二次转变

在对不当得利构成要件的解说困于究竟以何种要素为统一说的基础之时,德语法学界开始了新一轮的反思,转而对第812条做出如下解读:

“无法律上原因(1)通过他人的给付或者(2)因他人费用以其他方式取得……”(Wer etwas ohne rechtlichen Grund (1) durch die Leistung eines anderen oder (2) auf dessen Kosten in sonstiger Weise erlangt...)

这样一来学术上关于不当得利的讨论不再拘囿于给付不当得利,而是通过引入“侵害型不当得利”给非给付型不当得利一席之地,从而开启了不当得利学说的第二次转变。

---

① Fritz Schulz, a. a. O., S. 435, 447, 479ff.

② Fritz Schulz, a. a. O., S. 440.

③ Fritz Schulz, a. a. O. S. 473, 482f.

当然,“罗马非一日建成”,这一思想的先驱者除了舒尔茨外,还有民法典颁行之后不久即提出要区分给付,即与原因联系在一起的给予和其他得利的埃利希·永(Erich Jung)。[①] 但是真正体系化并完成区分理论的是威尔伯格和克雷默尔,他们认为,给付型不当得利是契约法的附属,因此属于财产变动法;侵害型不当得利是有持续影响的所有权的补充,因此属于财产保护法。

2. 威尔伯格的主要论点

20 世纪 30 年代威尔伯格出版了《奥地利与德国法中的不当得利理论》一书,将当时不当得利教义学的失败归咎于统一说和衡平论。“源于无法律上原因的给付和非源于给付的得利的诉讼在基础上同归一类,从未得到过证明。”[②]公平和正义对不当得利法而言毫无助益:在数百年的发展中,这些概念既不能释明不当得利的本质,也不能说清它的特征。[③] 将所有不当得利返还归结在一起无非是后古典时期法学糟糕的遗产,事实上它们之间存在根本不同的基础。[④]

威尔伯格认为第 812 条第 1 款第 1 句第 1 项是给付型不当得利的基础案型,其主要的任务是克服失败契约履行中抽象原则带来的弊端,与此前取决于财产移转这一标准不同,他认为应当以给付的“内容和目的”[⑤]作为思考问题的出发点。他通过区分单纯的给予(bloße Zuwendung)和有目的的给付(zweckhafte Leistung)完成了将给付不当得利从客体的财物变动转向履行层面的变化。此前的直接性说(Unmittelbarkeitslehre)只关注债权人失利和债务人得利必须基于同一过程,且单方面强调物权上的变动,因此对于虽然发生了给予行为,但是该给予行为在给予人和受领人之间不发生清偿效果的案件的解决而言,这一标准的助益甚微。对于受领人而言,给予人只是第三人事实上

① E. Jung, Die Bereicherungsansprueche und der Mangel des “rechtlichen Grundes”, 1902, S. 25f. 67f. 87, 127f.

② Wilburg, Die Lehre von der ungerechtfertigten Bereicherung nach österreichischem und deutschem Recht, Kritik und Aufbau, 1934, S. 23.

③ Wilburg, a. a. O. S. 19.

④ Wilburg, a. a. O. S. 112f.

⑤ Wilburg, a. a. O. S. 113.

或者假想的履行辅助人,正是出于为第三人管理事务的目的,给予人才直接给予受领人某些财物。

对当下讨论很有启示意义的是威尔伯格曾言:"给付人的请求权只是针对给付受领人,也就是他给付的对象。究竟谁是给付受领人取决于给付的内容和目的。"[①]威尔伯格通过引入目的性的给付概念也能达到财产移转直接性和得利失利过程一致性的标准所欲实现的目的:防止转化之诉死灰复燃;在多人关系中实现当事人自己决定的风险分配,在给付连锁(Leistungsketten)出现双重瑕疵和通过中间人给付中不允许受损人直接向最终得利人主张不当得利返还。[②]

在给付型不当得利之外,威尔伯格还将侵害型不当得利作为第812条第1款第1句第2种情况的主要案型,并视其为独立的一项制度。威尔伯格对萨维尼提出批评说:萨维尼屈从于给付不当得利诱导性的力量,并认为这是一项便利的工具,能够将以其他方式得利的情况一网打尽。[③] 另一方面,威尔伯格也不像舒尔茨一样将以其他方式得利视为类似于侵权的权利侵害请求权的一支,而是将它视作"权利延续请求权"(Rechtsfortwirkungsanspruch),它实现了被减损权利的"归属内容"(Zuweisungsgehalt)。威尔伯格认为以其他方式获得不当得利是因为他人利益使用法益,这一请求权源自保护这项法益,且在侵害时确实存在的权利。[④] 侵害型不当得利的不当性核心在"受损权利的实质目的,即特定利益以及其用益归属于权利人。"[⑤]因此,侵害型不当得利作为权利的延续,其效力范围延伸到一切在基础权利归属范围内的利益。[⑥] 权利延续效力(Rechtsfortwirkung)的原则包含这样的思想,即带有分配归属特性的权利的规范效力和特定的目的息息相关,这一目的让形式上丧失的支配权在实质上得以延续。对物支配的可能性因为物体本身不再存在或者丧失同一性而不存在时,所有权的观念根据归属

① Wilburg, a. a. O. S. 113.
② Wilburg, a. a. O. S. 108ff.
③ Wilburg, a. a. O. S. 19.
④ Wilburg, a. a. O. S. 114.
⑤ Wilburg, a. a. O. S. 27.
⑥ Wilburg, a. a. O. S. 122.

内容让权利人拥有对实际由该物获益之人的不当得利返还请求权。[1]在不当得利返还请求权是替代丧失的所有物返还请求权这点上，威尔伯格和萨维尼的差别并不像他自称的那么大。萨维尼早就说过财产的部分也有生产的本质，只要根据其内在之力为所有主(Inhaber)准备好了收获。[2] 威尔伯格只不过是将这一思想发展为"归属内容"，并让侵害型不当得利不再要求原因这一要件，而萨维尼则仍然坚持这一要件——所有违背权利人意志而无法正当化的财产移转就是不当得利的原则。

"不当得利请求权必须作为权利的延续从母权中生成。"[3]因此，它的范围包括所有因使用发生的结果，即通过使用和用益(Gebrauch und Nutzung)实际获得的经济上的一切利益。[4] 返还的范围包括利用产生一切后果，包括消费和使用他人法益带来的一切经济上的利益。[5] 这一结果的确立是通过类推民法典第953条以下收取孳息的规定及第987条以下所有人—占有人关系中取得收益及返还的规则得出的，他认为这一规则可以类推适用于绝对的物质性财产权和非物质财产权。

3. 克雷默尔的主要观点

克雷默尔于1954年在《拉贝尔(Rabel)祝寿文集》发表论文"得利和不法行为"(Bereicherung und unerlaubte Handlung)，在威尔伯格的二分说基础上继续发展不当得利的类型。他努力让不当得利法从由历史的偶然造成的以发生原因为标准的窠臼中解放出来，明确界定不当得利请求权的形式和范围。

克雷默尔学说的特点是通过将案件事实归类到特别类型之下，从而确定法律效果。在他的体系之中，各个不当得利请求权之间并没有固定的适用顺位关系。他列举了给付型不当得利、侵害型不当得利、费用型不当得利、追偿型不当得利四种类型，而且认为这四种类型并没有

---

① Wilburg, a. a. O. S. 28.

② Savigny, System des heutigen römischen Rechts, Band IV, 1841, S. 39ff; Band V, S. 523ff.

③ Wilburg, a. a. O. S. 114.

④ Wilburg, a. a. O. S. 122f.

⑤ Wilburg, a. a. O. S. 122f.

穷尽不当得利的所有情况,因此不当得利的体系是开放的。[①] 此外,他还认为这些不当得利类型不仅在构成要件上不同,在请求权内容和范围方面也存在差异。

在对《德国民法典》的解释上,他认为第812条第1款第1句第1项(无法律上的原因)是给付型不当得利的主要情况,此外还包括第812条第1款第2句(法律原因嗣后消失或者给付所欲实现的目标未实现)、第817条第1句(受领人接受给付违反法律的强制性规定或者违背善良风俗)等亚型情况,这些都属于契约之债的返还清算请求权。

在不当得利的体系功能上,他认为"因无法律上原因或原因嗣后消灭产生的给付返还请求权和其他的债法返还请求权——如无偿借贷、有偿借贷、租赁、保管、解除处于同一层面。如果返还请求权没有予以特别规定的话,那么就适用不当得利规定。至于究竟是一般责任还是加重责任,这与返还请求权的成立要件无关,而只是法律效果上的问题。"[②]

在侵害型不当得利及其法律效果问题上,克雷默尔在威尔伯格的基础上继续发展了这一绝对权权益归属的理论。尽管威尔伯格认为作为"所有权保护的延续",应当给予权利人要求返还一切使用收益或者消费收益的权利,但是克雷默尔认为归属内容原则上只具有"准契约"的性质,所以一般而言他只能要求使用、消费原权利的的价额。[③]

(三) 新统一说

20世纪70年代以来,德国出现了大量新的观点,[④]大有实现不当

---

① von Caemmerer, FS für Rabel, 1954, S. 335.

② von Caemmerer, a. a. O. S. 342.

③ von Caemmerer, a. a. O. S. S. 356ff, S. 376ff.

④ Kellmann, Grundzüge der Gewinnhaftung-Rechtspvergleichender Beitrag zum Recht der ungerechtfertigten Bereicherung, 1969; Wilhelm, Rechtsverletzung und Vermögensentscheidung alsGrundlagen und Grenzen des Anspruchs aus ungerechtfertigter Bereicherung, 1973; Batsch, Vermögensverschiebung und Bereicherungsherausgabe in den Fällen unbefugten Gebrauchs bzw. Nutzens von Gegenständen- Eine Kritik der Lehre der "Eingriffskondiktion", 1968; Kaehler, Bereicherungsausgleich und Vindikation, Allgemeine Prinzipien der Restitution, 1972; Costede, Dogmatische und methodologische Überlegungen zum Verständnis des Bereicherungsrechts, 1977; Kupisch, Gesetzespositivismus im Bereicherungsrecht- Zur Leistungskondiktion im Drei-Personen-Verhältnis, 1978.

得利法第三次转型的态势。新的学说虽然在个别问题上观点有分歧，在具体构架上有不同，但是总的来说都希望以新的视角重新梳理不当得利的问题，以此克服给付型不当得利和侵害型不当得利的严格区分带来的问题。

其代表观点是："第 812 条以下中的不当得利虽然有给付型不当得利、侵害型不当得利和其他以其他方式取得不当得利的类型，但是构成要件只有一个。"①并非是得利的动态过程，而是抽象的"得利差额"——"从他人的财产中不合法的保有（财产）"对不当得利而言才有决定意义。统一的构成要件是：某人得利、该得利来自另一人的财产、得利无法律上正当化的理由（原因）。这一统一的要件需要在各种案件类型中具体化，但这些类型也仅仅是一般原则的运用而已，这一原则就是"如果债务人保有财产不能被法律行为或者法律规范的直接规定正当化，那么债务人应当返还从债权人的财产——也就是根据其权利或权利地位（Rechtsposition）属于债权人的财产——中获得的财产增益。"②他们批评第二次转型中出现的新不当得利理论，认为它以不可靠的方法拆分了法律规定的要件，单纯教条地运用通行的给付概念会在三角关系中导致非常刻意的财产增益概念，而这是错误的。

所有的新统一说作者无一例外地重新和普通法时期建立起关联，试图复活潘德克顿学者的教义学体系。他们认为德国民法典第 812 条第 1 款第 1 句本来就是为了"完成罗马人尚未实现的，将各个不同的返还之诉（condictio）的类型统合于一个共同的名称之下。"③在这一点上《瑞士债法》第 62 条做得比《德国民法典》好。

威廉（Wilhelm）追随弗卢梅（Flume）的观点，强调不当得利债权人个人和他的处分权限在构建不当得利请求权中的重要地位，并强调所有权及其保护的重要性。④

---

① Wilhelm, a. a. O. S. 173.

② Wilhelm, a. a. O. S. 173.

③ Kupisch, Festgabe fuer Ulrich v. Luebtow, 1980, S. 545, Einheitliche Voraussetzungen des Bereicherunganspruchs - ein Mißgriff des Gesetzgebers?

④ Wilhelm, a. a. O., S. 19ff.

在法律效果方面,“财产性决定”(Vermögensentscheidung)标准最早由弗卢梅提出,目的是具体化德国民法典第818条第3款的内容,[①]威廉则认为它扮演着更为重要的角色:“财产移转是基于财产所有人的决定或者对财产的使用,那么这一变动就应当归因于财产所有人。”[②]科尔曼(Kellmann)认为“一切不当得利实质上都可归因于缺乏权利人的意志,因其损失(Kosten)而发生得利”。[③]

舒尔茨之后的学者都借用了“行为不法性”的概念,但是他们对此加以了改造,变成了“状态不法性”(保有不法),并以此作为统一的不当得利请求权的核心。因此,新统一说主要是对侵害型不当得利的扩张。保有不法性不仅来自债权人的权利,还来自于单纯的禁止条款,比如说反不正当竞争的条款。

(四) 改革设想

20世纪80年代初,德国司法部开始考虑债法改革的可行性,并将其成果出版,名为《债法改革的专家鉴定和建议稿》(Gutachten und Vorschläge zur Überarbeitung des Schuldrechts)。[④] 海德堡大学教授柯尼

---

① Flume, Der Wegfall der Bereicherung in der Entwicklung vom roemischen zum geltenden Recht, FS fuer Hans Niedermeyer, 1953, S. 103ff.

② Wilhelm, a. a. O. S. 73.

③ Kellmann, a. a. O. S. 100 und 108.

④ 有关不当得利的草案条文内容如下:

第一节 给付型不当得利

第一条

(1) 为清偿已成立或将来的债务而向他人给付的人可以要求假想的债权人返还给付,当:

a)债务不存在,未成立或者嗣后消灭的,或者

b)有对抗债务的抗辩权,且该抗辩权可以永久排除请求权的行使。

(2)返还请求权在如下情况被排除:

a)履行符合道德的义务

b)债务罹于时效

c)买受人可以认为,尽管存在第一款的情况,履行人依然愿意给付或者

d)返还为履行无效债务契约而为的给付违反使契约无效规范的目的。

第二条

(1)向他人给付的人不是为了清偿债务,而是希望引起他人的特定行为。当这一特定行为未出现时,给付人可以要求给付的返还。

(2)返还请求权被排除,当

a)这一目的的实现自始不能且给付人明知这一情况,或

b)给付人违背诚实信用阻碍目的的实现。

第三条

给付人并非为了清偿债务,而是因强制或胁迫给付,可以要求返还给付,除非受领人证明自己有权利要求给付。

第四条

(1)返还请求权的范围包括获取的原物、收取的孳息以及受领人因原物灭失、损害或被剥夺获得的东西。

(2)当返还原物因其性质而不能或受领人因其他原因不能返还时,受领人应当赔偿一般的价值。确定价值的时间点是要求价值赔偿请求权成立之时。

(3)若受领人因使用、转让、灭失、损坏或其他原因未曾从所获原物及其价值汇总获益,则返还义务不成立。

受领人因相信能永久稳定的获得给付而支出费用或蒙受财产上不利,那么返还义务与给付人赔偿这些费用或不利的费用的义务必须同时履行。如果给付人并未引起这种信任或对引起信任不可归责的,前句规定不适用。

给付人承担返还义务的费用和风险。

第五条

(1)在无效契约返还中,只有当使契约无效的规范要求相应地减轻受领人负担的,受领人才能援用第四条第三款的规定。

即便契约有效,给付人也应当负责的给付物灭失或者损坏可不让受领人承担返还义务。

(2)契约当事人的返还义务应当同时履行,民法典第320、第322条的规定准用之。

第六条

(1)受领人在受领时知道无法律上的原因或者因重大过失而不知,嗣后知悉或因返还请求权而进入诉讼系属的,他应当自受领时或者知道进入诉讼系属时起根据第四条第一、二款、第五条和如下规定承担责任。

(2)受领人未收取根据通常经济规则应收取的用益的,应就其过错承担相应的赔偿责任。若是金钱之债,应当支付利息。由获得的原物中取得的盈利应当返还。

(3)受领人如有过错,应当就给付之物的灭失或损坏承担损害赔偿责任,如果没有过错的,不需要承担损害赔偿责任。受领人可以根据无因管理的规定要求补偿在给付之物上支付的必要费用。《民法典》第995条准用之。非必要的费用不能要求赔偿。

(4)债务人迟延引起的其他责任不受影响。

第七条

返还请求权自权利人知悉请求权成立时起经两年罹于时效,若不知悉前述情况的,自请求权成立之时起经十年罹于时效。

第二节　侵害型不当得利

第一条

(1)未经他人同意,以处分、消费、使用、附合、混合、加工或其他方式侵害其所有权、其他权利或者财产性利益的,应当向权利人赔偿通常的价值。

无权处分时,权利人可以追认为条件,同时要求侵害人赔偿通常价值。

(2)确定价值的时间点以侵害时为准。

有偿处分时,为权利人利益推定变价所得为通常价值,该推定可通过反证推翻。

第二条

向无权利人给付,且该给付对权利人有效的,无权利人有义务向权利人返还给付。

第三条

侵害人无重大过失未认识到得利瑕疵的,不必赔偿在其获悉赔偿义务时已不存在的价值。

侵害人为取得变价之物的花费不能减少其得利额。

第四条

权利人可以要求故意或因重大过失无视他人权利的侵害人返还超过通常价值的盈利。

侵害人必须告知哪些盈利源自对他人财产的利用。

第五条

该请求权自权利人知道侵害发生和赔偿义务人之时其经三年罹于时效,若不知悉前述情况的,自侵害发生起经三十年罹于时效。

第三节　费用型不当得利

第一条

有意或者因错误清偿他人之债的,可以要求该人返还其费用,只要该人在进入诉讼系属时因债务消灭仍然受益。

第二条

有意或者因错误在他人之物上有所花费的,只要根据该人的财产计划因此受益,花费人就可以要求其返还有关费用。确定得利的时间点是债务人重新获得自己之物或者可以享受价值增益时。

在如下情况,请求权被排除:

a)请求权相对人能够并确实要求去除因该费用创造的客体

b)请求权人因过错而迟延,未能及时告知请求权相对人计划中的费用

c)请求权相对人在有关费用花销前反对的。

第三条

该请求权[自发生之日起]经十年罹于时效。

第四节　第三人关系

第一条

(1)第一节第一条中的债务人根据其假想债权人的指示向第三人给付的,可以像直接向假想债权人给付一般要求其返还给付。

(2)第一节第一条中根据假想的与受诺人的契约向第三权利人给付的(《民法典》

西(König)担当不当得利法部分的修改,它的草案在结构上将不当得利分为三大类:作为契约法补充的给付型不当得利、作为侵权法补充的侵害型不当得利和作为无因管理补充的追索型不当得利(Rückgriffskondiktion)和费用型不当得利(Verwendungskondiktion),最后以一般条款作兜底。

这一区分不仅关涉构成要件,而且对法律效果也有影响。与当下德国民法典规定稍有不同的是,专章规定了三角关系中的不当得利规则,加设了由于胁迫或者强制导致给付发生的情形中证明责任倒置的条款(即由债务人证明有法律上的原因,而非由债权人证明债务人无法律上原因取得)。

对返还排除条款作了微调,原来是要求给付人明知无债务而为给付,现在只要给付受领人能够认为给付人即便在没有法律原因的情况下也愿意给付的话,那么就排除了给付人的返还请求权。

此外,还对德国民法典第 817 条第 2 款排除返还的规定做了更精确的界定,将要件改为"要求返还因履行无效契约而为的给付违背令其无效的规范的保护目的的"。

与实践不同的是,在给付人和受领人对契约相对人发生误解时,草

---

第 328 条),可以如直接向假想受诺人给付一般要求其返还给付。

(3)第一节第一条中,在债权转让之后向假想的新债权人给付的,可以向原债权人要求返还给付,就好像曾向原债权人给付一般。

(4)第一节第四至第七条准用。

第二条

第一节和第四条第一节中,负有返还义务的受领人将受领物无偿给予第三人的,权利人在不能从受领人处受偿时,可以要求第三人承担返还义务,就像他从债权人处没有法律原因获得给付一样。

第一节第四至第七条准用。

第三条

无权无偿处分他人之物,且该处分对原权利人有效的,则因处分直接取得法律利益的向权利人负返还义务。

第二节第三至第五条准用。

第五节 一般条款

以第一至第四节以外的方式借他人的损失而得利的,应当返还不当得利所得。第一至第四节中关于不当得利返还请求权内容的规定准用之。

案认为不是以受领人,而是以给付人的视角判断究竟是否发生了错误以及相应的请求权相对人。但是如何协调这一条文和履行法之间的关系,则没有深究。

在法律效果方面,给付型不当得利与采纳了通说的原物取向标准。一旦原物丧失,那么应当返还原物的客观价值。对善意债务人的保护原则上限于非双务契约关系(对目前的第818条第3款的目的性限缩)。但是债务人主张他就"原物以及相应的价值"不再得利,由于信赖将会终极保有取得物而处分最终产生的抗辩权的前提是债权人对引起这种信赖有可归责性。这一限制不利于引起无原因给付的债务人,但有利于未成年人或无行为能力的债权人。

在无效双务契约的返还问题上,差额说(Saldotheorie)的发展允许债务人主张得利不再存在的情况仅限于使之无效的条文的保护目的要求对善意债务人有利:因此对契约无效负有责任的债权人(如恶意欺诈人)必须承受债务人主张得利不存在的抗辩,而行为能力欠缺的债务人也可以主张得利不存在。

只有在例外的情况——即使契约有效,由于债权人的原因仍会发生给付客体的毁损——债务人才能够主张在相应范围内免除赔偿责任。

对于恶意债务人而言,则适用一般的契约解除中的条款。

时效方面,不再适用30年的时效,而是从知悉请求权起2年内,最长不超过请求权成立之日起10年。

## 七、结论

从不当得利制度的历史发展可以看到,它最初只是作为衡平救济手段的严法程式诉讼形式condictio散见于古典罗马法中。到优士丁尼时期,因受到斯多葛学派和基督教思想的影响,不得损人利己的道德律令借condictio首次在法律中得以贯彻,但各种condictio作为具体的诉讼形式仍然直接影响着实践,且主要以给付返还为内容。

随着契约之债和侵权之债的截然二分,condictio主要作为准契约保留在债法领域中,只有condictio furtiva作为例外在准侵权中讨论。后期经院法学者和自然法学者摒弃了传统的契约、侵权、准契约和准侵权在债法领域内的划分,进而以交换正义为基础的意定之债和以矫正正义为基础的法定之债作为新的划分方法。原本破碎的 condictio 又被整合进了法定之债,从而成为以抽象的道德律令为基础、外延模糊的衡平返还之债。虽然传统的 condictio 在其固有适用领域内没有太大的争议,但通过与之功能近似的转化物之诉在实践中造成多方返还关系中当事人范围确定极大的任意性,这一状况在罗马法现代运用时期和共同法时期没有根本变化。

直到潘德克顿法时期,萨维尼对 condictio 做了系统的整理,将其从不得损人利己的抽象道德律令中解放出来,以财产移转和无法律上原因作为统摄不当得利的新构成要件,并以不得违背我的意志从我的财产中获得利益作为正当化基础。这一意志理论和构成要件通过温夏特的条件说在德国民法典第一草案中发挥了直接影响,第二委员会基本依循了第一草案的规范内容,只是在体例上根据抽象化的要求重新草拟了不当得利的一般条款,从而奠定了今日德国民法典不当得利规定的基础。

德国民法典颁行之后,舒尔茨对侵害型不当得利的发现成为了破除以给付返还为原型的统一说的先声,威尔伯格和克默雷尔通过类型化在不当得利构成要件方面彻底颠覆了统一说的通说地位,奠定了以发生过程和制度功能为导向的区分说的基础,并日渐获得学界和实务的认同,成为了德国不当得利法的通说。虽然此后有新的学说试图接续潘德克顿法学派和德国民法典立法者的统一说传统,以去除不当保有和财产取向的统一公式解决不当得利问题,但不具备足够的说服力以替代非统一说。非统一说和新统一说之争不仅涉及对法律文本、历史渊源的尊重,还牵涉到对不当得利制度本身及在法律体系内功能的理解。正如马丁内克(Martinek)所言:“统一说和非统一说的对立根源于对不当得利法于私法体系中地位基本不同的设想。那些将‘源自他人财产的不当持有(das unrechtmäßige Haben)’或‘源自他人财产的无法律上原因获利’作为不当得利请求权唯一基础的新统一说支持者,其实是认为在与它不同的适用领域及当中的法律规范关系中,不当得利请求权是自足的请求权。因为排除得利原因就抽离了不当得利法有着不同情势这一观点的基础,同时也让顾及类似情势中不当得利法之外的规则变得不再必要。”①

德国的学说史和实践证明，非统一说能够更好地实现不当得利在民法体系中查缺补遗之功能，又能最大程度减少体系矛盾的可能，是更佳的不当得利模式。

（作者系清华大学民法学博士研究生）

① Reuter/Martinek, a. a. O., S. 39.

# 英国合同法的获益性返还赔偿研究

陈　任

目　次



## 一、引言

英国法中违约赔偿的一般原则是补偿性赔偿（compensatory damages），即将赔偿建立在合同当事人实际损失的基础上，赔偿的目的是将“原告置于合同正常履行之后他本应所处的状况”。①与补偿性赔偿相对应的是非补偿性赔偿（non-compensatory damages），包括返还赔偿、获益性返还赔偿和惩罚性赔偿，其中后两种是近些年逐渐发展起来的合同救济方式。

获益性返还赔偿（disgorgement damages）是以被告通过违约行为而获得的利润或收益作为赔偿内容的违约救济方式，与传统的补偿性赔偿所不同的是，后者是以原告因违约所遭受的损失作为赔偿的内容，

① *Robinson v. Harman*（1848）1Exch 850，855（Parke B）.

目的是将原告置于合同正常履行之后他本应所处的状况,而获益性返还赔偿则是以被告的违约所得作为其承担赔偿责任的衡量标准,其客观结果是将被告置于他没有实施违约行为之前他本应所处的状况。

获益性返还赔偿与返还赔偿也不同,返还赔偿是原告基于被告的违约,请求被告返还从自己手中转移过去的价值或利益,而获益性返还赔偿中被告需要返还的利润或收益并非是从原告处转移至被告,而是被告从第三人或者是基于他自己的行为或能力取得的。①因此,两种利益各自所关联的损害赔偿的衡量标准也不一样,返还利益赔偿的衡量以从原告转移至被告处的价值为标准,而获益性返还赔偿利益的数额则完全不考虑价值是否存在转移,仅仅以被告所获得利润或收益作为衡量标准。②

早期的获益性返还赔偿适用于信托合同,被告违反信托事项范围,在约定之外通过原告的财产获得的收益,法院判定将它赔偿给原告。其中,被告的收益并非直接从原告处转移得来,而是通过使用原告财产并基于他自己的能力、判断取得,被告的违约行为也可以看作是为自己创造了一个获益的机会,但是这种机会对于原告而言却无法让其获得同样的收益。③

---

① James Edelman, Gain-Based Damages-Contract, Tort, Equity and Intellectual Property, Oxford: Hart Publishing 2002, p. 72.

② 前者称为 restitution(与不当得利同词),后者称为 disgorgement。但是因为两者赔偿制度基础上的请求权都是要求被告向原告返还经济所得,因此也有学者将两者同称为返还性赔偿(restitution damages)或者是以违约方获得为基础的赔偿(Gain-based damages),前者如 A S Burrows, *the Law of Resitution*, 2nd edn. London: Buttweworths, (2002), p. 397; John Mcdermott & John Skinnion, "*Restitution for Breach of Contract*", 6 Deakin L. Rev. (2001) 112; Konrad Rusch, "*Restitutionary Damages for Breach of Contract: A Comparative Analysis of English and German Law*", 118 South African. L. J. 59(2001), 后者如 James Edelman, *Gain-Based Damages-Contract, Tort, Equity and Intellectual Property*, Oxford: Hart Publishing 2002; Mitchell Mclnnes, "*Gain-based Relief for Breach of Contract: Attorney General v. Blake*", 35 Canadian Business Law Journal(2001) 72; Mysty S Clapton, "*Gain-based Remedies for Knowing Assistance: Ensuring Assistants Do Not Frofit from Their Wrongs*", 45 Alta. L. Rev. (2007) 989。

③ *Industrial Development Consultants Ltd. v. Cooley* [1972] 2 All ER 162.

2001年英国上议院在 *Attorney General v. Blake*[①]案中判令违反了保密协议的被告承担获益性返还赔偿责任，由此将获益性返还的违约赔偿方式扩大运用至一般合同领域，再次确立了此种赔偿救济在合同法中的地位。然而，理论界对获益性返还赔偿一直存在很大争议，对其存在的意义和价值持完全不同的两种看法。获益性返还赔偿面临着极大挑战，主要是因为它与传统损害赔偿制度的理论根据相悖，即违背了赔偿是以补偿当事人损失为目的的基本原则，切断了赔偿与损失之间的关系。另外，获益性返还赔偿还因与效率违约理论和私法救济方式相互冲突而遭致批判。那么，如何看待英国的获益性返还赔偿就成为本文研究的核心。

## 二、获益性返还赔偿的理论基础

### （一）违约的合同当事人通过违约行为所获得的收益不予支持

以剥夺为错者的收益为救济方式的法律规则在普通法中一直都有效存在，这也是对获益性返还赔偿利益应当给予保护的主要原因。早在1871年的判例 *Jegon v. Vivian*[②] 中就确定了"不允许当事人通过其错误行为取得收益"的原则。2001年上议院在 *Attorney General v. Blake*[③] 案中重复了同样的原则，法官 Lord Nicholls 认为"为错者不能从其错误行为中获益"是基本的法律规则，因此案件中的被告通过违约获得的收益应该赔偿给原告。然而，判词虽然说明了违约方为什么不能保留其获利，却没有解决其他一些重要问题，例如错误行为的具体范围是什么，为错者的收益为什么应当归属原告所有。由此可见，"为错者不能从错误行为中获益"的理论基础以为错者为考虑重心，对于在合同赔偿制度中为什么原告可以得到获益性返还赔偿未能给予完整解释。在 *Halifax Buliding Society v. Thomas* 判例中，[④]法官 Glidewell LJ 认为，禁止被告通过违约获得收益是合理的，但是允许原告不论是否遭

① [2001] 1 AC 268.

② [1871] LR 6 Ch App 742,762.

③ [2001] 1 AC 268.

④ [1996] Ch 217.

受损失都应取得这部分收益却缺乏合理性。但是,有学者认为即便原告得到过多的赔偿,也比允许被告从其错误行为中获益更能说的通。[1]也有学者认为,如果合同的当事人只能针对自己遭受的损失获得赔偿,那么在没有损失或者损失无法证明的情况下,当事人一般不会起诉违约者,但是在获益性返还赔偿利益受保护时,情况则会相反。[2]这对鼓励当事人起诉具有重要的作用,可以有效预防违约行为的发生,保护合同交易的顺利进行。

(二)当事人履行利益保护的需要

当事人有权获得对方合同义务的履行,如果针对被告的违约行为原告请求继续履行合同已成为不可能,并且原告又没有遭受实际的损失,获益性返还赔偿可以代替期待利益赔偿作为恰当的补偿方式,就好比在期待利益无法计算或者不确定的情况下,信赖利益可以成为补偿原告的救济措施一样。Lord Nicholls 在 *Attorney General v. Blake* 案中认为:"原告对合同的履行享有利益,因此,他可以向法院请求履行指令(specific performance)和禁令(injunction)的救济。同理,因为原告对合同履行的利益使得他可以要求对方不能够通过违反他们之间的合约来获取收益。[3]按照 Lord Nicholls 的理论,获益性返还赔偿利益保护的基础是原告对合同具有履行利益,在其他的赔偿措施不能合理解决案件问题的时候,获益性返还赔偿可以作为替代发挥保护原告权益的作用。

(三)制止违约行为发生

承认获益性返还赔偿利益的保护可以达到有效制止违约行为的发生的目的。在补偿性损害赔偿制度下,违约者可以预先计算他所应当赔偿的数额,然后与他通过违约所能获得的更高的利润作一比较,在违约能够获益更多的情况下很可能选择放弃履行合同义务。获益性返还

---

① A. S. Burrows, *the Law of Resitution*, 2nd edn. London: Buttweworths, (2002), p.480.

② M. McInnes, *Interceptive Subtraction*, *UnjustEnrichment and Wrongs—A Reply to Professor Briks*, [2003] Cambridge Law Jounral 697, at 706.

③ [2001] 1 AC 268, at 285.

赔偿利益的保护原则可以防止这些希望通过违反合同约定以达到个人利润最大化的当事人实施违约行为。因此,学者 Edelman 认为凡是当事人故意违约的合同纠纷中,原告都有权请求获益性返还赔偿利益的保护,而不仅仅是针对其损失请求赔偿。[①] Birks 教授对获益性返还赔偿的制止作用持相同看法,但他认为对获益性返还赔偿利益请求的前提是其他补偿性赔偿,如期待利益和信赖利益赔偿不足以为当事人提供充分的救济。[②] I Jackman 也认为合同法对期待利益的保护已经足以保证合同承诺的履行以及当事人对履行价值的实现,但是对于为获利更多而故意违约的当事人则应当要求其承担获益性返还赔偿责任,[③]这与 Birks 的观点有所不同,在 Birks 看来获益性返还赔偿只不过是补偿性损害赔偿的补充救济措施而已。

获益性返还赔偿利益的保护限定于违约方通过违约行为获利的范围之内,这一点与惩罚性损害赔偿不同。虽然英国法院曾反复强调获益性返还赔偿的目的并非旨在惩罚,[④]但从客观效果上看,获益性返还赔偿的确是起到了惩罚的作用,只不过惩罚目的和效力并没有完全体现在赔偿方式和金额衡量之中,它的主要作用在于防止违反合同承诺的行为成为谋取更多收益的途径。显然,获益性返还赔偿的预防作用是补偿性损害赔偿所不能达到的,后者无论是通过让当事人处于合同正常履行之后所具有的经济状况还是让当事人恢复到合同签订之前的经济状况,在当事人通过违反合同约定能够获取更多利益的情况下,都无法有效防止违约的发生。

对于故意实施违约行为以达到更多获利目的的当事人,从理论到实践均可以参照惩罚性赔偿适用的原则。在 *Broome v. Cassell & Co.*

---

① James Edelman, *Gain-Based Damages-Contract, Tort, Equity and Intellectual Property*, Oxford: Hart Publishing 2002, p. 84.

② PBH Birks, *Restitutionary Damages for Breach of Contract: Snepp and the Fusion of Law and Equity*, [1987] LMCLQ 330, at 342.

③ I. M. Jackman, *Restitution for Wrongs*, (1989) CLJ, at p. 320.

④ McCarey v. Associated Newspapers [1965] 2 QB 86; Westdeutsche Landesbank Girozentrale v Islington LBC [1996] AC 669.

案中,[①]法官Lord Morris阐释了惩罚性赔偿的两条理论架构,其中理论架构之二为:“当事人在知道会导致他人损失的情况并有可能为此承担赔偿责任的情况下,为了实现自身利益最大化仍然故意做出伤害对方的行为,由此应承担惩罚性赔偿的责任。”Edelman认为同样的理论架构亦适用于获益性返还赔偿。[②] *Kuddus v. Chief Constable of Leicestershire Constabulary*[③] 案中,法官Lord Nicholls主张,对于通过故意违约来获得更大利益的情形,惩罚性赔偿的理论架构之二也可以作为获益性返还赔偿的理论基础,他主张借此可以将惩罚的种类扩大至所有故意实施的错误行为,不论该行为是否以获利为动机。

(四)惯例制度适用的需求

在某些案例中,发挥预防效力的、针对的不仅仅是故意违约行为所导致的获利情形,对于非故意的违约行为也要求违约一方退出他因为违约所获得的收益,其中就包括信托合同关系。信托关系的当事人之间具有高度的信任,信托人必须只能为受益人的利益实施信托行为,而不允许为他自己谋利,如果受托人违反信托义务,不论他是出于故意还是非故意,都必须退出他通过违约所获得的收益。法律之所以特别保护信托受益人的获益性返还赔偿利益,目的在于通过更强的救济措施防止信托关系中的受托人违反职业惯例中的义务标准。

由此可见,信托案例中获益性返还赔偿理论的实质在于防止违约,而并非在于保护未违约方。实践中,原告或许并未遭受任何损失,但仍然可以取得获益性返还赔偿,*Boardman v. Phipps*[④] 就是代表性案例之一。该案中,律师作为受托人,以自己的名义获取信息资源,此举对律师本人和受益人均带来收益,法院判决要求律师将他自己所获得的收益赔偿给受益人。

(五)个人权利和财产权利一样需要同等保护

在法律上,合同权利应当被视为财产权利一样给予保护,当事人违

---

① [1972] AC 1027.

② James Edelman, *Gain-Based Damages-Contract, Tort, Equity and Intellectual Property*, Oxford: Hart Publishing 2002, p. 84.

③ [2001] 2 WLR 1789, 1807.

④ [1967] 2 AC 46.

反合同约定就如同剥夺了对方的财产权利,如果获益性返还赔偿利益不受保护的话,违约者就可以保留通过违约行为所获得的利润,那么就等于是法院允许当事人的财产权利可以被肆意破坏。在这里,个人权利包括获得合同履行的权利和财产权利,以学者 LD Smith 的观点,这两种权利应当能够被同等对待。① Friedmann 持相似观点,②他认为否定合同的履行就等于剥夺合同当事人的财产权利,但他考虑更多的并非是权利的破坏,而是强调权利应受到保护的范围。

## 三、否定获益性返还赔偿利益的理论观点

反对合同法制度保护获益性返还赔偿利益的学者们提出各种理论学说,在这些理论背后潜在的观点是没有必要制止合同的违约行为,补偿性损害赔偿已经为履行合同提供了足够的保护。

### (一)公平矫正需求理论

学者 Weinrib 认为,所谓合同的当事人实施了不公平或者遭受了不公正均起源于损失的发生,补偿性损害赔偿就是以补偿当事人损失为目的的法律制度,损失得以补偿也就矫正了不公正,因此法律没有必要再通过其他方式解决不公平问题。③以剥夺违约方通过违约获得的收益并不符合 Weinrib 的法律矫正需求,矫正需求解决的是两个当事人之间的损失与补偿问题,在 Weinrib 看来,违约方自己的收益与未违约方的利益之间没有必然的联系,所以也没有必要通过剥夺违约方的获益来保证未违约方的利益。在违约诉讼中,原告合理、合法所拥有的应当是对方承诺的履行,在对方未履行时获得相应的补偿,而不是被告的收益。至于上文所述的获益性返还赔偿利益保护的预防作用,保护当事人权利和防止故意违约行为,与原、被告双方当事人损失与赔偿均无关,合同法律制度的保护范围应当限于调整和平衡双方当事人之间

---

① L. D. Smith, *Disgorgement of the Profits of Breach of Contract: Property, Contract and Efficient Breach*, (1995) 24 Canadian Business LJ 121.

② D. Friedmann, *Restitution of Benefits Obtained Through the Appropriation of Property or the Commission of a Wrong*, (1980) 80 Colum L Rev. 504.

③ E. J. Weinrib, *Restitutionary Damages as Corrective Justice*, (2000) 1 Theoretical Inquiries in Law 1, at 11.

的权利义务,如若当事人蓄意通过违约损害对方利益的可以视严重情况通过刑事法律制度解决。① Scott持相同的观点,他认为在私法领域不应当存在以制止为纯粹目的的法律制度,并且法院通过处理民事纠纷以惩罚被告的做法也值得怀疑。②

(二)效率违约理论

获益性返还赔偿利益保护的重要理论基础之一是预防违约行为的发生,但是在很多学者看来,预防违约不属于法律规则需要达到的目的,法律更应该重视的是经济效率。③如果合同当事人能从另外的交易中获得更多的利益,在他充分赔偿了另一方当事人损失的前提下,可以选择放弃履行合同义务。如此一来,既可以保证当事人利益最大化,也可以保证对方当事人的合同利益不受到影响。

效率违约理论成立的前提是当事人能够在补偿性损害赔偿制度中获得充分的救济,即可以解决受损害的当事人所有的损失问题,这样才能保证无论获益性返还赔偿利益是否得到保护,原告的合同权利都能得到合理的保障。然而在某些案件中,原告因不能确切证明他遭受期待损失的具体数额,所以不能获得充分的赔偿,在这种情况下效率违约理论适用只能导致违约者一方受益。此外,学者Coase Theorem认为是否达到经济效益,应当以整个社会的效益为衡量标准,而不仅仅是分配效益。④效益最大化应该是社会效益的整个提升,与谁获得经济利益无关。例如,甲违反了与乙的合同,由此获得100英镑的利润,乙请求获益性返还赔偿,那么乙可能会得到这100英镑,100英镑从整个社会看来是经济效益的增加,而不管是谁最终得到这笔收益。因此,获益性返还赔偿并未阻碍经济效益的提升,它起到的作用仅仅是影响到是谁应获得收益,允许获益性返还赔偿则原告取得收益,反之则被告取得。

---

① E. J. Weinrib, *Punishment and Disgorgement as Contract Remedies*, (2003) 78 *Chicago-Kent L Review* 55, at 86.

② Lord Scott, *Damages*, [2007] LMCLQ 465, at 472.

③ R. A. Posner, *Economic Analysis of Law*, 6th edn. (2006), Aspen, at 119.

④ Coase Theorem, *The problem of Social Cost*, (1960) 3 J L & Eco 1, 44.

## 四、获益性返还赔偿的司法实践

通过上述理论分析可以看出，对获益性返还赔偿利益的保护最突出的作用在于防止当事人实施违约行为，因为当事人不会明知道自己要承担退出违约的所有收益还继续违反合同。在 *Lake v. Bayliss* 案中，[①]买卖土地的合同双方发生纠纷，卖方还未履行合同之前，又将土地再次卖给了第三人，以赚取更多的利润，卖方在诉讼中表示愿意承担买方期待利益损失的赔偿。虽然案件审理运用的是信托理论，但是此案恰当的说明了违约应当被予以防止的必要性——买卖土地的合同是唯一的、无可替代的，如果不能通过履行指令的救济措施，即便是补偿了买方的损失，这样的救济也是不够充分的。本案的卖方已经完成第二次出售的交易，这使得继续履行合同的救济无法实施，获益性返还赔偿则可以有效预防相似的案件中土地的卖方不再通过出售给第三人以赚取更多的收益。

在 *Reid-Newfoundland Co. v. Anglo-American Telegraph Co.* 案中，[②]上诉人是电话接线员，违反了他合同中承诺不会利用线路传输商业信息的约定，法院认为他应当将违约所获得的收益赔偿给被上诉人，判决运用的理论基础是将被上诉人视为上诉人的信托受益人。Briks 教授认为，本案的获益性返还赔偿的救济方式和赔偿数额可以准确、恰当的体现上诉人对合同履行的权利和利益。[③]在学者 Temple 看来，本案是通过获益性返还赔偿预防违约发生的典型案例，[④]它的意义更多体现在预防违约的必要性上。

在 *British Motor Trade Association v. Gilbert* 案中，[⑤]原告是英国汽车商业协会，出售一辆轿车给被告，后者承诺在两年之内不转售此车，

---

① [1974] 1 WLR 1073.

② [1912] AC 555.

③ PBH Birks, *Restitutionary Damages for Breach of Contract: Snepp and the Fusion of Law and Equity*, [1987] LMCLQ 330, at 430.

④ Adam Temple, *Disgorgement Damages for Breach of Contract*, Denning Law Journal(2008), Vol. 20, 102.

⑤ [1951] 2 All ER 641.

除非是原告在此期间以原价将车购回,合同如此约定目的在于打击“二战”后汽车黑市交易。之后被告违反约定,在黑市将车以更高的价格转售了出去,原告诉至法院最终赢得了被告的利润。在本案中,法院无法以补偿性损害赔偿衡量本案原告的损失,因为当时并没有公开的汽车市场,也就没有公开的市场价值。另外,如果按照期待利益赔偿原则,将原告置于合同正常履行之后的状况,他并不能获得实质金额的赔偿,因为从原告本人来看,被告的违约并没有导致他自身遭受经济损失,而区别恰恰是被告的经济状况在违约之后得以改善。但是,本案的原告对于打击黑市交易的合同目的确实没有达到,为了保护原告合同目的的实现和预防未来在同类案件违约的发生,获益性返还赔偿是恰当的救济措施。

在 *Wrotham Park Estate Co Ltd. v. Parkside Homes Ltd.* 案中,①被告取得土地,但条件是必须保障原告的毗邻地产权利不受到侵害。之后被告违反了此约定,在取得土地之后未经过原告的同意开始施工盖房。原告诉至法院要求授予强制令禁止被告继续建筑工程并且拆掉已有的工程。法官 Brightman J 拒绝原告的请求,认为拆除已有的工程是极端的浪费,但他同时认为被告的行为损害了原告的财产利益,因此按照《卡恩斯法案》(Lord Cairns' Act)给予原告赔偿,即如果被告出售建筑物所能获得预期利润的 5% 赔偿给原告。Brightman J 将此赔偿视为补偿性损害赔偿,5% 的价值衡量是以原告如果被要求解除“必须保障原告的毗邻地产权利不受到侵害”这一被告的合同义务他所应该得到的赔偿。对 Brightman J 的观点,很多学者持否定态度,5% 的利润补偿视为补偿性损害赔偿缺乏理论依据。②首先,原告在本案中并没有任何实际的损失,原告也绝不会同意宽限协议约定的条件,所以也不存在他遭受期待利益损失的问题。其次,授予 5% 的预期利润旨在剥夺被告因为违约所获得收益,而并非是为了补偿原告的经济损失。

在上述四个案件中,英国法院均没有提及获益性返还赔偿的概念,

---

① [1974] 1 WLR 798(ChD).

② O Dair, *Resititutionary Damages for Breach of Contract and the Theory of Efficient Breach: Some Reflections*, (1993) 46 CLP 113, 126.

前三个案件从预防的必要性和借用信托制度解释被告收益作为衡量原告赔偿的理论基础,*Wortham Park* 案法官剥夺被告的违约所得但应用的却是传统的补偿性赔偿的原理,而首次正式面对"获益性返还赔偿"概念、地位和作用的判例是 *Attorney General v. Blake*①案。该案的被告乔治·布莱克曾经是英国"秘密情报服务"(SIS)的成员,由于向前苏联泄密被判入狱 42 年,1966 年从英国监狱逃至莫斯科,他之后写了一部自传涉及部分他在做间谍期间的资料,此行为按照英国 1989 年的《国家秘密法案》,已构成刑事犯罪,但是因布莱克身处莫斯科,提起公诉已成为不可能。布莱克曾在 1944 年订立合同,承诺遵守英国王室"秘密情报服务"的规定,其中就包括在出版任何资料之前必须征得事先同意,否则即属违约。布莱克在未征得任何允许的情况下出版自传的行为违反了合同的约定。法院在对本案的审理过程中,着重解决的问题就是如何给予合同救济,如果适用违约赔偿制度的话,什么样的赔偿应当运用于本案。由于原告并未遭受任何实际经济损失,法院最终授予原告取得获益性返还赔偿。法官 Lord Nicholls、Goff、Browne-Wilkinson 和 Steyn 均指出合同法中的补偿性损害赔偿并不是唯一的赔偿救济方式,获益性返还赔偿应当在某些特定情况下加以使用。对于"特定情况"一词的限定,Lord Nicholls 的解释是:"法院将综合考虑各种因素,包括合同的客体,合同的目的,违约发生的情形,违约导致的后果和免责等因素。总而言之,基本原则就是原告是否在被告获利行为的预防和剥夺被告收益中合理的享有利益。一般而言,补偿性损害赔偿、履行指令和强制令,以及信托制度的具体救济措施就能够充分解决合同违约问题,但是在上述救济措施还不能使问题得到解决时,获益性返还赔偿可以发挥作用。"②由此可见,获益性返还赔偿只有在特殊情况下才会适用,是赔偿制度的例外情况,其适用的前提是其他的救济措施不能解决案件中违约所致的具体问题。对于原告应具有"合理的利益",Lord Nicholls 如此理解:"就好比原告对合同的履行享有利益,因此,他可以向法院请求履行指令和强制令的救济一样,因为原告对合同

① [2001] 1 AC 268.

② [2001] 1 AC 268, at 285.

履行的利益使得他可以要求对方不能够通过违反他们之间的合约来获取收益。[①]按此解释,对原告获益性返还赔偿利益的保护是基于原告对合同享有履行利益。这与前述学者的观点有所不同——预防违约的发生是获益性返还赔偿的理论基础,获益性返还赔偿并不旨在保护当事人的履行利益。也就是说,法院基于获益性返还赔偿目的并不应该着眼于解决目前审理的案件,而着重在于预防未来案件中违约的发生。很显然,在合同当事人已经违约、对方已诉至法院的情况下,还能通过剥夺案件被告利润的方式保护原告对合同本身的履行所享有的利益为时已晚,但是对于未来交易中的当事人对合同的履行利益则可以起到保护作用。尽管 *Attorney General v. Blake* 案并未以预防作用作为获益性返还赔偿的依据,但是该案的事实恰当地说明了获益性返还赔偿对预防的必要性,案件的被告已经对国家利益造成重大伤害,原告的履行利益损失已经不可能得到充分的补偿,也不可能通过法院强制令阻止被告的违约行为。获益性补偿虽然不能完全弥补原告的损失,但其意义在于通过剥夺被告出版自传的利润使被告无利可图以达到在将来相似案件中能够有效预防违约发生的目的。

*Attorney General v. Blake* 案件之后,很多案件的审判都采用了获益性返还赔偿。具有代表性的是 *Esso Petroleum Co Ltd. v. Niad Ltd.* 。该案中,[②]被告是加油站,在合同中承诺按照原告埃索公司的固定价格出售埃索的汽油,但是实际上却以高于约定的固定价格出售石油。法官 Morritt VC 认为被告故意违约导致破坏了原告整个的价格体系,且原告对自己当前所遭受的损失无法通过具体证据证明,因此应当给予原告获益性返还赔偿。在本案当中,原告的损失无法证明,亦无法要求被告继续履行承诺,因此符合获益性返还赔偿的适用条件,即没有其他救济措施可以充分赔偿原告的损失。

相反,在英国仲裁庭审理的案件 *AB Corporation v. CD Company "The Sine Nomine"* 中,[③]被告故意违反合同约定取消了租船服务,法院

① [2001] 1 AC 268, at 285.

② [2001] EWHC Ch 458.

③ [2002] 1 Lloyd's Rep 805.

认为合同是商事合同，原告虽然没有获得对方的履行，但是他可以轻易地在市场上找到同样的租船服务，因此期待利益补偿就已经充分给予了原告救济。在本案中，获益性返还赔偿的预防作用也并非必不可少，因为按照英国法，如果可以通过金钱补偿让当事人获得相当于合同履行的价值，则法院不授予履行指令的救济措施，[①]本案原告取得的赔偿可以用于在市场中获得与被告租船相同的服务，如果再强调获益性返还赔偿预防被告的违约行为或在相类似的案件中预防违约的发生则显得意义不大。

英国上诉院 2003 年审理的 *Experience Hendrix LLC v. PPX Enterprises Inc* 案中，[②]被告订立合同取得了 33 张美国摇滚吉他手吉米·亨德里克斯唱片的著作权以及与此相关的一些其他权限，然而被告违反合同约定的权限范围，并通过越权取得高额利润。原告诉至法院要求取得被告全部的违约所得，遭到法院拒绝，因为法院认为此案合同与 *Blake* 案件的合同并无相似之处。但是法院以 *Wortham Park* 案的判决为依据授予并未遭受任何实际损失的原告一定数额的赔偿，认为原告如若被要求解除合同对被告所设的限制条件则原告为此应当得到相应赔偿，这部分赔偿在本案中等同于被告的部分比例的利润。*Blake* 案的原告得到被告全部的利润赔偿，*Wortham Park* 与本案的原告只能得到被告的部分利润赔偿，这其中的区别在于，*Blake* 案给予获益性返还赔偿的理论基础在于预防同类案件违约行为的再次发生，而后两案件赔偿是出于对原告权利的保护和尊重，目的是在原告权利受到侵犯时给予一定的金钱补偿。可见，性质都是获益性返还赔偿，但两者的理论根据和宗旨并不一样。

## 五、获益性返还赔偿与其他赔偿规则的关系

如果期待利益损失发生在被告违反消极合同义务的案例中，被告

---

① 英国法院在履行指令和赔偿之间选择的原则是优先适用损害赔偿，只有在赔偿不能充分解决当事人损失问题时，才会考虑运用履行指令的救济措施。参见 Andrew Burrows, *Remedies for Torts and Breach of Contract*, 2nd edn. (1994), ch8。

② [2003] EWCA Civ 323.

以积极作为的方式违背承诺并由此造成原告的损失,原告可以请求期待利益赔偿。例如,合同规定不得以低于双方约定好的价格出售产品,分销商违反此承诺以更高的价格出售产品,结果导致产品的市场销量锐减,原告在能够确切地证明损失的具体数额的情况下,对这笔损失给予的赔偿属于对原告期待利益的赔偿。获得期待利益赔偿的当事人相当于被置于合同正常履行之后他所处的经济状况,因此再授予他获益性返还赔偿便缺乏合理依据。这首先是因为,法院无须再通过获益性返还赔偿来保护原告的履行利益。其次,期待利益如果已经给予原告充分的赔偿,预防未来违约行为的发生也显得缺乏必要性,未来的案件中原告也可以通过相同的赔偿规则获得对其权利的充分保障。最后,面临特别强调预防违约作用或者是严格的信任关系,如信托合同和相类似的合同案件,则直接适用传统的惯例制度即可,获益性返还赔偿在这里带有客观上惩罚被告违约行为的作用,救济目的明确而具体,这种情况属于特定的规则适用于特定领域因而不具有普遍适用的意义。

但如果原告请求期待利益与获益性两种赔偿针对的是被告不同的违约行为,则两种赔偿可以同时满足,反之则不能同时授予。*Tang Man Sit v. Capacious Investments Ltd.* 案中,①上诉人违反信托的委托事项,私下出租了16套房屋,当时这些房屋产权正准备转让给被上诉人。到了约定的转让日期,被上诉人发现房屋正处于出租状态,因此诉至法院。案件的焦点是金钱赔偿的处理问题,被上诉人既要求获得上诉人出租16套房屋所得的租金,也请求因房屋被承租人占有而导致房屋折旧的损失,两笔赔偿都是不小的数目。前一赔偿是因为房屋错误的被占有和使用所导致,后者赔偿是由于房屋折旧所产生的损失。英国枢密院最终作出判决,认为原告只能选择其一,因为两个赔偿请求是基于同一个违约行为,即都是被告私下出租房屋的行为。

信赖利益赔偿亦有可能发生在被告违反消极合同义务的案例中,从理论上说,信赖损失赔偿原则是将原告置于合同签订之前他所处的经济状况,在被告违反消极义务之后,原告要求恢复到合同之前是可行的,但是前提是原告可以证明自己的具体花费。例如被告违反了区域

---

① [1996] AC.

产品销售许可合同中关于销售限定在某特定区域内的约定，将产品卖到其他地区，原告因为相信合同履行所支出的企划方案设计费用、人工费用等可以请求被告赔偿。对于原告是否可以同时请求信赖利益赔偿和获益性返还赔偿适用的是与前述相同的规则——不同的赔偿可以针对不同的违约行为，但对于同一行为或同一损失原告只能获得一种赔偿。但从理论上讲，应当允许的例外情况是原告能够证明仅仅通过信赖赔偿无法解决他所遭受的损失问题。

如果被告违反消极义务非常严重，以至于达到原告的"对价完全无法实现"或者是合同目的完全不能达到，则原告有权请求返还利益赔偿。传统的法律规则允许原告在得到返还利益赔偿的同时也可以获得其他补偿性损害赔偿，但这仅限于赔偿针对的是当事人的不同损失，即原告不能对同一损失同时请求返还利益和期待利益的赔偿，而且不同的赔偿请求也不能针对对方的同一个违约行为。此原则也应适用于原告同时请求获益性返还赔偿和返还利益赔偿的案件。*Ex Parte Parte James* 案中，[1]被告律师作为受托人违反合同约定将土地出租，之后又私下占有一段时间。对于律师在后期的占有行为，法官 Lord Eldon 授予原告返还利益赔偿，对于律师前期出租土地的行为，法官给予获益性返还赔偿。理由是两种赔偿针对的是被告不同时期的不同行为。

总之，获益性返还赔偿可以与其他赔偿同时给予，因为他们解决的问题和适用目的完全不一样。期待利益和信赖利益赔偿属于补偿性损害赔偿，旨在补偿当事人的经济损失；返还利益赔偿强调的是恢复由原告转移至被告的经济价值；获益性返还赔偿着眼于剥夺被告的违约收益，防止违约的发生并保护原告的履行利益。所有的赔偿都具备一个共同点，就是通过减少被告的经济利益来补偿原告。按照 *Blake* 案的判决，适用获益性返还赔偿的前提条件是原告对被告的收益有合理的利益所在，并且补偿性损害赔偿不能够充分解决案件的违约问题，这的确有不少现有或将来的案件符合条件。

---

① (1803)8 Ves 337,351; 32 ER 385,390.

## 六、结论

补偿性损害赔偿对于违约诉讼而言是首要的救济方式,赔偿的理论基础是期待利益和信赖利益的保护,赔偿金额的衡量以期待损失和信赖损失为标准。获益性返还赔偿的理论基础是防止未来违约的发生和对当事人合同中所涉财产利益的保护,前者赔偿数额的衡量为被告因违约所得的全部收益,以后一理论为基础的赔偿金额是被告的违约所得。在绝大多数情况下原告的实际损失与获益性返还赔偿之间并没有直接关联。但是也存在例外情形,假设违约方当事人要求解除其合同义务,那么原告必然会要求一定的经济补偿,这笔补偿就是用于解除被告合同义务的交换价值,原告获得的补偿数额应当与解除对方的合同义务的价值相当,在这种情形下对原告的获益性返还赔偿从本质上说就是对他损失的补偿,法院通过查明被告合同义务解除的市场价值,由此给予原告赔偿,这样的获益性返还赔偿具有和补偿性赔偿相同的性质。

获益性返还赔偿存在于英国合同法律制度的合理性可以总结为以下两点原因:其一是原告权利遭到伤害就应当有所补偿,这与原告是否遭受实际损失无关。当事人对合同享有履行利益,履行利益首先考虑的是双方当事人必须履行其承诺,如果实际履行已无法再实现对方合同目的,则金钱赔偿可以作为替代补偿方式。Lord Griffiths 在 *Linden Gardens Ltd. v. Lenesta Sludge Ltd.* [①]一案中认为"因为合同当事人已经支付了合同对价,他就有权利获得对方承诺的履行,即当事人享有对合同的履行利益,并理应得到法律保护"。即只要对方当事人没有履行合同承诺,原告的履行利益就受到了损害,应该有所补偿。Lord Nicholls 在 *Blake* 案中所持的观点与 Lord Griffiths 的理论一脉相承,他认为"原告对合同履行的利益使得他可以要求对方不能够通过违反他们之间的合约来获取收益"。尽管有学者提出在当前案件中通过获益

① [1994] 1 AC 85,[1993] 3 WLR 408,[1993] 3 All ER 417.

性返还赔偿弥补原告履行利益受损的方式为时已晚,[①]但相比无任何赔偿或救济措施,前者显然能为原告带来些许补救,而且,获益性返还赔偿的预防作用也正是通过对当前案件中原告履行利益的承认和保护发挥功效的。

其二是解除被告合同义务是应当付出代价的。如果说上一点是从权利角度阐释获益性返还赔偿利益的保护,这点强调的则是被告的责任,这是由 *Wortham Park* 判例衍生出来的理论,即原告享有被告履行合同承诺的权利,在被告未经过原告同意的情况下就解除自己合同义务应当为此承担相当于原告同意被告解除合同义务所开出的价码,此价码是公平、合理的市场价值,其数额并不与原告的期待利益价值相同,也不等于原告的返还利益,而要根据案件的具体情况确定。

通过对英国获益性返还赔偿审判实践的分析,不难发现被告违反的都是合同中的消极不作为义务,即合同中关于不允许或者限制被告为某种行为的约定,这些案例具有以下三个共同特点:(1)原告在诉讼时还未遭受实际损失或者损失暂时还无法看出或衡量;(2)因为原告没有损失,因此无法给予期待利益赔偿,期待利益是将原告置于假设合同正常履行之后他应所处的经济状况,而案件的被告实施的是不被允许的行为,即便被告未实施该行为原告的经济状况在很多情况下也和他在诉讼时相同;(3)履行指令的救济不可行,被告已经实施了不被允许的行为,显然原告无法要求继续履行合同。另外,出于公平、经济效益等原因,禁令也不予适用。那么在没有违约的司法救济措施可以维护合同当事人权益时,获益性返还赔偿作为补充救济措施,可以帮助实现合同法这一宗旨。

(作者系中国社会科学院法学所博士后,西北政法大学副教授)

---

① Adam Temple, *Disgorgement Damages for Breach of Contract*, Denning Law Journal(2008), Vol. 20, 107.

# 英国合同受挫的法律后果

原蓉蓉

目　次



合同受挫是英美法中对合同风险进行分配的一项重要制度,包括合同履行不能、履行不现实及合同目的落空三种类型。经过一个多世纪的历史积淀,形成了有关合同受挫的条件及法律后果的大量判例规则。然而传统规则的缺陷不断受到诟病,尤其是有关合同受挫的法律后果问题,因此,英国 1943 年《法律改革(受挫合同)法》(以下简称《法律改革法》)应运而生,除了一些特别例外情形及受法庭的随意性影响之外,受挫的法律效果均由其调整。这是一部修正与合同受挫相关法律的法,但不涉及判断是否构成受挫的问题,而仅规范受挫之后的法律效果问题。这并不意味着普通法对合同受挫后果的规范已退出历史舞台,因为一方面当事人可通过约定排除《法律改革法》的适用,另一方面该法本身也存在调整范围上的限制,不适用于特殊类型的合同。因此,目前在英国是由普通法和《法律改革法》协同发挥对合同受挫后果的规范作用。合同一旦受挫,主要涉及两个方面的问题:合同的效力以及当事人之间权利义务的调整问题。

## 一、合同自动免责及其缓和

### (一)普通法的自动免责规则及其缺陷

依据英国普通法,从受挫事件发生之日起,各方当事人均自动免除其将来履行合同的义务。“受挫的法律后果是巨大的和根本的,它导致合同立即自动终止,当事人无需履行合同义务。”[①]用萨姆纳(Sumner)法官的话说,合同受挫的后果是“立即、毫不犹豫的自动的……不管受挫可能对当事人的行为产生何种影响,其法律效果并不取决于当事人对受挫情事的意见甚至是知晓……当事人说什么或做什么仅仅是证据,并且不一定是有分量的证据”。[②] 西蒙子爵亦指出受挫“自动使合同消灭并使双方当事人免责”[③]。这种自动免责的规则具有以下缺陷:

首先,合同的自动终止可能会使一方当事人因此获利从而有损公平正义的要求。有时,一方当事人本应接受的履行可能因意外情事的发生而受挫,对该方当事人而言这不失为一种损害。然而,也许从商业利益角度而言这反而对该方当事人有利,该方当事人从而更愿意维持合同的效力。而另一方当事人为了自己的利益则会主张合同受挫,即使意外情事发生后维持合同效力不会使其处于比履行原来的合同更不利的地位。此类案件往往涉及战时征船的政府行为对定期租船合同所产生的影响。如果合同不受挫而继续有效,承租人必须支付约定的租金,但得不到约定的服务,因此可以预期正常情况下承租人会主张合同受挫,而船主则会尽力维持合同的效力要求承租人支付租金。然而,矛盾的是,一系列的案例表明往往是船主提出受挫的主张,即使承租人非常愿意视合同为有效并继续支付租金。这种反常现象源于其特殊的背景,因为如若政府对船主的补偿金额高于约定的租金,船主往往愿意采取这样的办法,从而能从合同受挫中获利。这样的结果看上去是合同受挫制度自动进行所产生的合理推论,然而,这与受挫制度的目的相

① Paul Richards, *Law of Contract*, Law Press, 2003, p. 307.

② Hirji Mulji v. Cheong Yue SS Co. [1926] A. C. 497 at 505, 509.

③ Constantine Line v. Imperial Smelting Corp [1941] 2 All Er 165 at 171.

悖。受挫制度的目的是寻求对因意外情事所产生的损失进行公平分配的令人满意的方法,而不是让一方当事人获得意外利润或是当交易对一方变得不利时让其从交易中逃出的一种手段。英国法院对一方当事人通过受挫而获利的问题非常敏感,在大量的案例中已经拒绝通过此种方法适用受挫制度。但是英国法院避免当事人通过这种方法获利的途径只是认定合同并未受挫。一旦法庭认定满足受挫的条件,那就不能阻止任何一方当事人主张合同受挫。①

其次,依据英国普通法的自动免责规则,只要合同受挫时履行尚未到期,双方当事人均可完全免责。因此,没有更改合同或修正合同使之适应变化了的情事的可能。"这些方法在英国法中不受欢迎的原因看上去是它们被认为是不受欢迎的不确定性问题的源泉,或者是存在让法庭为当事人订立合同的缺陷。"②多少有些奇怪的是,在英国法中关于受挫的这方面后果鲜有讨论。全部受挫的制度看上去被视为仅仅是布莱克本法官在 Taylor 案中所确立的双方均免责后果的一种逻辑结果,在全部受约束和全部免责之间显然没有中间地带。

(二)《法律改革法》对自动免责后果的缓和

针对普通法自动免责后果的上述缺陷,《法律改革法》进行了缓和性的规定。首先,认可当事人通过约定对合同受挫后果所做的自主性安排。该法第 2 条第 3 款规定:"当本法适用的合同依合同解释包含意图对受挫情事发生或不发生时使合同受挫的约定时,或不管该情事是否发生合同都受挫时,法院应使该条款发生效力。"这里当事人的意图既包括明示意图,也包括通过解释方法所得出的当事人的默示意图。其次,认可符合条件的合同可以部分受挫。该法第 2 条第 4 款规定:"当法院认为适用本法的合同中的一部分可以与剩余部分相分离且该部分在受挫前已完整履行或只有与该部分有关的支付义务未履行但依合同已确定或可确定时,法院可以视该部分为独立的合同且不受挫并

---

① See Guenter Treitel, *Frustration and Force Majeure* (*Second Edition*), Sweet & Maxwell, 2004, pp. 551 – 554.

② Guenter Treitel, *Frustration and Force Majeure* (*Second Edition*), Sweet & Maxwell, 2004, p. 555.

仅将本法第1条适用于合同的剩余部分。”

虽然《法律改革法》对自动免责后果的缓和做出了上述努力，但是只限于当事人事先约定及可与剩余部分相分离的独立合同两种情况。这两种情形之外的其他场合，自动免责后果仍继续发生。不过普通法中的另外两种做法亦可能对自动免责后果产生一定的限制。一是法院在合同受挫后对合同进行变更的可能性。虽然英国法拒绝认可受挫可以成为修改或调整合同的理由的一般规则，坚持法院无权调整合同以使之适应发生意外事件所造成的新的情事，但是在一些特殊的战时立法中，法院曾判决当建筑合同的履行在一战期间被破坏时法院有权修改合同。当然这种做法只是特殊时期的特殊做法，不具有普适性，为了避免可能会对一方当事人施加其从未同意的义务，英国普遍性的观点是反对引入法院修改合同的更加普遍的权力。可能会对自动受挫后果产生限制的第二个因素是当事人的行为。如合同虽已受挫但当事人尚未意识到并仍依合同履行了，此时完成履行的当事人有权依返还原理要求对方按合理价格付款。尤其是如果因引发受挫的情事导致按合理价格支付的酬金高于当事人原来所约定的数额时亦应如此。这并未改变合同的自动受挫，只是通过这样的方式达到了与合同未受挫相同的效果。因此，综合而言，虽然存在一些缓和性做法，合同自动免责仍是英国法中合同受挫后合同效力的主要形态。

## 二、合同受挫前已付款和应付款的处理

### （一）普通法的规则及缺陷

“普通法最开始的立场是受挫之前已经支付的款项不能返还，受挫之前应支付的款项仍然有效。”[①]以合同受挫的时间为分界点，受挫制度所免除的仅仅是将来的义务，即免除当事人未来的义务。从受挫之时起“不再有关于未来履行的任何义务，尽管到此时为止已经发生的义务仍然有效”。[②] 一般而言，这对双方当事人而言效果是一样的。

---

① Guenter Treitel, *Frustration and Force Majeure* ( *Second Edition* ), Sweet & Maxwell, 2004, p. 590.

② Denny Mott & Dickson Ltd. v. James B Fraser & Co. Ltd. [1944] A. C. 265 at 274.

但是如果双方各自的履行在时间上存在间隔,而受挫情事恰好就发生在这段间隔时间里,那么就会导致应在情事发生前履行的一方仍要履行义务,而应在情事发生后履行的一方则可免除义务,因为从时间上来说其是将来的义务。而这样的处理方式是不公平的。

*Krell v. Henry* 案①很好地阐释了该规则。该案中原告将房屋租给被告用以让被告观看加冕典礼,期限为2天。被告已支付了25英镑,还有50英镑应在典礼当天支付。法院认为被告无须支付50英镑,因为在典礼被取消之时该义务尚未产生。被告反诉要求返还已支付的25英镑的要求也未被支持,因为在典礼被取消之时该义务已经产生,受挫不能提供返还的权利。这就是所谓的"损失产生于其跌倒的地方"(loss lies where it falls)。该规则在Chandler v. Webster案中亦得到了很好的证实。该案中被告同意将房间以141英镑的价格租给原告以观看加冕典礼。租金应立即支付但事实上原告仅预付了100英镑。在原告付清余款之前,加冕典礼取消从而导致合同受挫。法院判决原告不能要求返还其先前支付的100英镑,并且还应继续支付余款,因为该义务产生于受挫事件发生之前。原告律师主张如果发生了对价的整体失败,可以依据准合同的原理主张返还100英镑。然而上诉法院认为其主张不能得到支持,因为受挫并未使合同从一开始就免责,而只是从意外情事发生之时开始,因此并不存在对价的整体失败。柯林斯(Collins)具体阐述到:"如果合同的效果是整体消灭,那么毫无疑问结果是因对价的失败而应返还已付价款。然而,这并不是受挫制度的效果,受挫制度仅仅免除一方当事人未来的合同义务。因此不应适用对价整体失败的制度。"②该案与Krell v. Henry案的区别在于,Krell案中意外情事发生时支付义务尚未产生,因此当意外情事发生时,其将来的义务都停止。这种结果也是一种很难令人满意的分配损失的方法,它让损失完全由一方当事人承担,付款人将不能因付款而获得任何预期的内容。

---

① Krell v. Henry [1903] 2 KB 740.

② Chandler v. Webster [1904] 1 KB 493 at 499.

因此,Chandler 案所确立的判决被上议院在 Fibrosa 案①中予以推翻。该案中,原告从被告处订购了一批设备,要求运往其在波兰的工厂,并应按合同条款预付 1000 英镑。1939 年德国入侵波兰导致合同受挫。其在伦敦的办事处要求被告返还 1000 英镑,但被告拒绝,理由是已经为该订单付出了大量的时间和金钱。如果按照前述 Chandler 案的判决,很明显该 1000 英镑是不可返还的。但是英国上议院认为可以返还,理由是意外情事导致合同不再存在,按准合同应予返还。上议院认定存在对价的整体失败,因而推翻了 Chandler 案的判决。原告没有得到其为之磋商的任何东西,因此可以要求返还已支付的价金。Fibrosa 案中,法院拒绝了对价的整体失败只能发生在合同自始无效时的早期观点。为了支持这一转变,西蒙法官将准合同中对价的含义与普通合同中的对价进行了区分,他指出:"在英国法中,有执行力的合同可能通过允诺和允诺的交换而形成,也可能通过允诺和行为的交换而形成。我排除了盖印合同,因此在关于合同成立的法律中,做某事的允诺可能是对价,但是当以此为基础考察对价失败的法律和要求返还价款的准合同权利的法律时,通常而言,对价所指向的不是允诺,而是对允诺的履行。支付价款的目的是保障履行的顺利进行,如果履行失败了,那么支付价款的对价就没有完成。"②如果在合同受挫之前已经交付了一部分机器,那么即使该部分只是其中很少的一部分,买方主张返还预付款的主张也会失败。普通法对买方的返还请求权进行如此严格限制的原因是法院不能轻易辨别总价中的多少可被分配或分摊到已经交付的机器上。如果合同的标的物和条款表明这种分配可以轻易实现,那么可能会得出不同的结果,即可以根据对价的部分失败返还部分款项。③

上述这种司法态度的改变并不十分让人满意。一方面,其仅解决

---

① Fibrosa Spolka Akcyjna v. Fairbairn Lawson Combe Barbour Ltd. [1943] AC 32.

② Fibrosa Spolka Akcyjna v. Fairbairn Lawson Combe Barbour Ltd. [1943] AC 32 at 48.

③ Guenter Treitel, *Frustration and Force Majeure* (*Second Edition*), Sweet & Maxwell, 2004, p. 592.

对价的整体失败而不解决部分失败。如果对价只是一小部分的失败，那么已支付的款项也不能得到返还。如果约定付款义务应于对方的履行完全完毕时产生，假设在受挫前对方的履行已经完成了绝大部分，付款方也无义务付款。这样对于已完成大部分履行的对方而言是极大的不公平。另一方面，处于被告地位的当事人已经为准备合同标的物而支出了大量的费用，但是却发现不会为此而获得任何回报，甚至可能因为产品太个性化而无法卖给其他人。“事实上，上议院只是将受挫效果的负担由一方当事人转移到了另一方当事人。”①这种要么全部要么没有的处理方法(all-or-nothing)对双方都会导致不公平。因此，英国法院对受挫后果的处理从一开始就受到了批评。西蒙法官认为“英国的受挫制度可以变得更灵活一些，避免要么全部要么没有的状况……全部损失都完全由一方承担，然而公平正义可能要求该负担由当事人来分担。”②这种对法律的继续不满意引发了1943年《法律改革(受挫合同)法》的通过。

(二)《法律改革法》的规定

《法律改革法》第1条第2款规定：“任何一方在各方主体被免责之前为履行合同而支付或应支付的总额，如果已经支付则付款方可要求收款方返还；如果是应支付，则该义务终止。”该条涉及两个方面。

首先，受挫前已支付的款项应返还。该条并未直接指明必须存在全部的对价失败，其措辞看上去表明了要求返还受挫前已付款项的权利甚至可以延伸到履行部分失败的场合。看上去在这样的场合令人满意的做法应是仅仅返还部分已付款项，但该条规定必须返还所有已付款项。但是这一缺陷可通过另外一种方式得以弥补，即收款人对其部分履行的救济可通过有关价值利益(valuable benefits)和费用的相关条款主张。③

其次，受挫前应支付的款项不再需要支付。这和Chandler案所确

---

① Paul Richards, *Law of Contract*, Law Press, 2003, p. 315.

② National Carriers Ltd v. Panalpina (Northern) Ltd. [1981] A. C. 675 at 707.

③ Guenter Treitel, *Frustration and Force Majeure (Second Edition)*, Sweet & Maxwell, 2004, p. 595.

立的规则不同。但是该条并不能适用于所有的合同。如若合同条款限制了付款人主张返还的已付款项的数额,则不能依据该条主张全部返还;再如若建筑合同约定应为迟延完成指定阶段的工作而支付违约赔偿金,假设在合同受挫前建筑方已经支付或应支付这些款项,那么建筑方不能主张返还已付款项或不再支付这些款项。这都体现了当事人的约定对返还问题的影响。尤其是如果当事人通过明示条款排除受挫制度的适用时,也不能适用该条。如加冕典礼案中的很多合同都有明示条款允许持票人在被延期的典礼中继续使用,从而合同并不受挫。此时,不能依第1条2款主张返还已付款项。

## 三、受挫前已移转价值利益的返还

如果一方当事人的履行义务是付款之外的其他行为,合同受挫之前该方当事人已经履行了一部分,那么合同受挫后,该方当事人不需继续履行;如果付款方的付款义务应履行,那么不产生对方当事人对其履行费用要求返还的问题;但如果付款方的义务依据前述规则不应履行,则产生这样的问题:已为部分履行的当事人是否可对其部分履行向对方主张返还相应利益?

### (一)英国普通法中对价值利益返还的否定

英国普通法的立场是已进行部分履行的当事人不得主张返还部分履行所产生的相应的价值。在 Cutter v. Powell 案[①]中,海员的工资应在航行结束后支付,但在航行结束前该海员去世了。对于其去世之前已工作的部分,其遗嘱执行人未被支付任何款项。在 Appleby v. Myers 案中,原告同意在被告的工厂里建造完整的设备并从完成之日起管理两年。在机器被部分完成后,发生了意外大火致使工厂及机器均被毁,从而导致合同受挫。法院判决原告不能为其建造的机器主张返还任何利益。布莱克本法官在该案中解释道:“约定以特定金额完成整体工作的原告,不能要求返还任何利益,除非已完成履行或能证明是被告的过错导致合同不能履行,或有证据表明当事人已达成新的合同。”[②]然

① (1765)6 T. R. 320.

② Appleby v. Myers(1867)L. R. 2 C. P. 651 at 661.

而这种做法会导致另一方当事人获得不当得利,即占有对方部分履行的利益却不用支付任何对价。因此,Appleby 案所确立的普通法规则是令人不满意的,履行方应有权对因其部分履行而转移给对方当事人的利益主张返还不当得利。①

(二)《法律改革法》对价值利益的肯定

《法律改革法》改变了 Appleby 案中令人不满意的处理规则。其第 1 条第 3 款涉及一方在没有预付的合同中获取有价值的利益时对财务进行的再调整问题,规定:"当合同中的任何主体在受挫之前因另一方在合同履行中或为合同履行而为的任何行为中获取有价值的利益时(除了前款所规定的价款的支付),其应该向另一方返还当法院考虑了案件所有情形后认为正当的数额(如果有的话),但不超过其所获利益,尤其是(a)免责前受益方在合同履行中或为合同履行所产生的任何费用,包括其为履行合同而向另一方支付或应付的数额以及根据前款最后的规定一方保留的或可恢复的数额以及(b)与所述利益相关的引发合同受挫的情事的效果。"

适用上述规定的开端性案例是 BP Exploration Co. (Libya) Ltd. v. Hunt (No. 2)案②。BP 和 Hunt 签订了开发合同,约定在利比亚对属于 Hunt 的石油进行特许开发。BP 在合同中的地位是可以得到其中一半的特许开发,但是他们需要投入资金和从事开采工作,当发现石油后他们的支出会以 Hunt 股份的 3/8 的比例得到返还,直到他们原始支出的 125% 得到偿还。后来在 1967 年他们发现了一个大油田并陆续投产。然而在 1971 年利比亚政府没收了 Hunt 的特许权,导致 BP 和 Hunt 之间的合同受挫。此时,BP 仅仅收回了一部分成本,因此,其以《法律改革法》第 1 条第 3 款为依据提起了诉讼。法官 Robert Goff 认为在评估该主张时必须经过两个步骤。首先应确定和计算获得的所有利益。这里的利益不是指原告遭受的履行费用,而是指另一方所接受的最终产品。本案中,最终产品是指因 BP 的工作导致 Hunt 特许份额的价值增

① Guenter Treitel, *Frustration and Force Majeure* (*Second Edition*), Sweet & Maxwell, 2004, p. 598.

② BP Exploration Co. (Libya) Ltd. v. Hunt (No. 2) [1979] 1WLR 783.

加的部分。其次应评估一个正当的数额。根据第 1 条第 3 款,该数额不得超过价值利益。该利益的计算不以 BP 的支出额为准而以 Hunt 的获利为准。Hunt 的获利相当于因其特许权提高而获得的价值,但是应以此为基础有所降低,因为根据第 1 条第 3 款 b 项之规定,应减去因开发而导致的特许权价值减少的部分。因此,Hunt 所获得的价值利益相当于其得到的石油的价值加上利比亚政府为开发而给其的补偿数额。这种结果一半归功于 BP 的努力,一半归功于 Hunt 对石油所享有的特许权。法院考虑到该利益的一半归功于 BP 的努力,因此 Hunt 获得的价值利益为 8500 万美元。关于评估正当数额的问题,Robert Goff 认为应以 BP 在开发特许权时实际支付的 8700 万美元为基础,加上付给 Hunt 的所有费用 1000 万美元,减去其收回的费用 6200 万美元,因此 BP 可要求返还的全部正当数额是 3500 万美元,因为其并未超过第 1 条第 3 款所限制的价值利益。①

关键问题在于如何确定价值利益?一般而言,价值利益(Valuable benefit)指的是一种最终产品(end product),即必须有实际的收益。因此不能仅仅因为原告为履行合同遭受了损失或费用而适用第 1 条第 3 款。如,如果一个人从制作商那里订购了货物,不能因为制作商在受挫前已经买了原材料并开始生产就认定订购人获得了价值利益。但是价值利益不限于原告移转给被告的实在的物,原告对被告提供的服务至少可以构成被告获益的组成部分,尽管很难确定这些服务产生了什么最终产品。“确实,对于为了产生一般意义上的返还主张而认为服务是利益的情形可能存在着不同意见,但是第 1 条第 3 款的立法历史和 BP Exploration(Libya)Ltd. v. Hunt 案表明只要对被履行方产生了一些经济上的利益就可以认定符合第 1 条第 3 款的目的。”②

如果产生的利益价值因意外情事而减少或消失,例如约定在建筑物中工作,因发生大火导致合同受挫,并且大火使已经完成的成果被毁,此时如何认定利益价值是否存在?“尽管以按比例付酬为基础返

① Paul Richards, *Law of Contract*, Law Press, 2003, p. 317.

② Guenter Treitel, *Frustration and Force Majeure* (*Second Edition*), Sweet & Maxwell, 2004, pp. 603 - 604.

还给原告一定数额可能被认为是正当的,但第1第3款(b)条的效果可能降低该返还数额到零。”[①]这种结论可以从两个方面得到论证。首先,第1条第3款明确表明适用于“在受挫前”获得价值利益时。因此,在类似Appleby v. Myers这样的案例中,法院必须确定大火发生前而不是大火发生后的利益。其次,该条确定了法院有权认定返还利益的情形,并且规定了实施该权力的指导原则。第1条第3款(b)条中的“法院认为正当的数额”看上去是有关法院自由裁量权的实施而不是存在的指导原则。因此法院可以将受损的利益考虑进去从而像法院所认为正当的那样去在当事人之间分配损失。但是如果利益的受损程度达到受挫前没有获得价值利益的程度时,法院无权要求返还任何利益。不列颠哥伦比亚和新南威尔士州以及南澳大利亚的立法都授权已经移转利益的当事人可以主张返还,即使该利益被意外情事所破坏,但同时规定因该破坏所产生的损失由当事人平等分摊。这种解决方法其实存在弊端,即平等分割规则的任意性会导致令人不满意的结果,如有时一方的损失可通过保险得到弥补,或是尽管受损但可通过替他方法获利。因此新南威尔士州和南澳大利亚的法律承认平等分割的规则可能不尽如人意,从而赋予法院在特殊情况下不适用该规则的自由裁量权。

价值利益不仅可向利益的接受者主张,而且可向因将利益转移给其他人而在合同中承担义务的人主张,不论该其他人是否为合同的当事人。例如如果A约定对于B所为的对C有益的行为付款,如果符合第1条第3款的要件,B可以依据该条向A主张返还。如果C也是合同的当事人,B也可以依据该条对C主张返还。但是如果C不是合同的当事人,B仅能向A主张返还。[②]

不可否认,《法律改革法》第1条第3款对于解决法案出台之前所存在的不公平问题产生了积极作用,但该条仅规定了当一方在免责前已经获得价值利益时的返还问题。从而,如果在因特许开发而产生商

---

① Guenter Treitel, *Frustration and Force Majeure* (*Second Edition*), Sweet & Maxwell, 2004, p. 605.

② See Guenter Treitel, *Frustration and Force Majeure* (*Second Edition*), Sweet & Maxwell, 2004, p. 605.

业回报前已经进行了征用,那么依据第1条第3款,BP不能要求返还任何费用,因为不存在价值利益。这一问题在前述Appleby v. Myers案[①]中表现的极为明显。如果原告尝试依第1条第2款起诉,他们将一无所获,因为当受挫事件发生时不存在应当支付的金钱,他们有希望得到返还的只是一定数量的费用支出。如果原告试图依据第1条第3款的规定要求返还被告所获得的价值利益,那么他将面临这样的困境:受挫事件已经对此产生了破坏,被告并未产生价值利益,因此无从产生可以返还的正当数额。这是Robert Goff在解释第1条第3款b项之规定时所持有的观点,他认为如果“引发合同受挫的情形的效果”破坏了价值利益,那么不得因此而返还任何数额。有学者认为“这一解释是非常错误的,其已经受到学院派律师和联邦司法判决的批评。粗略的看上去,第1条第3款表明法庭必须评估受挫情形发生前价值利益的标准,也就是‘在免责前各方从哪获得价值利益’。第1条第3款b项进一步明确表明必须首先评估价值利益,然后法庭必须考虑受挫事件的效果,也就是‘与所说利益相关的引发受挫的事件的效果’。Robert Goff法官在此处没有必要的做了限制性的解释,可能是他认为该法案不是试图分配损失而是试图防止产生不当得利。但是很明显,后者并不是该法案的目的。不幸的是,该判决已被上议院确认,虽然附带了一到两个次要问题的调整。因此,人们必须等待议员们有一天会发现BP v. Hunt案的立场已经取代了法律”。[②]

## 四、费用损失赔偿问题

### (一)费用损失赔偿问题在普通法中的缺失

英国最早的普通法规则是遭受费用损失的当事人不能得到救济。该规则在Taylor v. Caldwell案中可见一斑。在一些加冕典礼案件中,合同受挫前已收到合同价款的收款人可以全部保留款项的规则被认为是正当的主要原因是收款人很可能遭受了费用损失,但是这种结果也是饱受批评的,因为收款人的费用损失不太可能等同于全部的合同价

① Appleby v. Myers [1867] LR 2 CP 651.

② Paul Richards, *Law of Contract*, Law Press, 2003, p. 318.

款,这就形成了对收款人的过度保护。值得一提的是,该规则可通过合同的明示条款予以改变,即使合同的明示条款未涉及该问题,有时亦可通过解释(construe)产生这一结果。①

(二)《法律改革法》中的费用返还

首先,该法第 1 条第 4 款对费用进行了广泛的界定,包括间接费用(overhead expenses)和主张返还费用的一方当事人提供的工作或服务。这种界定使得很多形式的信赖损失都可以归属为费用,也使得对第 1 条第 2 款及第 1 条第 3 款中"合同履行中或为合同履行"的解释更为宽泛,因为间接费用与合同履行之间的关系必定是不直接的。"费用被允许的最好的合理性说明是作为一种情事改变抗辩的法定概念出现的。"②

其次,明确了预付款与费用的关系。《法律改革法》第 1 条第 2 款的但书部分规定了合同履行所产生费用的赔偿问题。并且,该条规定了收款人的地位,对于合同免责之前收款人为履行合同而产生的费用是否可以返还,法庭现在有了自由裁量权。但是"收款人得到的并不是全部费用,而是法庭考察案件情况后所认为的合理数目,不管怎样都不会超过其实际费用"。③ 上述规则在 Gamerco SA v. Icm/Fair Warning(Agency)Ltd 案④中得到了体现。该案中,原告依据《法律改革法》第 1 条第 2 款的规定要求返还了已付款项。"法庭没有义务降低被告对已付款项的保留,也没有义务将损失在当事人之间进行平等划分。"⑤第 1 条第 2 款的但书部分也可以适用于受挫前应付款但未付款的情形,此时法院可以允许未来的收款人要求返还受挫前损失的费用,当然也应受到与受挫前已付款时同样的限制。但无论如何返还的费用都不应超过受挫前为履行合同已付或应付的数额,也不得超过费用的总额。

---

① Guenter Treitel, *Frustration and Force Majeure (Second Edition)*, Sweet & Maxwell, 2004, p. 608.

② BP Exploration(Libya)Ltd. v. Hunt [1979] 1 W. L. R. 783 at 800.

③ Paul Richards, *Law of Contract*, Law Press, 2003, p. 316.

④ Gamerco SA v. Icm/Fair Warning(Agency)Ltd. [1995] 1 WLR 1226.

⑤ See Paul Richards, *Law of Contract*, Law Press, 2003, p. 316.

由于上述因素的限制,返还的费用数额是在法院的自由裁量权的范围内的。在行使该自由裁量权时,法院无疑会受到受挫情事在多大程度上使费用或行为变得没有意义的影响。例如,如果合同受挫后收款人仍可将机器卖给其他人,那么法院很可能判决收款人不能要求返还费用。反过来,如果收款人支出了费用但未生产出任何机器,那么法院判决收款人可主张返还的费用额可能会高一些。但即使是在后一情形中,法院也未必会依法律判决返还最高的数额,因为如果这样做就等于使全部的风险都由买方来承担,这是不公平的。如果既没有预付款也没有关于预付的约定,那么就无权要求给付相关费用。

最后,明确了价值利益与费用的关系。依据第1条第2款的规定,该条仅适用于已经或将要以金钱方式支付预付款的情形中。如果是以实物偿付方式预付,则不能适用该条。而依据第1条第3款则会产生接受方的价值利益,在判断接受方应返还的数额时,应考虑受挫前获益方在合同履行中或为合同履行所支出的费用总额。通过这种方法,可以达到与以金钱方式预付同样的后果。但是这种方法只适用于在受挫前以实物方式预付的情形。如果受挫前预付义务已到期却未实际预付,付款义务人的义务并不能免除。这与预付现金的义务不同,因为如果是预付现金,那么接受方收到后即会负有返还义务,因此法院不会要求付款义务人向接受方履行,否则纯属多此一举。而以实物预付则不同,如果要求付款义务人履行,接受方的义务不是返还该实物,而只是依据第1条第3款返还其所获利益的正当数额。

关于第1条第2款和第1条第3款的关系,可以这样来概括:"依据第1条第3款返还有关价值利益的权利从理论上是依据第1条第2款返还费用权利的例外。如果A既遭受了费用损失,也将价值利益移转给了B,并且从B那里收到了预付款,那么A既可以依据第1条第2款要求返还费用,也可以依据第1条第3款要求返还价值利益。但是为了避免发生双重返还,依第1条第3款返还价值利益时应考虑依第1条第2款所产生的所有费用;反之亦然。"①

---

① Guenter Treitel, *Frustration and Force Majeure* (*Second Edition*), Sweet & Maxwell, 2004, p. 614.

但是费用返还请求权并不具有独立地位。依据《法律改革法》,一方遭受费用损失的事实一般仅仅会起到对另一方主张返还已付款项或价值利益时减少数额的作用。仅仅当合同约定在受挫前应付款项但实际上却未支付时,遭受费用损失的一方才享有独立的返还主张,并且该主张受合同所约定的预付款数额的限制。单纯的一方遭受费用损失的事实本身并不能产生《法律改革法》中的请求权。在 Taylor v. Caldwell 案中,租借人遭受了费用损失,但是在合同受挫前既未支付金钱也没有应支付的金钱,任何一方当事人都未获得价值利益。因此租借人要求赔偿已支出费用的主张被拒绝了。"英国普通法一般不会承认有关费用损失的任何独立主张,但是在特殊的情况下可能这样做,如当受挫情事发生后产生了费用,并且该情事为一方当事人所知晓而遭受费用损失的另一方当事人并不知晓时。"①主要的原因在于当合同受挫后,知晓意外情事的当事人有默示的义务通知对方受挫情事的发生从而避免相关费用的支出。

## 五、保险对合同受挫后果的影响

《法律改革法》第1条第5款规定:"在考虑合同的任何一方当事人依本条前几款要求返还或保留的数额时,法院不应考虑由于引发合同受挫的情事而依任何保险合同所应支付的数额,除非受挫合同的明示条款约定了或法令规定了投保的义务。"该条的主旨在于如果主张依据第1条第1款至第1条第4款的规定返还金钱的当事人已经投保,另一方当事人不能因此而获得意外收入。严格从第1条第5款的字面含义看,该表述仅仅涉及判断哪些款项需要返还或保留。但是从实践的角度看,不考虑保险利益的裁量权在决定返还或保留的数额时至少与在决定返还或保留权是否存在时的关联性是一样的,因此第1条第5款的表述既涉及返还权利是否存在也涉及返还的具体数额问题。

---

① Guenter Treitel, *Frustration and Force Majeure* (*Second Edition*), Sweet & Maxwell, 2004, p. 616.

(一)保险对价值利益及费用损失返还的影响

已付款或应付款与保险无关,所以可能因保险而产生争议的是费用返还与价值利益返还问题。第一种情况是当一方当事人依据第1条第2款要求已接受或将接受预付款的另一方当事人返还费用,若因受挫情事的发生导致请求权人依保险合同已被支付或应被支付一定的金额时,不影响请求权人的权利。但是如果依保险合同这些保险金是支付或应付给另一方当事人时,第1条第2款并不阻止法院考虑这一因素。如果保险金应支付给双方当事人,而每一方当事人都要求法院依据第1条行使自由裁量权从而允许其保留一定数额的金钱时,也有可能适用第1条第5款。而如果只有一方当事人提出这种主张,则第1条第5款的适用仅涉及应支付给该方当事人的保险金相关的部分。[①]第二种情况是一方当事人在受挫前已经向对方移转了价值利益,受挫后依据第1条第3款要求返还。以Appleby v. Myers案为例,施工方在工厂被毁后获得保险金的事实对于评估其可主张返还的价值利益的数额没有任何影响。但是工厂主人也就是受益方所获得的保险金将不属于1条第5款的规范范围,因为工厂主人没有要求返还任何款项的权利。即使是工厂主人遭受了费用损失并试图依此减少建筑方请求返还的数额时,结论也是一样的。[②]

(二)除外情形

当合同的明示条款明确约定或法律明确规定了一方当事人的投保义务时,不适用第1条第5款。以C. I. F.买卖合同为例,卖方有对运输中的货物投保并将保险利益转移给卖方的义务。Fibrosa案就与此类买卖相关,合同因意外非法而受挫,因此卖方免予将保险利益移转给买方。依据第1条第5款的例外规定,在判断因买方预付或答应要付的款项中卖方可以保留或返还的费用数额时,任何可能由保险人已支付或应付给卖方的数额均应被考虑在内。从第1条第5款的表述看,

---

① See Guenter Treitel, *Frustration and Force Majeure* (*Second Edition*), Sweet & Maxwell, 2004, pp. 618 – 619.

② See Guenter Treitel, *Frustration and Force Majeure* (*Second Edition*), Sweet & Maxwell, 2004, p. 619.

并未限定哪一方当事人应承担投保义务,但是从该条的结构看支付保险费的义务一般应由主张返还或保留金额的一方承担。如果合同对一方当事人施加了为另一方当事人利益投保的义务,同样可适用第1条第5款的例外规定。例如如果建筑合同要求房主为完工前工事被毁的风险投保,房主为此支付了保险费,那么如果他要求返还已经对建筑方预付的款项且拒绝建筑方要求保留相关费用时,他应当拥有这些保险利益,只要这些利益属于保险的范围。同样的道理,如果合同约定建筑方有投保义务且建筑方履行了该义务,这也是恰当的解决方法。因为即使建筑方首先支付了保险费,他很可能在对合同定价时将该费用考虑在内,因此最终是房主间接的承担了该笔费用从而应当享受该利益。①

(三)《法律改革法》第1条第5款的不足

在解释第1条第5款的原理时存在一定的困难,因为对被主张返还款项或利益的当事人而言,即使合同和法律都未规定任何一方当事人的投保义务,其也可能间接的支付了相关保险费。因为如果已付款或应付款的收款方已经投保,即使这不是其义务,其也可能在确定合同价款时将此费用考虑在内,从而又间接地将该费用转嫁给了对方当事人,而依据第1条第5款的强制性规定,对方当事人却享受不到该利益,这种结果未免有失公平。对于此类案件的可能的解决方法是适用所谓的有条件免责(Conditional discharge)原则:允许因意外情事的发生而履行受阻的一方以此作为免责的理由,但是其必须将其因履行受阻所获的特定利益转让给另一方。该原则有两种操作方法:

第一种方法是明确赋予债权人享有本应归属于债务人的利益。这种利益在大陆法中被称为代孕利益(surrogate benefit),一般认为因标的物被投保所获金钱、因征收所获赔偿及从第三人处所获赔偿均属此类。但适用该制度时须满足同一性(identity)的要求,即"依据合同所

① Guenter Treitel, *Frustration and Force Majeure* (*Second Edition*), Sweet & Maxwell, 2004, p. 621.

欠的东西和获得补偿所依据的东西必须是同一的”。[①]依此标准，Taylor案中的保险金就不满足该条件。因为该案中被投保的是土地，而所约定的承租人的权利是对土地的使用，二者不具有同一性。如果债务人因失去对土地的使用而获得补偿，则符合条件。而对水管工所主张的损害赔偿则与对土地的使用具有同一性。但是这种以代孕利益的转让为前提的有条件免责制度在普通法中却没有直接的与此对应的制度。事实上大量的判决已经表明或者拒绝或者假定法律并不承认该制度。在英国的Blane Steamships案[②]中，船主因受挫情事的发生而获得的赔偿金或保险金都超过了依合同可获得的数额，但其主张合同受挫的权利并未以将这些利益转移给承租人为条件。在美国的Asphalt International案[③]中，法院同样认为船主将会因保险而获得大量意外利润并不能排除受挫的成立。保险金只是船主的一种资产，与其他资产相比并不与受挫问题有更多的联系。承租人也不能抱怨，因为他也可以和船主一样对此情事的发生进行投保。但“这些论断并不是完全让人信服的。保险是一种特殊的资产，只有当引起合同受挫的情事发生后才能得到保险金；因此在评估受挫后果时至少要将其考虑进去。并且言之成理的是租船合同实质上已经部分支付了船体保险费，因为可以推测船主在确定应支付的租金时已经将保险费考虑在内”。[④]类似的做法也体现于一些加冕典礼案中，这些案件中出售方尽管为意外情事的发生投保了，但并不影响其保留已经预付的款项。“要求转让代孕利益原则的重点不是其可以排除受挫制度。重点是受挫以利益的转让为条件（仅此而已），或者是债权人有权主张该利益而不是有权要求损

① Guenter Treitel, *Frustration and Force Majeure* (*Second Edition*), Sweet & Maxwell, 2004, p. 566.

② Blane Steamships Ltd. v. Minister of Transport [1951] 2 KB 965.

③ Asphalt International, Inc., Appellant, v. Enterprise Shipping Corporation, S. A., Appellee, 667 F. 2d 261 (2nd Cir. 1981).

④ Guenter Treitel, *Frustration and Force Majeure* (*Second Edition*), Sweet & Maxwell, 2004, pp. 567 – 568.

害赔偿。”[①]从英国 1943 年《法律改革(受挫合同)法》来看,也潜在地拒绝了对转让代孕利益的要求。依据其第 1(5)条,在处理返还及分配问题时,不需考虑依任何保险合同可支付给原告的数额,除非投保义务是由受挫合同的明示条款或依法令而产生的。因此即使原告因受挫情事而获得保险金,有关花费或效益(valuable benefit)主张仍有可能得到支持。

第二种方法是如果债务人想主张合同受挫,那么仅仅可要求其将这些利益转让给债权人,债务人不能被强迫转让这些利益,但如果其不转让则将承担损害赔偿责任。美国《统一商法典》体现了这种方法。依据其规定,如果卖方以供应方的过错作为其不能对买方履行的免责原因,那么卖方免责主张成功的条件之一是将其对有过错的供应来源的权利转让给买方。很明显此项要求的原因是阻止卖方获得意外利益(windfall profit)。是否放弃代孕利益的权利在债务人一方。英国 1925 年《财产法》(Law of Property Act)第 47(1)条规定“当买卖或财产交易合同订立后,卖方依任何保险政策对关于合同中的财产的毁损所主张的应付款项,在合同结束之后应由卖方代表买方主张或收取,并由卖方在买卖或交易结束后支付给买方”。依据该条,尽管标的物灭失合同仍然有效(因为风险已经转移),卖方必须在结束后支付保险金。买方没有权利拒绝支付价款而将保险金归属于卖方。如果投保的财产少于购买价格这个问题就尤为重要。在适用条件上,买方若想有权主张保险金,必须支付自合同订立之日起相应比例的保险费。在适用范围上,该条只适用于对保险金的权利,如果买方想获得其他权利,如卖方对第三人的权利,那么必须有明确约定。虽然该条在表述上用了“财产”一词,这意味着可以适用于动产及不动产交易,但该条通常仅被适用于与土地相关的交易。并且,目前英国尚未涉及动产交易的这方面的判例,这表明一般不认为该条对货物买卖合同有任何意义。[②]英国《财产法》

---

① Guenter Treitel, *Frustration and Force Majeure* (*Second Edition*), Sweet & Maxwell, 2004, p. 568.

② See Guenter Treitel, *Frustration and Force Majeure* (*Second Edition*), Sweet & Maxwell, 2004, pp. 569 – 570.

第47(1)条规定仅涉及保险金的问题,如果买方想获得卖方可能对第三人享有的权利,可以有很多种途径,如可在合同中明确约定卖方必须把这些权利转让给买方。但是这种方式在英国会遇到困难,因为作为一般原则,侵权产生的权利是不可转让的。此时买方可以在合同中要求卖方代表买方行使这些权利。上述论述表明尽管英国并不认可以转移代孕利益为条件的有条件受挫原则,但是有时通过否认受挫可以达到相似的结果。

## 六、结语

在英国,1943年《法律改革(受挫合同)法》针对普通法对合同受挫后果规范的不足进行了很多有重要意义的改变,但该法本身也并不完美,并且该法的适用范围也有限,不适用于那些在受挫之前已经全部履行的可分合同,租船合同(定期租船合同除外)、海上货物运输合同以及保险合同均不在其调整范围之内,任何其他关于特定货物的买卖合同及买卖运输合同,因特定货物灭失而引发合同受挫的也不适用该法。然而合同领域的最大特点是尊崇意思自治,当事人可以通过自主约定来尽量克服这些不足。近年来,对英国规则的批评不是那么流行和普遍。这种默认的程度很可能是由于潜在的受挫情事通常是合同明示条款的内容,而这些条款通常提供了中间的解决办法,使得受挫要么被排除,要么即使未被排除,也不是自动和全部受挫,使得调整的问题通过比一般法律更灵活的方法得以处理。

(作者系山东大学威海分校法学院讲师)

**国际问题**

# 德国与欧盟合同冲突法的统一化进程*

邹国勇

目　次



德国是近代西方法律文化的发源地,其在经济法、民商法等领域的创造性成果影响了世界各国,在世界法制史上具有非常重要的地位。1896年制定的《民法典施行法》(EGBGB)①在世界上第一次全面、系统地规定了国际私法条款,代表了当时国际私法国内立法的最高成就,但国际合同的法律适用问题一直是德国国际私法立法的"盲点"。20世纪80年代以来,由于欧盟合同冲突法统一化的渐趋深入,德国的合同冲突法制度也随之不断地发生变革,呈现出欧盟化的发展趋势。

* 本文是笔者主持的国家社科基金一般项目"欧盟民事司法协助制度研究"(批准号:08BFX078)的阶段性成果,并由"武汉大学'70后'学者学术发展计划"资助。

① Einführungsgesetz zum Bürgerlichen Gesetzbuch vom 18. 8. 1896, RGBl. S. 604.

## 一、《罗马公约》及其在德国的实施

1980年6月19日签署的《关于合同之债的法律适用公约》[①](以下简称《罗马公约》)是欧盟早期国际私法统一化的杰出成果。德国通过1986年的国际私法改革,将《罗马公约》的主要条款纳入《民法典施行法》,使其国际私法立法得到完善和发展。

### (一)《罗马公约》的合同冲突法制度

为建立共同市场,使货物、人员、服务和资本在成员国之间自由流通,欧洲经济共同体成员国一直致力于法律的统一化和趋同化。但由于社会条件的差异,使得各国合同法从形式到内容、从理论到具体制度都存在巨大的差异,呈现出多样性。各国合同法不仅实体法制度差异巨大,而且冲突法立法也参差不齐,只有意大利在1942年《意大利民法典》总则第17条第2款、第25条、第26条、第30条和第31条以及1942年《航运法典》(Navigation Code)第9条和第20条中规定了合同冲突法条款,其他成员国的合同冲突法规范仅见于习惯法或判例法中。随着1973年英国、丹麦和爱尔兰加入欧洲经济共同体,英美法系和大陆法系的法律制度并存,更加剧了这种差异性。屈利亚诺(Giuliano)和拉加德(Lagarde)在《罗马公约》的报告中也指出:"实体法的统一总是跟不上消除经济边界的步伐。只要实体法没有统一,法律适用的问题将依然存在。随着成员国之间跨国私法关系的不断增加,需要解决法律适用问题的涉外案件数量也日益上升。"[②]在一时无法消除各国合同实体法差异的情况下,合同冲突法的统一更为切实可行。为了统一合同冲突法制度,继续推进国际私法统一化运动,经过13年的不懈努力,比利时、联邦德国、法国、爱尔兰、意大利、卢森堡和荷兰等七国的全权代表于1980年6月19日签署了《罗马公约》。1991年,随着英国交存第7份批准书,《罗马公约》于1991年4月1日正式生效。从1980

---

① Übereinkommen über das auf vertragliche Schuldverhältnisse anzuwendende Recht vom 19. Juni 1980, ABl. L 266 vom 9. 10. 1980, S. 1 – 19.

② Giuliano / Lagarde, *Report on the Convention on the Law Applicable to Contractual Obligations*, Journal officiel No. C 282 du 31/10/1980, p. 2.

年开放签署至今,《罗马公约》已经发展成为一个包括33条公约正文、三个议定书、四个加入公约和四个联合声明的规则体系。《罗马公约》在第一章(第1~2条)和第二章(第3~22条)规定了其适用范围和合同冲突法制度。

1. 适用范围

《罗马公约》第1条第1款和第4款规定了其实质适用范围,即公约适用于与不同国家的法律有联系的合同之债、承保位于欧共体成员国境外的风险的保险合同以及再保险合同。尽管第1条第2款和第3款将自然人身份、婚姻家庭、票据、仲裁协议、代理、信托、证据和诉讼程序以及"承保位于欧洲经济共同体成员国领域内的风险的保险合同"等排除在《罗马公约》的适用范围之外,该公约的适用范围仍很广,几乎涵盖了所有的民商事合同。根据公约第11条和第14条规定,因合同引起的非合同之债问题,如无行为能力和举证责任,也属于该公约的适用范围。另外,属于家庭领域但不受家庭法调整的普通赠与合同也适用该公约。①

在空间上,该公约适用于所有批准或加入该公约的共同体成员国;在时间适用范围上,该公约适用于1991年4月1日后订立的合同。同时,《罗马公约》第3条强调了其普遍适用性:"凡公约指定适用的法律,即使为非缔约国法律,亦应予以适用。"换言之,根据该公约应适用的法律,并不局限于共同体成员国的法律。

2. 当事人意思自治原则

当事人意思自治原则是欧盟国际合同法的基本原则。② 公约第3条规定充分体现了该原则,赋予合同双方当事人选择准据法的自由,成为国际合同法律选择规则体系的基石。

根据《罗马公约》第3条第1款,合同当事人不仅有明示和默示选择合同准据法的自由,而且双方当事人可自行选择适用于整个合同或

---

① Bernard Dutoi, The Rome Convention on the Choice of Law for Contracts, in: Bernd von Hoffmann (ed.), *European Private International Law* (1998), p. 43.

② Ole Lando/Peter A. Nielsen, The Rome I Proposal, 3 *Journal of Private International Law* 34 (2007).

合同一部分的法律,即允许采用“分割法”来确定合同的准据法。在法律选择的时间上,根据公约第3条第2款,双方当事人可以随时变更合同准据法,即当事人可以随时约定,合同受它原先适用的法律以外的其他法律支配。这些规定突破了普通法规则的束缚,反映了商业交往的需要,给予当事人较大的自由空间,这有利于提高国际交易中的可预见性,同时也表明当事人意思自治原则已成为选择合同准据法的核心。[①]根据《罗马公约》第3条第4款并结合第8条、第9条和第11条的规定,双方当事人有关准据法选择的协议的成立及效力,原则上也应适用双方当事人所选择的法律。

当然,公约对当事人选择法律的自由也予以一定限制。首先,当事人在合同订立后变更准据法的,不得影响合同的形式有效性和第三人的权利(第3条第2款),也不得剥夺消费者或者受雇佣者的惯常居所地的强制性法律规定所给予的保护(第5条第2款和第6条第1款);其次,公约第3条第3款和第7条强调,当事人选择外国法律不得规避有关国家的强制性规定,法院地国或者与合同有密切联系的其他国家的强制性规定仍须适用;最后,适用当事人所选择的法律不得与法院地国的公共秩序相抵触,否则被排除适用(第16条)。

3. 最密切联系原则

如果当事人未明确协议选择合同的准据法,公约第4条第1款第1句规定适用与合同有最密切联系的国家的法律,但该规定又受制于该条款第2句的特别例外条款,即如果合同某部分与另一国法律有更密切联系,则作为例外,适用该另一国家的法律。为便于法官确定与合同有最密切联系的国家,第4条第2款设立了一般推定原则,并引入了“特征性履行”和“惯常居所”等概念,以订立合同时承担履行合同特定义务者的惯常居所、主要管理机构所在地、主要营业所或履行特定义务的营业所所在国为最密切联系国。对于不动产合同,推定合同与不动产所在地国有最密切联系,适用不动产所在地国法;对于货物运输合同,如在订立合同时承运方主要营业所所在地国

① Ole Lando, New American Choice of Law Principles and the European Conflict of Law of Contracts, 30 *American Journal of Comparative Law*, 19(1982).

为装运地、卸货地或者发货方主要营业所所在地国,则推定合同与该国有最密切联系,并适用该国法律(第4条第3款、第4款)。同时,第5款第2句例外条款又对上述推定进行了限制,它规定,如从整个情况来看,合同与另一个国家的关系更为密切,则不适用本条第2、3、4款的推定。

4. 特殊合同的法律适用

保护弱者正当权益是当代国际私法的一项重要原则。[①] 为了保护处于弱势地位的消费者和受雇佣者权益,防止强势当事人利用格式条款选择陌生的外国法来剥夺消费者、受雇佣者惯常居所地国法所给予的保护,《罗马公约》第5条和第6条分别为消费者合同和个人雇佣合同制定了特别的冲突规范。尽管消费者合同的双方当事人可以根据公约第3条规定选择合同准据法,但在第5条第2款规定的三种情况下,该项法律选择不得剥夺在未选择法律时依照第5条第3款可能被适用的消费者惯常居所地国的强制性法律规定给予消费者的保护。同样,《罗马公约》第6条在赋予双方当事人选择雇佣合同准据法自由时,要求该项法律选择不得剥夺在未选择法律时依照受雇佣者的惯常工作地国或雇佣者营业所所在地国的强制性法律规定给予受雇佣者的保护。但该规定受制于第6条第2款第2句的例外条款:如果从整体情况来看,个人雇佣合同与另一国家有更密切的联系,则该合同应由该另一国法支配。

5. 合同的实质及形式有效性

对于合同的实质有效性,根据公约第8条规定,合同之债是否成立、法律选择条款的有效性以及当事人是否对合同表示同意均由推定的准据法决定。但是,如果情况表明,根据该法律确定一方当事人行为的效力有失公平,为了保护可能遭受不公待遇的当事人,公约第8条第2款允许该当事人援引其惯常居所地国法进行抗辩。根据屈利亚诺和拉加德在《罗马公约》报告中的解释,该条款旨在解决任何一方当事人

---

① 许军珂:"论国际私法对弱者正当权益的保护",载《法学杂志》2003年第4期。

对合同的成立保持沉默时所产生的效力问题。①

对于合同的形式有效性,公约第 9 条第 1 款、第 2 款和第 4 款都体现了“尽量使其有效”(favor validitatis)的原则。根据这些条款,同一国家的当事人之间订立的合同,只要符合合同准据法或者合同缔结地法的形式要求即可;不同国家当事人之间订立的合同,只要符合合同准据法或者这些国家中任何一国法律的形式要求即可。但是,对于消费者合同和不动产合同的形式有效性,公约第 9 条第 5 款和第 6 款分别要求适用消费者惯常居所地国法和不动产所在地国法。

6. 合同准据法的适用范围

公约第 10 条对合同准据法的适用范围并未做穷尽式的规定。根据该条第 1 款,根据《罗马公约》确定的合同准据法适用于但不限于下列事项:(1)合同的解释;(2)因合同而引起的债务的履行;(3)违反合同的后果,包括依法估算损失;(4)债的消灭的各种方式、时效以及因期间届满引起的权利丧失;(5)合同无效的后果。此外,对于履行方式以及在履行具有瑕疵时债权人应采取的措施,公约第 10 条第 2 款要求考虑履行地国法。

7. 有关公约由欧洲法院解释的议定书

此外,《罗马公约》还对“公共秩序”、“债权的自愿转让”、“代位求偿权”、“反致的排除”、“无追溯力”、“法制不统一国家法律的适用”、“共同体法的优先性”等事项进行了规定。《罗马公约》生效后,随着欧洲经济共同体(1993 年 11 月后改称欧洲共同体)的不断扩大,新成员国与原成员国先后缔结了《1984 年加入公约》、②

---

① Giuliano / Lagarde, *Report on the Convention on the Law Applicable to Contractual Obligations*, Journal officiel No. C 282 du 31/10/1980, p. 15.

② 即 1984 年 4 月 10 日《关于希腊共和国加入 1980 年 6 月 19 日在罗马开放签署的关于合同之债的法律适用公约的卢森堡公约》(Convention on the Accession of the Hellenic Republic to the Convention on the Law Applicable to Contractual Obligations, opened for signature in Rome on 19 June 1980, Official Journal L 146, 31/05/1984, pp. 1–16)。

《1992年加入公约》、[1]《1996年加入公约》[2]和《2005年加入公约》,[3]并形成了《罗马公约》的合并文本(integrierte Fassung),[4]使其空间适用范围进一步扩大。为保证有效、统一地适用和解释《罗马公约》,欧洲经济共同体12个成员国于1988年12月19日同时缔结了关于《罗马公约》由欧洲法院进行解释的《第一布鲁塞尔议定书》[5]和《第二布

① 即1992年5月18日《关于西班牙王国和葡萄牙共和国加入1980年6月19日在罗马开放签署的关于合同之债的法律适用公约的凡卡尔公约》(Convention on the Accession of the Kingdom of Spain and the Portuguese Republic to the Convention on the Law Applicable to Contractual Obligations, opened for signature in Rome on 19 June 1980, Official Journal L 333, 18/11/1992, pp. 1-25)。

② 即1996年11月29日《关于奥地利共和国、芬兰共和国与瑞典王国加入1980年6月19日在罗马开放签署的关于合同之债的法律适用公约及其由欧洲法院解释的第一、第二议定书的布鲁塞尔公约》(Convention on the Accession of the Republic of Austria, the Republic of Finland and the Kingdom of Sweden to the Convention on the Law Applicable to Contractual Obligations, opened for signature in Rome on 19 June 1980, and to the First and Second Protocols on its Interpretation by the Court of Justice (97/C 15/02), Official Journal C 015, 15/01/1997, pp. 10-15)。

③ 即2005年4月14日《关于捷克共和国、爱沙尼亚共和国、塞浦路斯共和国、拉脱维亚共和国、立陶宛共和国、匈牙利共和国、马耳他共和国、波兰共和国、斯洛文尼亚共和国和斯洛伐克共和国加入1980年6月19日在罗马开放签署的关于合同之债的法律适用公约及其由欧洲法院解释的第一、第二议定书的卢森堡公约》(Luxemburger Übereinkommen über den Beitritt der Tscheshischen Republik, der Republik Estland, der Republik Zypern, der Republik Lettland, der Republik Litauen, der Republik Ungarn, der Republik Malta, der Republik Polen, der Republik Slowenien und der Slowakischen Republik zu dem am 19. Juni 1980 in Rom zur Unterzeichnung aufgelegten Übereinkommen über das auf vertragliche Schuldverhältnisse anzuwendende Recht sowie zu dem Ersten und Zweiten Protokoll über die Auslegung des Übereinkommens durch den Gerichtshof der Europäischen Gemeinschaften vom 14. April, 2005)。

④ Übereinkommen von Rom über das auf vertragliche Schuldverhältnisse anzuwendende Recht von 1980 (konsolidierte Fassung), Abl. EG, Nr. C27, S. 36-44.

⑤ Erstes Brüsseler Protokoll betreffend die Auslegung des am 19. Juni 1980 im Rom zur Unterzeichnung aufgelegten Übereinkommens über das auf vertragliche Schuldverhältnisse anzuwendende Recht durch den Gerichtshof der Europäischen Gemeinschaften vom 19. Dezember 1988 (konsolidierte Fassung vom 26 Januar 1998), ABl. EG1998 Nr. C 27, S. 47-51.

鲁塞尔议定书》。[1] 这两个议定书规定,成员国的最高法院和上诉法院均可就公约的解释问题请求欧共体法院做出先行裁决。

(二)《罗马公约》的历史意义

《罗马公约》在欧盟国际私法发展史上具有非常重要的意义。首先,它的制定是欧洲经济一体化进程的必然结果,但又在一定程度上为欧洲经济一体化扫除了法律制度上的障碍。各国合同实体法以及冲突法制度的差异,无疑会阻碍商品、资本、服务的自由流动和共同市场的正常运转。《罗马公约》的生效,统一了各国的合同冲突法制度,在一定程度上实现了各国法院判决的一致性和确定性,为共同市场的正常运转发挥了重要作用。其次,《罗马公约》作为现代国际私法的杰作,继承和发扬了萨维尼的传统国际私法理论。[2] 20世纪60~70年代,美国爆发了冲突法革命。此时也正是《罗马公约》的起草时期,欧洲各国学者对是否以及应怎样接受美国冲突法革命展开了论战,最后代表传统国际私法理论的《罗马公约》取得了胜利。再次,尽管《罗马公约》不是以《建立欧洲经济共同体条约》第220条为基础,不属于严格意义上的欧盟统一国际私法,但它将各国分散、不统一的合同冲突法规范编纂成为一部系统、统一的公约,这过程本身就是一项有意义的活动,它不仅对欧盟成员国制定或者修订国际合同法具有指导作用,而且对非欧盟成员国同样具有借鉴意义。不论是1978年奥地利《关于国际私法的联邦法》、1987年瑞士《关于国际私法的联邦法》,还是1995年5月31日《意大利国际私法制度改革法》,都能找到《罗马公约》的影子。芬兰在1995年加入欧盟之前,就已以《罗马公约》为基础于1988年5月27

---

① Zweites Brüsseler Protokoll zur Übertragung bestimmter Zuständigkeiten für die Auslegung des am 19. Juni 1980 im Rom zur Unterzeichnung aufgelegten Übereinkommens über das auf vertragliche Schuldverhältnisse anzuwendende Recht auf den Gerichtshof der Europäischen Gemeinschaften vom 19. Dezember 1988 (konsolidierte Fassung vom 26 Januar 1998), ABl. EG1998 Nr. C 27, S. 52 – 53.

② Christian von Bar/ Peter Mankowski, *Internationales Privatrecht: Band I, Allgemeine Lehren* (2. Aufl., Verlag C. H. Beck München, 2003), S. 169 – 170.

日颁布了《国际合同法律适用法》。[①] 2003年修订后的保加利亚《债务与合同法》中的国际合同法律适用规则(第437～449条)也是以《罗马公约》为蓝本的。[②] 最后,由于《罗马公约》也遵循共同体法优先以及共同体法院的解释权等基本原则,为欧盟国际私法乃至欧盟法的完善与发展做出了重大贡献。[③]

(三)《罗马公约》在德国的实施

由于《罗马公约》不是以《建立欧洲经济共同体条约》第220条为基础,因此,缔约国没有在本国直接适用该公约的义务。《罗马公约》在各缔约国实施,需要经过各国的国内立法程序。与一般国际条约在德国的实施方式一样,《罗马公约》也是由德国联邦立法机关颁布法律,将该公约主要条款纳入《民法典施行法》的方式实施的。

1. 德国实施《罗马公约》的过程

谈判起草《罗马公约》时,适逢德国酝酿国际私法改革。《罗马公约》于1980年开放签署,不仅为各缔约国制定了统一的合同冲突法,同时也给德国国际私法的完善,尤其是国际合同法的编纂创造了契机。德国1896年《民法典施行法》除了第7条第3款和第11条有所涉及外,国际合同的法律适用几乎是国际私法立法的"盲点",这与合同在国际民商事交往中的地位极不相称。

1980年,受联邦司法部委托,G. 屈内(G. Kühne)作为项目主持人提交了一份以德国国际私法参议会(Deutscher Rat für internationales Privatrecht)的改革建议为基础的国际私法立法草案。[④] 1981年12月14日,联邦司法部在该草案基础上又提交了一份附有论证的立法建议稿,并被转发给各州司法管理部门和相关研究机构征求意见,受到各界广泛关注。因1982年政府换届和1983年议会大选的影响,该立法建议稿在经过一些小修改之后,1983年年初被送交联邦政府内阁并于

---

① [加]威廉·泰特雷:《国际冲突法:普通法、大陆法及海事法》,刘兴莉译、黄进校,法律出版社2003年版,第712页。

② Christa Jessel-Holst, Zur Übernahme des Römischen EG-Schuldvertragsübereinkommen in Bulgarien, IPRax 2004, Heft 2, S. 150－153.

③ 刘卫翔:《欧洲联盟国际私法》,法律出版社2001年版,第162～164页。

④ Kühne, *IPR-Gesetzentwurf*, C. F. Müller Juristischer Verlag, 1980.

1983年5月11日作为《对国际私法进行重新规定的法律(政府草案)》[①]获得通过。从总体上看,该草案中拟修订的《民法典施行法》有关国际合同的法律适用规范除了做了编纂技术上的处理外,在内容上与《罗马公约》的规定基本相同。1983年5月20日,联邦政府根据《基本法》第76条第2款的规定将该草案提交联邦参议院(Bundesrat)审议,同时还提交了《有关1980年6月19日〈关于合同之债的法律适用公约〉立法的草案》。[②] 1983年7月,联邦参议院对这些草案提出了几项修改建议后予以批准,并于1983年10月20日转交联邦议院(Bundestag)审议。在经过审议并广泛听取各界意见后,1986年6月9日,德国联邦议院法律委员会通过了修改后的立法草案。1986年6月19日,联邦议院在第222次会议上经三读程序后通过了《对国际私法进行重新规定的法律(政府草案)》。1986年7月25日,德国正式公布了《对国际私法进行重新规定的法律》[③]和《关于1980年6月19日合同之债的法律适用公约的法律》,[④]这两部立法均于1986年9月1日生效。《关于1980年6月19日合同之债的法律适用公约的法律》第1条第1款同意德国批准《罗马公约》,但其第1条第2款又明确规定,《罗马公约》第1~21条在德国没有直接适用的效力。通过《对国际私法进行重新规定的法律》,《罗马公约》的绝大部分实质性内容被转化为《民法典施行法》第6条、第11条、第12条以及第27~37条等条款。但在转化《罗马公约》时,德国并不是将公约第1~21条内容原文照搬地纳入《民法典施行法》,而是根据立法编排的需要进行了技术处理,并视情况采取了多种转化措施,使公约有些条款在转化后保持原有内

① Entwurf eines Gesetzes zur Neuregelung des Internatioanlen Privatrechts, BR-Drucksache 222/83.

② Gesetzesentwurf der Bundesregierung zu dem Übereinkommen vom 19.6.1980 über das auf vertragliche Schuldverhältnisse anzuwendende Recht, Drucksache 10/503 vom 20.10.1983.

③ Gesetz zur Neuregelung des Internationalen Privatrechts vom 25.7.1986, BGBl. I 1986, S. 1142.

④ Gesetz vom 25.7.1986 zu dem Übereinkommen von 19.6.1980 über das auf vertragliche Schuldverhältnisse anzuwendende Recht, BGBl II 1986, S. 809.

容和体系,有些条款在内容上一致但在表述上与公约有所偏离,也有些条款没有被完全转化甚至根本未转化,还有些条款经转化后,从仅适用于合同领域扩展为适用于整个冲突法领域。[①]

2. 实施《罗马公约》对德国国际私法立法的影响

德国上述将《罗马公约》主要条款纳入《民法典施行法》的实施方式,在所有缔约国中是独一无二的。[②] 无论是 1983 年 5 月 11 日的政府草案还是 1986 年 7 月 25 日颁布的《对国际私法进行重新规定的法律》,其中有关《罗马公约》的实施方式始终是各界关注的焦点,学术界也为此进行了长期论战。

以马克斯—普朗克外国私法与国际私法研究所、冯·霍夫曼教授和拜茨克(Günther Beitzke)教授等为代表的反对派认为,将《罗马公约》纳入《民法典施行法》的实施方式,在内容和体系上均偏离了公约,达不到统一效果,也不符合公约的统一化理念。[③] 科勒(Christian Kohler)博士也从国际法的角度对这种实施方式表示怀疑,认为其违背了在公约适用范围内尽可能实现统一的义务。[④] 还有学者从合同冲突

① 邹国勇:《德国国际私法的欧盟化》,法律出版社 2007 年版,第 94 ~ 100 页; Vgl. Helene Boriths Müller, *Die Umsetzung der europäischen Übereinkommen von Rom und Brüssel in das Recht der Mitgliedstaaten* (1997),S. 118 – 125。

② Jörg Pirrung, Die Einführung des EG-Schuldvertragsübereinkommen in die nationale Rechte, Christian von Bar (hrsg.), *Europäisches Gemeinschaftsrechts und Internationales Privatrecht*(1991),S. 69.

③ Kodifikation des deutschen Internationalen Privatrechts-Stellungnahme des Max-Plank-Instituts für ausländisches und internationales Privatrecht zum Regierungsentwurf eines Gesetzes zur Neuregelung des internationalen Privatrechts, *RabelsZ* 47(1983),S. 665 – 667; Bernd von Hoffmann, Empfiehlt es sich, das EG-Überinkommen über das auf vertragliche Schuldverhältnisse anzuwendende Recht in das deutsche IPR-Gesetz zu inkorporieren? *IPRax* 1984, S. 10 – 13; Erik Jayme/Christian Kohler, Das Internationale Privatrecht und Verfahrensrecht der EG-Stand 1989, *IPRax* 1989, S. 337 – 346; Abbo Junker, Die einheitliche europäische Auslegung nach dem EG-Schuldvertragsübereinkommen, *RabelsZ* Bd. 55(1991), S. 674, 691.

④ Kohler, Kein Weg zur Rechtsvereinheitlichung-Zur Übernahme des EG-Übereinkommen v. 19. 6. 1980 über das auf vertragliche Schuldverhältnisse anzuwendende Recht, *Europarecht* 19(1984),S. 155ff.

法规范的角度对这种实施方式进行了批评，认为《民法典施行法》第29条有关消费者合同的规定和《罗马公约》第5条一样所涉及的领域非常有限，没有全面规定消费者合同的法律适用问题。[①] 欧洲经济共同体委员会也担心德国将《罗马公约》的条款纳入《民法典施行法》后，会因为表述上的变化以及转化不完整等情况而破坏、瓦解共同体统一的规则体系，致使欧共体法院的解释权对德国无效。[②]

尽管如此，德国学术界大多赞成联邦政府实施《罗马公约》的方式。在审议《对国际私法进行重新规定的法律（政府草案）》期间，德国国际法学会（Deutsche Gesellschaft für Völkerrecht）专门举行了一次学术研讨会，重点讨论如何将《罗马公约》纳入德国法的问题，并决定支持联邦政府所采取的方式。[③] 皮嵘（Jörg Pirrung）教授也指出，指责联邦政府将《罗马公约》纳入《民法典施行法》的实施方式违背国际法是站不住脚的，因为在谈判起草公约时各国代表就已明确提出，如何将公约条款纳入本国法由各国自行决定，再者《罗马公约》也不是以《建立欧洲经济共同体条约》第220条为基础制定的，德国没有直接适用《罗马公约》的义务。[④] 德国国际私法参议会第二委员会主任索嫩贝尔格（Hans Jürgen Sonnenberger）教授则对《民法典施行法》第27～37条规定给予了高度评价：

“在《民法典施行法》第27～37条制定债务合同的冲突规范是1986年德国国际私法改革的一个重点。就债务合同法而言，它在两方面产生了质的飞跃：一方面，在确定合同准据法时大量采用当事人意思

---

① Schulte-Nölke/Schulze（Hrsg.），*Rechtsangleichung und nationale Privatrechte*，1999，S. 353ff.

② Empfehlung der Kommission der Europäischen Gemeinschaften vom 15. 1. 1985 betreffend das Übereinkommen vom 19. 6. 1980 über das auf vertragliche Schuldverhältnisse anzuwendende Recht，*IPRax* 1985，S. 178－180.

③ F. Matscher/K. Siehr/J. Delbrück，Multilaterale Staatsverträge erga omnes und deren Inkorporation in nationale IPR-Kodifikationen—Vor-und Nachteile einer solchen Rezeption，Berichte der Deutschen Gesellschaft für Völkerrecht Heft 27，Heidelberg，1986.

④ Jörg Pirrung，Die Einführung des EG-Schuldvertragsübereinkommen in die nationale Rechte，Christian von Bar（hrsg.），*Europäisches Gemeinschaftsrechts und Internationales Privatrecht*（1991），S. 53.

自治原则和最密切联系原则这两个重要连结点;另一方面,通过《罗马公约》,德国有关债务合同的规定从整体上提升到欧盟层面,这样,欧共体所有成员国法院在确定合同之债的准据法时原则上能做出一致的裁决。”①

再从德国国际私法的立法史来分析,在1896年《民法典施行法》第7~31条有关国际私法的条款中,除了第7条有关自然人行为能力的规定以及第11条有关法律行为形式有效性的规定与合同有关以外,再也找不到涉及债务合同的冲突规范,《对国际私法进行重新规定的法律》第一次将《罗马公约》一系列冲突规范纳入《民法典施行法》,使之成为德国制定法一部分,填补了德国在合同之债方面的国际私法立法空白。② 在内容上,同以前的德国国际私法相比,《民法典施行法》有关合同之债的冲突规范有了很多变化和进步,并受到企业实务界的欢迎。③

最后,在《罗马公约》于1991年正式生效以前,其主要条款就已在法国、英国、意大利、卢森堡、比利时、丹麦等国转化为国内法。④ 例如,意大利早在1984年12月18日就已通过第975号法令使该公约在该国生效,并在1995年5月31日第218号法——《意大利国际私法制度改革法》第57条再次明确规定:“无论何种情况,合同之债适用1980年6月19日《关于合同之债法律适用的罗马公约》。”虽然德国将《罗马公约》主要内容纳入《民法典施行法》时进行了立法技术上的处理,但从总体上看,1986年修订后的《民法典施行法》中的合同冲突法规范与

① Hans Jürgen Sonnenberger, Das Internationale Privatrecht im dritten Jahrtausend-Rückblick und Ausblick, *ZVglRWiss* 100(2001), S. 114.

② Werner Lorenz, Vom alten zum neuen internationalen Schuldvertragsrecht, *IPRax* 1987, Heft 5, S. 269.

③ Otto Sandrock, Die Bedeutung des Gesetzes zur Neuregelung des Internationalen Privatrechts für die Unternehmenspraxis, *Recht der Internationalen Wirtschaft* (RIW) 1986, Heft 11, S. 855.

④ Vgl. Jörg Pirrung, Die Einführung des EG-Schuldvertragsübereinkommen in die nationale Rechte, Christian von Bar (Hrsg.), *Europäisches Gemeinschaftsrecht und Internationales Privatrecht*(1991), S. 21 – 75.

《罗马公约》是基本一致的,同时,德国的合同冲突法制度与欧盟其他国家基本上实现了统一。在德国国际私法立法史上,这是一次重大的突破与发展。

## 二、欧盟消费者保护指令中第三国条款在德国的转化——《民法典施行法》第29a 条的形成和发展

### (一)欧盟消费者保护指令中第三国条款

1980 年《罗马公约》第5 条虽然从冲突法上对消费者合同做了专门规定,但该规定本身并不完善,对于住宅的分时使用权合同、消费者合同中的不公平条款等存在规范上的缺失。[①] 为了弥补《罗马公约》的不足,使成员国在某些领域的消费者保护法律规定趋同化,欧洲经济共同体(欧盟)自20 世纪80 年代以来先后发布了一系列涉及合同法律适用的消费者保护指令,主要有:(1)1993 年4 月5 日《关于消费者合同中不公平条款的第93/13 号指令》(以下简称《第93/13 号指令》;[②](2)1994年10 月26 日《关于不动产分时段使用权的第94/47 号指令》(以下简称《第94/47 号指令》);[③](3)1997 年5 月20 日《关于在订立远程销售合同时给予消费者保护的第97/7 号指令》(以下简称1997 年《远程销售指令》);[④](4)1999 年5 月25 日《关于消费品买卖和消费品

---

① Dagmar Coester-Waltjen, Der Eskimo-mantel aus Spanien — Ist der kollisionsrechtliche Verbraucherschutz zu kurz gestrickt? *Festschrift Werner Lorenz*(1991), S. 297.

② Richtlinie 93/13/EWG des Rates der Europäischen Gemeinschaften über mißbräuchlichen Klauseln in Verbraucherverträgen vom 5. April 1993, ABl. EG 1993 Nr. L 95, S. 29 – 34.

③ Richtlinie 94/47/EG des Europäischen Parlaments und des Rates der Europäischen Gemeinschaften zum Schutz der Erwerber im Hinblick auf bestimmte Aspekte von Verträgen über den Erwerb von Teilzeitnutzungsrechten vom 26. Oktober 1994, ABl. EG 1994 Nr. L 280, S. 83 – 87.

④ Richtlinie 97/7/EG des Europäischen Parlaments und des Rates über den Verbraucherschutz bei Vertragsabschlüssen im Fernabsatz vom 20. Mai 1997, ABl. EG 1997, Nr. L 144, S. 19.

担保的某些方面的第99/44号指令》(以下简称《第99/44号指令》;[①]
(5)2002年9月23日《关于向消费者提供远程融资服务第2002/65号指令》[②](以下简称《第2002/65号指令》);(6)2008年4月23日《关于消费者信贷合同并废除欧洲经济共同体理事会第87/102号指令的第2008/48号指令》(以下简称《第2008/48号指令》)。[③]

为了不因适用某个非成员国的法律而剥夺这些指令给予消费者的保护,这些指令均规定了一项第三国条款。例如,为保护消费者利益,《第93/13号指令》第6条第2款规定:"假如选择了第三国法律作为适用于合同的法律,但是该合同与成员国有密切联系,则成员国应采取必要措施,以免消费者被剥夺本指令所给予的保护。"《第94/47号指令》也允许成员国在不违反《欧洲共同体条约》义务的前提下通过或保留更有利于保护受让人的规定。该指令第9条规定,只要不动产位于欧盟成员国境内,不管适用的是当事人选择的法律还是依客观连结点确定的法律,如果其消费者保护未达到该指令的水准,消费者不得被剥夺该指令所给予的保护。因此,欧盟境内不动产分时使用合同的受让人,不管当事人的惯常居所位于何处,均受该指令保护。此外,1997年《远程销售指令》、《第99/44号指令》、《第2002/65号指令》和《第2008/48号指令》均含有与前述内容一样的第三国条款。这些指令经成员国转化为国内法后,使各国的消费者合同法律适用规则在某些领域实现了趋同化。

(二)欧盟消费者保护指令在德国的转化

为转化上述消费者保护指令,德国联邦立法机关对原有法律进行

---

① Richtlinie 99/44/EG des Europäischen Parlaments und des Rates zu bestimmten Aspekten des Verbrauchsgüterkaufs und der Garantien für Verbrauchsgüter vom 25. Mai 1999, ABl. EG 1999 Nr. L 171, S. 12 – 16.

② Richtlinie 2002/65/EG des Europäischen Parlaments und des Rates vom 23. September 2002 über den Fernabsatz von Finanzdienstleistungen an Verbraucher ung zur Änderung der Richtlinie 90/619/EWG des Rates und der Richtlinien 97/7/EG und 98/27/EG. ABl. EG 2002 Nr. L271, S. 16 – 24.

③ Richtlinie 2008/48/EG des Europäischen Parlaments und des Rates vom 23. April 2008 über Verbraucherkredit-verträge und zur Aufhebung der Richtlinie 87/102/EWG des Rates. ABl. L133 vom 22. 5. 2008, S. 66.

了一系列的修订,这些指令中的法律适用规则经转化逐步形成和演化为《民法典施行法》第29a条规定。

1.《第93/13号指令》在德国的转化

1993年4月5日《第93/13号指令》是欧盟保护消费者利益的最重要立法之一,被视为消费者合同法向"欧盟化"方向发展的一个重要步骤。① 为了转化该指令,德国通过1996年7月19日立法②第1条第1项和第2项对1976年《一般交易条件规制法》第12条进行了修订。由于将该指令第6条第2款转化为《一般交易条件规制法》第12条在法律上不具有很强的说服力,因此该条款后来被2000年6月30日生效的《民法典施行法》第29a条所取代,失去了法律效力。

2.《第94/47号指令》在德国的转化

为了保护消费者合法权益,《第94/47号指令》允许成员国在不违反《欧洲共同体条约》义务的前提下通过或保留更有利于保护受让人的规定。为了转化该指令第9条规定并对住宅的分时使用权问题进行规制,德国于1996年12月20日颁布了《分时居住权法》。③《分时居住权法》第8条规定,如果合同受外国法支配,只要满足一定条件,就可以适用德国法,不仅排除了第三国法律,连欧盟其他成员国的法律也被排除在外。由于该条款旨在单方面地保护德国受让人的合法权益,因此,有学者担心将该条单边冲突规范纳入现有冲突法体系会引起某些麻烦。④

3.1997年《远程销售指令》在德国的转化

对于通过远程通讯工具所实施的法律行为,1997年《远程销售指令》允许各成员国制定更严格的消费者保护条款,并在第12条第2款规定了与《第93/13号指令》内容一样的第三国条款。由于德国以前转化欧盟消费者保护指令的规定分散在不同单行法中,这样不仅会与

---

① 杜志华:"欧盟消费合同不公平条件指令评析",载《法学评论》2004年第5期。

② BGBl. I, S. 1013.

③ Gesetz über die Veräußerung von Teilzeitnutzungsrechten an Wohngebäuden (Teilzeit-Wohnrechtsgesetz-TzWrG) vom 20. 12. 1996, BGBl. I, S. 2154.

④ Erik Jayme, Neues Internationales Privatrecht für Timesharing-Verträge—zum Teilzeit-Wohnrechtsgesetz vom 20. 12. 1996, IPR 1997, Heft 4, 233ff.

《罗马公约》的规定产生冲突,而且也会使法律适用者感到无所适从。[①] 为了避免在转化《远程销售指令》时发生这种情况,德国于 2000 年 6 月 27 日颁布了《远程销售法》,[②]不仅在《民法典施行法》中增设了专门调整特殊领域消费者保护的第 29a 条,修改了《民法典施行法》第 36 条、第 37 条和第 229 条规定,还废除了《一般交易条件规制法》第 12 条和《分时居住权法》第 8 条规定。这次新增的《民法典施行法》第 29a 条将上述三个指令中的第三国条款纳入同一部法律中,为这些特殊领域的消费者合同制定了统一的冲突法规则。[③] 根据 1980 年《罗马公约》第 20 条,《民法典施行法》第 29a 条的效力优先于《民法典施行法》第 29 条规定。当合同满足《民法典施行法》第 29a 条第 1 款和第 2 款的条件时,即与欧盟成员国或者《欧洲经济区协定》缔约国[④]领域存在"密切联系"时,欧盟的消费者保护规定优先适用。如果当事人未选择合同应适用的法律,则不适用《民法典施行法》第 29a 条,而必须依照《民法典施行法》第 28 条和第 29 条确定合同的准据法。

4.《第 99/44 号指令》在德国的转化

《第 99/44 号指令》第 7 条第 2 款也规定了一个与《第 93/13 号指令》第 6 条第 2 款、《远程销售指令》第 12 条第 2 款内容相同的第三国条款。为了按时转化《第 99/44 号指令》等指令,摒除德国《民法典》中债法部分的结构性缺陷,德国于 2001 年 11 月 26 日颁布了《债法改革法》,[⑤]进行了自 1900 年以来规模最大的一次债法改革,从根本上改变

---

① R. Freitag/S. Leible, Ergänzung des kollisionsrechtlichen Verbraucherschutzes durch Art. 29a EGBGB, EWS 2000, Heft 8, S. 342.

② Gesetz über Fernabsatzverträge und andere Fragen des Verbraucherrechts sowie zur Umstellung von Vorschriften auf Euro vom 27. 6. 2000, BGBl. I, S. 897.

③ Gerhard Kegel / Klaus Schurig, *Internationales Privatrecht*(9. Auflage, Verlag C. H. Beck München, 2004), S. 677.

④ 《欧洲经济区协定》(Abkommen über den Europäischen Wirtschaftsraum)缔约国包括欧盟成员国和冰岛、挪威和列支敦士登 3 国。根据 1992 年 5 月 2 日签署的《欧洲经济区协定》,欧盟颁布的条例和指令不仅适用于欧盟成员国,也适用于《欧洲经济区协定》缔约国。《欧洲经济区协定》还规定,该协定的缔约国有义务将欧盟成员国的法律视同本国法,反之亦然。

⑤ Gesetz zur Modernisierung des Schuldrechts vom 26. 11. 2001, BGBl. I, S. 3138.

了已有100年历史的德国《民法典》原貌。[1]《债法改革法》修订了《民法典施行法》第29a条第3和第4款,并将《关于消费品买卖和担保的第99/44号指令》[2]增补为《民法典施行法》第29a条第4款第4项。

5.《第2002/65号指令》在德国的转化

《第2002/65号指令》旨在欧盟层面上制定统一的远程融资服务规则,弥补《远程销售指令》在此方面的立法空白。[3] 为转化《第2002/65号指令》,德国于2004年12月2日颁布了《修订有关融资服务中的远程销售合同规定的法律》,[4]对《民法典》、《民法典施行法》等6部法律进行了修订,将《关于向消费者提供远程融资服务的第2002/65号指令》增补为《民法典施行法》第29a条第4款第5项。

作为转化欧盟一系列消费者保护指令的产物,德国《民法典施行法》第29a条在立法上避免、消除了特殊领域消费者合同法律适用规范的分散和混乱状态,形成了统一的消费者合同冲突法规范,不仅使其统一性得到实质性保障,同时也使德国的国际消费者合同法律适用规范日益欧盟化。[5]

## 三、德国与欧盟保险合同冲突法的趋同化

### (一)欧盟保险指令中的合同法律适用规范

世界各国的保险法因受不同因素的影响,在内容和形式上都千差万别,不仅大陆法系和英美法系国家的保险法差别巨大,即使是大陆法

---

① 吴越:"德国债法改革对中国未来民法典的影响(代序)",载朱岩编译:《德国新债法条文及官方解释》,法律出版社2003年版。

② Richtlinie 99/44/EG des Europäischen Parlaments und des Rates zu bestimmten Aspekten des Verbrauchsgüterkaufs und der Garantien für Verbrauchsgüter vom 25. Mai 1999, ABl. EG 1999 L171, S. 12 – 16.

③ Helmut Heiss, Die Richtlinie über den Fernabsatz von Finanzdienstleistungen an Verbraucher aus Sicht des IPR und des IZVR, *IPRax* 2003, Heft 2, S. 100 – 103.

④ Gesetz zur Änderung der Vorschriften über Fernabsatzverträge bei Finanzdienstleistungen vom 2. Dezember 2004, BGBl 2004 I, S. 3102 – 3111.

⑤ R. Freitag/S. Leible, Ergänzung des kollisionsrechtlichen Verbraucherschutzes durch Art. 29a EGBGB, EWS 2000, Heft 8, S. 350.

系各国之间以及英美法系国家之间的保险法也同样迥然各异。[①] 加上各国合同法之间的巨大差异,导致国际保险合同法律冲突时有产生。为了建立单一保险市场,使各国的保险法趋同化,欧共体(欧盟)理事会根据《欧洲共同体条约》有关规定,分阶段地发布了一系列有关人寿保险和非人寿保险的指令,主要有:(1)1973年7月24日《第一非人寿保险指令》[②]和1979年3月5日《第一人寿保险指令》;[③](2)1988年6月22日《第二非人寿保险指令》[④]和1990年11月8日《第二人寿保险指令》;[⑤](3)1992年6月18日《第三非人寿保险指令》[⑥]和1992年11月10日《第三人寿保险指令》;[⑦](4)2002年3月5日《第2002/12号指

---

① 马永伟主编:《各国保险法规制度对比研究》,中国金融出版社2002年版,第4页以下。

② Erste Richtlinie73/239/EWG des Rates vom 24. Juli 1973 zur Koordinierung der Rechts-und Verwaltungsvorschriften betreffend die Aufnahme und Ausübung der Tätigkeit der Direktversicherung(mit Ausnahme der Lebensversicherung), ABl. EG L 228 vom 16. 8. 1973, S. 3.

③ Erste Richtlinie 79/267/EWG des Rates Vom 5. März 1979 zur Koordinierung der Rechts und Verwaltungs-vorschriften über die Aufnahme und Ausübung der Direktversicherung(Lebensversicherung), ABl. EG L 63 vom 13. 3. 1979, S. 1.

④ Richtlinie 88/357/EWG des Rates vom 22. 6. 1988 zur Koordinierung der Rechts- und Verwaltungsvorschriften für die Direktversicherung (mit Ausnahme der Lebensversicherung) und zur Erleichterung der tatsächlichen Ausübung des freien Dienstleistungsverkehrs sowie zur Änderung der Richtlinie 73/239/EWG (Zweites Schadensversicherungsrichtlinie), ABl. EG 1988 L172, S. 1.

⑤ Richtlinie 90/619/EWG des Rates vom 8. 11. 1990 zur Koordinierung der Rechts- und Verwaltungsvorschriften für die Direktversicherung und zur Erleichterung der tatsächlichen Ausübung des freien Dienstleistungsverkehrs sowie zur Änderung der Richtlinie 79/267/EWG(Zweites Lebensversicherungsrichtlinie), ABl. EG 1992, L 330, S. 50.

⑥ Richlinie 92/49/EWG des Rates vom 18. 6. 1992 zur Koordinierung des Rechts-und Verwaltungsvorschriften für die Direktversicherung(mit Ausnahme der Lebensversicherung) sowie zur Änderung der Richtlinie 73/239/EWG und 88/357/EWG (Dritte Schadensversicherung-Richtlinie), ABl. EG 1992 L 228, S. 1.

⑦ Richlinie 92 /96 / EWG des Rates vom 10. 11. 1992 zur Koordinierung des Rechts- und Verwaltungsvorschriften für die Direktversicherung sowie zur Änderung der Richtlinie 79/267/EWG und 90/619/EWG(Dritte Schadensversicherung-Richtlinie), ABl. EG 1992 L 360 vom 9. 12. 1992, S. 1.

令》和《第 2002/13 号指令》;(5)2002 年 11 月 5 日《关于人寿保险的第 2002/83 号指令》(以下简称《第 2002/83 号指令》。[①] 这些指令在一定程度上协调了成员国的保险监管法律制度,但在保险合同的实体法统一方面并无很大建树,各国仍实施不同的法律规则。[②]

为解决成员国之间的保险合同法冲突,1988 年《第二非人寿保险指令》第 7 条和 1990 年《第二人寿保险指令》第 4 条分别对非人寿保险合同和人寿保险合同的法律适用做了非常细的规定。1992 年《第三非人寿保险指令》第 27 条沿袭并发展了《第二非人寿保险指令》第 7 条规定,允许当事人在签订承保"大风险"(Großrisiken)[③]的保险合同时自由选择应适用的法律,从而扩大了当事人选择准据法的范围。《第 2002/83 号指令》第 32 条则基本重复了《第二人寿保险指令》第 4 条的规定。这些规定构成了欧盟保险合同冲突法的主要法律基础,但其仅适用于由欧盟成员国境内的保险公司签订的、风险位于欧盟成员国境内的保险合同,再保险合同以及承保位于欧盟成员国境外的风险的保险合同仍由《罗马公约》调整。分析欧盟保险指令有关合同准据法的具体规定,可以总结出其法律适用原则主要有:

1. 适用投保人惯常居所地或者管理中心所在地法律

由于投保人对自己住所地或管理中心所在地的法律较为熟悉,对自己订立保险合同的权利义务关系最为清楚,因此,《第二非人寿保险指令》第 7 条和《第 2002/83 号指令》第 32 条均规定可以选择适用投保人惯常居所地或者管理中心所在地法律的规定。就承保普通风险的非人寿保险合同而言,《第二非人寿保险指令》第 7 条第 1 款 a)、b)、c)项规定,当投保人的惯常居所或管理中心位于风险所在的成员国境内时,

---

① Richtlinie 2002/83/EG des Europäischen Parlaments und des Rates Vom 5. 11. 2002 über Lebensversicherung, ABl. EG L 345 vom 19. 12. 2002, S. 1.

② Petra Zobel, *Der Weg zu einem einheitlichen europäischen Versicherungsvertragsrecht vom 5. und 6. Arbeitstreffen der Gruppe*, *Restatement of European Insurance Contract Law*, IPRax 2004, Heft 2, S. 170.

③ 根据《第一非人寿保险指令》第 5 条和《第二非人寿保险指令》第 5 条的有关规定,"大风险"包括运输保险、与商事交易有关的信贷和保证金风险、投保人符合一定条件时的火灾和其他财产损失。没有纳入上述范围的风险则属于"普通风险"。

保险合同应适用该成员国的法律；反之，当投保人惯常居所或管理中心不在风险所在的成员国境内时，合同当事人既可以选择适用风险所在的成员国法律，也可以选择投保人惯常居所或管理中心所在地国法律。当投保人从事商业、工业活动或自由职业，并且合同所承保的风险是与这些活动有关并且位于不同成员国境内的两种或多种风险时，选择合同准据法的自由应扩及这些风险所在的成员国法律以及投保人惯常居所或管理中心所在地国法律。对于人寿保险合同，《第 2002/83 号指令》第 32 条规定，人寿保险合同的准据法应是承诺地成员国的法律，即投保人的惯常居所地或管理中心所在地的成员国法律。①

2. 有限的当事人意思自治原则

为了保护投保人的利益，除了承保大风险的非人寿保险合同的当事人可以选择任何国家的法律之外，欧盟保险指令对人寿保险合同以及承保普通风险的非人寿保险合同当事人选择法律的自由进行了必要的限制。对于人寿保险合同，当事人只能根据《第 2002/83 号指令》第 32 条第 1 款和第 2 款规定在投保人的惯常居所地国法、国籍国法或者保险人营业所所在地国法中选择合同准据法，而且当事人选择法律的权利还受到第 4 款和第 5 款的制约；就在非人寿保险合同而言，尽管《第二非人寿保险指令》第 7 条第 1 款 a ~ e 项均赋予当事人可以选择合同准据法的自由，但我们仔细分析，就可以发现，当事人自由选择的法律仅限于与保险合同有密切联系的投保人的惯常居所地或者管理中心所在地国法、风险所在地国法或者构成风险的事件可能发生地国法等法律。此外，这种法律选择的自由不得排除与案件所有因素有关的成员国以及审理案件的成员国的强制性法律规定的适用。

3. 最密切联系原则

《第二非人寿保险指令》第 7 条第 1 款 h 项规定，当事人的法律选择必须是明示的，通过合同条款或案件情形明确地体现出来；如果选择不明确或没有选择，保险合同应适用与其有最密切联系的国家的法律。

---

① 根据《第 2002/83 号指令》第 1 条第 1 款 g 项，如果投保人为自然人，则承诺地是指投保人的惯常居所地所在的成员国；如果投保人为法人，则为该法人与合同有关的机构所在地，包括公司的管理总部、代理机构或分支机构。

指令中的最密切联系地主要是投保人的惯常居所地、管理中心地、承保的风险所在地或保险事故发生地。该条款还允许在一定条件下对合同进行分割适用法律。如果合同的某个部分可与其他部分分割并且与其他国家有更密切联系,则作为例外,该合同的特定部分可适用该其他国家的法律。

4. 适用强制性规则

根据《第二非人寿保险指令》第 7 条第 1 款 g 项和第 2 款第 1、2 段以及《第 2002/83 号指令》第 32 条第 4 款规定,无论是根据意思自治原则还是根据最密切联系原则所确定的合同准据法,在下列情况下,都可能会因适用强制性规则而被限制适用:(1)在选择法律时,案件的所有其他因素均在同一个成员国境内,则当事人选择法律的事实不得损害该成员国强制性法律规定的适用;(2)审理案件的法院地国的强制性规定无论如何都应予以适用;(3)适用风险所在的成员国或者课加强制保险义务的成员国的强制性法律规定。强制性规则的适用限制了保险合同当事人选择准据法的自由,在客观上也妨碍了保险服务的自由流动。

5. 适用国际法律冲突规则解决区际法律冲突

对于区际法律冲突的解决,《第二非人寿保险指令》第 7 条第 1 款第 2 段和《第 2002/83 号指令》第 32 条第 3 款采用了与解决国际法律冲突基本相同的规则予以解决。它们均规定,当一个国家由多个领土单位组成,且各领土单位在合同之债方面都有自己的法律规则,则各领土单位应被视为一个国家。这样规定的好处在于,尽量减少因各区域私法规则的适用带来保险合同权利与义务上的不确定性,给予投保人以最大程度的保护。[①]

6. 适用国际私法的一般规则

《第二非人寿保险指令》第 7 条第 3 款、《第 2002/83 号指令》第 32 条第 5 款均有关于法律适用的补充规定,即成员国在保险合同方面应适用与合同之债有关的一般国际私法规则。例如,1980 年《罗马公约》

---

① 温树英:"论欧盟保险指令中的法律适用规则",载《中国国际私法与比较法年刊》(第 11 卷),北京大学出版社 2008 年版,第 347 页。

作为合同冲突法的统一规则,在成员国对保险合同的法律适用未做规定时,可以作为一般国际私法规则予以适用。

欧盟保险指令为各成员国制定了统一的保险合同冲突法制度,在限制当事人选择法律的自由、增强法律选择的确定性、保护投保人的利益等方面发挥了一定作用。

(二)欧盟保险指令中的合同法律适用规范在德国的转化

根据德国以前的《保险监管法》(Verischerungsaufsichtgesetz)第106条第2款,外国保险企业必须在德国设立营业所,而不能通过德国经纪人或者代理人从事保险业务。对于保险合同,《保险监管法》规定了统一的一般保险条款,排除了当事人自由选择法律的可能性,而只能以保险企业的营业所所在地为连结点确定准据法,这样保险合同实际上只能适用德国法。[①] 真正促使德国编纂国际保险合同法的是欧洲法院1986年12月4日所做的裁决。[②] 在该裁决中,欧洲法院裁定,德国《保险监管法》有关外国保险企业必须设立营业所的规定违背了《欧洲经济共同体条约》的服务自由原则。欧洲法院裁决之后,德国废除了外国保险人必须在德国设立营业所才能从事保险业务的强制性规定,从而扫除了影响订立跨境保险合同的法律障碍。1980年《罗马公约》经由1986年7月25日《对国际私法进行重新规定的法律》转化为《民法典施行法》第27~37条后,再保险合同以及承保位于欧洲经济共同体成员国领域外的风险的合同,适用《民法典施行法》第27~36的规定。但是,承保位于欧盟领域内的风险的直接保险合同应如何适用法律,仍是德国立法的空白。转化欧盟保险指令中的保险合同法律适用规范为德国国际保险合同法的系统编纂提供了契机。

1988年《第二非人寿保险指令》要求各国在1989年12月30日之前完成转化,并在24个月内(即1990年6月30日之前)予以实施。为转化《第二非人寿保险指令》,德国于1990年6月28日颁布了《关于实

---

① Jürgen Basedow/Wolfgang Drasch, Das neue Internationale Versicherungsvertragsrecht, NJW 1991, S. 786.

② EuGH, Slg. 1986, S. 3755 = Rs 205/84 4.12.1986, VersR 1986, S. 1225.

施欧洲共同体理事会保险法指令的第二立法》。[①] 该立法第 3 条为将《第二非人寿保险指令》第 7 条规定转化为国内法，对 1908 年 5 月 30 日《保险合同法施行法》[②]进行了修订，在《保险合同法施行法》中增补了第 2 章“欧洲国际保险合同法”（第 7～15 条），分别调整“适用范围”、“法定连结点”、“可供选择的法律”、“法律选择的扩展”、“缺乏法律选择时应适用的法律”、“强制保险”、“健康医疗保险”、“多重保险时的诉讼地位”和“对《民法典施行法》的指引”等问题，这些新规定于 1990 年 7 月 1 日生效。

为转化 1990 年《第二人寿保险指令》和 1992 年《第三非人寿保险指令》的法律适用规范，德国又于 1994 年 7 月 21 日通过了《关于实施欧洲共同体理事会保险法指令的第三立法》，[③]并于 1997 年 7 月 29 日生效。该立法第 3 条修订了《保险合同法施行法》第 2 章“欧洲国际保险合同法”的有关内容，对《保险合同法施行法》第 7 条第 1 款、第 13～15 条进行了重新表述，修改了第 8 条、第 10 条第 1 款，在第 9 条中增加了第 5 款。该立法一方面扩大了《保险合同法施行法》的适用范围，不仅适用于承保共同体成员国领域内的风险的保险合同，也适用于承保《欧洲经济区协定》缔约国——冰岛、挪威和列支敦士登——领域内的风险的保险合同，[④]另一方面也填补了德国以前在承保欧盟领域内风险的国际保险合同方面无成文冲突规范的立法空白。需要指出的是，《保险合同法施行法》第 2 章标题之所以为“欧洲国际保险合同法”，并

---

① Gesetz zur Durchführung versicherungsrechtlicher Richtlinien des Rates der Europäischen Gemeinschaften (Zweites Durchführungsgesetz/EWG zum VAG) vom 28. 6. 1990, BGBl. I, S. 1249.

② Einführungsgesetz zum Versicherungsvertragsgesetz (EGVVG) vom 30. Mai 1908, RGBl. I, S. 305.

③ 3. Gesetz zur Durchführung versicherungsrechtlicher Richtlinien des Rates der Europäischen Gemeinschaften vom 21. 7. 1994, BGBl. I, S. 1630.

④ 需要说明的是，由于 2002 年《关于人寿保险的第 2002/83 号指令》第 32 条有关人寿保险合同法律适用的规定与《第二人寿保险指令》第 4 条完全相同，而《第二人寿保险指令》的法律适用股规则已被转化为《保险合同法施行法》相关条款，因此，德国没有必要转化《关于人寿保险的第 2002/83 号指令》第 32 条规定，即使要转化为国内法，也不会改变《保险合同法施行法》第 2 章的现有规定。

非特指这些冲突规范具有超国家性,而是说明这些规范来源于欧共体的立法。其实,《保险合同法施行法》第7~15条在性质上也是国内法规范。德国立法者之所以强调这些条款来源于欧共体立法,旨在要求解释《保险合同法施行法》第7~15条必须符合所转化的欧盟指令的相关规定。

(三)转化欧盟保险指令后的德国保险合同冲突法

从上可知,1990年7月1日之后,《保险合同法施行法》第2章(第7~15条)和《民法典施行法》第2章第5节有关合同之债的冲突规范,共同构成了德国国际保险合同法的法律渊源。那么,在解决国际保险合同的法律冲突方面,《民法典施行法》和《保险合同法施行法》是一种什么关系呢?根据《保险合同法施行法》第7条第1款[①]和《民法典施行法》第37条第4项[②]的界定,承保欧盟或《欧洲经济区协定》缔约国领域内的风险的保险合同,适用《保险合同法施行法》第7~14条规定;反之,承保欧盟或《欧洲经济区协定》缔约国领域外风险的保险合同以及再保险合同,适用《民法典施行法》第27~36条规定。例如,某总部在德国的保险公司与住所在瑞士的投保人订立了非人寿保险合同,因承保的风险不在欧盟和《欧洲经济区协定》缔约国领域内,那么合同的准据法依照《民法典施行法》第27~36条确定。反之,如果保险合同承保的风险在欧盟或《欧洲经济区协定》缔约国领域内,则依照《保险合同法施行法》第7~14条确定准据法。另外,根据《保险合同法施行法》第15条,对于国际保险合同中的其他边缘问题(Randfragen),比如保险合同中法律选择的效力、保险合同的成立与效力、冲突规范的解释、指引外国法时审查是否存在反致等问题,均依照《民法典施行法》第27~36条的规定。

① 《保险合同法施行法》第7条第1款规定:"除再保险之外的保险合同,如果承保的是位于欧共体成员国境内或者《欧洲经济区协定》其他缔约国境内发生的风险,则适用以下规定,并且《欧洲经济区协定》的缔约国视同欧共体成员国。"

② 《民法典施行法》第37条第4项规定:"本小节(即第27~37条)的规定不适用于:……(4)承保位于《建立欧洲经济共同体条约》或者《欧洲经济区协定》适用范围内的风险的保险合同,但再保险合同除外。如果需要判定某风险是否位于该区域,则由法院适用其本国法律。"

由于《民法典施行法》第27～37条和《保险合同法施行法》第7～15条分别是德国转化《罗马公约》和欧盟保险指令的结果,而《罗马公约》和欧盟保险指令构成了欧盟保险合同冲突法的主要法律基础,因此,德国和欧盟保险合同冲突法在法律渊源上实现了趋同化。

## 四、《罗马条例Ⅰ》及其对德国合同冲突法的影响

### (一)《罗马公约》向《罗马条例Ⅰ》的嬗变

1980年《罗马公约》在欧盟历史上第一次统一了各国的合同冲突法制度,在实践中也富有成效,在世界范围内产生了广泛的影响。但它具有两个致命的缺陷:其一,它在法律性质上不属于欧洲共同体法,而是欧盟成员国之间缔结的国际条约,因此不能自动地适用于欧盟新成员国。欧盟新成员国要加入《罗马公约》,必须与原成员国签署新的加入公约(如前文提及的《1984年加入公约》、《1992年加入公约》、《1996年加入公约》和《2005年加入公约》),再经过烦琐的国内批准程序才能对其生效。其二,在相当长的时间内,有权解释《罗马公约》的法院级别没有统一规定,虽然《第一布鲁塞尔议定书》和《第二布鲁塞尔议定书》将《罗马公约》的解释权赋予欧洲法院,但这两个议定书因为比利时拖延批准程序迟至2004年8月1日才得以生效。[①] 由于《罗马公约》的上述缺陷以及一些具体条款的诸多不足,[②]渐渐无法满足内部市场对法制统一性的要求,改革其立法形式和实质内容势在必行。

《欧洲联盟条约》于1993年11月1日生效后,欧盟国际私法统一化运动有了新的变化和发展,所涉及的领域也更加广泛。尤其是1997年签署的《阿姆斯特丹条约》将"民事司法合作"从第三支柱"司法与内务合作"转移到第一支柱"欧洲共同体",欧盟理事会有权在民事司法合作领域以制定条例或发布指令等方式采取直接措施,使欧盟国际私

① Stefan Leible/Matthias Lehmann, Die Verordnung über das auf vertragliche Schuldverhältnisse anzuwendende Recht(Rom Ⅰ), Recht der internationalen Wirtschaft, Heft 8/2008, S. 528.

② 有关《罗马公约》不足之处的论述,参见王军、王秀转:"欧盟合同法律适用制度的演进",载《清华法学》2007年第1期。

法统一化最终实现了“共同体化”,[①]也为《罗马公约》转变为欧洲共同体立法奠定了坚实的法律基础。为了贯彻执行《阿姆斯特丹条约》的精神,1998年12月3日,欧盟理事会和委员会通过了《关于最佳实施〈阿姆斯特丹条约〉有关建立一个自由、安全和司法区域的规定的维也纳行动计划》[②](以下简称《维也纳行动计划》)。该计划第40项(b)指出,“必要时可对《关于合同之债的法律适用公约》个别条款进行修订,同时须考虑在其他共同体协定中的特别冲突规则”,并将《罗马公约》列入首先考虑范围。[③] 1999年10月,在芬兰坦培雷举行的欧洲峰会(Tampere European Council)上,该项计划得到与会各国元首的认可。

《阿姆斯特丹条约》生效后,欧盟理事会行使国际私法领域的直接立法权,制定了《关于破产程序的第1346/2000号条例》[④]、《关于民商事管辖权与判决的承认及执行的第44/2001号条例》[⑤](以下简称《布鲁塞尔条例Ⅰ》)、《关于非合同之债法律适用的第864/2007号条例》[⑥](以下简称《罗马条例Ⅱ》)等一系列国际私法立法文件,而《罗马公

---

① See Jürgen Basedow, The Communitarization of the Conflict of Laws under the Treaty of Amsterdam, 37 Common Market Law Review 691(2000).

② Wiener Aktionplan des Rates und der Kommission zur bestmöglichen Umsetzung der Bestimmungen des Amsterdamer Vertrages über den Aufbau eines Raums der Freizeit, der Sicherheit und des Rechts vom 3.12.1998, ABl. EG 1999 Nr. C 19, S. 1.

③ Michael Wilderspin, Die Vergemeinschaftung des internationalen Schuldrechts(Rom I, Rom II): Stand und Perspektiven, *Systemwechsel im europäischen Kollisionsrecht: Fachtagung der Bayer-Stiftung für deutsches und internationales Arbeits-und Wirtschaftsrecht am* 17. *und* 18. *Mai* 2001(Verlag C. H. Beck München, 2002), SS. 77 – 78.

④ Council Regulation (EC) No. 1346/2000 of 29 May 2000 on Insolvency Proceedings, Official Journal L 160, 30/06/2000, p. 1.

⑤ Council Regulation(EC) No. 44/2001 of 22 December 2000on Jurisdiction and Recognition and Enforcement of Judgments in Civil and Commercial Matters, Official Journal L 12, 16/01/2001, p. 1.

⑥ Verodnung(EG) Nr. 864/2007 des Europäischen Parlaments und des Rates vom 11.7.2007 über das auf außervertragliche Schuldverhältnisse anzuwendende Recht, Amtsblatt der EU L199 vom 31.07.2007, S. 40.

约》成为欧盟统一国际私法中被各种欧共体“条例”包围的“孤岛”。[①]为了使《罗马公约》与《欧洲共同体条约》第61条规定的国际私法统一化措施保持更紧密联系，将公约的解释权移交给共同体法院以便于新成员国适用统一的冲突规范，各界纷纷要求将该公约转换成共同体立法。2000年9月15～17日在意大利罗马和甘多尔福堡（Castel Gandolfo）举行的欧洲国际私法工作组年会上，就曾提出了有关修订《罗马公约》第3、5、7条的建议。[②] 为引起各国政府、社会各界人士关注和探讨《罗马公约》转换成共同体立法及其改革的可行性问题，2003年1月14日，欧盟委员会提交了《关于将1980年〈关于合同之债的法律适用公约〉转换为共同体立法及其现代化的绿皮书》（以下简称《绿皮书》）。[③] 该《绿皮书》阐述了欧盟国际合同法的现状、明显不足以及可采取的解决办法，提出了在修订工作中有待于解决的20个问题，以问卷调查的方式征求各国政府以及学术界、经济界、法律实务界的意见和建议。欧盟委员会共收到了来自德国、英国、奥地利、法国、意大利等各国政府和社会各界的80多份书面意见。2004年1月7日，欧盟委员会召开了公开听证会。2004年11月5日，欧盟首脑理事会通过了《关于在欧盟内加强自由、安全和司法的海牙计划》[④]，要求积极推进制定合同之债的法律适用规范的进程。在此基础上，欧盟委员会于2005年12月15日公布了“《罗马条例Ⅰ》草案”。[⑤] 在对该草案进行大量修改

---

① 陈卫佐：“欧共体国际私法的最新发展——关于合同之债准据法的《罗马Ⅰ规则》评析”，载《环球法律评论》2010年第2期。

② Europäische Gruppe für Internationales Privatrecht, *Vorschläge für eine Revision des Europäischen Schuldvertragsübereinkommens*, IPRax 2001, SS. 64－65.

③ Kommission der Europäischen Gemeinschaften: Grünbuch über die Umwandlung des Übereinkommens von Rom aus dem Jahr 1980 über das auf vertragliche Schuldverhältnisse anzuwendende Recht in ein Gemeinschafts-instrument sowie über seine Aktualisierung, KOM (2002) 654 endgültig.

④ Haager Programm zur Stärkung von Freiheit. Sicherheit und Recht in der Europäischen Union, Kom(2005) 184 endg.

⑤ Vorschlag für eine Verordnung des Europäischen Parlaments und des Rates über das auf vertragliche Schuldverhältnisse anzuwendende Recht (Rom Ⅰ) vom 15. 12. 2005, KOM (2005) 650 endg.

的基础上,欧洲议会和欧盟理事会于 2008 年 6 月 17 日在布鲁塞尔通过了《关于合同之债法律适用的第 593/2008 号条例》(罗马条例Ⅰ),[①]并于 2008 年 7 月 4 日在《欧洲联盟官方公报》公布。该条例已于 2008 年 7 月 24 日生效,自 2009 年 12 月 17 日适用于除丹麦之外的欧盟所有成员国。[②]

(二)《罗马条例Ⅰ》对欧盟合同冲突法的发展

《罗马条例Ⅰ》在秉承《罗马公约》合同冲突法制度的基础上,通过对该公约的改造,在适用范围、当事人意思自治、未选择法律时准据法的确定、运输合同和保险合同的法律选择、对强行规则的界定等方面发展了欧盟合同冲突法。

1. 适用范围

为了与 2000 年《布鲁塞尔条例Ⅰ》的适用范围保持一致,《罗马条例Ⅰ》规定其适用于除税收、海关或行政事务之外的所有涉及法律冲突的民商事合同,并将被《罗马公约》排除适用的"承保位于欧洲共同体成员国领域内的风险的保险合同"也纳入其适用范围。在适用范围的排除事项上,《罗马条例Ⅰ》在基本保留《罗马公约》第 1 条第 2 款规定的同时,将"在订立合同前进行谈判而产生的债务"以及"因 2002 年 11 月 5 日《关于人寿保险的第 2002/83 号指令》第 2 条所指企业之外的其他组织所从事的交易而产生的特定保险合同"排除在其适用范围之外。

在时间上,该条例适用于 2009 年 12 月 17 日之后订立的合同。在空间上,《罗马条例Ⅰ》适用于除丹麦之外的欧盟所有成员国,在丹麦

---

① Regulation(EC) No. 593/2008 of the European Parliament and of the Council of 17 June 2008 on the law applicable to contractual obligations(Rome Ⅰ), Official Jounal of European Union L177, 4/7/2008, pp. 6 – 16. 该条例的中译本,参见邹国勇译:"欧洲议会和(欧盟)理事会 2008 年 6 月 17 日关于合同之债法律适用的第 593/2008 号(欧共体)条例",载《中国国际私法与比较法年刊》(第 12 卷),北京大学出版社 2009 年版,第 491 ~ 512 页。

② 根据《罗马条例Ⅰ》序言第 45 项,该条例本不适用于英国,但在该条例生效前,英国又申请参加适用《罗马条例Ⅰ》,欧盟委员会也于 2008 年 12 月 22 日决定同意英国的申请。

和欧盟其他成员国之间仍适用《罗马公约》,这样就在合同冲突法领域出现了《罗马公约》和《罗马条例Ⅰ》并存的局面。加上《布鲁塞尔条例Ⅰ》第2条第1款、第5条对合同争议又规定了不同的管辖权规则,增加了当事人在出现合同争议时"挑选法院"的可能性。

2. 当事人意思自治原则

和《罗马公约》一样,《罗马条例Ⅰ》将当事人意思自治原则作为解决合同法律冲突的基本原则,当事人有权选择、变更选择、分割选择合同准据法。与《罗马公约》要求法律选择具有"合理的确定性"(with reasonable certainty)相比,《罗马条例Ⅰ》加强了选择法律的明确性标准,其第3条第1款要求当事人的法律选择必须是明示的,否则必须"由合同条款或案件情况明确地或清楚地显示出来"(expressly and clearly demonstrated by the terms of the contract or the circumstances of the case),从而更注重法律选择的确定性和法律适用结果的可预见性,限制了法院在决定当事人在选择法律上的自由裁量权。[①] 此外,其序言(12)还把当事人之间将其合同争议提交成员国的一个或多个法院或法庭专属管辖的协议作为默示法律选择的一个考虑因素,无明示法律选择时,对法院的选择可推定为默式选择了法院地法。此种推定规则在《罗马公约》中并无规定,这种推定虽有可能违背当事人意思自治原则,却有助于提高司法效率。[②] 对于当事人能否选择"非国家的法律规则"(non-state rules of Law)的问题,虽然"《罗马条例Ⅰ》草案"持肯定态度,允许当事人选择现代商人法、欧洲合同法原则或《国际商事合同解释通则》等"非国家法律"作为合同准据法,但《罗马条例Ⅰ》最后依然遵循《罗马公约》的做法,只允许当事人选择国家法(national law)。《罗马条例Ⅰ》的这种保守做法违背了当事人意思自治原则的

---

① See Nils Willem Vernooij, Rome Ⅰ: An Update on the Law Applicable to Contractual Obligations in Europe, 15 The Columbia Journal of European Law Online 12 (2009).

② See Ole Lando / Peter Arnt Nielsen, The Rome Ⅰ Regulation, 45 Common Market Law Review 1687, 1699 (2008).

内涵,不符合国际商事的发展趋势,遭到了部分学者的批评。①

3. 未选择法律时准据法的确定方法

根据《罗马公约》,在当事人未选择法律时,最密切联系原则成为确定合同准据法的首要原则,并以"特征性履行"理论作为确定最密切联系的辅助规则。由于最密切联系原则赋予了法院较大的自由裁量权,加之各国对最密切联系的解释不同,在实践中容易导致法律适用的不确定性。为增强法律适用的确定性,《罗马条例Ⅰ》对于当事人未做法律选择时准据法的确定方法进行了重大调整:

(1)将"特征性履行"理论提升为未选择法律时确定合同准据法的主要方法。根据《罗马条例Ⅰ》第4条第1款,对于该条例第5~8条所指的四种特殊合同,优先考虑其法律适用规则;对不属于第5~8条所指四种特殊合同类型的货物销售合同、服务合同等八种合同,分别根据具体的特征性履行规定了合同的法律适用方法。例如,对于货物销售合同、服务合同、分销合同,根据其特征性履行分别适用卖方、服务提供者、分销人的惯常居所地国法;涉及不动产物权或不动产租赁的合同,则适用不动产所在地法。该条例第4条第2款还规定,不属于该条第1款所列合同类型或兼具两种或两种以上合同要素的其他合同,适用提供特征性履行的一方当事人的惯常居所地国法。可见,在《罗马条例Ⅰ》中,"特征性履行"理论已成为当事人未选择法律时确定合同准据法的主要方法,不再是最密切联系原则的补充。

(2)最密切联系原则成为兜底条款。与"特征性履行"理论的"彼长"相比,最密切联系原则的地位却"此消"。前文已述,在《罗马公约》中,最密切联系原则是当事人未选择法律时确定合同准据法的主要原则,但在《罗马条例Ⅰ》中却成为兜底条款,真可谓是"三十年河东,三十年河西"。根据《罗马条例Ⅰ》第4条第4款,如果不能根据第1~2款规定确定合同准据法,合同适用与其有密切联系的国家的法律。

① See Ole Lando / Peter Arnt Nielsen, The Rome Ⅰ Regulation, 45 Common Market Law Review 1694 - 1698 (2008); Katharina Boele-Woelki & Vesna Lazić, Where Do We Stand on the Rome Ⅰ Regulation, Katharina Boele-Woelki/Willem Grosheide (eds.), *The Future of European Contract Law* 27 - 30 (2007).

《罗马条例Ⅰ》之所以如此规定,如同默示法律选择一样,强调的是未选择法律时法律适用结果的确定性、可预见性而非灵活性。①

(3)重新确立了"例外条款"。《罗马公约》第4条第5款第2句已规定了"例外条款",但在实践中法院大量适用"例外条款"减损了该公约推定规则的效力,加大了法律适用的不可预见性。因此,"《罗马条例Ⅰ》草案"曾删除了"例外条款"。但《罗马条例Ⅰ》为避免具体规则和"特征性履行"可能导致的法律适用上的过于僵化,重新确立了"例外条款"。该条例第4条第3款规定:"如果案件的所有情况表明,合同明显地与第1款或第2款所指国家以外的另一国家有更密切联系,则适用该另一国家的法律。"与《罗马公约》第4条第5款的规定相比较,《罗马条例Ⅰ》的要求更加严格,强调了"明显地"(manifestly)这个副词修饰语。这表明《罗马条例Ⅰ》要求法院在适用"例外条款"时必须更为谨慎,避免法院滥用"例外条款"而导致法律适用的不确定性。②

4. 修订和补充了运输合同的法律适用规则

《罗马公约》第4条第4款只规定了货物运输合同的推定规则,即货物运输合同不适用该公约的一般推定规则。对于货物运输合同,如在订立合同时承运人的主要营业所所在地国亦为装运地、卸货地或者发货人主要营业所所在地国,应该推定合同与该国家有最密切联系。但在不具备上述条件时应如何适用法律,《罗马公约》未予以规定。《罗马条例Ⅰ》第5条分别就货物运输合同与旅客运输合同如何适用法律做了专门规定,并在连接点的选择上将《罗马公约》中的承运人主营业地改为承运人惯常居所地。

根据该条例第5条第1款,货物运输合同当事人可以依照第3条选择准据法;未选择法律时,如果收货地、交货地或者发运人的惯常居所地也在承运人的惯常居所地国境内,则适用承运人的惯常居所地国法。若不具备这些条件,则适用双方当事人约定的交货地国法。该条

---

① See Ole Lando/Peter Arnt Nielsen, The Rome I Regulation, 45 Common Market Law Review 1702 – 1703(2008).

② 李凤琴:"欧盟合同之债法律适用制度的新发展",载《时代法学》2010年第2期。

款对《罗马公约》的规定进行了补充,尤其是规定了不具备相关条件时准据法的确定方法,使货物运输合同的法律适用规则更加完整。

该条例第5条第2款增设了有关旅客运输合同的法律适用规则。旅客运输合同的当事人也可以根据第3条选择准据法,但为了保护旅客的利益,该条例第5条第2款第2段对当事人选择法律的范围进行了限制,规定当事人限于选择旅客惯常居所地、承运人惯常居所地、承运人的管理中心地、始发地和目的地所在地国之一的法律作为合同准据法。当事人未选择法律时,如果始发地或者目的地也在旅客的惯常居所地国境内,则适用旅客的惯常居所地国法。若不具备这些条件,则适用承运人的惯常居所地国法。

5. 系统规定了保险合同的法律适用规范

如前文所述,以承保风险所在地为标准,欧盟保险合同的法律适用规则分散规定于《罗马公约》和欧盟保险指令中,这种分散立法的状态经常让各国法院无所适从。加上《罗马公约》和欧盟保险指令的规定非常复杂,要确定保险合同的准据法并不容易。为此,《罗马条例Ⅰ》第7条专门对如何确定保险合同的准据法进行了系统规定,从而改变了《罗马公约》和欧盟保险指令并行调整欧盟保险合同法律适用的状况。①

根据第7条第1款,承保大风险——无论其是否位于成员国境内——的保险合同以及承保位于成员国境内的普通风险的保险合同,都适用该条例第7条的规定;承保的风险不在成员国境内的其他保险合同以及再保险合同,适用该条例的一般规定。

《罗马条例Ⅰ》第7条第2款规定,承保大风险的非寿险合同,可以适用当事人选择的法律;当事人没有选择法律时,适用保险人的惯常居所地国法。如果案件的所有情况表明合同显然与另一国有更密切联系,则适用该另一国法律。

对于承保位于成员国境内的普通风险的保险合同,《罗马条例Ⅰ》第7条第3款规定当事人可以选择下列国家的法律作为准据法:(1)订

---

① 温树英、刘佳佳:“欧盟保险合同法律适用规范的最新发展及其对我国的启示”,载《武大国际法评论》(第13卷),第231~244页。

立合同时风险所在地的成员国法；(2)投保人的惯常居所地国法；(3)人寿保险合同情形下的投保人国籍国法；(4)当保险合同承保的风险限于在风险所在的成员国以外的其他成员国发生的事件时，可以选择事件发生地国法；(5)投保人从事商业或工业活动或者自由职业，并且保险合同承保的是与这些活动有关的、位于不同成员国的两种或多种风险时，可以选择与所涉活动或风险有关的任何成员国法律或者投保人的惯常居所地国法。如果(1)、(2)、(5)中提及的成员国在选择保险合同的准据法方面赋予当事人更大的自由，当事人可以行使该项自由权利。假设当事人未依上述规定选择准据法，保险合同应适用订立合同时风险所在的成员国法律。

对于强制保险合同，《罗马条例Ⅰ》第7条第4款要求强制保险合同应符合课加强制保险义务的成员国关于该保险的专门规定。当风险所在的成员国法与课加保险义务的成员国法发生冲突时，后者优先适用。但成员国可以规定强制保险合同适用课加保险义务的成员国法。

《罗马条例Ⅰ》第7条有关保险合同法律适用的系统规定，使以往分散立法的状况得以彻底改变。这些规定虽没有从实质内容上改变欧盟保险指令中的法律适用规则，但在价值取向上更重视对投保人利益的保护。[①] 而且，在法律效力上，较之于欧盟保险指令中的冲突规范，《罗马条例Ⅰ》在各成员国具有直接、优先适用的效力，确保了法律适用的统一性。

6. 明确界定了“强制性规则”

“强制性规则”(mandatory rules)是国际合同法中颇具争议的一个问题。《罗马公约》第3、5、6、7、9条均提及“强制性规则”的适用问题。但是，我们仔细分析就可以发现，各条款中的“强制性规则”含义不尽相同：第3条第3款中的“强制性规则”仅指“合同方面的强制性规则”，旨在防止当事人在纯国内合同中通过选择外国法而规避本国的强制性规则；第5条第2款和第6条第1款中的“强制性规则”则是为

---

① Stefan Leible/Matthias Lehmann, Die Verordnung über das auf vertragliche Schuldverhältnisse anzuwendende Recht (Rom Ⅰ), Recht der internationalen Wirtschaft, Heft 8/2008, S. 539.

保护消费者、雇员等弱方当事人而制定的“保护性强制规则”;第7条和第9条第6款中的“强制性规则”是指“国际性强制规则”。与《罗马公约》相比较,《罗马条例Ⅰ》在基本沿袭《罗马公约》保护性强制规则的同时,条例第3、9条在强制性规则方面的规定更为明确,采用了“优先适用的强制性规定”(overriding mandatory provisions)和“不得通过协议减损的法律规定”(provisions of the law which cannot be derogated from by agreement)这两个概念,并对其适用进行了具体规定。

在《罗马公约》第3条的基础上,《罗马条例Ⅰ》第3条第3款对“合同强制性规则”进行了修改,采用了“不得通过协议减损的法律规定”这个术语。它规定,如果选择法律时与当时情况有关的所有其他因素均位于所选择的法律所属国以外的另一国家,则当事人的法律选择不得影响该另一国家不得通过协议减损的法律规定的适用。为了防止合同当事人规避欧洲共同体法中的强制性规则,《罗马条例Ⅰ》第3条第4款对当事人意思自治也进行了适当限制,即如果选择法律时与当时情况有关的所有其他因素均位于一个或多个成员国境内,当事人选择适用非成员国的法律,不应影响那些不得通过协议加以减损的共同体法律规定的适用。

《罗马条例Ⅰ》第9条涉及优先适用的强制性规则。该条第1款首先从目的和效果两个角度明确界定了“优先适用的强制性规则”的含义,它是指“被一个国家认为对维护其公共利益,尤其是对维护其政治、社会和经济组织的利益至关重要而必须遵守的强制性规则,以至于对属于其适用范围的所有情况,不论根据本条例适用于合同的是何种法律,它们都必须予以适用”。该条款规定了两类强制性规则,即法院地强制性规则和第三国强制性规则。就法院地强制性规则而言,《罗马条例Ⅰ》第9条第2款沿袭了《罗马公约》的规定,即条例的任何规定都并不得限制法院地国法中的强制性规则的适用。对于第三国的强制性规则,《罗马条例Ⅰ》第9条第3款体现了欧盟对其他国家立法政策的尊重。它指出,外国的强制性规则在一定条件下也可予以适用。

此外,《罗马条例Ⅰ》在广泛采用“惯常居所”作为自然和法人等各类合同主体的连接点、放宽了合同形式有效性的认定要求等方面发展了欧盟合同冲突法。《罗马条例Ⅰ》以共同体立法的形式实现了欧盟成员国合同冲突法的统一。根据《欧洲共同体条约》第68条和第234条,《罗马条例Ⅰ》的解释权赋予欧洲法院,加上成员国不得像对《罗马公约》那样对《罗马条例Ⅰ》的任何条款提出保留,确保了欧盟合同冲突法解释和适用的统一性。《罗马条例Ⅰ》对于合同争议引起的诉讼提供了多项法院管辖条款,它与《布鲁塞尔条例》、《罗马条例Ⅱ》在适用范围上相互协调和补充,使得欧盟在管辖权、合同之债与非合同之债的法律适用方面都有了共同体层面的立法,必将极大地推动欧盟统一国际私法的发展与内部共同市场的正常运转。

(三)《罗马条例Ⅰ》后的德国合同冲突法

1. 德国修订合同冲突法的立法考量

2007年以后,欧盟国际私法共同体化的重心由国际民事程序法转向冲突法领域。2007年7月11日欧洲议会和欧盟理事会通过的《罗马条例Ⅱ》,拉开了欧盟冲突法共同体化的序幕。由于欧盟国际私法的日益共同体化,各成员国法院在审理国际私法案件时越来越多地首先适用共同体法的规定。为使德国国际私法正在发生的这种范式转变(Paradigmenwechsel)透明化,2008年12月10日通过的《关于使国际私法条款与第864/2007号条例相适应的法律》[①]在《民法典施行法》国际私法条款的开头部分增设了新的第3条,将原来的第3条修订为第3a条,以更明晰地体现共同体法的优先适用性。新增设的《民法典施行法》第3条强调在适用法律时首先要审查是否存在诸如《罗马条例Ⅱ》这种应优先适用的共同体法。这种规定有利于法律适用的明确性,避免欧共体法律文件被忽略适用。[②] 同时,《关于使国际私法条款与第864/2007号条例相适应的法律》第1条第5项还在《民法典施行法》第二章中增设了第七节,以专门规定国际私法领域的欧洲共同体法律文件的实施细则。

---

① Gesetz zur Anpassung der Vorschriften des Internationalen Privatrechts an die Verordnung (EG) Nr. 864/2007 (EG864 – 2007AnpG) vom 10. 12. 2008, BGBl. 2008 I SS. 2401 – 2402.

② Vgl. Die Begründung zum Entwurf eines Gesetzes zur Anpassung der Vorschriften des Internationalen Privatrechts an die Verordnung (EG) Nr. 864/2007, BT-Drucksache 16/9995 vom 15. 7. 2008, S. 6.

2008年6月17日通过的《罗马条例Ⅰ》是欧洲议会和欧盟理事会根据《欧洲共同体条约》第61条C)和第65条b)规定在合同冲突法领域制定的欧洲共同体法律文件。根据《欧洲共同体条约》第249条第2款(现为《欧盟运行条约》第288条第2款)规定,《罗马条例Ⅰ》自2009年12月17日起直接施行于除丹麦以外的所有成员国,并在其适用范围内排除了各国冲突法的适用。[①]《罗马条例》的制定和生效,对德国的国际私法尤其是合同冲突法也产生了重大影响,首当其冲便是删除《民法典施行法》第27~37条。根据《罗马条例Ⅰ》第24条第1款规定,该条例自2009年12月17日起正式取代了1980年《罗马公约》,在德国具有直接适用和优先适用的效力,并在其适用范围内排除了德国现行《民法典施行法》第27~37条和《保险合同法施行法》第7~15条的适用。前文已述,《罗马公约》的主要条款已被转化为《民法典施行法》第27~37条规定。因此,不能也不允许像转化《罗马公约》那样,直接将《罗马条例Ⅰ》的规定纳入《民法典施行法》。加上《罗马条例Ⅰ》第2条强调其所指定的法律具有"普遍性",即所指定的法律不论是否为成员国的法律,均应予以适用。因此,《民法典施行法》第27~29条以及第30~37条的规定已没有存在的必要,应予以删除。然而,由于《民法典施行法》第29a条是转化欧盟消费者保护指令的结果,而且根据《罗马条例Ⅰ》第23条规定,这些消费者保护指令继续有效,所以《民法典施行法》第29a条的规定应予以保留,但在德国立法者的权限范围内,应尽量使《民法典施行法》第29a条的表述与《罗马条例Ⅰ》第6条有关消费者合同的法律适用规范保持一致。在废除《民法典施行法》第27~29条、第30~37条之后,《民法典施行法》第二章第五节将专门规定非合同之债的法律适用问题,如果将《民法典施行法》第29a条的内容规定在原条文中,不仅不能体现立法的系统性,也不便于法院查找,因此,第29a条的内容应在其他地方另行规定,第五节的标题也应做一定的调整。此外,由于《罗马条例Ⅰ》第11条第5款对《民法典施行法》第11条第4款所调整的物权、不动产租赁和抵押合同的

① Dieter Martiny, Neues deutsches internationales Vertragsrecht, *Recht der Internationalen Wirtschaft* 2009 Heft 11, S. 740.

形式有效性问题做了特别规定，而且《罗马条例Ⅰ》的规定具有优先适用的效力，所以，没有必要再保留《民法典施行法》第11条第4款。但由于《民法典施行法》第11条涉及的是整个法律行为的形式有效性问题，不能完全由《罗马条例Ⅰ》所取代，因此，应该而且只能删除《民法典施行法》第11条第4款有关合同形式有效性的规定。①

前文已述，《罗马条例Ⅰ》对《罗马公约》的一个重大发展就是规定了保险合同的法律适用规范。以前，对于再保险合同，不论其所承保的风险位于何处，均依照《罗马公约》确定准据法；对于直接保险合同，则视情况而定：如果所承保的风险在欧盟领域外，则适用《罗马公约》的规定；对于其他的直接保险合同，德国法院则主要依照《保险合同法施行法》第7～15条来确定准据法。这种将保险合同冲突法分散规定在不同法律文件中的状况令法院无所适从。《罗马条例Ⅰ》生效后，保险合同的法律适用规范系统地规定于《罗马条例Ⅰ》第7条，彻底改变了以往分散立法的格局。在法律效力上，较之于欧盟保险指令中的冲突规范，《罗马条例Ⅰ》在德国等成员国具有直接适用和优先适用的效力，确保了法律适用的统一性。随着《罗马条例Ⅰ》的施行，德国《保险合同法施行法》中用以转化欧盟保险指令的第7～15条也应予以删除。同时，由于《罗马条例Ⅰ》第7条有关保险合同的法律适用规范需要成员国制定实施条款予以补充。为体现法律的简明性和立法的体系性，这些补充条款应统一安置在由2008年《关于使国际私法条款与欧盟第864/2007号条例相适应的法律》所增补的《民法典施行法》第二章第七节中。

2. 对德国合同冲突法的修订

基于上述考虑，为了体现法律的明确性和简洁性，确保《罗马条例Ⅰ》在德国得以顺畅实施和优先适用，使《民法典施行法》、《保险合同法施行法》与《罗马条例Ⅰ》保持协调和统一，2009年初，德国联邦政府在德国国际私法参议会第二专业委员会的咨询意见的基础上，提交

① Dieter Martiny, Neues deutsches internationales Vertragsrecht, *Recht der Internationalen Wirtschaft* 2009 Heft 11, S. 741.

了《关于使国际私法条款与第8593/2008号条例相适应的法律草案》。[①] 联邦议会法律委员会于2009年3月26日一致通过了该法律草案,接着联邦参议院也决定批准。2009年6月25日,德国正式颁布了《关于使国际私法条款与第593/2008号条例相适应的法律》,[②]对《民法典施行法》和《保险合同法施行法》进行了以下重大修订:

(1)为阐明《民法典施行法》中的国际私法条款与可直接适用的欧洲共同体法律文件、国际条约的关系,防止欧洲共同体法律文件的直接适用性被忽略,《关于使国际私法条款与第593/2008号条例相适应的法律》第1条第1项在2008年《关于使国际私法条款与第864/2007号条例相适应的法律》第1条第2项对原《民法典施行法》第3条所做修订的基础上,在新《民法典施行法》第3条第1项增补了"欧洲议会及理事会2008年6月17日《关于合同之债法律适用的第593/2008号条例》"("罗马Ⅰ"),旨在强调《罗马条例Ⅰ》也是具有优先适用效力的欧洲共同体法;

(2)删除了《民法典施行法》第11条第4款有关合同形式有效性的规定,并将原第11条第5款改为现行第11条第4款;

(3)将《民法典施行法》第二章第五节的标题修改为"非合同之债",并从整体上删除了第五节第一小节的标题以及第27~29条、第30~37条这些用于转化《罗马公约》的条款;

(4)稍作立法技术上的处理后,将原《民法典施行法》第29a条改为现行《民法典施行法》第二章第七节第二小节第46b条;

(5)废除了《保险合同法施行法》第二章第7~15条的规定,但在《民法典施行法》第二章第七节第二小节中增补了第46c条,作为《罗马条例Ⅰ》第7条第4款b项有关强制保险合同准据法的实施条款。这不仅使《民法典施行法》含有强制保险法领域的特别法律适用规范,

---

① Entwurf eines Gesetzes zur Anpassung der Vorschriften des Internationalen Privatrechts an die Verordnung (EG) Nr. 593/2008, BT-Drucksache 16/12104 vom 4. 3. 2009.

② Gesetz zur Anpassung der Vorschriften des Internationalen Privatrechts an die Verordnung (EG) Nr. 593/2008 vom 25. Juni 2009, BGBl. 2009 I S. 1574.

也保留了原《保险合同法施行法》第 12 条第 1 款和第 2 款的规定。

《关于使国际私法条款与第 593/2008 号条例相适应的法律》已经于 2009 年 12 月 17 日生效，它通过对《民法典施行法》、《保险合同法施行法》的修订，使德国制定法中的合同法律适用规范完全为《罗马条例Ⅰ》所取代，标志着德国国际合同法步入了欧盟法时代。

## 五、结语

自 20 世纪 80 年代以来，欧盟先后通过一系列法律措施致力于成员国合同冲突法的一体化。1980 年《罗马公约》以国际条约的形式统一了各国的一般合同冲突法制度，欧盟消费者指令、保险指令使各成员国的消费者合同和保险合同法律适用规则实现了趋同化。2008 年《罗马条例Ⅰ》的制定，标志着欧盟合同冲突法进入了一个新的历史发展阶段。欧盟合同冲突法的演进史，也是德国国际合同法的发展与变革史。近 30 年来，德国通过转化《罗马公约》、欧盟消费者保护指令和保险指令，始终紧跟着欧盟合同冲突法统一化的步伐。尤其是《罗马条例Ⅰ》于 2009 年 12 月 17 日生效后，完全排除了德国成文合同冲突法的适用，使德国国际合同法在法律渊源上进入了欧盟法时代。

（作者系武汉大学 WTO 学院副教授）

# 自治的国际商法:历史及趋势[*][**]

向　前

目　次



## 引言

国际商法何时产生,目前尚无定论。著名的国际贸易法专家施米托夫教授将国际商法的发展分为三个阶段:中世纪商人法时期(11~17 世纪);商人法被纳入国内法时期(18~19 世纪);现代商人法时期(19 世纪初至现代)。① 依据施米托夫教授的这一划分,国际商法的产生时间应该在 11 世纪的中世纪。而国际商法作为一个独立的法律部门出

* 本文是"985 工程"南开大学法学学科建设项目:"国际商事统一实体法效力及适用问题研究"的研究成果。

** 本文中的历史素材部分受华东政法大学陈颐老师所著的"从中世纪商人法到近代民商法典:1000~1807 年欧陆贸易史中的法律变迁"一文的启发和影响,在此作者表示特别感谢。

① [英]Schmitthoff:《国际贸易法文选》,赵秀文选译,中国大百科全书出版社 1993 年版,第 4 页。

现,则发生在19世纪末20世纪初。[①] 本文按照施米托夫教授的这一划分,将国际商法(商人法)产生、发展的历史进程分三个阶段,分别对其"自治性"作出考察。笔者在这里需要说明的是,本文对国际商法(商人法)自治性的讨论是建立在一些残破不堪、支离破碎的历史碎片基础之上的,本文无意对国际商法(商人法)的整个发展历史进行一个完全准确无误的整理(这实际上也是笔者无力企及的),而只是试图在漫长而错综复杂的商人法的历史发展进程中寻找到一些使国际商法的自治性能够在历史的视角上得以理解的片断,只是试图在那些不可逆的历史中寻找到一些对国际商法自治性或然性的解释。另外,需要指出的是,由于所涉及的漫长的历史时间,本文不得已以高度概括的语言来展开叙述。

## 一、中世纪商人法时期(11~17世纪)

历史翻开耶诞纪元的第一个千年,在经历了长达500年的动荡衰败之后,在古罗马人废弃了几百年的大道上,开始行走着一些不再是为了打仗或是朝圣的商人们。[②] 这些商人的出现被认为是欧洲所有领域复兴的标志。[③] 事实上,在中世纪之前(约在公元5世纪之前)的古罗马和古希腊,就已经出现了商事法律规范的萌芽。[④] 因此,一般认为,商法或商人法的历史可以追溯到约公元前300年的罗德海法(*Lex Rhodia*),以及更早的腓尼基和迦太基(布匿)人的航海贸易习惯,至罗

① 左海聪:"国际商法的产生、发展和未来——兼谈和平崛起中的中国的对策",载曾令良、肖永平主编:《武大国际法讲演集》(第1卷),武汉大学出版社2006年版,第152~154页。

② [法]佩尔努:《法国资产阶级史:从发端到近代》(上册),康新文、刘惠杰、晓文译,上海译文出版社1991年版,第8页。

③ [法]佩尔努:《法国资产阶级史:从发端到近代》(上册),康新文、刘惠杰、晓文译,上海译文出版社1991年版,第10页。

④ 即罗马法的私法领域内的某些性质上属于商事法的规范,主要包括关于银钱业、旅店业、运送业、海上借贷契约的规定等,这些都适应了当时罗马人商事活动的需要。值得注意的是,当时调整交换关系的规范,不是来自有狭隘民族性及浓厚形式主义的市民法,而是属于带有某些国际性特点的商业习惯法,即万民法,这种万民法支配着罗马帝国。详见王瑞:"商法本质的变迁",载《政法论坛》2002年第6期。

马私法高度发达、有关商或贸易的法便已相当完备了。[①] 但是近现代"商法"抑或"商人法"的确立,是与商人阶层的出现及其在自治的基础上采行罗马法,以自由平等的"商"暨资产阶级精神对抗封建法和教会法、最终夺得政权的努力相联系的。[②]

(一)商业、城市文明的兴起与中世纪商人法的萌芽

西罗马帝国灭亡后,欧洲商业发展曾一度中断,并呈现衰落之势。"以货易货"的简单商品交换形式成为长期支配"蛮族国家"内部经济活动和彼此经济交往的主要手段。经历了数百年沉寂之后,一个重大的历史事件发生了:"十字军东征"(*Cruciata*)。[③] 就人类发展的角度而言,"十字军东征"所代表的乃是军事胜利无关的经济机会。具体来说,"十字军东征"具有三大成果:第一,意大利各城邦大商人开始斗争以争取掌握政府权力或受政府保护,以便从事贸易;第二,权力用于认可诸如热那亚"海会"之类的经商方法,以求能够利用增加了的东方贸易所提供的金融机会;第三,罗马法有关契约和所有权的各项原则得到再现,为扩大贸易关系提供了一个法律保护构架。此次事件极大地促进了商业的发展,壮大和巩固了商人阶层的地位,商人自身的法律开始堂而皇之地登上历史舞台。

同时,在阿拉伯人对欧洲的侵略于公元9世纪开始告一段落之后,欧洲的人口开始有了稳定的增长,农业生产方式在相对和平宽松的政治环境下实现了一次历史性的突破:土地的大面积垦殖、"重犁"等农具的发明、"挽马"耕作方式的推广和"三田轮作制"的普及使农业劳动生产率大大提高。[④] 但在同一时期,欧洲的耕地却并未有所增加,也没有大规模的天灾人祸损耗这些新生的生命力。新的人口必须寻找新的

---

① [美]哈罗德·伯尔曼:《法律与革命——西方法律传统的形成》,中国大百科全书出版社1993年版,第413页。

② 史际春、陈岳琴:"论商法",载《中国法学》2001年第4期。

③ 十字军东征(拉丁文:*Cruciata*,1096~1291年)是一系列在教宗的准许下进行的有名的宗教性军事行动,由西欧的封建领主和骑士对地中海东岸的国家发动的战争。

④ [英]汤因比:《历史研究》(中译本)(上册),上海人民出版社1997年版,第6~28页。

出路以应付"马尔萨斯危机"。[①] 于是,人们不得不在"孩童时代就得想方设法自己谋生",离开自己的故园四处漂泊,临时做起流动商贩来了,背着不值钱的小商品走遍全国各地。这就是商人这一阶层产生的最初方式。[②] 当然,正如佩尔努所说的那样,这些流动商贩并非全部都是农民或者流浪汉。相反地,正是欧洲的贵族们为欧洲贸易的复兴贡献了他们的后代。譬如在英国,"十三世纪以后,慢慢地形成了一种传统:封地由长子继承,次子以下的贵族子女进入商界"。[③] 事实上也只有这些贵族的后代们才有可能筹集足够的旅费和资金,才能搞到四处通行的特许证明。因此,在这个时期,商人不仅从数量上急剧的增长,而且因为出身的显贵而成功获得了一定的地位,形成了一个特定的阶级。

接下来,集市这一古老的市场形式成了商人们将商品卖出去的首先的也是唯一的选择。[④] 因为集市作为一个封闭的农业社会的地方性

---

① 即由英国人口学家和政治经济学家托马斯·罗伯特·马尔萨斯牧师(Thomas Robert Malthus,1766 年 2 月 13 日~1834 年 12 月 23 日)所提出的"人口与食品危机",马尔萨斯认为随着人口的膨胀,越来越多的劳动耕种土地,地球上有限的土地将无法提供足够的食物。最终劳动的边际产出与平均产出下降,但又有更多的人需要食物,因而会产生大的饥荒。

② 事实上,最初的商人是怎么出现的,由于历史材料的缺乏难以准确的回溯,但是有一点事实是可以知道的:根据 Norman J. G. Pounds 的估计,在 1050 年,西欧商人阶级数量达到几千人,而到 1200 年,它的数量竟达到几十万人。[美]哈罗德·伯尔曼:《法律与革命——西方法律传统的形成》,中国大百科全书出版社 1993 年版,第 408 页。

③ 金观涛、唐若昕:《西方社会结构的演变》,四川人民出版社 1985 年版,第 199 页。

④ 中世纪后期典型的集市可以香槟集市为例。香槟集市,实际上是一系列集市,其中有六个集市特别出名而以"香槟集市"著称。这六个集市一个在巴耳、一个在拉尼,而在普洛文斯和特啦每年各有两个集市。除此之外,香槟地区还有几十个集市。在香槟集市上往来的商人们既有来自诺曼底、法兰德斯等法国各地的商人,也有来自意大利、德意志、低地国家、英国、西班牙、葡萄牙、甚至波兰的商人。集市上的商品,既有东方的丝绸和香料、斯堪的纳维亚和俄罗斯的毛皮、南法和西班牙的葡萄酒、法兰德斯和多斯加纳的呢绒、德意志的皮革等奢侈品,也有牲口、农产品、麻布、部分铁器等日用品。香槟集市轮流开市,几乎全年中一直有市。详见[美]汤普逊:《中世纪经济社会史:300~1300 年》(下册),商务印书馆 1963 年版,第 195~196 页。

交换场所,在任何农业文明中都曾存在。然而,在地方性的集市上并无严格意义上的陌生人。① 而流动商贩们改变了这一状况,他们“闯入”了一个个地方性集市,直接向领主和富农们兜售香料和珠宝等奢侈品,②他们的兴趣集中在零售方面。③ 显然,在传统的地方性集市上,他们的主顾不多,不足以支撑经济学上所说的规模效益。但流动商贩的入侵全面改造了传统的地方性集市:一方面,有着古老传统的乡村地方零售商们依托新兴城市逐渐演化成为“坐商”,垄断了地方市场的日用品零售业务,从定期集市中全面退出;同时,远程贸易商的兴趣逐渐转移到了批发业务上,地方性集市成为富商巨贾定期聚会的场所。从此,地方性集市成为远程贸易的中转站,往来集市的不再只是本地人,外来的陌生人们充斥着从地中海到北海的各个地方性集市,地方性集市也一跃成为国际性的集市;集市中的贸易成了商人与商人之间的贸易。④

然而,中世纪欧陆的社会框架并未为商人们留下空间。当时的欧洲大陆基本上是一个农业封建社会,是由一些小范围的、情况不明的、零散而不相关联的小社会⑤构成的,没有一个总的社会,人们的存在纯

---

① 或者将其称为“欧陆的乡间熟人社会”。陈颐:“从中世纪商人法到近代民商法典:1000～1807年欧陆贸易史中的法律变迁”,载《华东法律评论》(第1卷),法律出版社2002年版。

② 在汤普逊所列举的香槟集市上的商品,除了牲口、农产品和部分布匹、铁制品之外,大多属于奢侈品之列。[美]汤普逊:《中世纪经济社会史:300～1300年》(下册),耿淡如译,商务印书馆1963年版,第196页。

③ [德]维贝尔:《世界经济通史》,上海译文出版社1981年版,第183页。

④ 地方性集市与国际性集市之间的区分大致相当于汤普逊所说的市场与市集的区分。[美]汤普逊:《中世纪经济社会史:300～1300年》(下册),商务印书馆1963年版,第186页。

⑤ 法国学者佐基曾这样形象的描述过:“他定居在一块孤立的高地上,并设法使这高地安全而强固。他在那里建筑了他称为他的城堡的房屋。他和谁住在一起? 和他的妻子和孩子们;可能还有些自由人,他们没有成为业主,而依附于他并继续和他住在一起,在他的饭桌上吃饭。这些便是这个城堡内部的居民。在它的周围和脚下,有一小群隶农和农奴集合在一起,他们耕种这个封地所有者的领地。在这下层居民区的中心,教会建立了一座教堂,并派来一个教士。这就是初步的封建社会。”详见[法]基佐:《欧洲文明史:自罗马帝国败落起到法国革命》,程洪逵、沅芷译,商务印书馆1998年版,第64页。

粹是地区性的。这样的社会是一个纯粹的“熟人社会”,没有流浪汉们存身的处所。这是一个人们依附于土地、每个人隶属于一个领主的社会,而四处游荡的商人们却不属于任何人。如皮雷纳所说:“他们并不要求自由,自由却给予了他们。”[①]然而自由的代价却是如此昂贵,自由在这样一个社会意味着无所依靠,得不到保护。因而,商人们必须找到自己的身份、自己的归属。[②] 于是,商人们复兴了城市,他们把一度沦落为领主们居住的城堡恢复为城市的本来面目,城市因贸易而兴起。[③]

从人类历史发展的角度看,城市是社会文明发展进步的标志,西方学者施宾格勒曾这样评价道:“人类所有伟大文化都是由城市所产生的,世界历史就是城市的历史、市民的历史。就是世界史的真正标准。”[④]事实上,除了城市,商人们没有去处。11~13世纪,商人们通过“公社运动”完成了同封建领地的彻底决裂,恢复和改造了城市,显示了它自身的存在。[⑤] 城市性质发生了巨大的变化:依靠土地为生的世俗的城堡与教会的城市,成为商人和商品经过或寄寓的地方,进而出现许多自治的行政共同体的城市,如商人共和国、行政官城市、自治市等。11世纪意大利城市合力驱逐了阿拉伯舰队,控制了地中海的贸易;13世纪欧洲南北形成了“伦巴第城市联盟”和“汉撒同盟”这两个商业中心,而法国著名香槟集市已被称为“欧洲的货币市场”;14世纪,佛罗伦

① [比]皮雷纳:《中世纪的城市:经济和社会史评论》,商务印书馆2006年版,第78页。

② 陈颐:“从中世纪商人法到近代民商法典:1000~1807年欧陆贸易史中的法律变迁”,华东政法学院2002年法学硕士学位论文,第11页。

③ [法]佩尔努:《法国资产阶级史:从发端到近代》(上册),上海译文出版社1991年版,第32页;[比]皮雷纳:《中世纪的城市:经济和社会史评论》,商务印书馆2006年版,第82页。

④ [德]施宾格勒:《西方的没落》(第2卷上册),花永年编译,商务印书馆1963年版,第200页。

⑤ 基佐在《欧洲文明史》中描述道:“在12世纪,城市的居民仅仅是那些做完买卖回归城里的小商人和城里定居的小片土地和房产的业主们。”[法]基佐:《欧洲文明史:自罗马帝国败落起到法国革命》,程洪逵、沅芷译,商务印书馆2005年版,第127页。另参见[美]汤普逊:《中世纪经济社会史:300~1300年》(下册),商务印书馆1997年版,第415页。

萨银行已多达100多家,意大利仅威尼斯就已拥有3000艘商船的庞大船队,并成为西欧的商业中心和海上霸主;15世纪末,欧洲人发现了通往东方的新航路,以世界商业市场为主的国际贸易格局渐趋形成。①

以城市为依托,商人们确立了自身在中世纪后期欧陆社会中的独立身份、地位,并初步实现了自我保护。首先,商人们的城市市民身份使得他们摆脱了形形色色的领主法庭,也摆脱了错综复杂和形式主义的司法程序与实体规则,裁判决斗被取消了,证人作证取代了宣誓保证人作证,审判时限也大大缩短了。其次,城市的代议政治授予了商人们管理城市的权力,而商人们利用这种权力提供了一系列商业的发展所需的公共服务,主要有打击劫匪、维持治安、维修道路桥梁、保障债务履行等,这使贸易的成本和风险得以大幅度下降。此外,通过城市与城市之间的各种双边条约,商人们获得了作为特权的通商权利,获得了财产和自由的保障,以及商业纠纷得以公正而迅速的裁决的权利,依托作为共同体的城市,报复制度②得以有效的施行,从而保障了债权的实现;依托作为共同体的城市,领事制度③得以盛行,从而有效地保护了外籍

① 何平立、沈瑞英:“城市文明中西社会法治走势解析”,载《上海大学学报》(社科版)2001年第5期。

② 所谓“报复制度”,举例来说,如果热那亚或比萨的一个债务人,不能或不愿偿付在佛罗伦萨或法兰克福的一笔债务,他的同胞就会受到压力。如在香槟集市上,如果某一城市和地方的商人欠债不还,香槟集市就以驱逐该城市或地方的所有商人作为威胁,直至欠债者结清债务为止。[美]汤普逊:《中世纪经济社会史:300~1300年》(下册),商务印书馆1963年版,第202~203页。另可参见何勤华主编:《外国法制史》,法律出版社2001年版,第173页。

③ “领事”一词最初用来指称城市法院的法官们,此后人们更经常地用“市政官”(podesta)一词来称呼这些掌握普遍管辖权的官员。但这一词随后用来指称那些主持同业公会或海事法院的人,故而,那些审理所在集市或外国港口的同业公会成员或同胞之间纠纷也就被经常称为“领事”。在中世纪,领事们通常拥有一个城市为特定的外国商人们特别保留的四分之一地区的普遍管辖权。同时,领事也可能是其母国(城)在设立贸易站点的城市或集市的代表,并扮演其同胞或同业公会的保护人的角色。最初盛行于意大利各城市领事制度,随后传播到了法国、西班牙以及地中海各城市,为异地经营的商人们提供了有效的保护。See Robinson, Fergus & Gordon, *European Legal History: Sources and Institutions*, London: Butterworths & Co. Ltd. 1994. p. 93.

商人的权利。[①] 总之，商人们将城市在商业贸易方面的功能尽情地加以发挥。由此，早期的奢侈品贸易开始让位于大宗的日用品贸易，贸易也开始不再被视为毫无确定性可言的纯粹的冒险事业。因此，可以这样说，没有城市，中世纪后期欧陆贸易最初的冲动将无以为续。[②] 在贸易与城市的协调一致的扩张中，所谓贸易，只是城市之间的贸易；所谓商人，也只是某一城市（某地）的商人。[③]

在商业复兴的同时，有关贸易的法律规则问题逐渐被提上了日程。需要指出的是，在这些城市和海上贸易广泛的商业交往中已形成一些商业交易习惯准则和商人法则。而伴随着城市的兴起与城市商业贸易的繁荣，在一些发达的城邦中形成发展起来了一种以调整贸易关系为中心的法律体系，即“城市法”。[④] 如意大利的《毕士托瓦城市法典》（11 世纪）、《比萨城市法典》（13 世纪）、《米兰城市法典》（13 世纪）、《罗马城市法典》（15 世纪）等。这些城市法适用于城市、自治城市、半自治城市和城市共和国，它既不是统一的国内法，也不是统一的国际法，其主要内容是对罗马法的继承借鉴和对各城市习惯法的汇编，其中管理工商贸易的行会章程和城市特许状占有重要地位，并且不仅包括管理国内贸易的一般准则，而且还包括国际性贸易的一系列准则。这些在商业交往中已形成的商业交易习惯准则、商人法则以及城市法就

① 陈颐：“从中世纪商人法到近代民商法典：1000～1807 年欧陆贸易史中的法律变迁”，华东政法学院 2002 年法学硕士学位论文，第 12 页。

② 陈颐：“从中世纪商人法到近代民商法典：1000～1807 年欧陆贸易史中的法律变迁”，华东政法学院 2002 年法学硕士学位论文，第 13 页。

③ 何秉松：《何秉松文集》（第 1 卷），商务印书馆 1996 年版，第 182 页。

④ 事实上，城市法最早可以追溯到公元 9 世纪。当时，为了维护自身的利益与日常的商业活动，不少城市中的商人种自行组织法庭，审理、决断商业经营中出现的争端，他们适用的法律大多渊源于古罗马时代的海上惯例和商业规则。此后，一些城市又颁布了诸多调整商业、贸易等方面的法令和条例，并适应城市经济发展需要汇编了各种海上贸易的规则和商业交易的习惯。意大利是中世纪城市法最早的发源地，公元 9 世纪伦巴城市已有伦巴法汇编，公元 9～10 世纪阿玛斐城编成了海商法，公元 10 世纪还出现了基罗亚城市法等。

组成了商人法的初期萌芽状态。[①]

(二)14世纪贸易形式的变革与商人法的初步形成

经历了近三百年的繁盛,以1348~1350年全欧洲的黑死病大瘟疫为标志,欧洲陷入了收缩、危机乃至萧条。饥荒、疫病、战争和革命在欧洲各地连绵不绝。这直接导致了人口下降,并且使经济和社会秩序陷于混乱。[②] 这一场长达百年的衰退对欧陆贸易产生了难以言语的影响,欧陆贸易的面貌发生了很大改变。商店开始充斥着欧陆的各个城市,并接着扩展到了乡村;接着是堆栈、货房和仓库开始在经济史上充分展示自己;同时早期的商行和公司开始成为国际性贸易的主流;16世纪开始兴盛的交易所最终终结了作为国际性商品贸易的主要形式的集市在欧陆经济发展史上的使命。[③]

15世纪中叶,欧洲人口开始重新增长,城市进一步扩张而且随着人们消费的逐渐改善,大宗贸易在堆栈、货房、仓库的帮助下得到了急剧发展,突破了交易会(集市)的范围。而开始兴盛的交易所则进一步改变了欧陆贸易的面貌。所谓的"交易所"是"银行家、大小商人和经纪人等会面的地点",事实上是作为交易会(集市)的最高阶段。同时,大商行、大商业公司也得到了迅速成长,每一个公司在大陆各地都有它

---

① 城市法的兴起看上去是城市的兴起与城市商业、手工业的发展直接结果。但是实际上城市法的兴起仍然与商人们密切相关:首先,城市商业贸易中出现的争端需要相应的法规来调整,市民阶层与商人的利益需要得到相关法律的保护,而领主法庭或教会法庭却没有相应的规范来解决这类问题;其次,城市的形成大都跨越一个或几个封建领地管辖范围,而各封建领地却各有自己的地方习惯法,这就使城市居民同时要受多个封建领地法律的约束,这种司法管辖权的极端混乱现象,束缚了城市手工业和商业贸易的发展;最后,"司法程序中僵硬的和传统的形式主义,延误时日,裁判决斗以及免诉宣誓的流弊,全凭偶然性判决的神意裁判;等等,对商人来说是无休止的折磨,他们需要一种比较简便、比较迅速和比较公平的法律"。详见[比]皮雷纳:《中世纪的城市:经济和社会史评论》,商务印书馆2006年版,第77~81页。

② 陈颐:"从中世纪商人法到近代民商法典:1000~1807年欧陆贸易史中的法律变迁",华东政法学院2002年法学硕士学位论文,第21页。

③ 陈颐:"从中世纪商人法到近代民商法典:1000~1807年欧陆贸易史中的法律变迁",华东政法学院2002年法学硕士学位论文,第22页。

的分店、代办人或代理处。[①] 随着集市贸易的形式逐渐被店铺、栈商、交易所和大商行大公司所代表的"固定"的贸易取代,贸易形式有了根本的改变。而随着新需要的出现,以及贸易和财务上的进步,商业开始能够部分独立于公证人,交易双方开始直接私自签约。[②] 事实上,我们可以把从集市贸易到"固定"的贸易的变化形容为从"要式即时履行的契约"到"诺成非即时履行的契约"的变化,从"一次性交易"盛行到"持续履行契约"拥有一席之地的变化,契约的订立与契约的履行得以区分。这一变化可以视为贸易史和契约法史上最为重大的变迁之一。[③]

然而,就中世纪后期的贸易而言,要完全摆脱它被视为纯粹的冒险事业的境况,成为一种真正的"可计算"的事业,能够提供行为可预见性的、确定的并且符合贸易性质的法律规则必不可少。但是中世纪后期的实际情况是,商人们面临着错综复杂的司法管辖体系与混乱不堪相互矛盾的实体规则。总的来说,11 ~ 12 世纪一个商人在发生纠纷求助司法机制解决时将会不可避免地遇到诸多麻烦,这主要体现在管辖、司法程序以及实体规则两方面上:

首先是管辖和司法程序的问题。有关集市贸易中的纠纷最初归属

---

① [比]亨利·皮朗:《中世纪欧洲经济社会史》,乐文译,上海人民出版社 1964 年版,第 190 页。

② 在集市贸易繁盛的时代,集市贸易中,各个定期集市都为债务结算提供了正式的时间和场所,订立契约时须履行法律手续,请人作证,而且时常还要求交付抵押品以确保遵约付款。封建领主们为了保障自己在集市上的收入,普遍要求集市贸易中所有重要的契约必须以书面形式订立,并在集市结束时在契约上加盖集市印章。集市贸易中契约的有效性由集市印章来证明。由于当时的商人们绝大多数并不识字,契约的订立不得不借助于古老的公证人。这些由教皇任命的公证人草拟、证明、验证契据和其他文件,登记和证明有关流通票据的交易,草拟与航运及航海事件有关的正式文件。事实上,只有这些经由公证人订立的并加盖集市印章的契约才是具有强制执行力的契约。几乎所有的这些集市贸易都是以严格的书面形式订立,并且几乎所有的契约都是即时履行的契约。参见[意]契波拉编:《欧洲经济史·中古篇》,夏伯嘉译,台湾远流出版事业股份有限公司 1989 年版,第 280 页。陈颐:"从中世纪商人法到近代民商法典:1000 ~ 1807 年欧陆贸易史中的法律变迁",华东政法学院 2002 年法学硕士学位论文,第 24 ~ 25 页。

③ 陈颐:"从中世纪商人法到近代民商法典:1000 ~ 1807 年欧陆贸易史中的法律变迁",华东政法学院 2002 年法学硕士学位论文,第 26 页。

于"领主法庭"审理,因为设立集市是封建领主们的特权。而且这些法庭并非都设在集市,因此商人们有时必须长途跋涉去打官司。更糟糕的是,在领主法庭的司法程序中存在僵硬的和传统的形式主义;延误时日以及和裁判决斗一样原始的证明方法;免诉宣誓的流弊;全凭偶然性判决的"神意裁判";等等,这些对于商人来说更是无休止的折磨。①

其次是实体规则的问题。由于中世纪法律知识掌握在教会的神职人员手中,而不是掌握在法学家的手中,教会不会明显的为背叛宗教精神的商人们制定法律或者做出裁判。对于中世纪的领主法庭来说,它所适用的法律规则是"传统的法律,程序拘泥而狭隘,仍使用神判法、司法决斗,其法官是从农村居民中选拔出来的,这种法律只是一些逐渐形成的惯例,其作用是处理以耕种土地或以土地所有权为生的人们的关系,这种法律不能适应以工商业为生计的人们"。② 事实上,在这些习惯中几乎不存在所谓贸易或商业的规则可以用来裁决贸易纠纷。对于四处游荡的商人们来说,预测领主法庭对纠纷的裁决结果并不比预测大海上风浪与旅途中劫匪何时出现有更多的把握。③ 此外,异地商人们在地方法律下受到歧视性待遇的情形同样大量存在。

显然,商人们要想将自己的生意扩展开来,获取更多的利润,就必须要改变这一切,他们"需要一种更为灵活的法律,一种更为迅速、更不依赖偶然性的证明方法,需要熟悉受审者的职业情况,能够凭借对案情的知识迅速结束争论的法官"。④ 然而,无论是重新发现的罗马市民法⑤,还是残存的罗马习惯法,甚至包括万民法在内,都不足以适应11

① [比]皮雷纳:《中世纪的城市:经济和社会史评论》,商务印书馆2006年版,第79页。

② [比]亨利·皮朗:《中世纪欧洲经济社会史》,乐文译,上海人民出版社1964年版,第107页。

③ 陈颐:"从中世纪商人法到近代民商法典:1000~1807年欧陆贸易史中的法律变迁",华东政法学院2002年法学硕士学位论文,第15页。

④ [比]亨利·皮朗:《中世纪欧洲经济社会史》,乐文译,上海人民出版社1964年版,第111页。

⑤ 7~11世纪曾一度遗失。

世纪晚期和12世纪以来出现的各种国内和国际的商业问题。[①] 日益繁荣的商品交易活动必然要求有相应的体系化、逻辑化的交易规则予以规范。当然,更为重要的是,精明的商人们从当时多元化的政治格局里更发现了生存的空间:“在欧洲,教皇和皇帝、国王和贵族之间的分裂有助于商人们突破传统农业的外壳,因为他们在多元的竞争中建立了令人瞩目的力量源泉”。[②] 于是,随着集市间的相互竞争、城市的兴起以及商人们的斗争,商人们开始自己去组织拥有自治权和裁判权的团体(商人基尔特[③]),去创制自己的法院,创造自己的法律,并最终“形成了为自身利益服务的法律体系”。[④]

首先,在裁判权和裁判场所上,商人阶层通过商业行会的联合和不懈斗争从封建主和教会手里争取到了对商人间贸易纠纷和争议进行处理的独立管辖权。商事法院以这一管辖权为基础开始得以普遍建立。在中世纪,所谓的商事法院通常包括五大类:市场法院、集市法院、商人行会法院、城市商事法院、商人领事法院。[⑤] 市场法院和集市法院的管辖权来源于领主法院和庄园法院管辖权的让渡。伯爵们为了吸引各地商人们前来,设立了由商人们自己选举的同行所组成的法院,著名的“泥足法庭”(Courts of Piepowder)[⑥]就是集市法院的一种。而商人行

① [美]哈罗德·伯尔曼:《法律与革命——西方法律传统的形成》,中国大百科全书出版社1993年版,第413~415页。

② [美]巴林顿:《民主和专制的社会起源》,拓夫、张东东等泽,华夏出版社1987年版,第167页。

③ 自11世纪起,一种叫“商人基尔特”(Merchant Guid)的团体先是在意大利的佛罗伦萨、佛兰德诸港,继而在西班牙、英格兰、荷兰等许多城市出现了。“商人基尔特”就是商人们为了摆脱封建法制的束缚,争取自由,维护自身利益而组成的一种行会组织。“商人基尔特”这一组织形式的最初意义在于它凭借自己的经济实力,争取到一定范围的自治权和裁判权,并根据其商事习惯,订立自治规约,从而处理商人间的纠纷。

④ [美]泰格·利维:《法律与资本主义的兴起》,纪琨译,学林出版社1996年版,第5页。

⑤ 郑远民:《现代商人法研究》,法律出版社2001年版,第150~151页。

⑥ 泥足法庭(Courts of Piepowder),它形象地比喻了穿梭忙碌的行商之风尘仆仆,后来为官方法院所接受。See Plucknett, Theodore F. T., *A Concise History of the Common Law*, Citic Publishing House, p. 660.

会法院则渊源于在遥远的城市进行贸易的外地商人为互相保护而组织的行会,这些行会一则为自己的成员争取权利;二则拥有裁决内部成员纠纷的权力,它由行会首脑或行会的代表组成,在商事案件中,他经常选择2~3名行会的商人成员担任陪审员。① 这一类型的法院最终被商人领事法院取代,而商人行会法院随着城市中行会制度的巩固转而成为本地商人纠纷的管辖法院。城市商事法院也是由商人们选举的同行组成,它与市场法院、集市法院类似。另外,涉及海运货物的商事案件和海事案件由港口城镇中的地方海事法院管辖。所有这些商事法院在十二三世纪开始取得了对所有商事案件的管辖权,并且,所有这些法院坚持由商人首领或临时性选举产生的商人担任法官。另外,尤其值得一提的是,在这些法院中,常有混合法庭的设立,在混合法庭中,由外国商人与本地商人会同审判。② 这一方面保证了外来商人免受歧视,更为重要的是,它使得各地的商业习惯法趋于统一。③ 中世纪商事法院的历史功绩除了体现在迅速解决贸易纠纷并维护商人自治团体的特殊利益外,最重要的一点实际上在于:它使商人习惯法这套独特的规则体系有了自己的适用和实践场所。可以说,商人法正是主要通过商人法院的适用才逐渐得到社会各界的普遍承认,并成为具有“准”法律约束力的社会行为规则。④

其次,在裁判主体上。商事法院的法官一般均从商人中选择,标准是他们的商业经验、客观公正感以及资历。从商人中选择法官,符合专门性要求,同时也是一种基于现实主义的考虑。法官被期望能理解商人的需要,特别是商人希望获得一种快速和低成本的纠纷解决程序。

① [美]哈罗德·伯尔曼:《法律与革命——西方法律传统的形成》,中国大百科全书出版社1993年版,第421页。

② [美]孟罗·斯密:《欧陆法律发达史》,姚梅镇译,中国政法大学出版社2003年版,第222页;[美]伯尔曼:《法律与革命——西方法律传统的形成》,中国大百科全书出版社1996年版,第422页。

③ 陈颐:“从中世纪商人法到近代民商法典:1000~1807年欧陆贸易史中的法律变迁”,华东政法学院2002年法学硕士学位论文,第16页。

④ 朱慈蕴、毛健铭:“商法探源——论中世纪的商人法”,载《法制与社会发展》2003年第4期。

一名好的商人法官能够比律师更好地衡量商业问题,评估商业习惯:因为律师往往没有受过惯常的商务训练,而带有一种严格的法定主义的眼光。这些由非专业的法官们所组成的法院(法庭)一方面排除了封建法律与习惯的适用,另一方面也将专业的法律家所阐述的法律规则排除在法庭之外,甚至对专门的法律争论也引起反感,在法律的细枝末节上的争执被认为是不适当的。① 这些"非专业"的法官们"按照良心和公平原则去处理(案件)",认为法庭应该"由衡平观念支配"。② 在这些非专业法官的心目中,所谓的良心和公平只是一个商人眼中的良心和公平,而不是基督徒的或道德哲学家的,也不是封建领主或农奴的良心和公平,它来源于商业惯例、贸易的互惠特性以及各城市(各商人共同体)基于约定的互惠安排。③ 对于商人们而言,商业惯例就是他们的所共同拥有的知识(常识),是一个从事贸易的人所应当充分了解的,如同他应当了解他所买卖的商品一样;同时,商业惯例得以创造和维持的前提是它符合了贸易的特性和商人们原有的知识框架,能够被他们普遍接受。在这一意义上,各种类型的商事法院的裁决只是商人们共同拥有的贸易交往知识的一个表述或一个理所当然的推论。在这一点上,商事法院的裁决能够为商人们所预见,而不再仅仅是赌博或猜测。④

最后,这些由非专业法官们组成的各类商事法院还发展出了适合贸易发展的审判程序。即所有这些商事法院的程序都具有迅速、非正式和公平的特性。在审理期限上,在集市法院中,审判应该在"商人脚上的尘土抹掉"就完结;在海事法院中,审判应该"在潮汐之间"完结;

① 陈颐:"从中世纪商人法到近代民商法典:1000 ~ 1807 年欧陆贸易史中的法律变迁",华东政法学院 2002 年法学硕士学位论文,第 17 页。

② [美]哈罗德·伯尔曼:《法律与革命——西方法律传统的形成》,中国大百科全书出版社 1993 年版,第 422 ~ 423 页。

③ 陈颐:"从中世纪商人法到近代民商法典:1000 ~ 1807 年欧陆贸易史中的法律变迁",华东政法学院 2002 年法学硕士学位论文,第 18 页。

④ 陈颐:"从中世纪商人法到近代民商法典:1000 ~ 1807 年欧陆贸易史中的法律变迁",华东政法学院 2002 年法学硕士学位论文,第 17 页。

在行会法院和城镇法院中,审判应该在"一天之内"完结。[①] 在审理程序上,各类商事法院的审理程序简单明白,无须正式的争论和正式规则。通常,各类商事法院并不要求书面的诉状和答辩状;证据方法以采用书面证据为主;法官有权拒绝辩护人、控告人、当事人和不必要的证人的"喧嚷";在审理中,法官有权应当事人请求、或在良心和公平的要求下主动讯问当事人;判决的执行,也采用简易立行之手续;允许上诉的情形极为少见。[②] 这些程序上的特征使商人法同城市法院和王室法院的严格形式主义程序区别开来,也使它截然不同于在普通案件中教会法的成文程序。英国大法官 Coke 解释到,按照上述程序,行商法院公平审理案件的速度就像把(商人)脚上的灰尘去掉。所以在商人法庭中,程序的非形式化是一个显著特点,在那里"正义是迅捷的、程序是简约的、时间被极大地限定了"。[③] 对此,Berman 教授赞赏的评价道:"商事法院迅速、非正式和公平的程序原则是商业需要的一种反应。"[④]当然,传统的神明裁判、决斗裁判以及宣誓保证人作证的制度在各类商事法院中已经没有存在的余地。

由此,一套为适应商人商事活动的特殊需要而由商人自己创造的一套自给自足的法律体系在中世纪已蔚然成型。正如 Berman 教授所言:[⑤]

"正是在那时,近代西方商法的基本概念和制度才得以形成,更为重要的是,也正是在那时,商法在西方才第一次逐渐被人们看作一种完整的、不断发展的体系,看作一种法律体系。"

---

① [美]哈罗德·伯尔曼:《法律与革命——西方法律传统的形成》,中国大百科全书出版社 1993 年版,第 422 ~ 422 页。

② [美]孟罗·斯密:《欧陆法律发达史》,姚梅镇译,中国政法大学出版社 2003 年版,第 225 页。

③ Trakman Leon E., *The Law Merchant*: *The Evolution of Commercial Law*, Littleton, Colo.: F. B. Rothman, 1983, p. 13.

④ [美]哈罗德·伯尔曼:《法律与革命——西方法律传统的形成》,中国大百科全书出版社 1993 年版,第 422 ~ 423 页。

⑤ [美]哈罗德·伯尔曼:《法律与革命——西方法律传统的形成》,中国大百科全书出版社 1993 年版,第 415 页。

与当时整个欧洲的"身份—法律社会"相一致,这些法律规则只是商人们的规则,并且这些商人们远非现代意义上的经商或从事商业活动的人,它的范围是相对严格、固定的。同时,随着贸易活动的扩张以及贸易特有的互惠天性,各地的商业习惯法逐渐趋于统一并开始成文化。这一趋势最初体现在有关商业判例的汇编及传播上。其中最早的例子是1063年的《特兰尼海员公会的领事判例集》(*Ordinances at Trani*),以及大约在11世纪末成文的《阿玛斐法典》(*Tabu la Amalfitana*),它是意大利那不勒斯附近的港口城市阿玛斐的海事法院判例的汇编,这一汇编的权威逐渐被意大利所有的城市共和国所承认。而此后相继流行的1340年《康梭拉多海商法典》(*Lex Consulato, Consulate delMare*)、《奥列隆法典》(the Rolls of Oléron)、《维斯比海商法典》(Law of Wisby)则渐次统一了海商海事法。[①] 中世纪后期商法的成文化同时也表现在各城市对商业规则的汇编上,著名的如1056年《热那亚习惯》、1161年比萨的《法律与习惯》和1216年米兰的《习惯全书》。商事习惯的成文化有助于商法的普遍化和确定化。另外,中世纪商法得以独立发展得益于整个欧洲四分五裂的局面:教会、王室、封建领主之间的利益争夺为贸易的复兴提供了空间,同时也为商法的独立发展提供了机会,商法的独立性得到了教会、王室和封建领主各方的承认和保证。[②]

(三)自治性在中世纪时期商人法发展中的重要作用

从本文以上的叙述我们看到中世纪商人法主要表现为"商人习惯法的形式","即事实上支配那些往返于商业交易所在的文明世界的各港口、集市之间的国际商业界普遍适用的国际习惯性规则"。[③] 它具有三个非常显著的特征,即不成体系性、国际性、自治性。

---

① 何勤华主编:《外国法制史》,法律出版社2001年版,第171~172页。

② 陈颐:"从中世纪商人法到近代民商法典:1000~1807年欧陆贸易史中的法律变迁",华东政法学院2002年法学硕士学位论文,第19页。

③ [英]Schmitthoff:《国际贸易法文选》,赵秀文选译,中国大百科全书出版社1993年版,第4页。

1. 不成体系性

Schmitthoff教授曾指出,中世纪商人习惯法的主要特征在于,“它是在事先没有计划的、几乎是杂乱无章的情况下从习惯做法中发展而来,并最终成为普遍接受的习惯。”[①]有别于各地王侯们的法律,也区别于纯粹由法学家发展起来的法律,这些商事习惯是由国际商业界在长期实践中逐步发展起来的。它们“虽说可以溯源于罗马法,但其中大多数条文是由于在意大利大小城市中经过实际的运用,于11~13世纪之后成为各地的习惯法”。[②] 它们最初出现于威尼斯,后来随着航海贸易的发展,逐步扩展到西班牙、法国、德国、英国及北欧各国,其主要内容包括货物买卖合同的标准条款、两合公司、海上运输与保险、汇票以及破产程序等方面的规则。

2. 国际性

这一点显而易见,也毋庸赘述。譬如Mitchell就指出:“每一个国家,甚至说每一个城镇,都有它自己的一种商法,但在每个地方,商法的主要原则和最重要的规则都是一样的,或者说是趋于同一的。”[③]而在Schmitthoff教授看来,中世纪商人法具有国际性的主要原因有四个:(1)集市法的统一。“各地大的集市法在本质上是相同的,”而作为“地球上商业的最早形式的集市”是“人类文明史上前所未有的商业协调、统一与和平的手段”。(2)海事习惯的统一。海事习惯是商人习惯法的一个重要组成部分。中世纪发展起来的许多海事法典,如巴塞罗那的《海事法汇编》(*Consulado del Mar*)、《奥莱龙法》(the judgements of Oleron)、《维斯比海事法》(the Sea Laws of Wisby),虽然适用于不同的地区,[④]却有许多共同的原则。(3)商事法院里“混合法庭”的出现。商

---

① [英]Schmitthoff:《国际贸易法文选》,赵秀文选译,中国大百科全书出版社1993年版,第85页。

② 黄仁宇:《资本主义与二十一世纪》,三联书店1997年版,第83页。

③ William Mitchell, *An Essay on the Early History of the Law Merchant*, Cambridge, 1904, p.9.

④ 《海事法汇编》适用于地中海沿岸,《奥莱龙法》构成英国海事法基础,《维斯比海事法》适用于海沿岸。参见[英]Schmitthoff:《国际贸易法文选》,赵秀文选译,中国大百科全书出版社1993年版,第6页。

事法院设有由商人们自己组成的陪审团。陪审团中本地商人和外地商人各占一半,所以称为“半个能说话的陪审团”(half-tongue jury)。这种法院具有调解或仲裁庭的性质,无论设在何处,都明确地适用相同的商事习惯。(4)公证人的活动。公证人主要通过办理“公证合同”的形式加强商事习惯的普遍适用性。“公证合同”相当于今天的“标准合同”,13世纪中叶,公证合同已在意大利普遍出现,这无疑强有力地推动了商事习惯的统一。[①] 当然,由于中世纪的西欧并未形成民族国家,这一时期的商事习惯并不是真正意义上的“国际”习惯,充其量只具有“普遍”性质,但是这些商事习惯的统一性已经为国际商事习惯的发展奠定了深厚的基础。

3. 自治性

中世纪商人法“主要是由商人自己按照秩序和正义的概念把各种商业关系制度化和系统化的结果”。[②] 事实上,作为特殊活动领域的参与者,只有商人自己而不是别人才最了解商事活动的特殊需要,而“实践也表明……商人习惯法的产生完全是满足商事活动特殊需要的产物,无法从罗马法里找到根据。几乎所有有关工商的法律技术都是商人们自己发明的,如公司与商业公司、营业资产的概念、集体解决破产商人债务的规则程序。正是他们播下的种子,商人法才开始出现”。[③] 自治性在中世纪商人法的发展过程中表现的十分的突出:首先,商人阶层、城市自治的出现是中世纪商人法形成的社会和政治前提。其次,发达商事活动调整的特殊需要是商人法形成的经济根据。再次,由上述两点决定,商人法的产生和形成只能由专门从事商事活动的商人们自己来完成,中世纪商人法完全是商人自己的创造。最后,在实施问题上,中世纪商人法就是商人们自我实施的法律。在1622年英格兰的第一部商法著作《古代商法》(Consuetudo vel Lex Mercatoria or the Ancient Law

① [英]Schmitthoff:《国际贸易法文选》,赵秀文选译,中国大百科全书出版社1993年版,第5~8页。

② [美]哈罗德·伯尔曼:《法律与革命——西方法律传统的形成》,中国大百科全书出版社1993年版,第407~408页。

③ [法]克洛德·商波:《商法》,刘庆余译,商务印书馆1998年版,第7页。

Merchant)中,作者杰勒德·马利内斯就说:“我按照 *Lex Mercatoria* 这一古老的名称为此书命名……因为它是为所有王国和联合体的权威所认可的习惯法,而不是由任何君王的王权所确立的法律”。在中世纪的商事关系的“治理”中我们看不到国家强制力的存在,各类商事法院的裁决之所以被纠纷的胜负两方接受乃是以商人共同体的普遍抵制的威胁作为后盾的。一个拒绝接受法庭裁决的商人的生意是做不长久的,因为他的商人同行们基本上控制了他的声誉,并因此控制了他的交易能力。威廉·C. 伍尔德里奇(William. C. Wooldridge)指出,“对声誉和对未来所有交易的潜在抵制之威胁证明,如果有什么不同的话,那就是比物质强制力更有效”。[①] 在中世纪,商人是一种身份,并且这种身份是商人共同体的成员才拥有的,严格意义上的贸易只有在共同体的成员中才能产生。而一旦被商人共同体放逐,就意味着对商人身份的剥夺、对从事贸易活动的可能性的剥夺。于是,通过对商人共同体的严格控制,中世纪商人法得到了有效的自我实施,在很大程度上实现了“自治”。

最后,本文对自治性在中世纪商人法的产生和发展过程中的作用作出小结:

自治性在中世纪商人法的产生和发展过程中起到了决定性和基础性的地位。中世纪商人法的产生和发展是商人们自身不懈努力争取和推动的结果。随着商业的独立、城市的兴起以及商人独立阶层地位的确立,商人们迫切需要对其利益给予法律上的保护以实现商业发展和商事交易的自由。而为了摆脱封建法和教会法对商事活动的限制和争取自由,精明的商人们从当时教皇和皇帝、国王和贵族之间的分裂里发现了生存的空间,成立了自己的行会,商会在自身发展中形成了自己的自治权和裁判权,制定了仅适用于商人的行会规章,成立了自己的商事法院,并通过对商人共同体的严格控制,使中世纪商人法得到了有效的自我实施。总体来看,中世纪商人法在借鉴和吸收了罗马法和教会法中合理因素的同时并未丧失其独立自主发展的原初属性。而源于商法与发达商品经济之间所具有的紧密的共生关系,使得商人法自治性的

---

① Bruce L. Benson, The Spontaneous Evolution of Commercial Law, *Southern Economic Journal*, 55(January, 1989), pp. 644 - 661.

特殊气质亦因此而得以铸就,并为后世国际商法的进一步发展打下了坚实的基础。自治性这一商人法的特殊气质在中世纪就得以铸就,并随着商人法独立生命的开始存续而开始延绵不息。

## 二、商人法被纳入国内法时期(18~19世纪)

历史的篇章翻到了17世纪,这一时期,贸易已经开始发生分化:在贸易的上层,是远程批发贸易的天下,是一项冒险事业,它得到了从15世纪末开始的全球范围内的探险殖民活动的强有力的支持;而在下层,则是些终日算计着蝇头小利、诚实经营的小店主,他们主导了城市市场的供应。欧陆贸易的等级体系开始形成。[①] 相应地,"商人"这个词的含义逐渐开始泛化、分化,曾经非常严密的商人共同体也开始出现分裂:在贸易等级体系的上层,批发商们要求摆脱商人共同体的束缚,以追求垄断的巨额利润;而在贸易等级体系的下层,小店主们却进一步加强了商人共同体的内部控制,以维持作为商人团体的垄断。而这两种垄断均随着近代主权国家的兴起进一步得以加强。[②] 由此,商人法开始了近代化的历程,即进入了所谓民族化、国家化(nationalization)的阶段。在这一阶段,商人法的国内化与该时期的政治、经济以及革命等诸多因素密切相关。

### (一)近代主权国家的产生与贸易的分化

1575年法国思想家让·博丹(Jean Bodin)[③]在其著作《国家论六

① 陈颐:"从中世纪商人法到近代民商法典:1000~1807年欧陆贸易史中的法律变迁",华东政法学院2002年法学硕士学位论文,第32~33页。

② 陈颐:"从中世纪商人法到近代民商法典:1000~1807年欧陆贸易史中的法律变迁",华东政法学院2002年法学硕士学位论文,第35页。

③ 博丹(1530~1596年)。法国政治思想家、法学家,近代资产阶级主权学说的创始人。博丹的主权理论以家长制为出发点,认为家庭是国家的基础,国家是拥有最高主权的由若干家庭及其财产组成的合法政府。国家像家庭一样,所有的立法、行政权力只应归属一个中心。这个中心或者是一个君主,或者是一个集团,他们握有至高无上的权力,这便是国家的"主权"。主权是对公民和臣民的不受法律限制的最高权力。它是一种永久性的绝对权力,政府可以更换,主权永远存在。法律体现主权,保证社会秩序的安定,并使国家合法化。主权的内容包含立法、宣战、媾和、任命官吏及要求臣民效忠服从等多种权力。

卷》中系统地提出了国家主权(State Sovereignty)的概念及理论,他认为主权是一个国家所享有的统一、持久、不容分割和凌驾于法律之上的最高权力。[①] 伴随着这一理论的广泛传播,16世纪,西欧各国开始确立中央集权的民族统一国家,并于17世纪开始有意识的控制贸易,商人团体的自治地位逐渐丧失,商事立法权也随之归于国家。在17世纪,经济史上著名的重商主义成长为欧洲近代国家的普遍政策,并对贸易产生了重大的影响:

首先,国界的意义开始凸显。从这一时代开始,以国籍来区分商人才开始有了意义。在此前,所谓法国商人、意大利商人或德国商人,毋宁是巴黎商人、马赛商人、佛罗伦萨商人、热那亚商人或法兰克福商人、汉堡商人更为恰当。以国籍来区分商人标志着传统的城市贸易开始被正式划分为国际贸易(此前更恰当的称呼则是远程贸易)和国内贸易。其次,国家权力全面介入和控制了国际贸易。国家权力直接介入大公司、大商行的建立、经营,而且国家作为"最大的企业"积极参与到贸易当中,这直接导致"当商行与国家相结合后,商行的规模才明显扩大;作为规模最为庞大的现代企业,国家在自身的壮大过程中,帮助其他企业发展壮大"。[②] 大商业公司是商业垄断的产物,而没有国家给予的优惠条件,公司不可能实行垄断,公司依靠垄断独占了与许多地区的远程贸易。最后,商人行会得到增强并被国家用来作为政府控制国内贸易的工具。如1673年路易十四的一项敕令宣布将行会制度正式置于政府的控制之下,并且规定"这一纲领使行会成为普遍适用于贸易结构的模式,不仅适用于城市而且也适用于集镇,甚至乡间。[③] 这样,行会便成了对制造业和商业生活等几乎一切方面实行巨细无遗控制的支柱。同时,行会也向王权购买了它们的垄断权,从而得到国家的鼓励与全力支持的行会垄断,进一步稳固化。

---

① 王哲:《西方政治法律学说史》,北京大学出版社1988年版,第105页。

② [法]布罗代尔:《15至18世纪的物质文明、经济和资本主义》(第2卷),施康强等译,三联书店2002年版,第481页。

③ [美]道格拉斯·诺思、罗伯斯·托马斯:《西方世界的兴起》,厉以平等译,华夏出版社1999年版,第157页。

近代主权国家的兴起带来的另一个后果是整齐划一的行政治理方式出现,这种治理理所当然地被扩展到贸易领域,典型的方式则是一系列早期商人法典的制定,因为"商法的统一被有意地用来作为达到政治上统一的工具"。① 譬如,在这一时期,拥有欧陆最为典型的也是最强大的近代主权国家体制的法国,相继于1667年、1670年、1673年、1681年、1685年颁布了统一适用于全国的《民事诉讼法》、《刑事诉讼法》、《商法》、《海商法》以及法属安第斯群岛的《黑法典》。在上述法典中,与贸易关联最为密切的莫过于1673年《商法》。这部法典规定了商业合伙、期票、破产以及商业周转中所产生的其他关系。然而,人们希望这部法典能够为贸易的发展提供一个抽象的逻辑体系的期待落空了。因为对于近代主权国家而言,财政困难始终是一个无法摆脱的问题,近代主权国家的成长需要大量的财力支持,这一弱点,使得整齐划一的治理不断地被垄断产生的特权、优惠和例外所打破。②

尽管如此,近代主权国家的兴起仍然成了一个比城市大得多的地域范围内的、相对完整的内部秩序的合法拥有者,为贸易的扩张提供了一个由国家强权保障的基本秩序,有效地在由于贸易分化而带来的商人共同体分崩离析之际接过了原由商人共同体内部自我维持、自我实施的贸易秩序,使得欧陆贸易秩序免于崩溃,并进一步提供了贸易扩展所需的更大地域范围与外在的合法强制力的保障。

### (二)"大革命"的爆发与商人法的"国内化"

#### 1."大革命"与商人法的"国内化"

当近代早期主权国家在不断地加强其整齐划一的行政监控能力的同时又不断地容忍甚至鼓励垄断时,垄断便越来越不可忍受;加之15世纪末16世纪初的地理大发现为欧陆贸易提供的横向扩张空间越来越狭小,摧毁国内封建身份制度残余为欧陆贸易的纵向扩张提供市场空间的压力越来越大,而这一切都伴随着1789年法国大革命的爆发以

---

① [英]Schmitthoff:《国际贸易法文选》,赵秀文选译,中国大百科全书出版社1993年版,第111页。

② 陈颐:"从中世纪商人法到近代民商法典:1000~1807年欧陆贸易史中的法律变迁",华东政法学院2002年法学硕士学位论文,第44页。

及发展得到了释放。

18世纪商品经济在法国部分地区已相当发达,出现许多资本主义性质的手工工厂,个别企业雇用数千名工人并拥有先进设备。金融资本雄厚。资产阶级已成为经济上最富有的阶级,但在政治上仍处于无权地位。农村绝大部分地区保留着封建土地所有制,并实行严格的封建等级制度。由天主教教士组成的第一等级和贵族组成的第二等级,是居于统治地位的特权阶级。资产阶级、农民和城市平民组成第三等级,处于被统治地位。特权阶级的最高代表是波旁王朝国王路易十六。18世纪末,第三等级同特权阶级的矛盾日益加剧,特权阶级顽固维护其特权地位。1789年5月国王被迫召集三级会议,继而改为国民议会和制宪议会。7月14日巴黎人民起义,攻占巴士底狱,大革命爆发,持续数年。

契波拉曾这样评价大革命:

"在法国……(大革命)的影响最为深远,它们帮助创造了一个崭新的、全国的、统一的市场这种制度上的先决条件——这种市场不仅使得货物能够在地区间以更自由方式与更低廉的成本来交易,而且使得土地、人民与观念也发生了改变,无疑的,在相当大的范围内,与革命以及与其后果相关之商业环境的重新建构,可以从迄革命为止一直不得志之中产阶级与专业阶级的改革中观察出来,他们对于这些旧制度的推翻意味着一种新影响与建立他们自己之社会的新机会。"①

对于贸易史来说,这场法国历史上迄今为止最伟大、最激烈的革命的最大影响是:为贸易的发展摧毁了最后的也是最大的垄断——贸易对农民的垄断。理由在于:如果把当时占法国90%的农民排除在市场体系之外,那么市场的蛋糕永远无法做大,贸易将被限制在传统的城市贸易之上以及各国政府之间、中央政府与城市之间。虽然15世纪末16世纪初美洲新大陆的发现暂时解决了不断扩张的贸易对市场规模的要求,然而此后近三百年间贸易的持续扩张使得市场规模的临界点再次呈现。商人们需要扩张他们的财富,国家需要更多的税收解决财

① [意]契波拉:《欧洲经济史·工业革命篇》,张秀蓉、刘铮云、周建富、陈国栋、张彬村译,台湾远流出版事业股份有限公司1989年版,第219~220页。

政困难、面对其他国家更为激烈的竞争,粗鄙的农民们同样需要摆脱他们艰难的生存状况。而大革命的爆发最终把农民从封建制的最后一点身份束缚的残余中解脱出来,同时,革命过程中对行会的垄断也进行了废除,[①]而这一切都为贸易的进一步发展创造了至关重要的条件。

接下来,随着大革命的激情和动荡渐渐退去,借助国家的权威通过法典化的手段,在革命的破坏性成果上重建巩固贸易所需的法律环境势成为必需。由此,商人法的发展也进入了一个新的时代——商人法被纳入国内法时期。商人法国内化的主要途径是商法的编纂。1807年,法国制定了统一的《法国商法典》。作为大陆法系国家第一部正规的近代商法典,具有划时代的意义。Schmitthoff 教授认为它是商人法被纳入国内法阶段的"顶点"。[②] 1807 年《法国商法典》否定了中世纪以来商法只适用于商人阶层的传统,放弃了 1673 年法国商法的商人法主义立场,而以商行为观念作为其立法基础。即凡实施商行为者不论是否是商人,都适用商法,从而以商行为主义取代了商人法主义。[③]

在《法国商法典》颁布后,首先是欧洲大陆各国纷纷仿效,相继颁发了自己的商法典,例如,1807 年的《卢森堡商法典》、1811 年的《比利时商法典》、1829 年的《西班牙商法典》、1833 年的《葡萄牙商法典》、1835 年的《希腊商法典》、1838 年的《荷兰商法典》、1850 年的《土耳其商法典》、1865 年的《意大利商法典》、1875 年的《埃及商法典》、1889 年的《阿根廷商法典》和 1897 年的《德国商法典》等。其次,英美国家也加入了声势浩大的成文法运动,其表现为大量的单行立法和判例法。如英国相继制定了 1882 年的《票据法》、1885 年的《载货证券法》、1890 年的《合伙法》、1893 年的《货物买卖法》、1894 年的《商船法和破产法》等。而美国为统一各州商事立法,先后制定了 1896 年的《统一流通证

---

① 1791 年国民议会宣布任何人都可以"自由地从事自己选择的事业,自由地练习自己选择的职业、艺术或买卖"。详见[意]契波拉,《欧洲经济史 · 工业革命篇》,张秀蓉、刘铮云、周建富、陈国栋、张彬村译,台湾远流出版事业股份有限公司 1989 年版,第 219 ~ 220 页。

② [英]Schmitthoff:《国际贸易法文选》,赵秀文选译,中国大百科全书出版社 1993 年版,第 39 页。

③ 何勤华主编:《法国法律发达史》,法律出版社 2001 年版,第 247 页。

券法》、1906年的《统一买卖法》、1909年的《统一载货证券法和统一股份让与法》、1922年的《统一信托收据法》、1928年的《统一商事公司法》及1925年的《统一商法典》等。①

值得注意的是,在这一过程中,法学家们对于中世纪商人法的一系列著述对于商成文法的形成和完善起到了重要的作用。例如,1673年法国学者萨维尼出版了《论完全商人》一书,对于商人法的成文化进行了系统的注释和分析;1662年德国学者马奎德出版了《商事主体的政治和法律地位》,该书对于后来的普鲁士普通法起到重要的指导作用;18世纪中叶,德国学者凯萨尔吉斯出版了《商法论》一书,对于古典商法的体系和内容进行了系统的归纳。此外,西班牙国王阿尔芬斯与巴塞罗那学者于19世纪编集成册的流行于地中海沿岸的《海商法惯例》对于商法的成文化也具有重要的影响。

2. 商人法被"国内化"的原因

事实上,商人法被"国内化"这一过程早在查理九世②设立商事法庭之前就已经开始,如在1473年英格兰大法官就宣布,向他寻求救济的外国商人讼案将"在大法官法庭中由自然法"来决定,"这里的自然法即一些人所称的商法,它是世界通用的法律"。③ 原因在于,商人永远以实用为本,而非至纯的理想主义者。他们为了巩固自治地位、谋求行业垄断、借助封建国家的力量拓展市场,需要与封建主和国王们合作,封建国家也需要利用商人的经济力量,何况统治者对黄金的追求与商人对利润的向往并无本质分别。总的来说,这些欧洲早期的商事立法是从中世纪商人法向成文商法典转变过程中难以逾越的阶段。尽管这一时期的商事成文法实质上不过是封建国家以王权名义对商人法和商人利益的确认,因而其内容仍带有模仿商人法的局限性,但此种最初的商事成文法在当时的历史条件下是具有相当的社会进步意义的,它们对于后来欧洲大陆大范围兴起的商人法"国内化"运动所起的作用

---

① 徐学鹿:《商法总论》,人民法院出版社1999年版,第7页。

② 1560~1574年在位。

③ [美]哈罗德·伯尔曼:《法律与革命——西方法律传统的形成》,中国大百科全书出版社1993年版,第745页。

也是毋庸置疑的。

从总体上来看,通过编纂商法的方式来将长期游离于国家制定法以外但又在实践中发挥着重要作用的商人法纳入国内法体系,其驱动力主要包括以下几个方面:

第一,主权观念的强化。尽管博丹早在16世纪就提出了主权概念,但主权观念引入到国际商事领域,却是民族国家兴起的十八九世纪。在主权观念的影响下,各国认为主权是一国至高无上的权力,而立法、司法权则是主权的重要体现,因此,将国际商业领域的活动通过国内立法加以规范,既是国家主权在该领域的宣示和凸显,也有利于维护国家及商人的利益。

第二,加强中央集权的需要。欧洲曾长期处于封建割据的状态中,民族国家形成过程中和形成后,加强中央集权、实现政治统一是许多国家统治者孜孜追求的目标。商人法与生俱来的内在秉性:统一性和普遍性,恰恰与这一时期主权国家的部分政治目标相契合,把商人法纳入国内法体系并以此来推动政治统一运动成了顺理成章的事情。

第三,商品经济发展的需要。在这一时期,商品经济关系步入了全面成熟和发展的阶段,这时不仅需要对商事活动的各个方面加强立法,而且还需要对商法的一些基本原则加以抽象、概括,对商事关系所具有的共性加以总结。商法典的制定,将使得商事立法在体系上更加完整,在逻辑上更加严谨。这将有利于消除由商事单行立法所产生的立法重叠、冲突和空白现象,也有利于消除单行立法法律体系松散、结构不严谨的弊端。

第四,贸易发展的需要。18世纪中叶,专门的商事法院渐趋衰落,这意味着主要贸易大国的对外贸易不断增大的同时,负责协调各国商人利益、处理他们彼此纠纷的“国际性”的司法机关——“行商法院”却式微了。由商事法院承担的任务转由国内法院承担。由此而来的困难是:以前商事法院的“法官”和“陪审员”均由商人担任,自然不会对商事习惯的存在和效力提出质疑;而专业法官却可能要求对商事习惯的存在极其普遍的效力提出专门举证。这不仅费时而且存在相当困难,无疑与商人们要求迅速、便捷、高效解决纠纷的愿望背道而驰,不利于纠纷解决,客观上影响了国际贸易的发展。因此,将国际商事习惯吸收进国内法,将其主要的原则、规则以明确的国内法规范表达出来,无疑将会给法院的适用带去相当的便利,从而更好地去适应贸易发展的需要。

当然,由于各国的国情不同,各国将商人法纳入国内法体系的驱动力也会有细小的差异。譬如,在英国,王室法对商人法的吸收事实上就与法官经济上的自我利益密切相关。威廉·M. 兰德斯和理查德·A. 波斯纳就揭示:王室法院逐渐从商人法庭手中拿走了越来越多的案件,其原因在于英国法官经济上的自我利益,因为在那段时期英国法官的薪金收入很大程度上来源于诉讼费。①

(三)商人法被纳入国内法后自治性的保留

从本质上来看,商人法的"国内化"对商人法的发展具有不可忽视的积极影响,主要表现在两个方面:

第一,将商人法纳入国内法,使其适用具有了国家强制力的保障,对强化商人法的效力、增加其权威性、巩固其在国际商事领域中的地位不无益处。波洛克就曾经说过:"(商人习惯法)由于符合英国的程序和法律方法,因而它还可以从已经确定的一般习惯中得到加强,"②因此,已被国内法承认的"商人法习惯"事实上将间接地加强了商人法的普遍性、合理性与权威性。

第二,商人法的国内化使许多国际商事习惯获得了国内法上的效力,成了国内法规范。这就意味着那些通行于国际商界,被人们普遍承认具有效力的习惯规则正式跻身国内法,成为规范人们商事行为的"法律"。考虑到有些国家不承认习惯法,这一点的意义就显得尤其重要。而由于这些规则渊源的同一性——均源自商人法,以及内容的统一性,它们被各国内化为国内法后,使各国对商事问题的法律规定不仅有了一定程度的相同性,而且一国的立法机关在制定或修改其关于调整国际商事交易的法律和法规时,必然会考虑到国际社会的一般做法,

① William M. Landes, and Richard A. Posner, Adjudication as a Private Good, *Journal of Legal Studies* (March 1979), p. 258.

② [英]Schmitthoff:《国际贸易法文选》,赵秀文选译,中国大百科全书出版社1993年版,第11页。

从而与国际接轨，这对国际贸易的发展有着极大的促进作用。由此，国际商事立法统一化的趋势自商人法被纳入国内法时期就已经开始，

此外，我们必须注意到的非常重要的一点是：商人法在“国内化”的进程并没有导致商人法的消亡；相反，商人法在新的历史形势下获得了新生，商人法的历史传统得到了传承和光大，这一点可以从以下的分析清晰的看出：

首先，在实践中长期存在并被广泛适用的这一套“商人们的规则”构成了后世各国商法立法实践的基础，虽然其在具体内容、范围以及局部形式上有所更易，然而从总体上来看是一直遵循着中世纪商人法的框架的，并未从根本上突破，正如有的学者指出的那样，“商法大部分出色而有效的法律规定并不是来自罗马法，而是源于中世纪商人法”。①

举例示之：

前捷克斯洛伐克的 1963 年《国际贸易法典》和南斯拉夫的《贸易一般惯例》，就是将国际商会的《国际贸易术语解释通则》的内容引入了国内立法之中，为此，Schmitthoff 教授曾这样评价它：“该惯例是一个令人羡慕的有关国际贸易的国际规则的简明法典。”②

在法国，据学者考证，构成 1807 年《法国商法典》基础的 1673 年的《陆上贸易法》（*Ordonnance de commerce*，又称《商事条例》）和 1681 年的《海上贸易法》（*Ordonnance de Ia marine*，又称《海事条例》）不过是对当时保留下来的商人习惯法进行正式的确认而已，制定该两部法律的目的并不在于改变实践中的原有规则，而在于使原有规则更加统一，消除原有规则中的弊端，尤其是消除以往在商务仲裁中不灵活的做法，以及增加对商务交往中信任之保护。而 1807 年的《法国商法典》也只是将二者合并，并在内容和技术上稍加整饬而已。从该法典的内容上看，也完全是有关商人、商业会计、商业注册、商行为、商业票据、海商等

① ［美］格伦顿、戈敬、奥萨魁：《比较法律传统》，米健、贺卫方、高鸿钧译，中国政法大学出版社 1993 年版，第 14 页。

② ［英］Schmitthoff：《国际贸易法文选》，赵秀文选译，中国大百科全书出版社 1993 年版，第 45 页。

商事活动的特殊调整规范而根本不涉及一般民事生活。因此,可以说1807年的《法国商法典》虽然取得了国家制定法的形式,然而其所具有的商人法的独特性也未发生根本变化。在德国,1897年的《德国商法典》主要建立在19世纪中叶,经普鲁士邦提议,联邦议会于1861年颁布的《普通德意志商法典》的基础之上的,而该商法典主要也是对既有商人习惯法的整饬和确认。德国学者基克尔(Julius von Gierke)教授也认为德国商法的一大特征"就是商人的法律",亦即大商人的法律。①

更明显的例子则来自英国——这一个典型的普通法系国家,因为"罗马法始终未能在普通法里立足"。② 在原来,每次对于商业习惯都是作为证据而需要当事人提示或要求商人将有关商业条款明确订立于令状申请之中。这显然增加了当事人商业交易的负担和风险。而英国1666年普通法庭明确宣示,商人法为英国普通法的一部分无须特别提示。到了1875年,王座法院于1875年在一项判决中更进一步确认:"(商人法——引者注)从前只是一种未经法律规定认可的惯例,现在已经渗透并融入到普通法中,商人法从而构成了普通法的一部分。"

对此,英国著名的波洛克法官③在20世纪初的一篇文章中这样评价道:④"商人习惯法实际上并未完全丧失它原来的性质,也未忘记它的中世纪自然法的世系。它是各种形式的习惯性做法体现出来普遍合理的原则。由于符合英国的程序和法律方法,因而它还可以从已经确定的一般惯例中得以加强。"

---

① [英]Schmitthoff:《国际贸易法文选》,赵秀文选译,中国大百科全书出版社1993年版,第11页。

② [英]巴里·尼古拉斯:《罗马法概论》,黄风译,法律出版社2000年版,第49页。Max Weber也指出,英国从来没有接受过罗马法,因为存在一个与皇家法庭有关的律师阶层防范民族司法制度腐化堕落。他们控制了法律理论的发展,因为以前和现在一样,法官就是从他们中间挑选的。他们阻挠英国各大学讲授罗马法,以防外界人士跻身于司法界。参见[德]Max Weber:《世界经济通史》(中译本),上海译文出版社1981年版,第230页。

③ Frederic Pollock(1845-1937)。

④ [英]波洛克:"大不列颠和北爱尔兰商法简介",载鲍斯泰德(William Bowstead)、斯克拉顿(Thomas E. Scrutton)主编,第1卷第11页;转引自[英]Schmitthoff:《国际贸易法文选》,赵秀文选译,中国大百科全书出版社1993年版,第245页。

需要指出的是,在英国,这个过程主要是由霍尔特(John Holt)以及当时最杰出的大法官曼斯菲尔德(Mansfield,1705~1793)完成的。[①]而他的工作也只不过是简化了有关的商事程序,并对普通法与商业习惯进行了协调,从而把“商业界的要求与旧法的基本原则融为一体”。[②]显然,就该判断的实质意义而言,其并没有理由不适用于大陆法系商法的国家化过程,尽管二者国家化的形式各异。

其次,无论是在普通法系还是在大陆法系的立法实践中,都贯彻了商人法的自治理念。这典型地表现在:(1)在国际合同领域,不论是普通法系还是大陆法系,都一致规定,支配合同的法律应是当事人在他们订立的合同中选择的法律;(2)国内法院应根据国际商事习惯和惯例来解释合同;(3)国内法院应把商人法的原则、概念和制度纳入到自己的法律体系之中,把中世纪的商事裁判法引入到商事仲裁中。

由此可见,由于商人法具有适应商事活动特殊需要的特质,因此决定了所谓的商人法的“国内化”过程只不过是以国家立法或吸收的形式而对既有的商人习惯法的既有内容进行承认而已。当然,这也包括对不适应时代的内容予以剔除而加以新的反映新的商业需要的内容的过程。但不管怎么说,都是为了更好地满足当时商事活动发展的特殊需要,因此,商人法的内容实质未发生根本变化,商人法所具有的强烈的“自治性”也得到了很大程度的保留。我们可以这样说,商人法即使在纳入了国内法的轨道的时候,它仍然最大程度地保持了自己的特质,并且通过国家的力量加强了其自身的权威性,还扩展了其适用范围,并为后来的发展打下了坚实的基础。

然而,在商人法被“国内化”这一现象的消极影响方面,正如Schmitthoff 指出的那样:

“当我们用公正的和批判的眼光来看待此项发展时,我们开始怀

---

① [英]Schmitthoff:《国际贸易法文选》,赵秀文选译,中国大百科全书出版社 1993 年版,第 245 页。

② [英]Schmitthoff:《国际贸易法文选》,赵秀文选译,中国大百科全书出版社 1993 年版,第 10~11 页。

疑,从长远来看,不利因素是否超过了有利因素"。[①] 施莱辛格教授也注意到了"源于法典所造成的各国法律制度在理解力方面的相互孤立的状况"。[②] 本文认为,虽然商人法的"国内化"给商人法带来了一些积极方面的影响,但是从商人法发展的整个过程的角度来看,对商人法的发展构成了不可忽视的障碍,原因在于:商人法本质上是商人们的自治法,有着自己的产生、发展轨迹。而国内化的过程无疑将大大地扭曲和削弱了这一进程。商人法的灵活性被国内法的僵硬所取代。此外,"国内化"还可能损害商人法的"国际"性,因为各国均注重本土利益的保护,其对国际商事习惯的取舍,概念和内容的解释等都会涂抹上自身利益的色彩,原先存在于国际商事习惯的统一性和普遍性就会遭到破坏,而这些都不利于商人法的长远发展。

最后,本文对商人法"国内化"的进程中自治性的保留作一简要的小结:

16世纪后,随着商品经济的进一步发展,封建割据势力的衰落,主权观念的加强,统一的民族国家逐步形成。中世纪占统治地位的寺院法开始被废弃,而早期的自治城邦也已不复存在。这就形成了民族国家制定统一法律和商人习惯法向成文法转变的社会条件。18世纪末发生的法国大革命更是彻底摧毁了商人的"身份壁垒"。在这一大形势下,在新生资产阶级的推动下,开始了将商人法"国内化"的过程。而由于商人法具有适应商事活动特殊需要的特质,因此决定了所谓的商人法的"国内化"只不过是以国家立法或吸收的形式而对既有的商人习惯法的既有内容进行承认而已。"国内化"后的商人法的内容实质未发生根本变化,商人法所具有的强烈的"自治性"也得到了很大程度的保留。商人法的"国内化"过程本质上是对社会经济现实的反映和民主运动的结果,是商人法发展的阶段和必经之路。

---

① [英]Schmitthoff:《国际贸易法文选》,赵秀文选译,中国大百科全书出版社1993年版,第10页。

② [英]Schmitthoff:《国际贸易法文选》,赵秀文选译,中国大百科全书出版社1993年版,第12页。

### 三、现代商人法时期(19世纪初至现代)

就在中世纪的商人习惯法纳入近代国家法典,或者更确切地说,纳入各国的国内法的时候,商人法同时开始了另一个轮回。在国际贸易领域,在近代国家势力不及的地方,国际贸易惯例开始成长。从19世纪末20世纪初,代表国与国之间关系的相关国际条约、公约开始介入国际贸易领域,由此,商人法的发展进入了一个新的历史纪元——"现代商人法时期"。这一阶段又分为两个重要时期:一是从1919年到1965年,以国际商会(ICC)、联合国(UN)等为代表的组织以及欧洲大陆法系国家为各国民商法的统一做了大量的工作,使各国商事法逐步走向国际化,即"商人法国际主义的回归阶段"。二是从1966年联合国国际贸易法委员会(UNCITRAL)的成立开始至今,UNCITRAL开展了一系列关于统一全球商法的工作,通过采取国际多边公约、示范法等方式,使得大陆法系和英美法系在商法领域内对立的部分逐渐趋于统一,即"国际商法的勃兴阶段"。

#### (一)国际贸易的重新兴起与商法国际主义的复归

从16世纪到18世纪,随着殖民扩张和各洲之间贸易的发展,西欧各国经济发生了很大的变化。一方面,欧洲从海外获得了大量的金银财富,积聚了大量的商业资本和工业资本,从而基本完成了资本的原始积累。另一方面,海外市场尤其是美洲市场的开发使得对欧洲工业产品的需求迅速增加。在这样的大背景下,从18世纪60年代开始,欧美国家先后发生了工业革命(The Industrial Revolution)。①工业革命后,国际贸易出现了前所未有的大发展。此前从18世纪初到19世纪初的将近100年里,世界贸易总额增长了1倍多。然而,仅在19世纪的前70年(1800~1870年)中,世界贸易就增长了6.7倍,扣除价格下跌的因素,实际贸易量增长了9.6倍,从1870年到第一次世界大战前的1913年,尽管除英国以外的主要欧美国家开始实行了贸易保

① 工业革命分为两个阶段。第一阶段大约从1770年开始到1870年,主要发生于英国。工业革命的第二阶段约从1870年到20世纪初,主要发生在德国和美国,也包括其他欧洲国家。

护主义的政策并先后出现了几次经济衰退,世界出口总额仍然从51.3亿美元增加到184亿美元,增长了将近2.6倍,年平均增长率仍达6%。①

从1914年第一次世界大战爆发到1945年第二次世界大战结束,是世界经济和国际贸易波动和萧条的一段时间。两次世界大战和几次大的世界性经济衰退,大大削弱了欧洲各国的经济和军事实力,也极大地影响了世界贸易。第一次世界大战后,国际贸易缩减了40%,直到1924年才略超过战前水平。紧接着是1929年至1933年大萧条,世界贸易量又一次大幅度下降。加上这一时期各国实行的贸易保护政策,国际贸易一直处于萎缩状态,到第二次世界大战爆发前的1937年,世界出口总额也只有254.8亿美元,尚未恢复到1929的水平(327.5亿美元),甚至仍低于1924年的水平(275.95亿美元)。这种状态直到第二次世界大战结束后才得到改变。随着战后较长和平时期的到来,世界经济又一次发生了巨大变化,国际贸易再次出现了飞速增长,其速度和规模都远远超过了19世纪工业革命以后的贸易增长。从1950年到2000年的50年中,全世界的商品出口总值从约610亿美元增加到61328亿美元,增长了将近100倍。即使扣除通货膨胀因素后,实际商品出口值也增长了15倍多,远远超过了工业革命后乃至历史上任何一个时期的国际贸易增长速度。②

随着国际政治、经济格局的剧变和社会生产力与科学技术的迅猛发展,国际经济一体化趋势不断加强,统一的世界市场正在逐渐形成,国际商事关系得到了蓬勃的发展,国际商事法律关系日益复杂。以各国国内法制为主来调控跨国性的商事交易的做法,愈来愈感到捉襟见肘。各国国内法律制度的差异逐渐成为国际贸易发展的严重障碍。

首先,传统的国内民商法与国际私法相结合去调整国际贸易的做法效率低下,不能满足国际贸易发展的需要。对此,Schmitthoff教授有

---

①　[英]麦迪森:《世界经济二百年回顾(1820~1992)》(中译本),改革出版社1997年版。

②　贸易发展数据除特别注明外,主要根据世界贸易组织统计资料计算。

过一段精辟的论述:[①]

“在国内,处理国际交易的律师首先向自己提出的问题是:支配本合同的法律是什么?他试图从本国的冲突法规则中找出答案。这是将国际关系置于国内法中的解决方法。现代对这种方法持否定态度。就国际交易而言,它认为国际私法实际上是对商业行为和解决正义而认为设置的障碍。”

因此,Schmitthoff 教授认为:[②]

“(在国际贸易领域内)神话国际私法具有过分夸大民族国家观念的副作用。它试图把国际法律关系局限在国内法的水平上,因此,它与国际关系的目标和目的背道而驰。”[③]

法国的戴维(René David)教授也指出:[④]

“一个法学家不会不注意到,各国的冲突法制度正在受到现代社会的嘲笑,它通常导致国内法(即法院地法)的适用,而且国际私法的称谓也是夸大的。”

其次,各国法律制度的千差万别,使得同一商事关系受不同国家法律调整时会产生不同的结果。举例来说,在国际货物买卖中,货物所有权从何时起发生转移是一个十分重要的问题,英、美等国均认为依据买

---

① [英]Schmitthoff:《国际贸易法文选》,赵秀文选译,中国大百科全书出版社 1993 年版,第 245 ~ 246 页。

② [英]Schmitthoff:《国际贸易法文选》,赵秀文选译,中国大百科全书出版社 1993 年版,第 263 页。

③ 需要指出的是,Schmitthoff 教授并不是认为国际私法在国际贸易领域内是毫无用处的,他说:“即便在综合性的统一规则最终将适用于国际商业交易的情况下,我也不主张从根本上取消冲突法。我认为,在当前情况下,一个规范性的国际商业合同,如果没有法律选择条款、司法管辖或仲裁条款,该合同的起草就是有缺陷的。”“然而,随着在普遍接受的统一规则基础上形成的国际贸易自治法的深入发展,冲突法的领域将逐步缩小。”“在时代环境中,冲突法规则的重要性表现在:如果统一规则未能对某一特定问题提供解决方案,它可以作为后备规则(fall-back rules)而加以援引。”详见[英]Schmitthoff:《国际贸易法文选》,赵秀文选译,中国大百科全书出版社 1993 年版,第 264 页。

④ [英]Schmitthoff:《国际贸易法文选》,赵秀文选译,中国大百科全书出版社 1993 年版,第 246 页。

卖合同中的具体约定便可以确定所有权何时转移,但《德国民法典》却认为货物所有权转移属于物权法范围,作为债权法范围的买卖合同解决不了物之所有权转移问题。需要买卖双方另就货物所有权转移达成合意。① 总之,从事国际商事交易的商人必须要去面对他不熟悉的外国民商法,然而他不可能熟悉多个外国的民商法;他不愿选择他不熟悉的外国民商法;他不知道他的商业行为将受何种法律调整;他担心外国法院处理争议时对外国当事人会有偏袒。由于要面对不同国家的民商法,法律调整本应有的确定性和可预见性原则不复存在,法律成了国际贸易的障碍。

因此,国际贸易新的发展趋势要求调整国际性商事关系的法律逐渐摆脱国内法的桎梏,而朝着国际法律协调、一致和统一的方向发展,这就客观上要求一种具有"便捷"、"灵活"和"普遍"特性的统一规则去保障从事国际商事交易的当事人的合法利益,维护国际商事关系的正常运转。

此外,还有重要的一点是:同时,调整国际贸易的各国法律制度"在各国都是相同的,其相似之处已经超过了对世界所作的自由市场经济与中央计划经济国家、普通法传统国家与罗马法传统国家之间的划分"。② 这也为商人法国际主义的回归打下了坚实的基础。如波兰学者查莫教授就指出:③

"计划经济国家的对外贸易法在基本原则上与其他国家,与奥地利或瑞士的对外贸易法之间没有什么区别。因此,世界各国的国际贸易法专家们不难发现,他们在讲一种'共同的语言'。"

南斯拉夫学者 Goldstajin 教授写道:④

---

① 余劲松、吴志攀主编:《国际经济法》(第2版),北京大学出版社、高等教育出版社2005年版,第90页。

② [英]Schmitthoff:《国际贸易法文选》,赵秀文选译,中国大百科全书出版社1993年版,第231页。

③ [英]Schmitthoff:《国际贸易法文选》,赵秀文选译,中国大百科全书出版社1993年版,第232页。

④ [英]Schmitthoff:《国际贸易法文选》,赵秀文选译,中国大百科全书出版社1993年版,第84页。

“调整贸易交易的法律既不是资本主义的,也不是社会主义的,它只是达到某种目的的一种手段。因此,尽管此类交易的受益人在不同的国家各不相同,但这并不妨碍国际贸易的发展。国际贸易法是建立在全世界都能接受的基本原则的基础上的。”

Schmitthoff 教授也认为:①

“在调整国际贸易的法律制度上,资本主义国家与社会主义国家之间的相似之处日益显得更加明显。因为现在社会主义经济国家的对外贸易是在私法领域内进行的。就外贸公司的对外活动而言,它们的权限与自由市场经济国家的公司相似,尽管他们的内部章程有着很大的差异。他们没有股东,而且与自由市场经济国家的国有化企业一样,或者是独立核算,或者向国家核算。”

在这样的社会历史背景下,国际商事团体和机构为了使其所从事的国际商事活动摆脱国内法的桎梏,开始呼吁、提倡并积极地通过自己的商事实践来推动国际商法的国际主义回归。商法国际主义概念的回归成了东西方的共同呼声。正如 Schmitthoff 教授于 1957 年在赫尔辛基大学演讲时所指出的:②

“我们正在开始重新发现商法的国际性,国际法—国内法—国际法这个发展圈子已经自行完成;各地商法的总趋势是摆脱国内法的限制,朝着普遍性和国际性概念的国际贸易法的方向发展。”

Schmitthoff 教授继而在 1961 年指出:③

“作为政治和经济领域中国际主义概念的恢复的补充,法学领域中则恢复了国际性的商人法的概念,出现了旨在发展为国际商业自治法的新的商业习惯法即现代商人法。”

---

① [英]Schmitthoff:《国际贸易法文选》,赵秀文选译,中国大百科全书出版社 1993 年版,第 13 页。

② [英]Schmitthoff:《国际贸易法文选》,赵秀文选译,中国大百科全书出版社 1993 年版,第 246 页。

③ [英]Schmitthoff:《国际贸易法文选》,赵秀文选译,中国大百科全书出版社 1993 年版,第 4 页。

南斯拉夫教授 Goldstajin 也于同年撰文指出:[①]

"尽管世界各国的政治、经济和法律制度不同,现代商人法却在国际贸易领域内迅速地发展着,现在是承认独立于国内法律制度的商业自治法存在的时候了。"

(二)经济全球化的兴起与国际商法的勃兴

20世纪80年代末90年代初,随着苏联解体、东欧剧变,全球经济进入了一个新的时代——"经济全球化"(Economic Globalization)时代。关于"经济全球化"的概念,目前并没有统一。国际货币基金组织(IMF)在1997年5月发表的一份报告中指出,"经济全球化是指跨国商品与服务贸易及资本流动规模和形式的增加,以及技术的广泛迅速传播使世界各国经济的相互依赖性增强"。[②] 而经济合作与发展组织(OECD)认为,"经济全球化可以被看作一种过程,在这个过程中,经济、市场、技术与通讯形式都越来越具有全球特征,民族性和地方性在减少"。

总的来说,"经济全球化"具有四大标志:第一,以微电子、生物工程的大发展为标志的科技革命进一步深入发展,西方发达国家开始从工业社会向信息社会转变;第二,跨国公司不仅在数量上、规模上有了更大的发展,而且其经营战略发生了重大变化,突出地体现在企业跨国并购的形式、数量和规模均有了重大发展,许多跨国公司的研发中心移向海外,世界经济融合的程度空前提高;第三,不同制度国家的体制创新,社会主义国家经济体制的改革和以市场为取向的体制转轨,最终消除了市场经济全球化的最后障碍,市场经济成为涵盖整个世界的经济体制;第四,WTO等国际经济组织的职能、规模的扩大和发展,使世界经济运行日益规范化和规则化,实现了物流、资金流、信息流和知识流全球畅通。

经济全球化是全球化进程中最主要也是最具动感的部分,其加快发展直接使得全球范围内的国际商事交易活动空前活跃。国际商事关

---

① [英]Schmitthoff:《国际贸易法文选》,赵秀文选译,中国大百科全书出版社1993年版,第12页。

② 国际货币基金组织:《世界经济展望》,中国金融出版社1997年版。

系的发展要求减少或消除各国法律的歧异,避免法律冲突,以便利交易的进行。因此,以实现全球范围内法律的普遍适用为目的的国际商事法律统一化运动开始蓬勃兴起。在这一令人瞩目的过程当中,以国际商会(ICC)、国际统一私法协会(UNIDROIT)、联合国国际贸易法委员会(UNCITRAL)为典型代表的国际商事立法机构的立法活动显得尤为活跃,也极富成效。这些政府间组织和民间组织通过采用制定公约、编纂惯例、制定示范法以及颁布指南等各种统一法的方法,广泛涉及国际货物销售、国际支付、国际货物运输、电子商务、国际商事仲裁和调解、破产等国际商事活动的各个领域,对相关领域的法律趋同和统一化产生了巨大的影响。

当前,国际商法已经开始迈进一个崭新的时代——现代商人法时期。国际商法发展迅速,蔚为大观,这主要体现在四个主要的方面:

第一,国际商事制法机构相继成立,民族国家和国际商业组织积极参与国际商事制法活动。以国际海事委员会(CMI)、国际法协会(ILA)、国际商会(ICC)、国际统一私法协会(UNIDROIT)、国际法研究院(The Hague Academy of International Law)为代表的众多国际商法制法机构相继设立。这些政府间组织和民间组织本身都获得了巨大发展,具备了广泛的代表性,而且发达国家,尤其是欧洲国家及其商人主导了上述机构的制法活动。这些国际商事制法机构的成立为国际商法的发展奠定了坚实的制度基础。①

第二,国际商事实体法已蔚然大观,初步形成体系。目前,以国际商事公约、国际商事惯例、普遍性格式合同和示范法为渊源形式的国际商事实体法已形成体系,涵盖了国际商事交易的许多重要领域。②①国际公约。国际统一私法协会、国际贸易法委员会和国际海事委员会制定了关于国际代理、国际货物买卖、国际货物运输、国际支付、国际

① 左海聪主编:《国际商法》,绪论,法律出版社2008年版,第5页。

② 左海聪主编:《国际商法》,绪论,法律出版社2008年版,第6页。

融资租赁的一系列公约。[①] ②国际惯例。国际商会、国际统一私法协会和其他机构制定了多种国际惯例,涵盖贸易术语、托收、信用证、国际商事合同的一般规则、海上保险条款、国际保理、国际特许经营等领域。[②] ③法律重述。主要有国际统一私法协会的《国际商事合同通则》。④示范法。主要有UNCITRAL制定的1985年《国际商事仲裁示范法》、1996年《电子商务示范法》以及UNIDROIT制定的1994年《国

① 国际商事领域已经缔结的国际公约主要包括:关于国际代理的公约,有国际统一私法协会于1983年制定的《国际货物销售代理公约》(尚未生效);关于国际货物买卖的公约,有国际统一私法协会于1964年制定的《国际货物买卖统一法公约》及《国际货物买卖合同成立统一法公约》、国际贸易法委员会于1980年制定的《联合国国际货物买卖合同公约》(CISG)及《联合国国际货物买卖时效期限公约》;关于国际货物运输的公约,有国际海事委员会于1924年制定的《统一提单的若干法律规则的国际公约》(海牙规则)、于1968年制定的《有关修改统一提单若干法律规则的国际公约的议定书》(维斯比规则)、国际贸易法委员会于1978年制定的《联合国海上货物运输公约》(汉堡规则)、于1929年制定的《统一国际航空运输某些规则的公约》(华沙公约)、于1955年制定的《修改华沙公约的议定书》(海牙议定书)、于1961年制定的《统一非缔约承运人所办国际航空运输某些规则以补充华沙公约的公约》(瓜达拉哈拉公约)、于1952年制定的《国际铁路货物联运协定》(国际货协)、于1961年制定的《关于铁路货物运输的国际公约》(国际货约)、于1980年制定的《联合国国际货物多式联运公约》(尚未生效);关于国际支付的公约,有国际联盟于1930年制定的《汇票、本票统一法公约》、1930年制定的《统一支票法公约》、国际贸易法委员会于1988年制定的《联合国国际汇票与国际本票公约》(尚未生效)和1988年制定的《国际统一私法协会国际保理公约》;关于融资租赁的公约,有1988年制定的《国际统一私法协会国际融资租赁公约》。

② 国际商事领域已经制定的国际惯例主要包括:关于国际货物买卖的惯例,有ICC于1936年制定的《国际贸易术语解释通则》、联合国欧洲经济委员会制定的上述格式合同、各种贸易协会制定的格式合同、各国进出口公司制定的格式合同,如我国各贸易公司制定的格式合同;关于国际货物运输及保险的惯例,有波罗的海国际航运公会制定的《统一杂货租船合同》、贸发会议和国际商会制定的《贸发会议/国际商会多式联运单证规则》、海洋运输公司制定的提单条款、伦敦保险协会1912年制定的《协会货物条款》;关于国际支付的惯例,有ICC于1967年制定的《托收统一规则》、1930年制定的《跟单信用证统一惯例》、国际保理商联合会于1988年制定的《国际保理惯例守则》;关于国际特许经营的惯例,有国际统一私法协会1998年制定的《国际特许经营指南》。

际商事合同通则》等。[①]

第三,国际商事仲裁备受欢迎,业已成为解决国际商事纠纷的主要途径。20世纪,苏黎士机构商会仲裁院、瑞典斯德哥尔摩商会仲裁院、国际商会仲裁院、美国仲裁协会、中国国际经济贸易仲裁委员会相继于1911年、1917年、1923年、1926年和1956年成立。这些仲裁机构,加上1892年成立的伦敦仲裁院等机构,构成了当今世界主要仲裁机构。它们每年受理国际商事案件4000件左右;[②]此外,还有更多的国际商事案件通过临时仲裁解决。国际商事仲裁成为解决国际商事纠纷的主要途径。并且,各国法院在审理国际商事案件时也越来越多地适用着国际商法。[③]

第四,国际商法学的研究活动日益勃兴。随着国际商法在实践中取得巨大发展,国际商法学的研究活动也日益蓬勃起来。首先,自从Schmitthoff教授最早对国际商法开始系统研究后,[④]在20世纪60年代,西方国家就基本确立了国际商法学的独立法学部门地位。[⑤] 其次,

---

① 众多国际商事立法机构制定的示范法及示范性法律文件主要包括(以时间为序):ICC制定的《国际代理示范契约》;UNCITRAL制定的1985年《国际商事仲裁示范法》;1992年《国际贷记划拨示范法》;1993年《货物和工程采购示范法》;1994年《货物、工程和服务采购示范法》;1996年《电子商务示范法》;1997年《跨国界破产示范法》;2001年《电子签名示范法》;2001年《私人融资基础设施工程法律指南》;2002年《国际商事调解示范法》;2004年《破产法立法指南》以及UNIDROIT制定的2004年《国际商事合同通则》;2002年《特许经营披露示范法》;等等。

② 赵健:《国际商事仲裁的司法监督》,法律出版社2000年版,第61页,脚注31。

③ 左海聪:"国际商法的产生、发展和未来——兼谈和平崛起中的中国的对策",载曾令良、肖永平主编:《武大国际法讲演集》(第1卷),武汉大学出版社2006年版,第154页。

④ 斯密托夫教授在1948年就出版了《出口贸易:国际贸易的法律与实务》一书。

⑤ 在20世纪60年代,法国、苏联和美国的一部分商法学者和国际法学者开始专注于国际商事条约和惯例的各种专题和综合研究,如法国教授Philippe Kahn所著《国际商业买卖》(1961年),苏联学者D. M. Genkin的教材《苏联对外贸易和法律调整》(1961年),美国W. S. Surrey和C. Shaw合著的《国际商事交易法律指南》(1963年)。这标志着国际商法学作为一个独立的法学部门开始形成。

国际商法学的内容不断更新,体系不断完善。目前,国际商法学已经广泛涉及国际商事代理法、国际商事合同通则、国际货物买卖法、国际货物运输法、国际货物运输保险法、国际支付法、国际借贷法、国际融资租赁法、国际投资合同法、国际担保法、国际知识产权保护法、国际民事诉讼法及国际商事仲裁法等领域,并随着新的国际商事交易方式的不断出现以及迅速发展变化着的国际商业社会的需要而不断扩宽和加深。

### (三)商人法在自治性指引下的国际性回归

虽然现代商人法被看作中世纪商人法的"复活"、"复古",但是与中世纪的商人法相比,现代商人法具有三个明显的特征:

第一,系统性大大加强。Schmitthoff 教授就指出:"中世纪商人法的发展不成体系,缺乏计划性",而现代商人法不再是"杂乱无章"和"任意"形成的,而是由一系列国际组织和商业团体精心编纂而成的。[①]这些组织和团体有意识地将同类型的或调整某一方面问题的规则加以搜集整理,使之内容集中,彼此协调,从而摆脱了自发状态下中世纪商人法固有的零散性,达到了相当程度的系统性。

第二,国际组织和商业团体在现代商人法的发展中占据了突出位置。首先,源于"二战"后一大批民族国家获得独立,大批国家的政府加入到上述政府间国际机构,其私人企业加盟民间机构和行业协会,这直接导致国际商事立法机构的广泛代表性并使其制定出的有关规则更具权威性。其次,如前所述,商人主导了国际商事立法机构的立法活动,商人们的实践在推动现代商人法的发展中依然发挥着决定性的作用,它们不仅搜集、整理有关习惯使之成文化,而且根据国际贸易实践的需要,不断地补充、修改和调整有关习惯。一个突出的例子就是国际商会对《国际贸易术语解释通则》的修订。该项惯例自1936年国际商会制定以来,已先后进行了七次修订,平均大

---

① [英]Schmitthoff:《国际贸易法文选》,赵秀文选译,中国大百科全书出版社1993年版,第231页。

约10年修订一次。[①] 如此频繁地修改,既反映了国际贸易日新月异的现实,也凸显了国际组织对商人法发展起的作用——商人们不再满足于被动地接受某种习惯性做法,而是通过某些组织形式主动地、有意识地创制、修改规则,并借用组织本身的权威性使其成为广泛接受的商事习惯,这无疑改变了商人法形成、发展的传统模式,使自发的、漫长的过程变成自觉的、较快的过程。

第三,具有了真正的"国际性"。由于历史条件的制约,中世纪的所谓"国际商事习惯"实际上并不具有"国际性",至多说得上是"普遍性"。[②] 进入现代商人法阶段后,独立的民族国家已是国际关系的基本主体,"国际商事关系"是真正的超越国家界限、具有国际因素的商事关系,相应地,调整这种商事关系的习惯、规则自然也只能是那些超越国家界限、为各国商人广泛接受的商事习惯、规则。除了上述地理意义上的"国际性"外,国际商事习惯的"国际性"还表现在它与国内法的关系上。国内法由国家立法机关制定,效力及于该国领域内;而现代商人法的存在并不依赖内国的立法机关。现代商人法是由超越国界的众多国际商法制法机构编纂的,虽然它在国内法上的效力受到国家立法的制约与限制,但它的约束力事实上超越了一国国境,这表现在即使一国并不承认它为法律,在实践中它依然是调整国际商事交易的有效规范,并对当事人产生约束力。

从总体上来看,笔者认为商法国际主义的复归,即现代商人法的重新兴起,其原因主要包括以下几个具体的方面:

第一,现代市场的统一性和开放性是现代商人法的重新兴起的基础。任何一个法律部门都应当有自己赖以存在的基础。这个存在基础应当是清晰的、具体的、现实的。商人法事实上就是着力于市场的市场交易规则,而现代商人法的存在和统一的基础就是日益统一和一体化的"世界市场"。"统一性"内在要求有关调整市场交易的规则必须在

① 最近的一次修改是2010年,2011年1月1日《2010国际贸易术语解释通则》(Incoterms 2010)正式生效。

② 原因在于,中世纪的西欧并未形成民族国家,因此这一时期的商人法并不具有真正意义上的"国际性",充其量只具有"普遍"性质。

大体上保持一致或大致相似,从而降低交易成本、提高市场交易效率;"开放性"则要求把国内市场与国际市场联系起来,参与国际分工和国际竞争,按国际市场提供的价格信号配置资源,决定资本流动的走向,达到合理地配置国内资源和利用国际资源。因此,商人法重新兴起是现代市场的统一性和开放性要求的必然要求。

第二,经济全球化掀起的新的商业革命,为商人法的重新兴起和发展提供了强大动力。随着经济全球化的发展和加深、世界市场的形成和发展,国际经济日趋一体化,这种一体化,既表现为国家间商品的自由流通,也表现为国家间人员、资本、劳务的自由流通,因此,人们对法律规则有了统一的要求,迫切需要商事法的国际化和统一。在世界范围内的这场产业结构的调整,掀起了一场新的商业革命,从而为商人法的重新兴起和发展提供了强大的动力。

第三,现代商人法本身所具有的"便捷性"、"灵活性"、"发展性"、"普遍"的特性符合快速变化和发展的国际商事实践的需要。商事关系本身就具有多样性、复杂性、变动性和时势性的特征。而作为调整商事关系的法律规范,当市场交易关系随着商品经济与市场经济的发展而发生巨大变化之时,也必须随形势发展快速更新有关规定,否则将成为'商'实践发展的绊脚石。商法的调整方法、调整手段也必然呈现出不断发展变化的特点。拿制法方法为例,现代商人法阶段的制法方法已呈多样化趋势,包括制定公约、编纂惯例、制定示范法以及颁布指南等各种统一法的方法业已被广泛适用,而且更偏重于制定惯例和示范法等"软法",①这在很大程度上克服了自商人法被纳入各国国内法以

① 国际商法中的"软法"是指需要当事人通过并入合同或选择为准据法时才应具有约束力的规则,包括国际商事惯例和示范法。详见左海聪:"21世纪国际商法的发展趋势及我国的对策",载陈安主编:《国际经济法学刊》(第12卷第1期),北京大学出版社2005年版,第132~133页。

来长期在商事制法实践活动中采取制定公约的方法带来的各种弊端,[①]极大地促进了国际商法在现实中的发展。

事实上,上述现代商人法的重新兴起的三点原因归根结底到一点,即国际商业社会内在需要的强力推动。而这一点也恰恰是国际商法的"自治性"的根源所在。因此,我们可以作出这样一个结论:现代商人法时期商法国际主义的复归以及国际商法的勃兴发展就是国际商法在"自治性"的指引下在新的环境下进行的一个崭新的发展,是国际商法最基础和最本质的属性——"自治性"的又一次重要的凸显。

最后,笔者对商人法在自治性指引下的国际性回归作出简要的小结:

随着18世纪工业革命的完成,国际贸易开始重新兴起,尽管由于1914年和1945年发生的两次世界大战极大地影响了世界贸易,但是在人类"发展"、"进步"这一永恒主题的指引下,"二战"后国际贸易出

---

① 正如德国学者Zweigert和Kötz教授指出的那样:"一切多边条约都很难实现并且是相当笨重的工具,因此在法律统一的领域,这样的方法取得的结果向来是不能令人满意的。"事实上,作为在国际商事领域内实现法律趋同和统一化的方法,制定国际商事条约这一方法存在自身不可避免的缺陷。首先是源于条约本身内容的限制,国际商事条约本身的内容是规定私人当事人而非政府本身的权利义务的,因而各国政府缺少内在的动力缔结、批准条约,而商人们在这一问题上也没有足够的全球性压力迫使各国政府缔结和批准条约。其次是公约这种"立法性手段"(Legislative Means)本身存在诸多弊端:一是其生效较难,许多经过艰苦谈判、耗费大量人力、物力的公约由于批准国有限而未能生效。例如,《国际统一私法协会国际货物销售代理公约》(1983年2月15日通过)、《联合国国际货物多式联运公约》(1980年5月24日通过)、《联合国国际汇票与国际本票公约》(1988年12月9日通过)至今都未能生效。二是缔约国的数量往往有限,条约的内容往往是各国法律协调妥协的产物,仅仅在缔约国之间实现法律的有限统一。例如缔约国数目较多的《联合国国际货物买卖合同公约》,不仅像英国这样重要的贸易大国都没有参加;而且该公约对于合同的效力、合同的转让等重要问题则根本就没有做出规定。三是修改困难,不能及时地适应国际商事实践发展的需要。四是即便进行修改,亦同样面临生效难、参加国有限的问题,即便生效,也会产生由于一部分其前身条约的参加国参加新公约,另一部分则选择留在前身条约,而导致该法律领域出现支离破碎的情形。如在海上货物运输领域,《海牙规则》、《海牙—维斯比规则》和《汉堡规则》并存就是一个典型的实例。详见左海聪:"21世纪国际商法的发展趋势及我国的对策",载陈安主编:《国际经济法学刊》(第12卷第1期),北京大学出版社2005年版,第132~133页;左海聪:"国际商事条约和国际商事惯例的特点及相互关系",载《法学》2007年第4期。

现了人类历史上前所未有的飞速增长,统一的世界市场逐渐形成,国际商事关系得到了蓬勃的发展,国际商事法律关系日益复杂。以各国国内法制为主来调控跨国性的商事交易的做法,愈来愈感到捉襟见肘。各国国内法律制度的差异逐渐成为国际贸易发展的严重障碍。在这样的大背景下,以实现全球范围内法律的普遍适用为目的的国际商事法律统一化运动开始蓬勃兴起。由于商人法与发达商品经济之间所具有的紧密的共生关系,商人法在从中世纪传承和保留下来的"自治性"的指引下在新的环境下进入到一个崭新的发展阶段,在20世纪获得了巨大的发展,"自治性"也被现代商人法所继续传承和发扬光大。

## 结语

国际商法是前所未有的,无论是从法律发展的角度来看,还是从整个人类进步的角度而言,国际商法的产生及其发展都是具有巨大影响力的事件。自中世纪在封建法和教会法的夹缝中诞生以来,国际商法以人类飞速发展的商品经济以及日益发展壮大的国际商业社会为强大动力与坚强基石,经由一步步的历史演进和一次次的妥协与后退,虽曲折迂回,但终至当代的成就。它没有崇高的法律信仰为预设的价值取向,也没有法律概念主义和形式主义的积弊;它的出发点就是为了解决国际商业社会的实际需要的,因而国际商法的血液中自始至终都流淌着"自治"的元素。

目前,国际商法在自治性的指引之下已经取得了举世瞩目的成就:国际商法制法机构相继设立,民族国家和国际商业组织积极参与国际商事立法活动,拟定和出台了众多的国际公约、示范法和国际商事惯例,国际商事实体法已蔚为大观;国际商事仲裁富有成效,备受欢迎,已经成为解决国际商事纠纷的主要途径;各国法院在审理国际案件时也越来越多地适用国际商法,并日益尊重国际商事仲裁。这些丰富的成就已经大大超过了所有对国际商法诟病的人们的预言,也大大鼓舞着支持它的人们的信心。然而,"我们不应满足于已经取得的成果,而应该把它们视为今后取得更大成绩的中转站”。[1] 国际商法要达到其最终的目标,还有很长的一段路要走,但是我们已经看见了希望——推动国际商法在21世纪获得进一步更大发展的各种因素已经出现:国际商业社会的不断发展与壮大;经济全球化推动下国家主权更大范围内的合理让渡;国际商法制法活动自觉性、计划性的加强;两大法系的日益融合和趋同;等等。

“如同传说中的雅典娜在她父亲宙斯的头部里已经全副武装,并即将跃出”。[2] 我们有理由相信,在上述各种合力的推动之下,根源于国际商事实践需要的国际商法必然会冲破各种障碍的束缚,在未来获得更大的发展,成为人类法律实践中最为活跃的领域之一,并将巨大的推动国际商业活动的发展,为人类的繁荣做出自己的贡献。

(作者系南开大学法学院讲师)

① [英]Schmitthoff:《国际贸易法文选》,赵秀文选译,中国大百科全书出版社1993年版,第52页。

② [英]Schmitthoff:《国际贸易法文选》,赵秀文选译,中国大百科全书出版社1993年版,第53页。

**硕士学位论文**

# 攻击性紧急避险研究

葛江虬

## 目　　次

## 引言

### 一、本文语境

#### (一)研究背景

紧急避险,作为我国民事法律中的一项重要制度,曾被规定于我国《民法通则》第129条,《最高人民法院关于贯彻执行〈中华人民共和国民法通则〉若干问题的意见(试行)》(以下简称《民通意见》)于第156条对此进行了补充。而在前不久颁布的《侵权责任法》中,紧急避险被安排于第三章"不承担责任与减轻责任的情形",其条文表述与《民法通则》及《民通意见》的"版本"有所不同。[①]

由于上述"因不得以而允许干涉"的情形在《德国民法典》上被区分为第228条和第904条两则条文,德国学者就其指向的两种不同情形分别描述为"防御性紧急避险"(defensiver Notstand; Verteidigungs-

① 根据我国《民法通则》第128条的规定,"因紧急避险造成损害的,由引起险情发生的人担任承担民事责任。如果危险是由自然原因引起的,紧急避险人不承担民事责任或者承担适当的民事责任。因采取措施不当或者超过必要限度而造成不应有的损失的,紧急避险人应当承担适当的民事责任"。《民通意见》第156条则规定:"因紧急避险造成他人损失的,如果险情是由自然原因引起的,行为人采取的措施又无不当,则行为人不承担民事责任。受害人要求赔偿的,可以责令受益人适当补偿。"而《侵权责任法》对此的表述是:"因紧急避险造成损害的,由引起险情发生的人承担责任。如果危险是由自然原因引起的,紧急避险人不承担责任或者给予适当补偿。紧急避险采取措施不当或者超过必要的限度,造成不应有的损害的,紧急避险人应当承担适当的责任。"

notstand)与“攻击性紧急避险”(offensiver Notstand;Angriffsnotstand),[①]我国一些学者与实务界人士认为,在我国学理及司法实践中亦存在着此二者的区分。[②] 也有学者认为,我国《侵权责任法》事实上已经采纳了以避险方法为标准,将紧急避险区分为攻击性与防御性二种的分类方法。[③] 两者的差异主要在于“险情是否由受害人或其财产自身引起”——根据结论的不同,避险人或受益人的责任或补偿范围亦不相当。对此攻击性紧急避险,有专门对其进行研究的学者将之描述为“是指为了使公共利益、本人或他人的合法权益免受现实的和紧急的损害危险,不得已而采取的致使与该危险完全无关的第三人受到损害的行为”。[④]

于攻击性紧急避险而言,虽然我国司法界与学界对于规范所涉构成要件及法律效果已有不少讨论——但凡侵权法教科书必有涉及作为免责事由的紧急避险,而讨论紧急避险时必有涉及其构成要件与法律效果;[⑤]而实践中也有不少判决对相关问题予以了涉及。但是,目前大部分表达仅集中于构成要件要素,且诸方对攻击性紧急避险于微观视域下之规范构成与法律后果,以及宏观视域下体系化学理构成的认识仍然极不统一。系统论述与经典判例的缺失导致我国目前对攻击性紧急避险之规范适用与法理构成缺乏准确的把握,许多重要理论问题尚未得到厘清——各地方判例显示,实务方面亦存在大量对该项制度的误解。

本文以《攻击性紧急避险研究》为题,区分由法条规范分析出发以及由条文关联与体系衔接出发的两条进路,采取历史、比较与实践等多

---

① [德]迪特尔·梅迪库斯:《德国民法总论》,邵建东译,法律出版社2001年第2版,第131页。

② 典型之学理意见参见朱岩:《侵权责任法通论·总论》,法律出版社2011年版,第488页。

③ 张谷:“论《侵权责任法》上的非真正侵权责任”,载《暨南学报》(哲学社会科学版)2010年第3期。

④ 颜良举:“民法中攻击性紧急避险问题研究”,载《清华法律评论》2008年第1辑。

⑤ 即便是在不对紧急避险作上述划分的侵权法著作中,由于攻击性紧急避险与紧急避险之间存在概念上的种属关系,自然对紧急避险的讨论应适用于攻击性紧急避险。

重视角,意图对我国法上攻击性紧急避险制度之内涵、外延作出精确描绘,以期对理论实践均有裨益。

(二)文献综述

总体而言,我国民法学界对于攻击性紧急避险的研究并不多,相对于刑法上紧急避险相关研究的丰富多彩,民事紧急避险的地位相对边缘。① 虽然诸多研究已对攻击性紧急避险相关的重要理论问题有所涉及,但细致、系统及体系化地对《侵权责任法》语境下的相关条文与周边制度进行的研讨仍相对欠缺。目前已有的学术研究中呈现的一些问题,本文谨整理并介绍如下:

首先,由于我国自《民法通则》以降,以至于《侵权责任法》,均未直接采纳“攻击性紧急避险”的表述,故对于攻击性紧急避险的独立价值——攻击性紧急避险被类型化予以讨论的必要性,我国学界对此并非全无争议。如张新宝教授在提及紧急避险与正当防卫的关系时,曾指出:“正当防卫所施加的对象是不法侵害行为人的人身或其财产,紧急避险施加于第三人,造成第三人人身或财产的损失。”②若真如此,学理上所谓“针对危险源本身进行的避险”——防御性紧急避险——便与正当防卫无异,唯攻击性紧急避险是真正意义上之紧急避险,故将之特别界定为“攻击性”的意义将丧失殆尽。除此种将防御性紧急避险剥离出紧急避险范畴的表述之外,亦有相当部分的侵权法著作对两种紧急避险作一体把握,并不涉及两种紧急避险的区分。③ 对立观点则

---

① 事实上,能够在我国大型学术文献数据库“中国知网”(www. cnki. net)“中国博士论文全文数据库”及“中国优秀硕士学位论文全文数据库”中检索到的、以民事“紧急避险”为内容的学位论文仅有2篇——与15篇以刑事“紧急避险”为内容的学位论文数量形成了鲜明对照。最后访问日期:2012年3月15日。除此之外,以紧急避险为题的民法专著也尚未问世,而刑法方面除刘明祥教授的《紧急避险研究》(中国政法大学出版社1998年版)外,还有谢雄伟博士的《紧急避险基本问题研究》(中国人民公安大学出版社2008版)。

② 张新宝:《侵权责任法原理》,中国人民大学出版社2005年版,第120页。同旨可见万文志主编:《侵权责任法理解与办案全书》,法律出版社2010年版,第75页。亦可见张俊浩主编:《民法学原理》(上册),张俊浩执笔,中国政法大学出版社2000年修订第3版,第88页。“紧急避险与正当防卫,虽然同属自卫行为,但后者是对侵害行为予以反击,前者却只是逃避侵害,而且加害无辜的人,因此二者大不相同”。

③ 程啸:《侵权责任法》,法律出版社2011年版,第220~222页。

以学说与判例为基础,说明了我国立法与司法在实践中均已采纳了攻击性紧急避险与防御性紧急避险的二分法。而对于区分防御性紧急避险与攻击性紧急避险的实益,有观点认为主要是为了使紧急避险中的责任分担问题得以顺利地解决。这是因为,在攻击性紧急避险和防御性紧急避险中,受害人的请求权基础是不同的,请求权基础的不同也将导致避险人、受益人在责任承担上有很大的不同。[①]

其次,诸学者对于攻击性紧急避险的法律效果存有不同见解,即适用紧急避险规范的后果是否包括真正意义上的民事责任——如王利明教授表示"只要避险行为没有超过必要的限度,则避险行为本身是正当的,并不具有法律上和道德上的应受非难性,故避险人不应承担责任";[②]而李永军教授则不赞同法律应赋予因保全自己而侵害他人之行为以正当性,即主张避险人应当担责。[③] 事实上,这些论述本质上均属立法论的考量,是否产生责任及产生责任的法理依据却是解释论所无法回避的问题——王利明教授曾认为,我国法上"紧急避险人承担适当的责任"应属公平责任原则适用的范围;[④]《侵权责任法》颁布后,依然有相当一部分学者持该观点,即避险人或受益人承担公平责任。[⑤]如果将避险人或受益人应当担责的立场称作"责任说",那么"责任说"内部除此"公平责任"外还有一种见解,即认为"……体现为一种特殊的无过错责任——'牺牲补偿责任'(Aufoperung)"。[⑥] 张新宝教授对此持不同意见,认为"既然是'分担损害',就不能要求行为人赔偿受害

---

① 颜良举:"民法中攻击性紧急避险问题研究",载《清华法律评论》2008年第1辑。

② 王利明:《民法总则研究》,中国人民大学出版社2003年版,第248页。

③ 李永军主编:《民法》,李永军执笔,中国政法大学出版社2008年版,第25页。

④ 即"为了维护受害人利益,法院可从案件的实际情况出发,考虑受害人所受损失的程度、当事人的经济状况、所保全的财产和所造成的损害的价值上的比较等因素,责令紧急避险人从公平责任角度承担适当的民事责任或免除其责任"。参见王利明:《侵权行为法归责原则研究》,中国政法大学出版社2004年修订第2版,第176页。

⑤ 李显冬主编:《中华人民共和国侵权责任法条文释义与典型案例详解》,法律出版社2010年版,第164页。

⑥ 朱岩:《侵权责任法通论·总论》,法律出版社2011年版,第488页。朱岩博士认为,此种责任形态属于无过错责任中的特殊一种,在相邻关系中亦存在。

人等量的损失,而只是力所能及地、公平地分担。既然公平原则解决的不是责任之承担问题而是损失之分担问题,所以这些条文也就只是一般地体现了公平原则,而不是所谓的'公平责任原则'的适用"。[①] 在其之后的论文中,论者以《侵权责任法》紧急避险相关条文的演进为根据,说明了此类"补偿请求权"与"侵权责任"或"赔偿责任"等民事责任本质上的不同,进一步对其法定义务的属性进行了说明。[②] 若将此类不把"适当补偿"认定为民事责任的观点描述为"请求权说",那么张谷教授亦持此立场,并对此"牺牲请求权"进行了详细描述。[③] 后续学者对于攻击性紧急避险的讨论亦大多滥觞于此——在否定了公平责任之后,一般性地对构成与限度要件及法律后果,予以稍加说明,继而认为"避险人应承担全部责任,续以行使对险情制造者的无因管理追偿权",[④]或"可参考共同海损规则确定补偿范围"。[⑤]

最后,按照我国学者对传统民法进行的体系化思考,紧急避险属民法总论部分中"对权利的私力救济"这一领域。[⑥] 但由于其内含的"攻击性"涉及对无辜第三人的人身或财产权侵害,其更多的理论价值仍属侵权法之范畴,因此,学者亦往往将其置于侵权法有关免责事由的章节进行讨论。[⑦] 在王利明教授主持起草的民法典草案中,紧急避险位于侵权行为编第一章总则中,其规则表述基本与《民法通则》相近,同时专门规定了紧急避险的受益人应当在受益范围内,适当分担紧急避

① 张新宝:《侵权责任法原理》,中国人民大学出版社 2005 年版,第 46 页。

② 张新宝、宋志红:"论《侵权责任法》中的补偿",载《暨南学报》(哲学社会科学版)2010 年第 3 期。

③ 张谷:"论《侵权责任法》上的非真正侵权责任",载《暨南学报》(哲学社会科学版)2010 年第 3 期。

④ 颜良举:"民法中攻击性紧急避险问题研究",载《清华法律评论》2008 年第 1 辑。

⑤ 傅强:"紧急避险的民事责任",载《浙江学刊》2010 年第 4 期。

⑥ 相关情形可参见梁慧星:《民法总论》,法律出版社 2007 年第 3 版,第 274 ~ 276 页;或参见陈华彬:《民法总论》,中国法制出版社 2011 年版,第 241 ~ 243 页。

⑦ 如张新宝教授将之归于正当理由(行为合法性)的抗辩。参见张新宝:《侵权责任法原理》,中国人民大学出版社 2005 年版,第 112 页以下。

险造成的损害。[①] 而在梁慧星教授主持起草的民法典草案中,紧急避险同样位于侵权行为编的抗辩事由一节。[②] 需要注意的是,攻击性紧急避险的体系安排在域外法中并非与我国法处于相同对待地位,研究攻击性紧急避险之问题,此亦属题内应有之义。

(三)判例立场

虽然我国民法学界对于紧急避险相关问题的重视程度逊色于刑法学界,然而于实践中却并非全然如此。换言之,当事人在诉讼过程中以紧急避险主张抗辩,或法院判决时援引紧急避险相关条文的民事判决并不少见。[③]

首先值得一提的,是在《侵权责任法》颁布后直接援引该法第 31 条的判例。典型者如"张某等与尹某等健康权纠纷上诉案",其基本案情是一名老妇为避让马队而站在斜石板上,因站立不稳而导致摔下斜坡,继而受伤并最终死亡。根据法院的立场,被告系驮马之管理人,应对驮马之危害行为与危险行为承担侵权责任。在本案中,驮马带筐驮运货物在途经乡村土路时必然导致其他行人行路不便,进而必然产生避让行为,而死者确为避让马队以致坠坎受伤,因此作为驮马管理人和

① 王利明主编:《中国民法典学者建议稿及立法理由 · 侵权行为编》,熊谞龙执笔,法律出版社 2005 年版,第 53 页。

② 梁慧星主编:《中国民法典草案建议稿附理由 · 侵权行为编、继承编》,张新宝执笔,法律出版社 2004 年版,第 25 页。

③ 由笔者于"北大法宝——中国法律检索系统"(http://vip.chinalawinfo.com)的三个数据库——"最高人民法院公报案例库"、"中国法院裁判文书库"、"经典案例评析"——中检索到的情况来看,全文检索包含"紧急避险"字样的,共有 161 篇裁判文书或评析,其中"最高人民法院公报案例库"中包括 3 篇裁判文书,其中刑事判决 1 篇、民事判决 1 篇、行政判决 1 篇;"中国法院裁判文书库"中包括 152 篇裁判文书,刑事判决 34 篇、民事判决 99 篇、行政判决 19 篇;"经典案例评析"中包括 6 篇裁判评析,刑事判决 2 篇、民事判决 3 篇、其他判决 1 篇。而换由"北大法宝——司法案例"数据库(http://vip.chinalawinfo.com/case/)进行检索,全文关键词包括"紧急避险"字样的民事判决共有 107 篇,刑事判决共有 34 篇,虽然相对于该数据库中的案例总量(民事 363276 篇、刑事 73042 篇)而言,民事紧急避险的出现频率(约万分之 2.95)仍低于刑事紧急避险(约万分之 4.65),但是相对于民法学界有限的关注程度,司法实践中涉及民事紧急避险的案件数量还是相当可观的。最后访问日期:2012 年 3 月 15 日。

引起险情发生人的被告应当承担死者的损害赔偿责任。[①] 虽然本案受到损害的对象是避险人,而非第三人,故并不符合攻击性紧急避险的要件,然而在判决中体现的我国司法审判机关目前对于紧急避险规则的理解,仍颇值思量。

根据本文的检索,援用紧急避险作为抗辩事由的民事案件,最常见者当属交通事故损害赔偿纠纷。在此类案件中,避险人往往主张是因为紧急避险而侵害了第三人的人身或财产权益,并以此抗辩,主张不承担或减轻承担对损害结果的侵权责任。[②] 亦有一类常见者属相邻关系纠纷,在此类案件中,避险人往往主张是基于紧急避险而侵入或干预了他人之物,并以此对抗对方的物权请求权抑或损害赔偿请求权。[③] 此二类案件中,第一类符合攻击性紧急避险的内涵自不待言,而第二类案件虽以避险行为的对象为引起险情之危险源为常见(即防御性紧急避险的情况),但就案件内容来看,在实践中亦不能排除出现因紧急避险而不得不干涉无关第三人之物的现象。除此之外,因避险而引起无关

① 参见"张某等与尹某等健康权纠纷上诉案",重庆市第五中级人民法院(2011)渝五中法民终字第05010号民事判决书。

② 典型者如"丁伟中诉丁文明机动车交通事故责任纠纷案",湖南省安化县人民法院(2011)安法民一初字第428号民事判决书。其基本案情为:被告驾驶普通正三轮摩托车载乘其妻子从某村驶往某镇镇区,中途原告主动要求搭乘被告的车,经某村一转弯下坡路段时,由于被告妻子癫痫病发作从正三轮摩托车上摔下,被告下车去抢救妻子过程中,正三轮车翻入高度4米的路坎下,造成原告受伤。被告在审理过程中陈述交通事故是因紧急避险所造成的,请求减轻被告的民事赔偿责任。法院认为,被告并非要靠损害原告的利益才能保全其正在遭受危险的合法利益,其行为不符合紧急避险的实质要件,故对被告方的答辩意见不予采信。类似在交通事故纠纷案件中当事人以紧急避险抗辩的案件,可参见"罗佑山与何善香道路交通事故人身损害赔偿纠纷上诉案",柳州市中级人民法院(2011)柳市民三终字第120号民事判决书。或参见"何某甲等与林某甲机动车交通事故责任纠纷上诉案",浙江省舟山市中级人民法院(2011)浙舟民终字第328号民事判决书。

③ 典型者如"许苏宁与徐天义相邻用水、排水纠纷再审案",河南省洛阳市中级人民法院(2010)洛民再字第116号民事判决书。基本案情为:原、被告双方系楼上、楼下邻居,原告因装修时疏失引起的卫生间漏水导致被告电线老化并发生漏电,在发生漏电事实后,被告采取在其水管中安装阀门的方法,阻断了原告的用水管道,故原告向被告主张停止侵害、排除妨害请求权。类似案件可参见"禹某某诉龙某某相邻损害防免关系纠纷案",湖南省长沙市芙蓉区人民法院(2010)芙民初字第1977号民事判决书。

第三人损害的,还包括其他一些在日常生活中颇为常见的情形——如教师为保护某一学生免受飞来之砖块所砸而进行避险,却不甚将砖块碰至另一学生的头部,造成该生的受伤。[①] 由此丰富多彩的形态,攻击性紧急避险在司法实践中的重要意义便可见一斑。

就紧急避险规则的适用与后果而言,在《侵权责任法》颁布之前,我国虽然已有学者提及紧急避险的本质属性乃其"免责事由性",但是相当一部分司法判例却并没有采纳这一立场。事实上,紧急避险规则在我国实践中经常以"责任分担规则"的面目存在——如在"韩承祥、朱曰华、赵国燕、韩照帅与孙传银、孙传贵、李念信损害赔偿纠纷案"中,法院认为:"作为雇主及险情引发人孙传银应承担一半责任;被告李念信为险情引发人之一,并且是孙传贵所救上来的,韩民祚的死亡是其间接造成的,故应承担十分之三的责任;被告孙传贵为直接受益人,其得以生存是用韩民祚的生命换来的,应承担五分之一的责任。"[②]换言之,一些法院是直接将紧急避险规则中所涉及的"避险人"、"引起险情人"、"受益人"、"受害人"作为责任主体,再根据案件情况分析诸主体的过错程度或原因力大小,继而以此进行责任分配。在"天龙养殖公司诉龙溪水力发电站迟迟不按规范泄洪、泄洪时措施又不当紧急避险损害赔偿案"中,法院更是在当事人均未主张的情况下主动适用紧

---

① 参见"李某与勉县勉阳初级中学等身体权纠纷上诉案",汉中市中级人民法院(2010)汉中民终字第238号民事判决书。基本案情为:原告在上体育课中和同班同学在自己班场地打篮球,看见同班同学与被告甲在另一活动场地上撕打,随后原告和同班几位同学将打架同学与被告甲拉劝开后去看其他同学打篮球时,被告甲用砖头撇砸打架同学,砖头扔出后,被老师(即被告乙)发现并用手一挡,砖头偏离方向,砸在原告前额,致使原告受伤。法院援引了《民法通则》第129条,并认为,被告乙在发现砖头飞来,情急之下采取措施用手阻挡砖头是为了保护学生,属于紧急避险,因此被告乙对原告的损害后果不承担民事责任,应由引起险情发生的被告甲承担民事责任。

② "韩承祥、朱曰华、赵国燕、韩照帅与孙传银、孙传贵、李念信损害赔偿纠纷案",山东省莱芜市莱城区人民法院(2000)莱城民初字第890号民事判决书。同旨可见"谭志霞等与李士杰人身损害赔偿纠纷案",山东省东营市东营区人民法院(2000)东民初字第46号民事判决书。

急避险来解决争议,①并同样将紧急避险规则作为了分责依据。

二、研究意义

由上述整理可以发现,我国民法学界目前对攻击性紧急避险进行专门论述的学术作品并不多见。而在仅有的几篇专题论文中,论者的工作虽值得肯定,但就深入与细致程度仍存在以下问题:大多数笔墨被用于描绘攻击性紧急避险的独立意义、其与紧急避险引起之民事责任息息相关的“限度要件”,或透过比较法的视角讨论紧急避险的后果承担方式及范围,而鲜有对我国法现行条文的深入分析——连我国现行法律规范指向的,是否是真正意义上所谓“民事责任”都少有涉及,更遑论涵盖我国《侵权责任法》所规制的紧急避险周边制度之宏观视域;有关研究即便是讨论规范构成与法律效果等相关问题,也缺乏对基础理论的关切,未有深入讨论我国攻击性紧急避险制度的制度效果,以及相关条文规则在司法实践中的具体应用;相关研究对比较法上的资料介绍得非常有限,即简单地罗列相关立法例、缺乏具有针对性的专门论述,且未能使用一种联系的眼光考察其与我国法的关联程度;同时,对于审判实践缺乏必要关注,未能对审判实践中所暴露的问题——尤其是对规范性质认识的不统一——予以回应。就教科书与侵权法专著而言,更有相当数量值得探讨或商榷的观点,学界对于“攻击性紧急避险”概念之语义射程下的诸多问题存在不同看法,对《侵权责任法》相关条文的解释论工作也大多浅尝辄止,以至于观点五花八门,表述亦不甚精确。

因此,本文的研究目的旨在对我国攻击性紧急避险制度进行系统梳理,由历史源流、基本含义、法理依据到以条文为中心的解释论,以及涵盖周边制度的宏观视角,以期对“攻击性紧急避险制度”予以整体把握,以成为后人研究该制度的起点和根据。与此同时,由于我国实践存在对该项制度的多种误读,故对于实务中所遇困境的回应与借鉴比较法后对我国法有所借鉴和创新,亦将是本文期待的主要目标。

---

① 参见“天龙养殖公司诉龙溪水利发电站迟迟不按规范泄洪、泄洪时措施又不当紧急避险损害赔偿案”,载最高人民法院中国应用法学研究所编:《人民法院案例选》(总第40辑),郭晓明编写,人民法院出版社2002年版,第111~115页。

三、方法论

就研究进路与方法论而言,本文将以解释论为中心,兼及立法论的内容,在文章内容上经由两次分类将文章结构与内容进行有机整合,兹介绍如下:

(一)依宏观与微观的区分标准

依宏观与微观的视域差异,本文将分两大部分对文章所涉内容予以论述。

微观部分将以解释论为主要进路,即围绕《侵权责任法》第31条的条文,重点考察条文的法理构成和规范分析,试图在我国侵权法"复合式条文"的前提下探究条文内涵之真意。尤其对我国《侵权责任法》条文的复杂结构、其中内涵的已被侵权法类型化的补偿请求权(牺牲请求权),与攻击性紧急避险的构成要件和法律效果进行重点说明。除此之外,审判实践中所涉及的一些程序法相关的问题亦在本文关切范围之内。

宏观部分则将以立法论为主要进路,首先探讨我国法是否应当接纳"超法规的紧急避险"①这一特殊的攻击性紧急避险,继而考察《侵权

① 根据德国刑法学者的介绍,紧急状态至少可以分为两种情形:一是正当化紧急状态(rechtfertigender Notstand),《民法典》第228条、第904条,《刑法典》第34条均属此类,其建立于重大利益原则(Prinzip des überwiegenden Interesses)的基础上。此处所指基于价值衡量和利益衡量的救助行为,显然是为了达到合理目的的适当手段。另一则是免责的紧急状态(entschuldigender Notstand),刑法典第35条所描述的情形属此类,即有同等价值利益冲突的矛盾,尽管应当命令继续生效,但对行为人却不能要求他举止符合规范(normgemäßes Verhalten zugemutet wird)的矛盾。对于这些矛盾,法制秩序以这样的方式表示了理解,即放弃对行为提起责任谴责。参见[德]约翰内斯·韦塞尔斯:《德国刑法总论》,李昌珂译,法律出版社2008年版,第165页。我国学者对于"超法规的紧急避险"的认识,亦主要集中于刑法领域,指在特定情形下通过牺牲他人性命或放任他人的死亡结果从而保全其他人的性命的避险行为。亦即,虽然"将生命作为手段的行为都是违法的",然而"若不允许以牺牲一个人的生命保护更多人的生命,则意味着宁愿导致更多人死亡,也不愿牺牲一个人的生命,这难以为社会一般观念所接受,也不一定符合紧急避险的社会功利性质。由此看来,至少对保护多数人生命而不得已牺牲一人生命的行为,应排除犯罪的成立"。此类违法却不具备有责性的情形,"应作为超法规的紧急避险处理"。参见张明楷:《刑法学》,法律出版社2011年第4版,第210页。我国民法领域目前还没有论述专门讨论此类特殊的攻击性紧急避险,故本文先行借用这一刑法概念对其进行论述。

责任法》第31条内容与周边制度的关系——包括与“第三人原因”抗辩的关系、无因管理的关系，以及与患者未有效同意的医疗服务之关系，并且结合既有结论和其他素材考察紧急避险制度在整个民法体系中的位置，对未来民法典的篇章安排提出建议。申言之，由于上述攻击性紧急避险与无因管理等制度的衔接亦是比较法及学说探讨中的常见课题，故如何在我国法的语境下对此予以解构十分重要。此外，由于刑法理论中对于攻击性紧急避险的核心内涵、法理依据和“超法规的紧急避险”等问题均有探讨，而民事领域这一部分尚且较为欠缺，故于民、刑法之间建立一种有机的联系，将某些刑法学的观点借鉴于民法理论，应亦有一定助益。故对于刑法学者表述的关注将作为一种常态贯穿于本文全文。

（二）依论据来源差异的区分标准

穿插于上述两大部分，本文亦将以论据来源不同的三个方面作为论证的进路——区分为历史、比较法与中国实践。

本文如此安排是基于如下的考虑：无论解释论还是立法论的进路均不可能是孤立的。比较法解释与立法建议均须参考比较法——尤其是各国对紧急避险于该国法典规制模式下的不同论述，且结论的正当性应一定程度上来源于我国固有传统与现今实践，如此一来方能建构较为立体周延的方法论构成。

具体而言，历史进路涉及紧急避险制度的起源和其中国表达，尤其以《唐律疏议》为中心，兼考《大明律》、《大清律例》，以及《大清民律草案》。比较法进路则包括立法、学说与判例三个层面。由于我国先前研究主要以德、美等国为参考，本文将选取英国法作为比较研究的主要对象。中国实践则将是本文的重中之重，除本文问题意识来源于我国实践之外，目前大多数研究亦比较缺乏这一部分的论据。本文对于案例素材的选择将采取典型与非典型结合的模式——既考察《中华人民共和国最高人民法院公报》与《人民法院案例选》上公布的案例，同时又关注通过数据库搜索到的地方案例。前者主要以典型性为导向，后者则追求一种宏观层面表现问题的普遍性。

## 第一章 攻击性紧急避险一般理论

### 一、历史源流

民事紧急避险制度之相关精神,我国古已有之。以唐律为例,虽其内容主要以刑事规制为主,但因侵权行为而赔偿的民事制裁已于当时趋于制度化。正如学者所说,"一项关系在法律处置上,兼有民、刑事两种处置,并不证明整个法律'民刑不分'",大量未被唐律引用的民事条款在唐律之外作为法律存在。① 不仅如此,唐律对于过失侵权行为的规制乃"备而不坐",即只赔偿而不受刑罚,完全属于民事责任之范畴。学者认为,这表明民事侵权行为的赔偿制度(于唐律)已基本形成,为后代损害赔偿律令之宗。② 本文认为,即便其中不少我们认为如今属于民事领域的内容仍多以刑事处置的面貌出现,但我国古代律令中的法律精神,同样值得我们参考。

根据学者的研究,我国"紧急避险"的法律概念早于欧洲10个世纪出现。③ 如《唐律》上所具有紧急避险精神的内容便不少见,典型者如《擅兴律》(总第231条)及《诈伪律》(总第367条),均认可在一定情况下为追求结果的正当或更大的利益而免除违反律令的罪过——前者属"允许为追求一项更大功劳而对所犯之罪不追究",后者属"为保护更重要利益所为紧急犯罪有功者免罪"。④ 而民法学者对我国历史上首次出现紧急避险的认识,一般追于《唐律疏议》,即《唐律疏议·卷第十五·厩库·故杀官私马牛》(总第203条)⑤与《唐律疏议·卷第十

---

① 钱大群:《唐律与唐代法制考辨》,社会科学文献出版社2009年版,第35~36页。

② 张晋藩主编:《中国民法通史》,张中秋、金眉执笔,福建人民出版社2003年版,第368页。

③ 朱华荣、陈浩然:"我国'紧急避险'的法律概念早于欧洲十个世纪——从唐代的一份判文谈起",载《法学》1982年第9期。

④ 钱大群:《唐律研究》,法律出版社2000年版,第226~228页。

⑤ 根据该条,"故杀官私马牛者,徒一年半",且须"各偿所减价"。参见长孙无忌等撰:《唐律疏议》,刘俊文点校,中华书局1983年版,第282页。

五・厩库・官私畜毁食官私物》(总第 204 条)[①]。一般认为,后者是对于紧急避难的规定。[②] 由该规定内容即可发现,《唐律疏议》总第 204 条确属紧急避险精神之反映。值得关注的是,由于条文指涉之危险源来自于动物,而避险行为的对象同样指向于该动物,故其紧急避险的本质为防御性紧急避险。与此同时,若结合疏文,[③]则可发现唐律对紧急避险的构成已经具有了"当场性"及"合乎比例"的要求,总第 204 条第一句完全可谓是避险过当的责任——于畜产毁食官私之物时将之杀伤,仅发生减责而不发生免责之效果,其本质原因便在于完全可以采取更妥切的做法以排除险情。

事实上,唐律中亦有攻击性紧急避险之内容——《唐律疏议・卷第二十七・杂律・行船茹船不如法》(总第 427 条)规定:"……其于湍碛尤难之处,致有损害者,又减二等。监当主司,各减一等。卒遇风浪者,勿论。"【疏】议曰:激水为湍,积石为碛。谓湍碛险难之所,其有损失财物,或有杀伤人者,"又减二等",谓失财物,于坐赃上减七等;杀伤人者,减斗杀伤五等。"监当主司,各减一等",谓各减行船人罪一等。卒遇暴风巨浪,而损失财物及杀伤人者,并不坐。[④] 本文认为,由于总第 427 条指向危险之来源为"湍碛尤难"或"暴风巨浪",故此种针对无辜第三人实施的毁损财物或杀伤行为,若能"不坐不偿",其蕴含的法理内涵即为"攻击性紧急避险"。不仅如此,唐朝司法判例中亦有"牺牲他人性命、保全自己生命"等蕴含攻击性紧急避险规则深意的相关

---

① 根据该条,"诸官私畜产,毁食官私之物,登时杀伤者,各减故杀伤三等,偿所减价;畜主备所毁",且"其畜产欲觝啮人而杀伤者,不坐、不偿"。参见长孙无忌等撰:《唐律疏议》,刘俊文点校,中华书局 1983 年版,第 283~284 页。

② 李志敏:《中国古代民法》,法律出版社 1988 年版,第 195 页。同旨参见林如惠:"民事紧急避险制度探究",厦门大学 2008 年硕士学位论文,第 3 页。

③ 【疏】议曰:其畜产有觝啮人者,若其欲来觝啮人,当即杀伤,不坐、不偿。故注云"亦谓登时杀伤者"。其事绝之后,然始杀伤者,皆依故杀伤之法,仍偿减价。畜生亦依法得罪。长孙无忌等撰:《唐律疏议》,刘俊文点校,中华书局 1983 年版,第 284 页。

④ 长孙无忌等:《唐律疏议》,刘俊文点校,中华书局 1983 年版,第 507~508 页。

案例。[①] 有观点认为,“行船茹船不如法”中的规定是排除当事人过错的规定。[②] 本文并不能够完全赞同,毕竟现代法的“过错”概念若置于主观构成要件领域,指向的是行为人对结果发生的意愿和心理状态,以及对于法定或约定义务的违反,而非仅指期待可能性。[③] 故将总第427条的性质直接认识为攻击性紧急避险的免责事由,似乎更为妥当。

此后,唐律关于防御性紧急避险的内容被后续立法例所沿袭,如《大明律·卷十六·兵律四·厩牧·宰杀马牛》规定:“若蓄产欲触骶踢咬人,登时杀伤者,不坐罪,亦不赔偿。”[④]《大清律例·兵律·厩牧·宰杀马牛》规定:“若畜产欲触骶踢咬人,登时杀伤者,不坐罪,亦不赔偿(兼官私)。”[⑤]直至《大清民律草案》时期,“民律一草”在日本专家指

---

① 该案中,两人同船,遇风浪而覆舟。共得一桡,且孚且竞。一人力弱而一人力强,后力强者推力弱者而取桡,遂蒙至岸,力弱者失桡势,因而致殂。判文曰:“……同得一桡,俱望济己。且浮且竞,皆为性命之尤;一弱一强,俄致死生之隔……落水本为覆舟,覆舟自是天灾,溺死岂伊人之咎。各有竞桡之意,俱无相让之心。推膺(死者)苟在取桡,被溺不因推死。俱缘身命,咸是不清,辙欲科辜,恐伤孟浪。宋(死者之妻、原告)无反坐,泰(被告)亦无辜,并各下知,勿令喧扰。”参见汪世荣:《中国古代判例研究》,中国政法大学出版社1997年版,第73页。本案即前文所谓“早于欧洲十个世纪出现的‘紧急避险’”之体现,相关研究人员亦认为,此案判文可能是策对之文,并非按律定罪的实判。参见朱华荣、陈浩然:“我国‘紧急避险’的法律概念早于欧洲十个世纪——从唐代的一份判文谈起”,载《法学》1982年第9期。

② 该观点参见姚秀兰:“唐律‘民事责任’研究——兼与日耳曼法的比较”,载《当代法学》2002年第9期。

③ 即便在将过错与违法性作一体把握的国家,紧急避险的功能也是在于法定的抗辩事由而非直接排除过错的、不符合一般侵权构成要件的抗辩事由。

④ 《大明律》,怀效锋点校,法律出版社1999年版,第124页。大明律被认为是我国封建社会晚期最有代表性的一部法典,它上承唐律,下启清律,其形式与内容较之唐律有很大发展,几乎完全被清律所继承。

⑤ 《大清律例》,田涛、郑秦点校,法律出版社1999年版,第348页。

导下,[①]仿国外立法例,于第三百十四条[②]与第九百八十四条[③]分别对现代法意义上的防御性紧急避险与攻击性紧急避险进行了规定。

相对于我国唐代便方兴未艾的"紧急避险",我国学者认为欧洲关于紧急避险的法律概念,在17世纪才出现。而在欧洲古代法中,据史家考证,也无紧急避险的记载。[④] 根据张明楷教授的介绍,"紧急时无法律"(Necessitas non habet legem;Necessitas caret lege.)的格言(也可译为"必要时无法律")产生于中世纪的教会法,其基本含义为:在紧急状态下,可以实施法律在通常情况下所禁止的某种行为,以避险紧急状态所带来的危险。不过,中世纪的教会法中虽然有此格言,但并不存在关于紧急避险的特别规定。[⑤]

二、"紧急避险"概念的内涵

欲探讨攻击性紧急避险相关问题,首要任务乃是明确如今我国学界所使用"紧急避险"概念之内涵。

---

① 根据学者的介绍,日本对我国《大清民律草案》有着"登峰造极"的影响,日本专家不仅依当时的日本法律为蓝本,为中国草拟各种法律草案,更自始至终参与了立法中的理论论争。参见李显冬:《从〈大清律例〉到〈民国民法典〉的转型——兼论中国古代固有民法的开放性体系》,中国人民公安大学出版社2003年版,第138~140页。

② 《大清民律草案》第一编"总则"第八章"权利之行使与担保"第314条规定:"由不属于己之物生有急迫之危险,因自己或他人之危险将该物破坏或毁损者,其行为以避险所必要,并未逾危险之程度为限,不为违法行为。但危险之发生行为人有责任者,负损害赔偿之责。"参见《大清民律草案·民国民律草案》,杨立新点校,吉林人民出版社2002年版,第39页。

③ 《大清民律草案》第三编"物权"第二章"所有权"第984条规定:"所有人于其所有物,得排除他人之干涉。他人因避生命、身体、自由、财产现有之危险,不得已而有干涉行为,并因危险所应发生之损害较重大,于因干涉所应发生之损害者,不适用前项之规定。所有人仍得请求损害赔偿。"参见《大清民律草案·民国民律草案》,杨立新点校,吉林人民出版社2002年版,第130页。

④ 朱华荣、陈浩然:"我国'紧急避险'的法律概念早于欧洲十个世纪——从唐代的一份判文谈起",载《法学》1982年第9期。

⑤ 加洛林纳刑事法典也只是规定,濒临饥饿时,为了自己或妻子的生命而盗窃的,由法律家决定。此后,1810年的法国刑法典、1851年的普鲁士刑法典都只是规定心理受强制时的行为不构成犯罪。1871年的德国刑法典也没有规定紧急避险的合法性。参见张明楷:《刑法格言的展开》,法律出版社2003年版,第231页。

(一)基于语意所确定的核心含义

紧急避险,在我国法上是被作为一个具有共同认识的概念直接规定在成文法上的,除了直接规定紧急避险的构成与效果的条文之外,并没有更多的条文来进行配套说明。若严格依照文义,我国《辞海》对其解读为:"亦称'紧急避难'。为了使国家、公共利益、本人或者他人的人身、财产和其他权利免受正在发生的危险,不得已而采取的损害较小的应急行为。必须在采用其他方法无法避免危险所造成的损害,即不得已情况下实施,并在必要的限度以内实施,即其避险超过必要限度造成不应有损害的,称为避险过当,应负刑事责任,但应当减轻或免除处罚。我国刑法规定,关于避免本人危险的规定,不适用于职务上、业务上负有特定责任的人。"①值得玩味的是,汉语中常用的"紧急"一词作为联合型(并列型)合成词,直到1999年都没有被《辞海》纳入,而《辞海》唯一采纳的与"紧急"有关的条目,就是以法律上(尤其是刑法上)紧急避险之基本含义为蓝本的"紧急避险"。换言之,在清代民事立法上引入"紧急避险"的概念前,我国汉语传统上极有可能并没有所谓"紧急避险"的说法——甚至于"紧急"一词可能都不存在。那么,汉语中的"紧急"之概念、又或原本意义上之"紧急避险",是否有可能与"权利"等词一样,乃继受自日本,即并非汉语传统的产物。本文认为这种可能性很大——与我国《辞海》不尽相同,日语《広辞苑》中不仅包括"紧急避险"的条目,亦包括"紧急"与"紧急行为"的条目——其中,"紧急"(緊急)一词指"事情逼近,必须马上应对的状况";②"紧急行为"(緊急行為)一词是指"【法】在紧急的事态下得以否定违法性的行为。如正当防卫、紧急避险等";③"紧急避险"(緊急避難)则指"(1)迅速进行避难;(2)【法】为了躲开逼近的危险不得不侵害他人法益的行为。在刑法上不受处罚,在民法上若满足一定条件后不构成侵权行为"。④

---

① 夏征农主编:《辞海》,上海辞书出版社1999年版缩印本(音序),第844页。

② 新村出编:《広辞苑》岩波書店1993年第4版,第700頁。

③ 新村出编:《広辞苑》岩波書店1993年第4版,第700頁。

④ 新村出编:《広辞苑》岩波書店1993年第4版,第700頁。

根据学者的论述,“紧急避险”之德语对应词为 Notstand,英语对应词为 Necessity。[①] 根据布莱克法律词典对 Necessity 一词的解释,“紧急避险”的概念在侵权法上是指:如果当事人在别无选择的情况下,为了保护生命与健康而不得不对他人的财物造成损害,那么减轻或解除这种侵害(trespass)或处置(conversion)责任的特权,便称为“necessity”。[②] 我国《元照英美法辞典》对其解读为:“在美国,指行为人在非由自身行为引起的紧急情况下,为避免造成更大的损害,在别无其他选择的情况下所实施的侵害行为。在英国,有关紧急避险是否构成刑事抗辩理由这一点并不完全明确。在某些情况下,紧急避险可作为侵权行为诉讼的抗辩理由,但这可能仅限于在保护生命或财产的紧急情况下所作的行为。在这种情况下所采取的措施必须是合理的。”[③]

不难发现,以上无论是英语或日语之文义解读,在不考虑具体国别语境的前提下,都将“紧急避险”的核心含义指向了一种免除或减轻责任的后果,且该后果以先行行为暂时性地构成侵权行为或造成损害为前提。事实上,虽然这些解读并未详细说明“是否利益天平的两端只能是生命健康与财产”,但是紧急避险在大部分法律语境下的面貌,确实都呈现出此种“以抗辩事由的形式阻却或减轻本应由某种行为而需要承担的责任”的样态。由此,本文认为,紧急避险的概念内涵应包括多个层次——首先,紧急避险包括避险的行为,该行为往往形式上是符合侵权责任构成要件或引起物上请求权的,而该行为又是产生后续法律效果的前提,故有相当一部分学者以之作为紧急避险的本质含

---

① 史尚宽:《民法总论》,中国政法大学出版社 2000 年版,第 746 页。事实上,Necessity 的原义是紧急状态。只是在作为法律概念使用时已经约定俗成将其表述为“紧急避险”了。同样,Notstand 乃指“受到法律保护利益遭受的现时的危险状态,要阻止这个状态,只能是在牺牲他人利益的基础之上才有可能”。参见[德]约翰内斯·韦塞尔斯:《德国刑法总论》,李昌珂译,法律出版社 2008 年版,第 165 页。

② Bryan A. Garner, Editor in Chief, *Black's Law Dictionary*, 8th edition, St. Paul, MN: Thomson West, 2004, p. 1059.

③ 薛波主编:《元照英美法辞典》,法律出版社 2003 年版,第 953 页。

义——认为“紧急避险是一种行为”,这种立场可谓“行为说”。[①] 其次,紧急避险是在实施避险行为后,通过特殊的利益衡量赋予该行为以合法性的制度,而这种着眼于制度目标在于赋予行为合法性的立场——认为“紧急避险是一种合法化途径或一种权利”的,可谓“合法说”或“权利说”。[②] 最后,紧急避险的制度效果——免除或减轻责任——需要通过抗辩而实现,这种立场着眼于制度效果的实现途径——认为“紧急避险是一种减免责任的抗辩事由”,可谓“抗辩说”或“免责说”。[③] 事实上,无论“行为说”、“合法说”抑或“抗辩说”,都关注到了紧急避险真正的概念内涵,只是关注之面向不同。此外,若将上述

① 典型者如:“为了使本人或者第三人的人身或财产或者公共利益免遭正在发生的、实际存在的危险而不得已采取的一种加害于他人人身对或财产的损害行为,称为紧急避险。”参见张新宝:《侵权责任法原理》,中国人民大学出版社2005年版,第119页。又如:“紧急避险,是指为避免自己或他人生命、身体、自由以及财产上的急迫危险,不得已而实施的加害他人的行为。”参见程啸:《侵权责任法》,法律出版社2011年版,第220页。再如:“所谓紧急避险,指为避免自己或他人生命、身体、自由、财产之急迫危险,所为躲避危险的行为。”参见梁慧星:《民法总论》,法律出版社2007年第3版,第274页。

② 有时这种合法化的途径会被认为是一种权利,即实施某种原被禁止行为的权利,这种在紧急状态下所产生的这种权利,被称为紧急权。参见[日]团藤重光:《法学的基础》,有斐阁1996年版,第239~240页。转引自张明楷:《刑法格言的展开》,法律出版社2003年版,第231页。

③ 典型者,如“所谓紧急避险是民事主体的合法权益在面临现实或者即将发生的危险时,基于必要性的利益裁量,及所保全的权益重于或者大于所牺牲的权益,可以合法牺牲他人的权益而保全自己权益的正当性抗辩事由”。参见朱岩:《侵权责任法通论·总论》,法律出版社2011年版,第488页。又如“紧急避险应属于侵权责任的免责事由”。参见江平、费安玲主编:《中国侵权责任法教程》,刘智慧执笔,知识产权出版社2010年版,第262页。“抗辩说”或“免责说”与“合法说”的不同在于,“抗辩说”或“免责说”往往是涉及免除或减轻侵权法上的责任,而不涉及物权法上允许干涉物的内容,而“合法说”同样关注以下情形,即在原本情况下物权人能够因干涉而向避险人主张物权请求权,因为紧急避险的存在使干涉物变成了合法行为,并协助避险人得以对抗物权人的物权请求权。此外,有学者认为“抗辩事由”之概念并不等同于“免责事由”。本文既然以紧急避险为观察进路,那么此二种概念分别指涉了紧急避险的主张途径和主张后果,同属紧急避险性质之体现,故本文对此二种概念不作区分,采引文原文所用之概念。“抗辩事由”与“免责事由”概念之差异,参见程啸:《侵权责任法》,法律出版社2011年版,第214页。

认识有机整合之,即可得其核心内涵。

民法上之紧急避险,指向如下一套法律制度:民事主体面临现实或即将到来危险、为避免自己或他人之合法权益遭受损失,实施了侵害他人人身或财产的行为,当法律秩序认为所保全的权益重于或等于所牺牲的权益时,避险行为人可基于该法定的抗辩事由主张避险行为的合法性,并免除自己本应承担的民事责任。

在此基础之上、即侵害"他人人身或财产"的过程中,为避免危险所带来损害而侵害危险源本身的,称为"防御性紧急避险",而因避险行为而侵害无辜第三人的,称为"攻击性紧急避险"。

(二)"对自己造成的侵害"

由于本文的论述的前提在于攻击性紧急避险与防御性紧急避险的区分,那么"紧急避险行为所导致的损害是否包括对自己造成的损害",对其讨论亦属本文应有之义——倘若紧急避险包括此类情形,那么其既不容纳于给第三人造成人身或财产损害的攻击性紧急避险,也不容纳于给危险源本身造成损害的防御性紧急避险,那么以该"攻击性与防御性"的分类方法将无法涵盖紧急避险的所有情形,那么基于此种分类的讨论将陷入前提错误的窘境。

我国相当一部分学者认为,紧急避险从损害对象上看应当包括对自己造成损害的紧急避险和对第三人造成损害的紧急避险。"其中对自己造成损害的紧急避险是指在特殊情况下,因加害人的不法行为,造成一种危险状态,被害人为摆脱其面临的极大危险,不得已而采取某种避险措施而使自己遭受损害。"①有学者进一步根据立法条文的内容,

---

① 持该立场观点认为,作此种区分的学理基础,是由于"在学说上,认为受害人在危险情况下有'危险选择权'(the doctrine of alternation danger)或'灾害之选择'(choice between two evils)"。并举例说,"某甲乘坐某乙驾驶的汽车,行至铁路道口时,火车已从远处奔驰而来,道口工人也举起红旗示意某乙停车,而某乙为抢时间,强行开车欲冲过道口,坐在车上的某甲见此情况,惊恐万状,急忙跳车,造成严重跌伤。此案中,危险系由加害人的不法行为所为,受害人处此进退维谷之际,应有权采取避险措施"。参见王利明、周友军、高圣平:《中国侵权责任法教程》,王利明执笔,人民法院出版社 2010 年版,第 289 页;王利明:《侵权责任法研究》(上),中国人民大学出版社 2011 年版,第 424 页。

认为条文表述并未对损害的对象作出限制,故不应将“避险人”排除在外。① 与理论观点遥相呼应的是,我国司法审判实践中也有相当一部分判决采纳了这样的立场。换言之,一些法院亦认为,《侵权责任法》并未将避险人排除在可基于紧急避险规则向引起险情之人主张损害赔偿的主体范畴之外。② 而对该问题持否定说的学者认为,紧急避险并不适用于避险人给自己造成的危险——这是因为,造成自己损害的情况完全可以主张一般侵权责任。换言之,作为免责事由的紧急避险显然仅适用于给他人造成损害的情形,因为在紧急避险人给自己造成损害时,本来就不发生紧急避险人对自己承担责任的问题,自无须通过主张紧急避险免责。③

本文认为,“紧急避险”的内涵中应不包括对避险人自身造成的损害——赞同持否定说的立场。前文已述,紧急避险所解决的,是赋予行为合法性或免除责任的问题,其前提在于避险人存在需要被赋予合法性或免责的并符合客观侵权要件的避险行为。如果是避险人自己的行为造成自己的损害,那么在性质上与自残无异,而自残行为在大部分立法例中并不受法律的特别规制,亦不符合适用紧急避险之抗辩在逻辑上的前提要件。那么如果采取自残行为是因他人或自然原因引起之危

---

① 奚晓明:《中华人民共和国侵权责任法条文理解与适用》,人民法院出版社2010年版,第234页。同旨可见张新宝、宋志红:“论《侵权责任法》中的补偿”,载《暨南学报》(哲学社会科学版)2010年第3期。“正如学者所言,紧急避险应当包括避险行为导致本人合法权益损害的情形,也会更有利于对良好社会道德风尚的倡导,尤其是在因自然原因引发危险时,避险人为了使公共利益、他人合法权益免受危险而实施紧急避险导致自身受到损害的,避险人的这种损害自身较小的权益而保护国家、集体或他人更大的权益的行为有利于全社会顾全大局、互助友爱的良好道德风尚的形成,法律对此应当加以鼓励和支持”。

② 参见“张某等与尹某等健康权纠纷上诉案”,重庆市第五中级人民法院(2011)渝五中法民终字第05010号民事判决书。又如,“上诉人姜东新与被上诉人蒋远星一同承租被上诉人林庆新所有的房屋,后因蒋远星雇用的人员在工作中不慎引发火灾,姜东新为避免因火灾而给自身造成损害,在别无他法逃生的紧急情况下,采取从窗户跳下的方式逃生,符合紧急避险的条件,故本案应认定为紧急避险损害赔偿纠纷”。“姜东新诉蒋远星等紧急避险损害赔偿案”,福建省泉州市中级人民法院(2001)泉民终字第1867号民事判决书。

③ 程啸:《侵权责任法》,法律出版社2011年版,第220页。

险,或事实上保存了更大利益的场合,应当如何处理?事实上,在这种情况下的受害人完全可以向引起危险的人主张一般侵权责任。① 此时若画蛇添足地去适用有关紧急避险的条款,不仅是在认识"紧急避险"规则的性质上存在错误,引起的后果也只能是请求权规则的适用混乱。② 就"事实上保全了更大利益,能否向受益人请求补偿"一节,因民法上并非只有紧急避险规则中存在此类彰显公平原则的制度,无论于见义勇为抑或无因管理等领域,均有将此种请求权解释纳入的余地,故为此而破坏紧急避险的基本性质便显得更无必要。

三、"紧急避险"概念的外延

正如本文先前文献综述中所提到的,紧急避险与正当防卫的区别直接影响了对攻击性紧急避险予以独立讨论的必要性。

就"与正当防卫的区分"而言,我国学者曾对两者之共性与区别作出过不少论述——两者之共性,学者认为"紧急避险与正当防卫的共同点是:(1)都是阻却违法的行为;(2)成立的前提都是合法权利受到严重危险;(3)两者活动的目的都是为了保护公共利益、公民和本人的合法利益;(4)两者都是造成了一定的损害"③。而对于两者的区别,若将学界观点加以整合,则可得如下意见:它们的区别,第一,在于危险源的不同:正当防卫时危险来自人的行为(或为不法侵害人的侵害),而在紧急避险时危险既可能来自人的行为,也可能来自自然原因;第二,在于自卫行为对象的不同:正当防卫只能对不法侵害人实施自卫,但紧

① 如前文所及"张某等与尹谋等健康权纠纷上诉案",既然导致其他行人行路不便是"必然"的、导致行人采取避险行为也是"必然"的、该损害后果也是"必然"的避险行为所导致的,那么驮马的主人就应当就其实施的侵权行为所造成的后果承担损害赔偿责任。法院正确认识到了侵权责任的本质属性,却毫无必要地适用了关于紧急避险的《侵权责任法》第31条,实属可惜。参见"张某等与尹某等健康权纠纷上诉案",重庆市第五中级人民法院(2011)渝五中法民终字第05010号民事判决书。

② 依"避险应包括造成自己损害"的逻辑,任何侵害行为在导致损害结果前都意味着对被害人的危险,那么对该侵害行为及损害结果的逃避都应当认定为避险行为。由此,于一般侵权的场合,只要行为人有逃避危险的行为,便都应当援引紧急避险之规则——这样一来,大部分一般侵权都将有紧急避险规则的出场,其后果实为紧急避险规则的滥用。

③ 杨立新:《侵权责任法》,法律出版社2010年版,第200页。

急避险可能对第三人实施自卫;第三,在于排除危险之途径限制的不同:紧急避险造成的损害是排除危险的唯一方法,而正当防卫则不在此限;第四,在于自卫行为程度限制的不同:紧急避险所造成的损害必须小于危险造成的损害,正当防卫则要求相适应即可;第五,在于行为标准和承担法律后果的不同:紧急避险人往往要对后果承担比正当防卫更重的后果,[①]申言之,自卫人并不需要对必要限度内的正当防卫承担诸如赔偿或补偿的法律后果,但即使是必要限度内的紧急避险,若受害的是第三人,则有可能由受益一方获得补偿。[②] 不过,即便在承认上述论点大致确切的基础上,仍有一些问题亟待厘清。例如在动物侵害的场合,对该动物的杀伤行为属于正当防卫还是紧急避险? 若该侵害为其主人所驱使,情况是否会有所不同?[③] 此外,紧急避险行为是否仅限于向第三人实施?[④] 换言之,防御性紧急避险的概念在侵权法上究竟

① 典型论述,如"由于紧急避险与正当防卫相比,行为人'容于思考的时间往往较长些,危险也稍轻',虽然紧急避险人是为了使公共利益、本人或他人的人身或其他合法权利免受正在发生的危险,不得已而采取的一种损害行为,但在比较法上,紧急避险一般要比正当防卫承担更重的责任。"参见王利明、周友军、高圣平:《中国侵权责任法教程》,王利明执笔,人民法院出版社2010年版,第288页;王利明:《侵权责任法研究》(上),中国人民大学出版社2011年版,第422页。

② 本段相关内容可参见杨立新:《侵权责任法》,法律出版社2010年版,第200页;王利明、周友军、高圣平:《中国侵权责任法教程》,王利明执笔,人民法院出版社2010年版,第288页;王利明:《侵权责任法研究》(上),中国人民大学出版社2011年版,第422页;汪渊智:《侵权责任法学》,法律出版社2008年版,第105页。

③ 相关论述,如"狗咬伤人,如果这个狗是被主人放出故意咬的,是行为人的不法侵害,狗构成行为人不法侵害的工具,是行为人的财产,打死狗的防卫反击,行为是指向行为人的,是正当防卫;如果是狗本身的侵袭,打死这个狗是紧急避险,因为狗是直接的危险来源。"参见杨立新:《侵权责任法》,法律出版社2010年版,第200~201页。

④ 除前文提及张新宝教授的观点外,认为紧急避险是施加于第三人人身或财产的典型表述,还包括:"正当防卫只能针对实施不法侵害的行为人实施,而不能针对未从事侵害行为的人实施,但紧急避险行为一般只是对第三者或紧急避险人造成损害,而不会损害非法侵害人本人。"参见王利明、周友军、高圣平:《中国侵权责任法教程》,王利明执笔,人民法院出版社2010年版,第288页;王利明:《侵权责任法研究》(上),中国人民大学出版社2011年版,第422页。又如"正当防卫所施加的对象是不法侵害行为人的人身或其财产,紧急避险施加于第三人,造成第三人人身或财产损失,二者的对象条件不同"。参见汪渊智:《侵权责任法学》,法律出版社2008年版,第105页。

是否具有存在的余地?

事实上,认为"防御性紧急避险与正当防卫之间难以划出泾渭分明的界限,应当注意保持两者之间在处理上的一致性"[①]的看法关注的是制度效果上的相似,未对更深层次的理论依据予以考虑,况且处理的不同可能会引起法秩序的不统一。紧急避险与正当防卫,在刑法上有着明确而清晰的划分——其实质在于正当防卫所要求的,是侵害行为的不法性。由于动物的行为或自然原因无法被作为人类共同体规范的"法"所规制,故"不法"亦无从谈起。[②] 唯有动物在被人用作不法侵害之工具时,才可能成立正当防卫。[③] 我国民法理论对于正当防卫的限定,亦均以侵害的不法性为要件。[④] 比较法上亦多采此立场。[⑤] 问题在于,如果动物侵权在立法上被规定为无过错责任,那么无论动物的行为是否由主人所驱使,主人均须对造成之损害负责,由此是否应该认为,动物行为均具备不法性,相对人对其防卫均成立正当防卫而非紧急避

---

① 傅强:"紧急避险的民事责任",载《浙江学刊》2010 年第 4 期。该说以动物侵权为例,认为在防御性紧急避险中,区别侵害究竟来自人还是物的正当性并不充分。

② 日本学者近江幸治教授认为:"与正当防卫不同,'急迫的危险'是由他人所有物产生的。而不是由他人的侵权行为所产生。"参见近江幸治《民法讲义 Ⅵ》,成文堂 2009 年版,第 147 页。

③ 需要注明的是,刑法上亦认为这并不是对动物本身的正当防卫,而是对动物主人的不法侵害行为的正当防卫,即通过打死打伤其动物以毁坏其违法犯罪之工具,达成制止其不法侵害的目的。参见刘明祥:"关于正当防卫与紧急避险相区别的几个重要问题",载《法学评论》1998 年第 1 期。

④ 王利明:《侵权行为法归责原则研究》,中国政法大学出版社 2004 年修订第 2 版,第 578 页。实务界亦常以"不法"作为关键词,强调正当防卫抗辩成立的前提,如:"原告实施犯罪活动的过程中,被告王某为保护其合法财产免受正在进行的不法侵害,紧急情况下驾车追赶原告的行为属正当防卫。"参见"唐某某诉王某健康权纠纷案",重庆市沙坪坝区人民法院(2011)沙法民初字第 02402 号民事判决书。

⑤ 以英国法为例:"它与正当防卫有所差别,这是鉴于(正当防卫的抗辩)以原告明显是一名违法者为前提,而紧急避险之抗辩则以'施加损害于一名无辜的原告身上'为预期。"R. F. V. Heuston, R. A. Buckley, *Salmond and Heuston on the Law of Torts*, 21st edition, London: Sweet & Maxwell, 1996, p. 467. 同旨,"正当防卫的实施以遭到某种形式的攻击为前提,而紧急避险不需要;其次,向正当防卫人主张损害的当事人自身往往具有不法之行为"。See Anthony Dugdale (general editor), *Clerk & Lindsell on Torts*, 19th ed., London: Sweet & Maxwell, 2006, p. 222.

险呢？本文认为，动物侵权的无过错责任，其本质在于说明损害发生后的责任承担问题，而非关注动物在实施攻击行为的一瞬间，其攻击所造成的现实危险。即便由事后考察，动物主人确须为损害负责，但是相对人在对动物侵害进行防卫的一刹那，动物主人需要承担的责任依据还未产生，故无法认为当时的动物行为中已经包含了不法性。进而言之，如果动物没有对相对人造成任何损害，即于攻击过程中便为相对人所击毙，那么动物主人并不需要承担任何责任，不法性一说自无从谈起，但是相对人击毙动物的行为却已经获得了法律秩序的正当化。因此，对于不反应主人意志的动物侵权之防卫，仍应适用紧急避险之规定，[①]且险情发生之原因与人无涉，盖归于自然事件。

关于紧急避险是否仅向与危险无关之第三人实施的问题，与前文提及正当防卫的不法性要件休戚相关。正因为正当防卫中对危险源的损害需要以危险源具有不法性为要件，上述不法性欠缺引起的紧急状态只能由紧急避险调整，而不问引起紧急状态的原因是否可能是受害人自己的物——动物突然暴起侵害他人而被打死即属典型。刑法上有学者认为紧急避险仅以损害第三人利益为内容，受害对象仅限于与危险源无关的第三者——方属“正对正”之三面结构，并与正当防卫区分。[②] 本文认为，这种看法若置于民法语境，则需要面对如下解构：若对于民事主体的危险物能够进行紧急避险，是否对于同一主体欠缺不法性的人身危险却只能实施正当防卫？申言之，“正当防卫无法涵盖对危险物自身的防卫行为，该种情形仅由紧急避险调整”作为基本前提，已无疑问，那么与危险物归属同一民事权利义务主体的人身权益，却由正当防卫调整，其理由是否在于其权利性质的不同？显而可见，上述观点隐含的逻辑，是正当防卫与紧急避险的界限在于对人身与财产予以防卫的依据不同。但是，这种确定界限的标准无论于理论界或实务界均未得广泛采纳，其标准自身亦会产生诸多问题——例如对甲类

---

①　日本亦以动物侵害为典型之紧急避险：“……这就是‘紧急避险’。例如将要被他人蓄养的狗咬伤的(危险)状况下，将该狗杀伤的情形。”参见近江幸治《民法讲Ⅵ》，成文堂2009年版，第147页。

②　黎宏：“论正当防卫与紧急避险的界限”，载《人民检察》2006年第11期。

传染病携带者的人身限制行为,此种做法由于携带传染病本身不具有不法性,故根本无法实施正当防卫,只能实施紧急避险;又如在缺乏患者同意的情况下因拯救生命而对其实施以侵害其身体为形式的救助行为(如外科手术)。① 因此,对于不具有不法性的危险,即便损害的是危险源的人身利益,应仍属于防御性紧急避险的范畴。②

四、"攻击性紧急避险"概念之厘清

综上所述,"攻击性紧急避险"的概念已然呼之欲出——民事主体在面临现实或即将到来之危险时,为避免自己或他人之合法权益遭受损失,实施了侵害与危险无关之第三人的人身或财产的行为,当法律秩序认为所保全的利益重于所牺牲的利益时,避险行为人可基于该法定的抗辩事由主张避险行为的合法性,并免除自己本应承担的民事责任。

与防御性紧急避险相比,攻击性紧急避险之不同首先在于侵害对象是与危险无关之第三人,而防御性紧急避险的侵害对象是危险源本人的人身或财产权利——值得注意的是,本文这样的观点并不相同于传统上"前者(防御性)中避险人损害的是引起危险的物,后者(攻击性)损害的是与危险的发生无关的他人权益"③的观点,本文的解释一方面能够以一套分类标准涵盖所有的情形;另一方面也只有这样才能解释前文所提出的"受拘束的甲类传染病携带者"这一情形如何被纳

① 此种类型在英国学者的论述中颇为常见,本文于后文中将进行详细介绍。

② 德国刑法学者 Roxin 将其"防御性紧急避险"分为以下四种类型:(1)现在之侵害不是由刑法上之行为所引起,例如突发性痉挛、开车时突然间失去意识,或由于车祸无可避免冲上人行道,而撞到行人等其他无法控制之行为。(2)侵害不是由违法行为所引起,例如驾驶者已尽注意义务,遵守交通规则,仍撞到突然冲出来之行人。(3)母亲生产时,医生为避免母亲之生命危险或重大健康伤害之必要,牺牲其子女。(4)所谓预防性之正当防卫,即行为人因事后之防卫极困难或不可能,事先以预防性措施,防备他人已准备之攻击。参见彭美英:"阻却违法之防御性紧急避难——以德国法为重心",载《玄奘法律学报》2005 年第 6 期。转引自赵栩、谢雄伟:"防御性紧急避险制度研究",载《武汉大学学报》(哲学与社会科学版)2009 年第 6 期。

③ 王利明:《侵权责任法研究》(上),中国人民大学出版社 2011 年版,第 423 页。同旨可见朱岩:《侵权责任法通论·总论》,法律出版社 2011 年版,第 488 页。朱岩博士认为,危险虽来源于物件,却并不意味着只能由物本身引发,在例外情况下因自燃事件亦可引发物件带来的危险。

入紧急避险体系的问题;其次,紧急避险中若被保全的利益与侵害的利益相同,则能够成立防御性紧急避险,而攻击性紧急避险的要求,是被保全的利益必须大于被牺牲的利益。[①] 有学者认为,防御性紧急避险与攻击性紧急避险的区别还在于“危险”标准的不同,以及是否需要赔偿其他物权人的损失,[②]本文认为,这些区别并不真正存在于两者之间,故将于后文作专门分析。

一般而言,攻击性紧急避险的效果在于赋予具有侵权外观的行为以合法性,故构成对所有权排除他人干涉之权能(尤其是作为物权消极权能的物权请求权[③])的限制,以及在对人身或财产权益造成现实侵害时免除责任。值得说明的是,在因合法的征用而面临防卫时,第三人的防卫行为其正当性被紧急避险的合法性所排除,与此同时,倘若明知对方是紧急避险而拒绝征用的,避险人反而可以主张正当防卫。[④] 在免除责任的抗辩效果上,攻击性紧急避险仅适用于过错侵权,这同样是其逻辑前提——存在侵害行为——的要求,替代责任场合的责任人不得主张紧急避险的抗辩。

五、法理依据

攻击性紧急避险的实质在于通过损害无关第三人的人身或财产利益而保全个体或他人的权益,然而,为何法律秩序会赋予这种完全符合侵害表征的行为以合法性,却是讨论不多、却又不能绕过的重要问题。

就紧急避险的合法性依据而言,比较法上曾有观点认为其基础在于混合了多项值得法律秩序予以认可的价值判断,如“慈善”、“葆有公益”、“公共保护”、“自我防卫”、“利他主义”以及“维持基本的社会价

① 刑法学者同样的观点及其理由,参见赵栩、谢雄伟:“防御性紧急避险制度研究”,载《武汉大学学报》(哲学与社会科学版)2009年第6期。

② 朱岩:《侵权责任法通论·总论》,法律出版社2011年版,第488页。

③ 崔建远:《物权法》,中国人民大学出版社2009年版,第115页。

④ 例如避险人遭遇仇家追杀而暂避于他人院落,若房屋主人明知避险人因被追杀而不得不暂避于此,却拒绝收留并加以驱赶的,避险人有权正当防卫以滞留于院落中。但是,这并不意味着院落主人有义务承担与避险人一同到来的危险——当因避险人的躲避而对院落主人产生危险时,其对于避险人的驱赶因符合防御性紧急避险的要件而消弭了避险人反抗行为的正当性。

值”等。① 除此之外，学说上对于攻击性紧急避险的合法性根据亦有“主观说”、“利益衡量说”、“放任行为说”的不同。② 还有观点由民刑法本质的不同，说明了攻击性紧急避险中受害人得主张赔偿的法理依据。③ 不过，无论是社会利益的最大化（违法性衡量）还是行为人缺乏可期待性（有责性衡量），均可得出攻击性紧急避险非为不法的结论，这并不难理解，可是需要说明的是——为何与保护利益及危险源无关的第三人能够被牺牲？为何法秩序要求其面对与其根本无关的侵害时必须负有容忍的义务？亦即为何向无辜第三人实施的侵害行为能够被免责？只有解决了这些问题，才能认为攻击性紧急避险的规则存在坚实的法理依据。

申言之，攻击性紧急避险之规则本身是赋予行为合法性的规则，但其自身也面临着“合法性”的评价。此所谓“合法性”，是指对于法治运行之实在价值与具体内容的考虑，正是指向“法律不仅仅要求得到接受，或者说，法律不仅要求得到实际承认，而且要求值得承认”④。这种“值得承认”的内涵，一方面来自自然法意义上的“良法”；另一方面是在法治发展的过程中被具体为某种正当程序或社会契约的产物。后者囿于具体的社会制度和历史习俗而有地域性的差异，前者则基于“具

① See W. V. H. Rogers, *Winfield & Jolowicz on Tort*, 18th edition, London: Sweet & Maxwell, 2010, p. 1169. See also Alastair Mullis, Ken Oliphant, *Torts*, 2nd edition, London: Macmillan Press, 1997, p. 211.

② 颜良举：“论民法中的攻击性紧急避险”，华侨大学2007年硕士学位论文，第8～9页。

③ 该说认为，如果从个人主义的观点出发，就不应当就自己面临的危难转嫁给他人，或者说，站在个人主义立场上考虑，紧急避险是有害的，因此，紧急避险行为在民法上应承担损害赔偿的责任；但从社会整体的立场出发，在不得不丧失两个合法利益中的某一利益时，不管是谁的利益，保存价值更高的利益才是理想的，正是基于对整个社会利益的考虑，紧急避险在刑法上才是允许的。参见[日]平野龙一：《刑法总论Ⅱ》，有斐阁1975年版，第229页；转引自张明楷：《刑法格言的展开》，法律出版社2003年版，第234页。

④ [德]哈贝马斯：“论人权的合法性”，载曹卫东译，载高鸿钧等编：《法理学阅读文献》，清华大学出版社2010年版。

有地域性的道德观”[①]或社会利益而产生了对内核价值的一致追求。正如各个法学流派对于法律权威性渊源的解释——分析法学派关注的是法律律令背后的强制力和约束力;历史法学派主要强调的是法律律令背后的社会力量,对于他们来说,应当从人民服从法律的习惯、公众情绪和舆论或从社会上盛行的正义标准中去发现制裁;[②]哲理法学派关注法律律令的伦理和道德基础,而不是它们的制裁;社会法学派则强调法律所促进的各种社会目的,而不强调法律的制裁。[③] 从上述各自存有侧重的看法中不难得出,所谓法治认同或合法性的塑造,无外乎对权威的逆来顺受,或要求法治对某些现实的社会问题做出某种解答:无论其内容与正义及道德观念有关,还是对于具有某种社会目的性的利益安排。就合法性的学说发展而言,马克斯·韦伯所提炼出的三种合法性权威类型:一是基于“一向如此”惯性的传统型权威;二是以个人的“神性”与人格魅力为基础的“克里斯玛”(charisma)型权威;三是依据民主程序制定的规则而行使职权的法律型权威。哈贝马斯对此的发展,则是提出法律的两种合法性,即合法律性(legality,或称形式合法性)和合法性(legitimacy,或称实质合法性),尤其后者是以现代社会存在的严重危机——法律的合法性缺失为出发点,着眼于产生法律的民主程序,通过激活公民政治参与意识、从主体之间沟通和理解出发,实现人际的互动合作,实现有效的社会整合和系统整合。[④]

在这样的认识前提下,对于他人的牺牲或容忍请求更需要“法律的合法性”予以支撑;而此种“法律的合法性”应来源于社会主体之间

① [美]波斯纳:《道德和法律理论的疑问》,苏力译,中国政法大学出版社2001年版,第22页。

② 正如萨维尼所说:“在我们首先发现成文法的地方,民法已具有一种确定的特性,即民族的特点,犹如民族的语言、风俗、典章。”参见[德]弗里德里希·卡尔·冯·萨维尼:《历史法学派的基本思想:1841—1840年》,郑永流译,法律出版社2009年版,第5页。

③ 邓正来:“社会学法理学中的‘社会’神——庞德法律理论的研究和批判”,载翟志勇主编:《罗斯科·庞德:法律与社会——生平、著述与思想》,广西师范大学出版社2004年版。

④ 高鸿钧:“法范式与合法性:哈贝马斯法现代性理论评析”,载高鸿钧、马剑银编:《社会理论之法:解读与评析》,清华大学出版社2006年版。

的交往和实践。因此，本文较为赞同的，是“社会连带义务”理论，[①]其内涵为：社会连带即不同个体之间的相互的以及促成社会共同体的连带关系，对他人的责任担当与适度照顾是其中的重要因素。根据“社会连带义务”理论，社会共同体的成员都应当对他人负有一定的义务，即于必要时适当地为他人牺牲自身利益，部分地放弃自己的自由——具体到攻击性紧急避险的场合，第三人虽不对危险的发生负责，但是鉴于其与遭遇危险的共同体成员之间的连带关系，仍然应当在一定程度上容忍避险行为人损害自身法益。需要说明的是，社会连带义务理论的成立绝不是不证自明的，罗尔斯的正义学说、哈贝马斯的商谈法哲学与黑格尔法哲学的新诠释都能够证明“社会连带义务”的成立。在该语境下，人们正如立法过程中通过贡献自己的自由、为自己的权利设立边界从而追求更大更有效的自由，在社会生活中通过在必要的时刻为他人而牺牲，来换取在必要时他人为自己而牺牲。由于攻击性紧急避险所要求的比例性原则，社会连带义务的结果无论对于个体或社会都将是有增益的。这样的理论不仅区别于传统的功利主义立场，更符合于现代侵权法所设置的、有关风险社会的一般语境。

与此同时，技术上的处理也可以在一定程度上缓解攻击性紧急避险在法理上面临的责难——无论是设置更为严格的构成要件、进行更为审慎的利益衡量，还是在诉讼中作出的特别安排，都将有利于使攻击性紧急避险更符合社会一般人的认识，以及公平与正义的基本要求。对此，本文后文将做详细叙述。

## 六、比较法之视野：以英国法为中心

### （一）各国立法例及模范法概述与评析

我国在近现代学习西欧法制开始法典化进程后，将攻击性紧急避险予以成文化的尝试大多借鉴了域外法之规定，尤其以《德国民法典》

---

① 本段论述重点参考了王钢先生的论文：“紧急避险中无辜第三人的容忍义务及其限度兼论紧急避险的正当化根据”，载《中外法学》2011 年第 3 期。

第904条之规定[①]为典型,且学说上对民、刑二法一体的二分法亦以德国法为先例,故对德国法上攻击性紧急避险之研究甚有必要。

依照德国学者对攻击性紧急避险制度的本质理解,"如果对于防止危险确有必要,并且将会发生的损害远大于因对物进行干涉所产生的损害,对物进行干涉就是合法的。作出牺牲的物的所有权人可以要求损害赔偿"。[②] 其本质上是为维护他人利益而规定的限制。[③] 值得注意的是,施瓦布教授与拉伦茨教授所提及的"限制"或"合法",均仅指于紧急避险发生的场合,其被正当化的内容是对他人之物进行的干涉,但这样的内容中并不包含免除民事责任的内容。正如梅迪库斯教授所言,"由于这里的侵害行为涉及一件不相关的物(更确切地说应当是不相关的物的所有人),因此,第904条比第228条有严厉得多的适度性要件。此外,还必须承担无过错的损害赔偿义务"。[④]

德国刑法上的紧急避险与民法典保持一致——刑法学者对其理解亦遵循攻击性与防御性的二分,即"不同于《民法典》第228条的规定,攻击性紧急状态(aggressiven Notstand)中的权利(《民法典》第904条),许可干涉到与危险源没有任何关系的物。根据这条规定,对物的干涉如果是为避免某个现时危险所必要(Abwendung einer gegenwärtigen Gefahr notwendig),且所面临的紧迫损害(drohenden Schaden)也远大于(unverhältnismäßig groß)对物的干涉将要造成的损坏的,物的所有权人不得禁止他人对物的干涉"。[⑤] 该规则背后的逻辑

① 《德国民法典》第904条规定:"他人为避开现时的危险而有必要干涉物,且将要发生的损害与因该干涉而对所有人发生的损害相比过于巨大的,物的所有人无权禁止该他人对物的干涉。所有人可以请求赔偿给自己造成的损害。"《德国民法典》,陈卫佐译注,法律出版社2010年第3版,第327页。

② [德]施瓦布:《民法导论》,郑冲译,法律出版社2006年版,第152页。

③ "《德国民法典》中为维护他人利益而规定的限制除了禁止恶意行使权利(第226条)外,还包括紧急避险(第904条)和相邻关系(第906条以下)。"参见[德]卡尔·拉伦茨:《德国民法通论》,王晓晔等译,法律出版社2004年版,第53页。

④ [德]迪特尔·梅迪库斯:《德国民法总论》,邵建东译,法律出版社2001年第2版,第130~131页。

⑤ [德]约翰内斯·韦塞尔斯:《德国刑法总论》,李昌珂译,法律出版社2008年版,第166页。

是,法制共同体要求每个人在一定的紧急情况中要有做出一定程度牺牲的团结精神。不过,对不存在参与行为的所有权人来讲,只有在同意提起赔偿请求(《民法典》第 904 条第 2 句)和法益权衡表明很明确是因为对受到危险威胁者有利(Güterabwägung eindeutig zugunsten des von der Gefahr Bedrohten)的前提条件下,才能要求他接受为了他人利益牺牲自己的物。① 故而在使用第三人雨伞进行避险时,对雨伞的破坏不构成违法的财物损坏,避险人仅负有民法上的损害赔偿义务。

可见,德国的攻击性紧急避险规则并不阻却责任的成立,只是对物干涉的合法化事由、对物权排他性效力的限制及物权人的容忍义务——其体系安排是居于"物权编",仅发生对物之效果亦在情理之中。② 不仅如此,德国法对于攻击性紧急避险规则的适用有着严格的限制,即比例性要件——紧迫损害须远大于对物干涉将要造成的破坏。换言之,倘若是对人身的侵害,或比例性不满足"远大于"的要件,行为人均不得以攻击性紧急避险主张抗辩。③

与此不同的是,民主德国的民法典并没有将紧急避险的危险源和避险对象限制在"物"上,也在立法上直接区分攻击性与防御性。④

瑞士在《民法典》第 701 条规定了避险对象为土地的攻击性紧急

---

① [德]约翰内斯·韦塞尔斯:《德国刑法总论》,李昌珂译,法律出版社 2008 年版,第 167 页。

② 事实上,根据欧洲大多数国家民法典中的表达,紧急避险仅使对物的损坏具有正当性。参见[德]克里斯蒂安·冯·巴尔:《欧洲比较侵权行为法》(下卷),焦美华译,法律出版社 2004 年第 2 版,第 581 页。

③ 若我国学者认为防御性紧急避险仅包括对物防御的认识是源于对德国法的理解,那么我国在民国之后紧急避险制度之内涵便与德国大相径庭,已无必要固守德国法传统之某些规定。

④ 《民主德国民法典》第 353 条(紧急避险)规定:"公民为了避免危险,采取相应的行动以致损害或毁坏物品,危害社会主义国家和社会秩序,侵害公民的生命健康、社会主义财产、公民个人财产或其他权利的,不以非法论(紧急避险),对于由此造成的任何损害也不负责任。"《德意志民主共和国民法典》,费宗炜译,法律出版社 1982 年版,第121~122 页。

避险,[①]与德国法类似的是,瑞士民法典所关注的,同样是土地所有人的容忍义务、"远大于"的比例要件——而不是免除责任的后果。与此同时,土地所有人同样享有主张损害赔偿的请求权。而《债法典》第52条的立场是对上述立场的补充——说明了在确定攻击性紧急避险赔偿数额时的法院自由裁量权以及不承担责任的条件。[②]在债法典修正草案中,瑞士法进一步明确了紧急避险中的侵害行为不具有不法性。[③]

《意大利民法典》第2045条是对紧急避险之规定,[④]该条文被认为包含了攻击性紧急避险的意味。与此同时,《意大利民法典》明确否定了对自招危险的紧急避险,也没有作出比例要件必须符合"远大于"之要求,而是仅仅强调了危险的紧迫性和排除危险唯有侵害的手段唯一性。不过,在司法实践中,意大利亦只认可对物损坏具有正当性,"甚至将不会造成人身伤亡作为紧急避险的条件"[⑤]。值得注意的是,《意

① 《瑞士民法典》第701条规定:"(1)非侵害第三人的土地所有权不足以防卫自己或他人免受损害或危害时,土地所有人应容忍该侵害。但仅以上述损害或危害远比因侵害所造成的影响大时为限。(2)前款情形所生之损害,土地所有人可请求合理的赔偿。"参见《瑞士民法典》,殷生根、王燕译,中国政法大学出版社1999年版,第193~194页。

② 《瑞士债法典》第52条(正当防卫、紧急避险、自助行为)规定:"实施正当防卫对侵害者造成损害的,不承担赔偿责任。法院自由决定为避免自己或者他人遭受紧急损害或者危险而侵害第三人权利时应当支付的赔偿数额。为保护自己的合法利益实施侵害行为,只要不可能有充分的时间提起诉讼,并且侵害行为本身足以保护其利益不受侵害或者其利益实施不受障碍的,不承担责任。"参见《瑞士债法典》,吴兆祥、石佳友、孙淑妍译,法律出版社2002年版,第12页。

③ 《瑞士债法典》修正草案第46a条"抗辩事由"第2款规定:"受害人同意侵害、加害人采取合法的紧急避险或者在既定情况下无法及时获得公权力机关的保护的,为了确保自己合法请求权而自己采取保护措施的,不具有违法性。"参见[德]布吕格迈耶尔、朱岩:《中国侵权责任法学者建议稿及其立法理由》,北京大学出版社2009年版,第301页。

④ 《意大利民法典》第2045条(紧急状态)规定:"为加害行为的人,从对人身重大损害的现在的危险救济自己或者他人的必要上由于不得已时,而且其危险并不是由其自己任意引起的,同时其危险亦不能以其他方法避免时,对于被害人,关于赔偿的数额一任裁判官的公平评价负担。"参见《意大利民法典》,陈国柱译,中国人民大学出版社2010年版,第353页。

⑤ [德]克里斯蒂安·冯·巴尔:《欧洲比较侵权行为法》(下卷),焦美华译,法律出版社2004年第2版,第581页。

大利民法典》同样规定了法官的自由裁量权。

将攻击性紧急避险与防御性紧急避险规定于同一条文的,还包括《俄罗斯联邦民法典》第1067条。[①] 在该条文中,立法者明确了是受有利益的第三人对损害行为负赔偿责任。不过,不同于上述提及立法例要求必须承担赔偿责任的做法,俄罗斯法院也可以斟酌致害情况全部或部分免除致害人或第三人的责任——除了赋予法官自由裁量的意味外,还包括免责的意味。

在立法上拒绝承认攻击性紧急避险地位的,以日本为典型。《日本民法典》第720条规定了正当防卫与紧急避险,其中第2款被认为是关于紧急避险的规定。[②] 不过,由于日本法仅规定了防御性紧急避险,且限缩于对危险物的防卫,故日本紧急避险规则适用范围非常有限——有斐阁平成19年版的《判例六法》中的紧急避险相关案例,居然仍是大正年间的且不构成紧急避险的例子。[③] 根据近江幸治教授的观点,日本法上紧急避险规则之实质,在于"为避开因他人所有'物'而产生的急迫危险,对该'物'造成损伤,致使违法性被阻却,不构成侵权行为(720条2项)"[④]。此外,"对该物造成毁损(紧急避险中产生的)加害行为,是对该物造成损伤的行为。因此,为了避免被狗咬,冲进他人家中损坏了户主庭院中的盆栽,这种情形不构成紧急避险。同样,为

① 《俄罗斯联邦民法典》第1067条(紧急避险致人损害)规定:"紧急避险所造成的损害,即为了排除对本人或者他人构成威胁的危险而造成的损害,如果该危险在当时情况下不可能以其他方法排除,紧急避险所致应由致害人赔偿。法院可以斟酌致害情况,责成因损害人的行为而受有利益的第三人负赔偿责任,或者全部或者部分免除该第三人或者致害人的赔偿责任。"参见《俄罗斯联邦民法典》,黄道秀译,北京大学出版社2007年版,第368页。

② 《日本民法典》第720条(正当防卫及紧急避险)规定:"对于他人的侵权行为,为防卫自己或第三人的权利或受法律保护的利益而不得已实施了加害行为的人,不负损害赔偿责任。但不妨碍受害人对侵权行为人请求损害赔偿。前项的规定准用于为避免由他人之物发生的紧急危险而毁损其物的情形。"参见《最新日本民法》,渠涛编译,法律出版社2006年版,第153页。

③ 大刑判大3·10·2刑録二〇·一七六四。参见青山善充、菅野和夫等編:《判例六法》,有斐閣2007年版,第528页。

④ [日]近江幸治:《民法讲义Ⅵ》,成文堂2009年版,第147页。

了躲避由于不可抗力所产生的危险,给他人的物造成的损伤,也不属于紧急避险的范围”,①言下之意,即日本明确不承认攻击性紧急避险、对人身造成损害的防御性紧急避险以及因自然原因引起险情的紧急避险。

此外,亦有国家因缺乏攻击性紧急避险规则而在类似场合允许援用无因管理或不当得利之规则,典型例子如法国和荷兰。一般认为,《法国民法典》第1375条、②《荷兰民法典》第198条③是在紧急避险场合受到援用的条文。④

就模范法而言,《欧洲侵权法小组欧洲侵权法基本原则》Principles of European Group on Tort Law, Springer 2005)第四篇“抗辩事由”下第七章“一般抗辩事由”下规定了“紧急避险”。⑤ 与各国法相比,欧洲侵权法原则的紧急避险作为抗辩事由仅明确了免责或减责的效果,而不涉及对损害后果的赔偿责任或补偿义务。

同时,《欧洲私法的原则、释义和示范规则(共同参考框架草案中

---

① [日]近江幸治:《民法讲义Ⅵ》,成文堂2009年版,第147页。

② 《法国民法典》第1375条规定:“事务得到妥善管理的所有权人,应当履行管理人以其名义缔结的义务,并且应当对管理人为管理事务所负担的全部个人债务给予补偿,同时应偿还管理人为此已负担的一切有益的或必要的费用支出。”参见《法国民法典》,罗结珍译,中国法制出版社1999年版,第329页。

③ 《荷兰民法典》第198条规定:“不具有根据法律行为或者法律规定的其他法律关系所赋予的权力,自愿地根据合理理由照管他人利益的行为,构成无因管理。”参见《荷兰民法典》(第3、5、6编),王卫国主译,中国政法大学出版社2006年版,第220页。

④ 新荷兰民法典的立法者将正当防卫和紧急避险排除出了民法典之外,他们认为两者之间的界限过于模糊而无法法典化。参见荷兰会议公报,Ⅳ第617页。转引自[德]克里斯蒂安·冯·巴尔:《欧洲比较侵权行为法》(下卷),焦美华译,法律出版社2004年第2版,第582页。

⑤ 第7:101条“正当性抗辩”第1款规定,“行为人在下列情况下合法行为,并在合法限度内行为可免责”,其中第b项为“紧急避险”;第2款为:“行为人可否免责,一方面取决于上述理由的正当性;另一方面取决于责任条件”。第3款为:“在特殊情况下,可减轻责任。”参见[德]布吕格迈耶尔、朱岩:《中国侵权责任法学者建议稿及其立法理由》,北京大学出版社2009年版,第268页。同文本另一译本参见欧洲侵权法小组编著:《欧洲侵权法原则:文本与评注》,于敏、谢鸿飞译,法律出版社2009年版,第10页;英语原文参见同书第27页。

期纲要版)》[①]第六编“致另一方损害引起的非合同责任”、第五章“抗辩事由”第二节“赔偿义务人或第三人利益”下第6. -5:202条“正当防卫、善意干涉和紧急避险”第3款亦规定了紧急避险:“在紧急情况下,为了本人或第三人免遭对生命、身体、健康或自由构成紧迫危险的损害,不得已造成法律上的相关损害。引起法律上相关损害的一方不承担超过合理补偿外的赔偿义务。”[②]相较之下,该版本对于补偿义务的责任范围规定得相对明确。

(二)英国法上的攻击性紧急避险

前文已述,英语中的“Necessity”,并非仅指汉语语义上的“紧急避险”,而是指向一种紧急状态——在该种状态下,将存在一种“某些侵害行为将被赋予正当性”的法律原则。[③] 亦有学者将其表述为:“该抗辩——如果存在的话——允许一名被告从一次故意的对人身或财产的妨害行为中逃脱责任,这是鉴于被控诉的该行为是因防止对社会、第三人或被告本人产生更大的损害所必要的。”与此同时,“对于‘necessity’一词的应用事实上是回避了一点,即被告其实总是能在两恶之中选择的。这也是区别紧急避险于‘impossibility’(不能)的关键”。[④]

根据英国学者的介绍,这样的原则应肇始于F v. West Berkshire Health Authority[⑤]一案,Goff勋爵在该案中指出:从历史上来看,(紧急避险的)原则是被严格限制在两类案件中的,一类是基于公益的紧急避险;一类是基于私益的紧急避险。前者发生于为保护公益而侵入另一人财产的场合,如(在可以通过拨打999呼叫消防队之前)在1666年

---

① “Principles, Definitions and Model Rules of European Private Law, Draft Common Frame of Reference (DCFR), Interim Outline Edition, Prepared by the Study Group on a European Civil Code and Research Group on EC Private Law (Acquis Group), 2008.”

② [德]布吕格迈耶尔、朱岩:《中国侵权责任法学者建议稿及其立法理由》,北京大学出版社2009年版,第281页。

③ See Alastair Mullis, Ken Oliphant, *Torts*, 2nd edition, London: Macmillan Press, 1997, p. 211.

④ R. F. V. Heuston, R. A. Buckley, *Salmond and Heuston on the Law of Torts*, 21st edition, London: Sweet & Maxwell, 1996, p. 467.

⑤ [1990] 2 A. C. 1.

伦敦大火时真实发生的,为防止火灾的蔓延而摧毁他人的房屋;后者发生于一人在自己人身或财产处于紧急危险时为了保全而侵入他人的财产,如为了防止火势蔓延至自己的土地而在未获允许的情况下进入邻居的土地。①

就前两类紧急避险的情况而言,大部分基于保护公益的、赋予侵害土地或动产以正当性的紧急避险案件,并没有迫使英国的学者们去思考"基于保护公益的紧急避险是否可以赋予侵害人身权以正当性"这一问题。不过学者指出,从原则上说,此处似乎没有任何理由——也没有一个适当的有说服力的案例——说明它不能赋予。例如,名救火队长为了防止一场火灾蔓延到一家医院,命令摧毁一间已经被点燃的、因其严重威胁医院安全而有必要被推倒的房子,他十分清楚有3个人被困在了那个房子里,如果他推倒了房子他们将不可避免地被杀死。那么这种为保护病人而对居住者无法避免的杀戮行为能否被评价为正当呢?为拯救他人而牺牲一人或几人的行为能否被认为合法呢?一种观点认为,如果能够证明这名消防队长的行为在任何情况下(all the circumstances)都是合理的(reasonable),则他便能够基于公共需要的紧急避险规则进行辩护。②

然而,在这种情况下,即使救火队长的行为能够被认为是正当的,"社会共同体(the community)是否不必赔偿原告的损失"之立场也可能遭到质询。这是因为,从原则上说强迫一个个体为公共目的而献身且得不到任何赔偿的观念当然是不对的。③ 与此同时,一项基于特权

---

① [1990] 2 A. C. 1. See Richard Kidner, *Casebook on Torts*, 6th Edition, London: Blackstone, 2000, p. 23.

② Alastair Mullis, Ken Oliphant, *Torts*, 2nd edition, London: Macmillan Press, 1997, pp. 211 – 212.

③ 这种观点被相当一部分美国的州采纳。例如,在 Wegner v. Milwaukee Mut. Ins. Co. 案中,明尼苏达州最高法院认为,警方为抓捕一名逃匿于其中的嫌疑犯而对原告房屋造成的损害是应当得到赔偿的。Tomljanovich 法官认为:"在追捕一名嫌疑犯的过程中,若有无辜的一方的财产被警方取用、损坏或毁坏,行政机关应当对造成的损害向无辜的一方负赔偿责任。本案中的政策考量主要围绕着公平与正义等基本概念而展开。我们并不相信课与无辜市民所负担的损害与征收是正义原则潜在的公正性要求。"479 N. W. 2d 38 (Minn. 1991).

的、使官方负担损害赔偿的作为之债[①],在英国是否能够延伸至更远的领域,亦是值得怀疑的。[②]

除 F v. West Berkshire Health Authority 案外,Rigby v. Chief Constable of Northamptonshire 案[③]也是经常被英国学者所引用的经典判例。Taylor J. 法官于该案中指出,因侵害行为而产生紧急避险之抗辩,在被告对险情的发生和扩大不具有过失的情况下是能够成立的。其判决意见为:(1)在决定不去购买新的催泪瓦斯装置来装备警力的问题上,C作出一项公共决策的依据源于法律要求的慎重考量,故这样的基于善意而产生的决策是难以受到责难的。C 并不是因没有使用新的装置而具有过失。(2)紧急避险的抗辩只有在下述语境方能成立,即 C 没有对创造或贡献于险情而具有过失,对于警察而言唯一可采取的行动便是投掷瓦斯罐,警察对于 R 紧急避险之抗辩便能够成立。(3)由于存在一种现实以及实质的火情风险,那么投掷瓦斯罐唯一可被接受的前提便是存在能即时将火扑灭的装置,C 在没有灭火装置的情况下投掷瓦斯罐,该行为具有过失,R 将有权就损害进行主张。[④] 由此可见,紧

① See Burmah Oil Co. (Burma Trading) Ltd. v. Lord Advocate [1965] A. C. 75. 该案之基本案情为,处于战事中的 1942 年,原告为防止自己的油井落入日本人之手而为其带来巨大的战略价值,命令将之摧毁,现请求损害赔偿。法院认为,没有任何一项皇室的特权可以在无损害赔偿的前提下行使。在战争年代造成的损害固然是无法得到赔偿的,但这样的规则仅限于军事行动中适用,并不包括“对财产的毁损是为了阻止它落入前进的敌军之手”这种情形。

② Alastair Mullis, Ken Oliphant, *Torts*, 2nd edition, London: Macmillan Press, 1997, p. 212.

③ [1985] 1 W. L. R. 1242. 该案之基本案情为,1977 年,R 的房屋因警察为驱赶一名闯入其中的危险的精神病患而投掷了一罐催泪瓦斯而被烧毁。当催泪瓦斯罐被投入房屋而引起火灾时,并没有消防设施在场,这是由于原本在场消防车被叫走了。故 R 向 C 主张基于侵权行为、来自危险物、妨害与过失的损害赔偿,并主张 C 原本应该使用一种新的催泪瓦斯装置,而不是有火灾隐患的瓦斯罐。C 本来已经打算使用一种新的装置,但由于内政部的悬而未决而推迟了这种装置的使用。C 提出了紧急避险的抗辩。

④ Rigby v. Chief Constable of Northamptonshire [1985] 1 W. L. R. 1242. See Geoffrey Samuel, *Tort: Cases and Materials*, 2nd edition, London: Sweet & Maxwell, 2008, pp. 371 – 372.

急避险之抗辩永远不可能在被告具有过失的情况下成立,[①]同时避险行为也需要符合"在急迫状况下实施且避险行为为排除险情所必要"之要件。

相比基于公益的紧急避险,那些赋予因保护私益而侵害致损的紧急避险以正当性的案例就非常少见了。大部分保护私益的紧急避险所涉及的,是被告为保护自己的土地或动产而侵害他人的土地或动产。从原则上说,无论如何,如果保护私益的紧急避险赋予一种侵害他人人身的行为以正当性的抗辩想要成立,相较基于保护公益的紧急避险是要严格得多的。而因保护私益而侵害人身的抗辩相对于侵害财产的抗辩,其构成也要严格得多。[②] 法院一般也不愿意赞同这一点——某人的侵权行为是完全为了自私的原因而非公共利益。例如一方将无辜的第三人拉到自己身前作为盾牌,并抵御来自于第三方的攻击,是极难去依靠紧急避险而免责的。[③] 事实上,大部分基于紧急避险的抗辩都不为法院所欣赏,因为"人们不应该在不加考虑责任的情况下介入(interfere with)他人的人身或财产,尤其是对已经造成的损害负担赔偿责任是不确定的情形下,这十分重要"。[④]

除基于公益与私益的紧急避险外,Goff勋爵于F v. West Berkshire Health Authority案中还提到一种被紧急避险所包括的情况,即采纳行动是为了在未获允许的情况下帮助另一个人。对于这一类案件,Goff勋爵所举的例子是一个人强制地抓住另一个人,把他从汽车正驶来的道路上拉回来。[⑤] 对于这类案件,英国有学者指出,任何不被同意的触

---

① Anthony Dugdale (general editor), *Clerk & Lindsell on Torts*, 19th ed., London: Sweet & Maxwell, 2006, p. 223.

② See Anthony Dugdale (general editor), *Clerk & Lindsell on Torts*, 19th ed., London: Sweet & Maxwell, 2006, p. 223.

③ Alastair Mullis, Ken Oliphant, *Torts*, 2nd edition, London: Macmillan Press, 1997, p. 212.

④ R. F. V. Heuston, R. A. Buckley, *Salmond and Heuston on the Law of Torts*, 21st edition, London: Sweet & Maxwell, 1996, p. 469.

⑤ Alastair Mullis, Ken Oliphant, *Torts*, 2nd edition, London: Macmillan Press, 1997, p. 211.

碰在乍看之下均是可诉的。不过,在一些案件中,如果尊重一个病人的意愿,则可能意味着不得不袖手旁观,并眼睁睁地看着一个人走向死亡。那么,生命的神圣性原则是否允许病人这种(不被治疗的)愿望被否决呢?

此类语境下的两类设例非常棘手——首先,如一名囚犯决意以绝食抗议,那么为了阻止他的死亡,监狱当局能否强制为他进食?他们的行为在被以"侵害行为"(battery①)为名起诉时能否以紧急避险作为抗辩理由呢?在 Leigh v. Gladstone 案②中,Alverstone CJ 勋爵向陪审团直接说明那名监狱官员有一项义务,即保障在他治下服刑的囚犯的生命与健康权——哪怕这种义务是通过暴力或强制去进行喂食而实现的。不过,这种观点被 Keith 勋爵在 Airedale NHS Trust v. Bland 案③中否决了。这位勋爵评论道,生命神圣性原则并不是绝对的,它并不能赋予强制给绝食斗争中的囚犯喂食的行为以正当性。④ 其次,更加复杂的情况在于,一名怀孕的妇女因宗教原因或别的原因——哪怕没有好的理由——而拒绝剖腹产手术,但是如果不实施剖腹产手术则毫无疑问将导致母婴的双双死亡。虽然侵权行为(之诉)可能是在一次"强制的"手术之后被提出,但是更平常的——此类问题被关涉的——途径,是经由向法院提出的申请声明这样一次手术的合法性。那么,如果这样的

---

① "battery"一词在侵权法上是指一种故意且具有攻击性、且没有合法的正当化事由的触碰行为。See Bryan A. Garner, Editor in Chief, *Black's Law Dictionary*, 8th edition, St. Paul, MN: Thomson West, 2004, p. 162.

② (1909) 26 T. L. R. 139.

③ [1993] A. C. 789. 该案之基本案情为,医生们为一名已经因重伤而进入植物人状态的患者喂食已达两年,而他们认为停止通过管道喂食的举动是合法的。法院认为,当一名植物人已经无法就治疗提出同意或否决意见时,将由医生决定何种治疗是对病人最为有利的,他们在没有任何进展时亦能够合理地认为"治疗将不能为病人提供任何益处,因此应当停止治疗"。不过,虽然在当下的语境内终止维持病人生存的治疗是合法的,但是任何采取的导致病人的行动都始终是不法的——换言之,中断输送食物的管道与提供一种导致死亡的药物在本质上绝不相同。

④ See also Secretary of State for the Home Department v. Robb [1995] Fam. 127. 该案中,法院认为如果一名囚犯的心智是健全的,对于自己行为的后果是了解的,那么其开始一项绝食抗议,监狱方有权合法地忍受他的意愿,并不提供任何输液或营养。

申请被提出了,法院能否声明赞同呢?在相当一部分的案件中,这样的声明被赞同了,且法院说明违背病人意愿的治疗手段,其被批准的条件必须是拯救陷于危急关头的性命。[①] 而针对“拒绝接受治疗者不省人事”的场合,紧急避险的规则同样适用于这种预先拒绝的情况,其前提要求是“预先拒绝者”如果面对现在的危险情况可能改变他的看法。[②] 上述两种情形虽然产生了不同的处理结论,但涉及的问题决不是无可争议的。无论如何,虽然对于强制治疗一名具有行为能力的成年人一事存在强烈的反对意见,[③]但是对于一点依旧存在共识,即对于拯救未诞生的胎儿,讨论涉及的干涉行为是可被赋予正当性的。[④]

---

① See, for example, S(Adult: Refusal of Treatment), Re [1992] 3 W. L. R. 806. 法院认为,如果母亲与孩子的生命都面临着巨大危险,那么法院便可以做出一项决定,即未经母亲同意的剖腹产手术将是合法的。该案中,母亲生产她的第三个孩子已经持续了2天,有证据证明,生产遇到了“瓶颈”,且为了拯救母亲与孩子的性命,剖腹产手术将是必要的。母亲因宗教上的考量而拒绝同意接受手术。但生命与健康至上的原则适用于作出这样的决定,即可以在不经母亲同意的情况下实施手术。另一种表述为:“即便已经得到了患者的知情同意,但是仍然会突然发生将患者生命置于危险境地的紧急情况。在这类情况中,紧急避险的程度将消除向患者取得进一步治疗之知情同意的必要性——至少视作它们已经为相同的陈述所概括了。”See R. F. V. Heuston, R. A. Buckley, *Salmond and Heuston on the Law of Torts*, 21st edition, London: Sweet & Maxwell, 1996, p. 468.

② [1993] A. C. 789; [1998] 3 W. L. R. 936. 后案中法院认为,当一名病人在陷入无意思能力之前给出了指示,治疗与照顾应当遵从该指示而进行。然而,如果有理由可以去怀疑这项预先指示的可靠程度时,(比如明显没有考虑到现实发生的这种情形)那么一项许可声明便能够被发布。See Richard Kidner, *Casebook on Torts*, 6th Edition, London: Blackstone, 2000, pp. 25 - 26.

③ See, for example, St George's Healthcare NHS Trust v. S [1998] 3 W. L. R. 936. 法院认为,虽然怀孕增加了母亲的个人责任,但是这并不意味着她自主决定是否接受某种治疗的权限被限缩了。一名未出生的婴儿并不是一个已经分离的主体而独立于它的母亲,它对于治疗的需求也不能压倒母亲的个人权利。她被授权不被强迫屈从于一项与自己相违背的、对自己身体的侵犯,不管是否这项治疗为她本人或者她未出生孩子所依赖。由此可见,此类情形和上述“紧急关头的剖腹产手术”极为相似,唯独不同的便在于母亲的生命是否陷入了急迫之危险。See also Richard Kidner, *Casebook on Torts*, 6th edition, London: Blackstone, 2000, p. 25.

④ Alastair Mullis, Ken Oliphant, *Torts*, 2nd edition, London: Macmillan Press, 1997, pp. 212 - 213.

进言之,紧急避险的抗辩会在治疗无行为能力人(包括无意识的行为人)的案件中发挥重要作用。在 F v. West Berkshire Health Authori-ty 案中,上议院支持了一项法院的声明,即允许绝育一名无行为能力的女精神病人。这种治疗,尽管没有被接受治疗者同意,但是仍可基于紧急避险而得到庇护。Goff 勋爵说道,紧急避险抗辩若要成立,须满足如下要件:(1)紧急避险行为的受援者(assisted)须已无交流之可能;(2)所采取的必须是一名理性人在任何类似情形下都会采取的、完全是为受援者利益考量的行为。① Goff 勋爵认为,在非医疗相关的案例中,这样的衡量标准是一名"理性人"(reasonable man),然而在医疗案例中,Bolam v. Friern Hospital Management committee 案②中所确立的原则将得到适用——医生依照负责任且完全胜任的医疗意见行为,他将不承担责任。③ 对于这种原则的进一步描述,可通过"多管闲事的干预(officious intervention)不能得到紧急避险之抗辩的正当化"这一角度来进行观察,即当另一个更适合且有意愿采取行动的人存在时干预行为便无法被正当化;而且,在了解受助人意愿时也不可被正当化——而这又可以延伸至只要受助人能够理性地作出这样的意愿。④ 类似的情形亦发生于动物之上,只不过仅涉及财产而不涉及对人身的

① 关于"为了病人利益的考量",Brandon 勋爵在上述 Goff 勋爵作出论述的同时提出了他的看法:"在普通法上医生负有不得在得到同意或允许前而采取外科或其他医疗救治手段的义务,否则就能被病人所主张侵害责任。不过总存在一种情况,就是病人陷于无意识的状态而治疗已无法被安全地延迟至其恢复意识。根据他的观点,普通法提供了医生一种合法的途径,即手术于或通过其他手段救助一名无能力作出同意的成年人,此种手术或治疗须为为了病人的最大利益——如果,且仅仅在这种场合下,即手术或其他治疗手段是为了拯救他们的生命,确保提高(improvement)或防止他们生理或心理健康的进一步恶化的,可认为是为了病人的最大利益。"See F v. West Berkshire HA [1990] 2 A. C. 1, HL. See Geoffrey Samuel, *Tort: cases and Materials*, 2nd edition, London: Sweet & Maxwell, 2008, p. 80.

② [1957] 2 All E. R. 188.

③ Alastair Mullis, Ken Oliphant, *Torts*, 2nd edition, London: Macmillan Press, 1997, p. 213.

④ See Richard Kidner, *Casebook on Torts*, 6th edition, London: Blackstone, 2000, p. 24.

干涉——基于慈悲而非保护财产的目的,为结束一只动物的痛苦,能否以紧急避险之抗辩主张对其生命终结行为的合法性?① 根据紧急避险之原则,此等情形下的被告应当是能够得到紧急避险之抗辩的保护的。②

除为公益、私益与救助第三人的紧急避险这类分类方法外,英国法上还存在一种以生命与财产为标准的区分途径——“人类的生命安全似乎隶属于一套不同于财产安全的价值体系,这两者并不在可比较的范畴之内,因此对于保全生命的紧急避险在需要对他人之财产施加损害时永远是正当的”③。

对于紧急避险中作为语境之“险”的理解,“在这种情形下被讨论的财产必须现实地受到攻击”这种立场已经渐渐被一种更一般化的理解所取代,即它必须面临一种现实且紧迫的危险,以及一种具有绝对性的标准——后发的事实能够显示侵害行为必须切实保护了财产——被取代为一种更具相对性的立场,即有合理的必要性(reasonable necessity),亦即任何一名理性人在当时的情形下都会得出结论,认为要保护面临危险的财产除非侵害行为便再无其他选择。④

综上所述,英国法上的“紧急避险”区分了“基于私利”、“基于公益”与“利益被害人”的三种紧急避险,而在这三种紧急避险中,理论上

---

① Workman v. Cowper [1961] 2 Q. B. 143.一般语境下的对恶犬的杀伤,是否能够适用紧急避险之抗辩的判断标准,See Cresswell v. Sirl [1948] 1 K. B. 241。

② R. F. V. Heuston, R. A. Buckley, *Salmond and Heuston on the Law of Torts*, 21st edition, London: Sweet & Maxwell, 1996, p. 468.

③ Esso Petroleum Co Ltd. v. Southport Corp [1956] A. C. 218. See R. F. V. Heuston, R. A. Buckley, *Salmond and Heuston on the Law of Torts*, 21st edition, London: Sweet & Maxwell, 1996, p. 468.

④ Cope v. Sharpe [1912] 1 K. B. 496.该案中,被告对原告的土地实行了侵害行为,目的是防止石南火灾蔓延至被告主人享有狩猎权的土地。案情显示火灾从未事实上损害了被告主人的财产——即便在防范措施不被采取的前提下也不可能。不过,上诉法院认为,被告的抗辩是可被采纳的。这是因为,对于主人财产的威胁是现实且紧迫的(real and imminent),以及一名理性人如果站在被告的位置上,也将采取与他一样的行为。See R. F. V. Heuston, R. A. Buckley, *Salmond and Heuston on the Law of Torts*, 21st edition, London: Sweet & Maxwell, 1996, p. 468.

又可依危险源的不同区分为攻击性紧急避险和防御性紧急避险。不同于一些法典法国家仅将紧急避险之抗辩限制于对物毁损或危险仅来源于对象物的做法，英国法上的紧急避险抗辩类型多种多样，唯成立要求与责任后果颇有不同。虽然受损利益为无辜第三人（攻击性紧急避险）的相当一部分案件在我国法之语境下可能为国家赔偿等行政诉讼所关注，但是英国法上这些经典案例所体现的法理，同样能为我国对于攻击性紧急避险的认识提供有益视角。

## 第二章 攻击性紧急避险之微观视域

### 一、我国法上的攻击性紧急避险规则

我国民法虽历史上早有紧急避险之制度精神，不过，前文已述，在近现代立法中对于攻击性紧急避险有明文涉及的，仍以《大清民律草案》为先。其第984条仿照《德国民法典》进行了规制，梅仲协先生对此有详细说明。[①] 此后，《民国民法》第150条对此进行了进一步的规定，而我国台湾地区继承了《民国民法》的做法。[②] 对此，由于该立法例明确说明了具有受到侵害之虞的权益种类——生命、身体、自由、财产，被学者认为这一进步“令人瞩目”。[③]

不过，讨论当今语境下的攻击性紧急避险，仍应以当下之法律为基本蓝本。除前文提及《民法通则》、《民通意见》、《侵权责任法》相关条文外，我国立法史上亦曾有多个规范紧急避险的不同版本，以及诸方对这些版本的意见、建议，以下谨稍作介绍，以为本章参考。

在《民法通则》、《民通意见》对紧急避险进行明文规范后，《中华人民共和国民法草案（征求意见稿）》亦涉及对紧急避险的规定——草案第22条规定：“因紧急避险造成损害的，由引起险情发生的人承担侵权

① 梅仲协：《民法要义》，中国政法大学出版社2004年版，第163页。

② 我国台湾地区“民法”第150条规定：“因避免自己或他人生命、身体、自由或财产上急迫之危险所为之行为，不负损害赔偿之责。但以避免危险所必要，并未逾越危险所能致之损害程度者为限。前项情形，其危险之发生，如行为人有责任者，应负损害赔偿之责。”参见林诚二：《民法总则》（下册），法律出版社2008年版，第608～609页。

③ 张俊浩主编：《民法学原理》（上册），张俊浩执笔，中国政法大学出版社2000年修订第3版，第88页。

责任。如果危险是由自然原因引起的,紧急避险人不承担侵权责任或者承担适当的侵权责任。因紧急避险采取措施不当或者超过必要的限度,造成不应有的损害的,紧急避险人应当承担适当的侵权责任。”2002年12月,九届全国人大常委会第三十一次会议对该《中华人民共和国民法(草案)》进行了审议。会后,法制工作委员会将草案发地方人大、中央有关部门和法学教学、研究单位征求意见。对于“紧急避险”之条文,有同志提出,本条规定“如果危险是由自然原因引起的,紧急避险人不承担侵权责任或者承担适当的侵权责任”,此承担责任的前提条件是“危险是由自然原因引起的”,避险人没有过错,就不应该承担任何责任。本条后面规定的“因紧急避险采取措施不当或者超过必要的限度,造成不应有的损害的,紧急避险人应当承担适当的侵权责任”,已经全面概括了对避险人借避险任意实施避险行为的限制。[①] 由此可见,沿袭自《民法通则》的“不承担责任或承担适当责任”之做法并非全无争议,认为我国紧急避险规则应采完全免责之立场并不罕见。与此同时,该草案并未明确攻击性紧急避险,但这并不妨碍在解释论上认可其存在。

此后应予关注者,即《侵权责任法》的立法过程中对紧急避险的把握和规制。《侵权责任法草案(第二次审议稿)》在被发至各省、自治区、直辖市和中央有关部门、研究机构等单位征求意见时,有同志对该草案第30条[②]之规定提出意见,认为紧急避险人采取措施并无不当,让其承担赔偿责任不合理。而如果受害人不能获得适当的救济,对其也不公平。因此,建议借鉴《民通意见》,增加受益人补偿的规定,即“如果险情是由自然原因引起的,行为人采取的措施又无不当,则行为

---

① 全国人大常委会法制工作委员会民法室编:《侵权责任法立法背景与观点全集》,法律出版社2010年版,第28页。

② 《草案》第30条规定:“因紧急避险造成损害的,由引起险情发生的人承担侵权责任。如果危险是由自然原因引起的,紧急避险人不承担赔偿责任或者承担适当的赔偿责任。因紧急避险采取措施不当或者超过必要限度,造成不应有损害的,紧急避险人应当对不应有的损害承担赔偿责任。”

人不承担民事责任。受害人要求补偿的，可以责令受益人适当补偿”。① 从《侵权责任法》立法过程来看，紧急避险人应对作出牺牲的受害人进行补偿是逐步被立法者所确认的。② 此外，针对二审稿“不承担赔偿责任或承担适当赔偿责任”的做法，一些专家、学者在他们的侵权法建议稿中提出了反对意见，认为这样的规定存在两个问题：一是没有明确紧急避险人责任的性质；二是这样的表述可能会使法官不知所措或滥用自由裁量权。③

二、《侵权责任法》第31条解释论之一：条文性质与层次关系逐句讨论

我国《侵权责任法》第31条的条文包括三个完整的句子。第一句内容为：“因紧急避险造成损害的，由引起险情发生的人承担责任。”第二句内容为：“如果危险是由自然原因引起的，紧急避险人不承担责任或者给予适当补偿。”第三句内容为：“紧急避险采取措施不当或者超过必要的限度，造成不应有的损害的，紧急避险人应当承担适当的责任。”对于该条文的解读，应始于对条文性质与层次关系的逐句讨论。

“因保全自己致使他人受损”的场合，由于不考虑原因的事实构成符合一般侵权责任的构成要件，故避险人本应承担侵权责任，是为对

---

① 全国人大常委会法制工作委员会民法室编：《侵权责任法立法背景与观点全集》，法律出版社2010年版，第60页。

② 根据张新宝教授的介绍，《侵权责任法草案（第一次审议稿）》第22条曾规定：“因紧急避险造成损害的，由引起险情发生的人承担侵权责任。如果危险是由自然原因引起的，紧急避险人不承担侵权责任或者承担适当的侵权责任。”这与《民法通则》第129条的规定类似。第二次审议稿则将上述第一次审议稿中的“侵权责任”改为“赔偿责任”，从而淡化了其“侵权责任”性质。第三次审议稿则改为了“紧急避险人不承担责任或者给予适当补偿”。参见张新宝、宋志红：“论《侵权责任法》中的补偿”，载《暨南学报》（哲学社会科学版）2010年第3期。

③ 该建议稿将“紧急避险”规定在总则第二章第二节“抗辩事由”下，内容为：“第十六条［紧急避险］因紧急避险造成损害的，避险人不承担民事责任，由引发险情人的人承担民事责任。危险由自然原因引起的，受害人可以要求紧急避险人的受益人在受益范围内适当补偿。因紧急避险采取措施不当或者超过必要限度，造成不应有的损害的，避险人应当承担适当的民事责任。”参见侯国跃：《中国侵权法草案立法建议稿及理由》，法律出版社2009年版，第133～135页。

“普遍负有的不得侵害他人之义务”的违反,自不待言。但是,正如本文之前所论述的,由于在某些特定情况下无法期待行为人不采取侵害行为,且从法益衡量的角度而言,逃避危险的行为在结果上导向上了更大的利益,法秩序仍为在这些情况下的侵害行为人提供了免除责任或仅需要予以补偿的余地——基于对《侵权责任法》第31条第二句的文义解释即可发现,此乃法定之免责条款,其内容是赋予当事人以可主张的抗辩事由从而阻却责任的终局成立。换言之,但凡原告以侵害权利之名起诉,若被告主张存在第31条所描述的假定事实,并援引该事由主张抗辩权,法官理应支持。故该条第二句的“免责性”,应当是《侵权责任法》第31条的第一重性质。与此同时,因为不可能发生对自己承担责任或者给予自己适当补偿的后果,所以第31条第2款的避险对象,应为避险人之外的人。

由于《民法通则》第129条第二句对对应部分的表述为“紧急避险人不承担民事责任”的同时“或者承担适当的民事责任”,一些学者认为其存在逻辑矛盾;[①]另一些学者认为这恰好体现了立法在攻击性与防御性紧急避险之间所作的区分。[②]本文认为,在《侵权责任法》的语境下,这样的讨论也颇有意义。不过,在立法未对攻击性与防御性紧急避险予以区分得更为明确的情况下,若以单纯的立法资料便导出“防御性紧急避险不承担责任、攻击性紧急避险应适当补偿”的结论,在伦理上难谓充分。更何况,如果说《民法通则》之规定是以外观上的看似矛盾隐含了内在逻辑的二元划分——只有在不可能同时“不承担责

① 持该观点的学者认为:“既然紧急避险人不承担民事责任,又如何要承担适当的民事责任?故此,《侵权责任法》第31法第2句将之修改为‘如果危险是由自然原因引起的,紧急避险人不承担责任或者给予适当补偿’。”参见程啸:《侵权责任法》,法律出版社2011年版,第221页。

② 持该观点的学者认为,《民法通则》第129条一样内部蕴涵着“显隐互现的二元分类”标准。张谷教授曾以《民法通则》立法资料为例,说明之所以同时规定看似逻辑上存在冲突的两种情况,本质上是为了说明“之所以有时不承担责任,是因为避险行为损害的是危险物权利人(防御型紧急避险)或者引发危险之人的财产,之所以有时又要承担适当的民事责任,是因为避险行为损害的是(危险物权利人或者引发危险之人以外的)无辜第三人的和平物(攻击型紧急避险)”。参见张谷:“论《侵权责任法》上的非真正侵权责任”,载《暨南学报》(哲学社会科学版)2010年第3期。

任”又“承担适当责任”的情况下才能推出隐性的对象差异，那么《侵权责任法》将“责任”改为“补偿”的做法则彻底击碎了这种看法的基本前提——换言之，在《侵权责任法》的语境下，避险人对于第31条的援用应以“不承担责任”为基本目标，在达成该目标的基础上，再讨论是否向受害人进行适当补偿的问题——本文在后文中将对此种补偿请求权作专门论述。① 由此可见，即便采纳学者对于《民法通则》的解读，亦可看出我国立法对于攻击性紧急避险的态度在《民通意见》发生了改变，即由“承担适当的民事责任”转向了“不承担责任”。同样值得讨论的是，该免责条款的作用机制如何？有相当一部分观点认为，紧急避险之抗辩，作用在于阻却故意侵权行为的违法性（或“不法性”）。② 从类型上区分，则属于“法定秩序的抗辩事由”。③ 也有观点认为，紧急避险之抗辩是当事人无过错的抗辩，即于过错侵权的场合否定作为构成要件的过错，从而免除当事人需要承担的责任。④ 此问题在刑法上亦有颇多争论——围绕着“究竟为违法性阻却事由还是有责性阻却事由，抑或二分说”而进行。⑤ 本文认为，相关争论在侵权法上却并没有太多的实际意义，这是由于我国《侵权责任法》在侵权构成要件上最终并未明

① 亦即“不承担责任”及“给予适当补偿”在逻辑上没有相互冲突的关系，法律条文中使用的“或者”一词，应理解为仅为说明“给予适当补偿”的非必然性——否则，法条的表述便会是“紧急避险人不承担责任并给予适当补偿”。

② 如在一些学者的侵权法草案建议稿中，“紧急避险”位于“不法行为责任”下“故意责任”的范畴，条文为“侵权法上的故意以侵害行为的不法性为前提。法定的抗辩事由包括正当防卫、紧急避险、有效同意以及合法行使公权力行为等，在此情况下，故意侵害行为不具有不法性。”参见［德］布吕格迈耶尔、朱岩：《中国侵权责任法学者建议稿及其立法理由》，北京大学出版社2009年版，第6页。该条文位于第二章“自然人不法行为的侵权责任”下第二节“不法行为责任”第2:201条［故意责任］之第2款。

③ 有学者将免除行为人侵权责任的抗辩事由区分为三类，即无过错的抗辩事由（包括行为人已尽合理注意义务、不可抗力和第三人侵权行为）、法定秩序的抗辩事由（法定职权的行使、权利的正当行使、正当防卫行为和紧急避险）以及他人态度的抗辩事由（他人危险的自愿承担、他人权利的事先免除和他人故意造成损害）。参见张民安、杨彪：《侵权责任法》，张民安执笔，高等教育出版社2011年版，第147页。

④ 程啸：《侵权责任法》，法律出版社2011年版，第215页。

⑤ 而“二分说”又区分为“原则上阻却违法的二分说”以及“原则上阻却责任的二分说”。参见张明楷：《刑法学》，法律出版社2011年第4版，第206～207页。

确采纳“违法性”这一概念,且若非与刑法一样需要明确“三阶层”[①]的逻辑顺序,那么只要是在终局阻却全部侵权责任的成立,就可以在该基础上明确此类抗辩的作用。不过,既然我国通说认为紧急避险之抗辩不适用于无过错责任的场合,作为一般侵权责任特点的要件——过错,当然可以作为紧急避险抗辩的标志。

对第31条第一句“由引起险情发生的人承担责任”、第三句“紧急避险人应当承担适当的责任”的分析,则相对复杂。首先需要厘清的,乃是“责任”的含义——虽然民法学中至少有四种“责任”与“义务”的对应关系,[②]但是在大部分情况下,责任属于第二性义务或对于第一性义务的强制,[③]即内含一定公权救济意味。[④] 具体到侵权法的领域,一般过错侵权中的侵权责任,多为义务之违反,该“义务”指向违反一般

① 所谓“三阶层”,即通过“(是否满足)构成要件该当性——(是否存在)违法性阻却事由——(是否存在)有责性阻却事由”的逻辑顺序考察是否能够入罪的判断过程。

② 第一种对应关系,责任乃是第一性义务违反之后果,如违反合同约定的合同当事人须承担违约责任,违约责任即合同义务违反之后果;第二种对应关系,乃名为“责任”实为“义务”即所谓责任径为第一性义务,如连带保证人之责任;第三种对应关系,乃有义务而无责任,如合同上义务群之不真正义务,债权人违反唯承担不利益之后果,并无对应责任;第四种对应关系,乃有责任而无义务,如侵权法上诸多替代责任及危险责任,即便不存在义务违反或已尽了义务亦须向受害人负担严格责任。

③ 民法学理论一般认为,但凡基于自由意思而设定的合同义务以及普遍负有的不得侵害他人之义务等,为第一性义务;违反第一性义务而对特定人负担损害赔偿或妨害源排除之义务者,称为第二性义务。该第二性义务人们往往谓之“责任”,然事实上此种义务与合同履行之第一性义务并无本质不同,亦具有债务的全部特征。唯权利人请求公权力机关对此种利益予以保护之时,责任方始发生。正如学者所言:“第一次义务的违反,仅转化为第二次义务(债务);而债务人违反第二次义务,债权人请求国家保护时,才发生债务人的责任。责任以国家公力的介入(即强制)为其必要条件。”参见张广兴:《债法总论》,法律出版社1997年版,第284页。同旨,崔建远教授认为责任比债务多包含着一种国家的强制性。参见崔健远:《合同责任研究》,吉林大学出版社1992年版,第5页。由此可见,学界一些仅将责任置于第二性义务的语境下进行讨论的做法,难谓审慎;且无过错语境下的侵权责任由于不存在义务违反,也极难被归入这种意义上的“责任”范畴。故对责任的认识以法秩序对义务的强制为中心,似更为合理。

④ 学者界定民事责任时,认为“民事责任是连结民事权利与国家公权力之中介”或“民事权利与诉权之中间桥梁”。参见梁慧星:《民法总论》,法律出版社2007年第3版,第86页。

性的保护他人之义务；而无过错侵权中的侵权责任，则不存在义务违反，单纯地因危险、报偿或控制而以国家强制为内容。由于前引条文中所涉民事主体存在着“引起险情人”、“避险人”的限定，因此研究条文的性质则必须分别考虑此二者的“责任”性质以及担责依据。

就第一句“由引起险情发生的人承担责任”而言，由于引起险情发生的人客观上实施了上述违反保护他人之一般性义务的行为或开启了危险源，并造成了他人损害，因满足构成要件而成立侵权责任，应无疑问。故《侵权责任法》第31条第一句于防御性紧急避险的场合，仅通过规定免责事由而赋予避险人以抗辩权，即应由危险物的持有人而非避险人对损害承担责任——这是因为自己不可能对自己承担责任，故危险物的持有人不得不接受损害后果；于攻击性紧急避险的场合，则包含了至少两层含义：其一是类似于第二句以及防御性紧急避险场合的免责性，即避险人实施避险行为后，可通过主张“危险由第三人引起”而免除自己的侵权责任；其二是对一般条款的重述，即引起危险的人根据《侵权责任法》的一般条款而对受害人负有侵权责任。

值得讨论的是，在攻击性紧急避险的场合，引起险情发生的人所承担的是何种责任？一种观点认为，“引起险情发生的人”应负过错责任；①而对立观点认为，其承担具体的责任，并不能一概而论，而是要根据《侵权责任法》来确定。② 本文认为，后者观点值得赞同，即应当区分具体侵权行为类型中所要求的归责原则予以分别考量。换言之，并非

① 该说认为：“在一般情况下，如果有引起险情发生的人，应由引起险情发生的人承担民事责任。其中：险情发生系由紧急避险人所引起的，由紧急避险人对自己的过错负责；险情发生系避险行为的受害人所引起的，避险受害人对自己的过错负责；险情发生系由第三人引起的，第三人对自己的过错负责。他们对自己过错负责的范围，应以紧急避险必要限度或避险措施得当所造成的损失为标准，超过部分不应由后两种人负担。”参见杨立新：《侵权责任法》，法律出版社2010年版，第201页。

② 该说认为：“引起险情的人承担的具体责任，要根据侵权责任法来确定。其归责原则，可能是过错责任原则，也可能是严格责任原则。例如张某牵着狼狗出来遛狗，突然狼狗挣脱绳子，要攻击受害人李某，李某为了躲避狼狗的袭击，跳过货摊，导致货摊崩塌，货摊上的物品损坏。在该案件中，险情是由狼狗的主人张某引起的，他要承担严格责任。”参见王利明、周友军、高圣平：《中国侵权责任法教程》，王利明执笔，人民法院出版社2010年版，第290页。

只有对因过错而造成的一般侵权行为可以实施紧急避险,在危险的后果可能以严格责任面目出现的场合,紧急避险之抗辩同样有存在余地。

就第三句"紧急避险人仍承担适当的责任而言",则可参考刑法理论中对于避险过当的理解,即法定抗辩涵摄下的免除责任范围不足以完全消弭行为的违法性,故行为人仍应就无法免除的部分承担责任。有观点认为,"从过错责任原则的基础性作用考虑,避险人承担责任应当以其具有过错为前提",①诚然,由于避险行为是直接侵害之行为,在本质上属于一般侵权行为,自然应以过错为要件。当紧急避险无法为全部的避险行为提供合法性时,那么无法为紧急避险所涵盖的部分自然需要由行为人承担侵权责任。故而认为避险过当的责任属公平责任的观点,②亦实难令人赞同。

由此,《侵权责任法》第31条第一句、第三句并非创设了新的侵权责任类型,其自身也并非侵权责任的具体分责依据,而仅仅是对侵权责任一般条款的重申和强调。从这个角度来看,一些观点认为"紧急避险包括避险人自己引起的危险"③是有失偏颇的——这种场合下的避

① 周友军:《侵权责任认定》,法律出版社2010年版,第215页。同旨,"在侵权法上,紧急避险的抗辩只能在过错侵权责任领域适用,不能在严格责任领域适用"。参见张民安、杨彪:《侵权责任法》,张民安执笔,高等教育出版社2011年版,第146页。亦可参见刘云生主编:《侵权责任法》,綦磊执笔,法律出版社2011年版,第127页。

② 万文志主编:《侵权责任法理解与办案全书》,法律出版社2010年版,第74页。

③ 学理上之典型表述如:"如果险情是由人为的原因而引起的,则应由引起险情发生的人承担责任。引起险情发生的人可以是避险人,也可以是受害人,还可以是其他人。"参见郭明瑞、房绍坤主编:《民法》,房绍坤执笔,高等教育出版社2010年第3版,第512页。司法实务上之承认对自招危险的紧急避险,参见"天龙养殖公司诉龙溪水利发电站迟迟不按规范泄洪、泄洪时措施又不当紧急避险损害赔偿案",载最高人民法院中国应用法学研究所编:《人民法院案例选》(总第40辑),人民法院出版社2002年版,第111页。我国大多对于紧急避险的案例解析均滥觞于此,参见孙佑海主编:《侵权责任法适用与案例解读》,法律出版社2010年版,第91~96页;又见郭晓明、杨洪逵:"天龙养殖公司诉龙溪水力发电站迟迟不按规范泄洪、泄洪时措施又不当紧急避险损害赔偿案",载杨洪逵编著:《侵权损害赔偿案例评析》,中国法制出版社2003年版,第11~16页;又见李显冬主编:《中华人民共和国侵权责任法条文释义与典型案例详解》,法律出版社2010年版,第165~170页。以至于后续评析均采"紧急避险人就自招危险之避险行为主张免责抗辩"之立场。

险人无法为自己的行为援用抗辩，而条文其他的内容也只是对一般条款的重申，故紧急避险规则适用的意义并不存在；对立观点认为，"人的原因，是指由于紧急避险人与受害人之外的第三人的行为引发的险情。如果险情是由于'紧急避险人'自行引起的，不属于紧急避险，应当由'紧急避险人'承担侵权责任"，①殊值采纳。

根据上述解释，我国《侵权责任法》第31条应存在三个层次：首先是赋予避险人抗辩事由的"免责性"——包括条款第一句和第二句，其次是免责后受害人可主张补偿请求权之"授权性"——指向条款第二句，最后是对一般条款予以重申的"复述性"——包括条款第一句和第三句。由于对于一般条款的复述功能并非本文所关注的主要面向，以下本文将就其"免责性"和"授权性"分别作进一步论述。②

## 三、《侵权责任法》第31条解释论之二：免责抗辩之构成要件与法律效果

《侵权责任法》第31条第一句、第二句由条文的"免责性"而赋予了避险行为人法定的抗辩权，即于符合紧急避险构成要件的前提下因

① 程啸：《侵权责任法》，法律出版社2011年版，第221页。同旨，"须行为人对于危险的发生无责任。即危险的发生，如行为人有责任时，不得谓为紧急避险。例如挑逗邻居的狼犬，引起追逐，而在危险中将之击杀，也须负赔偿责任。此所谓行为人有责任，指因行为人的行为引发危险，有无过失，在所不问"。参见王泽鉴：《民法总则》，北京大学出版社2009年版，第451页。转引自陈华彬：《民法总论》，中国法制出版社2011年版，第243页。又如"若引起险情的人是避险人本人，则避险人应当承担侵权赔偿责任，此时避险人不能以其行为属于紧急避险而主张免除或减轻责任，即此时紧急避险不可以作为免责事由"。参见江平、费安玲主编：《中国侵权责任法教程》，刘智慧执笔，知识产权出版社2010年版，第261页。

② 需要说明的是，目前学界较为流行的一种解释学方法，依"是否能够作为独立的请求权基础"，将条文区分为"完全法条"与"不完全法条"，根据后者的类型不同又区分为"说明性法条"、"限制性法条"、"指示参照性法条"、"注意规定"几类。然而由笔者对《侵权责任法》第31条的解释论展开，我国现实民事立法的条文并未依照上述标准严格区分，而往往是兼具多重意义的复合式条文——如第31条指向的补偿请求权完全可以在原告认可抗辩成立的前提下作为独立的请求权基础，但是其他"重述"与"免责"的内容却又与侵权法其他条文有着指示参照等关系。因而使用上述分析框架解读我国成文法条文，似显为时尚早。

抗辩事由的存在而不承担民事责任。[①]

学界一般认为，欲主张紧急避险之抗辩，应至少符合以下三个构成要件：第一，必须是“合法权益”[②]面临紧急的危险；第二，必须是在不得已的情况下采取避险措施——避险手段并不唯一、能立即得到公权力救济的不能进行避险；第三，避险行为不得超过必要的限度，即避险行为引起的损害必须小于可能发生的损害。[③] 对于攻击性紧急避险抗辩的构成要件，亦应遵循这样的认识。

对于第一项要件“危险”而言，存有不少问题尚待厘清。有学者认为，尚未发生的危险、想象的危险，都不得实施避险行为。[④] 对立观点认为，即使危险尚未发生，但在特殊情形下也有成立紧急避险之可能。[⑤] 本文对后者持赞同态度，即对于“危险”概念之理解，应认为：“危险”首先，造成侵害后果的可能性与盖然性，从而排除对法益造成侵害可能性较低的情形；其次，“危险”属于一种威胁状态，与行为或物本身

---

① “现代法律认为，即便行为人的行为符合侵权责任的构成要件，行为人也不一定要对他人承担侵权责任，如果行为人能够提供拒绝承担侵权责任的正当理由予以抗辩，则行为人不对他人承担侵权责任。在侵权法上，人们将行为人提供的拒绝承担侵权责任的正当理由称之为侵权责任的抗辩”。参见张民安、杨彪：《侵权责任法》，张民安执笔，高等教育出版社2011年版，第146～147页。

② 对于合法权益的强调，参见张民安、杨彪：《侵权责任法》，张民安执笔，高等教育出版社2011年版，第146页。

③ 王利明、周友军、高圣平：《中国侵权责任法教程》，王利明执笔，人民法院出版社2010年版，第289页。或见王利明：《侵权责任法研究》（上），中国人民大学出版社2011年版，第423页。

④ 杨立新：《侵权责任法》，法律出版社2010年版，第200页。

⑤ 该说认为：“需要注意的是，在特定情形下，即使危险不是真实、确实存在的，但由于该危险发生的可能性较大，或者避险行为人有确切的证据表明可以相信该危险会发生的情况下，也有可能成立紧急避险，如海上航行时听到海啸预报而进行紧急避险行为，结果海啸没有发生。不过司法实践中对这种认定要非常谨慎。”参见江平、费安玲主编：《中国侵权责任法教程》，刘智慧执笔，知识产权出版社2010年版，第262页。值得关注的是，美国法上对于“危险”的认识亦以“合理表现”（reasonably apparent）为特征，认为只要有明确的证据表明可以相信该危险将会发生，那么无论该危险是否事实上存在，均可进行避险。

的属性不同——这种区别在刑法的隔离犯中体现得尤为明显,[①]而在民法领域,同样不能因为物潜在的危险性本身对其实施避险行为。最后,具体到司法实践中,亦有不少问题值得关注,例如对于"是否属于自然原因而引起危险"的判断,有时便要结合具体的情况进行个别评价。[②] 由此,对"危险"之认识可采前文介绍英国法的做法——首先,危险是指存在一种非由避险人引起的、紧迫且现实的状态,以致公益、当事人或他人的人身或财产权益面临重大威胁;其次,当事人对该状态的认知满足一般性的认识标准——任何理性人在该状态下都会采取侵害行为以保护法益。

如前所述,"危险"要件的判断标准在攻击性与防御性两类紧急避险中并不存在差别。不过,特定到攻击性紧急避险的场合,也有一点需要特别说明,即危险源、受险利益和避险对象(即侵害对象)三者并不

---

① 例如A在甲地邮局寄送毒药,旨在杀害住在乙地的B。A在甲地寄送毒药时,具有行为的危险;只有当毒药已经寄送给B时,才产生作为结果的危险。事实上,刑法理论对抽象的危险犯与具体的危险犯之区分同样值得参考——若以"以行为当时的具体情况为根据,认定行为具有发生侵害结果的紧迫危险"(具体)和"不需要司法上的具体判断,只需要以一般的社会生活经验为根据,认定行为具有发生侵害结果的危险即可"(抽象)为区分依据,紧急避险中的"危险"应指向前者。参见张明楷:《刑法学》,法律出版社2011年第4版,第166~167页。

② 比如:"从一般常识来看,台风雨降临时虽较一般降雨为急、雨量为大,但台风雨相对于紧急避险中的险情来说仍是一个持续的、缓慢的过程,并非是急迫的、现实的危险,因此台风雨本身不能认定是引起险情发生的原因,最多只是重要的诱因。当然,如果被告不存在不作为,即在汛期提前泄洪,或者是在接近限制水位时及时泄洪的情况下,台风雨降临后仍然发生水库水位超过限制水位并使水位仍然持续上升的情形,此时引起险情发生的原因才应当认定为自然因素。"参见奚晓明主编:《侵权案件指导案例评注》,中国法制出版社2010年版,第84页。

相同,目前却极少有论述关注到三者的差别。① 例如甲受到来自乙之狗的莫名攻击而侵夺了丙之雨伞予以还击、造成了乙狗的死亡以及丙伞的损坏,若以甲、乙的关系来看,则成立防御性紧急避险,危险源为乙狗,受险利益为甲的人身安全,避险对象为乙狗;若以甲、丙的关系来看,危险源为乙狗,受险利益为甲的人身安全,避险对象为丙伞。德国对防御性紧急避险的规定与日本之立法例均将危险源限于他人的物,而不及于自然或人的原因,我国并未作此限制。有观点认为人格权上的受险利益应以生命、身体和自由三项为限。② 本文颇为赞同,但其中并非毫无检讨余地。③

对于第二项要件"避险措施"而言,是否我国法亦如德国法,将避险对象限于物上利益?有观点认为似应作此理解。④ 本文认为,由法条文义来看,没有任何迹象表明避险对象只能是物,而根据我国多年以来的司法实践,交通事故损害赔偿中的攻击性紧急避险之抗辩,更经常以损害第三人人身利益之面目而出现。比较法上的攻击性紧急避险,亦多将人身权益涵盖于避险对象的范畴之内。因此,对"不得已而损害他人"之避险对象的理解,并不应当仅局限于他人之物。

---

① 例如前文所提到过的表述,即"关于逃避的险别(客体),各国立法例通常仅规定财产上的危险,而不包括人身危险。但我国民国时期制定的《民法典》第150条,却明定生命、身体和自由这三项人格权上的危险,令人瞩目",就混淆了危险源与受险利益的关系。各国立法例通常规定的,是以危险源和避险对象为中心的,并不讨论受险利益的问题,即通常规定乃(他人)财产引起之危险,而非(自己)财产遇到危险——事实上,人身危险被包括受险利益范畴内,当然是紧急避险题内的应有之义。前及表述参见张俊浩主编:《民法学原理》(上册),张俊浩执笔,中国政法大学出版社2000年修订第3版,第88页。

② "至于人格上的何种危险属逃避的客体,则应以生命、身体和自由三项为限。因为此三项人格权,通过避险行为,确能免除或者减轻损害。而其他人格权上的急迫危险,靠牺牲他人的权利是无济于事的,因而只能通过正当防卫去救济。"参见张俊浩主编:《民法学原理》(上册),张俊浩执笔,中国政法大学出版社2000年修订第3版,第89页。

③ 如于防御性紧急避险的场合,因计算机系统错误而导致甲的计算机将向随机第三人发送乙的隐私时,乙能否登时毁损甲之计算机,继而以紧急避险抗辩?不能认可之原因应主要在于不合比例,而非隐私不能成为受险之利益。

④ 诸如:"在第31条中,第三人牺牲的仅限于物上利益,……"参见张谷:"论《侵权责任法》上的非真正侵权责任",载《暨南学报》(哲学社会科学版)2010年第3期。

对于第三项要件“必要限度”而言,我国学者在法益衡量的领域倾注了不少的笔墨,并提供了一些具有原则性的规则,如“一般地说,人身价值大于财产价值,因此,为保全财产而损害人身的,为超过必要的限度;财产之间应视价值大小而定是否超过必要限度,即为保全价值较低的财产而损害价值较大财产的,则为超过必要的限度”。① 同样地,攻击性紧急避险在具体实践中的一些问题亦往往会引起人们的困扰。如某人严重饥饿,为避免死亡的危险,闯入他人住宅寻找食物充饥。这种行为被认为是“貌似侵害他人的财产权利,其实是正当的紧急避险行为”②。然而,这样的观点亦面临质疑,即避险的后果在经济上有意义,却难言“合理”——行为人和受害人之间缺乏紧密联系时,③能否继续适用紧急避险规则?本文认为,对该类情形的把握须以攻击性紧急避险的手段性要件为中心,即攻击性紧急避险要求在面临急迫危险时除实施侵害行为外便无法阻止危险——依英国法的见解,即不能存在

① 郭明瑞、房绍坤主编:《民法》,房绍坤执笔,高等教育出版社 2010 年第 3 版,第 512 页。又如:“健康权的价值大于财产权”。参见程啸:《侵权责任法》,法律出版社 2011 年版,第 222 页。再如:“通常情形下,如果两种利益均属财产性质的,则通过计算具体数额的办法来进行比较;如果其中之一或二者均为人身性质的,在公共利益和个人利益相较,一般可以考虑适用这样的原则:其一,公共利益优先;其二,财产利益和个人利益相较,一般考虑认定生命健康和人格尊严优先。”参见江平、费安玲主编:《中国侵权责任法教程》,刘智慧执笔,知识产权出版社 2010 年版,第 263 页。这段描述的最后一句颇难理解,根据本文的理解,似应认为其含义为“公共财产利益优先于个人财产利益;个人的生命健康与人格尊严优先于公共的财产利益”。

② “从两者中的损害程度看,行为人饿死比受害人食物损失,显然要严重得多;从紧急避险的其他条件来看,也是符合的,构成紧急避险行为。”参见杨立新:《侵权责任法》,法律出版社 2010 年版,第 200 页。同旨,类似案件中徒步登山旅行者因迷路与避免被饿死,破门而入吃了一个木屋里保存的食物,被认为是紧急避险。但是强行撕扯他人背包、攻击并伤害了对方,便不得主张紧急避险之抗辩。参见欧洲侵权法小组:《欧洲侵权法原则:文本与评注》,于敏、谢鸿飞译,法律出版社 2009 年版,第 178 页。

③ 正如 Denning 勋爵所说,一个纵然有许多空房间的房屋所有权人也没有义务在寒冷的冬天为流浪汉开门——“紧急状态”可能会开启一扇无法关闭的门……乞求可能是一切侵权行为的借口。See Southwark LBC v. Williams [1971] Ch. 734. 法院认为,紧急避险之抗辩并不适用于以下情形:即许可一名亟须住处的流浪汉霸占议会的空屋子。对立意见为意大利法院所采取,参见[德]克里斯蒂安·冯·巴尔:《欧洲比较侵权行为法》(下卷),焦美华译,法律出版社 2004 年第 2 版,第 599 页。

能够更适合且有意愿行为的人,与此同时,任何理性人于该紧急状态下亦均会采取与行为人一样的避险行为,否则便不得援用抗辩。

除上述三项要件外,有观点认为该抗辩的主张需要满足“存在避险意思”的要件。① 即“若一个行为只是无意间保全了一项较大利益,则其损害较小利益的行为也不符合紧急避险的构成要件”②。由此,避险意思的作用仍需要进一步明确,比如是否确实存在民事上偶然避险的情况,即怀有侵害的故意却在客观上保全了更大的利益?本文认为,这种情形确实可能存在,但是如果被告在诉讼中主张了紧急避险的抗辩,确定其主观状态便显得尤其困难。不过,如果能够确定避险人并没有避险的意图,仅有侵害的意图,那么即便被告于诉讼中主张自己保全了更大的利益,被告也不得以攻击性紧急避险抗辩——这是因为,虽然文义解释中不存在避险意思的主观构成要件,但是可以认为被告所实施的并不是“避险行为”,从而不满足攻击性紧急避险的客观要件。

仍值一提的是,虽然“免责”的终局性应当在成立侵权责任的判断之后,但这样的判断过程仅存在于逻辑上,紧急避险于实践中所实现的效果,乃即时地阻却责任的成立、赋予避险行为以合法性,因此,也能够对抗避险对象所有人的防卫——能够证明防卫人明知对方是紧急避险而进行防卫的,防卫人不成立正当防卫,不能免除侵权责任。③

## 四、《侵权责任法》第31条解释论之三:攻击性紧急避险中的补偿请求权

前文已述,《侵权责任法》第31条第二句前段所指涉的“给予适当补偿”是大多数情况下可能适用于攻击性紧急避险场合的重要规则,

① 例如:“避险人在进行避险行为时,不仅意识到不法侵害危险的现实存在,而且意识到其进行紧急避险行为的目的是保护公共利益、本人或者他人的合法权益免受不法侵害。”参见江平、费安玲主编:《中国侵权责任法教程》,刘智慧执笔,知识产权出版社2010年版,第263页。又如:“进攻性紧急避险要求避险人主观上必须具有故意,即明确知晓其行为的目的在于避免现实发生的致害危险。”参见朱岩:《侵权责任法通论·总论》,法律出版社2011年版,第493页。

② 林如惠:“民事紧急避险制度探究”,厦门大学2008年硕士学位论文,第6页。

③ 杨立新:《侵权责任法:条文背后的故事与难题》,法律出版社2011年版,第103页。

学界对该规定存有不同的认识——这主要是过去对侵权法归责原则的理解不同，并将不准确的理解承袭至今所致。

（一）“给予适当补偿”与公平责任原则

时至今日，仍有相当一部分学者和实务界人士认为，“适当补偿”属公平责任原则之体现。① 不过，正如张新宝教授所言：“过去有些学者主张公平责任为我国侵权责任法的归责原则，往往犯了一个基础的逻辑错误，他们不是从承担责任的基础，而是从减轻责任或分担责任的角度来论证这一主张的。”②根据程啸博士的整理，公平责任原先的存在意义包括：（1）通过公平责任实现分配正义而非矫正正义；（2）侵权行为法的欠缺导致适用法律的困难；（3）民事证据法律制度的不完善；（4）我国传统心理的需要。③ 显而易见的是，时至今日，上述意义的时代性价值已经消失殆尽，侵权法客观上不允许这种缺乏稳定性，可能引起是非难辨的情形存在，而在诉讼的准备和进行阶段，“认识论的规律不容许‘公平责任原则’先入为主地存在。原告不可能依‘公平责任原则’求得赔偿；被告不可能依‘公平责任原则’获得抗辩，法官不可能依‘公平责任原则’正确地主持诉讼和作出判决”。④ 最重要的一点是，我国多数观点仍然认为，《侵权责任法》最终并未采公平责任原则。⑤

从另一个角度而言，一些学者不仅认为我国《侵权责任法》所确定

---

① 何志：《侵权责任判解研究与适用》，人民法院出版社 2009 年版，第 112 页。同旨又见孙佑海主编：《侵权责任法适用与案例解读》，法律出版社 2010 年版，第 90、95 页。

② 张新宝：《侵权责任法立法研究》，中国人民大学出版社 2009 年版，第 100 页。

③ 程啸：《侵权行为法总论》，中国人民大学出版社 2008 年版，第 149～150 页。

④ 张新宝：《侵权责任法原理》，中国人民大学出版社 2005 年版，第 45 页。

⑤ 关于《侵权责任法》第 24 条是对损害的公平分担、公平原则之体现、较《民法通则》为进步、非为独立归责原则的表述，参见王利明主编：《中华人民共和国侵权责任法释义》，法律出版社 2010 年版，第 118～119 页。

的补偿规则和比较法上一些立法例一样属于公平责任,[1]而且指出:"这里的公平责任和超出必要限度的过错责任不一样。意思是说紧急避险人采取措施不当或超过必要的限度而造成的损害,表明其没有对他人财产尽到必要的注意义务,主观上有一定的过错,应当承担相应的过错责任。此处所说的适当,主要是指要与其过错程度相一致。在确定避险人所应承担的责任时,应考虑避险人主观上是否希望以造成较小的损害来防止较大的损害,是否对危险状况和可能发生的损害存在错误判断和认识,特别是应比较损害的利益和保全的利益等,来决定避险人所应承担的适当的赔偿数额。"[2]依照本文的立场,这样的看法并不符合我国对于攻击性紧急避险进行规制的意图和方法。如前所述,避险人得以就自己的侵害行为不承担侵权责任的依据,在于其于危急时刻保护了更大的利益,或者主观上的不可责难性——在被告主张抗辩权以前,他的行为完全符合一般侵权的构成要件,那么其中当然包括以毁损或征用为目的的主观内容。因此,如果将该主观内容作为责任范围的认定标准,由于其内容本来等于造成的损害,那么被告的补偿范围便与其造成的损害范围完全一致。若果真如此,那紧急避险之抗辩便毫无存在之价值。而比较损害的利益与保全的利益,确应为界定补偿数额的标准,但是显而易见的是,这样的价值衡量与主观过错无涉,仅与此处体现之民法上抽象的公平原则有关。

(二)一种类型化的补偿请求权

事实上,大部分侵权法相关论著已经不再将适当的补偿认为是一

---

① 该说认为:"许多大陆法系国家的法律采取了公平责任,即认为在紧急避险的情况下,受害人有权获得补偿,但补偿数额由法官根据公平考虑而决定……我国侵权责任法并没有完全将紧急避险人的责任作为公平责任加以规定,但是,从兼顾各方利益考虑,也规定了公平责任。"参见王利明、周友军、高圣平:《中国侵权责任法教程》,王利明执笔,人民法院出版社2010年版,第291页;王利明:《侵权责任法研究》(上),中国人民大学出版社2011年版,第426页。

② 王利明、周友军、高圣平:《中国侵权责任法教程》,王利明执笔,人民法院出版社2010年版,第292页;王利明:《侵权责任法研究》(上),中国人民大学出版社2011年版,第427页。

种公平责任，而是单纯地指向损害的救济或损害的分担。[①] 一些学者更是指出，此种"适当补偿"更类似于德国法上的"牺牲请求权"[②]。本文认为，此等理解实值肯定——我国《侵权责任法》第31条第二句所规定的"适当补偿"，应属一种类型化的补偿请求权。其理论基础一是不当得利，二是公平原则。[③] 需要明确的是，此种类型化的补偿请求权作为一种发生损害后的救济途径，事实上已经超越了狭义的"侵权责任"的范畴——其本质上亦非民事责任。[④] 因此，诸如"受益人承担责任"[⑤]、"避险人承担的是无过错责任"[⑥]或"补偿责任"[⑦]的表述都是不准确的。

本文之所以认为补偿请求权已被类型化，是由于"补偿"一词在我国《侵权责任法》上并非孤立存在，即第31条攻击性紧急避险之补偿请求权并非存在于侵权法之唯一一种补偿请求权，且此类请求权在一定程度上具有共性，是为对损害后果之救济途径的类型之一，从

---

① 如："所谓'适当的补偿'意味着，避险人本来不承担侵权责任，但是考虑到受害人的损害以及避险人因此所获利益等银锁，基于公平的考虑，由避险人分担一些受害人的损害。"参见程啸：《侵权责任法》，法律出版社2011年版，第221页。同旨可见刘云生主编：《侵权责任法》，綦磊执笔，法律出版社2011年版，第126页。

② 关于德国法上"牺牲请求权"的介绍，参见张谷："论《侵权责任法》上的非真正侵权责任"，载《暨南学报》(哲学社会科学版)2010年第3期。

③ 张新宝：《侵权责任法原理》，中国人民大学出版社2005年版，第121～122页。

④ 学者认为，我国《侵权责任法》所规定的"侵权责任"可区分为狭义、中义、广义的三类，其中中义、广义的侵权责任本质上并不是真正的责任，而是对损害的救济。参见张谷："论《侵权责任法》上的非真正侵权责任"，载《暨南学报》(哲学社会科学版)2010年第3期。此外，认为侵权法上规定的"补偿"并非民事赔偿责任，而是根据公平精神在受益人与受害人之间进行利益平衡的，亦可参见侯国跃：《中国侵权法草案立法建议稿及理由》，法律出版社2009年版，第134页。正如本文先前所提及的，责任成立的前提在于义务的违反或者法定的责任基础，既然攻击性紧急避险所指向的行为已经被披上了合法化的外衣，那么再以"责任"评价其中请求补偿的环节，并不合适。

⑤ 如："因为在攻击性紧急避险和防御性紧急避险中，受害人的请求权基础是不同的，请求权基础的不同也将导致避险人、受益人在责任承担上有很大的不同。"参见颜良举："民法中攻击性紧急避险问题研究"，载《清华法律评论》2008年第1辑。

⑥ 朱岩：《侵权责任法通论·总论》，法律出版社2011年版，第493页。

⑦ 李显冬主编：《中华人民共和国侵权责任法条文释义与典型案例详解》，法律出版社2010年版，第164页。

中提炼的一般规则可为公平原则作用的其他场合提供类推适用的余地。[①] 值得说明的是,“补偿请求权”或“补偿义务”的类型化并不意味着私法上存在所谓一般性的牺牲请求权,即“一个人为了实现自己的利益就可以有意侵犯他人的利益,而只要补偿被侵害之人就够了”。[②] 换言之,只有在法律予以特别授权的情况下,当事人方得基于公平原则指导下的专门条文向相对人主张补偿请求权。

基于上述理由,将目光限缩于因自然原因引起的攻击性紧急避险之场合,受害人得依《侵权责任法》第31条第二句,享有法定之补偿请求权,[③]自无疑问。那么,负担补偿义务者为何人？请求权应当如何行使？而补偿之标准又如何判断？

就补偿义务人而言,虽然法条明文规定“紧急避险人”应为负担补偿之义务者,但仍有相当一部分学者认为当避险行为人与受益人并非同一的情况下,应退回到《民通意见》第156条的做法,由受益人向受

① 《侵权责任法》第23条规定:“因防止、制止他人民事权益被侵害而使自己受到损害的,由侵权人承担责任。侵权人逃逸或者无力承担责任,被侵权人请求补偿的,受益人应当给予适当补偿。”第33条第1款规定:“完全民事行为能力人对自己的行为暂时没有意识或者失去控制造成他人损害有过错的,应当承担侵权责任;没有过错的,根据行为人的经济状况对受害人适当补偿。”第87条规定:“从建筑物中抛掷物品或者从建筑物上坠落的物品造成他人损害,难以确定具体侵权人的,除能够证明自己不是侵权人的外,由可能加害的建筑物使用人给予补偿。”对“补偿义务”之一般规则进行探讨的,参见张新宝、宋志红:“论《侵权责任法》中的补偿”,载《暨南学报》(哲学社会科学版)2010年第3期。

② 张谷:“论《侵权责任法》上的非真正侵权责任”,载《暨南学报》(哲学社会科学版)2010年第3期。

③ 欧洲学者认为是某种“严格责任请求权”。本文认为,于我国语境下由于补偿请求权为侵权法所特别规定,其构成要件自不受一般侵权(即过错责任)的约束,唯由法院自由衡量。若《侵权责任法》如《民法通则》或第一次草案中的内容,将攻击性紧急避险人向受害人承担者规定为“赔偿责任”的话,则欧洲诸国之做法,颇值参考。参见[德]克里斯蒂安·冯·巴尔:《欧洲比较侵权行为法》(下卷),焦美华译,法律出版社2004年第2版,第598页。

害人进行补偿。[①] 对此说论述相对详细者，认为将攻击性紧急避险看作三方关系、由受益人负补偿责任的安排将更富合理性——首先，是受益人的利益得到了保全；其次，直接由受益人赔偿无须多走弯路；再次，如果侵权法规定的不是适当补偿而是损害赔偿，便不至于因避险人的无责任能力而使受害人陷入无从救济的境地，而受益人的补偿义务不取决于他有无过错能力。[②] 本文认为，这些理由颇值商榷。首先，虽然是受益人的利益得到了保全，但实施避险行为、即原本符合侵权责任要件的行为人是避险人——如果紧急避险抗辩不成立，那么负担侵权责任的，是避险人而非受益人。那么即便我国立法以彰显公平原则的补偿义务取代了侵权责任的损害赔偿，根本上受害人的义务（或责任）相对人也不应有所分别。以实践之目光，受害人唯以直接实施侵害的避险人为可见的对象，受益人是否存在有时都未必能了解，将补偿请求对象界定为受益人实为对付出牺牲的受害人颇为不利。虽然直接向受益人求偿免去了避险人再向受益人求偿的麻烦，确有“少走弯路”之便利，然而确定受益人的过程对于受害人而言便可能是“弯路”，相较之下，直接向眼前的侵害行为人求偿似乎反而更为便捷。其次，责任能力的有无作为随机数本来就是不可预知的：若依责任之立场，受益人与避险人亦均有无责任能力之可能，而换为补偿义务之立场，同样受益人与避险人都能免去无责任能力之尴尬，故责任能力之有无并非能够评价补偿义务人选择之利弊的关键。因此，依对《侵权责任法》第 31 条第二句之解释论，将避险人作为补偿义务人的观点，更具合理性。

就补偿请求权的主张而言，本文认为，此处并不需要当事人在主张损害赔偿之外为额外之意思表示——由于大多数情况下的攻击性紧急避险属于抗辩事由，即原告的请求是以对方承担侵权责任而展开，唯独

---

① 该说典型论述，如：“很多情况下，避险人与受益人是不同的主体，避险人因避险行为其并未获得利益。在这种情况下，避险人没获得利益却要分担损失，而受益人获得了利益却不分担损失，在损益的分配上明显有悖于比例规则。……基于以上考虑，我们认为，在由自然原因引发险情的情况下，补偿义务的主体应该是受益人。”参见刘云生主编：《侵权责任法》，綦磊执笔，法律出版社 2011 年版，第 127 页。

② 张谷：“论《侵权责任法》上的非真正侵权责任”，载《暨南学报》（哲学社会科学版）2010 年第 3 期。

可能因紧急避险抗辩的成立而难得满足,依本文之见,此时无须原告进一步主张补偿请求——法官依《侵权责任法》第31条直接判决即可。[①]以"因台风来袭而斩断捆绑机排的绳索、致使机排漂移撞损"之情形为例,原告之主张为"请求法院判令被告赔偿原告机排的全部损失",而被告以紧急避险抗辩,最终法院依法判决抗辩成立,而被告向原告补偿原告主张损害的十分之一。[②]

对于补偿范围的确定,我国学者已有诸多论述,如"受益人只须'给予适当的补偿',补偿的范围应当以第三人对之享有权利的和平物的征用补偿额为限度,自然也就不应该超过受益人那方面被保存的利益";[③]又如"在实践中通常由法官考虑受害人所受的损失、因避险行为所获得的利益、双方当事人的经济情况等,酌定一定的补偿额。但是,补偿额不能超过受益人因避险行为所受的利益";[④]再如"法院公平考虑的因素主要包括:避险人和受害人的经济状况、受害人所蒙受的损失等"。[⑤] 本文以为,以上观点均足可采,即类似于欧洲诸国法院之做法,以自由裁量酌定补偿范围。

五、司法实务相关之若干问题

根据本文的论述,攻击性紧急避险作为免责抗辩,应在诉讼中由避险人主张,继而通过法院的判断从而决定是否免除避险人侵害行为的

① 值得讨论的是,防御性紧急避险中的受害人是否要求补偿?本文认为,在大部分情况下,由于危险的产生源自于受害人的物,故即便该物的危险来自于自然原因,被害人也难以主张。但是在某些特殊情况下,由于《侵权法》未以危险源归属的不同而对补偿请求权有所限制,故仍有探讨之余地——如受害人爱犬侵犯他人而被扑杀,若避险人腰缠万贯,而狗主人膝下无子,家徒四壁,仅有一狗为伴,倘若受害人向避险人主张损害赔偿,即便避险人抗辩成功,法院仍得就《侵权责任法》第31条判令避险人适当补偿受害人。

② 原案参见"翁才泉诉柯俊金海上财产损害赔偿纠纷案",广州海事法院(2003)广海法初字第367号民事判决书。

③ 张谷:"论《侵权责任法》上的非真正侵权责任",载《暨南学报》(哲学社会科学版)2010年第3期。

④ 刘云生主编:《侵权责任法》,綦磊执笔,法律出版社2011年版,第126页。

⑤ 王利明、周友军、高圣平:《中国侵权责任法教程》,王利明执笔,人民法院出版社2010年版,第291页。

责任、是否由避险人向受害人负担补偿义务以及补偿义务的内容。由此可见，在目前我国的审判实践中大量存在的、将《侵权责任法》第31条相关条文（包括之前《民法通则》、《民通意见》中的规定）作为分责根据，以及未经主张主动援引的做法[①]都不恰当，这类做法体现的是审判机关对攻击性紧急避险规则的误读，和对作为民事诉讼基本原则的处分原则的不尊重。[②] 除此之外，适用攻击性紧急避险抗辩的场合还存有以下问题值得讨论。

首先，关于攻击性紧急避险案件之案由确定，应根据修改后的《民事案件案由规定》[③]予以综合把握。攻击性紧急避险涉及的，主要是第九部分“侵权责任纠纷”，该部分包括了第30类“侵权责任纠纷”下第361项“紧急避险损害责任纠纷”。那么对此案由之规定应当如何理解？有观点认为，第九部分“侵权责任纠纷”并未涵盖所有的侵权责任纠纷，只包括了相当数量的特殊侵权责任纠纷，而此处所谓“特殊”，并不是学理意义上与一般侵权相对的特殊侵权，而是在归责原则或责任主体方面存在特殊性的侵权责任纠纷案由。换言之，在归责原则或责任主体方面没有特殊性的侵权纠纷案由，并没有被规定在第九部分，而是规定在其他第一级案由中，比如侵害人格权的一般侵权责任便被规定在了第一部分。[④] 这样的看法值得赞同。事实上，案由是当事人向法院起诉时对纠纷性质的认识，“它往往用一个简练的词以提纲挈领、

① 如前引“天龙养殖公司诉龙溪水力发电站迟迟不按规范泄洪、泄洪时措施又不当紧急避险损害赔偿案”，论者认为法院在双方当事人未主张的情况下主动援引紧急避险的规定“应该说是非常恰当的”。参见最高人民法院中国应用法学研究所编：《人民法院案例选》（总第40辑），郭晓明编写，人民法院出版社2002年版，第115页。

② 根据“处分原则”的要求，当事人在民事诉讼程序中同样享有意思自治的权利，当事人不仅在实体法领域有权处分自己的实体权利，而且在诉讼领域也同样可以自由处分自己的实体权利。那么法院在诉讼过程中代替当事人主张抗辩的，构成对“处分原则”的违反。参见张卫平：《民事诉讼法》，法律出版社2009年第2版，第27页。

③ 2007年10月29日，最高人民法院审判委员会第1438次会议通过，自2008年4月1日起施行；根据2011年2月18日最高人民法院《关于修改〈民事案件案由规定〉的决定》（法发〔2011〕41号）第一次修正。

④ 黄建中、杨旋：“关于侵权责任纠纷案由的理解与适用”，载《人民司法》2011年第11期。

高度概括的方式,抽象出双方争议的主要的民事实体法律关系”。[①] 由此可见,只有当起诉人已经认可了侵害行为能够适用紧急避险的抗辩,唯独认为损害是由行为人避险过当造成——以过错侵权的一般条款(《侵权责任法》第6条)起诉,并且援引《侵权责任法》第31条对其进行补充——时,案由方属第361项“紧急避险损害责任纠纷”。若在其他情形下,即原告并未接受被告的抗辩主张或抗辩仅于答辩状或诉讼过程中主张的,那么案由便应当根据争议的法律关系自身确定,如若属人身损害赔偿纠纷,案由即应确定为第一部分“人格权纠纷”下第一类“人格权纠纷”下第一项“生命权、健康权、身体权纠纷”;若属财产损害赔偿纠纷,案由即应确定为第三部分“物权纠纷”下第五类“物权保护纠纷”下第38项“财产损害赔偿纠纷”。

其次,关于主张攻击性紧急避险抗辩的证明责任分配问题,有观点认为,“因为紧急避险是阻却紧急避险行为人承担责任的事由,紧急避险要件的成立,应由避险人进行证明”[②]。本文认为,这样的观点值得赞同,即于紧急避险的场合,应采纳“各当事人应对其有利自己的规范要件加以主张和举证”[③]的立场,结合我国《证据规定》[④]第2条,于侵权纠纷案件中应由主张损害赔偿的权利人对损害赔偿请求权产生的事实加以证明,“也就是指损害赔偿法律关系产生的法律要件事实,即存在侵害事实、侵害行为与侵害事实之间存在因果关系、行为具有违法性以及行为人存在过错。另外,关于免责事由就应由行为人加以证明”。[⑤] 由此,如果避险人不能证明避险要件的成立,将承担诉讼上的

---

① 宋旺兴:“论民事案由确定制度的完善”,载《法律适用》2012年第2期。

② 奚晓明主编:《侵权案件指导案例评注》,中国法制出版社2010年版,第84页。正因如此,“应由紧急避险行为人承担危险是由自然原因引起的举证责任”。同旨,“被告如果主张险情是自然因素或是与自然因素共同引起的,则被告应负有举证责任。因为紧急避险是阻却行为人承担责任的事由,紧急避险要件的成立,应由避险人来证明”。参见李显冬主编:《中华人民共和国侵权责任法条文释义与典型案例详解》,法律出版社2010年版,第168页。

③ [德]L. 罗森贝克:“证明责任论”,仓田卓次译,载《判例时报》1987年版。转引自张卫平:《民事诉讼法》,中国人民大学出版社2011年版,第156页。

④ 即“最高人民法院关于民事诉讼证据的若干规定”(法释〔2001〕33号)。

⑤ 张卫平:《民事诉讼法》,中国人民大学出版社2011年版,第158页。

不利后果。值得讨论的是,采取避险行为的必要性应当如何证明?尤其是在攻击性紧急避险中,证明至何种程度方能认为“任何理性人均会在该种场合采取侵害行为以保护法益”?本文认为,“采取避险行为的必要性”属经验法则的内容,于日常生活领域应为社会一般人所知晓,故当事人无须对此进行证明,可直接交由法院判断。

## 第三章 攻击性紧急避险之宏观视域

### 一、概述

在对《侵权责任法》第31条进行解释论展开的基础上,对于我国语境下的攻击性紧急避险,亦可由立法论的进路予以考察。申言之,攻击性紧急避险之含义中原本包括的“超法规的紧急避险”由于其意义为本文题设所包括,其内容却实为条文所不容,故对其仅能够于以立法论为主的视角予以关注。除此之外,攻击性紧急避险于我国法并非孤立存在,根据立法史上的意见,攻击性紧急避险之抗辩与第三人原因之抗辩的关系值得再作梳理;其涉及的补偿请求权在得清偿后,避险人应有权向受益人追偿,该追偿请求之请求权基础,亦值得再予讨论;而参考英国法之第三类“紧急避险”,于我国医疗服务合同之领域有否适用余地,同样值得关注。我国民法典尚未完成,就体系安排而言攻击性紧急避险于未来的民法典中应居于何处,将是本文所讨论的最后一个问题。

### 二、超法规的紧急避险

刑法理论上所谓“超法规的紧急避险”,前文已述,是指在一定情况下为保全自己或他人生命而牺牲此外其他人生命的紧急避险。由于我国民法上的紧急避险一般不承认除保全上位利益或更大利益之外的紧急避险,故本文将此类超法规的紧急避险专列于本章,于立法论的视域下予以讨论。

首先涉及的问题是,超法规的紧急避险是否仅属于攻击性紧急避险范畴的内容?本文认为,防御性紧急避险中亦可能存在所谓超法规的问题,如某人携带有致命传染病,且该病传染性极强、传染速度极快,避险人在惊恐之下为防止自己被传染至死而杀死病毒携带者,类似情形似有探讨余地。[①] 不过,仅因对方潜在的危险而杀死对方,无论该危险如何现实都很难消弭行为人的违法本质,且古今中外大部分有关超法规紧急避险的案例皆发生于攻击性紧急避险的场合,相关论点在攻击性紧急避险的语境下更显错综复杂,故本文亦将讨论范畴限于攻击性紧急避险。

考虑到生命的无价性和神圣性,学界一般不承认超法规的紧急避险可以成立紧急避险之抗辩。例如,"法律不应允许行为人牺牲他人的生命以换取自己或别人生命的方式去实施紧急避险行为,也不允许行为人牺牲他人同样价值的财产去保护同样价值的财产,行为人如果采取这样的行为,应对他人的损害承担侵权责任。"[②]又如:"近代民法的生命权一律平等,即使以牺牲单个人的生命权为代价来换取多数人的生命权也不能成立《侵权责任法》中作为免责事由的紧急避险。例如甲、乙所乘坐的船只在海上遇难,甲为了抢到唯一的救生衣,而将乙推入海中的行为,就不能构成紧急避险。"[③]然而,并非所有学者均持上述看法,也有论者举"海难夺浮板"为例,说明超法规的紧急避险符合紧急避险的"必要原则"——"例如甲、乙同时遭遇海难,甲将乙所持浮板抢取而致乙死亡,系为避免自己生命的紧急为难所必要。"[④]言下之意,即超法规之紧急避险因符合必要性(急迫危险)、比例原则(手段唯一)及"法益权衡原则"(保全法益不小于牺牲法益)而满足紧急避险的要件,应成立紧急避险之抗辩。

---

① 我国历史上曾有悠久的传染病隔离史,除去其中的政府行为,其余若有对于传染病人人身自由的私力限制,亦属此类。我国历史上的官方传染病隔离史,可参见李良松:"略论中国古代对传染病人的安置及传染病院",载《中华医史杂志》1997年第1期。

② 张民安、杨彪:《侵权责任法》,张民安执笔,高等教育出版社2011年版,第147页。

③ 刘云生主编:《侵权责任法》,綦磊执笔,法律出版社2011年版,第126页。

④ 此说认为:"为逃避暴政,海上遇难,仅有一小救生圈,得之则生,失之则亡,数人互夺,法律无从保护,只得任其发展,因此紧急避险系属所谓放任行为。由救生圈之例可知,紧急避险较诸正当防卫更涉及不同的利益的取舍及其牺牲,除必要性和比例原则外,还适用'法益权衡原则',即须以避免危险所必要,并未逾越危险所能致的损害程度,否则仍应负赔偿责任。"参见王泽鉴:《侵权行为》,北京大学出版社2009年版,第224页。又见陈华彬:《民法总论》,中国法制出版社2011年版,第242页。

前文已述,攻击性紧急避险的本质在于赋予侵害行为以合法性,减免行为人所需要承担的侵权责任,并得以对抗受害人的正当防卫。虽然在超法规的紧急避险场合,由法益之衡量、必要性及比例原则,似难得出“不能主张紧急避险之抗辩”的结论,但是若由攻击性紧急避险的本质特征逆推,便可发现在超法规的紧急避险场合,双方均因生命遭遇的急迫危险而放任了对对方人身的保护,在这种情况下根本不可能要求参与争夺生存希望的任何一方放弃正当防卫——同样以“海难夺浮板”为例,若甲一开始便获得了浮板,而乙为求生存而对甲的人身进行杀伤,甲能否进行正当防卫?毫无疑问,面对乙的生死相搏,法秩序并未剥夺甲的防卫权,而真正的攻击性紧急避险完全可以对抗正当防卫——换言之,一旦甲的正当防卫抗辩能够成立,那么乙的行为就不是攻击性紧急避险。由此,乙为争夺木板的杀伤行为无论结果如何,都不改变其侵权行为的性质。

换由乙的立场而言,如果民事上不存在“超法规的紧急避险”一说,是否在危急时刻下的当事人仅有“赔偿”与“死亡”两条道路可以选择?这是否对于当事人过于严苛?本文认为,对于超法规的紧急避险不应仅以民事上之攻击性紧急避险作为观察的唯一视角。上述疑问在刑法上是可以成立的,原因在于实施避险行为的人在当时的行为并不具有期待可能性——无法要求在生死攸关时刻的行为人仍然做出合乎规范的举动,在行为人面前不可能只有“犯罪入狱”与“死亡”两个选择,正因为刑法上有责性的缺失,避险人的行为极可能成立紧急避险之抗辩——此时紧急避险之抗辩不再是违法性阻却事由,而是有责性阻却事由。[①] 但是,民法不然。除前段基于法技术的推演——对方为法秩序所允许的正当防卫阻却了紧急避险抗辩的成立——外,既然行为人已经夺走了他人的生存机会,且因刑法上超法规紧急避险之抗辩免去了牢狱之苦,更何况,若采类似于我国《侵权责任法》之立法技术,仅由行为人向受害人负担不一定需要全部赔偿的补偿义务的话,民法崇尚之公平精神便丧失殆尽。无论由何角度,实施了超法规紧急避险的行为人,均应无法主张攻击性紧急避险之抗辩,得向受害人负担全部侵

---

① 张明楷:《刑法学》,法律出版社 2011 年第 4 版,第 210 页。

权责任——日本判例中为了拯救洪水给村庄带来的危险，令堤坝决堤的人尽管在刑法上因为构成紧急避险而得以免罪，但不能免除对受害人的民事赔偿责任。[①] 正如张明楷教授所介绍的："紧急在刑事案件中免除、减轻罪责，但在民事案件中却不免除、减轻责任（Necessitas excusat aut extenuate in capitalibus, quod non opertur idem civilibus）。"[②]

三、攻击性紧急避险与周边制度的衔接贯通

（一）与"第三人原因"之抗辩

我国《侵权责任法》第28条规定了"第三人原因"的内容，即原告起诉被告后，被告提出该损害完全或部分由于第三人的过错造成，从而提出免除或减轻自己责任的抗辩事由。学者认为，我国法规定的第三人原因属广义上的第三人原因，既包括第三人过错是造成损害的唯一原因的情形，也包括第三人过错是造成损害的部分原因的情形。且没有说明加害人是否免责。[③] 值得一提的是，在我国《侵权法责任法草案（2008年9月23日稿）》征求意见时，有同志就第35条"紧急避险"[④]提出看法，认为"险情是人为的因素造成的，紧急避险人在避险过程中造成他人损害，紧急避险人采取的避险措施适当且没有超过必要限度，则由引起险情发生的人承担侵权责任，这实际上就是第三人的过错引起损害的发生，原则上应由第三人承担责任的抗辩事由。如果本法中规定了第三人过错的抗辩事由，是否还有必要作这样的规定，建议再作研究"。[⑤]

本文认为，这样的看法不无道理。不过，前文已述，《侵权责任法》中规定之"由引起险情发生的人承担责任"，本质上是对紧急避险作为

① 大刑判大3・10・2刑録二〇・一七六四。

② 张明楷：《刑法格言的展开》，法律出版社2003年版，第234～235页。

③ 程啸：《侵权责任法》，法律出版社2011年版，第229页。

④ 《草案》第35条规定，因紧急避险造成损害的，由引起险情发生的人承担侵权责任。如果危险是由自然原因引起的，紧急避险人不承担侵权责任或者承担部分侵权责任。因紧急避险采取措施不当或者超过必要限度，造成不应有的损害的，紧急避险人应当承担相应的侵权责任。

⑤ 全国人大常委会法制工作委员会民法室编：《侵权责任法立法背景与观点全集》，法律出版社2010年版。

免责事由的规定,在诉讼中应由避险行为人作为抗辩向原告主张。换言之,该条款与第 28 条一样,自身并不是独立的请求权基础。从某种意义上说,如果说第 31 条是被置于紧急避险的语境而被赋予了特殊含义——基于法秩序评价的免责——的话,那么第 28 条更是对侵权责任一般性构成要件的重述,只是对法院与当事人关注因果关系或侵害行为的提示,连限定语境的意义都不具备。[①] 因此,与其怀疑第 31 条第一句的意义,倒不如怀疑《侵权责任法》第 28 条的意义。换言之,第 28 条具有独立规定意义的唯一可能性,在于被告不可能就其他侵权法上的规定主张因果关系中断或应由他人承担侵权责任的抗辩,即于某些场合只能主张基于第 28 条的抗辩——但这样的论断显然不能成立。以改变损害类型的第三人原因抗辩为例,即便被告不主张《侵权责任法》第 28 条,也完全可以以侵权责任之一般条款——《侵权责任法》第 6 条[②]——主张抗辩,向法院力陈民事权益的损害结果并非由其过错造

① 以在判决中援引《侵权责任法》第 28 条的"王某某诉湖南省某某医院生命权、健康权、身体权纠纷案"为例,其基本案情为:被害人王某返回病房行至被告医院门诊大楼门口时,因患者李某(女,19 岁,病毒性脑炎在被告处治疗)自身原因从被告门诊大楼 16 层西面病房窗户跳下,正好砸在王某的身上,致使王某当场死亡,李某亦死亡。之后,王某家属就被告是否负有责任发生争议。法院认为,因《侵权责任法》第 28 条,本案中存在应对损害结果负责的李某,原告主张要求被告承担王某死亡的赔偿责任,未提交充分证据证明被告在此事件中存在未尽安全保障义务的过错,也无其他法律依据需被告承担赔偿责任,故对原告的请求本院不予支持。参见长沙市雨花区人民法院(2011)雨民初字第 1123 号民事判决书。由该案的情形即可发现,虽然法院援用了第 28 条,但是对于跳楼者李某与医院违反安全保障义务的责任,都是根据各自的责任构成要件分别认定的,第 28 条在其中仅起到了说明和联系的作用,并不具有授权的意义。

② 有观点认为,我国《侵权责任法》采取的是大小搭配的双重模式,即第 2 条是为大的侵权责任一般条款,第 6 条第 1 款为小的侵权责任一般条款。参见杨立新:"法官适用《侵权责任法》应当着重把握的几个问题",载《法律适用》2010 年第 2、3 期。本文并不赞同这样的看法,即认为仅有第 6 条是侵权责任一般条款,而第 2 条并无侵权共同要件的抽象概括,而是一个宣示性、指示性的条款。同旨参见陈现杰:"《侵权责任法》一般条款中的违法性判断要件",载《法律适用》2010 年第 7 期。

成,从而阻却一般侵权责任的构成。① 相比之下,第31条第一句在重述性之外,仍有免责的意味,而该免责毕竟与攻击性紧急避险的语境紧密相连——若攻击性紧急避险中不包括非引起危险的免责,条文的完整性则存疑问。

(二)与无因管理之债

由于我国《侵权责任法》对于攻击性紧急避险之规定并没有回到《民通意见》的立场,即由受益人负担补偿义务,且避险人负担补偿义务后与受益人之间的关系亦无规定,故对于攻击性紧急避险三方关系中的避险人与受益人,便应当结合民法上其他制度进行讨论。

根据前述《意大利民法典》的规定,受害人享有向避险人请求损害赔偿的权利,而避险人则可以根据无因管理的规定向受益人追偿。②在《侵权责任法》颁布前,我国有论者认为为他人利益而实施的攻击性紧急避险属于无因管理的一种类型,故避险人享有损害赔偿请求权以及负债清偿请求权;负有适当管理义务、通知义务和计算义务。该说对"攻击性紧急避险损害无辜第三人利益而无因管理不一定有这种特征"的反驳在于,"无因管理"与"攻击性紧急避险"两概念之间具有种属关系,并非所有攻击性紧急避险的特质都适用于无因管理。③

本文认为,攻击性紧急避险规则的本质在于其免责性,即赋予某种侵害行为以正当性,无论过程中发生何种之管理,其中的请求权意味并非制度之核心;而无因管理制度同样具有阻却违法的功能,为未得他人

① 若以程啸博士所设想的情形为例,即"被告在路旁挖坑取土后没有设置任何警示标志,第三人利用这个坑搅拌石灰,原告落入坑内被石灰灼伤眼睛",被告固然得以第28条主张"第三人的行为是替代原因,中断了因果关系,因为被告过失行为只会导致原告摔伤这一损害种类,而非被灼伤眼睛"之免责抗辩,不过,当事人同样可以主张因损害事实不可能由自己造成——挖坑不可能导致眼睛灼伤——从而不满足《侵权责任法》第6条所要求之构成要件。

② 比如司机为了躲避步行者而实施紧急避险的行为,对第三人造成了损害,对此,受害人可以向司机索赔,然后司机再依据无因管理的规定请求危险制造者承担损失。参见颜良举:"论民法中的攻击性紧急避险",华侨大学2007年硕士学位论文,第16~17页。

③ 颜良举:"论民法中的攻击性紧急避险",华侨大学2007年硕士学位论文,第38~41页。

同意而管理他人事务之行为提供正当化之依据，不过，其制度之核心仍指向赋予管理人费用偿还、负债清偿与损害赔偿三项请求权，不仅管理意思与避险意思内容不同，且管理义务、通知义务、报告义务与计算义务同样未必发生于攻击性紧急避险的场合。故此，认为应将攻击性紧急避险作为无因管理的种概念，略显牵强——除二者关注之面向不同外，从法律概念上说攻击性紧急避险也应首先是紧急避险的种概念，认为一项法律概念同时有两个上位概念，似无必要。不过，攻击性紧急避险与无因管理并非毫无关系，除上述观点介绍之情形可能发生类似的法律效果外，避险人依《侵权责任法》第 31 条第二句向受害人负担补偿义务后，应有权向受益人追偿——虽避险行为为避险人所实施，然而其避险行为之后果是为受益人之计算，因此，在《侵权责任法》没有明确规定避险人向受益人的追偿权时，避险人应可依《民法通则》第 93 条[①]向受益人主张无因管理中的负债清偿请求权——主张时应证明满足无因管理之构成要件，包括“无法律上的义务”、“实施了管理行为”、“具备管理意思”三项，应属题中之义。如前所述，此处“管理意思”是指将避险行为所保护的利益归属于受益人的意思，由于保护的利益本来就是受益人的利益，故对管理意思的证明便显得相当便利；而向受害人主张的“避险意思”，则指表明自己为保护更大利益而不得已实施侵害的意图，与“管理意思”有所分别。

（三）与患者未同意之医疗服务

根据本文对英国法的介绍，英国法上包含一种紧急避险的情形，即“采纳行动是为了在未获允许的情况下帮助另一个人”，[②]典型的情形为当母亲因宗教上的原因拒绝剖腹产手术，但不进行手术的话可能引

---

① 我国《民法通则》第 93 条规定：“没有法定的或者约定的义务，为避免他人的利益受损进行管理或者服务的，有权要求受益人偿付由此而支付的必要费用。”由条文之表述亦可发现，我国对于无因管理进行规定的主要方式为授权性规范，而《侵权责任法》第 31 条则属于复合式条文，且其中一、二句的规定都是对免责事由的规定，第二句后半段的补偿请求权也是对受害人的授权，而非赋予避险人向受益人主张的权利。从这个角度说，厘清攻击性紧急避险与无因管理的关系，反而对两者于攻击性紧急避险的场合同时发挥作用有更大的益处。

② F v. West Berkshire Health Authority [1990] 2 A. C. 1.

起她和孩子的双双死亡,那么在这种情况下,法院能够批准对其实施手术的侵害行为,即赋予该不被同意的手术以合法性。[①] 那么,如果类似情形发生于我国法的语境,其法理分析路径应当如何? 此类案件又应当如何进行法律适用?

值得注意的是,我国《侵权责任法》第56条规定的情形与其十分相似。[②] 有学者认为,该条文属于第31条紧急避险的特别条款,同时也存在认为其属于应由无因管理或职务行为之路径实现免责的观点。其中相对明显的是,由于无因管理要求管理人不具有法律上的义务,而医生为《执业医师法》第3条所要求具有救死扶伤的神圣职责,[③]故首先可以排除通过无因管理予以解读的途径。就职务行为而言,毕竟我国侵权法上并没有规定职务行为免责的一般条款,那么以职务行为解读"医师于不能取得患者及其近亲属同意时其治疗行为的合法性",便会面临如下诘问:是否职务行为的免责须为法律所明确? 若答案是肯定的,公安干警或行政机关的职务行为之合法性从何而来? 若答案是否定的,为何立法者仅明确了唯有医生的此类治疗行为得通过职务行为的法理主张合法性? 本文认为,正是由于《侵权责任法》之语境给"职务行为说"带来的两难困境,将第56条解读为紧急避险的特别条款,未尝不是一种对患者更有利、更安全,在体系上也更周延的做法。[④] 况且,《侵权责任法》第56条只包括了不能取得同意的情形,而在患者或家属明确不同意的场合,该条文一样束手无策。除以利益衡量明确

① S(Adult: Refusal of Treatment),Re [1992] 3 W. L. R. 806.

② 该条规定:"因抢救生命垂危的患者等紧急情况,不能取得患者或者其近亲属意见的,经医疗机构负责人或者授权的负责人批准,可以立即实施相应的医疗措施。"

③ 该条规定:"医师应当具备良好的职业道德和医疗执业水平,发扬人道主义精神,履行防病治病、救死扶伤、保护人民健康的神圣职责。"

④ 换言之,"职务行为"在侵权法上发挥着作为一般法理的作用,即行政人员与公安干警在合乎法定程序的框架下执行职务、医师在履行了说明及取得同意之义务的情况下执行职务等,其行为都不构成"侵权行为",在构成要件阶段即否定了责任成立的可能。而第56条所明确的免责,则因说明与取得同意义务的未能履行而不符合"职务行为",却因作为紧急避险的特别条款而一样能够实现免责的效果。

排除其反对解释[①]外，理论上应探寻其他途径解决患者或其家属拒绝施救时的法律适用困境。

事实上，我国审判实践中也并不缺少这样的判例。如“陈某诉北京市某医院医疗服务合同纠纷”[②]，原告在未作出同意的情况下被强行收治并接受治疗，与上述英国法中适用紧急避险抗辩的情况十分相似。不过，由于本案并无更多与紧急事态相关的案情描述，我国法院也未从该角度对该案予以分析，而是关注了医院在患者拒绝接受治疗、患者家属申请强行收治的情况下——患者的医疗自主权与患者家属的医疗介入权发生冲突时，应当如何判断医院采取强制治疗措施的合法性之问题。我国法院认为，该措施的合法性应当从医院是否审查确认申请人与患者具有监护关系和其他特殊身份关系，以及强制治疗措施是否更有利于实现患者人身健康、维护家庭成员整体的重大利益和社会公共利益方面进行判断。

医疗服务本应属于一种基于合意而产生的合同关系，而医疗服务合同作为无名合同，应当认为是委托合同的一种具体情形，原则上可以适用《合同法》关于委托合同的规定。[③] 但是于不存在患者同意的场合，原告的治疗手段由于丧失了作为合同的合法性根据，变为了一种实质上的“侵害”（对他人身体的干涉与介入）行为，那么如果患者在面临治疗时明确拒绝，且在事后以侵权为由起诉，医院治疗的正当性根据何在？在上述引例中，虽然说理颇为充分，但是法院并未解决一项疑

① 依对《侵权责任法》第56条的反对解释，若患者或家属明确拒绝治疗，哪怕其生命垂危，医务人员也只能袖手旁观，这样的结论显然与情理、法理都不相符。

② 参见“陈某诉北京市某医院医疗服务合同纠纷案”，载最高人民法院中国应用法学研究所编：《人民法院案例选》（总第64辑），张鹏编写，人民法院出版社2009年版，第191~203页。该案中，原告曾多次出现精神反常现象，被怀疑患有精神疾病，后原告之父与被告签订入院协议书，该协议书中载明：在入院正常治疗期间，因患者对精神和其他药物等引起的不良反应，医院应予积极治疗，但有些可造成不易恢复的不良后果，家属及单位应予谅解。此后，原告被被告强制收治入院，入院后被控制于病床上，并给予服用药物的治疗。后原告出院，因治疗产生一定之损害后果，要求被告赔偿后续治疗费用及因被强行收治而产生的医疗抚慰金。

③ 韩世远：“医疗服务合同的不完全履行及其救济”，载《法学研究》2005年第6期。

问——侵权责任的成立为何被阻却了？是何民法制度能够排除该侵害行为的违法性?

以前文援引案件为例,第一种可能的解读为,家属的医疗介入权本质上属于代理权,患者家属与医疗机构签署的协议被动地由患者承受,医院与患者、家属之间形成了代理的三方关系。即于利益患者的考虑,即便患者拒绝接受治疗,家属仍享有由法律赋予的代理权,能够以患者的名义与医院签订合同,从而赋予侵害身体的行为以合法性。此处说的问题在于,在患者并未丧失行为能力——法定代理权不发生——的情况下,为何家属能以单方之意思便将侵害之后果强加于患者？于我国民事法律上,也并未有过这样的授权规范,能够给予家属以代理并未丧失行为能力的患者同意接受治疗的权利。而医疗服务合同中的"家属签字",一般也不会与患者的同意相混淆。

第二种可能的解释为,医院的行为属于无因管理。除本文先前所描述的、作为法定义务的"救死扶伤"这一理由外,由于家属与医院之间确实存在一份协议,约定了医院对患者予以强行收治的义务,故虽然医疗服务合同因患者同意的缺席而未曾订立,但是一份类似于医疗服务合同的协议却又现实存在,即医师的行为为该协议约定的义务所包括。结合以上两条理由,认定为无因管理也颇为牵强。

第三种可能的解释为,医院的行为属于紧急避险。即对于具有人身危险性的病患,为排除给其家人与社会带来的不测危险,医院得进行强行治疗以排除险情。在该强行治疗的过程中所实施的"侵害行为"因其具有紧急避险的抗辩理由而不具有违法性。该说虽类似于英国法上的做法,然据英国法之规定,对未取得本人同意的患者予以实施治疗,须以其生命陷入急迫危险为限;或对于无意识的患者,亦须满足"受援者已无交流之可能"以及"所采取的必须是一名理性人在任何类似情形下都会采取的、完全是为受援者利益考量的行为"两项要件。[①]即便置于我国法的语境,此类情形是否可谓"危险"亦值斟酌。

不过,上述三种学说相较,似乎仍属紧急避险之说最为妥切。除患者生命陷入极度危险等英国法上曾提及的事态可适用紧急避险采取行

① F v. West Berkshire Health Authority [1990] 2 A. C. 1.

动并抗辩免责外，[①]医院向患者家属的求证与双方签订合同的行为，可被认为是医院确认危险程度的证明，一旦医院已有足够认识认为应当强行收治患者，那么此时治疗行为对患者的救治便构成避险行为。如此一来，我国法院所确定的规则——考察患者的人身健康、是否有利于家庭关系与社会利益，将以紧急避险作为依托，成为判断是否存在"危险"的标准，而不再是虽合情合理却无法可依的空中楼阁。当然，考虑到对于强制治疗一名具有行为能力的成年人一定存在强烈的反对意见，[②]这样的判断应当是十分慎重且严格的——只有在患者的心理或生理状态确实给家庭成员与社会利益造成了极大现实危险时，医院方能采取如上行动，并主张免责。

虽然此类情形因危险源与侵害对象归于同一人而应当归入防御性紧急避险之概念，但是，在未经同意的场合加害于对象的身体，其法理依据已经逐渐脱离于含有"因被害人对危险源负有控制能力而使侵害人无须负责"意味的防御性紧急避险，更类似于含有"为了更重要的利益而使加害于他人的行为免责"意味的攻击性紧急避险。由此，对于比例性要件的认识，应以攻击性紧急避险为标准。因此，本文将"患者未同意的医疗服务"认识为"特殊的防御性紧急避险"，特置于攻击性紧急避险的主题下予以专门讨论。

## 四、攻击性紧急避险于未来民法典中的体系安排

本文最后所要讨论的，是攻击性紧急避险于未来民法典中的体系安排。

曾有观点指出，我国目前对紧急避险的规制存在"定义缺乏"、"体系安排不合理"等问题。前者即如文义；后者则指将紧急避险认识为侵权责任的阻却事由体现了责任本位、对权利救济重视不足的思想和对民事紧急避险性质认识的不全面性，而且，将紧急避险作为侵权责任阻却事由的做法限制了制度功能，导致了作用范围的狭小，没能体现紧

---

① 此类情形下的紧急避险，完全可适用于我国患者家属因某些原因拒绝对患者施救的情形。相关案例和评析可参见林如惠："民事紧急避险制度探究"，厦门大学2008年硕士学位论文，第2页。

② St George's Healthcare NHS Trust v. S [1998] 3 W. L. R. 936.

急避险制度对物权与人身权的保护和救济功能,只彰显了其消极方面的作用,而忽略了对其积极方面的应用。[①] 这些评价与本段所涉及的问题息息相关,除“对物权与人身权的保护与救济不足”的看法属于对“危险源”、“避险对象”与“受险利益”的混淆——紧急避险当然包括了对物权和人身权造成的危险,未能体现的实际上是对物干涉的效力和所有权人的容忍义务——之外,本文对其观点基本赞同。

对于攻击性紧急避险的体系安排问题,本文认为,我国未来之民法典不应如同《大清民律草案》等立法例照搬德国法的做法——将攻击性紧急避险规定于物权编,而是应当将攻击性紧急避险规定于民法总则部分。事实上,这样的观点亦为王利明教授所赞同。[②] 依照这样的立场,攻击性紧急避险将是原则上可以适用于所有民事责任或救济方式的一般规则,而不是仅适用于侵权责任的个别规则。[③] 从《侵权责任法》所反映的情况来看,我国未来的攻击性紧急避险规则应至少包含“免除侵权责任”、“授权请求补偿”两种含义,[④]而根据本文的立场,攻击性紧急避险的抗辩效果应当还适用于排除物权请求权等物权效力、即排除对物干涉违法性的场合。值得注意的是,紧急避险并不能够作为合同责任中的免责事由,如货车司机因避让儿童而实施避让行为导致车内货物受损,车主对货主承担之违约损害赔偿并不能因司机的紧

---

① 林如惠:“民事紧急避险制度探究”,厦门大学2008年硕士学位论文,第30~31页。

② “尽管不宜在总则中规定具体民事责任制度,但在侵权责任法独立成编之后,总则中应当规定相应的制度与分则中的制度相适应,因此总则可以设立关于民事责任的一般规则。例如关于归责原则、免责条件、刑事附带民事、民事责任与刑事责任的关系、责任形式等”。参见王利明等:《我国民法典体系问题研究》,经济科学出版社2009年版,第227页。

③ 就具体安排来看,我国法上的攻击性紧急避险由于没有适用对象的限制,完全可以与防御性紧急避险安排在同一则条文中,只是依危险源与避险行为损害对象是否同一为标准区分为不同的款,同时明确存在差异的构成要求。

④ 至于《侵权责任法》第31条对于一般条款的重述部分,本文认为并无特别说明的必要。

急避险而阻却责任构成。[①] 这是由于货运合同自身已由《合同法》311条规定了免责条件,而该案中的紧急避险又无法被纳入"不可抗力"的范畴——根据我国通说对于不可抗力的解释,不可抗力只能是自然灾害、政府行为和社会异常事件,[②]由此,只有因上述三种情形引起的紧急避险有可能免除合同责任,但实质上合同责任免除的原因是不可抗力,而非紧急避险——从根本上说,紧急避险阻却的是过错责任,而我国合同法所确定的以违约责任为核心的合同责任属无过错责任,故紧急避险不能成为合同责任中的免责事由。

## 结论

基于本文的解构与分析,就前人研究所未尽事宜,可得若干结论如下:

攻击性紧急避险之制度精神,可追于《唐律疏议·卷第二十七·杂律·行船茹船不如法》,根据该条之规定,行船遇湍碛尤难之处或面临暴风巨浪的危急时刻,行为人为避险而损害他人财物或杀伤他人,可主张减责或免责。且这样的精神还出现于唐代的司法审判中,我国古代承认超法规的紧急避险在"二溺者竞桡"的情形下得以适用。

根据对紧急避险与攻击性紧急避险概念的解读,紧急避险应不包括对自己造成损害的情形,且与正当防卫的核心区别,在于不存在需要进行防卫的不法侵害行为;依是否损害与危险无关之第三人利益的标准,可区分为防御性紧急避险与攻击性紧急避险。而攻击性紧急避险的实质指向一种制度,即民事主体在面临现实或即将到来之危险时,为避免自己或他人之合法权益遭受损失,实施了侵害与危险无关之第三人的人身或财产的行为,当法律秩序认为所保全的利益重于所牺牲的利益时,避险行为人可基于该法定的抗辩事由主张避险行为的合法性,并免除自己本应承担的、基于过错侵权的民事责任。其"法律上的合法性"根据在于社会连带义务。

---

① 万文志主编:《侵权责任法理解与办案全书》,法律出版社2010年版,第77~78页。

② 韩世远:《合同法总论》,法律出版社2011年第3版,第374~375页。

根据对《侵权责任法》第31条的解释论,该条文之内容可划分为三个层次,即条文第一句及第三句指向的是一般侵权责任的构成,属于对《侵权责任法》第6条一般侵权条款的延伸,性质为对一般性条款的重述;条文第一句于攻击性紧急避险的场合及第二句前段指向的是抗辩事由,性质为法定的责任阻却条款;第二句后段指向的是一种可被主张的补偿请求权,性质为一种授权条款。申言之,《侵权责任法》所确定的攻击性紧急避险规则,首先是强调法定免责的本质,由于我国侵权法构成要件之通说并不严格区分违法阻却与有责阻却,故而其实质上便是对终局责任构成的否定;其次是条文的宣示意义,即对加害人的请求权仍应基于一般侵权责任而得以保留;最后是条文的授权性,即法律赋予当事人一种不同于传统侵权责任的民事请求权,以进一步保障第31条所规制的法律秩序,该请求权的义务人为避险的行为人。我国并未对紧急避险的危险源与避险对象作出范围上的限制。就“危险”的本质来看,它是指存在一种非由避险人引起的、紧迫且现实的状态,以致公益、当事人或他人的人身或财产权益面临重大威胁;另外当事人对该状态的认知应满足一般性的认识标准——任何理性人在该状态下都会采取侵害行为以保护法益。从司法实务来看,唯有原告已经接受紧急避险抗辩的场合得适用“紧急避险损害责任纠纷”的案由;对于构成攻击性紧急避险的要件应由避险人承担证明责任;法院在当事人未主张紧急避险抗辩却主动加以援引的做法有违处分原则。

就考察攻击性紧急避险的宏观视域而言,由于相对人可进行正当防卫的反向推断、民法上不存在当事人两难的窘境且考虑公平之原则,超法规之紧急避险不能适用于为自己生存而牺牲他人的场合。攻击性紧急避险与“第三人原因”之抗辩的关系,在于两者皆为对一般条款的重述,且攻击性紧急避险条款中的免责是该语境下法律规制途径的重要组成,并不能为“第三人原因”所包含。在避险人对攻击性紧急避险的被害人负担赔偿责任后,他有权就对被害人负担的债务基于无因管理向受益人追偿。在未得患者同意的医疗服务场合,院方或医生可依紧急避险为其未得同意的治疗行为主张“并非侵害、实为合法”的抗辩,但是在这种场合,认定“危险”现实存在的标准应当是极其严格的——只有在尽到审查义务、明确可以确定患者的人身危险已经对其家属和社会造成严重威胁的情况下，方得适用“紧急避险”之抗辩，即对于合比例性的认识应采攻击性紧急避险的标准。在我国未来的民法典中，攻击性紧急避险应当位于总则编，适用于过错责任的抗辩，亦可排除物权请求权之效力，约束在面临避险时的容忍义务。

（作者系清华大学法学院法学硕士）

**图书在版编目(CIP)数据**

民商法论丛. 第52卷 / 梁慧星主编. —北京:法律出版社,2012.12

ISBN 978-7-5118-4238-1

Ⅰ. ①民… Ⅱ. ①梁… Ⅲ. ①民法—研究—文集②商法—研究—文集 Ⅳ. ①D913.04-53

中国版本图书馆 CIP 数据核字(2012)第264942号

**民商法论丛(第52卷)** | 梁慧星 主编 | 责任编辑 刘彦沣 装帧设计 李 瞻



**开本** A5
**印张** 24.125 **字数** 692千
**版本** 2013年1月第1版
**印次** 2013年1月第1次印刷
**出版** 法律出版社
**编辑统筹** 学术·对外出版分社
**总发行** 中国法律图书有限公司
**经销** 新华书店
**印刷** 世纪千禧印刷(北京)有限公司
**责任印制** 陶 松

---

法律出版社/北京市丰台区莲花池西里7号(100073)
电子邮件/info@lawpress.com.cn
销售热线/010-63939792/9779
网址/www.lawpress.com.cn
咨询电话/010-63939796

---

中国法律图书有限公司/北京市丰台区莲花池西里7号(100073)
全国各地中法图分、子公司电话:
第一法律书店/010-63939781/9782
西安分公司/029-85388843
重庆公司/023-65382816/2908
上海公司/021-62071010/1636
北京分公司/010-62534456
深圳公司/0755-83072995

---

**书号:**ISBN 978-7-5118-4238-1 **定价:**45.00元
(如有缺页或倒装,中国法律图书有限公司负责退换)